U0327391

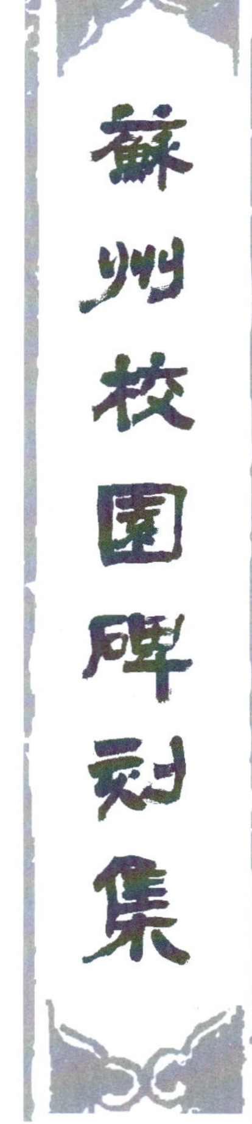

倪浩文 编著
苏州百年老校协会 编

苏州大学出版社

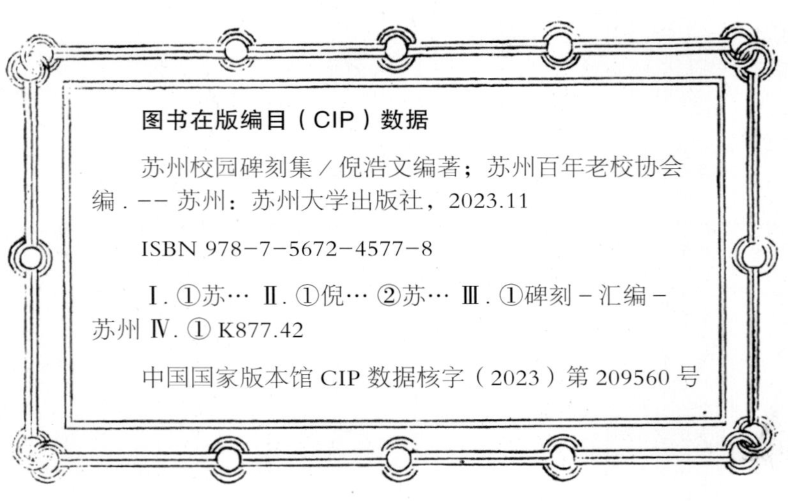
图书在版编目（CIP）数据

苏州校园碑刻集 / 倪浩文编著；苏州百年老校协会编 . -- 苏州：苏州大学出版社，2023.11

ISBN 978-7-5672-4577-8

Ⅰ. ①苏… Ⅱ. ①倪… ②苏… Ⅲ. ①碑刻 - 汇编 - 苏州 Ⅳ. ① K877.42

中国国家版本馆 CIP 数据核字（2023）第 209560 号

Suzhou Xiaoyuan Beikeji

苏州校园碑刻集

编　著　倪浩文

编　苏州百年老校协会

责任编辑　刘　俊

出版发行　苏州大学出版社

（苏州市十梓街 1 号，215006）

印　刷　苏州市越洋印刷有限公司

开　本　889 mm×1 194 mm　1/16

印　张　30

字　数　827 千

版　次　二〇二三年十一月第一版

印　次　二〇二三年十一月第一次印刷

书　号　ISBN 978-7-5672-4577-8

定　价　300.00 元

编委会

序

江南人文鼎盛，尤推苏州。古城内外，书院学塾星罗棋布，状元高士人才辈出。究其成因，就是重视知识，普及教育，传承文脉。

苏州历史上的书院、学校，很多前身是祠庙、会馆或官衙。我曾读过的苏州中学初中部（今江苏省苏州第一中学校）东部校区就是元和县衙旧址，后升到高中部（今江苏省高级中学），也是过去文庙府学的一部分，这两处校园中都有一些古代遗留下来的碑刻。在初中时，我记得国文老师曾带我们看过几块石碑，讲过草桥中学还有叶圣陶等人的故事。到高中后，校园里碑刻更多，我也会经常去看看摸摸，也许就从那时起，心中就种下了对文物古迹油然而生的兴趣和感情。那时候，陪伴我们这些学子的，不仅是书包中的教科书，还有校园中的几方碑石、几处墨迹。诗书是柔软的，可以照亮未来；而碑石是坚硬的，能够诉说曾经。到后来，校舍几经变化扩展，留下亘古不变的，只有那伴随多少代学子的碑刻。从这个意义上说，很多时候，这些碑刻就是校园里年资最高的老师，看着多少代学子挥手从兹去，虽无声息，却饱含深情。校园里的碑刻就是学校的守护者，学校的历史见证者，学校的光荣榜。

习近平总书记指出，我们的教育要善于从五千年中华传统文化中汲取优秀的东西。苏州市教育局坚守初心使命，持续推动新时代立德树人工程，大力开展中华优秀传统文化教育，敢为人先，组织领导了校园碑刻的抢救性整理。幸得苏州百年老校协会与倪浩文先生积累深厚，亲密合作，成果显著，编著出全国第一部城市校园碑刻集。作为首批国家历史文化名城的苏州，海量的校园碑刻，恰是一笔巨大的财富，一条千年传承的文脉，一部零散却又内涵丰富的史书。保护好它们，需要天长日久的守护，更需要薪火相传的情怀。碑石总会漫漶，人心可以永恒。护碑、读碑，知校、爱校，进而引导广大青少年把握中华优秀传统文化的精髓要义，深刻认识我国优秀传统文化是中华民族自强不息、不断发展壮大的力量源泉，是我们最深厚的文化软实力，是我们在世界文化激荡中站稳脚跟的坚固支撑，进而激发传承弘扬中华优秀传统文化的积极性、主动性。从这个意思上说，弘扬苏州校园碑刻文化，更有着特殊的时代使命。

当然，耄耋之年的我，很难再到校园摩挲石碑，遐想联翩，但更期待的是，这本《苏州校园碑刻集》能和这些石碑一起，让师生们以至市民们对自己的校园、对自己的古城有更多的了解，更多的热爱，给予更多的守护。苏州有很多百年老校，苏州老校里有不少千年以上的碑石，我相信，这些碑石能够留到下一个千年。

阮仪三

2023年冬于沪上

（作者系著名历史文化名城保护专家，同济大学教授、博士生导师、国家历史文化名城研究中心主任）

概　述

苏州自古崇文重教，办校历史昉自春秋，现存原地办校之学府可上溯至北宋。菁莪棫朴，弦歌不辍，非特诞生了巍巍名校，培养了跻跻名人，也留下了陛陛校园碑刻。兹申崖略，以充弁言。

一、数量可观

据笔者统计，苏州方今存有碑刻或拓片之校园（含曾经办学之所），共近皕处；其中碑刻或拓片尚在校园原址内的，有一百三十多处。这些校园中，存世的碑刻总量达一千三百多方；碑毁而存拓片者，去重后数量在四百多方。此外，其他场所事关教育、校园的碑刻，更是盈千累百，更仆难数。

实际上，苏州的校园碑刻还远不止此数，如长元县学（现址为苏州市平江实验学校）一地，史上可考的碑刻，就至少有三十多方，然今日存碑刻实物者不过三方，存拓者亦仅占总数的三分之二。此尚县学一家，而驰名中华的苏州府学，史上产生的碑刻数量更是冠绝诸校，故民国间专有《苏州府学金石志》八卷详述其况。仅其所刻《苏州府学石经》一种，最盛时即达一百三十余石，加诸其他现存碑刻、拓片，只此一校，总量就逾四百方，无愧千年府学之誉。

苏州校园碑刻夥颐，和吴地长期修文尚儒、诗礼传家的风气有关，因教育发达，校园林立，与之相关的儒学碑刻也在校园碑刻中占比最多。随之而来的，则是诗意生活、文人做派逐渐占据主导，民间大量富有闲资的书生官宦，往往乐于题碑，善于书碑，喜于勒碑或购碑，在工匠技巧的加持下，大量优秀的孤碑或从碑应运而生。这些从碑，动辄几十方甚或上百方，著名者如《人帖》（原存文天祥祠，曾作平江书院、文山小学等），共六十三石，“清朝四大书家”之一的铁保撰集，旨在学书者以人为帖，不以书为帖，学其书，正学其人，故名“人帖”。《恽帖》，“清初六大家”之一的恽寿平所书，今环秀山庄（原环秀小学）、夏荷园（原马家底小学）、退思园（原同里镇中心小学）等处皆有其碑。

二、来源多样

言及校园碑刻的来源，不能不先追溯校园之来源。苏州之校园，出现过私塾、义塾、义学、各州府县学、书院、公立或私立的新式学堂、幼儿园、小学、中学、大学、各类专科学校及临时办学点等多种形式。这些形式各异的校园，有的是假借民居园林而创办，也有的是利用庙观庵堂而营处，此外还有为特定人群申谋公益，而就便将宗祠公所等作为校园者。这些当时虽未必尽善的校园环境，却无意间丰富了校园碑刻的题材。这些碑刻或记录了学堂办校的经过，或追忆了校长奉献的劬劳；或为校庆方所公立，或为毕业生所私赠；或可窥畴昔丛林鸠工之不易，或可见民众舍宅为公之无私；或明禁示规约以杜滋扰，或勒谕旨官凭以扬殊荣；或诗话心语，或图绘全貌；或出状元耆儒之笔，或乃帝王将相之翰，往往具有极高的历史价值、艺术趣味。

纵观这些校园碑刻，几乎包含了苏州碑刻的所有门类。除了由于校园本身的多样性所造成的碑刻来源的繁多，更离不开历代校方对之的重视。如金庭中心小学，本身并未有碑，然时任校长金培德热心护宝，曾购得金庭花山寺之明代王鏊、文徵明题碑，置于校园妥为保护，庶几使学子多了一种接触乡邦实物之机会，多了一条习得古文之路径，亦俾本地文物不致流散。而江苏省苏州中学校、江苏省苏州第十中学校等名校，更是依托丰富的藏碑，自编校本碑刻教材，或释或析，潜移默化，使冰冷之石渐生温度，而莘莘学子亦自能以校为傲。

三、内容丰富

苏州校园碑刻内容以记事、示禁、明界、胪名、纪念、艺文等六类居多。

（一）记事碑

记事碑，多为叙述建筑修举废坠之经过，单位筚路蓝缕之颠末，个中多涉商政、学政、工政、荒政。上下千年，其间不吝私橐，捐宅、捐田、捐廉、捐物之人不绝，而以北宋范文正公影响最大。其成立的范氏义庄（现址为苏州市景范中学校），为我国有史可查的第一个非宗教性民间慈善组织；且其订立章程规范，俾子孙恪守。范氏义庄由此共持续八百多年，克服了朝代更迭、战乱交织等冲击，创造了一个奇迹。其优秀的顶层设计，历代的维护建设，许多都以文本的形式被镵之于石。即使到了民国，仍馀响连绵。东山薛凤在《薛氏家祠碑记》（现存慎馀堂薛祠，曾作中央民族文化学院临时校）中记载，“昔年回里扫墓，道出吴城，见范氏义庄，历八百馀年，迄今犹存，其根本赡族之法，久已脍炙人口，企慕不置。虽不敏，亦思步武高贤”，后其果购地置祠，敬宗睦族，周济贫寒。

而众多记事碑中，校园建设的内容无疑是一大亮点。为击鼓开篋，启迪愚鲁，中外有识之士呕心沥血，殚智竭力。推诸各校碑文，则又面貌各异。如张家港詹文桥小学《修建校舍记碑》，不事宏论，第列举擘划经营学校之经过；吴江平望《庙头小学记碑》，在细数如何延师置具，扩建庠序之外，弗忘规诫学子莫以舞文弄墨为干禄之阶梯；吴县官立高等小学堂《吴县第一高等小学校十周纪念碑》碑阴，校长杜应震缕述校史，将之分为创始时代、进行时代、恐怖时代、维新时代，此外，该碑上的一些字的写法也甚为特别，如将“月”字写成“𠕁”；郁氏尚德小学《郁母沈太夫人建祠兴学记碑》，不仅详尽记述了建校购地、工程支出，还开列了如黑板、书橱、书架、教桌、校旗等办校支出，更显妇女办校心思之缜密，财务之透明。历来办校，亹非易也。常熟谢桥乡间的《敕封护国佑民水部降魔都督府薛社田记碑》（现存一粟庵，曾作光明小学）恰巧记载了当时庙方与校方的冲突，碑文称“民国初元，创建学校，被有力者将该庙田任意攫取，充作教育经费。于是乡农群起反抗”，最后“诸父老顺从民意”，庙方“收归原有”。相对于常见的主动捐地、禁止滋扰而言，此碑也从另一个方面体现出斯时教育发展的窘境。

此外，一些看似无奇的碑刻，往往也有独到之处。如《织造经制记碑》（现存江苏省苏州第十中学校），胪列九款织造局兴利厘弊之规定，是希觏的清代丝织管理文献，颇饶研究价值。《重修穹窿山堰闸铭碑》（现存藏书道院，曾作藏南中学），追记了乡村兴修水利之原委，殊为难得。《吴县水木业职业工会纪念亭碑》（原存梓义公所，曾作梓义小学），碑左半部分以表格形式反映出水木业工会的会务概况，其中涉及水木业工人工资，综合来看，从支付四角四分涨价到支付四百五十元，再到以现市米价作标准支付，不写明具体金额，且每半月重订工价一次，折射出民国时期通货膨胀的实况。《己巳亭记碑》为振华女中一群年当花季的毕业生为母校建亭时所立，书碑者陈浣华不仅后来经同学杨绛介绍任振华女中的代理校长，且廿年后她的学生又以同样的方式，修缮此亭，回报母校。而其中参与立石的蒋恩钿时年二十二岁，后来则就读清华，毕业后常年从事月季研究，成果斐然，享誉全球，被称为“月季夫人”。今再视此丽牲，焉非佳话？

（二）示禁碑

示禁碑在苏州校园碑刻中，亦占据相当的比例。究其原因，不难发现，苏州懋迁兴隆，伴随而生的契约精神、法治意识也更为彰著。举凡饬令、规条、执帖等，于公共建筑中往往刻诸贞珉。除常见的纯粹禁止滋扰等情外，这些碑刻通常还透露出不少其他信息。如《永禁私收字纸碑》（现存苏州市平江实验学校）反映了当时冒收、捡卖、造作还魂纸的情形，体现出古人敬惜字纸，杜绝侮辱斯文的思想，对此还出台了分段押收字纸的规定。《永禁席棍滋扰碑》（现存江苏省黄埭中学），反映出晚清反不正当竞争和扫黑除恶的情况，在碑末附刻了当时不同尺寸草席的标准，如五尺席，规定“阔二尺八寸，市长五尺二寸，行短至五尺”；四尺四席，须“加长二寸”，为经济史研究、民间工艺研究提供了可考史料。《永禁窃取践踏芦苇碑》（原存重元寺，曾作唯亭陵南小学校）、《永禁有碍河身碑》（现存双杏寺，曾作年丰小学）等，体现出旧时江南对环境保护的重视。《永禁顶替授受婪卖卫道观碑》（现存卫道观，曾作元和县初等小学堂第二十三校），指明了卫道观为明代状元、首辅申时行幼时读书处，为苏州名人研究贡献了确凿的素材。

（三）明界碑

明界碑中，既有小型的界碑，也有罗列四至的石刻。其中有的可补苴民居堂名、别称等信息，如张家瑞故居称澄庐（现为苏州市民治路机关幼儿园），薛氏家祠称慎馀堂。有的保留了大量的地名，还可再现当年田亩、地籍、河道等情形，如自《言子祠清丈地基碑》（现存言子祠，曾作干将小学）可知，原言子祠西南旧有爱人牌坊，东南旧有学道牌坊。自《范文正公祠图碑》（现存苏州市景范中学校）可知，当时东为祠堂、西为义庄之格局，义庄街南原临河，有碑亭与义庄大门相对。

（四）胪名碑

胪名碑，多为揭橥功德，看似无趣，实则亦有乾坤。如《天禄庵重建大殿愿引碑》（原存天禄庵，曾作卫道观前小学），后署助银信士名单中就有状元石韫玉等，可裨补史料之朒。而春申君庙的二十多方助银碑中，赫然有得月楼之名。如此处之得月楼亦为餐馆，或可纠正苏州历史上拍摄电影《小小得月楼》后乃建得月楼之讹谈。《共建游文书院文契及助银明细碑》，不仅对助银者的身份进行了说明，还写清了其与家族中名人的血缘；不仅写明了修建时涉及的单体建筑名称，还详细记录了此系新建、新修还是重建，数量几何等，为研究建筑史提供了依据。《新建陕甘通省会馆码头等助银碑》（现存苏州市山塘中心小学校），保留了将栅栏按苏州话写成“栅拉”，为研究清代吴方言提供了语料。同时还可了解一些工价的变化，如1780年书写并刻碑（《新建陕甘通省会馆码头等助银碑》，高一百六十厘米×宽七十六厘米）的费用为元银三十九两五钱。而在1945年，据《修理长洲县城隍庙大殿助银碑》（原存长洲县城隍庙，曾作景德路第一小学）可知当时刻碑（高四十六厘米×八十四厘米）工料为四千元。

（五）纪念碑

纪念碑，多为躅遗芳、表去思、庆年诞而立，其中内涵，诚堪品味。如《御祭姚广孝碑》（原存妙智庵，曾作湘城第一国民学校），录明成祖、仁宗二帝于永乐十六年（1418）、洪熙元年（1425）御祭明代第一奇僧、“黑衣宰相”姚广孝文。《中允冯君景庭家传碑》（原存冯桂芬祠，曾作史家巷小学）为左宗棠撰并书，追忆了晚清榜眼、思想家、散文家冯桂芬战时乞援兵、平时请蠲贷等实干之举，历数其算学、国故之能，轸念与其同入秋闱之谊，闻其卒而生“头白临边”之慨，真情实感，跃然纸上，迥非应制之作可侔，无怪乎左宗棠后谈及此文，亦自谓“尚觉得意”。同样文辞笃挚的还有振华女中校长王谢长达为表姊徐淑英所作的《徐孝女七十年事实碑》（原存徐氏春晖义庄，曾作苏州市大儒中学小学），碑文以类似年表的形式，描绘了徐淑英为父为弟甘愿终老于闺的一生，以女性独有的笔触、亲戚独有的熟谙，再现了其割臂事亲、创办义庄的经历，文词晓畅，如传神阿堵。《大清改建明苏州府知府况公专祠之碑》（原存况公祠，曾作西美巷小学），从辩证的角度，论述同为廉吏、能吏，况锺建祠、享祠，汤斌捣祠、废祠，仿佛判若云泥，实则不分畛域，并提出“况公之兴祠也，为民迓福；汤公之废祠也，为民除患”，进而申表民心，升华文旨。《虎邱新建陆文烈公祠碑记》（原存拥翠山庄，曾作敦仁小学），铺叙了曾任苏州方伯的陆锺琦在辛亥革命时拒降殉清之事。在推翻清朝后建立的民国，陆氏一门忠烈又得到苏之大吏许可，准予民众建祠荐馨。从中亦可见，有德于民者，民不能忘，一时或有短长，而终将俎豆千秋。《清故乡贤潘先生专祠碑》（原存曲园，曾作苏州工艺美术专科学校），立于今朴学大师俞樾故居内，繇此碑而知，此处原为潘世璜祠，后乃归入曲园。《萃英中学丙子方尖碑》，为丙子级毕业生所赠，形态西化，亦为苏州校园碑刻中唯一钢筋混凝土材质的碑刻。

是时，西风东渐，不仅使苏州校园在中文、满文碑刻之外，更增加了英文碑刻（如《海淑德纪念碑》），复于文字中株及番人洋事。如《浒墅镇公园记碑》（原存吴县中学），此碑为顾廷龙早年所书，体现出与其后期老辣书风判然的一面，尤其是捺笔，带有鲜明的帛书笔意，带有罕见的天真一面。而其碑文由士绅费树蔚所撰，文中提及其子费福熊，即后来的革命烈士费巩，“自英伦归”，“尝草《英国之花园村》一文，登《生活周刊》”。《五月九日国耻纪念之碑》（原存丽则女学）碑阴为精通中外文史的钱基博所撰。文中提及土耳其贵主塞基氏在巴尔干之役不恤牺身，卒燔死国；又言及“斯巴达妇人逢战争时，辄以盾与爱儿，曰：‘以此尸敌而归，否则尸汝而归’”之典故，借此激励国人卧薪尝胆，抗议袁世凯复辟帝制。其碑形似利剑，锋锷直刺苍穹，甚有气场。

（六）艺文碑

艺文碑者，除常见的吟风咏月之外，亦不乏勉旃、劝善等题材。其中更是包含了清圣祖、清高宗两位的宸翰。清高宗不仅有书法，还画古梅一本。在校园艺文碑中，自然少不了擘窠大字题写的校名、馆名。这些校名、馆名，许多恰也出自校长濡毫，如《昆山县培本小学校碑》，由曾任北京女子高等师范学校校长、上海招商局公学校长、南通女子师范学校校长的方还书写。振华女中的《长达图书馆碑》，更是由中华民国首任教育总长、北京大学校长蔡元培书写。

四、艺术高超

苏州经济发达、文化繁荣，不仅在科举上风骚独领，且衍生之吴门书派亦灼烁生辉。今所存校园碑刻，其中较多为本土文人捉管。即使旧日乡土僻壤，目所作碑文，犹据典引经，屈力殚虑；但凡涉及黉序祠庙等，则更必以延倩文魁圣手泚笔为荣。据笔者统计，目前校园碑拓中，历代参与的状元有毛澄、申时行、韩菼、彭启丰、石韫玉、潘世恩、陆增祥、翁同龢、洪钧、陆润庠等十人，不少碑刻堪称鼎甲合璧，如同治六年（1867）冯桂芬（榜眼）撰、洪钧（状元）书、潘祖荫（探花）篆额之《重修吴县学记碑》。有的碑刻更得名公巨卿联袂，如《敕建苏州程忠烈公祠碑》（现存苏州市第一初级中学校），为李鸿章撰、刘郇膏书、曾国藩篆额。除赵孟頫、刘墉、何绍基等名震书坛之士外，吴门书派中如宋克、徐有贞、李应祯、祝允明、文徵明、王宠、文嘉、王穀祥、周天球等悉为校园碑刻留下隃麋。从书体观之，真草隶篆佥备。如文徵明之《乡饮酒碑铭》（现存苏州中学），硬毫铺锋，如折刀头，为其罕见的隶书作品。陈奂的《松鳞义庄记碑》（原存松鳞义庄，曾作悬桥小学），全文篆书，玉箸瘦劲，如绵裹铁，有阳冰遗风。一些碑刻，文书刻三绝，有的还被作为书法字帖，刊行天下，如民国间碧梧山庄求古斋曾据杨昱（即书法家杨岘）在虎丘的《拥翠山庄记碑》（现存拥翠山庄，曾作敦仁小学）出版了石印本《拥翠山庄记》。

不啻撰者、书者艺术高超，刻者亦以刀为笔，不遑多让。如《嘉荫堂兰石轩丛碑》中的《铁石帖》（现存张家港市塘桥初级中学），董汉策所刻，对比鼎鼎大名的《淳化阁帖》（肃府本），依然胜之一筹。《淳化阁帖》有枣木刻肥之弊，而兰石轩者笔锋多变，不似彼之过多中锋也。

此外，校园碑刻的碑额、碑座艺术也值得一书。现存碑额中以双凤朝阳图案居多，亦有双龙戏珠、双鹿（谐音“双禄”）等，而碑座往往浮雕倒三角形图案，下方缀以古币，形如包袱，因之称“包袱锦”，其内或雕鱼龙，或雕花卉，更有高等级的御碑等，下部雕刻龟趺，形神毕肖。民间常有误称其为赑屃者，曰为龙子之一，好负重也，遂许其化为石形趺碑，实则谬也。真赑屃者，仍具龙形，岂能似龟？民间常将之刻于碑首，北方犹有一碑上分刻六赑屃者，而苏州则较少见矣。苏作之碑，较之北方，高浮雕者较少，多为浅浮雕或阴刻，然碑身周遭装饰细腻绝伦，或环以龙纹，或环以云纹，今究其形，足见不苟。

校园碑刻中还有少数图碑和画碑。图碑者自然以文庙“四大宋碑”最著，此外还有一批以地形图为代表者，如范氏义庄、苏州府学、太仓试院、东山薛氏家祠等，皆有此类碑刻。这些碑刻具象体现出曩日建筑的布局，对研究苏州古建形制等有着极高的价值。而画碑则多以丹青图写人神，遐有待诏文徵明像，迩有苏州府中学堂总教习王鹤琴像，而技法超拔者，当首推石韫玉题、姚明煜刻《现千手眼观音像碑》（原存宝莲寺，曾作金阊区实验小学），碑身绘观音，外绕手七匝，各施法印，精细罕匹。此外还有以字结图者，如《金刚经碑》（现存司徒庙，曾作香雪中学），设计者将经文巧妙安排在七级宝塔图案上，卷首从宝塔中心开始，整部《金刚经》

可顺序诵读，且各层柱头上恰为“佛”字，各层内皆有佛像，其吴门石雕设计之匠心可见一斑。

五、盘点之最

苏州校园碑刻，时间跨度极大。现存最早者，当推春申君庙内的《范隋进封柱国诰碑》，款署咸通二年（861），因未见后期补刻的记载，且石料、工艺皆与唐碑无乖，聊且算为当时所刻。若是，则系苏州罕见的唐碑；若非，亦不失为苏州校园碑刻中年款最古者。而目前尚在办学的学校中，现存最早的碑刻，当属苏州市景范中学校内的《试范纯礼给事中诰碑》，此碑内容系诰封范仲淹第三子范纯礼为给事中一职，款署元祐五年（1090），同样无后期补刻之依据，故权断为北宋之作。

苏州校园碑刻，最大者当为苏州府文庙前的《御制平定准噶尔告成太学碑》，此碑并书满汉两文，刻于乾隆二十年（1755），碑高三百六十厘米，宽一百六十五厘米，为当时文庙必立碑刻之一。

而目前尚在办学的校园中，最高的碑刻当属江苏省苏州第十中学校的《振华女学校创办人王谢长达太夫人纪念塔》，俗称“伟绩碑”，通高四百九十厘米，其中上部的方尖碑高三百二十厘米。

相似内容刻石最多的，为光裕公所维持学校经费及整顿旧规系列碑刻，其内容大致皆为在书资中每位抽捐充作裕才学校经费，禁止外埠非光裕公所中人高台说书等，分别于1912年至1927年，由苏州民政部门、吴县知事公署、江苏苏州警察厅、江苏苏常道道尹公署、苏州市公安局等发出布告。凡勒石七通。一再重申规矩的背后，既有民间力量微薄之无奈，亦足见艺人矢志公益助学之决心。

今存碑刻中，书碑最多者，当为《苏州府学石经》之书者钱泳。而此外，刻石最多者为民国时期的杨鉴庭、周梅谷二人，皆刻有七方碑。

目前苏州仍为纯粹办学机构的学校中，藏碑最夥者，乃张家港的塘桥初级中学，校内建有碑廊，共有古碑三十五方。这些碑刻，曾经都属于清末庞氏昆仲。二人不仅从苏州留园、江阴孔氏购得海量的碑刻，且广交名流，诗文酬酢，自刻不少贞珉，极盛时有一百七十八方。今虽大半付劫，其存量仍然可观。

六、未来可期

目前来看，苏州所有区（含工业园区）、县级市内，都有一定数量的校园碑刻。这些碑刻虽现在未必身处校园，但都在一段时间内伴随过学生们的成长。莘莘学子，一度日日从这些石刻前走过，走向课堂，走向社会。

苏州校园碑刻研究方兴未艾，除少数中学及吴江文庙有局部性的著述外，其余碑刻多数未见释文或著录。即使著录者，亦错舛较多，各处皆因袭陈说，洵有厘正鱼鲁之必要。如《苏州织造署多祉堂记碑》，落款处漫漶，文中仅自称“载”，而方志多言为陈载撰文。然考民国《吴县志》，乾隆三十一年（1766）时苏州织造当为萨载，且遍查方志，亦不见有言陈载其人，故可知其谬也。

相较碑刻研究而言，綦重的是校园碑刻之保护。由于种种原因，这些散落各处的遗珠，遭受之待遇迥若霄壤。既有珍如卞璧，特地建罩建亭保护者，亦有弃如敝屣，听凭草吞雨蚀者。可喜的是，在这次编写《苏州校园碑刻集》的过程中，不少单位对此重视起来，江苏省苏州中学校、苏州市景范中学校等还特地对校内存疑的区域进行了探索，发掘出了一批有价值的碑刻，甚至改写了部分校园碑刻的历史。

苏州教育的历史源远流长，重视校史研究，特别是重视以石为媒的校园碑刻研究，任重道远。谨愿以此谫谫数言抛砖引玉，祈各方家赐教为幸。

倪浩文

2023年3月16日于瘦斋

（作者系苏州市政协文化文史委特约研究员、苏州吴文化研究会副秘书长、苏州市教育局苏州教育文史研究工作领导小组专家组成员）

凡　例

一、是书收录2022年12月31日前，原存或现存于今苏州大市校园内古碑（1956年前所刻）。包括但不限于在办学时期存于校域内的墓碑、记事碑、题名碑、图碑、书画碑、界碑等，同时记述相关摩崖、石雕情况。校园搬离后或停止办学后再移入（如阙茔小学藏碑）、新立（如章氏国学讲习会旧址内立碑）之碑刻，学术研究组织之碑刻（如二乐女子学术研究社外立碑），均不阑入。碑材不拘，砖铭亦录。

二、校园指古今各类公开的包括特定人群的教学场所，包含义塾、义学、各州府县学、书院、公立或私立新式学堂、幼儿园、小学、中学、大学、各类专科学校及临时办学点等。不包含私人家塾（如钮家巷潘宅内私塾）、未明确是否授课的场所（如怡园，曾作河南大学临时行政机构及华东军政大学第二总队九团二部；狮子林，曾作华东军政大学二总队文工团及女生大队）。

三、苏州境域，原则上以2022年苏州市域为准，在此基础上酌收曾和历史上的苏州密不可分的校园，如震川书院。

四、是书正文原则上收录2022年底前仍位于校园所在地的各类碑刻。对于现已搬离校园所在地的碑刻，以附录形式胪列。具体命名规则如下。

1.对于现仍为校园者，所藏碑刻皆统称某校碑刻，以目前的校名为准（如称苏州市吴江区阿德科特创新教育专修学校碑刻，而不称影响更大、建校时间更长的同里中学碑刻）。校名中是否带“校”字，以实际情况为准。

2.已不再办学者，为突出校园碑刻之特性，故以曾经影响较大的校名为题（未必采用最后的校名，如称苏州丝绸技工学校，而不称苏州市第六中学分校），并在校名前加“原”字，以示区别。同时，为反映出校园历史，区分同一学校不同时期的校区，括注学校前身或更通行的身份（如原长洲县初等小学堂第八校，括注泰伯庙）。本身即为学校的，如丝业公学、长泾浜义学等，不再括注，亦不加“原”字。

3.原碑上已有“碑”“碑记”“墓志”等字样者，咸从其旧；原碑上无“碑”等字样体现出此为碑刻者则补“碑”字（如“陕西会馆重修记”，标题末尾加“碑”字，称“陕西会馆重修记碑”）。部分碑刻无题的，择要而命名。内容相似者，为防止标题重名，括注题写者、颁布机构等信息以作区别（如《重建泰伯庙记碑》，分别括注顾文彬撰、吴元炳撰）。为简洁计，标题中的碑名不加书名号。

五、正文中对于目前仍为校园者，除特别漫漶之碑刻外，尽量皆予以释文。部分曾作校园者，已有碑刻专著出版的（如吴江县学），或藏碑数量过大而碑刻内容与教育本身无关的（如灵岩寺），则择有代表性的碑刻释文。附录的校园碑刻，仅存目，不予释文。

六、为全面反映校园碑刻，对搬离校园的碑刻、碑毁尚存的拓片，不予释文，但说明现存情况。历史上有记载但现不知所终的碑刻，数量过于庞大，则视情酌记。

七、收录碑刻按所在市、区，所在校园排列。同一市、区内的，参考校园、碑刻历史，按先后排列。同一校园内的碑刻，按时间先后排列。具体时间的不明，参考碑刻内容酌定位置。所标时间，为综合考虑碑文所署时间和实际所刻时间后的结果。没有确切证据证明为后刻的，则标示碑身所署时间。全书为便版式计，图版、释文之先后未有定数。目录中之页码为释文首行之页码。

八、碑刻释文用字原则上采用简体汉字，以《通用规范汉字表（2013）》为准，不扩大类推简化。碑刻中同一字写法不一的，释文不予统一。除人名、地名外，原则上不使用非一一对应的繁体字、异体字，不使用旧字形、避讳字。保留通假字、别字，并酌情说明别字情况。特殊字符，如苏州码子、汉字大写等，保留原貌。

九、碑刻录文采用新式通用标点符号。换行符“/”表示分行。补充今碑不存之字词句以“[　]”标记，文字连贯者，只在补文首尾标记。若洵难辨识，据碑文明确可知字数者，单字者以符号“□”表示，可以叠加使用，如□□□。所缺字数无法确认或过多时，以“■”表示，不叠加使用。

十、释文后酌情对补苴文字的出处及年代考证等情予以说明。

章太炎画像碑（立于章氏国学讲习会旧址内，由李根源策划，张善孖与张大千画像并题跋，陈衍题端，马相伯题诗）

目 录

姑苏区

◆江苏省苏州中学校及苏州文庙碑刻 …… 二

◎石础 …… 二

◎苏郡儒学兴修记碑 …… 三

◎增筑道山记碑 …… 五

◎乡饮酒碑铭 …… 五

◎一师六友道脉图碑 …… 七

◎重修苏州府儒学记碑 …… 九

◎泮池碑 …… 九

◎泮池重建年款碑 …… 一一

◎紫阳书院碑记 …… 一一

◎明待诏文公祠碑 …… 一一

◎敕赐海潮庵碑 …… 一一

◎对瀑诗碑 …… 一二

◎过紫阳书院叠旧作韵诗碑 …… 一二

◎道教二经图碑 …… 一二

◎中丞明公校士紫阳书院碑记 …… 一七

◎碧霞池碑 …… 一七

◎苏州府学之图碑 …… 一八

◎苏州府学石经 …… 一九

◎太保文华殿大学士前两江总督尹文端公传碑 …… 二三

◎太子太傅东阁大学士前江苏巡抚陈文恭公传碑 …… 二五

◎雨中游包山精舍诗碑 …… 二八

◎苏州府紫阳书院放生碑记 …… 二八

◎重建紫阳书院记碑 …… 三一

◎道山亭柱 …… 三一

◎苏州中学碑 …… 三二

◎苏州中学界碑 …… 三二

◎源远流长碑 …… 三二

◆苏州市景范中学校碑刻 …… 三四

◎试范纯礼给事中诰碑 …… 三四

◎送江南运使张傅度支诗碑 …… 三五

◎范仲淹书伯夷颂并札卷碑 …… 三五

◎桐庐郡斋书事诗碑 …… 三六

◎范隋进封柱国诰跋语碑 …… 三七

◎范氏置田赡族碑 …… 三九

◎范文正公义庄义学蠲免科役省据碑 …… 四三

◎窦谏议录并范文正公祠图碑 …… 四五
◎山居书事诗碑 …… 四六
◎重修文正书院记碑 …… 四六
◎范氏世德源流碑 …… 四七
◎重修文正书院兴复义庄碑记 …… 五〇
◎重建前明福建布政使司右参议范公□□志 …… 五一
◎范氏义庄界碑 …… 五二
◆**原吴县初等小学堂第二十七校（报恩寺）碑刻** …… 五四
◎平江府报恩万岁贤首教寺碑 …… 五四
◆**原元和县初等小学堂第二十三校（卫道观）碑刻** …… 五六
◎重修会道观记碑 …… 五六
◎永禁滋扰卫道观碑 …… 五八
◎永禁顶替授受婪卖卫道观碑 …… 五九
◎重葺卫道观记碑 …… 六〇
◆**原蒹葭小学（天宫寺）碑刻** …… 六一
◎天宫古刹碑 …… 六一
◆**原苏州市大儒中心小学校（昭庆寺）碑刻** …… 六二
◎永禁滋扰昭庆寺碑 …… 六二
◎昭庆寺宗传缘起记碑 …… 六二
◆**苏州卫生职业技术学院碑刻** …… 六四
◎登楼偶成诗碑 …… 六四
◆**原吴县初等小学堂第十五校（春申君庙）碑刻** …… 六五
◎范隋进封柱国诰碑 …… 六五
◎重修春申君庙助银碑 …… 六六
◎春申君庙建造戏台、头门、仪门、内花兰厅等助银碑 …… 六七
◆**原苏州工艺美术学校（拙政园）碑刻** …… 六八
◎王氏拙政园记碑 …… 六八
◆**原马医科小学二院（申时行祠）碑刻** …… 七一
◎申时行祠界碑 …… 七一
◆**苏州市第一初级中学校碑刻** …… 七二
◎惠荫园摩崖石刻 …… 七二
◎敕建苏州程忠烈公祠碑 …… 七三
◎倪毓菜墓志铭 …… 七四
◆**苏州市平江实验学校碑刻** …… 七六
◎重修长元邑学记碑 …… 七六
◎永禁私收字纸碑 …… 七八
◎元和县儒学菜圃契券交送芹香堂碑 …… 八〇
◆**原万里小学（岭南会馆）碑刻** …… 八一
◎岭南会馆碑 …… 八一
◎岭南会馆祭产碑 …… 八一
◆**原干将小学（言子祠）碑刻** …… 八二
◎重建学道书院记碑 …… 八二
◎学孔堂记碑 …… 八五

◎学道书院重修记碑 …… 八七
◎重建言公祠记碑 …… 八九
◎重建言子庙之碑记 …… 九〇
◎言子祠清丈地基碑 …… 九一
◆苏州大学碑刻 …… 九二
◎长洲县儒学重建文星阁记碑 …… 九二
◎重修长洲学文星阁记碑 …… 九四
◎海淑德纪念碑 …… 九五
◆原景德路第一小学（长洲县城隍庙）碑刻 …… 九六
◎重建长洲县城隍庙碑记 …… 九六
◎城隍庙碑记 …… 九七
◎重修长洲县城隍庙碑记 …… 九八
◎永禁自尽图赖碑 …… 九九
◎修理长洲县城隍庙大殿助银碑 …… 一〇〇
◆江苏省苏州第十中学校碑刻 …… 一〇一
◎蜀素帖跋碑 …… 一〇一
◎织造经制记碑 …… 一〇一
◎钦命督理织造少司空灿翁陈公去思碑记 …… 一〇五
◎重修织造公署碑记 …… 一〇五
◎苏州织造署多祉堂记碑 …… 一〇七
◎重建苏州织造署记碑 …… 一〇八
◎己巳亭记碑 …… 一〇九
◎长达图书馆碑 …… 一一一
◎振华女学校西园摩崖石刻 …… 一一一
◎振华女学校创办人王谢长达太夫人纪念塔 …… 一一一
◎通泉碑 …… 一一二
◎通泉铭 …… 一一二
◎行仁韫智碑 …… 一一二
◆原卫道观前小学（天禄庵）碑刻 …… 一一三
◎天禄庵重建大殿愿引碑 …… 一一三
◆原长洲县初等小学堂第八校（泰伯庙）碑刻 …… 一一四
◎重建至德庙碑记 …… 一一四
◎巡抚江南汤公长生碑 …… 一一五
◎重建泰伯庙记碑（顾文彬撰） …… 一一六
◎重建泰伯庙记碑（吴元炳撰） …… 一一八
◎重修泰伯庙碑记 …… 一一九
◆苏州市振华中学校碑刻 …… 一二〇
◎新修相王行祠志碑 …… 一二〇
◆苏州市老年大学碑刻 …… 一二一
◎万寿宫下马碑 …… 一二一
◆原苏州医学院（可园）碑刻 …… 一二二
◎改建正谊书院记碑 …… 一二二
◎学古堂记碑 …… 一二五

◎可园记碑 …… 一二六
◎陶小沚先生遗像碑 …… 一二七
◎苏州中学第二院记碑 …… 一二九
◆**原长洲县高等小学堂第九校（羊太傅庙）碑刻** …… 一三〇
◆**原苏州高等幼儿师范学校（李鸿章祠）碑刻** …… 一三一
◎李鸿章哀荣谕旨碑 …… 一三一
◆**原苏州工艺美术专科学校（俞樾故居）碑刻** …… 一三二
◎清故乡贤潘先生专祠碑 …… 一三二
◆**苏州市山塘中心小学校碑刻** …… 一三四
◎苏州新修陕西会馆碑 …… 一三四
◎新建陕甘通省会馆码头等助银碑 …… 一三六
◎修理陕西会馆助银碑 …… 一三八
◎陕西会馆置田碑 …… 一四一
◎陕西会馆界碑 …… 一四一
◎郁母沈太夫人建祠兴学记碑 …… 一四二
◆**原裕才学校（光裕公所）碑刻** …… 一四四
◎永禁偷盗滋扰光裕公所复立碑 …… 一四四
◎永禁滋扰裕才初等小学堂扩建碑 …… 一四五
◎裕才学堂建筑课堂记碑 …… 一四六
◎吴县布告光裕公所维持学校经费及整顿旧规碑 …… 一四八
◎江苏苏州警察厅布告光裕公所整顿旧规及维学校经费碑 …… 一五〇
◎江苏苏常道布告光裕公所维持学校经费及整顿旧规碑 …… 一五一
◎光裕社一百五十周纪念幢 …… 一五三
◎永禁光裕社有乖宣传宗旨碑 …… 一五六
◆**原培养小学（珠晶玉业公所）碑刻** …… 一五七
◎周王庙墙界碑 …… 一五七
◆**原环秀小学（环秀山庄）碑刻** …… 一五八
◎味古斋恽帖 …… 一五八
◎益善新村碑 …… 一六三
◆**原胥江第一初等小学分校（嘉应会馆）碑刻** …… 一六四
◎修建嘉应会馆地基房屋契碑 …… 一六四
◎永禁丧葬土工盘头把持昂价碑 …… 一六七
◎永禁盗卖侵占嘉应会馆嘉大义冢碑 …… 一六七
◎嘉应会馆嘉大义冢与盛姓祖坟确界碑 …… 一六八
◎重建会馆大殿、头门、戏台、水码头助银碑 …… 一六八
◎绍康捐银碑 …… 一七〇
◆**原苏州市盲聋哑学校（柴园）碑刻** …… 一七一
◎浒墅镇宋范文正公书院记碑 …… 一七一
◎论语碑 …… 一七三
◆**原虎阜小学（李氏祗遹义庄）碑刻** …… 一七四
◎李氏祗遹义庄界碑 …… 一七四
◆**原蒙养义塾（云锦公所）碑刻** …… 一七五
◎重建轩辕宫记碑 …… 一七五

◎先机道院界碑 …… 一七六
◆**原建新小学（董氏义庄）碑刻** …… 一七七
◎董氏义庄执帖碑 …… 一七七
◆**原西美巷小学（况公祠）碑刻** …… 一七九
◎大清改建明苏州府知府况公专祠之碑 …… 一七九
◆**原悬桥小学（潘氏松鳞义庄）碑刻** …… 一八一
◎松鳞义庄记碑 …… 一八一
◆**原菉葭巷小学（周急局）碑刻** …… 一八三
◎周急局界碑 …… 一八三
◆**原梓义小学（梓义公所）碑刻** …… 一八四
◎吴县水木业职业工会纪念亭碑 …… 一八四
◆**原达材中学（咏勤公所）碑刻** …… 一八七
◎咏勤公所界碑 …… 一八七
◆**原西花桥巷小学（王氏怀新义庄）碑刻** …… 一八八
◎怀新义庄规条序碑 …… 一八八
◎王字砖铭 …… 一八九
◆**原拙政园小学（王氏惇裕义庄）碑刻** …… 一九〇
◎王氏惇裕义庄界碑 …… 一九〇
◆**苏州市桃坞中心小学校碑刻** …… 一九一
◎永禁滋扰书业公所碑 …… 一九一
◆**原苏州市第十七中学校（汪甘卿故居）碑刻** …… 一九二
◎汪甘卿故居界碑 …… 一九二
◆**原苏州市城东中心小学校（太原王氏义庄）碑刻** …… 一九三
◎允奏太原王氏义庄立案碑 …… 一九三
◆**原史家巷小学（冯桂芬祠）碑刻** …… 一九四
◎中允冯君景庭家传碑 …… 一九四
◆**原敦仁小学（拥翠山庄）碑刻** …… 一九六
◎海涌峰碑 …… 一九六
◎龙虎豹熊碑 …… 一九六
◎吕祖百字碑 …… 一九六
◎拥翠山庄记碑 …… 一九九
◎王岚峰诗碑 …… 一九九
◎虎邱新建陆文烈公祠碑记 …… 二〇一
◎陆文烈公祠碑书后 …… 二〇三
◆**原中央测量学校临时校（苏州关税务司署）碑刻** …… 二〇四
◎苏州关税务司署界碑 …… 二〇四
◆**原苏州丝绸技工学校（邓氏宗祠）碑刻** …… 二〇四
◎邓氏宗祠界碑 …… 二〇四
◆**原苏州商业职工大学（姚氏宗祠）碑刻** …… 二〇五
◎姚氏宗祠界碑 …… 二〇五
◆**苏州市桃坞高级中学校碑刻** …… 二〇五
◎桃坞中学界碑 …… 二〇五
◆**苏州市第五中学校碑刻** …… 二〇六
◎潮州会馆界碑 …… 二〇六

◎潮州会馆记碑 …… 二〇六
◎萃英中学丙子方尖碑 …… 二〇七
◆**苏州市升平实验小学校碑刻** …… 二〇八
◎吴县第一高等小学校十周纪念碑 …… 二〇八
◆**苏州市第三中学校碑刻** …… 二一〇
◎德寿堂界碑 …… 二一〇
◆**江苏省苏州第一中学校碑刻** …… 二一〇
◎江苏省立第二中学界碑 …… 二一〇
◎江苏省立第二中学十周纪念碑 …… 二一一
◎故苏州府中学堂总教习王鹤琴先生纪念碑 …… 二一三
◆**原苏州市大儒中心小学校（徐氏春晖义庄）碑刻** …… 二一四
◎龙湛霖题砖铭 …… 二一四
◎徐氏春晖义庄界碑 …… 二一四
◎徐孝女七十年事实碑 …… 二一五
◎吴县县立第三高等小学校廿周纪念碑 …… 二二一
◆**原虹桥幼儿园（王秋记营造厂）碑刻** …… 二二二
◎王秋记界碑 …… 二二二
◆**原大德小学（郁氏家祠）碑刻** …… 二二二
◎郁氏家祠界碑 …… 二二二
◆**原博习医院护士学校碑刻** …… 二二三
◎福音堂碑 …… 二二三
◎博习医院界碑 …… 二二三
◆**苏州市草桥实验小学校碑刻** …… 二二四
◎吴县立第四高小界碑 …… 二二四
◆**苏州农业技术职业学院碑刻** …… 二二五
◎江苏省立第二农业学校界碑 …… 二二五
◆**原传德小学（鲍氏传德义庄）碑刻** …… 二二六
◎鲍传德庄祠界碑 …… 二二六
◆**原苏州工业专科学校碑刻** …… 二二七
◎学校改建染织工场及扩充纺织设备碑 …… 二二七
◆**姑苏区老年大学碑刻** …… 二二八
◎振声附属小学校碑 …… 二二八
◆**原大马路小学（太平坊清真寺）碑刻** …… 二二九
◎清真义学界碑 …… 二二九
◆**原救世女学社（救世堂）碑刻** …… 二二九
◎救世堂界碑 …… 二二九
◆**原思杜小学（思杜堂）碑刻** …… 二三〇
◎杜步西先生记念碑 …… 二三〇
◎思杜堂界碑 …… 二三二
◆**苏州市民治路机关幼儿园碑刻** …… 二三二
◎张家瑞故居界碑 …… 二三二
◆**原苏州美术专科学校（颜文樑纪念馆）碑刻** …… 二三三
◎苏州美术专科学校舍奠基纪念碑 …… 二三三

◆原苏州医士学校（沈京似故居）碑刻 …… 二三四
◎沈京似故居隅石 …… 二三四
◆原苏州银行学校（唐腴胪故居）碑刻 …… 二三四
◎上池书屋碑 …… 二三四

工业园区

◆江苏佛学院寒山学院（重元寺）碑刻 …… 二三六
◎永禁丐匪滋扰元邑东念二都农民碑 …… 二三六
◎永禁窃取践踏芦苇碑（苏州府桂） …… 二三八
◎永禁窃取践踏芦苇碑（苏州府田） …… 二三九
◎元和各乡禁约碑 …… 二四〇
◎永禁窃取践踏芦苇碑（船政分府） …… 二四〇
◎永禁窃取践踏芦苇碑（元和县叶） …… 二四二
◎永禁窃取践踏芦苇碑（吴县） …… 二四三
◆苏州工业园区跨塘实验小学碑刻 …… 二四四
◎娄下镇碑 …… 二四四
◆原吴县第三十六初级小学（柳仙庙）碑刻 …… 二四四
◎柳仙庙界碑 …… 二四四

虎丘区

◆石湖书院石刻 …… 二四六
◎重修文穆公祠堂记碑 …… 二四六
◆原吴县中学碑刻 …… 二四八
◎永禁藉尸骚扰布告碑 …… 二四八
◎永禁私宰耕牛事布告碑 …… 二四九
◎永禁高抬洋价以及搀搭禁钱诸事布告碑 …… 二五〇
◎浒墅镇公园记碑 …… 二五二

吴中区

◆中国佛学院灵岩山分院碑刻 …… 二五六
◎灵岩赎山之碑 …… 二五七
◎驻跸灵岩诗碑 …… 二五九
◆原东楼里小学（静正庵）碑刻 …… 二六〇
◎吴县十四都十一图里社碑 …… 二六〇
◎般若碑 …… 二六二
◎暗香疏景碑 …… 二六二
◎委托管理李氏先慈墓地合同碑 …… 二六二
◎静正庵记碑 …… 二六四
◎天宝遗迹碑 …… 二六四
◆原光福中学（光福寺）碑刻 …… 二六六
◎西崦梅花诗碑 …… 二六六
◆原吴县甪直小学（陆龟蒙祠墓）碑刻 …… 二六七
◎苏州白莲教院使帖碑 …… 二六七

◎重建甫里先生祠堂记碑 …… 二六八
◎陆龟蒙墓碑 …… 二七〇
◆**原香雪中学（司徒庙）碑刻** …… 二七一
◎松风水月碑 …… 二七一
◎般若船碑 …… 二七一
◆**原马家底小学（夏荷园）碑刻** …… 二七二
◎文治书唐诗宋箴碑 …… 二七二
◎恽寿平诗曲碑 …… 二七二
◆**原南阳小学（叶氏宗祠）碑刻** …… 二七四
◎永思堂叶祠界碑 …… 二七四
◎重建叶氏宗祠门楼记碑 …… 二七四
◆**原明湾小学（秦氏宗祠）碑刻** …… 二七六
◎秦氏宗祠助银碑 …… 二七六
◎文昌帝君阴骘文碑 …… 二七六
◆**原东村小学（徐氏宗祠）碑刻** …… 二七八
◎东园徐氏祠堂记碑 …… 二七八
◎徐节妇殷太孺人事略碑 …… 二八〇
◎徐氏宗祠助银田碑 …… 二八三
◆**原缥缈小学（芥舟园）碑刻** …… 二八五
◎洞庭秦氏宗祠重修记碑 …… 二八五
◎芥舟园摩崖石刻 …… 二八七
◆**吴中区长桥中心小学碑刻** …… 二八八
◎永禁买卖私盐碑 …… 二八八
◎永禁藉差勒索脚夫碑 …… 二九〇
◎永禁作践致伤坟冢尸棺碑 …… 二九一
◎永禁滋扰螽墅同仁堂碑 …… 二九二
◆**吴中区东山实验小学碑刻** …… 二九三
◎惜字会议立书塾助银碑 …… 二九三
◆**吴中区东山中学碑刻** …… 二九四
◎永禁围筑太湖芦荡碑 …… 二九四
◆**原中央民族文化学院临时校（薛氏家祠）碑刻** …… 二九四
◎慎馀堂薛祠界碑 …… 二九四
◎薛氏家祠图记碑 …… 二九四
◎薛氏家祠碑记 …… 二九五
◆**原藏南小学（藏书道院）碑刻** …… 二九七
◎重修穹窿山堰闸铭碑 …… 二九七

相城区

◆**原湘城第一国民学校（妙智庵）碑刻** …… 三〇〇
◎谕赐姚广孝碑 …… 三〇〇
◎御祭姚广孝碑 …… 三〇一
◆**原雪泾小学（北雪泾寺）碑刻** …… 三〇二
◎永禁迎神赛会聚众敛钱碑 …… 三〇二
◆**江苏省黄埭中学碑刻** …… 三〇三

◎永禁席棍滋扰碑 …… 三〇三
◎黄埭初级中学建校碑 …… 三〇四

吴江区

◆**吴江县学碑刻** …… 三〇六
◎新建崇圣祠碑 …… 三〇六
◆**原黎里社学碑刻** …… 三〇八
◎吴江县二十三都东八图里社坛碑 …… 三〇八
◆**吴江区黎里小学碑刻** …… 三一〇
◎黎川学舍记碑 …… 三一〇
◎驻跸梅花亭因绘梅花小幅并纪以诗碑 …… 三一〇
◎书院改筑记碑 …… 三一二
◎王燮卿先生暨元配倪寿芝女士捐资兴学记碑 …… 三一二
◆**吴江区平望实验小学碑刻** …… 三一四
◎重建平望艺英书院碑记 …… 三一四
◆**吴江区盛泽程开甲小学碑刻** …… 三一六
◎松陵学舍建设助银碑 …… 三一六
◆**原南新街小学（周元理祠）碑刻** …… 三一七
◎谕祭周元理碑 …… 三一七
◆**原盛湖中学（济东会馆）碑刻** …… 三一八
◎重修济东会馆记碑 …… 三一八
◆**吴江区震泽初级中学碑刻** …… 三二〇
◎王锡阐墓碑 …… 三二〇
◎震泽耶稣堂碑 …… 三二〇
◆**原同里镇中心小学（退思园）碑刻** …… 三二一
◎味古斋恽帖 …… 三二一
◆**原制丝改良传习所（慈云禅寺）碑刻** …… 三二二
◎重修慈云塔记碑 …… 三二二
◎重建慈云寺记碑 …… 三二二
◎震泽重修慈云塔记碑 …… 三二四
◆**吴江区阿德科特创新教育专修学校碑刻** …… 三二六
◎吴江县第二区区立第一国民学校十周纪念碑铭 …… 三二六
◎贞献先生墓表铭 …… 三二七
◎天放楼碑 …… 三二八
◆**原丽则女学碑刻** …… 三二九
◎五月九日国耻纪念之碑 …… 三二九
◎作新吴江县立第一女子高等小学校宇记碑 …… 三三〇
◎丽则女学校训碑 …… 三三一
◆**原庙头小学碑刻** …… 三三二
◎庙头小学记碑 …… 三三二
◆**丝业公学碑刻** …… 三三四
◎丝业公学界碑 …… 三三四

常熟市

◆常熟县学碑刻 …… 三三六

◎常熟学宫界碑 …… 三三六

◎常昭学宫界碑 …… 三三七

◎言子专祠界碑 …… 三三七

◎常熟学前小学校碑 …… 三三七

◆常熟市徐市中心小学碑刻 …… 三三八

◎智林禅寺诗偈碑 …… 三三八

◎智林社学记碑 …… 三三八

◆游文书院碑刻 …… 三四一

◎修致道观记碑 …… 三四一

◎重修虞山书院移祀商相巫公碑记 …… 三四三

◎重修致道观纪略碑 …… 三四四

◎共建游文书院文契及助银明细碑 …… 三四六

◎重修石梅游文书院碑记 …… 三五〇

◎招真治孙尊师修复殿宇记碑 …… 三五〇

◎重浚丹井记碑 …… 三五二

◎虞山摩崖石刻 …… 三五三

◆原常熟市冶塘中心小学（李王庙）碑刻 …… 三五四

◎李王庙界碑 …… 三五四

◆常熟市张青莲小学碑刻 …… 三五四

◎正修堂碑记 …… 三五四

◆常熟市王淦昌中学碑刻 …… 三五六

◎正修书院记碑 …… 三五六

◆原法灯小学（法灯寺）碑刻 …… 三五八

◎恒善庵建厢屋山门碑记 …… 三五八

◎重修烟墩庙碑记 …… 三五九

◆原常熟县国立罟里初级小学（继善堂）碑刻 …… 三六〇

◎继善堂界碑 …… 三六〇

◆原苏州地区师范学校（虚霩园）碑刻 …… 三六一

◎山庄课读图碑 …… 三六一

◎归耕图题跋碑 …… 三六三

◆常熟市吴市中心小学碑刻 …… 三六四

◎最胜庵放生池碑 …… 三六四

◆原毛桥小学（一粟庵）碑刻 …… 三六五

◎敕封护国佑民水部降魔都督府薛社田记碑 …… 三六五

◆原辛庄小学（茅柴庵）碑刻 …… 三六六

◎重修茅柴庵记碑 …… 三六六

◆常熟市杨园中心小学碑刻 …… 三六七

◎王饮鹤先生纪念碑记 …… 三六七

◆常熟市淼泉中心小学碑刻 …… 三六八

◎校舍第一期建造工程收支清册碑 …… 三六八

◆常熟市第一中学碑刻 …… 三七〇

◎常熟县立中学校碑 …… 三七〇

张家港市

◆张家港市塘桥初级中学碑刻 …… 三七二
◎嘉荫堂兰石轩丛碑 …… 三七二
◇留园法帖 …… 三七二
（一）二王法帖 …… 三七二
○乐毅论碑 …… 三七二
○二王尺牍碑 …… 三七三
○评校二王尺牍碑 …… 三七四
（二）一经堂藏帖 …… 三七五
○米芾蜀素帖碑 …… 三七六
○赵孟頫题桃源图碑 …… 三七六
（三）仁聚堂法帖 …… 三七七
○苏轼再和杨公济梅花十绝碑 …… 三七七
（四）宋宗元藏碑 …… 三七八
○真草千字文碑 …… 三七八
（五）寒碧庄自刻碑 …… 三七九
○岳阳楼记碑 …… 三八〇
◇孔千秋藏碑 …… 三八〇
（一）翻刻渤海帖 …… 三八〇
○灵飞经碑 …… 三八〇
（二）孔氏酬酢诗文碑 …… 三八一
○瑶山诗文碑 …… 三八二
◇嘉荫堂兰石轩自刻碑 …… 三八三
（一）家传碑 …… 三八三
○吴氏节烈传碑 …… 三八四
○庞氏宜人传碑 …… 三八四
○庞氏某君传碑 …… 三八五
（二）庞氏诗文尺牍酬酢碑 …… 三八六
○题赠芸圃五诗碑 …… 三八六
○翁同龢题画诗碑 …… 三八六
○致二庞尺牍碑 …… 三八七
○题梅花图诗碑 …… 三八八
○汪洵题画诗碑 …… 三九〇
（三）艺文碑 …… 三九〇
○心经碑 …… 三九〇
○楹联汇刻碑 …… 三九二
（四）嘉荫堂兰石轩丛碑跋 …… 三九二
◆原兴教小学（兴教寺）碑刻 …… 三九八
◎永禁滋扰兴教寺并盗卖寺田碑 …… 三九八
◆原年丰小学（双杏寺）碑刻 …… 四〇〇
◎永禁有碍河身碑 …… 四〇〇
◆杨氏义塾碑刻 …… 四〇一
◎虞山杨氏读书田记碑 …… 四〇一
◆原浦塘小学（盘铭寺）碑刻 …… 四〇三

◎汤家桥盘铭庵修葺石碑记 …… 四〇三
◆原永莲小学（永莲庵）碑刻 …… 四〇五
◎永禁滋扰倒卖永莲庵碑 …… 四〇五
◆原有原初级中学（有原堂）碑刻 …… 四〇六
◎迁移有原堂碑志 …… 四〇六
◆原章卿小学（章卿寺）碑刻 …… 四〇七
◎沙弥嘉会、戒昆、觉灵墓碑 …… 四〇七
◆张家港市南沙占文小学碑刻 …… 四〇七
◎修建校舍记碑 …… 四〇七

昆山市

◆原巴城小学（崇宁寺）碑刻 …… 四一〇
◎重建崇宁寺山门记碑 …… 四一〇
◎永福庵僧田碑记 …… 四一一
◆原昆山县千灯中学（顾炎武墓）碑刻 …… 四一三
◎顾蠡源墓碑 …… 四一三
◆昆山市培本实验小学碑刻 …… 四一三
◎昆山县培本小学校碑 …… 四一三
◆昆山市花桥徐公桥小学碑刻 …… 四一四
◎无逸堂建造明细碑 …… 四一四
◎大年堂碑 …… 四一四
◎大年堂奠基纪念碑 …… 四一五
◎大年先生像赞碑 …… 四一五
◆昆山市第一中学碑刻 …… 四一六
◎昆山县立中学校碑 …… 四一六
◆附：震川书院碑刻 …… 四一七
◎谕奖捐建昆山震川书院碑 …… 四一七
◎松影庐记碑 …… 四一八

太仓市

◆原太仓市第一中学（洞庭分秀园）碑刻 …… 四二〇
◎洞庭分秀联句碑 …… 四二〇
◎洞庭分秀碑 …… 四二〇
◆太仓市第二中学碑刻 …… 四二二
◎太仓州修城建楼记碑 …… 四二二
◎古兴福寺公占碑记 …… 四二二
◆太仓市第一中学碑刻 …… 四二四
◎太仓试院碑记 …… 四二四
◆原直塘小学（普济禅寺）碑刻 …… 四二八

附录　其他校园碑刻

姑苏区 …… 四二九
◆原五龙堂小学（五龙堂）碑刻 …… 四二九
◆原元和县初等小学堂第十四校（定慧寺）碑刻 …… 四二九

◆原河南大学临时校（灵鹫寺）碑刻 …… 四二九
◆原清微小学（清微道院）碑刻 …… 四二九
◆原砂皮巷小学（惠民礼拜寺）碑刻 …… 四二九
◆吴县县学碑刻 …… 四三〇
◆原金谷书院（灵迹司）碑刻 …… 四三〇
◆文天祥祠及平江书院石刻 …… 四三〇
◆原焦作工学院临时校（昌善局）碑刻 …… 四三〇
◆原泰让小学（豆米公所）碑刻 …… 四三一
◆原枣市街小学（韩蕲王庙）碑刻 …… 四三一
◆原志成小学（陶氏浔阳义庄）碑刻 …… 四三一
◆原苏州市虎丘中心小学校（丁元复祠）碑刻 …… 四三一
◆原毗陵猪业小学（毗陵会馆）碑刻 …… 四三一
◆原苏州美术专科学校（中州三贤祠）碑刻 …… 四三一
◆原养正小学（虎丘清节堂）碑刻 …… 四三二
◆轮香义塾碑刻 …… 四三二
◆原金阊区实验小学（宝莲寺）碑刻 …… 四三二
◆原苏州市五金机械职业中学（宝珠庵）碑刻 …… 四三二
◆原洪泽小学（张氏亲仁义庄）碑刻 …… 四三二
◆原遂初小学（恤孤局）碑刻 …… 四三二
◆原新桥巷小学（显圣明王庙）碑刻 …… 四三二
◆原育才小学（尚始公所）碑刻 …… 四三三
◆原苏州市第二十一中学校（裘皮公所）碑刻 …… 四三三
◆原酱业小学（酱业公所）碑刻 …… 四三三
◆原苏州市第二十二中学校（周氏松荫义庄）碑刻 …… 四三三
◆原穆光小学（大礼拜寺）碑刻 …… 四三三
◆原蒙小学堂（石业公所）碑刻 …… 四三三
◆原菁莪学校（梨园公所）碑刻 …… 四三四
◆原养蒙小学（陈氏义庄）碑刻 …… 四三四
◆原锦文小学（锦文公所）碑刻 …… 四三四
◆苏州市东中市实验小学（钱业公所）碑刻 …… 四三四
◆原清真经学（从圣堂）碑刻 …… 四三四
◆原志成小学（霞章公所）碑刻 …… 四三四
◆原枫桥小学（安徽会馆）碑刻 …… 四三四
◆江苏省立第二女子师范学校碑刻 …… 四三四
◆原德生小学（颜料公所）碑刻 …… 四三四
◆原盘溪小学（张士诚母曹氏墓）碑刻 …… 四三五

虎丘区 …… 四三五
◆原保安阳东小学（东白龙庙）碑刻 …… 四三五
◆浒墅义塾碑刻 …… 四三五

吴中区 …… 四三六
◆原宝藏庵小学（宝藏庵）碑刻 …… 四三六
◆长泾浜义学碑刻 …… 四三六

◆原吴县求忠第五初等小学堂（文昌阁）碑刻 …… 四三六
◆金庭中心小学碑刻 …… 四三六
◆东蔡里义塾碑刻 …… 四三七
◆原五浦小学（福利明王庙）碑刻 …… 四三七
◆原红蓼小学（永莲庵）碑刻 …… 四三七

相城区 …… 四三八
◆原福音小学（景道堂黄桥分堂）碑刻 …… 四三八

吴江区 …… 四三九
◆松陵书院碑刻 …… 四三九
◆原新安义学（徽宁会馆）碑刻 …… 四三九
◆原荻塘义塾（保赤局）碑刻 …… 四三九
◆荻塘书院碑刻 …… 四三九
◆二铭初级小学碑刻 …… 四三九
◆原吴江县莘塔第一国民学校（凌氏义庄）碑刻 …… 四四〇
◆横扇第一国民学校碑刻 …… 四四〇

常熟市 …… 四四一
◆文学书院等碑刻 …… 四四一
◆东湖书院碑刻 …… 四四一
◆清水书屋碑刻 …… 四四一
◆梅李书院碑刻 …… 四四一
◆中西蒙学堂碑刻 …… 四四一
◆虞阳小学碑刻 …… 四四二

张家港市 …… 四四三
◆原凤凰小学（永庆寺）碑刻 …… 四四三
◆原马嘶小学（大树庵）碑刻 …… 四四三
◆原西林小学（西林寺）碑刻 …… 四四三
◆沙洲市第十一国民小学碑刻 …… 四四三

昆山市 …… 四四四
◆昆山县学碑刻 …… 四四四
◆沈氏义庄小学碑刻 …… 四四四
◆陈墓初等小学校碑刻 …… 四四四

太仓市 …… 四四五
◆太仓州学碑刻 …… 四四五
◆原西路小学堂（海宁禅寺）碑刻 …… 四四五

鸣谢单位及个人 …… 四四六

后记 …… 四四七

姑苏区

◆江苏省苏州中学校及苏州文庙碑刻

江苏省苏州中学校，位于姑苏区人民路。学校始创于北宋景祐二年（1035），初为州学，与文庙形成左庙右学格局。历经宋元明清，校名时有更迭，曾为紫阳书院等，后统称苏州府学。光绪三十年（1904）起改为江苏师范学堂，开启新学。后曾名江苏省立第一师范、第四中山大学区苏州中学（合并省立一师、省立工专、省立二中等）、江苏省苏州高级中学。历史上留存的碑刻可考者达二百八十余种，详见民国《苏州府学金石志》与《苏州府学志》（杨镜如编著，苏州大学出版社，2013年版）。除点校者外，另有失考残碑二，一刻“朔越二十□日／张伯行”等，一刻“清”字。现存除校园碑刻外，另有大量碑刻、拓片存于苏州文庙，参见《苏州碑刻博物馆藏碑系列丛书·儒学碑刻》（陆雪梅主编，古吴轩出版社，2012年版）。另有部分拓片藏于苏州博物馆、苏州图书馆、国家图书馆等。又有民国汪懋祖书《宋张宣公祠旧址收归校内筑新祠记碑》等，今拓片为私人收藏。

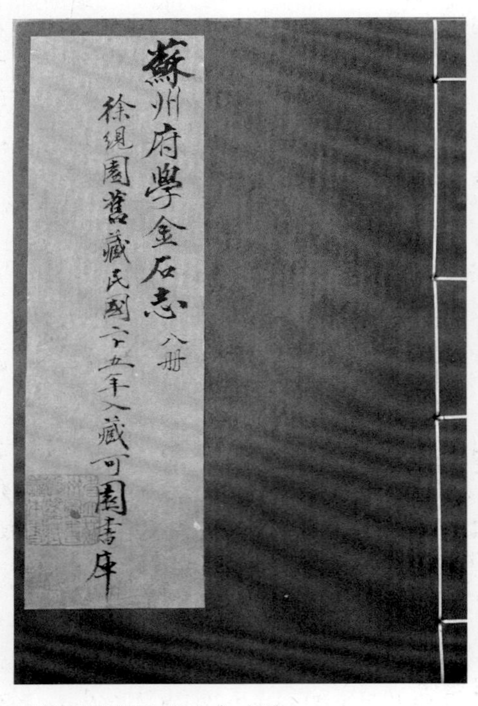

《苏州府学金石志》书影

张伯行残碑

“清”字残碑

石础

◎**石础**

【时间】1320

平江路／延祐柒年岁次庚申／肆月吉日儒学建立。

◎**苏郡儒学兴修记碑**

【时间】1468

［苏郡／儒学／兴修／记］

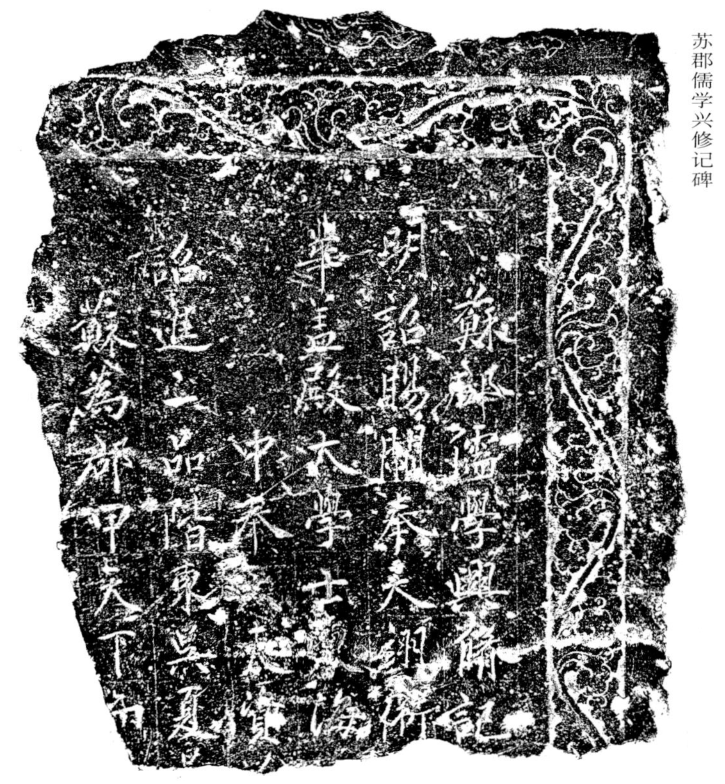

苏郡儒学兴修记碑

明诏赐闻奉天翊卫、［推诚宣力守正文臣、特进光禄大夫、柱国武功伯、兵部尚书兼］／华盖殿大学士、东海［徐有贞撰并书。］

中奉大夫、资［治尹、太常卿致政、］／诏进三品阶、东吴夏杲［篆。］

苏为郡甲天下，而［其儒学之规制亦甲乎天下。是盖有泰伯至德之化、子游文学之风、安定师法之传在焉，不徒财／赋之强、衣冠之盛也。学之建，自有宋，越有元，至于我／有明，几五百载。其间废而复兴，毁而复修，惟牧守之贤是赖，其人在郡志可考已。然近自正统、景泰之际，／国家多故，学浸以敝，爰历数政，皆尝有意兴修而弗遂。成化初元，今巡抚都宪璠台邢公之为守也，因荒图丰，革故图／新，曾不期月，百为具谐。于是，教授南昌程君兰，司训余干张君宪，山阴李君璞、骆君巽协议以请于公。公曰："是吾志／也。"乃相旧规，有仍有改而一新之。若大成殿，若戟门、灵星门，若尊经阁，若明伦堂，则皆仍而新之者也；若先贤祠，若／会膳堂，若四斋暨直庐，若射圃，若泮池之桥，则皆改而新之者也。经始于丙戌之夏，落成于丁亥之秋。凡在学者，忻／抃胥庆。会邢公既升，而巴渝贾公来继其政，谓斯文盛事不可无记之者，因率学职诸君来以为请。予郡人也，而有／子在学，于学之兴修亦同其庆焉。乃进诸生而诰之曰：夫学之作兴在乎君长，化导在乎师儒，而进修之功，则在乎／生之自勉焉尔。凡为学者，所以学乎圣与贤也。学乎圣与贤者，盖将希至乎圣与贤也。希至乎圣与贤者而可苟乎？／其必也繇乎诗书六艺之文，以通乎唐虞三代之道。处焉、进修焉，而为之德业；出焉、施设焉，而为之政事；堂堂焉、表／表焉，以立乎天下。若陆敬舆之于唐、范希文之于宋，庶几哉！始而希贤，终而希圣。不惟其言，惟其行；不惟其名，惟其／实。穷惟斯，达惟斯，忧乐惟斯，成乎己也惟斯，成乎物也惟斯。使世之论者谓吾苏也，郡甲天下之郡，学甲天下之学，／人才甲天下之人才。伟哉！其有文献之足征也。斯于作兴化导之意，为无负矣！］

［成化四年龙集戊子春三月吉旦，中宪大夫、前监察御史、奉／敕知苏州府事贾奭。］

［同知王贵、／卢忠，通判欧阳瑄、／宋理，长洲县知县苏铎，／吴县知县樊瑾，／府学教授程兰，／训导张宪、／李璞、骆巽立石，耆老徐衢、／陈璠，／郡人陈俊镌。］

【说明】原碑残，据苏州图书馆藏拓片及《吴都文粹续集》补苴。

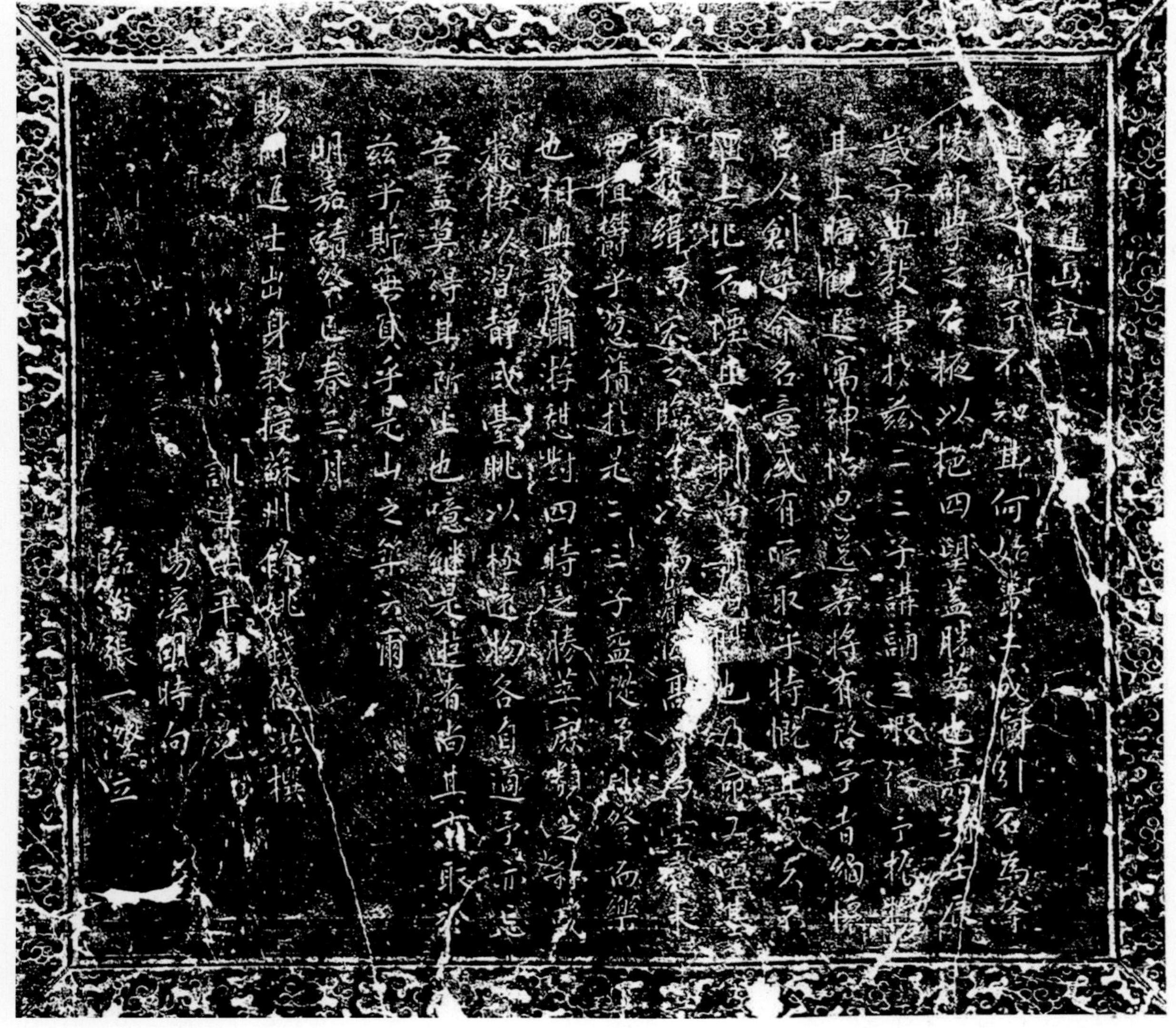

增筑道山记碑

乡饮酒碑铭

◎增筑道山记碑

【时间】1533

增筑道山记

道山之筑，予不知其何始。篑土成冈，引石为峰。/据郡学之右掖，以挹四望，盖胜萃也。嘉靖壬辰/岁，予典教事于兹，二三子讲诵之暇，从予振蹑/其上，旷观遐寓，神怡思逸，若将有启予者。缅怀/古人创筑命名，意或有所取乎？特慨其岁久不/理，土圮石堙，且古制尚有遗胜也。乃命工垒基/拓势，缉而宏之，临深以为岩，因高以为台，嘉木/四植，郁乎葱茜。于是二三子益从予日登而乐/也，相与歌啸游憩，对四时之胜，萃庶类之和，或/岩栖以习静，或台眺以极远，物各自适，予亦忘/吾，盖莫得其所止也。噫！继是游者，尚其有取于/兹乎？斯无负是山之筑云尔。

明嘉靖癸巳春三月，/赐同进士出身、教授苏州、余姚钱德洪撰。

训导乐平周冕、/汤溪胡时向、/临淄张一澄立。

【说明】今碑漫漶，据旧拓补苴。

◎乡饮酒碑铭

【时间】1541

［乡饮酒碑铭］

乡饮酒碑铭

皇明既一四海，乃大兴礼乐，［以新今俗，还古道，为千万世计。惟乡饮酒，繇近代以还，蔑之有讲。洪武五年，始诏郡国，以孟春孟冬举行斯］/礼读律焉。其时江夏魏公实［守苏州，奉诏惟谨，既一再行之，然尚恐未能宣上德意，是以明年复参考仪礼，以授经历李亨、教授贡颖之，］/使与郡士周南老、王行、徐用诚［共商校之，且使张端及诸生相与习焉。爰舍菜先圣先师，以孟冬之月吉日癸未，行于郡学。其大宾为前］/进士魏俊民，介为先圣五十四［世孙思凋，僎为推官王芳；三宾为范廷徵，众宾为邵允礼、钱琼等十有一人；次僎为知吴县事曾翻、知长］/洲县事张其。而乐正以张田，司［正以滕权，贤而得其人如此。特位三老人，曰昆山周寿谊，年百有十岁；曰吴县杨茂，九十有三岁；曰林文］/友，九十有二岁。皆形充神完，行［坐有礼，老人而得其人又如此。然后皆列坐，八十以上者十有三人，七十以上者六十有二人，六十以上］/者四十有七人，五十立而听政［役者百人。凡在位者之子弟侍立者二十有八人，主宾僎价之赞，相爵尊豆笾俎洗之执事者皆具。又别］/为教授位，而吴县教谕徐鼎、昆［山教谕陈圭次之，训导十五人又次之。长洲教谕周敏则以侍其父南老，常熟教谕傅著侍其父玉，皆降］/而北面立。合乡学及六县弟子［员之立者百有六十人，文武僚佐之在位观礼者若干人，农工商贾远近之观者又以千计。公年且七十，］/而朱颜焕如，［独出］人表，升降［揖拜，竟日无倦。而其子槃侍立，进趋中度，于是化明乐和，众以大悦。既而乃读律，众复肃以听，皆曰：］/今天子神［圣，援吾人］水火中，而［斯礼也，吾身亲见之，幸哉！越五日，周老人还昆山，公躬出娄门之郊，再拜以饯。都之士女观者，又慨焉以］/为幸见，且［曰：公于人之父］兄也，［如父兄然，吾于吾父兄，宜何如？君子以是知公之政兴孝兴弟者，盖易易然也。且老人者，生宋景定中，历］/元百年而［遭逢］/圣代，意者天生斯老［以］待，［今仁寿固已在百年先矣，微公谁乃表之？彝也居公之野矣，病废，得扶曳以观焉，盖旷世之遭也。故为铭其堂］/下。碑曰：/于维皇王，正此方夏。爰释戎衣，［有事郊社。祀享会朝，礼作乐造。神人既和，及乡饮酒。维乡饮酒，万方攸同。俾孝与弟，载臻时雍。显显魏公，］/牧我苏人。公有旨酒，乐我嘉宾。［嘉宾戾止，以僎以价。公在泮宫，宾至则拜。出俎东壁，羞自东房。玄酒于尊，房户是当。有勺有勺，实彼爵矣。］/再拜稽首，献且酢矣。吹笙鼓琴，［而瑟而箫。

一师六友道脉图碑（一）

一师六友道脉图碑（二）

而间以歌，厥音犹犹。有黄其发，鲐背儿齿。百有十岁，眉寿曷已？公拜而馈，实犹父兄。何以将之，］/筐有玄黄。宾既乐只，言旋言［归。醉饱自公，祝公期颐。我子我孙，公之孙子。公我父兄，我孝我弟。公曰咈哉，］/天子明圣。天子万年，畜尔［子姓。猗嗟苏人，今复尔古。我作歌诗，以告来世。］

［洪武六年癸丑，前史官、蜀人王彝撰。］

［嘉靖二十二年癸卯，知府事、南充王廷立石。］

［前翰林院待诏、将仕佐郎、郡人文徵明书并篆额。章简甫刻。］

【说明】今碑残，据旧拓补苴。

◎一师六友道脉图碑

【时间】1600

准

“■/也，一概何害□□□/尔无高下，谁云多寡？”

绳

体柔而用刚，身屈而道/直，绳也善世矣，世其免/女乎？噫！赞曰：/“邪曲尔正，崎岖尔平。蚤/赋归来，守黑尔容。”

权

轻重在物，低昂在我，是/谓当权，能轻重我，无加/损我，我安权知权？赞曰：/“不住中间，不住两边。不/离中间，不离两边。独往/独还，付女各然。”

［度］

［予每短长人，人辄怨之。/予自不度耳，于人何尤？/赞曰：“不短不长，能短能长，非/我短长，孰怨短长？”］

［一师六友道脉图跋］

［夫道，一而已矣。孔子云：“予一以/贯之。”一则贯，虽万可也，况六乎？/孔子之“一”，其原本于唐虞授受/一中心法。当尧授舜，止于“执中”/一语，舜复推明其义，以精以一，/以危以微，以人以道，盖在虞廷/固已演而六之，特后世未之觉/耳。自古圣贤立论，或为之经，或］/为之纬，期于明道而止予乡心。/吾吕司空公力任理学之传，揭/一师六友，著之论赞，且绘为图，/大意不出孟子“执中无权”之说，/因权而推类，以尽其馀，欲使学/者不失长短轻重毫厘之差。其/言益详，而其阐明尧舜孔孟相/传之旨，益无馀蕴。呜呼，一哉，可/以观其窍哉；六哉，可以观其妙/哉！予不佞，览图说而有契于中/久矣，因以使者事使吴，命镌诸/苏州宫墙广之。雍丘后学徐元/谨跋。

【说明】原碑“绳”下绘墨斗，上书“知白守黑”，权下绘秤，度下绘尺。今二碑皆残，阙文据苏州图书馆藏拓片补苴。

重修苏州府儒学记碑

◎**重修苏州府儒学记碑**

【时间】1624

［重修苏／州府学／记］

［重修苏州府儒学记］

［自宗庙之美识于端木氏，后世严事孔子者，圜丘方泽而外，莫与比隆。上自两都辟雍，下追山城僻邑］之泮林，陈皋比，肄宵雅，群／［章逢之士，州处其间，而咏先王之风，穆如也。然官司长吏往往慢厥职，涂塞厥事，大扃小扃，未必循］冬官遗度陶旊之属，而髻垦薜／［暴参之。故学宫之饬与学宫之圮，岁每见告，而饬不胜圮。吴郡学，为范文正所捐地，后次第广之，］延袤顷有半，其显敞宏丽可甲天／［下。然外观翼如，崇堂夹室，四阿重屋，如有丝竹之声，而其间颓垣败壁，鞠为榛芜者比比矣。大中］丞海澄周公，衔／［命抚吴，甫下车，肃谒先师，陟道山亭，登六经阁，环眺久之，慨然顾嗟，谓："宗庙洵美矣，彼离离而蒙］茸者，尽苜蓿蔬圃乎？若庭楹故址，则／［先圣神游出入，而师生所攸跻也。且安定教授，古今人师，而遗主委草莽，何以风后人使之先］事？"亟输锾羡二百金为在事倡，而侍御／［邛州孙公以董学，济宁潘公巡方、昆明傅公视鹾后先莅兹土，与一时郡国守相、州邑之长］咸有输。胡公庙貌遂与文正杰峙，岁时／［豆笾，亡匮荐焉。久圮不治之廨舍，还复栋宇，而冷毡不虞露宿。六经阁葺，而侧理隃糜，可以］免朽蠹。祭器库修，而疏布以幂，醴盏以／［献，可以昭忠信。墙厚而崇，杂五色之位以章之。又惧梁木之或坏，为坠地忧也。榱题不胜任］者，更之；罘罳不蔽、有鸟鼠患者，墐室之。／［是断是度，实实而枚枚，则司教司训两刘君实仰承群公德意，竭蹶绳督，以告成事。而司］管钥者，犹称有羸金，司教于是乎拭清镛、／［冒良鼓，使其大而宏声，舒而远闻。鞉磬柷敔既备，乃奏，朱干玉戚，周折登降，悉中万舞之节。］春秋飨祀，有目者惊鲜衹，具耳者乐雍／［和，诸生祭酒谓百年来所未有也。学故有膏腴，向者多饱硕鼠。自修饬后，如司训请，收其囷窌，以充］寒士之枵腹与才士之绣肠，而／［两刘君与其同事巽命之，曰："尔多士，抠衣于斯，鼓箧于斯也。使有经不读，有山亭以遨以嬉，而不哦咏其上，又乌用孔曼且硕矣？］虽／［然，孔曼且硕，而业不加修，诸生责也；以圣人之泽宫，而荒楚不除，瓦砾不扫，施敬于民而民不敬，非诸生责也。"夫琳宇淄寮，每郡国／不下数十区，而泽宫惟一耳。且俎豆以昭报，犹祖考之原寝也；薪槱以吁俊，犹子弟之塾舍也。冷风淫雨，蚀我原寝。贤子弟束发受／书，而塾舍颓敝，凄凉满目，能漠然充耳，徒壮其闬闳，为承家保世计乎？后之莅兹土者，常如中丞公暨群公之心，而董厥职者，又得／两刘君，则宗庙之美，永永甲于天下可矣！诸公名氏，业已载乘志，可无更数。而郡学有姚氏，三世明经起家，曰丞、曰厚、曰圭者，则希／孟之高、曾大父暨大父也。虽不足号蝉联，然水木在是矣，敢因诸公之属简而附标之？］

［皇明天启四年甲子孟夏吉旦。］

［赐同进士出身、翰林院检讨、征士郎、长洲姚希孟撰。本学生员嘉定严衍书。昆山张幼文篆。／苏州府知府寇慎，同知全廷训、王洵，通判李果嘉、陈训，推官张承诏，本学教授刘民悦，／太仓州知州陈如松，长洲县知县叶成章，／吴县知县万谷春，吴江县知县晏清，／常熟县知县宋贤，昆山县知县闵心镜，／嘉定县知县卓迈，／本学教授徐起陆，训导刘一霖、李夺锦、孔闻谛、方兆林仝立石。章得第刻。］

【说明】原碑残，阙文据国家图书馆藏拓片及道光《苏州府志》补苴。

泮池碑

◎**泮池碑**

【时间】不详

泮池

紫陽書院碑記

東南文學之盛自言氏受業於聖門得其精華歸而教其鄉厥後英材蔚起代有其人故聲明文物甲于海内流風至今不墜我
皇上御極五十二年中間以文章大魁天下者三吴之士居大半孰非
聖朝禮樂教化漸摩使然不佞中州鄙人謬膺　簡命撫臨茲土數載於茲顧不能宣揚
上德於萬一不有忝斯任乎竊念服膺於朱子之教有年稍能窺學問之大槩今爲諸士子陳之昔吾夫子設教洙泗及門之士盈三
千有餘而惟顔曾爲入室其餘雖各有所造就而不無偏全之别及至後世尊德性道問學分門立户紛成聚訟朱子之道迭明迭晦
於五百年之間迄未有定論惟我
皇上學術淵深躬行心得默契虞廷十六字真傳獨深信朱子所云居敬以立其本窮理以致其知返躬以踐其實其道大中至正而
無所於偏純粹以精而無所於襍
欽定紫陽全書以教天下萬世其論遂歸於一始知學者之所以爲學與教者之所以爲教當以紫陽爲宗而俗學異學皆不得而亂
焉者矣不佞樂與多士恪遵
聖教講明朱子之道而身體之爰建紫陽書院地度於學宫之旁材取於僧廬之毁工成於農隙之餘中爲崇祀紫陽夫子之堂翼以
諸生講學藏脩之舍庖廩湢浴靡不畢具經始于癸巳之冬落成于甲午之春堊茨丹雘翼如儼如諸士子可以朝斯夕斯若工之
居肆以成其器矣夫所謂道者在人倫日用之間體之以心踐之以身藴之爲德行發之爲事業非徒以爲工文辭取科第之資已也
諸士子勉旃勿務華而離其實亦勿求精而入於虚他日學成名立出而大有爲于天下庶無負不佞養賢報　國之志云
右碑記儀封張清恪公作於康熙甲午書院落成之日明年而公去吴未及勒石迄今三十餘年前後撫吴諸憲奉
朝廷德意咸造士其中溯公創始之功新記具在峻以不才謬主講席六年于兹每欲補刊此碑以垂久遠友人候選郡司馬
蔣君梁聞之欣然出貲以建因并記其始末時
翰林院編脩改授江西道監察御史虞山王峻書
乾隆十三年歲次戊辰夏四月朔日立

泮池重建年款碑

◎泮池重建年款碑

【时间】1746

大清乾隆拾壹年巧月吉日重建。

大明成化三年正月吉日重建。

大清康熙拾陆年正月吉日重修。

◎紫阳书院碑记

【时间】1748

紫阳书院碑记

东南文学之盛，自言氏受业于圣门，得其精华，归而教其乡。厥后英材蔚起，代有其人。故声明文物甲于海内，流风至今不坠。我/皇上御极五十二年，中间以文章大魁天下者，三吴之士居大半，孰非/圣朝礼乐教化渐摩使然？不佞中州鄙人，谬膺简命，抚临兹土，数载于兹，顾不能宣扬/上德于万一，不有忝斯任乎？窃念服膺于朱子之教有年，稍能窥学问之大概，今为诸士子陈之。昔吾夫子设教洙泗，及门之士至三/千有馀，而惟颜、曾为入室，其馀虽各有所造就，而不无偏全之别。及至后世，尊德性、道问学，分门立户，几成聚讼。朱子之道迭明迭晦，/于五百年之间迄未有定论。惟我/皇上学术渊深，躬行心得，默契虞廷十六字真传，独深信朱子所云“居敬以立其本，穷理以致其知，返躬以践其实”，其道大中，至正而/无所于偏，纯粹以精而无所于杂。/钦定《紫阳全书》以教天下万世，其论遂归于一，始知学者之所以为学，与教者之所以为教，当以紫阳为宗，而俗学、异学有不得而参/焉者矣。不佞乐与多士恪遵/圣教，讲明朱子之道而身体之。爰建紫阳书院，地度于学宫之旁，材取于僧庐之毁，工成于农隙之馀。中为崇祀紫阳夫子之堂，旁为/诸生讲学藏修之舍，庖廪湢浴，靡不毕具。经始于癸巳之冬，落成于甲午之春。塈茨丹雘，翼如俨如，诸士子可以朝斯夕斯，若工人之/居肆以成其器矣。夫所谓道者，在人伦日用之间，体之以心，践之以身，蕴之为德行，发之为事业，非徒以为工文辞、取科第之资已也。诸士子勉旃，勿务华而离其实，亦勿求精而入于虚。他日学成名立，出而大有为于天下，庶无负不佞养贤报国之志云。

右碑记仪封张清恪公作于康熙甲午书院落成之日，明年而公去吴，未及勒石。迄今三十馀年，前后抚吴诸宪奉/朝廷德意，咸造士其中，溯公创始之功，斯记具在。峻以不才，谬主讲席六年于兹，每欲补刊此碑，以垂久远。友人、候选郡司马、长洲/蒋君棨闻之，欣然出资以建，因并记其始末。时

翰林院编修、改授江西道监察御史、虞山王峻书。

乾隆十三年岁次戊辰夏四月朔日立。吴门顾觐侯镌。

明待诏文公祠碑

◎明待诏文公祠碑

【时间】1751

明待诏/文公祠/碑记

【说明】仅存碑额。

敕赐海潮庵碑

◎敕赐海潮庵碑

【时间】清乾隆

［敕］赐海潮庵

【说明】有“乾隆御笔”章。

对瀑诗碑

◎**对瀑诗碑**

【时间】1757

［九叠］垂云绅，/［一泓注］石髓。卉/［物太］昌妍，藉/［兹足淘洗。］

【说明】碑残，诗为乾隆所作，据《清高宗御制诗文全集》补苴。

◎**过紫阳书院叠旧作韵诗碑**

【时间】1757

御制/诗碑

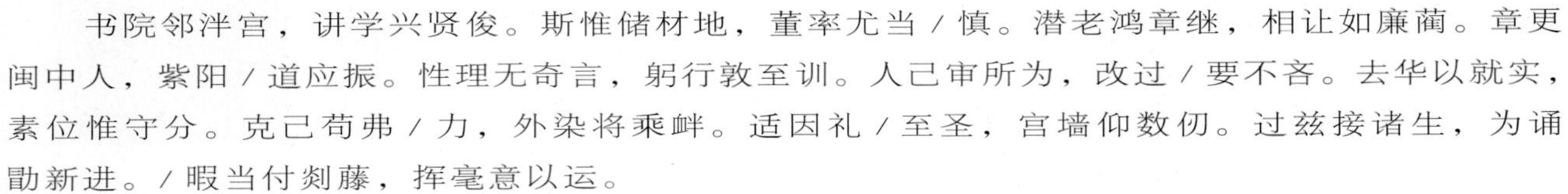

书院邻泮宫，讲学兴贤俊。斯惟储材地，董率尤当/慎。潜老鸿章继，相让如廉蔺。章更闽中人，紫阳/道应振。性理无奇言，躬行敦至训。人己审所为，改过/要不吝。去华以就实，素位惟守分。克己苟弗/力，外染将乘衅。适因礼/至圣，宫墙仰数仞。过兹接诸生，为诵勖新进。/暇当付剡藤，挥毫意以运。

乾隆丁丑季春月，御笔。

◎**道教二经图碑**

【时间】1759

金函三缄，启/天下之文明；/桂籍兰宫，掌/人间之禄宁。/白骑香车，如/意在手；惟德/是馨，斯文永/佑。所愿必得/其位，必得其/禄，敢不临之/在上，质之在/旁？

梓潼帝君垂训阴骘文

帝君曰：“吾一十七世为士大夫身，未尝虐民酷吏，救人之难，济/人之急，悯人之孤，容人之过，广行阴骘，上格苍穹，人能如我存/心，天必锡汝以福！”于是训于人曰：“昔于公治狱，大兴驷马之门；/窦氏济人，高折五枝之桂。救蚁中状元之选，埋蛇享宰相之荣。/欲广福田，须凭心地。行时时之方便，作种种之阴功。利物利人，/修善修福。正直代天行化，慈祥为国救民。忠主孝亲，敬兄信友。/或奉真朝斗，或拜佛念经，报答四恩，广行三教。济急如济涸辙/之鱼，救危如救密罗之雀。矜孤恤寡，敬老怜贫。措衣食周道路/之饥寒，施棺椁免尸骸之暴露。家富提携亲戚，岁饥赈济邻朋。/斗秤须要公平，不可轻出重入；奴仆待之宽恕，岂宜备责苛求？/印造经文，创修寺院。舍药材以拯疾苦，施茶水以解渴烦。或/买物而放生，或持斋而戒杀。举步常看虫蚁，禁火莫烧山林。点夜/灯以照人行，造河船以济人渡。勿登山而网禽鸟，勿临水而毒/鱼虾，勿宰耕牛，勿弃字纸，勿谋人之财产，勿妒人之技能，勿淫/人之妻女，勿唆人之争讼，勿坏人之名利，勿破人之婚姻，勿因/私仇使人兄弟不和，勿因小利使人父子不睦，勿倚权势而辱/善良，勿恃富豪而欺穷困。善人/则亲近之，助德行于身心；恶人则远避之，杜灾殃于眉睫。常须隐恶扬善，不可口是心非。剪碍/道之荆榛，除当途之瓦石。修数百年崎岖之路，造千万人来往/之桥。垂训以格人非，捐资以成人美。作事须循天理，出言要顺/人心。见先哲于羹墙，慎独知于衾影。诸恶莫作，众善奉行。永无/恶曜加临，常有吉神拥护。近报则在自己，远报则在儿孙。百福/骈臻，千祥云集，岂不从阴骘中得来者哉？”沈天中敬书。

太上感应篇

書院謝泮宮講學兼賢俊斯惟依村地董江尤當慎潛老鴻章繼相讓如廬藺章更閩中人紫陽道應振性理無窮言躬行致至訓人已審所為設過容不吝去華以就實素位惟守分克己苟弗力外染將乘釁適因禮至聖宮墻仰數仞過為搜諸生為誦勖新進暇當付刻藤揮毫意以運

乾隆丁丑季春月　御筆

过紫阳书院叠旧作韵诗碑

太上曰："祸福无门，唯人自召。善恶之报，如影随形。是以天地有司过之神。依人所犯轻重，以夺人算。算减则贫耗，多/逢忧患，人皆恶之，刑祸随之，吉庆避之，恶星灾之，算尽则死。又有三台北斗神君，在人头上，录人罪恶，夺其纪算。/又有三尸神，在人身中，每到庚申日，辄上诣天曹，言人罪过。月晦之日，灶神亦然。凡人有过，大则夺纪，小/则夺算。其过大小，有数百事，欲求长生者，先须避之。是道则进，非道则退。不履邪径，不欺暗室。积德累功，慈心于物。/忠孝友悌，正己化人，矜孤恤寡，敬老怀幼。昆虫草木，犹不可伤。宜悯人之凶，乐人之善，济人之急，救人之危。见人之/得，如己之得。见人之失，如己之失。不彰人短，不炫己长。遏恶扬善，推多取少。受辱不怨，受宠若惊。施恩不求报，与人/不追悔。所谓善人，人皆敬之，天道佑之，福禄随之。众邪远之，神灵卫之，所作必成，神仙可冀。欲求天仙者，当立一千/三百善，欲求地仙者，当立三百善；苟或非义而动，背理而行。以恶为能，忍作残害。阴贼良善，暗侮君亲。慢其先生，叛/其所事。诳诸无识，谤诸同学。虚诬诈伪，攻讦宗亲。刚强不仁，狠戾自用。是非不当，向背乖宜。虐下取功，谄上希旨。受/恩不感，念怨不休。轻蔑天民，扰乱国政。赏及非义，刑及无辜。杀人取财，倾人取位。诛降戮服，贬正排贤。凌孤逼寡，弃/法受赂。以直为曲，以曲为直。入轻为重，见杀加怒。知过不改，知善不为。自罪引他，壅塞方术。讪谤贤圣，侵凌道德。射/飞逐走，发蛰惊栖，填穴覆巢，伤胎破卵。愿人有失，毁人成功。危人自安，减人自益。以恶易好，以私废公。窃人之能，蔽/人之善。形人之丑，讦人之私。耗人货财，离人骨肉。侵人所爱，助人为非。逞志作威，辱人求胜。败人苗稼，破人婚姻。苟/富而骄，苟免无耻。认恩推过，嫁祸卖恶。沽买虚誉，包贮险心。挫人所长，护己所短。乘威迫胁，纵暴杀伤。无故剪裁，非/礼烹宰。散弃五谷，劳扰众生。破人之家，取其财宝。决水放火，以害民居，紊乱规模，以败人功，损人器物，以穷人用。见/他荣贵，愿他流贬。见他富有，愿他破散。见他色美，起心私之。负他货财，愿他身死。干求不遂，便生咒恨。见他失便，便/说他过。见他体相不具而笑之。见他才能可称而抑之。埋蛊厌人，用药杀树。恚怒师傅，抵触父兄。强取强求，好侵好/夺。掳掠致富，巧诈求迁。赏罚不平，逸乐过节。苛虐其下，恐吓于他。怨天尤人，呵风骂雨。斗合争讼，妄逐朋党。用妻妾/语，违父母训。得新忘故，口是心非。贪冒于财，欺罔其上。造作恶语，谗毁平人。毁人称直，骂神称正。弃顺效逆，背亲向/疏。指天地以证鄙怀，引神明而鉴猥事。施与后悔，假借不还。分外营求，力上施设。淫欲过度，心毒貌慈。秽食/馁人，左道惑众。短尺狭度，轻秤小升。以伪杂真，采取奸利。压良为贱，谩蓦愚人。贪婪无厌，咒诅求直。嗜酒悖乱，骨肉/忿争。男不忠良，女不柔顺。不和其室，不敬其夫。每好矜夸，常行妒忌。无行于妻子，失礼于舅姑，轻慢先灵，违逆上命。/作为无益，怀挟外心。自咒咒他，偏憎偏爱。越井越灶，跳食跳人。损子堕胎，行多隐僻。晦腊歌舞，朔旦号怒。对北涕唾/及溺，对灶吟咏及哭。又以灶火烧香，秽柴作食。夜起裸露，八节行刑。唾流星，指虹霓。辄指三光，久视日月，春月燎猎，/对北恶骂。无故杀龟打蛇，如是等罪，司命随其轻重，夺其纪算。算尽则死，死有余责，乃殃及子孙。又诸横取人财/者，乃计其妻子家口以当之，渐至死丧。若不死丧，则有水火盗贼，遗亡器物，疾病口舌诸事，以当妄取之直。又枉杀/人者，是易刀兵而相杀也。取非义之财者，譬如漏脯救饥，鸩酒止渴，非不暂饱，死亦及之。夫心起于善，善虽未为，而/吉神已随之。或心起于恶，恶虽未为，而凶神已随之。其有曾行恶事，后自改悔，诸恶莫作，众善奉行。久久必获吉庆，/所谓转祸为福也。故吉人语善，视善，行善。一日有三善，三年天必降之福。凶人语恶、视恶、行恶，一日有三恶，三年天/必降之祸，胡不勉而行之？"

乾隆三十四年岁次己卯孟夏谷旦，长洲沈天中敬书。/吴郡李元升虔奉。吴郡穆大展镌。

【说明】原在新桥巷出土，刻有《梓潼帝君垂训阴骘文》《太上感应篇》，另有《梓潼帝君骑特图》，据此可知，此碑当为文庙文昌阁或道观中之物。后移至苏州中学。

金丞在織啓
天下之文明
桂籍蘭宮掌
人間之祿享
白騎香車如
意在乎惟德
是馨斯文永
依附頌々得
真位々得其
祿敬六鎬之
在上皆之在
旁

中丞明公校士紫阳书院碑记

中丞明公校士紫陽書院碑記

[illegible]內閣學士兼禮部侍郎提督江蘇學政新建曹秀先譔并書

[illegible]管理蘇州織造兼榷滸墅關稅務薩載篆額

宋時有四大書院其嶽麓白鹿文公講習之地得二焉今天下所在多有書院其以紫陽名書院者于江南得三焉徽郡淮安郡之[illegible]與蘇州[illegible]之紫陽

書院其立得於學政作而生徒甚盛他處與徽郡者皆莫之及其故[illegible]在昔我

聖祖臨御之時幸吳作人

賜額曰學道還淳迄我

皇上翠華南幸典重右文

賜額曰白鹿道規[illegible]

聖聖相承天章炳燦而禮數深渥此外傳特[illegible]從于萬二享盆其閣[illegible]

御賜三希堂法帖爲視其亭

御賜兩院長詩章錫爲嗣自康熙癸巳歲以迄今茲凡五十有五載撫軍張清恪公實始肇建厥後大吏前後子有若鄂文端公高文定公莊滋圃楊公番禺莊公桂林陳公

[illegible]臨涖茲土培養相仍而余則

中丞明公尤復諄諄加意以規久遠葺治宇舍籌給膏火增廣肆業名額善夫有爲之前有爲之後蓋善於其相循也顧惟書院之名[illegible]從同乎今曰紫陽書院其[illegible]名

而思義乎大哉

王[illegible]謂白鹿道規者將俾多士師法文公而身之而心之非[illegible]誦其道書識其條件而已文公鹿洞賦有云曰明誠其兩進抑敬義其偕立允莘摯之所[illegible]若顏曾之攸

執此即通書志學之旨也多士知文公則知濂溪先生矣陸文安公在鹿洞講喻義於利章于習之深中文公以爲切中學者隱微深錮之病多士知文公知[illegible]

山先生矣淳陵胡公教授湖分經義治事二齋啓迪學者流風漸及今猶古也多士從文公[illegible]知安定先生矣尊德性道問學者皆[illegible]斯也中肆業書院中之所宜[illegible]

名以顧[illegible]稱有德有造惟孝惟忠將文公所謂私淑而與有聞焉者此也紫陽之學也國都鄉之學也非但官斯土者有學此也師以副

國家興賢育才之典所具是篇而又溪遊乎曰大哉大哉中丞公之爲政也仁而有斷嚴而不苛培養士類惓惓於力[illegible]然善下課試書院者先知[illegible]閣書運

相與商[illegible]名[illegible]以經士心矣以撫軍之職攻兼養學使之職協專校士既此書院[illegible]雅[illegible]三百人三課並策皆桓[illegible]公宗奬而引掖之紹鹿洞之芳躅崇吾

道之正學矣夫有造于諸生且有施于後學也乎先能無喜焉且愧乎彼後乃蒞信古大臣庶事知兵制錢穀河渠諸大政次第施行然必于學校主徒相[illegible]重焉者

其謂是崇尚大體而審所先務也賢哉[illegible]公也稱此之事焉已[illegible]公姓輝和名明[illegible]洲正紅旗人[illegible]部侍郎兼右副都御史巡撫江蘇等處地方所屬布政使[illegible]

君名[illegible]洲[illegible]黃旗人按察使吳君名壇山東海豐人前按察使李君名永書直隸[illegible]人楊君名重英[illegible]江[illegible]名[illegible]浙江[illegible]州人[illegible]

肄院長宮傅禮部尚書沈先生名德潛司經局洗馬韓先生名彥曾俱長洲人美式御屬師其[illegible]時之盛也備書諸石庶後之學者有以觀焉

皇清乾隆三十有二年歲在丁亥孟冬月　穀吉日上石

◎中丞明公校士紫阳书院碑记

【时间】1767

中丞明公校士紫阳书院碑记

内阁学士兼礼部侍郎、提督江苏学政、新建曹秀先撰并书。

管理苏州织造兼榷浒墅关税务叶赫萨载篆额。

宋时有四大书院，其为徽国文公讲习之地得二焉。今天下所在多有书院，其以紫阳名书院者于江南得三焉：徽郡、淮安郡之阜宁与苏州会城是已。苏州之紫阳／书院，其立得方，其教化易行，而生徒甚盛，他处与徽郡者皆莫之及，其故何欤？在昔我／圣祖临御之时，寿考作人，／赐额曰"学道还淳"。逮我／皇上翠华南幸，典重右文，／赐额曰"白鹿遗规"。／圣圣相承，天章炳焕，而礼数深渥，此外俦得比拟于万一乎？登其阁，／御赐《三希堂墨刻》庋焉。视其亭，／御赐两院长诗章镌焉。溯自康熙癸巳岁以迄今，兹凡五十有五载。抚军张清恪公实始肇建，厥后大吏诸君子有若鄂文端公、高文定公、昆明杨公、番禺庄公、桂林陈公／临莅兹土，培养相仍。而今则／中丞明公尤复谆谆加意，以规久远，葺治宇舍，筹给膏火，增广肄业名额，善夫有为之前，有为之后，盖若斯之相值也。顾惟书院之名其从同乎？今曰紫阳书院，其顾名／而思义乎，大哉！／王言所谓"白鹿遗规"者，将俾多士师法文公而身之，而心之，非第诵其遗书，识其条件而已。文公《鹿洞赋》有云曰："明诚其两进，抑敬义其偕立，允莘挚之所怀，谨巷颜之攸／执。"此即通书志学之言也，多士知文公则知濂溪先生矣。陆文安公在鹿洞讲"喻义喻利"章，士子闻之泣下。文公以为切中学者隐微深锢之病。多士知文公则知象／山先生矣。海陵胡公教授苏湖，分经义、治事二斋，启迪学者，流风渐被。今犹古也，多士知文公则知安定先生矣。今特欲学者常持斯见以肄学于书院中，文偕行符，／名以实称，有德有造，惟孝惟忠，将文公所谓私淑而与有闻焉者，此也。非独紫阳之学也，固邹鲁之学也。非但官斯土者有荣光也，即以副／国家兴贤育才之典胥具是焉，而又奚逊乎四大书院哉？中丞公之为政也，仁而有断，敏而不苛，培养士类心馀于力，辄抑抑然善下课试书院，谓秀先粗知学问也，恒相与商确品骘，以惬士心。夫以抚军之职政，兼教养学使之职功，专校士就此书院中，鱼鱼雅雅，几三百人，三课并集，皆赖公宏奖而引掖之，绍鹿洞之芳型，崇考／亭之正学，既大有造于诸生，且有施于秀先也，秀先能无喜焉且愧乎？然后乃益信古大臣举事，如兵刑、钱谷、河渠诸大政次第施行，然必于学校生徒独优重焉者，／其谓是崇尚大体而审所先务也。贤哉公也，独此一事焉已乎！公姓辉和，名明德，满洲正红旗人。兵部侍郎兼右副都御使、巡抚江苏等处地方所属布政使苏／君，名尔德，满洲镶黄旗人。按察使吴君，名坛，山东海丰人。前按察使李君，名永书，直隶河间人。杨君，名重英，奉天正白旗人。朱君，名奎扬，浙江山阴人。今任督粮道。所／聘院长、宫傅、礼部尚书沈先生，名德潜；司经局洗马韩先生，名彦增，俱长洲人。美哉！卿属师长，信一时之盛也。备书诸石，庶后之学者得以观焉。

皇清乾隆三十有二年岁在丁亥孟冬月筮吉日上石，新建熊文执刻字。

◎碧霞池碑

【时间】不详

碧霞池

碧霞池碑

苏州府学之图碑（局部）

◎**苏州府学之图碑**

【时间】1790

苏州府学之图

郡学始于宋范文正公，自元迄明，增饰崇丽。洪武六年教授贡颖之绘图／刻石以志其盛，至今又四百年矣。规模制度，改易非一。乾隆戊申，今郡伯／桐城汪公来守是邦，会郡人汪君文琛独请捐修。大宪属公监视其役。汪／君禀承公意，自经始以迄落成，用银五万三千两。其福亦以是冬摄署教／授。公亲来相度，即命其福绘图帖说。己酉春，既卸事，公留其福，偕今教授／无锡顾君敏恒，类次碑刻匾额。洎冬复署训导事，遂得侍公两载。惟公严／明清正，凡所经画，靡不尽善。而汪君之不惮劳，不惜费，亦可谓笃于行义／者也。庚戌夏，其福选授广德州学正，行将捧檄而去，顾念斯学基址之大，／自昔称首，而室宇之整肃，垣墉之坚致，以今较昔则远过之。此固／圣人盛德有以鼓动于数千万年，而我／皇上寿考作人，文教四讫，故官清俗美，长吏以文正之心为心，绅士以长吏之／心为心，一时盛事，千古美谈，乌可无图以传之哉？爰命侄孙湘绘之于石，／而令婿旌德姚在品刻之，并识数语，附名其末，亦厚幸也夫。

乾隆五十五年岁次庚戌七月既望，华亭王其福谨识。

【说明】原碑文字略漫漶，图亦残。苏州博物馆等处藏有拓片。

◎**苏州府学石经**

【时间】1796—1814

嘉庆元年（1796）阮元捐俸刻于扬州府学，由钱泳书写。先刻《孝经》一卷，钱泳又自刻《论语》。后曾燠亦捐俸，刻《大学》《中庸》二篇。嘉庆十九年（1814）阿克当阿捐俸请钱泳续刻七篇。前后共一百二十五石，计两万馀字，阮元曾书其颠末。今拓片藏苏州博物馆。道光元年（1821）钱泳移石至苏州府学敬一亭，太平天国运动后，移至紫阳书院，江苏按察使应宝时又补刻数十方。今共存九十四石。苏州碑刻博物馆所藏最富，计有《论语》五十六石，《大学》四石，《中庸》十石，《孝经》八石，《阮元跋石经碑》一石，《应宝时跋石经碑》一石。苏州中学今《孝经》存一石；《论语》存八石，其中二石捐与苏州教育博物馆；《大学》存二石，内有一石亦断；《中庸》存三石，其中两石亦断。

孝经

[《诗》云："自西自东，自南自]/北，无思不服。"

事君章第十七

子曰："君子之事上也，/进思尽忠，退思补过，/将顺其美，匡救其恶，/故上下能相亲也。"《诗》/云："心乎爱矣，遐不谓/矣。中心藏之，何日忘之？"

丧亲章第十八

子曰："君子之丧亲也，/哭不偯，礼无容，言不/文，服美不安，闻乐不/乐，食旨不甘，此哀戚/之情也。三日而食，教/民无以死伤生，毁不/灭性，[此圣人之政也。"]

孝经碑

论语碑（一）

论语

［子贡欲去告朔之饩羊，子曰："赐也！尔爱其］羊，我爱其［礼。"子曰："事］君尽礼，人以为谄也。"/定公问："君使臣，臣事/君，如之何？"孔子对曰：/"君使臣以礼，臣事君/以忠。"子曰："《关雎》，乐而/不淫，哀而不伤。"哀公/问社于宰我，宰我对/曰："夏后氏以松，殷人/以柏，周人以栗，曰使/民战栗。"子闻之，曰："成/事不说，遂事不谏，既/往不咎。"子曰："管仲之/器小哉！"或曰："管仲俭/乎？"曰："管氏有三归，官/事不摄，焉得俭？""然则/管仲知礼乎？"曰："邦君/树塞门，管氏亦树塞/［门；邦君为两君之好，有反坫。管氏亦有反坫，管氏而知礼，孰不知礼？"］

论语碑（二）

［子曰："善人，吾不得］而见之［矣，得见有］/恒者斯可矣。亡而为/有，虚而为盈，约而为/泰，难乎有恒矣。"子钓/而不纲，弋不射宿。子/曰："盖有不知而作之/［者，我无是也。"］

［子曰："'善人］为邦百年，/［亦可以胜］残去杀矣。'/［诚哉是言］也！"子曰："如/［有王者，必世］而后仁。"/［子曰："苟正其］身矣，于/［从政乎何］有？不能正/［其身，如正］人何？"冉子/［退朝，子曰：

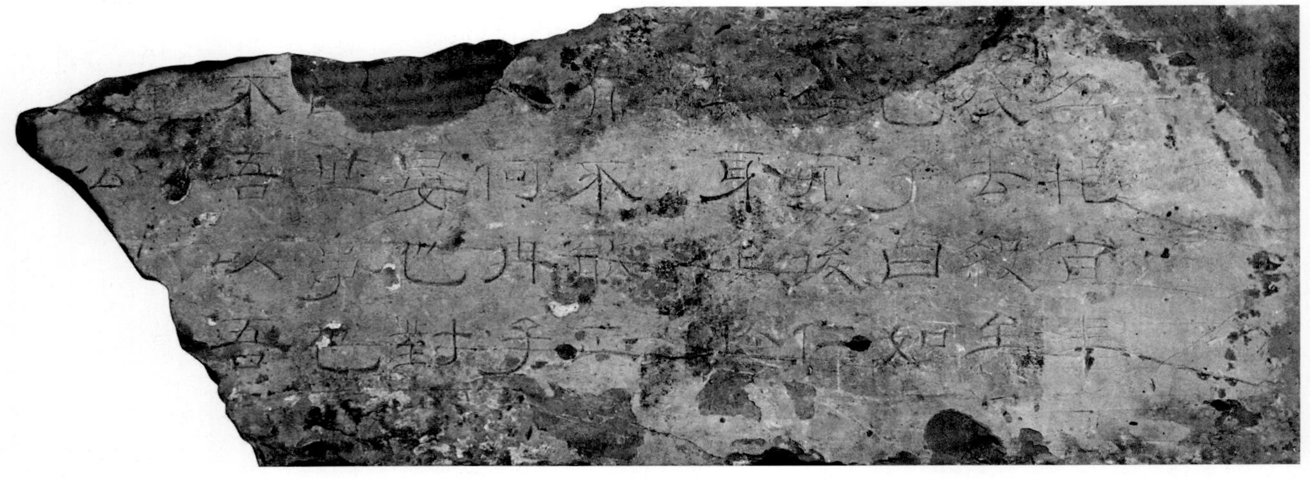
论语碑（三）

"何]晏也?"对/[曰:"有政。"子曰:]"其事也。/[如有政,虽]不吾以,吾/[其与闻之。"定]公[问:"一言而可以兴邦,有诸?"孔子对曰:"言不可以若是,其几也。人之言曰:'为君难,为臣不易。'如知为君之难也,不几乎一言而兴邦乎?"]

子路曰:"自[孔]氏。"曰:"是/知其不可[而]为之者/与?"子击磬[于]卫,有荷蒉而过孔氏之门者,/曰:"有心哉,击磬乎!"既/而曰:"鄙哉,硁硁乎!莫/己知也,斯已而已矣。/深则厉,浅则揭。"子曰:/"果哉!末之难矣。"子曰/曰:"《书》云'高宗谅阴,三/年不言',何谓也?"子曰:"何必高宗,古之人皆/[然。君薨,百官]总己以/[听于冢宰三年。"]

【说明】"子张曰"误为"子曰曰"。

[孔子曰:"君子有三戒。少之时,血气未定,戒之在色;及其壮也,血气方刚,戒之在斗;及其老也,血气既衰,戒]之在得。"[孔子曰:"君子]/有三畏。畏天命,畏[大]/人,畏圣人之言。小人/不知天命而不畏也,/狎大人,侮圣人之言。"/孔子曰:"生而知之者/上也,学而知之者次/也;困而学之又其次/也。困而不学,民斯为/下矣。"孔子曰:"君子有/九思:视思明,听思聪,/色思温,貌思恭,言思/[忠,事思敬,疑思问,忿思难,见得思义。"]

[子张曰:"何谓四恶?"子曰:"不教而杀谓之虐;不]戒视成/[谓之]暴;慢令致期谓/[之]贼;犹之与人也,出/[纳]之吝谓之有司。"孔/子曰:"不知命,无以为/君子也;不知礼,无以/立也;不知言,无以知/人也。"

大学

[古之欲明明德于天下者,先治其国;欲治其国者,先齐其]/家;[欲齐其家者,先修]/其身;欲[修其身者,先]/正其心;欲正[其心者,]/先诚其意;欲诚其意/者,先致其知;致知在/格物。物格而后知至;/知至而后意诚;意诚/而后心正;心正而后/身修;身修而后家齐;/家齐而后国治;国治/而后天下平。自

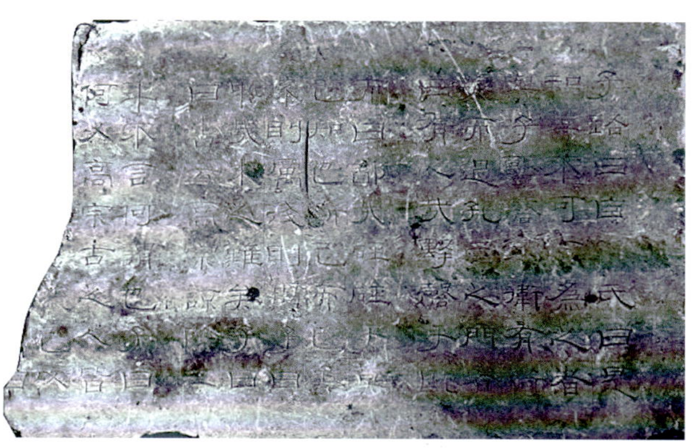
论语碑(四)

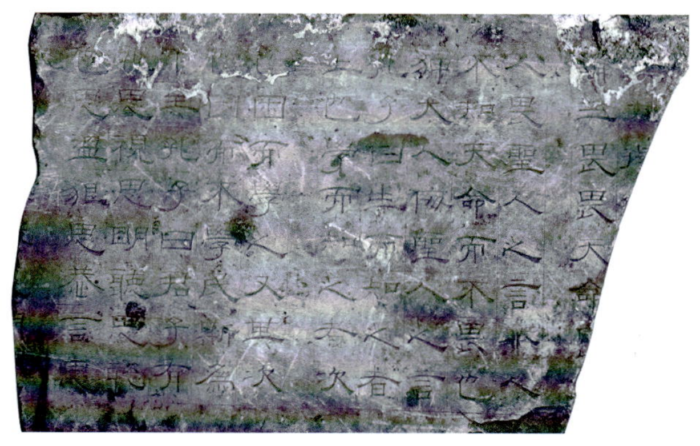
论语碑(五)

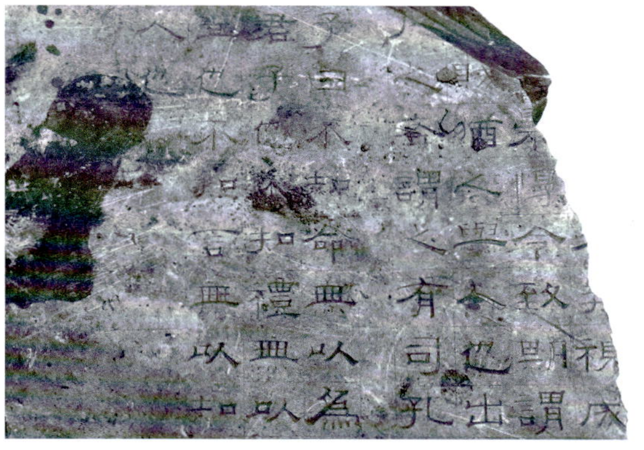
论语碑(六)

大学碑(一)

天子／以至于庶人，壹是皆／以修身为本。其本乱／[而末治者，否矣。]

[《秦誓》曰："若有一介臣，断断兮无他技，其心休休焉，其如有容焉。人之有技，若己有之；人之彦圣，其心好之，]不啻若[自其口出。实]／能容之，以[能保我子]／孙黎民，尚亦[有利哉！]／人之有技，娼疾[以恶]／之；人之彦圣，而[违之]，／俾不通。实不能容，以／不能保我子孙黎民，／亦曰殆哉！"唯仁人放／流之，迸诸四夷，不与／同中国。此谓唯仁人／为能爱人，能恶人。见／贤而不能举，举而不／能先，命也；见不善而／不能退，退而不能远，／过也。好人之所恶，恶／人之所好，是谓拂人／之性，菑必逮夫身。是／故君子有大道，必忠／信以得之，骄泰以失／[之。]

中庸

[子曰："回之为人也，择乎中庸，得]／一善，[则拳拳服膺]／弗失之[矣。"子曰:"天下]／国家可均也，[爵禄可]／辞也，白刃可蹈[也，中]／庸不可能也。"子路[问]／强，子曰："南方之强与？／北方之强与？抑而强／与？宽柔以教，不报无／道，南方之强也，君子／居之。衽金革，死而不／[厌，北方之强也，而强者居之。"]

[在下位，不获乎上，民]不可得而／治矣。故君子，不可以／不修身。思修身，不可／以不事亲。思事亲，不／可以不知人。思知人，／[不可以不]知天。天下／之达道五，所以[行之]／者三，曰：君臣也、父子／也、夫妇也、昆弟也、朋／友之交也。五者，天下／[之达道也。知、仁、勇三者，天下之达德也。]

[诚]之者，择善而固执之／者也。博学之，审问之，／慎思之，明辨之，笃行／之。有弗学，学之弗能，／弗措也；有弗问，问之／弗知，弗措也；有弗思，／思之弗得，弗措也；有／弗辨，辨之弗明，

大学碑（二）

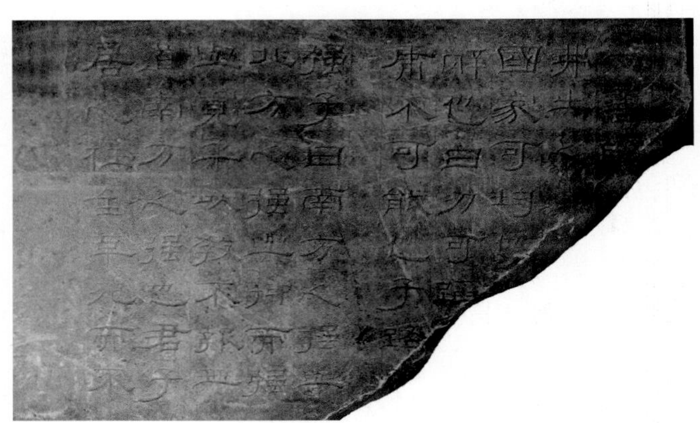

中庸碑（一）

中庸碑（二）

中庸碑（三）

弗措／也；有弗行，行之弗笃，／弗措也。人一能之己／百之，人十能之己千／之。果能此道矣。虽愚／必明，虽柔必强。自诚／明谓之性。自明诚谓／之教。诚则明矣，明［则诚矣。］

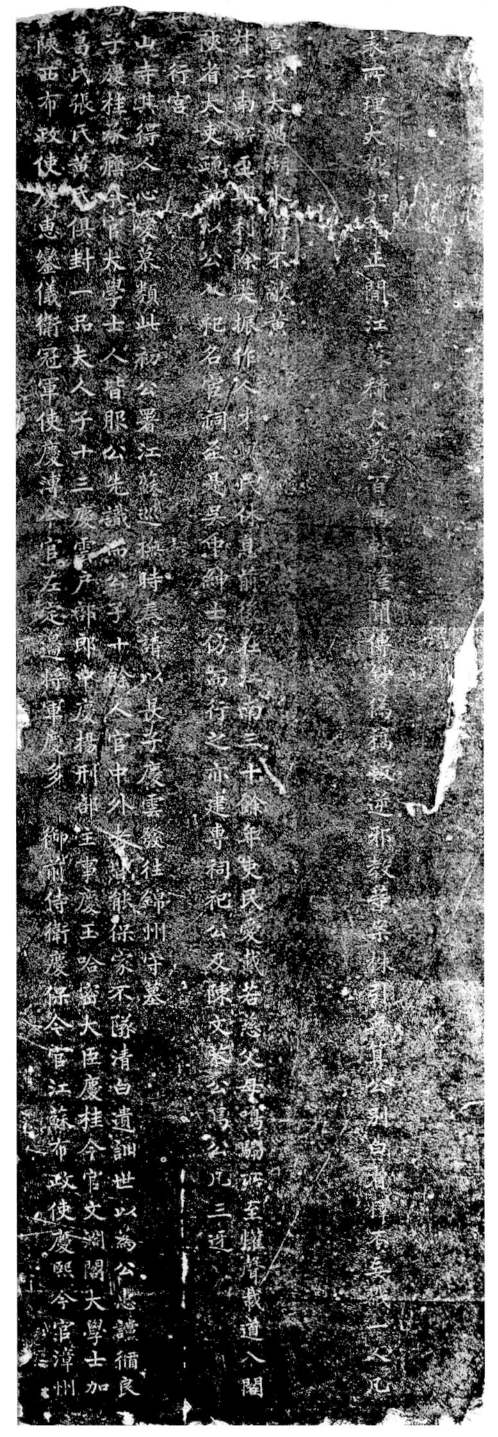

◎太保文华殿大学士前两江总督尹文端公传碑

【时间】1813

［太保文华殿大学士前两江总督尹文端公传］

［公姓章佳氏，讳尹继善，字元长，号望山，满洲镶黄旗人，世居辽东。父讳泰历，官至东阁大学士，赠太子太傅，谥文恪。公少颖异，善为诗。雍正元年，举乡试第一，成进士，选庶吉士。／散馆，授翰林院编修，充／日讲起居注官。五年，由侍讲转户部郎中，奉／命往广东鞫狱，得实，即署广东按察使。明年，授内阁侍读学士，出为江南副总河。擢江苏巡抚，署河道总督。奏禁漕弊，清米一石，加费六分给官丁，裁革一切浮费，常平社仓听民捐／谷，不得随漕勒征。得／旨允行，民皆便之。八年，奏请移江苏按察使驻苏州，苏松道驻上海。明年，署两江总督。奏请增设淮安、扬州府属知县已下官，分山阳县曰阜宁，江都县曰甘泉。十年，协办江宁将军，兼／理两淮盐政。奏改水师陆路营将弁规制，使将军及江阴副将各就近辖操，增设将弁战舰，以时会哨，使长江数千里声势联络，／世宗宪皇帝嘉之。先是奏查江苏积欠钱粮，有请摊入新粮经征者。公奏顽户抗欠，派之循分良民，不足示劝惩。至是会同部使等查奏，自康熙五十一年至雍正四年，官侵吏蚀四百／七十二万馀，民欠五百三十九百馀。得／旨："侵蚀自首者免罪。"奏改直隶徐州为府，增设知府及铜山县已下各官。又请分寿州，置凤台县。明年，调云贵广西总督。时云南思茅土把总刁兴国等滋事，前督高其倬擒兴国，馀党／未平；公调各路总兵，授以方略，分道剿捕，悉平之，有／旨嘉奖。十二年，奏贵州新辟苗疆善后八事。又奏浚云南土黄河，起土黄至百色，袤七百四十馀里。又贵州台拱改镇增兵，请拨将弁防守各路。是年，］

［诏广西省仍归广东总督辖。明年，奏请安龙镇等处增兵设官，多有裁改移驻。时贵州顽苗聚众倡乱，公调兵合剿，收复新旧黄平二城及馀庆县。乾隆元年，设贵州总督，以公为云南／总督。明年，奏豁云南军丁银二千二百万有奇。会入都／陛见，以父年高，乞留京；／命为刑部尚书兼管兵部、议政处行走，充／经筵讲官。三年，丁父忧。明年，晋太子少保，教习庶吉士；充翻译乡试正考官，三礼、纲目两馆副总裁。五年，授川陕总督。时郭罗克番滋事，／敕总督、提督与公会商；公檄谕番目，擒献夹坝，番众具服。明年，奏善后四事，因

撤驻防番地兵以省远戍；／高宗纯皇帝嘉之。七年，丁母忧。明年，署两江总督，协理河务；赐五律诗。奏南河毛城铺、天然、高邮三坝，均宜仍旧制而顺水性；奉／旨允行。十年，授两江总督。奏修筑海州、宿迁、桃源、清河、安东、阜宁圩岸，留涵洞以资蓄泄，量借帑项兴修。又以上江凤、颍、泗三属频遭水患，请开浚河渠及田间水道、圩塍；俟著有成效，／远近推行。奉／谕："此务本之图，妥协实力为之。"十三年，／陛见，赐五古诗；调两广总督。旋授户部尚书、协办大学士，充国史馆总裁、军机处行走兼正蓝旗满州都统，署川陕总督。嗣设四川总督，以公为陕甘总督。时大学士傅恒经略／金川，公调度大兵过陕，事宜悉当；／诏开复从前，革职留任。明年，奉］

［旨参赞军务，晋太子太保。十五年，奏请修文、武、成、康、周公、太公陵墓享殿。西藏不靖，四川总督策楞统兵入藏，／命公管川陕总督事。明年，复调两江总督。十七年，以上江频被水，奏请浚宿州、睢州彭家沟、泗州谢家沟、虹县汴河上游，又修筑宿州、灵壁等桥梁。时湖北罗田奸民马朝柱聚众作逆，／界连江南；公檄寿春镇将统兵搜捕，并亲往擒获朝柱家属、党与甚众。得／旨："嘉奖优叙。"寻／召回京。明年，署陕甘总督。议奏回民承种哈密蔡伯什湖屯田万亩，不谙耕作，收成歉薄；请选安西兵丁子弟或招卫户承种，可以寓兵于农，／高宗纯皇帝是之。十九年，授江南河道总督。奏请疏浚铜、沛、邳、睢、宿、虹等处河道滩嘴，导溜归中，以收借水刷沙之效。旋署两江总督，兼署江苏巡抚。明年，江南大饥，奏请运江西、湖广米十万石备来春平粜。二十一年，奏请浚洪泽湖及芒稻闸等河，并修兴、盐等处天妃庙。是年，实授两江总督，／命紫禁城骑马。明年，解河督事务。／高宗纯皇帝南巡，赐七律诗。会审庄有恭办理主使毙命赎罪外结一案，奏有恭罪在专擅，赃非入己；奉／旨严议革任，旋宽免。时铜、沛间屡有河患，公奏沛县受病之由，地势在昭阳、微山诸湖之间，为山东泲、泗、汶、沂诸水汇注，应□建闸坝宣泄，使湖水入运。工竣，下部议叙。二十四年，会奏／江南运道宣泄三事。一、丹徒、丹阳运河旁通江潮，应饬闸员蓄泄济运。一、扬州运河多由金湾等处旁泄，应于重运经临时相机蓄水。一、桃源砂礓河系黄河迤北运道，应将骆／马湖尾闾闸坝相时启闭。又言，苏州向设普济、育婴、广仁、锡类等堂，收养茕独老幼。近年公费不敷，请以通州、崇明滨海淤滩新涨地拨充公用。奉／谕："不但一举而数善备，而汝亦因以得名也。"二十五年，奉］

［敕酌议分布政使一，驻江宁。二十七年，／高宗纯皇帝南巡，赐五律诗，／命为御前大臣。二十九年，晋文华殿大学士，仍留总督任。明年，又／南巡，赐七律诗；时年七十，赏"韦平介祉"扁额。旋／召回京，入阁办事兼管兵部事务，充国史馆总裁、尚书房总师傅、教习庶吉士。三十一年，充会试正总裁。明年，充经筵讲官。三十四年，兼翰林院掌院学士。明年，／高宗纯皇帝东巡，／命留京办事。其年四月二十二日，公薨于位，春秋七十有七。／谕曰："大学士尹继善学识优通，老成端谨；历封疆者三十馀载，绥辑协宜。洎入赞纶扉，兼直禁近；恪勤奉职，倚畀方殷。今春东巡启跸前，见其精力就衰，时婴微疾；因令留京安摄，冀得／速痊。每于阁章邮便，询悉病势渐增，特派御医诊视，谕其服药调理，以起沉疴；并令在家静养，不必力疾趋觐。回銮后，时遣卫存问；知其日渐委顿，廑念有加。今闻溘逝，深为轸悼！"着／加赠太保，入祀贤良祠；赏给内帑银五千两办理丧务，并派皇八子前往奠醊。应得恤典，仍着该部察例具奏。／赐祭葬，谥文端。四十四年，／高宗纯皇帝御制怀旧五古诗，列之五督臣中。公丰颐大口，目长秀而慈，声清扬远闻。释褐五年，即任封疆；年才三十馀，遇事洞悉如神。局度宏厚，不务苛察。和颜接物，将有张弛，必周／谘监司以下；谕令有所见，勿因循面从，以故所行无败事。尝一月间兼摄将军、提督、巡抚、河盐漕政、上下两江学政等官，簿书填委，判决如流；犹以燕闲论文课士，一时相传折］

[服，以为天人。既荷／主知，奉／命办治诸疑难大事，人皆咋舌束手；公纡徐料量，措量妥贴，出人意]表。所理大狱，如雍正间江苏积欠数百万、乾隆间传钞伪稿、叛逆、邪教等案株引无算；公别白省释，不妄戮一人。凡／[有奏对，切直无隐。督南河时，有／旨命开天然坝；公不从。适浙督李卫过淮，传／谕严饬；公执奏：李卫不问河之深浅而但问水之小大，非知河者；倘]宣泄太过，湖水将不敌黄。／[世宗宪皇帝喜曰："卿有定见，朕复何忧！"公凡一督云贵、三督川陕、四]督江南，所至兴利除弊，振作人才，与民休息。前后在江南三十馀年，吏民爱戴若慈父母；鸣驺所至，欢声载道。入阁／[时，父老攀辕有泣下者；公亦凄然驻节，慰劳久之。初，乾隆中，]陕省大吏疏请以公入祀名宦祠；至是，吴中绅士仿而行之，亦建专祠祀公及陈文恭公焉。公凡三迓／[銮舆南幸，吏民熙熙不知徭役。又疏浚摄山泉石，就岩曲折□]构行宫；／[高宗纯皇帝幸而乐之，至今以为名迹。后人思公创造之力，因□□]山寺；其得人心爱慕类此。初，公署江苏巡抚时，奏请以长子庆云发往锦州守墓；／[高宗纯皇帝嘉公无所徇隐，令择诸子可承荫者以闻。公请以第]四子庆桂承荫，今官大学士；人皆服公先识。而公子十馀人，官中外者皆能保家，不坠清白遗训；世以为公忠谠循良，／[所食报云。著诗集六卷。归葬辽东锦州。配西林觉罗、□□氏、]葛氏、张氏、黄氏，俱封一品夫人。子十三：庆云，户部郎中；庆扬，刑部主事；庆玉，哈密大臣；庆桂，今官文渊阁大学士加／[太保；庆霖，镇海将军；庆兰，庠生；庆炆，今官湖南按察使；庆章，]陕西布政使；庆惠，銮仪卫冠军使；庆溥，今官左定边副将军；庆多，御前侍卫；庆保，今官江苏布政使；庆熙，今官漳州

[镇总兵。女二：一选入为仪亲王妃，一适国子监祭酒宗室梁成。／论曰："文端公受两朝知遇，树绩中外，其见施行者，详载国史，无待复述。至訏谟入告诸善政，或密不语人，后生晚学，何由窥测？"考汉、晋以来，多有为先贤行状及别传者，所以纪逸事而辅正史。今谨就公家状及袁大令枚所撰神道／碑，书其粗略，刊石祠壁，俾南土士民之思慕公德者，可以考先贤事迹云。]

[赐进士及第、前山东督粮道、翰林院编修、门下晚生孙星衍拜撰。]

[绅士：／封吏部侍郎、晋封工部尚书潘奕基，／封广东巡抚韩是升，／前光禄寺少卿吴俊，／掌山东道监察御史吴绍昱，／翰林院编修范来宗，／户部主事潘奕隽，／礼部郎中彭希郑，／刑部郎中潘奕藻，／内阁中书陈希哲，／封翰林院编修董如兰，／前直隶开州知州徐士俊，／前云南嵩明州知州宋镳，／浙江余杭县知县张吉安，／浙江天台县知县周宗元，／丁卯科举人徐香祖，／庚午科举人王兆辰，／贡生俞大猷，／贡生蔡云。]

[嘉庆十八年岁次癸酉六月十六日公立。]

【说明】共六石，今存残碑一，阙文据苏州图书馆藏拓片并参考《孙渊如先生文补遗》（孙星衍撰，1938年，《戊寅丛编》本）补苴。然据今碑亦可知最末一石旧籍所录行末皆少一字，如"循良"脱"良"字，"漳州"脱"漳"字。碑文偶有讹舛，如"川陕"误作"川陝"，"陕甘"误作"陝甘"，"灵璧"误作"灵壁"。

◎太子太傅东阁大学士前江苏巡抚陈文恭公传碑

【时间】1813

[太子太傅东阁大学士前江苏巡抚陈文恭公传]

[公姓陈氏，讳宏谋，字汝咨，别字榕门，广西临桂人也。家世寒素，幼好读书，为慎独之学，不妄言动。乡试第一。雍正元年成进士，改庶吉士，散馆授检讨。四年，拣授吏部郎中。七年，／迁浙江道监察御史，仍兼郎中、行走，充山西乡试副考官，试竣授江苏扬州府知府，带御史衔，／命有大事，许专达。九年，擢江南驿盐道。淮商有乐输一款，司盐政者报收虚数，必俟檄催乃缴。公以名实不符，奏停之。／世宗宪皇帝惩山西生监代考之弊，令自首免罪。

公奏不如宽既往，禁将来，免访察滋扰。/世宗宪皇帝韪其言，以为知政体，必能知文章。时山西主考简放有人，改令公去。十一年，擢云南布政使。云南改土归流，运粮苦远，公建短运递运之法。增铜厂工本，开矿者纳税之外，/听民货鬻。自此，运粮踊跃，铜课日增。先是，广西巡抚金鉷奏准废员、官生借垦地亩报捐，而报垦者多以熟田量给工本，冒为新垦者。公劾奏之。/世宗宪皇帝命云贵广西总督尹公查，奏如公言。乾隆元年，部议请/敕两广总抚清查，公又疏参鉷，命鄂弥达及新任巡抚杨超曾覆核之。奏未上，公复密陈前事。/高宗纯皇帝以公粤人，不得屡言粤事，下部议降二级调用。及督抚覆章上，亦皆如公言。三年，补直隶天津道。五年，迁江苏按察使。明年，迁江苏布政使，擢甘肃巡抚，调江西。奏江西/郡县非滨江带湖，即环山逼岭，近水者皆赖圩堤闸坝，以防水害；依山者恃陂塘堰圳，以资水利。州县岁修圩堤遗漏甚多，且多虚浮掩饰，盖修筑虽出于民，而督率不可无官。]

[嗣后，请饬地方官督修，倘有民力不敷者，许动存公银两核销。督修官于三年内视其勤惰以行殿最，下部议行。七年，奏修南昌、新建二县圩堤，并于南昌县罗丝港建石坝以/障赣水西注。初，公因仓贮多缺，请捐监一项，改作本省收谷。奉/谕旨一年后奏报，至是偕总督尹公奏本地捐监收谷，仓储民食，两有裨益。得/旨再行一年。九年，请开采玉山县广平山矿砂。调陕西巡抚。十一年，仍调江西，寻调湖北巡抚。十二年，公以湖北改铸八分之小制钱试行无效，请仍铸一钱二分之大制钱，于汉口采/客铜四十万斤，添炉鼓铸，下部议行。其年，公为川陕总督庆复所劾，部议革职。/诏从宽留任，复调陕西。/谕曰："此汝驾轻就熟之地，一切持重秉公，毋立异，毋沽名。若能去此结习，则汝尚可造就之器也。"时陕西各驿疲困，公奏请于汉中之宁、羌、褒城、沔、凤，栈道十四驿，每站增设夫马，酌支/公料。/特诏如所请。十五年，请修周文、武、成、康、周公、太公陵墓，乃修各属常平、社仓。十六年，奏关中沃野千里，岸高难以引河，惟凿井灌田为救旱良法。请民之无力者，就近借给社谷兴工，起/息还仓。无社谷者，借动常平仓。调河南巡抚，请修太行堤，自河南武陟至直隶，长垣以备河涨之患。十七年，又请浚归德府属诸河。调福建巡抚。十九年，公以闽省讼谳繁多，立/按月稽考之法，以课各属勤惰。又奏闽地海船贸易有稽留海外及本身已故妻息愿归者，应宽禁听其还里。从之。又调陕西巡抚，奏以谷麦价贱，常平采买仓谷，照市价而/从民便。又请于汉中属宁、羌州之铜，缘沟华阳县之华阴川旧矿采铜，以广鼓铸，皆]

太子太傅东阁大学士前江苏巡抚陈文恭公传碑（局部）

[报可。二十年，以大兵进剿准噶尔。索伦兵过境，调度台站马匹妥协，得/旨嘉奖，调甘肃巡抚。准噶尔平，军功议叙加一级。寻调湖南巡抚，将去任，奏陈甘省水利事宜，言臣前由甘凉肃出关，见沿途渠河多未通顺，赤金、靖逆、柳沟、沙州、安西五卫渠源，宜责/成地方官农隙时督民疏浚，奉/俞旨下新任巡抚施行。又请以准噶尔内附需用货物，应量为流通，请定互市地，以茶易马，充营伍用。时江南大饥，/命截湖广漕粮二十万石备赈，公请再动湖南溢额仓谷，碾米十万石，运济平粜。/谕曰："灾地米粮多多益善，碾运仓谷以资平粜，既不致市侩居奇，于民食更为有益，所办甚属妥协，着照所请速行。"二十一年，奏析衡阳县为清泉县。劾布政使杨灏侵扣谷价，得/旨嘉奖议叙。又请拨借乾州永绥厅等处常平仓谷数百石，贮社仓作本出借，俟本息渐充，仍还常平。复调陕西巡抚。

二十二年，调江苏，／陛见，奏对各省水患由上游为众水所汇，下游无所归宿。／高宗纯皇帝称其言中肯綮，／命由河南至江苏沿途查察，与安徽巡抚高晋会同筹办，／赐五言排律诗。擢两广总督，奉／谕总督节制两省，专驻粤东，自可不必回避。公又条奏江南河工未尽事宜凡五：一、黄运各河应逐年挑浚。一、支河、小沟亦应浚通，以达干河。一、徐海地可种植，宜开沟洫、筑圩围。一、洼］

［地应勘明除粮，改种苇草。一、下河一带范公堤应请动项兴修，以备海潮盛涨，为患高、宝、盐城等处。／命钦差大臣裘曰修等议行。二十三年，／命以总督衔仍管江苏巡抚事，加太子少傅。二十四年，偕总督尹公及河督合奏运道蓄泄三事，又请以通州、崇明、滨海淤滩拨为苏州普济、育婴诸堂公用，事详《尹公传》。又请宝苏局／炉匠工料钱照时价给银收买，以杜夹带私钱之弊。先是，公尝奏开苏郡之白茆河、徐六泾二口，土塘建闸，以备宣泄。二十七年，以水涨坏闸，复请改为滚坝。／高宗纯皇帝南巡，赐五律诗，调湖南巡抚。明年，擢兵部尚书，署湖广总督，兼署巡抚事，奏言洞庭湖横亘八百里，容纳川黔楚之水，滨湖居民多筑围垦田，与水争地，恐湖面愈狭，漫决／为患，请多掘水口，使私围尽废。／谕曰："陈宏谋于此事，不为煦妪小惠，殊得封疆之体。"再迁吏部尚书，加太子太保。奏请部选各官引／见，后虽督抚奏补有人，不得扣除，充／经筵讲官。奏河防失事，应文武分赔，参游有修防之责，不得置身事外，下河臣议行。二十九年，谕以内阁办事需人，应增设协办汉大学士一员，即以公为之。／赐紫禁城骑马。三十年，充／国史馆副总裁。三十一年，奏言凡驻重兵与提镇同城之道员，应一律加以兵备衔，互相钤辖，下各督抚议行。充／玉牒馆副总裁。三十二年，充三通馆副总裁，授东阁大学士。三十五年，以老病屡请解任回籍，优诏皆弗许。明年春，疾甚，再申前请。］

［恩加太子太傅，以原官致仕，并赐御用冠服，令公之孙刑部主事兰森侍养以归，／赐七律诗宠行。时／高宗纯皇帝方东巡，公迎／驾于宝稼营，复／赐七律诗。六月，公薨于韩庄舟次，春秋七十有六。／谕曰："原任大学士陈宏谋，老成敦厚，才品端方，中外宣劳，恪勤素著。去岁以来，屡以抱恙未痊，恳请解任调理，节经降旨慰留。今春复据以衰病］日深，坚请开缺回籍。念其情词恳切，［俯／俞所请，亲为赋诗宠行，加赐冠服，并令伊孙随归侍养，沿途令地方官照料护行，以期长途安稳。昨东巡回銮，伊于宝稼营行在陛辞，见其］精神尚不致疲惫，犹冀遄归故里，得以［颐／志蠲疴。今闻于韩庄舟次溘逝，深为轸悼。着入祀贤良祠，并于归榇抵家之日，加祭一次，应得恤典，着该部查例具奏。"寻／赐祭葬如例，谥文恭。公以儒术饰吏治，荷／两朝知遇。三十年中，开府九省。所到之处，图绘境内河渠道里，悬之座右，钩考古今兴革事宜，编次成书。其所施行水利善政甚多，不尽见于］奏牍。在关中凿井渠二万八千有［奇，造／水车教民灌溉。又为秦地种桑，立蚕局，募工织作缣绢。义仓乡学随地建设，州县入谒，谆谆训以民事，如家人父子。抚吴时，增紫阳书院生］徒饩廪，禁浮惰，崇朴素，一［时风俗丕］

［变，士民至今歌思不忘。所著有《在官法戒录》《遗规》四种、《培远堂奏疏稿》。以兄子锺珂为后。／论曰：人尝谓尹文端公高明宏厚，处事从容，陈文恭则汲汲无暇日，亦少刻厉焉。其风裁固殊，然两公以同年进士，同时任封疆，久官江左，其在／上前，必相荐引，所谓君子和而不同欤？昔唐名臣有姚宋，宋有韩范，皆能协心底治，大庇苍生，如两公者何多让焉？吴人既祀公于学，谨捃摭／国史，传叙其梗概，刻石祠堂，俾后之人有所考信焉。］

［赐进士及第、前山东督粮道、翰林院编修、门下晚生孙星衍拜撰。吴县王兆辰书丹。］

［嘉庆十有八年岁次癸酉秋八月谷旦。］

［绅士：／封吏部侍郎、晋封工部尚书潘奕基，／封广东巡抚韩是升，／前光禄寺少卿吴俊，

掌山东道监察御史吴绍昱，／翰林院编修范来宗，／户部主事潘奕隽，／礼部郎中彭希郑，／刑部郎中潘奕藻，／内阁中书陈希哲，／封翰林院编修董如兰，／前直隶开州知州徐士俊，前云南嵩明州知州宋镳，浙江余杭县知县张安吉，浙江天台县知县周宗元，丁卯科举人徐香祖，庚年科举人王兆辰，贡生俞大猷，贡生蔡云。］

【说明】共六石，今存残碑一，阙文据苏州图书馆藏拓片并参考《孙渊如先生文补遗》补苴。

雨中游包山精舍诗碑

◎雨中游包山精舍诗碑

【时间】不详

［松门亘五里，彩碧高下绚。幽人共跻攀，胜事颇清便。］翏翏林上雨，隐隐湖中／电。薜带轻束／腰，荷笠低遮面。／湿屦黏烟霞，穿衣／落霜霰。笑次度岩／壑，困中遇台殿。／老僧三四人，梵字十／数卷。施稀无夏屋，／境僻乏朝膳。散发／抵泉流，支颐数云片。／坐石忽忘起，扪萝不／知倦。异蝶时似锦，／幽禽或如钿。／篥篣还／戛刃，栟榈自摇扇。／俗态既斗薮，野／情空眷恋。道人摘芝／菌，为予备午馔。渴／兴石榴羹，饥愜［胡麻饭。如何事于役，兹游急于传。欲将尘土衣，一任瀑丝溅。］

【说明】此系唐人皮日休《雨中游包山精舍》诗，今据《全唐诗》《吴都文粹》等补苴。

◎苏州府紫阳书院放生碑记

【时间】1815

苏州府紫阳书院放生碑记

紫阳书院放生之举，创于嘉庆十六年。院中士□□□等请于前中丞、今协办大学士章公，仿杭郡敷文、／紫阳、崇文书院之例为之。十九年余奉／命抚吴，院中士以规条未备，恐不足经久，复请于余。余乃为之记曰：天下人物之蕃庶无若苏郡，自土著外，行／旅之往来，商贾之辐凑，鳞比栉次，烟火万家，其俗又豪侈相尚，击鲜食鱁，刳脔屠杀，不可胜计，民生日滋／而物命日蹙矣，余心窃悯之。前莅吴日，曾作《放生说》劝戒士民，复严禁放生官河之肆行渔捕者。今书院／士创兴斯举，其犹物吾同与之意也夫。或曰放生非古也。《周书》曰："诸横生尽以养诸纵生。"孟子以五母鸡、／二母彘为小民养老之具，其所撙节爱养，惟曰数罟不入污池而已。兹之所为，得无近于二氏乎？余曰否／否，《易》曰："天地之大德曰生。"人与物并生，即莫不乐生。人之不能不备物以养生者，贵贱之殊也。然人穷口／腹之欲而尽族取之，使物不遂其生，非并育而不相害之义矣。古者自天子以及庶人祭祀有品，燕飨有／等，饮食有别，其取之也时，其用之也节，故人无穷物之心，物无尽取之患。今则庶民列馔，侈于王侯；市／肆烹饪，逾于官署。罭罾罩罶之具，巧变而不穷；捣捶炮炙之制，日新而月异。恻隐之良泯，机诈之患兴。其／端甚微，而其流甚大，亦守土者之责也。且孟子之言为凋瘵之俗，防其耗也。兹之举为蕃庶之地，持其

蘇州府紫陽書院放生碑記

紫陽書院放生之舉創於嘉慶十六年院中士[illegible][illegible]等請於前中丞今協辦大學士章公[illegible]杭州[illegible][illegible]人[illegible][illegible]崇文書院之例為之十九年余奉

命撫吳院中士以規條未備恐不足經久復請於余余乃為之記曰天下人物之蕃庶無若蘇郡自土著外行旅之往來商賈之輻湊鱗比櫛次煙火萬家其俗又奢侈相尚務鮮食烹割宰殺不可勝計民生日滋而物命日蹙矣余心竊憫之前巡吳日曾作放生說勸戒士民復嚴禁放生官河之肆行漁捕者今書院士創興斯舉其殖物吾同與之意也夫或曰放生非古也周書曰諸攖生盡以養諸衣生孟子以五母雞二母彘為小民養老之具其所撙節愛養惟曰數罟不入洿池而已茲之所為得無近於二氏乎余曰否否易曰天地之大德曰生人與物並生即莫不樂生人之不能不備物以養生者貴賤之殊也然人窮口腹之欲而盡族類之使物不遂其生非並育而不相害之義矣古者自天子以及庶人祭祀有品燕饗有等飲食有別其取之也時其用之也節故人無窮物之心而物無盡取之患今則庶民列饌侈於侯甸肆具餖逾於官署[illegible][illegible]之具巧之而不窮搏撫炮炙之製日新而月異則隱之良汨誼之患興其端甚微而其流甚大亦守土者之責也且孟子之言為凋瘵之俗防其耗也茲之舉為蕃庶之地惜其並也烏得以其事類於二氏而疑之哉放生之規在院肄業課諸生一百二十人月扣膏火銀三分一可得三兩六錢余復月捐俸二兩四錢方伯楊公廉使嚴公月各捐俸二兩以後蒞斯土者永以為例皆由庠生領董其事者則舉人蕭紹泉王壽祺貢生蔡雲廩生陳文源也

賜進士出身

誥授榮祿大夫兵部侍郎都察院右副都御史巡撫江蘇等處提督軍務歸安張師誠記

嘉慶二十年歲在乙亥七月　縣人張晟書

王寬[illegible]

重建紫阳书院记碑

重建紫陽書院記

蘇州紫陽書院之設始於儀封張清恪公公請於
朝
聖祖仁皇帝嘉之賜額曰學道還淳公又闡發紫陽之教為文以示學者公去吳方伯遼左楊公朝麟實善其後長洲彭侍講定
求記其事方伯又為文以記之規模於是大備
高宗純皇帝翠華臨幸特賜白鹿遺規額而
世宗時曾賜帑銀千兩為購置田業前賢之蒞此邦者莫不加意於茲若鄂文端高文良陳文恭番禺莊公長白明公其尤著者
也自遭粵逆之亂蕩焉無存今相國李公開府吳中飭屬規畫章程延師教授借民居為講舍嗣後豐潤丁公南皮張公
香山何公籌益經費增廣生徒名額漸還舊觀而善後事日不暇給猶未能議建復也余奉
命來吳之次年屬署藩司永康應君即其遺址鳩工庀材講堂齋舍門庭庖湢視舊有加乃具疏請
頒扁額俾多士肅觀瞻而勤策勵
皇上御書通經致用四字
聖藻後先輝映矣余乃進諸生而告之曰清恪言東南文學之盛甲於海內
國初數十年中以文章大魁天下者三吳之士居大半孰非
聖朝禮樂教化漸摩使然因以平日服膺紫陽之教諄諄訓勉期諸生勿負養賢報　國之意至深且遠余惟教化行而後
學業興學業興而後人材出書院之設關乎教化者綦重振興固無難而廢弛亦甚易寇亂以來諸生奔走疲苶學業衍
毋荒落而儀封至今百有餘年科目之盛未之或改今郡中又得大魁矣則諸生中豈無秀而賢者可以踵美前人丕在
自勉而已雖然儀封之所以為教不徒沾沾於科目為也諸生誦習朱子之書即以朱子之學為學今煌煌
宸翰勉多士以通經致用正與紫陽之學相發明諸生果能本所學以發為文章將見處可維風教出可裨政治仰副
稽古右文之治而無負儀封命名之意彬彬乎儒雅之林以視前人何多讓焉是則余之所厚望也夫
兵部侍郎兼都察院右副都御史巡撫江蘇等處地方提督軍務兼理糧餉合肥張樹聲撰
翰林院侍讀銜編修　國史館協修前內閣中書史館分校兼本衙門撰文吳縣潘遵祁書
同治十有三年歲在閼逢淹茂仲秋之月

金匱錢[illegible]刻石

盈/也，乌得以其事类于二氏而疑之哉？放生之规，在院内外课诸生一百二十人，月扣膏火银三分，一月得/三两六钱。余复月捐俸二两四钱，方伯杨公、廉使毓公月各捐俸二两。以后莅斯土者永以为例，皆由藩/库支领。董其事者则举人吴绍景、王寿祺，贡生蔡云，廪生陈文濂也。

赐进士出身、/诰授荣禄大夫、兵部侍郎、都察院右副都御史、巡抚江苏等处、提督军务、归安张师诚记。

嘉庆二十年岁在乙亥七月，郡人张展书。

王震初镌。

◎重建紫阳书院记碑

【时间】1874

重建紫阳书院记

苏州紫阳书院之设，始于仪封张清恪公。公请于/朝，/圣祖仁皇帝嘉之，赐额曰“学道还淳”。公又阐发紫阳之教，为文以示学者。公去吴，方伯辽左杨公朝麟实善其后，长洲彭侍讲定/求记其事。方伯又为文以记之，规模于是大备。/高宗纯皇帝翠华临幸，特赐“白鹿遗规”额，而/世宗时曾赐帑银千两，为购置田业。前贤之莅此邦者，莫不加意于兹，若鄂文端、高文定、陈文恭、番禺庄公、长白明公，其尤著者/也。自遭粤逆之乱，荡焉无存。今相国李公开府吴中，饬属规画章程，延师教授，借民居为讲舍。嗣后，丰润丁公、南皮张公、/香山何公筹益经费，增广生徒名额，渐还旧观。而善后事日不暇给，犹未能议建复也。余奉/命来吴之次年，属署藩司永康应君即其遗址，鸠工庀材，讲堂、斋舍、门庭、庖湢视旧有加，乃具疏请/颁匾额，俾多士肃观瞻而勤策励。/皇上御书“通经致用”四字，/圣藻后先辉映矣。余乃进诸生而告之曰：清恪言东南文学之盛甲于海内，/国初数十年中，以文章大魁天下者，三吴之士居大半，孰非/圣朝礼乐教化渐摩使然？因以平日服膺紫阳之教谆谆训勉，期诸生勿负养贤报国之意至深且远。余惟教化行而后/学业兴，学业兴而后人材出。书院之设，关乎教化者綦重，振兴固无难，而废弛亦甚易。寇乱以来，诸生奔走疲苶，学业得/毋荒落？而仪封至今百有馀年，科目之盛未之或改，今郡中又得大魁矣，则诸生中岂无秀而贤者可以踵美前人？要在/自勉而已。虽然，仪封之所以为教，不徒沾沾于科目为也。诸生诵习朱子之书，即以朱子之学为学。今煌煌/宸翰，勉多士以通经致用，正与紫阳之学相发明。诸生果能本所学以发为文章，将见处可维风教，出可裨政治，仰副/稽古右文之治，而无负仪封命名之意。彬彬乎儒雅之林，以视前人，何多让焉？是则余之所厚望也夫。

兵部侍郎兼都察院右副都御史、巡抚江苏等处地方、提督军务兼理粮饷、合肥张树声撰。

翰林院侍读衔编修、国史馆协修、前内阁中书、史馆分校兼本衙门撰文、吴县潘遵祁书。

同治十有三年岁在阏逢淹茂仲秋之月。

金匮钱庆龄刻石。

◎道山亭柱

【时间】1888

［乐圃德渊］遗迹　光绪戊/子冬十/二月；

道山亭柱

苏州中学界碑

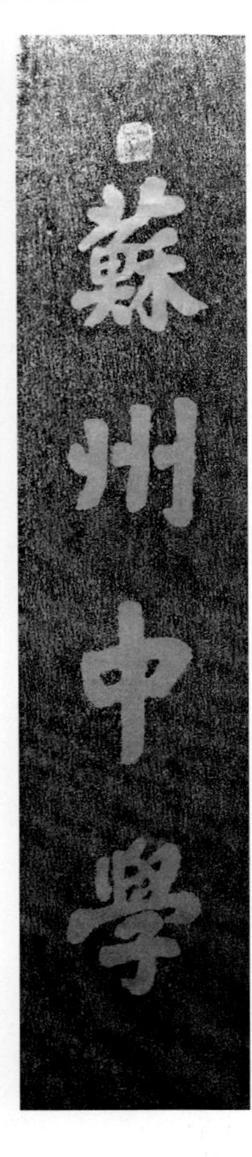

苏州中学碑

绪山窿石清芬　［陆润庠撰书］。

【说明】今二石柱已残，阙文据旧拓补苴。

◎ **苏州中学碑**

【时间】民国

苏州中学

【说明】实为汪懋祖书。

◎ **苏州中学界碑**

【时间】不详

苏州中学■

◎ **源远流长碑**

【时间】1931

源远流长

□□□□□□□□□□□记

□□□□文荟萃之邦，环沧浪亭尤为惠教诞敷之域■/术并著茂绩，回忆童年于斯就读，忽忽岁时，越十六稔■/督学，参订全省中小学改进计画，旋奉令接■/中两部继复并入前苏州工专中学部，改为高中第二院。吴江■/以实验小学，猥以薄植，任兹艰巨，四年以来■/振，差足自慰。二十年秋，懋祖奉聘讲学中央，将行，同人议建石■/制草创，举凡中学组织规程及课程标准，皆分别校订，奉令颁行■/组龙潭战起，校舍驻兵，学子裹足，经费匮绝■/偷靡政变之馀益涉浮嚣于是，严订规章■/勤加训练以为报国之准备，此其三。□进学业，端■/各科研究会之设，四年之间，毕业生升学服务无向隅之憾，此其■/吾校分科研究教员著作出版者达二十四■/建，整理校容，扩充设备，略有可观，而增辟之校地则有■/地，以备来日添设农场、教职员宿舍及体育馆之■/公议以一万元指充清寒奖学基金，嘉惠寒畯，此其■/遇艰迫则移本部款项以济之乡师，得以维持，此其八。■/而未逮，而回视四年前之数量与质量，其□□亦■/懋祖尤所惓惓□，一为呈准开设之职业科，一为■/百年大计，惟幸观成之及毕耳。■/二十年十月吴县汪懋祖撰，良常吴契宁镌石。

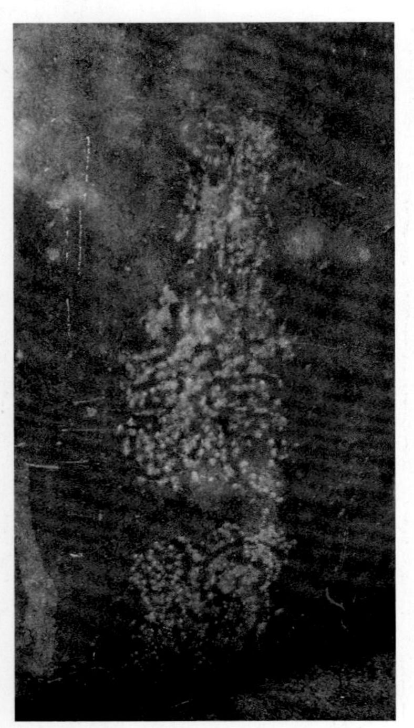
源远流长碑（一）

【说明】四面碑。今多漫漶，其中两面为人名明细，略。

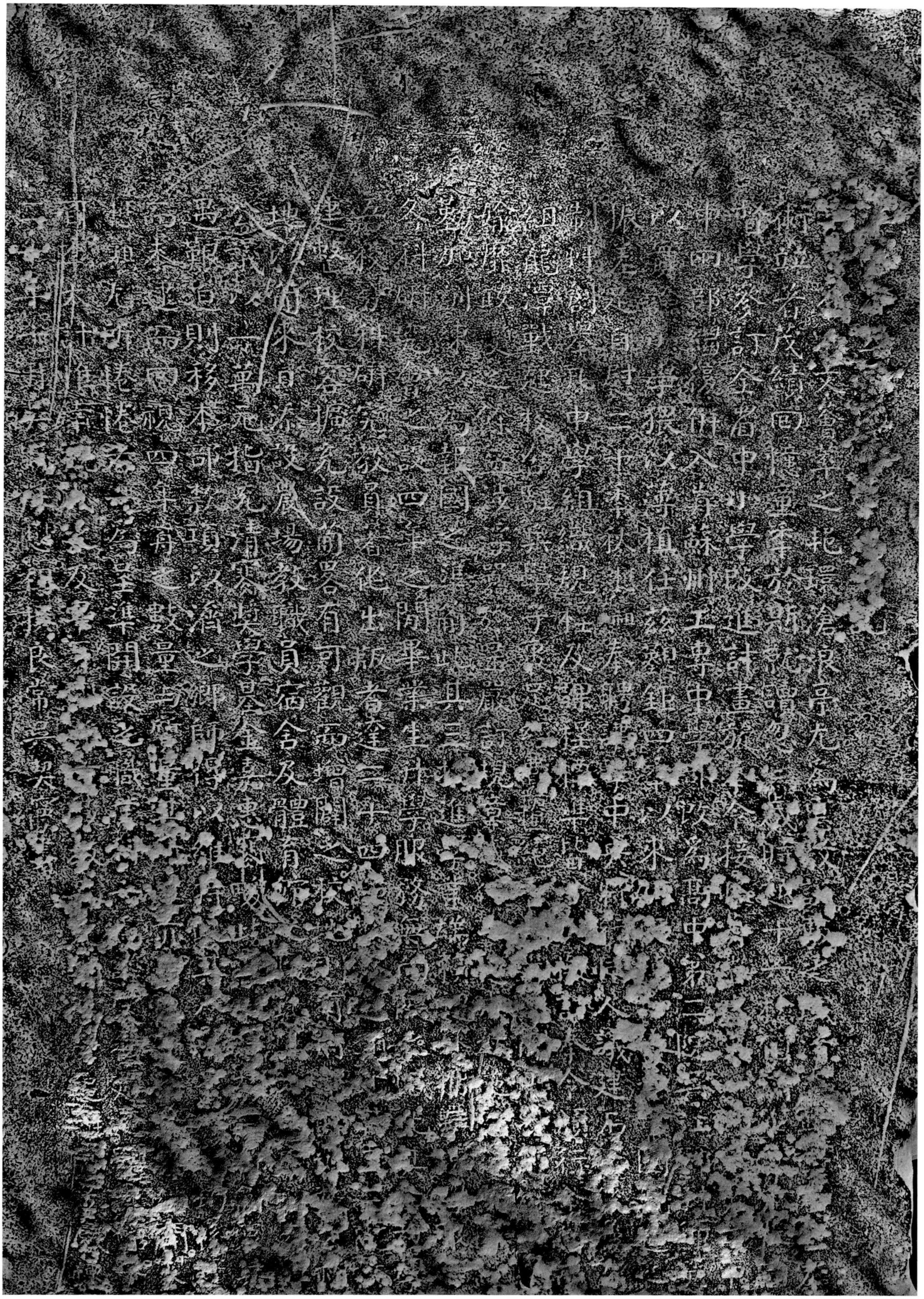

源远流长碑（二）

◆苏州市景范中学校碑刻

苏州市景范中学校，位于姑苏区范庄前。北宋时校址为政治家、文学家范仲淹祖居，皇祐元年（1049）范仲淹于此创办中国第一所义庄，曰范氏义庄。其购置义田千亩作为族产周济族人，并附设义学供族中子弟免费入学。南宋庆元间范良器重建。咸淳十年（1274）知府潜说友建范文正公祠于义庄东部。元至正六年（1346）郡守吴秉彝改祠为文正书院。同治五年（1866）范学炳重建书院。曾作崇范学校、私立五爱中学、苏州市第八初级中学、苏州市第二十二中学、财会统计职业中学等，今为苏州市景范中学校。原有明成化十七年（1481）祝颢撰、李应祯书并篆额《文正书院重修记碑》，今碑存苏州碑刻博物馆。另有宋庆元六年（1200）宋应时序、张允成刻《范氏义庄题名碑》，元至正十年（1350）李祁撰、于文传书、泰不华篆额、张允刻《文正书院碑》，至元三十一年（1294）《范文正公庄规矩碑》，同年徐琰撰、李处巽书并篆额《文正范公祠记碑》，今碑毁，拓片存国家图书馆。又有宋咸淳十年（1274）《范氏义庄所捐田亩碑》，今碑毁，拓片存苏州碑刻博物馆。

◎试范纯礼给事中诰碑

【时间】1090

［诰曰：政令发于朝廷，被于郡国，以浃于天下。可否得失之际，间不容发，而休戚惨舒之在民也，涣汗而莫回。故列］职东台，入直青琐，否／者失者，皆得直书上闻，／朝廷即为之更之。其要／如此，其选必艰。右朝散大／夫、擢尚书兵部侍郎、／上柱国、晋城县开国男、／食邑四百户、赐紫金鱼／袋范纯礼，资致端重，趣／识清远，有奉常光禄之［美声，有宪部兵曹之雅望。言如所履，足以绍父兄之贤；用无不周，盖将为邦国之器。封奏之任，兹副褒升，伫观药石之忠，前窒丝纶之紊。回天之誉，无谢前哲。可特授依前右朝散大夫、试给事中，封勋如故。符到奉行。元祐五年九月　日下。］

【说明】残碑，阙文据《范氏家乘》补苴。此碑为苏州尚在办学的校园中现存最早的碑刻。

试范纯礼给事中诰碑

◎送江南运使张傳度支诗碑

【时间】不详

［刑措东南始诏回，重分邦计命钦哉。于公已积充闾庆，萧相还施富国才。十郡甘棠歌未歇，一方流马路初开。启心知有嘉谟在，足乱云］霓忆帝台。/送江南运使/张傳度支。

【说明】碑残，阙文据《范文正公文集》补苴。

送江南运使张傳度支诗碑

◎范仲淹书伯夷颂并札卷碑

【时间】不详

番阳刘定、金陵/陈祐甫同观，/元丰四年三月廿八日。

辛酉季冬九日，/当世题。

颍昌韩缜玉汝屡尝观之，元/丰甲子岁仲秋社日，又从安/国借看西府东厅书。

元祐二年腊日，靖恭［杨杰、京兆慎宗藻观。/汾阳郭彭年、建安陈昱同观，/宣和壬寅夏六月二十有六日。］

【说明】皇祐三年（1051）范仲淹以小楷书《伯夷颂》于绢，寄苏舜元，后世题跋极多，其中绢本题跋有七，馀为纸本。后世据此纸本摹勒刻石者众，如《戏鸿堂帖》《高义园世宝》等丛帖中皆收之，此或即《高义园世宝》中之一石。碑残，所署元祐二年（1087）、元丰甲子（1084）及元丰四年辛酉（1081），皆属题跋年份较早者。嗣后，又有柯九思等几十位名人作跋，最晚至元代至正癸未年（1343）。阙文据《高义园世宝》等补苴。今国家图书馆藏有拓片，内有两张，系范仲淹书，牟巘跋；又有一张，为《伯夷颂》碑阴，刻钱公辅撰、赵雍书《范仲淹置义田记碑》。

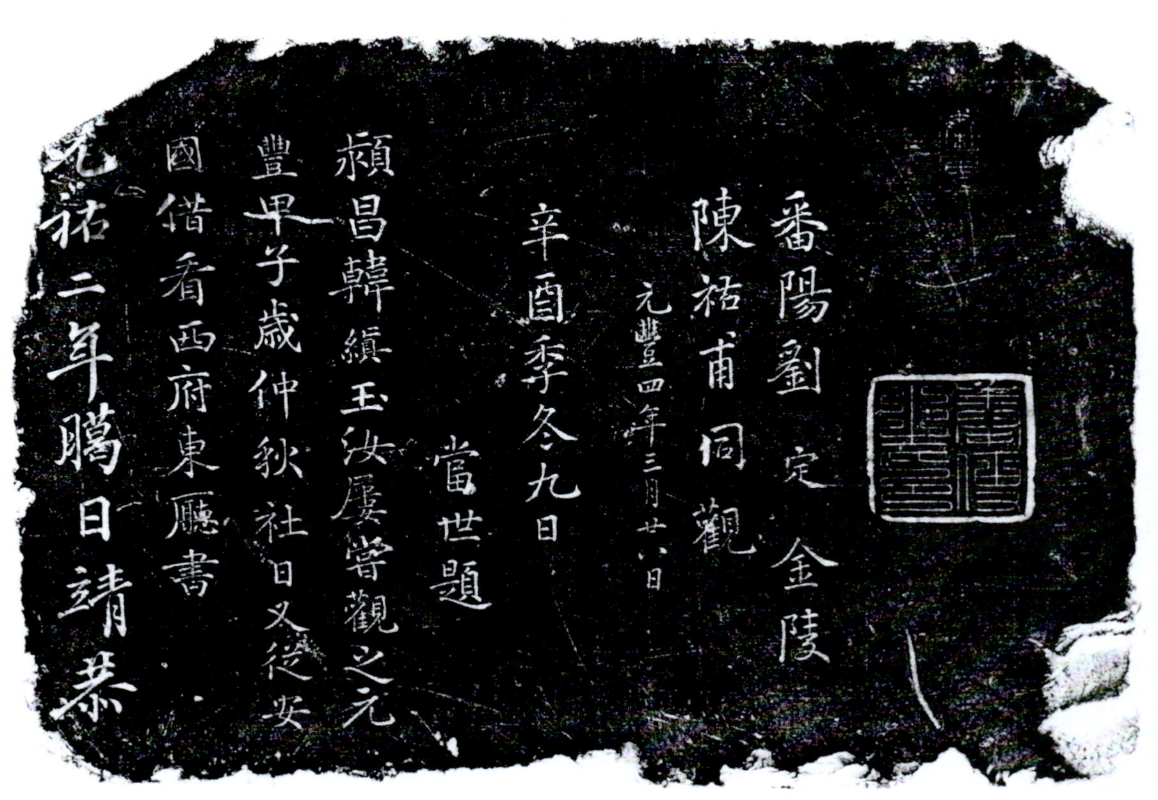

范仲淹书伯夷颂并札卷碑

桐庐郡斋书事诗碑

◎**桐庐郡斋书事诗碑**

【时间】不详

［千峰秀处白云骄，吏隐云边岂待招。数仞堂高谁富贵，一枝巢隐自逍遥。杯中好物］闲宜进，林／下幽人静／可邀。莫道／官清无岁／计，满山芝／术长灵苗。

桐庐郡斋书／事。

【说明】碑录范仲淹《桐庐郡斋书事》诗，阙文据《范文正公文集》补苴。

◎**范隋进封柱国诰跋语碑**

【时间】宋

■

右六世祖所受懿宗/告也。先世文书，自经/丧乱，十亡八九，此书/独存于三百年干戈/[之后，子孙保之，当如何耶？绍兴三年八月朔，装褙于广州官舍，右朝奉郎、权发遣广东路转运判官正国谨书。]

【说明】范氏六世祖范隋曾于唐受柱国诰书（亦曾勒石，今存春申君庙），绍兴间重褾，后世绍兴三年（1133）至嘉定间题跋甚多。今碑残，且未审凡几，仅以《范氏家乘》补苴阙文并推测年代。

范氏置田赡族碑（碑阳）

◎**范氏置田赡族碑**

【时间】1235

碑阳

前尊/□五/致政/置田/赡族/亲书/关文

文正院/照对：昨来监簿下通议位置到长洲县田添置义庄，向曾买下碑石，欲行/镌记。今所置到田上，但干朱兴砧基，并留秘丞任九省元处，请掌庄同/九省元日户点对措置，命工入石。向来有误雕吴县至德乡田亩者，可为磨洗去，/却将上项石段添卷刊刻。所有工匠之费，请详细具来，以凭文还。须至移关者。/右谨关。义庄掌庄九官人一省元、秘丞位九省元，请详所关事理，疾/速施行，仍希报应。谨关。/绍定元年十一月二十九，文正院良遂上。关。

文正院/照对：本房昨来所用钱，委秘丞位九省元置到长洲县田地租米，计/五百文，于陆石壹斗伍升柒合。既已行下义庄簿，但干春书文字入石。今既开/春，每要及时租种着落。所是上项田地租课，一就义庄催索，秋成收到米斛，/乃就庄中东廊会项囤籍，掌庄别置簿收支，以时前赴本位签押。庶几事/体归一石致项，然□其他，其有数内唐浦田，去年九省元躬率布种者，今如未有/俾户，可就会元庄甲头踏逐得力租户，带去布种，切不可失将。须至移关者。/右谨关。义庄两掌庄郎中位九官人、朝请位一官人，请评今来所关事/理，速与施行。务为永久之计，先希报应。谨关。/绍定贰年正月拾五，文正院良遂上。关。

文正院/照对：助济米虽不甚多，缘绍定元年族中多不幸之人，支用殆尽，以致缺/乏。今岁以来，幸各平安，所有助济米请一□义庄催索安顿，请掌庄别作/簿帐收支，应时前来文正院签押。须至移关者。/右谨关。义庄请详两关事理。自绍定二年十月，租米上月为始，/不请□端。谨关。/绍定二年四月二十四，文正院良遂上。关。/仍请会行于东偏屋下囤席，不许滚同义/庄仓。

文正院/照对：九省元昨所种义庄长洲田亩，今得■。/如更欲种时，听其更种；如不种时，可速照去岁■/力，俾户分布耕种。如要少粮，本时□报■/快时却□利害。须至移关者。/右关。/义庄请详所关事理，疾速施行。如已有定论，■。/绍定三年正月廿九，文正院良遂上。关。

监簿位良遂/照对：本房昨自备钱所置到吴、长两县田地，入义庄添给/长洲县砧基所置田地镌石外，其吴县砧基所置田■者，仍/旧拨与妙莲，馀并□□拨入义庄。□□年□果，请■/族施行。须至移关者。/右谨关镌石。十官会□□□掌庄点检。■/义庄永远□赡族人。谨关。/绍定五年冬月拾五。文正院良遂上。/监簿位良遂。/除种松□田□与妙莲外，馀并拨入庄中。

先公置义米养族，/先兄五致政，买吴、长两县田，续广/前规，相望越二百馀年，同一关键，阖族饱赐/义襟恩意，/天地祖考实鉴临之，良楷奚敢赘述？今/先兄所置田亩，字号硕脚，已入碑刻，外有■书■矣。义庄永远/照应，良楷承乏居长，窃虑岁月侵久，湮没无闻，并■诸坚珉，将来者/知添置之田，以传不朽云。时端平乙未八月既望，右■良楷百拜谨识。

掌庄■通□郎■。

碑阴

东至、西至显字号、南至、北至。

一段、李字壹伯伍号田，壹亩壹角壹拾二步伍分。/东至达字号、西至显字号、南至横泾、北至周文祐。

一段、李字壹伯叁号田，壹亩。/东至赵秀才、西至大岸、南至显字号、北至周文瑫。

一段、李字玖拾玖号田，贰亩壹角伍拾叁步伍分，在沙墟村。/东至周七、西至周三、南至横泾、北至沈安。

一段、岁字柒拾玖号田，贰亩伍拾伍步。/东至水淒、西至陆、南至界岸、北至张。

范氏置田贍族碑（碑阴）

一段、律字捌拾叁号田，贰角伍拾捌步伍分。/东至周、西至任浦、南至周、北至张。

一段、致字拾捌号田，贰亩叁拾陆步伍分。/东至奉里浦、西至自己、南至显字号、北至达字号。

一段、制字壹号田，贰亩壹角二拾柒步陆分。/东至孙从、西至奉里浦、南至职田、北至达字号。

一段、重字叁拾叁号地，壹角二拾肆步。/东至沈安、西至吾子赟、南至舡浜、北至吾子赟。

一契、于宝庆元年二月内，用钱壹伯二拾伍贯文九十九陌，买到倪宗元置蒋世荣、吴宫乡、念/壹都徐庄渭及少器等渭田叁段，计壹拾亩叁角壹拾陆步。开具如后。

一段、金字贰伯叁肆号田，陆亩贰拾二步叁分。/东止蒋、西止蒋、南吟浦、北陆十六田。

一段、结字伍拾伍号田，壹亩贰角叁拾陆步柒分。/东止蒋、西止蒋、南止任浦、北止周九。

一段、结字伍拾陆号田，叁亩壹拾伍步。/东止蒋、西止蒋、南止刘宅、北至刘宅。

一契、于宝庆二年叁月内，用钱玖拾肆贯伍伯文九十九陌，买到孙千一掌书元置郑秉义/千七官人下六二官人吴宫乡念壹都虞字及调字号田，柒亩肆拾二步肆分，开具如后。

一段、虞字壹号田，叁角贰拾柒步，在拾万步渭。/东止周彦熙、西止周彦聪、南止横泾、北止吴旻。

一段、调字贰号田，贰亩贰拾陆步，在西江涂渭。/东止、西止、南大岸、北止大岸。

一段、调字伍号田，肆亩贰拾玖步肆分，在西江涂渭。/东止陆、西止朱仁德、南止大岸、北止大岸。

一契、于宝庆叁年叁月内，用钱叁伯玖拾贯陆伯文九十九陌，买到徐拾壹名思侃陈公乡/念伍都上坛村苗田贰段，作壹片计，叁拾壹亩二角叁拾肆步伍分，开具肆至如后。/东至浜溇、西至官泾、南至自己、北至大岸。

一契、于嘉定拾陆年柒月内，用钱玖伯壹拾捌贯文九十九陌，买到张通判男千二机宜/吴宫乡念壹都纂网渭，坐落元纳钱承买营田壹伯伍亩，开具段丘肆至如后。

一段、叁拾伍亩，在西百亩渭内，东止界岸、西止周宅、南止水溇、北止夫子渭。

一段、叁拾亩，在西百亩渭内，东止周、西止新泾、南止水溇、北止水溇、北止夫子渭。

一段、贰拾伍亩，在东百亩渭内，东止周、西止界岸、南止水溇、北止夫子渭。

一段、壹拾伍亩，在东百亩渭内，东止赵荡渭泾、西止界岸、南止周、北止水溇。

一契、于宝庆二年正月内，用钱叁伯壹拾伍贯文九十九陌，买到张三六名梓首并元作楼少/乡名字置到郑秉义十七官人男六二官人、六三官人吴宫乡念乙都，承买营田二契共叁/拾伍亩，开具下项。

一、元置郑六二官人东百亩数内分到田二拾伍亩，今来分到营田肆亩肆拾步。/东止郑、西止郑、南止水溇、北止南来弟肆段。

一、元置郑六二官人捌拾亩数内，今来分到营田壹拾叁亩壹角二拾步，系南来弟肆段。/东止郑、西止郑、南止岸、北止水溇。

一、元置郑六三官人东百亩数内，分到二拾伍亩，今来分到田肆亩肆拾步。/东止郑、西止郑、南止水溇、北止岸。

一、元置郑六三官人捌拾亩数内，今来分到营田壹拾叁亩壹角二拾步。/东止郑、西止郑、南止水溇、北止岸。

一契、于宝庆二年肆月内，用钱二拾玖贯文九十九陌，置到潘武经下念叁官人，元置到郑监岳下/拾柒官人男郑叁叁官人陈公乡念伍都营田贰亩叁角陆步，开具肆止如后。/东止水溇、西止岸、南止孟字閅、北止季字閅。

【说明】此双面碑，碑阳题名中阙字，漫漶处似为“父”字；而碑末有“先兄五致政”句，

范文正公义庄义学蠲免科役省据碑

且据文意，抑或为“兄”字。碑阴详胪置田时间及四至明细等。

◎范文正公义庄义学蠲免科役省据碑

【时间】1290

范文／正公／义庄／义学／蠲免／科役／省据

皇帝圣旨里，江淮等处行尚书省，据范士贵状告，年壮无疾，系先贤范文正公的孙，见充平江路／学职，兼管本族义庄、义学勾当，即目在本路吴县天平山住坐。先世文正公，舍宅为路学，作／成人材，置买义庄田，养赡宗族，及创义学，以教子孙，并有坟山、梯己田地，并隶本路属／县。亡宋时及归附后，俱蒙轸念先贤后代，本处官司会验旧例，除纳税石外，一切差／役科折，并行蠲免。后因吴县及长洲县司吏朦胧，科折糯苗，士贵状告本县，次经本路，／俱蒙受理行下，合属改正，止纳一色糙粳。又于至元十七年六月内，有各乡里正人／等，欲将义庄与民田一例科助役米，遂经本道宣慰司并按察司陈告，蒙追索／本路文卷，检照得范文正公置买上项田土，初非私己，正欲永远养赡宗族子孙，／义所难及。自前至今，既不曾设着科役，难同民田一例施行。牒本路行下，合属除／免。间再具状，经行中书省陈告，蒙受理行下。本路照勘是实，依上蠲免，毋得科率／违错。总府除已遍榜合属外，又于二十年三月内，经省府陈告，给蠲免文据。奉省府／钧旨：送浙西道宣慰司照勘，依例施行，毋得违错。奉此，蒙宣慰司照勘是实，札付本／路行下，合属依例除免一应科役，就便出给文凭，付士贵收执照验外，近钦奉／圣旨，节该在籍秀才，做买卖纳商税，种田纳地税，其馀一切杂泛差役，并行蠲免。所在官司，常切存／恤，仍禁约，使臣人等毋得于庙学安下非理搔扰。钦此。凡是儒人，既例蒙存恤蠲免，／况本家裔忝先贤，世居吴郡，先文正公置立义学、义庄，以教养宗族，凡冠昏丧葬，／咸有所助，迄今叁伯年，流传不朽，人皆慕之。本处官司，尚以义关风化，每岁举行祀／典，实与其他儒户不同。但士贵前来，虽已经行省陈告行下，合属蠲免，止是本路备奉／出给文凭，付士贵收执。切虑岁月深远，官吏更易，仍不准行雷例，科率搔扰，告乞出给／公凭事。得此，省府除已行下平江路，依例除免本户杂泛差役外，合行出给者。

右付范士贵收执。准此。

为范士贵告科扰事。

李霖行。

【说明】据《范氏家乘》知此据颁于至元二十七年（1290）。

窦谏议录碑

[illegible]贈馮鈞詩云燕山竇十郎教
[illegible]儀至禮部尚書儀禮部侍
[illegible]千無子夜夢亡祖亡
[illegible]者盜用延房廊錢二百
[illegible]是遠遜禹鈞見女子春甚[illegible]
[illegible]百千擇良匹待所歸後[illegible]
[illegible]公嘗因元夕往延慶寺燒香
[illegible]物手須臾見一人泣涕至公[illegible]
罪昨暮以一相知置酒酒昏忽失去[illegible]
[illegible]賂其同宗及外姻甚多貧困者有喪不
女未能嫁者公為出金嫁之凡公嫁者孤女
[illegible]以財者隨多寡資之金帛俾之[illegible]
數公每量歲之所入除伏臘供給外皆以
院四十間聚書數千卷禮文行之儒延置師
於學者聽其自至故其子見聞益博凡四方
士受其禮及公之亡蒙恩深者有持心喪
後十年復夢其亡祖亡父告之曰汝三十
以汝有陰德延算三紀賜五子各榮顯仍以
大抵不異善惡之報或發於見世或報於未
別親戚談笑而卒五子八孫皆貴顯於朝廷
祖嘗録於書冊以示子孫為法惜其不傳
政事范仲淹述
[illegible]宣慰使[illegible]

范文正公祠图碑

◎窦谏议录并范文正公祠图碑

【时间】元至大前后

碑阳

窦谏议录

［窦禹钧，范阳人，为左谏议大夫致仕。诸子进士登第，义风家法，为一时标表。］冯道赠禹钧诗云："燕山窦十郎，教/［子以义方。灵椿一株老，仙桂五枝芳。"人多传诵。禹钧生五子，长曰仪，次曰俨、侃、偁、］僖。仪至礼部尚书，俨礼部侍/［郎，皆为翰林学士；侃左补阙，偁左谏议大夫，参知政事，僖起居郎。初，父禹钧家甚丰，］年三十无子。夜梦亡祖亡父/［聚谓之曰："汝早修行！缘汝无子，又寿算不永。"禹钧唯诺。禹钧为人素长者。先，家有］仆者，盗用过房廊钱二百千，/［仆虑事觉，有一女，年十二三，自写券，系于臂上，云："永卖此女，与本宅偿所负钱。"］自是远逃。禹钧见女子券，甚哀/［怜之，即时焚券，收留此女，祝付妻曰："养育此女，及事日，当求良匹嫁之。"及女］笄，以二百千择良匹，得所归。后旧/［仆闻之归，感泣诉以前罪，禹钧不问。由是父子图禹钧像，日夕供养，晨兴］祝寿。公尝因元夕往延庆寺，烧香像/［前，忽于后殿阶侧拾得银二百两、金三十两，遂持归。明旦清晨，诣寺守］候失物主。须臾，见一人泣涕至，公问所/［因，其人具以实告，曰："父犯刑至大辟，遍恳至亲，贷得金银若干，将赎父］罪。昨暮以一相知置酒，酒昏，忽失去。今/［父罪已不复赎矣。"公验其实，遂与同归，以旧物还之，加以恻悯，复］有赠赂。其同宗及外姻甚多贫困者，有丧不/［能自举，公为出金葬之。由公葬者，凡二十七丧。亲戚故旧孤遗，有］女未能嫁者，公为出金嫁之。由公嫁者，孤女/［凡二十八人。故旧相知与公有一日之雅，遇其窘困，则必择其子弟可］委以财者，随多寡贷以金帛，俾之兴贩，/［自后由公而活族者数十家。以至四方贤士，赖公举火者不可胜］数。公每量岁之所入，除伏腊供给外，皆以济/［人之急。家惟素俭，器无金玉之饰，室无衣帛之妾。于宅南构一书］院四十间，聚书数千卷，礼文行之儒，延置师/［席。凡四方孤寒之士贫无供须者，公咸为出之，无问识不识。有志］于学者，听其自至。故其子见闻益博。凡四方/［之士，由公之门登贵显者，前后接踵来拜公之门，必命左右扶公］坐受其礼。及公之亡，蒙恩深者，有持心丧三/［年，以报其遗德。先是，公之亡祖亡父梦中告以无子及寿数不永。］后十年，复梦其亡祖亡父告之曰："汝三十年/［前实无子分，又寿促，我尝告汝。今汝自数年以来，名挂天曹阴府，］以汝有阴德，延算三纪，赐五子，各荣显，仍以/［福寿而终，死后当留洞天，充真人位。"言讫，复祝禹钧曰："阴阳之理，］大抵不异。善恶之报，或发于见世，或报于来/［世。天网恢恢，疏而不漏，此无疑也。"禹钧愈积阴功。年八十二，沐浴］别亲戚，谈笑而卒，五子八孙，皆贵显于朝廷。/［后之称教子者，必曰燕山窦十郎云。某祖与窦公故人，］祖尝录于书册，以示子孙为法。惜其不传天/［下，故录以示好善者，始见阴阳报应之理，使恶者知所戒焉。参知］政事范仲淹述。吴钱良右书。

■宣慰使郑公鹏南刻梓流布，且以墨本寄吴郡太守/■四月望日八世孙国儁百拜谨识。

■成刻。

碑阴

范文正公祠图碑

【说明】此系双面碑，不见年款。碑阳刻范仲淹撰《窦谏议录》，阙文据《范文正公别集》补苴。范国儁生卒年不详，据考约生活于元朝至大前后，故此碑亦当立于斯时。碑阴刻《范文正公祠图》，据图可知，当时为东祠西义庄之格局，义庄街南原临河，有碑亭与义庄大门相对。

山居书事诗碑

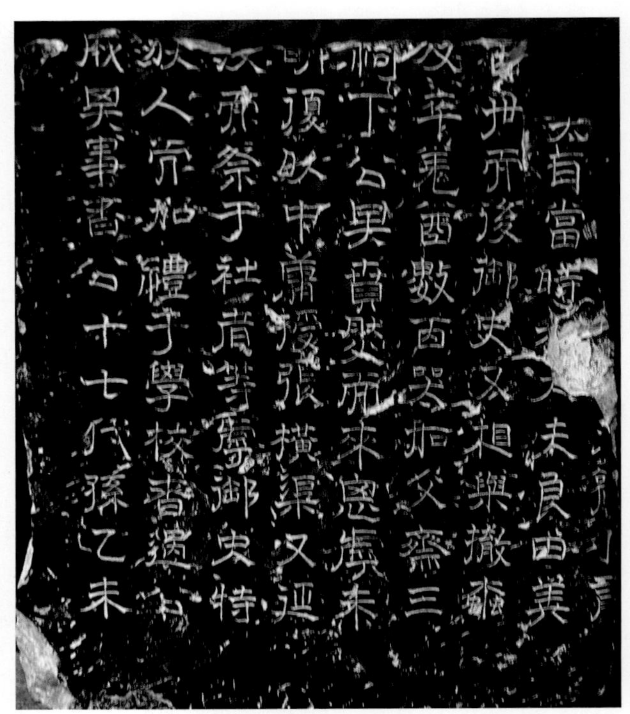
重修文正书院记碑

◎**山居书事诗碑**

【时间】不详

［偶来松树下，］高枕石／［头眠。山中无］历日，寒／［尽不知年。］

【说明】今碑残，据存文可知系唐代太上隐者之《山居书事》诗，阙文据《唐诗品汇》补苴。

◎**重修文正书院记碑**

【时间】1604

［重修文正书院记］

［赐进士出身、资政大夫、太子少保、礼部尚书兼翰林院学士、经筵讲官、国史副总裁、予告三赐存问、岁给夫廪、华亭后学陆树声撰，时年九十有六。皇明任子中宪大夫、湖广汉阳府知府、华亭孙克弘谨书并篆额。守祠生员范以益立石。万历甲辰，御史马君奉命按视吴中，兴贤轨俗，率先风化，乃首谒范文正公先生于故祠。仰视榱栋旁周门庑，咸摧圮不治，乃喟然忾叹，与郡守李侯谋所以新公祠者。于是陶甓度材，不半期而告成。公十七代孙、主奉太学生允观，十八代孙、诸生必溶，率族之子姓再拜，征予文为记，用副御史君表章先贤巨典。予惟公事迹载在《宋史》，若《欧阳公神道碑》《考亭名臣录》，不啻详矣。予耄谢笔研久，则乌能记公？独念公少而孤贫，块处一室，饘粥不赡，进士释褐，鬻马徒步而归。及为执政，焚黄姑苏，仅搜库绢以散亲戚、闾里、］知旧。小有／［俸馀，捐置义田南园数亩地，又推之以建郡学。度公平生殆未尝享有一日士大夫之奉者，夫同一］吴耳，当时士大夫良田美／［宅，与其人转盼俱尽，即其人亡，其姓名存。谁复为之礼一瓣香、荐一杯水者，而公之祠至今独存］百世，而后御史又相与撤蠹／［而更新之，则士大夫不当以此易彼明矣。公为将相时，邠庆二州之民与属羌皆画像生祠祀公。］及卒，羌酋数百哭如父，斋三／［日而去，祠满海内。一祠又何足为公重轻？特以吴故乡父老邱垄所在，子孙旅食于义田者，歌哭］祠下，公其贲然而来思乎，未／［可知也。吴中祀典最著者，泰伯、子游，暨公而三。公逊田赡族，舍宅建学，有泰伯之心；以《春秋》授孙，］明复以《中庸》授张横渠，又延／［胡安定入太学为诸生师，浚发道脉于

濂洛关陕之前，其功又与子游学道相表里。岂若乡先生］没而祭于社者等乎？御史特／［新公祠，盖推本公为宋儒理学渊源之祖，使吴人以公重吴俗，亦以公厚。凡士大夫有意收恤其］族人而加礼于学校者，过公／［之祠或尚有兴起焉。是不可以无记。御史名从聘，灵寿人；郡侯名右谏，丰城人；并己丑进士而赞］成其事者，公十七代孙、乙未／［进士、今滇中学宪允临也，例得附书。万历甲辰八月吉立。］

【说明】原碑残，今据《范氏家乘》《范文正公文集》补苴。

◎**范氏世德源流碑**

【时间】1696

碑阳

范氏世德源流碑记

康熙甲戌之春，承勋以／滇黔制使／召为御史大夫。未几，改／制两江，／特敕驰邮之镇。其秋，莅／止金陵，即奉／命与浙江会视震泽暨／吴淞水利。孟冬来吴，公／务既竣，乃展谒在城／先祠，翌日至天平展谒／在山先祠及省视诸墓／道。族之父老子孙长幼／毕集，献酬礼毕，佥以／修祠请。承勋作而言曰：／是固先文肃公之志，而／仲兄忠贞公未竟之事也。／微父老言，固将竭蹶以／从，今［又以］为请，敢不敬／诺？谨按谱牒，我辽沈一／支，出自忠宣公子子仪／公讳正国，累官荆湖／漕运使。宋末，扈从隆／祐太后至江西，卜居临／川。三传至悔儒公讳良／傥者，仕为迪功郎，自临／川迁乐平，因世为乐平／人。悔儒公传六世至景／申公讳岳者，明洪武／时，以通经授云梦县／丞，失火延焚卷籍，谪戍／辽东沈阳中卫后所。建／文初，遇赦还家。子匡十／七公讳孝文者，留沈阳。／匡十七公三传而至沈／溪公讳鏓者，登正德丁／未进士，至兵部尚书。沈／溪公又三传而至我父／先文肃公讳文程，官至／内秘书院大学士。溯厥／源流，则文肃公为文正／公十九世孙，而实忠宣／房之嫡裔也。先是，沈溪／公筮仕水部，管榷武林，／始得详乐平谪戍本／末，后乃建大司马坊于／其邑，示不忘本云。至先／文肃公，又得详姑苏至／江西原委，自是水木本／源，洞然明白。顺治年，／予告后，拟请／命南归，谒祠上冢，初志未／遂，谆谆以属承勋兄弟，／而仲兄忠贞公随抚越／制闽，凡三过吴门，必展／祭先祠，见其摧圮几／尽，祖像不蔽风雨，亟捐／资度材，陶甓鸠工，改作／先葺正寝，以恪其典／礼。嗣葺三公堂，以安三／太师［之］神，鼎新岁寒／堂，俾［子］孙报享有所。／复建先忧阁于祠之左，／门庑垣［墙］方欲一切兴／举，而逆藩告变，公遂殉／节海疆，于［是］乎遗其／责于后人。嗟［夫！非］承勋／之任而谁任［哉？然］又不／敢先私而后公，［以故］甫／履任，即出俸缗［倡修］／圣宫之在省会者。工［既成，］／乃从事于家祠，遵忠［贞］／公之规画而加毖焉。世／济、忠直及文正、义泽之／坊，一郡之观瞻也，工最／亟，宜首。河以南大垣，一／祠之所屏蔽也，工亦亟，／宜次。然后建后乐楼于／祠之右，与先忧阁并峙／称雄，工又次之。又于巽地／废基，特创新祠，以奉／文肃公主，而以先兄忠贞／公从祀焉，工又次之。忠宣／公旧有官祭特祠，鞠为／茂草，春秋权祀于先忧／阁下，心窃恫焉，乃重葺／旧诸贤祠，改为忠宣公／祠，以为专祠地。而以文肃／公旧祠改为诸贤祠，以／报先贤［之］有功于义庄／者。复于东南隅建祠，以／祀［土］地之神，而明禋于／是乎咸秩矣。岁寒堂、／飨亭废久，陪祀子孙／曝日承溜无所庇，乃复／建立如其旧。又作门加／扃钥焉，于是乎旅进／趋跄而不失其度矣。至／于四隅隙地，有鬻于他／姓者，尽偿其直而还诸／庄，于是乎经界正而侵／牟无所容矣。凡此固承／勋之所以述忠贞公之／事，而皆所以继文肃公／之志者也。夫以我文正／［公］之德泽，而又承以忠宣／［公之］忠孝，父子事业照／［耀天］壤，似难乎其为／［子若孙］矣。今其苗裔／［散处四方］者多有，唯／［我辽沈当］有明中叶，／风［会未开，乃笃］生我沈／溪［公，其历官立］朝，树绩／不［朽。相传有洛阳］水月／及［范青天之谣，士］民讴／思

范氏世德源流碑（碑阳·局部）

至［今。又数传而及］我／文肃公，为开／国翊运功臣。凡此皆祖宗／积累深厚，是以代有／伟人，应昌期而挺出，／为宇宙扶纲常植名／教，非特一家之俊杰也。／今承勋待罪兹土，不／能于祖功宗德有加／毫发，而但渊冰自懔，／上报／皇上眷顾寄托之深恩，／下副祖宗父兄期望／责难之厚意，故于祭／告时，矢诸几筵之前，／苟玷宗风，有如皦日，／唯欲令后人指而目／之曰：此真不愧清白／吏子孙者也，他何求／焉？癸酉之冬，承勋自／滇来／朝奏对，留浃月辞还，／皇上亲洒奎章，／赐臣承勋四字曰：世济／其美。乙亥之岁，闽抚／臣请特祀臣兄于闽，／皇上宸翰重褒，／赐臣承谟四字曰：忠贞炳／日。凡此皆万世难遇之／恩荣，而可为祖宗光宠／者也。祗勒／御额，恭揭祠楣，以昭示／子孙于勿替云。后之／观者，步范家之园，抚／十围之树，俯仰今古，／前人之流风馀韵，有／宛然如在者乎？倘由／此酝酿栽培，元气愈／固，则根本愈深，而畅／茂条达，自不期然而／然矣。安知不又笃生／伟人，如上数公乎？所／望我后之感发而兴／起者，无穷也。工始于／乙亥之七月，以丙子五／月落成。谨志其实于／丽牲之石，如右所［云］。／襄其事者，则有［文］／正十九世监簿房孙／主奉能浚例得附书。

皇清康熙岁在丙子／夏五月吉日，／总督江南江西等／处地方军务兼理／粮饷操江、兵部尚／书兼都察院右都／御史加三级、文正二／十世忠宣房孙承勋／拜手谨纪兼书。

碑阴

文正书院世德源流碑阴记

祠始建于宋咸淳甲戌，盖四百二十馀年于兹矣。其中堂寝、廊庑、楼阁、垣屏、坊亭、绰楔之属，则皆赖当时诸贤卿大夫莅兹土者，相继葺修，日有以益其阙。至嘉靖间，凡历三百馀年，

范氏世德源流碑（碑阴，局部）

而其制始备，其成之难如此。然规度既宏，缮完不继，百馀年来，日即于圮。己酉之岁，沈阳相国文肃公中子忠贞公，抚浙道吴，谒祠下，慨然兴水木之感，乃为捐俸以营之，庀材鸠工，什居六七。未几，而公以制闽殉节，遂弗克溃于成。又越二十馀年，而今制府驻节两江，始得以竣其事。凡而祀饮、寝食、教肄、庖湢之所，无不毕具，前后所费，不下数千缗，而祠之制，复备于今，其成之难又如此。昔文正公置义庄，立义学，以教养群族，而监簿、忠宣、右丞、侍郎诸公，为之详明规式，指挥尽善，请于朝而勒之坚珉，俾子孙世守，至今不废。今制府绍文肃之志，续忠贞之业，父子弟昆，殚心祖泽，笃成烈而衍馀庆，何其盛也！此世德源流，制府述之详矣。窃念先大父少参公，当义泽中落，为割膏腴田十顷助入之，以供修祠赡族之费。盖文正公当日义田，至有明中叶，仅存三之一，田故最下，而又困于赋不足以支，而贫族仰给者，且数千百指，实藉是而少沾升斗之惠也。暨先父检讨公，早岁登贤书，即以清理义田为己任，前后四十馀年间，凡三主祠事，兴复举废，修定规矩，凡族之贫且老者，嫠而处者，丧而无以为葬者，子弟之能读书者，必加意优恤，嘉矜激劝，无不曲至。先是，天平山有忠烈祖庙，建于宋绍兴中，于吴中祠为最先，岁久颓废益甚，乃倡劝子孙，共捐义米，更为斥其制而新之。今闬闳阶序，严整合度，皆先君子之力也。当忠贞公之修复先祠也，先君子实经理之，既以未竟厥工为忧，而今制府方开府粤西，旋擢制滇黔，乃万里家书，往复惟以修祠相属。今制府能践其言，而先君子已不获睹其成，亦可悲已。能浚滥主祠事，得挂名碑尾，藉以不朽，敢为序而缀之，以志德于不忘，且以谂吾族之父老子弟，共相维持，思所以善其后，则尤能浚之所厚望也已。康熙丙子八月，文正书院主奉文正十九世监簿房孙能浚拜手谨记。

【说明】原碑残，今据《范文正集补编》补苴。碑阴另见书院图。

◎重修文正书院兴复义庄碑记

【时间】1743

重修文正书院兴复义庄碑记

昔文正范公以公忠报国之馀，置义田于吴，以赡［恤族人，子孙世守，垂七百馀年而不替。今公之世孙大同］/守瑶，能远绍公志，增置义田，仍重修书院，兴复义［庄，叙其始末。属记于予，曰：始宋皇祐初，公守杭时，创置瞻］/族义田，于义宅立义庄以贮田租。义庄之东为文正［书院，及宋咸淳中郡守潜公说友奏建公祠，春秋奉祀。］/元至正中更今名者也。初，公置田千亩，岁收八百［馀斛，以赡族人九十馀口。公子忠宣公等申明规制，复增］/其数。至明中叶，其田渐为豪猾侵隐，郡守况［锺力勘复之。后十七世孙参议公允临，复助千亩。］/本朝百年来，族姓益繁，田之所入，时患不［足。雍正七年，瑶奉先人命，增置田十顷，并前总三千馀亩，此义田］/增广之大略也。然公所置义庄，经宋元［明久废莫复，书院自明宣德以来，虽累次重修，历年久远，渐就倾圮，］/瑶不敢懈视，遂于乾隆二年与主奉［世孙兴禾等共议，出义田羡粟，相度书院、岁寒堂南隙地，鸠工庀材，兴］/复义庄，而书院中各祖祠，以及［碑亭廊庑，靡不修葺，重继自今，对越吾祖，庶免陨越贻羞，敢请一言，以垂］/不朽。予惟文正公以有宋第［一流人物，早具先忧后乐之志，溯公平生言行，建立事事，可为百世师。而临财］/好施，收恤宗族之念，尤发［于至诚。历观史传所载，敦本睦族，时有其人，然多及身而止，未有时更四代，世历］/数十，绵绵苗裔，犹被实［惠，如公在时者，苟非上天鉴公之德，时生贤子孙以维持之，能有是耶！今大同守之］/增廓义田于前，修复［书院义庄于后，孜孜绍述，力行不倦，可谓绳其祖武，为范氏之象贤矣。予不敏，平日慨］/慕公之为人，今忝［守苏郡，又乐观兹事之有成，窃愿海内闻之兴起，岂独为范氏子孙，吴中人

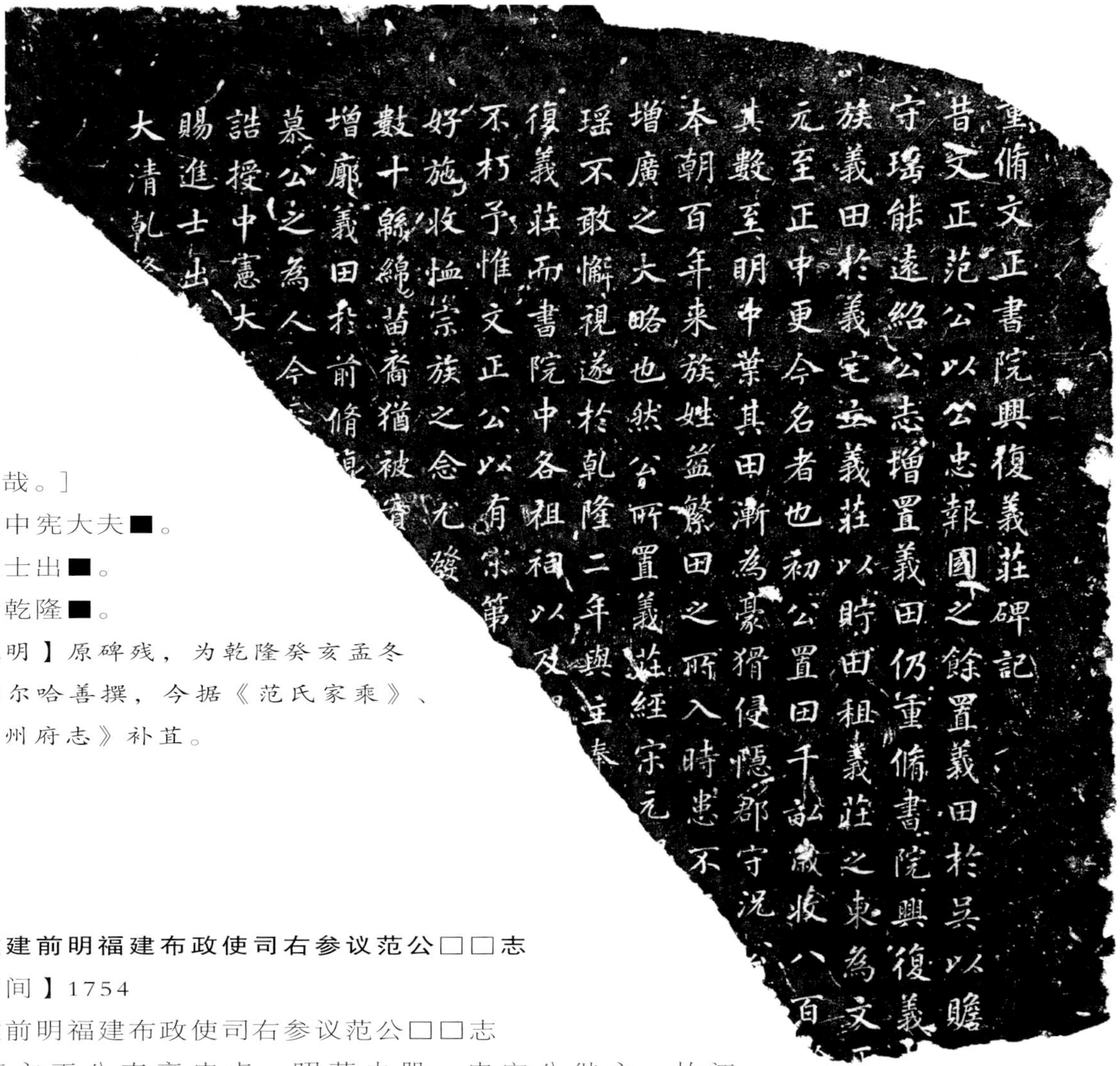

士属望也哉。]

诰授中宪大夫■。

赐进士出■。

大清乾隆■。

【说明】原碑残，为乾隆癸亥孟冬月觉罗雅尔哈善撰，今据《范氏家乘》、同治《苏州府志》补苴。

◎重建前明福建布政使司右参议范公□□志

【时间】1754

重建前明福建布政使司右参议范公□□志

宋范文正公直亮忠贞，昭著史册，忠宣公继之，故江左大姓首数范氏。至今过其祠者，无不敬慕兴起，知为厚德所贻。越十七世/而有少参议长白公，公文章翰墨辉映海内，与文待诏徵仲、董尚书元宰先后颉颃。中岁拂衣归里，徜徉山水，讨论泉石，远近咸/以风流蕴藉目之。然公功在国家，泽被宗族，□有以绳其祖武者。当其视学云南，值凤克之乱，临安数十州县以次残破，猝围会/城。巡抚陈公稔公才猷，委以城守调遣。一日□七篆，公亲执枹鼓登陴固守，令参将张名世、都司范继斌等由富民、罗次六路分/拒，令镇臣子沐调元、同知孙台等率劲旅捣其巢，凤克遁走，城赖以完。旋有以克首献者，众信之，将传诣京师，公争为伪。未几，毕/生获克于安南界上。广南酋依应祖自称智高后，志不轨，结安南酋武德成拥兵十万攻临安。会文武集议，公言交人入内地，势/不能久，宜及其部署未定乘之。如公言，贼不备，兵大溃，俘斩伪王公以下数百人，二酋遂衰。幕府方上公功，会陈公中蜚语，被退/不得叙。论者谓昔文正公捍贼鄜延，贼不敢犯，筑城大顺，贼骑来争，戒诸将追勿过河，贼失计引去。公之智略，不愧为文正后人/云。文正公置义田三十顷，以给族之贫者。至明中叶，仅存三之一，公清理复之。又见生齿日繁，捐腴田十顷，以济不足。今之老有/所资，幼有所长者，文正公倡于前，亦赖公振于后也。公旧有专祠，规制朴略，观瞻不肃，族众歉焉。先是公曾孙兴概，有志助田百/亩，未果没，其配顾孺人实成之。至是复输白金二千两，命子仪掞鸠工庀材，建祠五楹，奉公木主，而以检讨伏庵先生以下有功 / 于祠者配焉。祠之前筑楼五楹，与文正公后乐楼接，榱桷巍峨，堂筵宏厂。以公旧祠新其涂塈，移从祀诸贤于内。落成之日，妥神 / 告虔，乡之士大夫咸在，相与咨嗟叹息曰："倾厚橐以设宗祠，须眉犹或吝焉。乃巾帼而慨然为之，识报本，敦大体，可谓范氏之孝 / 妇，吴中之贤女已。"仪掞谒予庐，再拜谓曰："非公文无以荣先人而传后世，愿有记。"先儒有言，为常人子孙易，为贤人子孙难。今日 / 之趋跄林立者，皆先则绵之也。为子孙者，当思祖功之难副，宗德之不易承。毋以耰锄而生德色，毋以锥刀而启竞心。读书砥厉，/ 以端谨束身，以宽厚率祖。家庭称孝子，乡党推善人。可以穷居，可以出政。匪独继续少参，即文正、忠宣之流风，尚其世世无凌躐 / 也哉！

赐进士出身、/ 诰授通奉大夫晋资政大夫、礼部右侍郎加三级、/ 予告在籍食俸、后学沈德潜拜撰。同里后学钱襄拜书并篆额。

大清乾隆十九年岁次甲戌，文正书院主奉仪照执事安璋、君璿、德相、德圻、章灼立石。穆大展刻字。

◎**范氏义庄界碑**

【时间】不详

范庄

范氏义庄界碑

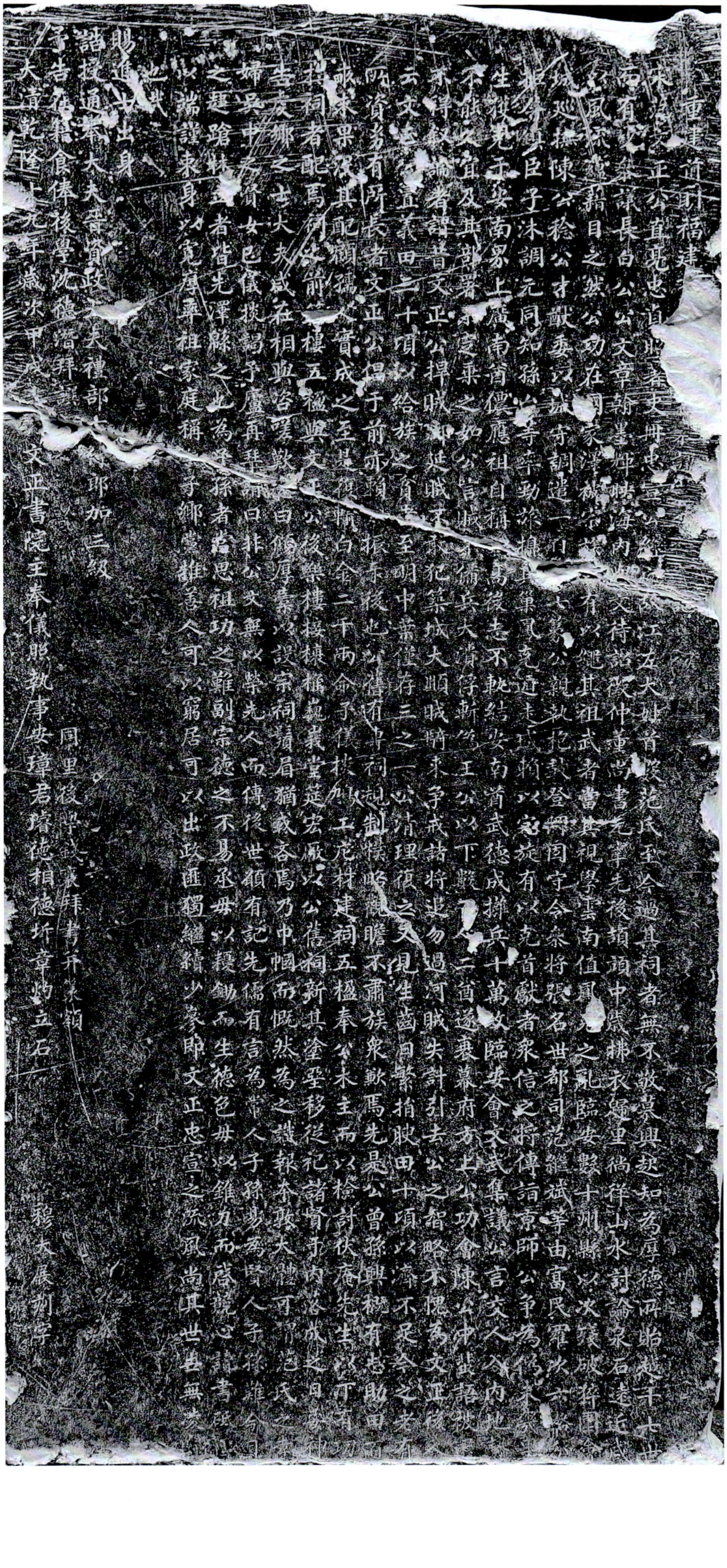

重建前明福建布政使司右参议范公□□志

◆原吴县初等小学堂第二十七校（报恩寺）碑刻

报恩寺，俗称北寺，位于姑苏区人民路。相传三国时孙权为乳母陈氏在此建通玄寺，南朝梁武帝时通玄寺建十一层高塔。唐开元二十六年（738）易名为开元寺，吴越王钱俶时改名报恩寺。今塔为宋绍兴二十三年（1153）重建，俗称北寺塔。寺内曾作吴县初等小学堂第二十七校等。原有宋淳祐十二年（1252）《平江府报恩万岁贤首教帖碑》等，今碑毁，拓片存苏州碑刻博物馆。今见元至顺三年（1332）黄溍撰、钱良右书《报恩万岁贤首教寺长生田记碑》,《张士诚纪功碑》,至正七年(1347）干文传撰、吴铎书《中书平章政事高公勋德碑铭》，至正十年（1350）黄溍撰、干文传书、张允刻《平江路报恩万岁教寺兴造记碑》，明万历三十二年（1604）管志道撰、章藻篆并书《重修北寺震隅不染尘观音院耳殿暨三大士殿记碑》，1926年费树蔚撰、李根源书、邓邦述篆额《重修苏州报恩寺记碑》，1929年之南书、张仲森刻《重修不染尘观音殿碑记碑》，1929年张文祥刻《僧众对报恩寺应守规条碑》，《八功德池碑》。

◎平江府报恩万岁贤首教寺碑

【时间】1292

平江府报／恩万岁贤／首教寺碑

通议大夫、翰林学士、江南浙西道肃政廉访使阎复撰并书。

中奉大夫、江浙等处行中书省参知政事、新除江南浙西道肃政廉访使徐琰题盖。

至元壬辰，予客吴郡。正月望日，游报恩寺南轩。薰公大师迎憩丈室，导予登塔，周览殿庐。师体貌魁梧，俨若梵僧，问年则与予同庚甲。它日肩舆来访，持报恩／兴替之迹，求为寺碑，予辞以未暇。居数月，触热复来申命典记，往返再三，辞不获命，遂书其事，俾刻诸石。按报恩本吴通玄寺，吴主孙权为乳母陈氏作也。隋／伐陈，为吴令孙宽所废。唐僧慧顒更筑之。开元中，诏郡国名蓝为开元寺，郡以此寺应诏。大顺、乾宁复毁于兵。钱氏有国日，即故址而新之，揭以支硎山报恩／旧额。报恩之名，实本于此。古塔起于梁僧正慧，久堕劫灰。元丰重建，苏文忠公轼尝舍铜龟以藏舍利。崇宁初，赐名万岁。建炎之难，鞠为煨烬。今所存者九成，／盖绍兴僧金大圆所造。寺有释迦文佛示寂像，长及数丈，弟子环绕，擗踊哭泣，极形似之工，土人多呼为卧佛寺。近岁淳祐敕造杰阁，以覆兹像，且锡今额。图／志相传，又有不染尘观音像、唐太和石经像，毁于建炎，而复于绍兴，经石则荡为泠风矣。自吴赤乌纪年，迄今千有馀岁，浙右精蓝，此为最古。旧分文殊、法华、／泗洲、水陆、普贤五院，合而为一，大敞法筵，榜曰“华严性海”，实出芝林、石桥诸师手。薰公即开山崧鉴义法孙也。／皇朝混一之初，来主教席，以谓宝坊净域，臣子祝厘之地，不可不严。于是度材训工，岁缉月累，起外山门，营东西庑，中甓法堂，上严塔劫。若宾寮，若忏室，若土／地祠，若华严祖师殿，若僧堂，以至井亭、浴室、猊座、法器之属，敝者以新，缺者以完，坠者以举。轮奂以楹，计数百有畸；垦辟以亩，计数千有畸；工用以缗，计数万／有畸。予既叙寺缘始末，且谂以报恩之说，曰：“父子之亲，人皆有之；君臣之义，人皆有之。今师以无碍辩才，阐扬妙法，因权显实，纳民于善，俾为子者思竭力以／报亲，为臣者思尽忠以报／国，岂非真报恩耶？十篇之义，孰外乎是？”师曰：“善哉！”谨系以铭，其辞曰：／佛日西晖，慈云东冒。赤乌纪祥，通玄斯肇。祯明被兵，乾宁陷盗。扁去开元，乃崇今号。塔始萧梁，中严佛宝。元丰起废，/苏文可考。圮于建炎，金圆再造。沧海几尘，炎冈几燎？不坏真如，长圆觉照。孰主是缘，孰明是妙？崧秀相传，维薰克绍。/载辟堂筵，载严塔庙。彩绘虚空，金瑰蓬藋。鹭表灵踪，龟呈吉兆。花雨昼零，莲灯夕耀。启迪愚迷，阐明道要。何恩不酬，/何德不报？为臣思忠，为子思孝。是名报恩，允符真诰。历劫光华，恢宏象教。

至元二十九年八月望日，住持传华严教观慈应大师处薰建。

平江府报恩万岁贤首教寺碑

◆原元和县初等小学堂第二十三校（卫道观）碑刻

卫道观，位于姑苏区卫道观前。初名会道观，元初时道士邓道枢得上官氏废圃而建。曾作元和县初等小学堂第二十三校、简易识字模范学堂第二塾。除点校者外，近年修缮前尚见有明嘉靖五年（1526）《申明乡约以敦风化碑》（即《社坛碑》，内容与静正庵者类似），嘉靖十一年（1532）《重葺卫道记碑》，嘉靖间祝允明书《会道观修建记碑》（残），《募建文昌宫疏碑》，清康熙五十三年（1714）张士琦撰、吴漠书《重修卫道观记碑》，嘉庆十五年（1810）朱源与董沐绘、凌寿琪书、汪浩葵刻《卫道观神像碑》，道光二十四年（1844）申廷锐撰、申范经书《徐君丹崖纪略碑》等。

◎重修会道观记碑

【时间】1669

重修会道观记

重修会道观记

吴中故有两三清殿云。一在玄妙观，为祝厘祈祷、声灵赫濯之地；一在卫道观，为修真炼法，如阳台、王屋之间。两观并时倾废，并时／兴起。论功程，则玄妙观什倍广大；论物力，则卫道观什倍艰难。都纪周君宏教，自回真至，殚力倡导，焕然鼎新，是不可以无记。按志，／宋季蜀人邓道枢，以教法显于理、度两朝。宋亡，道枢游于吴中，得上官氏废圃筑成，名卫道观。观在城之东，与万寿寺相望而近。至／明世庙辛丑，直指舒公汀迁长洲县学于万寿寺，而观居其北。形家言，观当学之北，玄武为学宫外卫。邑令吴世良捐俸修葺，更名／会道。嗟乎！天地间莫非道也。三教圣人，全此道于身，如江、淮、河、汉，各自分流，而汇于一源，故曰会。不知道者，于三教中相排相击，而／不知其实相辅翼，如泰、华、嵩、衡，作镇四维，而通于一气，故曰卫。通集如水，屏卫如山，其于道则至矣。夫教列为三，而道原于一。庠序／学校，惟州、郡、县一设；而释迦、老子之宫，所在而有。谓皆以卫孔子之道，奚不可耶？观有二开辟，会以始之，卫以久之也。有三废兴，创／始以后，一兴于弘治中道士张复淳，祝京兆允明为记；再兴于嘉靖中宰官吴世良，而大学士严文靖公讷为记。垂百三十年，则周／君弘教又重兴之。是役也，修建殿宇，增塑神像，金碧丹垩，堂构罘罳，前拓明堂，立两廊庑，长逾数丈，深广半之，一供三元大帝，一供／三茅真君，后则缭以墙垣。殿东西各峙危楼，凭栏四望，青山粉堞，树色塔影，晴雨皆宜。贴楼而东，曰东华堂，大学士申文定公时行／所书也。堂故文定读书处，中供文昌像。又东则后人为文定公祠，盛朝宰辅，衣冠俨然，令人敬而生爱也。西曰西华堂，规模方广，一／如东华，额则王太尝时敏书赠周君者也。先是堂中有额曰“可与宏教”，真人张洪任赠本观都讲周世德者。后十馀年，而周君兴复／院事，恰应其名，或以为真人有先几云。又西则精舍二间，中隔一庭，主人晏坐焚香之地，嘉客至，相与琴书啸吟，论道探玄也。西华／堂前五间，厨库湢浴皆具，墙外构空地亩许，又沿后门空地亩许，高树杂木，稍植果蓏，其制一一皆仍旧贯，而峥嵘周匝，非复旧时／气色，实惟周君之力焉。周君本住回真，尝传衣于都讲。会当避乱，都讲物化，庙宇无烟，羽衣星散。周君因里中绅士之请，而已事遄／往，不辞艰难，不忘师也。是为记。

岁屠维作噩十一月长至日，里人郑敷教撰。灵应观派弟赵弘科、本观吴学泰同勒石。

回真院后学刘学孔书丹。

【说明】据郑敷教生卒年（1596—1675）可知，屠维作噩当为康熙己酉年（1669）。

重修会道观记碑

重脩會道觀記

重脩會道觀記

吳中故有兩三清殿，一在玄妙觀，為祝釐祈禱，設靈赫濯之地；一在衛道觀，為脩真煉法如□□，□□□□觀□□□□時
興□□□功程，則玄妙觀□□□□，大論物力，則衛道觀什倍艱難。都紀周君弘教自回真至，殫力倡□，□□□□是，不可一無記。按其
宋季蜀人□□□□□□□頭於理度□朝，宋□□□祿，擇于吳中，得上官□廢圃，築成，名衛道觀。□在城之□，□萬壽寺，□□□□近。
明世廟辛丑，直指□□□□□遷長洲縣學於萬壽寺，而觀居其北。形家言：觀當學之北，玄武為學宮□衛。邑令吳世良損俸，循衛□名
會道。嗟乎！天地間□□□□也，三教聖人全此道於身，如江淮河漢，各自分流，而滙於一源，故曰會。夫知道者于三教中相排相□，□
□□也，是相輔翼，如□□華嵩衡作鎮四維，而通於一氣，故曰衛。道異如水，譬衛如山，其于道則合矣。夫毀列為三，而道原于一。□□
學校惟州郡縣一設，而釋迦老子之宮所在而有，謂皆以衛孔子之道，奚不可耶？觀有二開，開會以始之，衛以終之也。有□□興剏
始，以後一興於弘治中道士張復淳，祝京兆允明為記；再興于嘉靖中郡官吳世良，而大學士嚴文靖公訥為記。垂百三十年，則周
君弘教又重興之，是後也。脩建殿宇，增塑神像，金碧丹雘，□□精□，□□前拓明堂，立兩廊廡，長綸數丈，築廣半之，一徙三□，□□□
三茅真君殿□□□□牆垣，殿東西各峙危樓，憑欄四望，青山粉堞，樹色塔影，晴雨皆宜。脇帖而東曰東華堂，大學士申文定公時行
所書也。堂故文定讀書處，中供文昌像。又東則後人為文定公祠。或朝宰輔衣冠儼然，令人致而生愛也。西曰西華堂，□□□為□□
如東華，額則王太常時敏書，贈周君者也。先是堂中有額曰「可與弘教」，與大張洪任贈本觀都講周世德者，後十餘年而周君興□
院事，恰應其名，或以為真人有先幾云。又西則精舍二間，中隔一庭，主人晏坐焚香之地，嘉客至相與畢書，□□論道，探玄之地。西□
堂前五間，廚庫湢浴皆具。牆外構空地畝許，又為後門。□□□亦許高樹，雜木稍植果木，其制一一皆仍舊貫而增□，周而非復□□
氣色，實惟周君之力焉。周君本住回真，嘗傳衣於都講會當，遷化，都□□物化，齋宇無因，□羽衣□□□周君，□里中紳士之請而已事，遂
往不辭艱難，不忘師也。是為記。

歲旹維作噩十一月長至日，里人鄭敷教譔。

靈應觀派弟趙弘科、本觀吳學泰同勒石。

回真院後學劉學孔書丹。

永禁滋扰卫道观碑

◎永禁滋扰卫道观碑

【时间】1802

奉／宪谕／禁

特调江苏苏州府元和县正堂加十级纪录十次舒为／出示谕禁事。案蒙／前府正堂赵批，据生员申灏等禀称，生等始祖先贤文定公，自幼读书于元邑东城之／卫道观。嗣通籍后，舍地捐资，创建东华堂，立像以奉香火，岁给道士饭米，子孙致祭。今几三／百馀年，该观道士更替非一，向由生姓延请，本末载之碑记。缘道士杨鹤徵病故，伊徒陈惠／村等废观还俗，现乏住持。查有元妙观八仙殿道士周继宾，年近六旬，为人诚实，堪以接管。／为合公举，恩赐给示等情。蒙批，仰县查明，饬遵给示禁约等因到县。查此案，先据道纪司详／报，卫道观道士陈惠村、周端士等娶妻还俗，诓赁装严，遁逃情由，当经讯明，责惩逐出，不许／入观。并着元妙观道士李铁印公举去后。接蒙前因，并据生员申灏等禀称，该观现在捐资／修葺，观屋乏人。生等稔知周继宾素性诚实，是令入观住持。叩赐取结备案等情前来。除饬／催具结备案外，合行出示谕禁。为此，示仰该地保、附近居民人等知悉，该观已据贤裔申灏／等禀举道士周继宾住持，倘有不法地匪，敢于在观藉端滋扰，盘踞作践，以及逐出之道士／周端士等诓货藉索讹诈者，许即指名禀／县，以凭究详。该地保容隐，察出并处。各宜凛遵。毋违！特示。

嘉庆柒年拾壹月初二日示。七世裔孙安澜、／宏湜、／宏洲、／灏、／宏璜、／宏沂，八世孙檝敬谨勒石。

经承邱坤元、／许星源。

◎永禁顶替授受嫳卖卫道观碑

【时间】1839

钦加道衔江南苏州府正堂加十级纪录十次汪为/环求给示等事。据义庄祠裔举人申兆英，生员申廷锐，监生申祖璠、申祖瑛，生员申祖泰等赴府呈称，始祖、/先贤文定公，读书于卫道观，舍地捐资，建造东华堂。道士立公像，以奉香火，庄给饭米偿劳，迄今弗替。道士更替，向由举人族姓/延请，历有案据。现在住持朱彦儒、师祖徐丹崖交管，人尚谨慎。举人等照旧延请，讵八仙殿道士宣世长等，藉与同支，视为/私产，窜改碑文，兴讼妄夺。蒙前宪核明详卷，批行元廉讯断，朱彦儒仍着住持，宣世长不得觊觎争夺，详覆批销。祖宗/香火，不为宣等泯灭，皆出/宪仁。窃恐事远年湮，道士更替，由己授受，专擅嫳卖，均未可定。环求给示勒石等情。据此，查此案，前经元和县讯明，详府核销。该举/人等，恐后人专擅顶卖，呈请给示勒石，系为防微杜渐起见，事属可行。除批示外，合行给示勒石。为此，示仰该观道士、地邻人等知悉，嗣/后卫道观更替住持，该道士等，毋得视为私产，私相顶替，擅专授受。其道士支派，亦不得觊觎嫳卖。如敢故违，许申氏族姓指禀/究逐。各宜凛遵。毋违！特示。遵。

道光拾玖年柒月廿六日示。

永禁顶替授受嫳卖卫道观碑

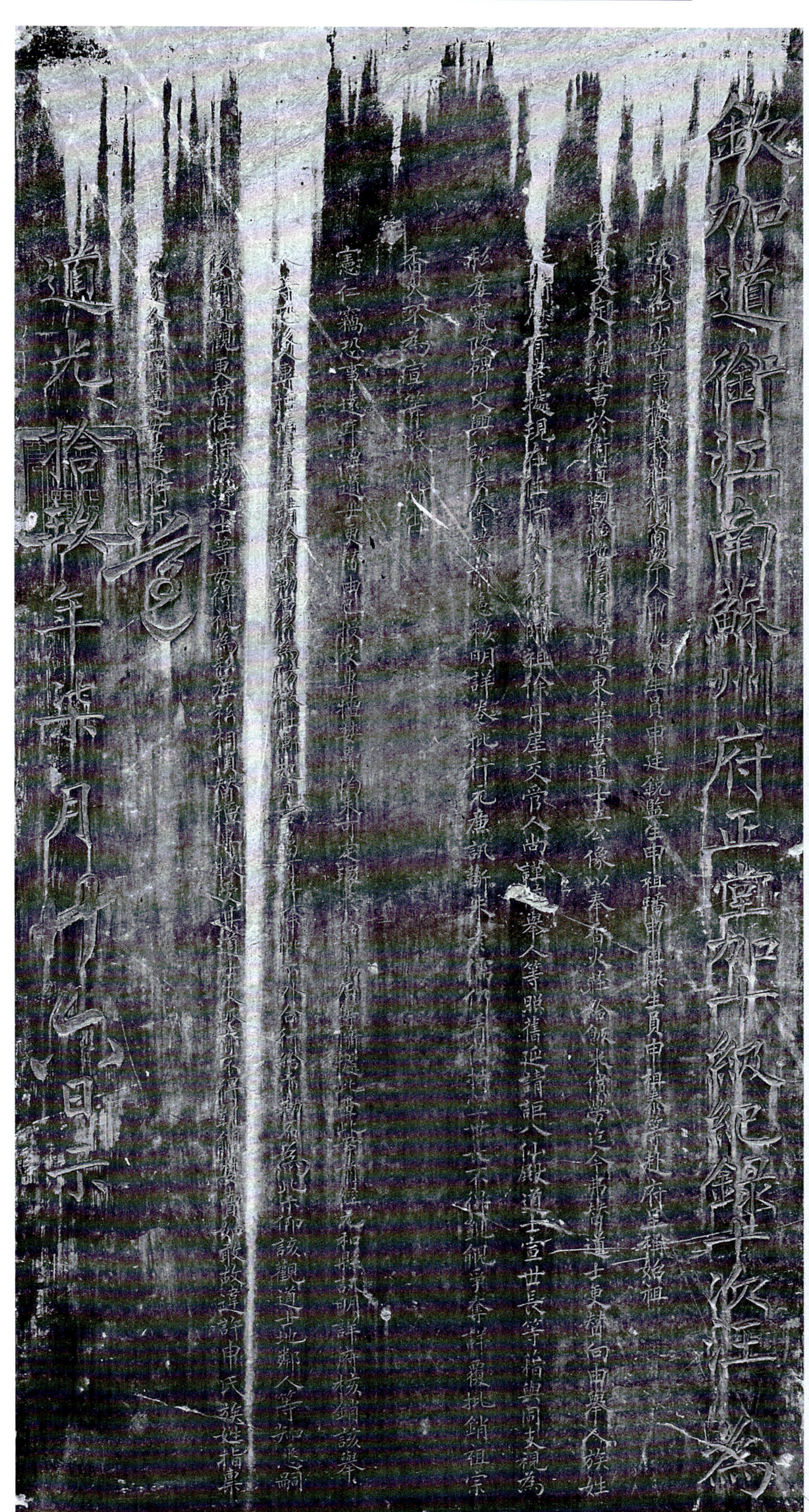

重葺卫道观记碑

◎**重葺卫道观记碑**

【时间】1888

重葺 / 卫道观 / 碑记

重葺卫道观记

天下事创固难，因亦难，因而无异于创则尤难。吴中卫道观，一名会道观，在城东，为羽士修真炼法之所。/ 创基于宋，至明代屡有修葺，详里人郑敷教所著记中。顾人事无百年而不变，不得善因之人，则向所缔 / 造，安知不渐就湮没？始之过者，犹或唏嘘太息，久之而唏嘘太息者，亦阒如矣。宇宙间灵区胜境，往往胪 / 载志乘，而名不挂于居人口者，岂少也哉？而卫道观之名，彪炳如昔，是谁力欤？佥曰孔君游之。其幼时即 / 随师祖研如在观诵习。观故有西华堂、东华堂诸胜。东华堂旧为申文定公读书处，贵显后设祠于堂东，/ 宰辅衣冠，俨然如在。咸丰庚申之乱，备遭蹂躏。复城后，东华堂由申氏庀材重建。游之时亦鸠同人募捐，/ 且节衣缩食，蓄经忏资以修其西华堂，阅数年而始获一新。都人士游其宇，登其堂，咸相与贺曰："非游之 / 之有志兴建不至此，此后其逍遥安枕乎？"无何而又有祝融氏之厄，西华全落，复付劫灰，累岁经营，荡然 / 一炬。游之怒焉，若有不能自解者。既而同人重为怂恿，告以补葺之举仍不可缓。游之勉副众意，再事鸠 / 度，虽规模未能如前完备，而亦复楚楚可观。噫！是观既灾于兵，更毁于火，一再历劫，而游之一再整理，工 / 程益巨，愿力益果，因非无异于创，而且倍难于创也耶？玉成其事，前有王荪斋，后有申爵人，诸君子殆亦 / 造福于洞天者欤？何相助为理，而孜孜好善如斯也？余以忧从京师归，游之一一为余述，属余记其巅末。/ 余念夫是观之得以常存，惟恃一游之。继游之而起者，一以游之之心为心，则是观可千百年不芜秽也。/ 莫为之后，虽盛弗传，勉之勉之！得见一善因者，是余之愿也夫！是余之愿也夫！时在光绪十有四年季冬，/ 赐进士及第、翰林院编修加三级、元和邹福保撰并书。句吴钱邦镗刊石。

◆原菉葭小学（天宫寺）碑刻

天宫寺，位于姑苏区菉葭巷。创自晋末，初名武平院，后名万寿禅院，后历有重修。1917年临平市民公社改建后作为公社事务所，后又为东区第七段救人会。曾作菉葭小学。原有天圣间张汴撰《天宫寺记碑》，龚颐正书《万寿禅院常平田记碑》，景泰三年（1452）杨翥撰、郭璘书《重修天宫寺记碑》，嘉靖十二年（1533）皇甫冲撰、温厚书《天宫寺修造记碑》，万历七年（1579）申时行撰、文嘉书《移置万寿禅院碑铭》，万历十二年（1584）张应文撰并书《天宫寺善财菩萨古像记》，万历十六年（1588）张应文撰并书《天宫寺重修记碑》，万历十八年（1590）钱有威撰《天宫寺新建善财堂记碑》（碑阴为刘凤撰、章藻书《参天宫寺万寿院善财说碑》），康熙款韩菼书《天宫寺万寿禅院记碑》，道光二十二年（1842）金昀善撰并书《重建天宫寺记碑》等，今俱不知下落。除点校者外，尚存1934年范广宪书、杨鉴庭刻《苏州东区第七段救人会落成碑》。

◎**天宫古刹碑**

【时间】1917

天宫古刹。

中华民国六年七月，由临／平市民公社集资修理／完善，改建公社事务所。呈请／县公署、／警察厅备案勒石，保存古迹。

天宫古刹碑

◆原苏州市大儒中心小学校（昭庆寺）碑刻

昭庆寺，位于姑苏区大儒巷。元天历元年（1328）宣政院僧阿咱剌建寺。曾作元和县高等小学堂、吴县县立第三高等小学校、吴县县立城东小学校、吴县模范小学校、卫道濂溪镇中心国民学校、吴县中山镇第一中心国民学校、苏州市大儒中心小学校。此外，陶行知先生亲自指导办学的，由名誉董事长宋庆龄，董事长冯玉祥、周至柔，校长施剑翘创办的从云小学于1952年秋季并入了大儒中心小学，由董事长李根源、校长顾玉振创办的私立明德小学于1956年秋并入大儒中心小学，二校并入后学生皆曾在此就读。

◎永禁滋扰昭庆寺碑

【时间】1823

特调江南苏州府元和县正堂升任泰州加十级纪录十次王为／践扰难堪事。据昭庆寺僧大坚并称，切僧在于大儒巷昭庆寺焚修，恪守清规。／缘有附近匪类，在于佛前作践，赌钱滋事，僧经理说不睬。并每届腊冬岁底，更／多恶丐以及栅夫，强索滋扰，不遂其欲，即肆辱詈吵闹，叩赐给示禁约等情到／县。据此，合行示禁。为此，示仰该地保、丐头人等知悉，自示之后，如有前项棍／徒恶丐，敢再闯入该寺，盘踞作践，以及酗酒聚赌，强索滋事者，许即扭解／本县，以凭究惩。地保徇隐，察出并提，重处不贷。凛遵。特示。／道光三年十一月十五日示发。

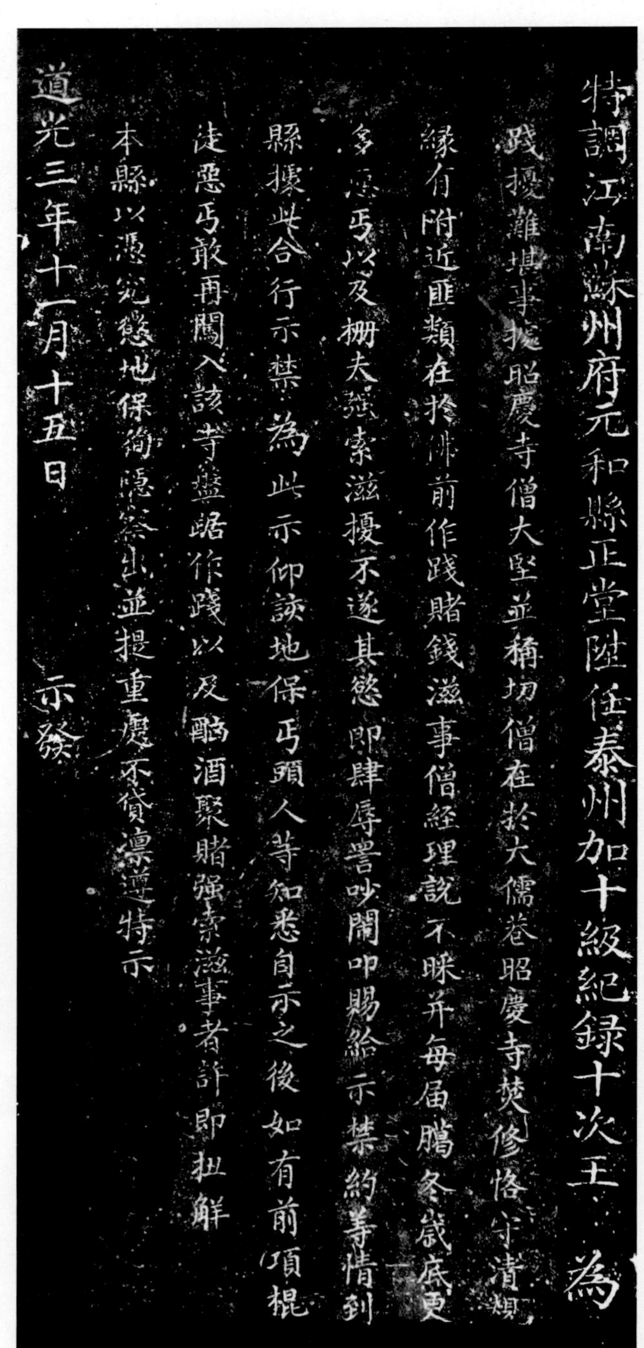
永禁滋扰昭庆寺碑

◎昭庆寺宗传缘起记碑

【时间】1896

昭庆寺宗传缘起记

寺始建于元宣政院阿咱剌公，／实文宗天历元年戊辰，讫今五／百六十馀载矣。明中叶，废为王／氏园。崇祯末，法师养素复赎为／寺。养素者，即彼牒所称开山祖／者是也。自浙杭潮鸣，寺移锡于／此，携诸天画像二十轴，相传为／宋人笔，敬护之，勿稍衰。／国朝康熙二十四年乙丑，法嗣／嗜学，重建大殿。继之者曰九孙，／曰德清，皆能禀承宗法，以恢复／旧观为己任。咸丰十年庚申，发／匪陷省城，寺亦毁，仅存山门。同／治二年癸亥正元，启宗等归。自／避乱思欲重整禅林，支撑三年，／迄

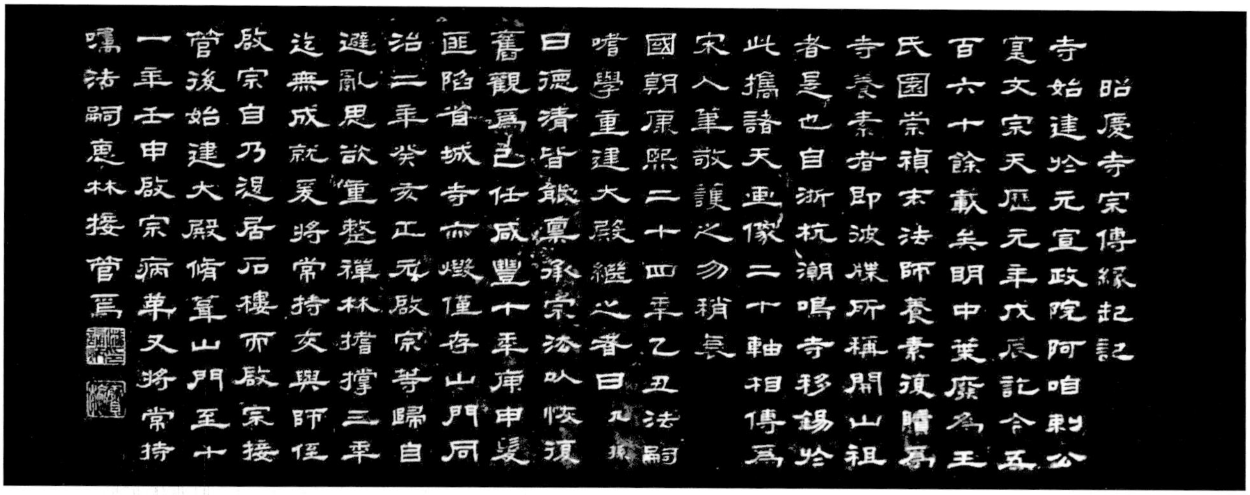

昭庆寺宗传缘起记碑（一）

昭庆寺宗传缘起记碑（二）

无成就。爰将常持交与师侄／启宗，自乃退居石楼。而启宗接／管后，始建大殿，修葺山门，至十／一年壬申，启宗病革，又将常持／嘱法嗣惠林接管焉。

嗣是而惠林以绍先业为己志，茹／苦含辛，铢积忏资。于光绪七年／辛巳，宝香堂成，并于山门西买隙／地，构库房两楹。十一年乙酉，重修关／帝殿及祖堂。若花厅、书厅，则十二／年丙戌重建者。方厅、后厅，则二十一／年乙未改造者。层檐曲廊，绀碧辉映，／规模已闳敞矣。先是庚申之乱，该寺／遗物悉化乌有，惟画像赖启宗肩／负朝山，得未亡失，至今始饰以琉璃／架，出置殿两壁，供奉虔诚，庄严／妙好，梵呗声里，香烟氤氲。过之／者，咸瞻仰赞叹，而吾以觇惠林／之苦心信力焉。昔归震川作《沧／浪亭记》，于亭之为大云庵，庵／之为沧浪亭，俯仰今古，感慨系／之。斯寺之垂绝复赎，虽曰／佛力护持，而综核其废兴之由，亦不／能无所感云。

光绪二十二年丙申小春月，汪鸣銮、／潘诵炳撰。长洲陈宗基书。

【说明】共二石。

◆苏州卫生职业技术学院碑刻

苏州卫生职业技术学院，位于姑苏区书院巷。原为南宋魏了翁御赐宅第，元至顺元年（1330）于此创办鹤山书院，明永乐间成为应天巡抚行馆，宣德五年（1430）起为巡抚署，清顺治二年（1645）起为江宁巡抚治所。乾隆二十五年（1760）至宣统三年（1911）为江苏巡抚署，俗称巡抚衙门、抚台衙门。1911年巡抚程德全在此宣布江苏独立，成立军政府。曾作苏州护士学校、苏州医学专科学校、苏州卫生学校。

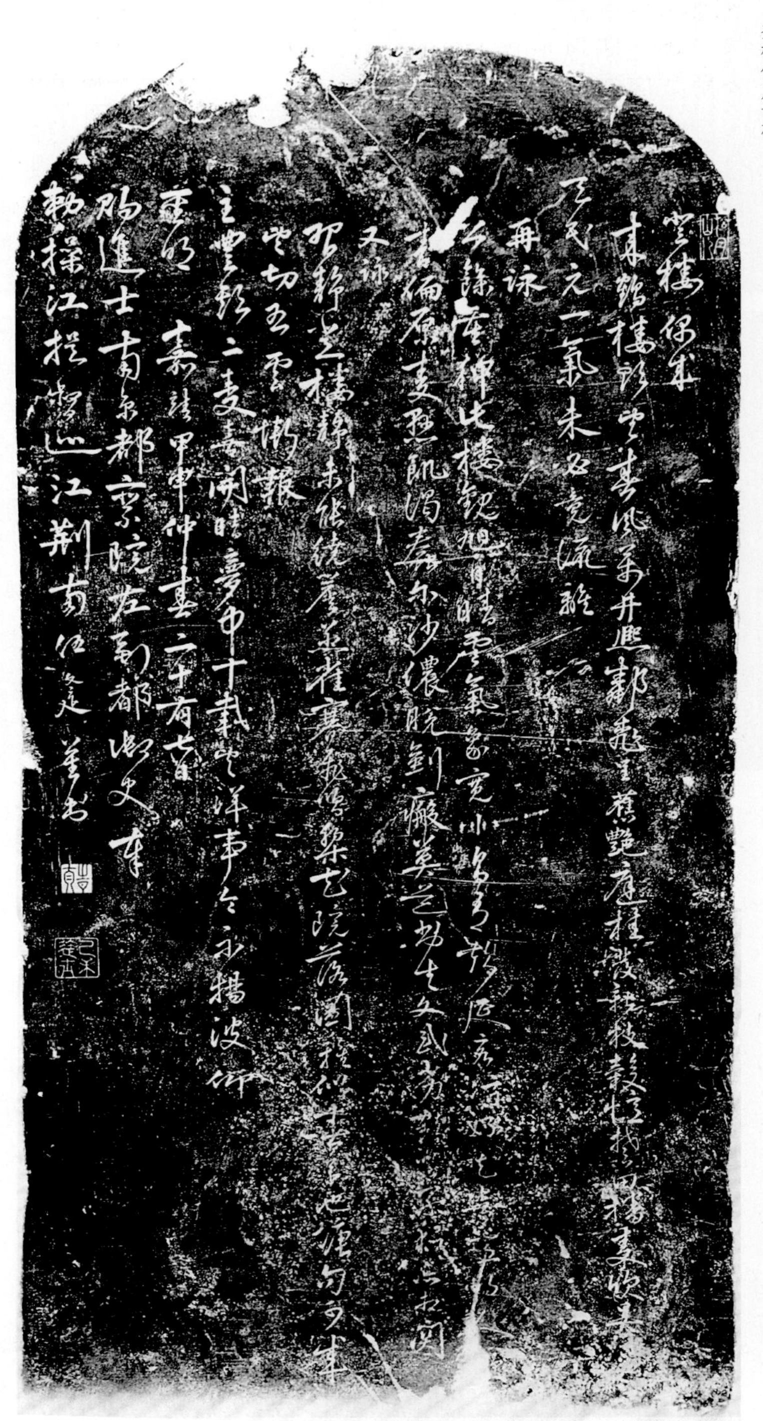

登楼偶成诗碑

◎登楼偶成诗碑

【时间】1524

登楼偶成

来鹤楼头望，春风万井熙。邻桃呈旧艳，庭桂发新枝。谷忆楚田播，麦饮吴□□。/天民元一气，未必竟流离。

再咏

公馀重狎此楼观，旭日晴云气象宽。小鸟有声延客□，好花无虑得人欢。/青偏原麦悬饥渴，蠢尔沙依脱剑瘢。莫是书生文武劣，鹤鸣子和亦相关。

又咏

习静登楼静未能，绕檐燕雀赛飞鸿。梨花院落图难似，春草池塘句可成。

望切五云惭报/主，丰斯二麦喜开晴。梦中十载望洋事，临示扬波仰/圣明。嘉靖甲申仲春二十有七日，/赐进士南京都察院左副都御史奉/敕操江提督巡江荆南伍文定谨书。

◆原吴县初等小学堂第十五校（春申君庙）碑刻

春申君庙，祀黄歇，原在子城内西南隅，唐天宝十载（751）采访使赵居贞重修，明洪武四年（1371）移建至今姑苏区王洗马巷址。曾作吴县初等小学堂第十五校。原有史维则书《春申君庙记碑》，碑阴为后梁贞明五年（919）刺史钱传璙书《春申君庙重修题名碑》，今不存。除点校者外，尚存其余助银碑十七通，其中一通内有“得月楼”助银的记载。如此处之得月楼亦为餐馆，或可纠正苏州历史上拍摄《小小得月楼》后乃建得月楼之讹谈。

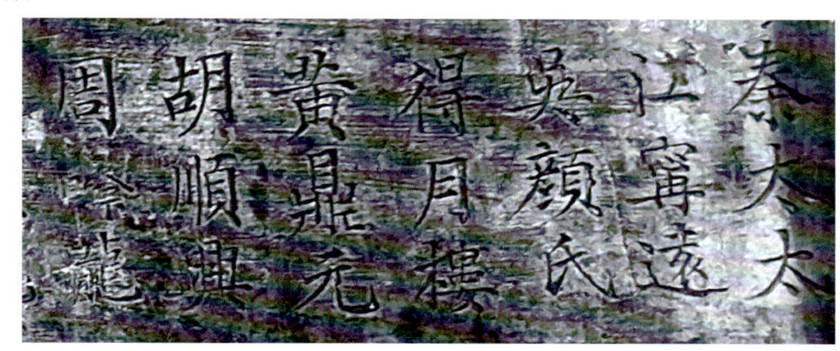

《重修春申君庙助银碑》中关于“得月楼”的记载

◎范隋进封柱国诰碑

【时间】861

将仕郎、权知幽州良乡县主簿范隋／右可柱国。

敕：朝散大夫、尚书／水部郎中穆栖梧等／涣汗鸿思，必乘／其雷雨；颁宣爵赏，／用振其簪缨。以尔／等列我盛朝，累沾／霈泽，各有劳效，许／其叙录，行庆策勋，／于是乎在。可依前件。

咸通二年六月十一日。

检校司徒兼中书令使、／中书侍郎兼工部尚书、平章事臣杜审权宣。

奉驾部郎中、知制诰臣王铎行。

奉／敕如右，牒到奉行。

咸通二年六月十［二日］。

检校司徒兼侍中使、／右仆射兼门下侍郎、平章事悰。

给事中沨。

［告将仕郎、前权知幽州良乡县主簿柱国范隋，奉敕如右，符到奉行。员外郎主事吴亮、令史杨鸿、书令史。咸通二年六月　日下。］

【说明】此为范仲淹高祖范隋之诰，原件藏南京博物院。文中所涉之王铎，系唐会昌进士，非明末王觉斯。后据此所刻之碑版本较多，此当属丛碑中之一石也。此碑款署咸通二年（861），为苏州校园原址上现存年款最早之碑刻，然疑为后刻。阙文据《式古堂书画汇考》等补苴。后世对此诰题跋亦夥，今苏州市景范中学校尚存据跋所勒碑一方。

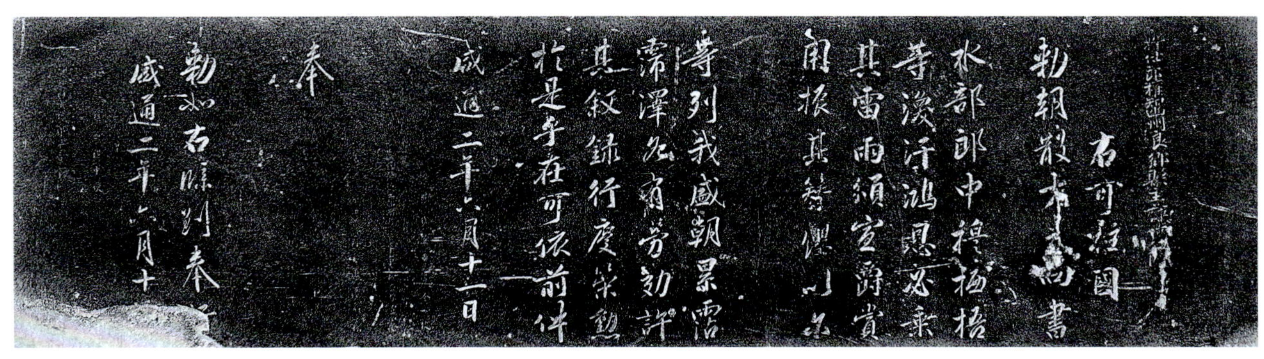

范隋进封柱国诰碑

◎重修春申君庙助银碑

【时间】1871

楚相春申君封于申，浚通申江。庙在省／城内王洗马巷中。兴修建造，详载府志。／咸丰十年遭兵燹，地空如洗。收复后，里／人于旧基建成头门、大堂各三楹，而其／外之瓦砾充塞如故也。乐义之士力谋／兴复，乃四出集资，鸠工庀事，于大堂之／后复建二堂三楹，规广如前，而外则东／西书院四间，门廊庖湢备具，照明肸蚃，／妥安神灵，义固不可废。是举也，始于同／治八年，毕于十年冬月，共縻白金六百／两有奇。落成后，同人凿壁为记，凡助捐／者悉勒姓名于后。

同治十年冬月，吴镇杨经办。

宋沐云、顾筠林、／程藻安、朱菊生、／吴树屏、杨如渊、／沈丽斋、吴子卿、／洪逊三、汪秉之领募。

同治八年三月等捐洋货同业洋二伯捌拾伍元。／造泥水工料洋壹伯肆拾伍元，／漆黝大殿洋壹伯二拾伍元，／悬匾等用洋拾伍元。

同治拾年九月募捐洋陆伯二拾捌元。／贴旧料造二堂三楹东西书院上下楼房肆间，／共计工料洋伍伯陆拾捌元；／漆黝二堂工料洋陆拾元。

彭小汀，助洋叁拾元。浦古松堂，助洋肆元。／郑登赋，助洋拾元。汪功绶，助洋壹元。／恒丰瑞，助洋伍元。张贻业堂，助洋壹元。／朱菊生、／朱梅生，助洋伍元。老人和瑞记，助洋拾元。／沈丽斋，助洋叁元。振源永号，助洋拾元。／吴燮安，助洋叁元。老人和震记，助洋伍元。／顾静娱，助洋二元。仁德和号，助洋肆元。／程安如，助洋二元。德永隆号，助洋二元。／潘通恕堂，助洋拾元。周乾泰号，助洋二元。／洪荫槐居，助洋拾元。萃号，助洋二元。／袁锦隆号，助洋伍元。／以上共捐洋壹伯二拾元。

申江各号捐助。／恒兴号、恒丰号、复升号、／同顺复号、茂亨号、恒丰信号，／每户助洋拾元。

春申君庙建造戏台、头门、仪门、内花兰厅等助银碑

◎**春申君庙建造戏台、头门、仪门、内花兰厅等助银碑**

【时间】1889

谨启。

光绪拾叁年桂月建造戏台、头门、仪门、内花兰厅壹／所，杨培高领募各户／开列于左。

杨万兴，助洋柒元。杨凤仪，助洋叁元。／陈孝文、厚生庄、宏豫庄、周凤鸣、／周凤春、郭恒兴、宋万茂，／七户各助洋贰元。／履康庄、源通庄、阜昌庄、源康庄、／元瑞庄、乾豫庄、瑞康庄、万和庄、／镒源庄、寿康庄、复昌庄、协昌庄、／永丰庄、镒大庄、致和庄、许义丰、／庆春堂、庆馀恒、庆和堂、佳莲室、／老荣盛、严洽顺、何振兴、何合兴、／徐凤仪、周盛音，／念六户各助洋壹元，计洋五拾元。

光绪拾伍年杏月戏台、头门、仪门漆油彩画完工，／陈润山、／杨培高，助洋肆拾元。

光绪拾四年菊月，班鼓、／弦子各号众友助洋拾元。／杨万兴敬助红木独坐一只。

信士杨培高敬立。

◆原苏州工艺美术学校（拙政园）碑刻

拙政园，位于姑苏区东北街。此区域造园之史可上溯三国。今园约明正德四年（1509）御史王献臣所建。现园域包含东部李经羲故居、中部复园、西部补园以及原太平天国忠王府部分，局部曾作四川璧山国立社会教育学院苏州临时校、苏州工艺美术学校。

除点校者外，今存嘉庆间陈鳣书《复园碑》；文嘉、陈元素撰书《沈石田像传碑》（二石）；嘉靖二十八年（1549）文徵明书《千字文碑》（真迹原为项子京藏，清道光年间张镜蓉刻石传世）；崇祯七年（1634）王世贞撰，薛益书《文待诏像传碑》（二石）；乾隆十二年（1747）沈德潜撰、王峻书、顾覲侯镌《复园记碑》（共三石）；嘉庆间严人骥临《孙过庭书谱碑》（十七石）；李翰文撰并书《八旗奉直会馆四宪创建记碑》；光绪十二年（1886）世勋撰并书、钱邦镗镌《八旗奉直会馆记碑》；光绪十六年（1890）刚毅撰、惠荣书《八旗奉直会馆名宦碑》；光绪十六年（1890）《八旗奉直会馆题名记碑》；光绪三十年（1904）端方书《文衡山先生手植紫藤碑》。

原另有虞世南书《千字文碑》并王履吉绘《山水图碑》，李文田书《塔铭残经碑》（六石），董其昌、苏轼书行楷某碑（二石），米芾、黄庭坚书行楷某碑，郑板桥书行楷某碑（二石），王羲之书《黄庭经》（二石），赵孟頫书《吴兴赋碑》《大雅碑》，董其昌书《骨董三说碑》（四石），冯桂芬书《间架结构百法碑》（五石），吴嘉淦撰、潘遵祁书《新建林文忠公祠堂碑记》，《放生池碑》，皆佚。又有李邕书《少林寺戒坛铭碑》，今移怡园。

复有嘉庆十年（1805）谢希曾刻《契兰堂法帖》，共八卷。卷一有王羲之书《兰亭集序》（定武版），卷二有王羲之书《黄庭经》《乐毅论》，卷三有王洽书《仁爱帖》《承问帖》、王廙书《祥除帖》《昨表帖》、褚遂良书《美人赋》《家侄帖》，卷六有米芾书《千字文》，卷八有宋克书《前后赤壁赋》《陶靖节先生诗》、卢熊书《复刘龙洲先生墓诗》、高启书《午夜帖》、董其昌书《题画诗》，原石多毁于红羊之役。今仅存颜真卿书《麻姑仙坛记》一石，移至狮子林。

此外，园东北部民国间曾为袁殊官邸，称长春园，其并汇拓全园刻石为《长春集帖》，计五卷四十一种，今存四册，藏于苏州博物馆。

◎王氏拙政园记碑

【时间】1894

王氏拙政园记

槐雨先生王君敬止所居，在郡／城东北，界娄、齐门之间。居多隙／地，有积水亘其中，稍加浚治，环／以林木。为重屋其阳，曰梦隐楼。／为堂其阴，曰若墅堂。堂之前为／繁香坞，

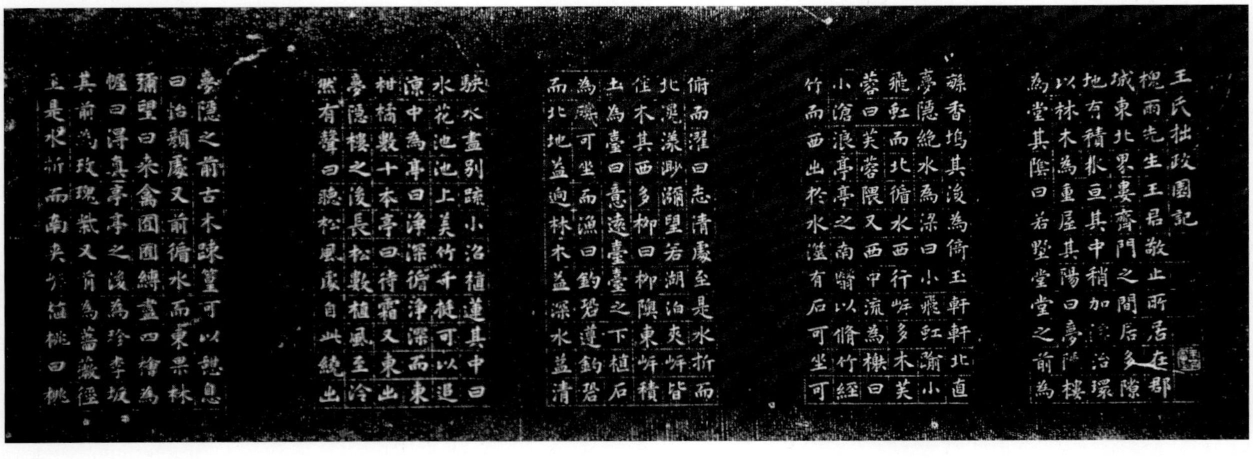

王氏拙政园记碑（一）

其后为倚玉轩，轩北直／梦隐。绝水为梁，曰小飞虹。逾小／飞虹而北，循水西行，岸多木芙／蓉，曰芙蓉隈。又西，中流为榭，曰／小沧浪亭。亭之南，翳以修竹。经／竹而西，出于水澨，有石可坐，可／俯而濯，曰志清处。至是，水折而／北，滉漾渺弥，望若湖泊，夹岸皆／佳木，其西多柳，曰柳隩。东岸积／土为台，曰意远台。台之下，植石／为矶，可坐而渔，曰钓碧。遵钓碧／而北，地益迥，林木益深，水益清／駃，水尽，别疏小沼，植莲其中，曰／水花池。池上美竹千挺，可以追／凉，中为亭，曰净深。循净深而东，／柑橘数十本，亭曰待霜。又东出／梦隐楼之后，长松数植，风至泠／然有声，曰听松风处。自此绕出／梦隐之前，古木疏篁，可以憩息，／曰怡颜处。又前循水而东，果林／弥望，曰来禽囿。囿缚尽，四桧为／幄，曰得真亭。亭之后，为珍李坂，／其前为玫瑰柴，又前为蔷薇径。／至是，水折而南，夹岸植桃，曰桃

花沜，沜之南，为湘筠坞。又南，古／槐一株，敷荫数弓，曰槐幄。其下／跨水为杠。逾杠而东，篁竹阴翳，／榆槐蔽亏，有亭翼然，西临水上／者，槐雨亭也。亭之后为尔耳轩，／左为芭蕉槛。凡诸亭槛台榭，皆／因水为面势。自桃花沜而南，水／流渐细，至是伏流而南，逾百武，／出于别圃丛竹之间，是为竹涧。／竹涧之东，江梅百株，花时香雪／烂然，望如瑶林玉树，曰瑶圃。圃／中有亭，曰嘉实亭，泉曰玉泉。凡／为堂一，楼一，为亭六，轩、槛、池、台、／坞、涧之属二十有三，总三十有／一，名曰拙政园。王君之言曰："昔／潘岳氏仕宦不达，故筑室种树，／灌园鬻蔬，曰'此亦拙者之为政／也'。余自筮仕抵今，馀四十年，同／时之人，或起家至八坐，登三事，／而吾仅以一郡倅老退林下，其／为政殆有拙于岳者，园所以识／也。"虽然，君于岳则有间矣。君以／进士高科仕，为名法从，直躬殉／道，非久被斥。其后旋起旋废，迄／摈不复，其为人岂龌龊自守、视／时浮沉者哉？岳虽漫为闲居之／言，而谄事时人，至于望尘雅拜，／干没势权，终罹咎祸。考其平生，／盖终其身未尝暂去官守，以即／其闲居之乐也。岂惟岳哉，古之

名贤胜士，固有有志于是，而际／会功名，不能解脱，又或升沉迁／徙，不获遂志如岳者，何限哉？而／君甫及强仕，即解官家处，所谓／筑室种树，灌园鬻蔬，逍遥自得，／享闲居之乐者，

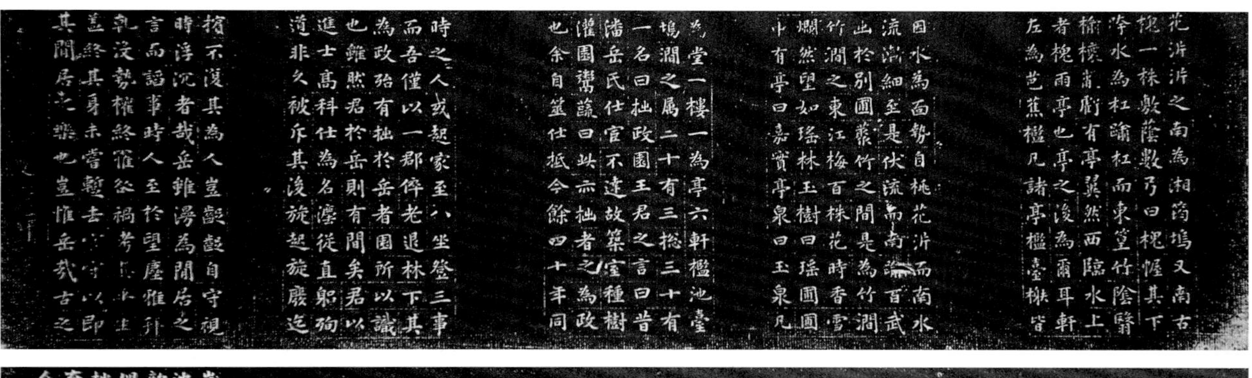

王氏拙政园记碑（二）

王氏拙政园记碑（三）

二十年于此矣。/究其所得，虽古之高贤胜士，亦/或有所不逮也，而何岳之足云？/所为区区，以岳自况，亦聊以宣/其不达之志焉耳。而其志之所/乐，固有在彼而不在此者。是故/高官膴仕，人所慕乐，而祸患攸/伏，造物者每消息其中，使君得/志一时，而或横罹灾变，其视末/杀斯世而优游馀年，果孰多少/哉？君子于此，必有所择矣。徵明/漫仕而归，虽踪迹不同于君，而/潦倒末杀，略相曹耦，顾不得一/亩之宫以寄其栖逸之志，而独/有羡于君，既取其园中景物，悉/为赋之，而复为之记。

嘉靖十二年岁在癸巳五月/既望，长洲文徵明著。

金陵冯秋田、弟春谷同镌。

岁己卯，卜居娄门内迎春坊。宅北有地一隅，/池沼澄泓，林木蓊翳。间存亭台一二处，皆/欹侧欲颓，因少葺之。芟夷芜秽，略见端/倪，名曰补园。园之东，即故明王槐雨先生/拙政园也。一垣中阻，而映带联络之迹历历/在目，观其形势，盖创造之初，当出一手，后/人剖而二之耳。今秋顾君若波客予家，偶

检得旧藏文待诏《拙政园记》石刻，首尾完/好，举以见赠。因就两园遍索是石不可得，/询好古者，亦鲜知之。记中所谓胜处三十有/一，各为赋之，既未知待诏集中诗尚在否？/即其标举诸胜，亦旧观尽改，无复可征。/盖居是园者，迭有变置。自嘉靖迄今，垂/四百年，衣裳钟鼓，固已屡易主矣。予恐待/诏手迹，久亦湮没，属钱新之重摹上石，/以永其传，且俾游者虽不获睹当时之胜，/而三十一景具载其名，尚足资考订一助也。/曩得徵仲、石田两先生遗像，为构一椽，勒/石奉之。曾未几时，适获是刻，毋亦先生/之灵，式凭有在，是固拙政园一大幸，而吾/补园亦与有光已。遂忘不文，爰赘数言，志/欣慰焉。

光绪二十年岁在甲午除夕前三日，吴县张履谦/月阶甫识，嘱古娄俞宗海粟庐氏书于拜/文揖沈之斋。

【说明】凡四石。偶有别字，如“获睹”误作“获赌”。

檢得舊藏文待詔拙政園記石刻首尾完
好舉以見贈因就兩園遍索是石不可得
詢好古者亦鮮知之記中所謂勝處三十有
一各為賦之既未知待詔集中詩尚在否
即其標舉諸勝亦舊觀盡改無復可徵
蓋居是園者迭有變置自嘉靖迄今垂
四百年衣裳鐘鼓固已屢易主矣予恐待
詔手跡久亦湮沒屬錢新之重摹上石
以永其傳且俾遊者雖不獲賭當時之勝
而三十一景具載其名尚足資考訂一助也
曩得徵仲石田兩先生遺像為搆一椽勒
石奉之曾未幾時適獲是刻毋亦先生
之靈式憑有在是固拙政園一大幸而吾
補園亦與有光已遂忘不文爰贅數言志
欣慰焉
光緒二十年歲在甲午除夕前三日吳縣張履謙
月階甫識囑古婁俞宗海粟廬氏書于拜
文揖沈之齋

王氏拙政园记碑（四）

◆原马医科小学二院（申时行祠）碑刻

申时行祠，位于姑苏区马医科，祀明内阁大学士申时行。祠前原有忠良柱石坊及门厅，今移建至北寺塔前。曾作私立小学、马医科小学二院。除点校者外，原有吴安国篆盖《诰封一品太夫人申母黄氏墓志铭》，今存苏州博物馆。

◎ **申时行祠界碑**

【时间】不详

申■

申时行祠界碑

◆苏州市第一初级中学校碑刻

苏州市第一初级中学校，位于姑苏区南显子巷。明嘉靖间为归湛初宅园，后属胡汝淳，名曰洽隐山房。清顺治六年（1649）复社成员韩馨购得废园，建洽隐堂，园名洽隐园。后西部为范来宗之洽园。继归知府倪莲舫，改称皖山别墅。同治三年（1864）起李鸿章于此建安徽会馆，中设程学启祠。同治五年（1866）起扩建园林，名曰惠荫园。光绪二年（1876）又在程学启祠西建淮军昭忠祠。光绪二十年（1894）张振轩增建安徽先贤祠。后曾作阅报社、游艺场、从云小学、苏州市第一初级中学校、苏州市第十五中学校等，现恢复苏州市第一初级中学校名。另有吴宝善绘总图、洪立朴绘八景分图、王凯泰序、阚风楼记、赵宗道识《惠荫花园图碑》，原碑已毁，拓片现存苏州博物馆。

◎惠荫园摩崖石刻

【时间】晚清

悬崖伫月

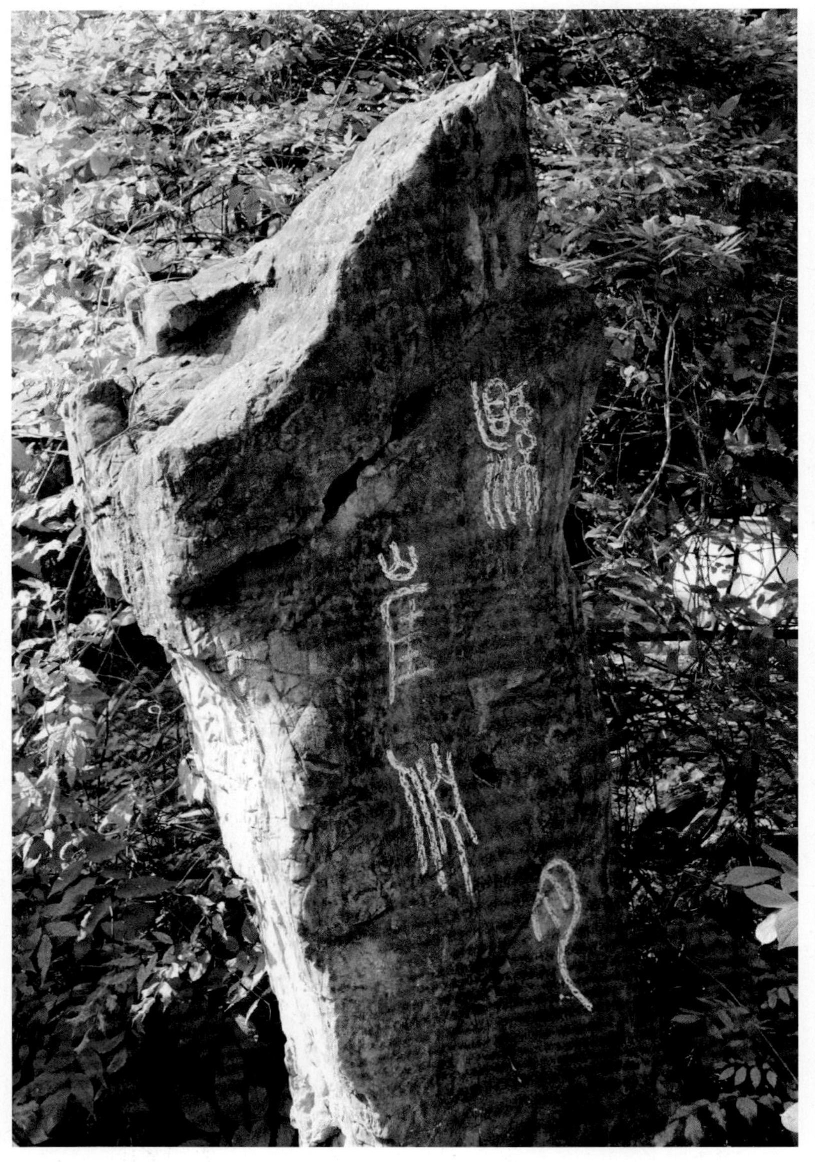

惠荫园摩崖石刻

◎敕建苏州程忠烈公祠碑

【时间】1865

敕建／苏州／程忠／烈公／祠碑

敕建苏州程忠烈公祠碑

赐进士出身、太子太保、协办大学士、兵部尚书兼都察院右都御史、总督江南江西军务、世袭一等毅勇侯、湘乡曾国藩篆额。

赐进士出身、太子少保、兵部侍郎兼都察院右副都御使、巡抚江苏等处地方、署理两江总督、一等肃毅伯、合肥李鸿章撰文。

赐进士出身、二品顶戴、江南苏州等处承宣布政使司布政使、护理江苏巡抚、太康刘郇膏书丹。

同治三年三月，记名提督、江西南赣镇总兵程公卒于苏州军次，事闻，／天子震悼，予优恤，加赠太子太保衔，谥曰忠烈。敕苏州、安庆、嘉兴三府城各建专祠。于是吴县冯中允桂芬、潘观察曾玮请更／伪王府为公祠，诸将刘铭传、张树声、潘鼎新、王永胜等咸怀公义，出财给地主之值，易规制之僭妄者而改葺之。秋九月，祠成，予率／僚吏、将校、士民，奉公栗主入祠，阵亡将士祔焉，饬有司春秋致祭。呜呼，国家褒忠赉功之典，至优且渥。公身经百战，相予平吴助／越，出斯民于水火，公之功最大，是皆不可以不垂于后。方公之从予，视师东下也，连城列邑皆贼地，势岌岌不可待，公一战而捷，虹／桥再战而捷，北新泾三战而捷，四江口贼乃大创，自是不敢窥伺沪城。予与公规画形势，以次战攻，所当辄破。未及二年，收复府州、／县城十数。当其收复苏垣，贼情叵测，安危之几，间不容发，而公以一言决之，其善于应变也又如此。卒以被伤嘉兴，创溃而殁，岂不／惜哉。方今四方多难，惟师武臣力是赖，如公之忠勇有谋，殆不可一二数，乃中道摧折，不久为

敕建蘇州程忠烈公祠碑

賜進士出身　太子太保協辦大學士兵部尚書兼都察院右都御史總督江南江西軍務世襲一等毅勇侯湘鄉曾國藩篆額

賜進士出身　太子少保兵部侍郎兼都察院右副都御史巡撫江蘇等處地方署理兩江總督一等肅毅伯合肥李鴻章譔文

賜進士出身二品頂戴江南蘇州等處承宣布政使司布政使護理江蘇巡撫太康劉郇膏書丹

同治三年三月記名提督江西南贛鎮總兵程公卒於蘇州軍次事聞

天子震悼予優卹加贈太子太保銜謚曰忠烈　敕蘇州安慶嘉興三府城各建專祠於是吳縣馮中允桂芬潘觀察曾瑋請更

僞王府為公祠諸將劉銘傳張樹聲潘鼎新王永勝等咸懷公義出財給地主之值易規制之僭妄者而改葺之秋九月祠成予率

僚吏將校士民奉公栗主入祠陣亡將士祔焉飭有司春秋致祭嗚呼　國家褒忠賚功之典至優且渥公身經百戰相予平吳助

越出斯民於水火公之功最大是皆不可以不垂於後方公之從予視師東下也連城列邑皆賊地勢岌岌不可待公一戰而捷虹

橋再戰而捷北新涇三戰而捷四江口賊乃大創自是不敢窺伺滬城予與公規畫形勢以次戰攻所當輒破未及二年收復府州

縣城十數當其收復蘇垣賊情叵測安危之幾間不容髮而公以一言決之其善於應變也又如此卒以被傷嘉興創潰而歿豈不

惜哉方今四方多難惟師武臣力是賴如公之忠勇有謀殆不可一二數乃中道摧折不久為　國家勠力封疆翦除凶孽予於公

之歿有隱痛焉公以少年自拔賊中為世名將列以死勤事之典廟食百世公可以不朽矣其戰績載昭忠錄中故不具述公行師

嚴紀律所過無秋毫犯吳民尤德之今血食茲土公之忠魂毅魄當往來吳越間陰有以庇佑吾民焉因文其麗牲之碑而係之以

詩辭曰

周宣上將曰伯休父奮揚六師克省徐土苗裔到今天挺英武戩戩桓桓而貔而虎寇巢於皖首摧其堅波腥於江亦盪而蹴駕艑

來吳咸棱益振戈鋋所指賊人膽寒剋城踏壘剗屠豺貙誅魁散脅攸馘攸䤼我來視師公功則多肘車料敵公謀則郁臣之心膂

國之爪牙方古虎臣公名不磨太星忽墮三軍涕雪哀動宸旒褒顯光烈

帝嘉汝忠歆此廟食爰考其宮崇堂邃室銘

帝之恩載公之功福我吳氓靈雨神風刻詞樂石以告無窮

大清同治四年歲次乙丑秋八月癸巳朔

国家勠力封疆，翦除凶孽，予于公／之殁有隐痛焉。公以少年自拔贼中，为世名将，列以死勤事之典，庙食百世，公可以不朽矣。其战绩载昭忠录中，故不具述。公行师／严纪律，所过无秋毫犯，吴民尤德之。今血食兹土，公之忠魂毅魄当往来吴越间，阴有以庇佑吾民焉。因文其丽牲之碑而系之以／诗辞曰：／周宣上将，曰伯休父。奋扬六师，克省徐土。苗裔到今，天挺英武。狘狘桓桓，而貔而虎。寇巢于皖，首摧其坚。波腥于江，亦荡而蠲。驾艑／来吴，威棱益振。戈鋋所指，贼人胆寒。刳城蹈垒，剥屠豺貗。诛魁散胁，攸馘攸髡。我来视师，公功则多。肘车料敌，公谋则那。臣之心膂，／国之爪牙。方古虎臣，公名不磨。太星忽堕，三军涕雪。哀动宸旒，褒显光烈。／帝嘉汝忠，歆此庙食。爰考其宫，崇堂邃室。铭／帝之恩，载公之功。福我吴氓，灵雨神风。刻词乐石，以告无穷。

大清同治四年岁次乙丑秋八月癸巳朔，苏城文宝斋张梅珊镌。

◎**倪毓棻墓志铭**

【时间】1917

一

皖北镇守使倪君墓／志铭

倪君讳毓棻，字香圃，／安徽阜阳人。父讳淑，／同治癸酉举人。从左／文襄公征甘肃，叙军／劳，选四川开县令，有／能政声。生三子：长毓／藻；次嗣冲，今官安武／将军、安徽督军；君其／季也。自开县久待缺／京师，及赴官，安武与／君皆随侍，佐成循绩。／初，君纳资以主事，分／户部，改知府山东，自／防河、练军、督运诸要／差一倚之以办，调吉／林行营发审兼稽查／营务处陆军执法官。／宣统三年，总办直东

二

皖豫募兵事，而颍州／乱起。先是咸同间捻／首苗沛霖反寿州，觊／颍州富庶，民劲悍可／用，引兵击蒙城，欲据／为巢穴。君世父祁门／教谕元凯、赠太仆寺／卿元灏皆有干略，练／乡兵自固，屡战却之，／捻不得逞。已而庐州／陷，淮以南无寸土，颍／州独完。安徽巡抚遂／移驻其地，卒复全皖。／倪氏之以武功卫乡／里，自此始也。辛亥国／变，南北疑衅日积，所／在暴民聚党数百，辄／假借名义，潜据城邑。／当是时，安武率师图／皖，君分领其军，昼夜

［三、四］

［环攻颍州，复其城。未几，敌悉众来犯，逾我军数倍，拒战，少却不支。君方剿匪涡阳，闻警，

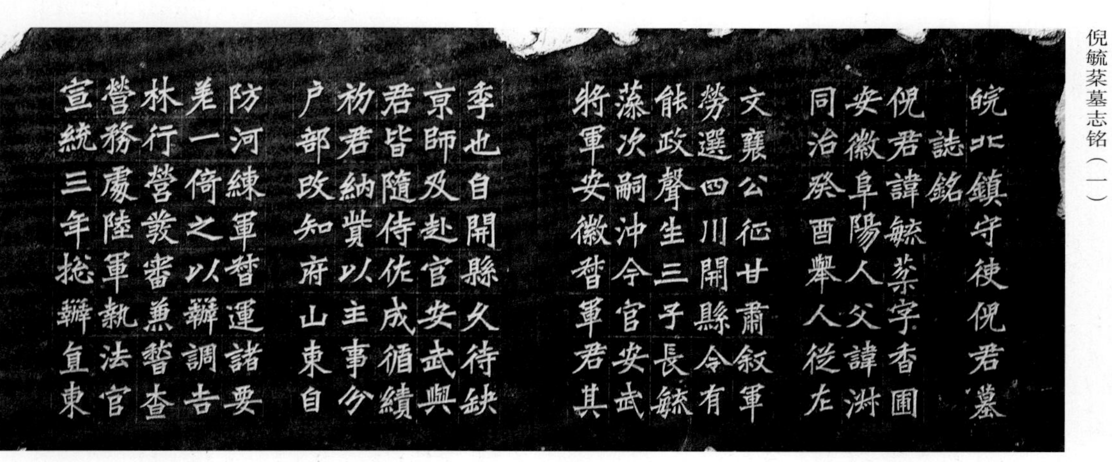
皖北鎮守使倪君墓
誌銘
倪君諱毓棻字香圃
安徽阜陽人父諱淑
同治癸酉舉人從左
文襄公征甘肅敘軍
勞選四川開縣令有
能政聲生三子長毓
藻次嗣冲今官安武
將軍安徽督軍君其
季也自開縣久待缺
京師及赴官安武與
君皆隨侍佐成循績
初君納貲以主事分
户部改知府山東自
防河練軍督運諸要
差一倚之以辦調吉
林行營發審兼稽查
營務處陸軍執法官
宣統三年總辦直東

倪毓棻墓志铭（一）

冒雪驰还袭击之，城赖以全。安武既奉都督安徽之命，以偏师取正阳，力攻凤台，渡淮拔寿县，轻骑南直抵省。而蒙城、凤台复相继陷，寿县围急，皖北大震。君率所部规复蒙城，以扼其北窜，分下凤台，寿围立解，遂简授皖北镇守使，屯寿县。甲寅冬，豫匪白朗陷六安、霍山，四出剽掠，霍邱匪孟昭贵等谋响应，势岌岌。朗奄至，距城三十里，而君已分兵前一夕驰入城守。会安武别将马联甲军亦至，因夹击，军势甚盛，朗走死陕西，孟昭贵等皆伏诛。于是君乃称曰："吾以偏裨当乱世，一隅不靖，祸及全局。颍、寿，吾乡土也，自顷以来，岁比不登，盗贼蜂起。盗不治，民何由安？夫治盗必重典，而用兵贵神速，吾敢贻巨祸博长者声誉哉？"自是一裁以峻法，奸民远迹。天下祸变数起，淮壖列县蕴乱欲发而卒不敢动摇者，惟安武震詟援护之力，驻师蚌埠，秉］

五

操不挠，屹为重镇，亦／赖君左右成犄角之／势也。甲寅授陆军中／将，充安武军行营司／令，出防川湘，防津直，／前后给四等嘉禾章、／二等文虎章。丁巳七／月，积劳卒于军，年四／十九。公民柳汝士等／胪陈事实请宣史馆，／准于本省自建专祠。／君配戎氏，生三子：道／煜、道煦、道熙。以丁巳／年十月，葬君颍／州西湖之西北岸，来／乞铭。铭曰：／世治尚文，乱克以武。／维君之生，肇自名父。／安武岳岳，是翼是匡。／坏机崩牙，斧彼枭狼。

［六］

［淮流舒舒，轨道荡荡。兄弟握符，旌节相望。天夺之年，斯焉永藏。声以铭诗，与石不亡。］

【说明】此墓志铭为桐城马其昶撰。原有六石，今仅存其三（一、二、五），佚文据《倪嗣冲年谱》（李良玉等著，黄山书社，2010年版）补苴。

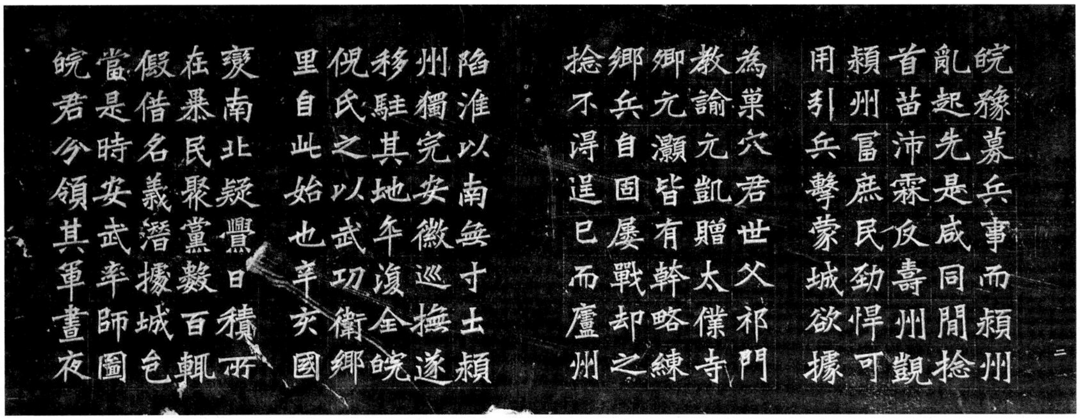

倪毓棻墓志铭（二）

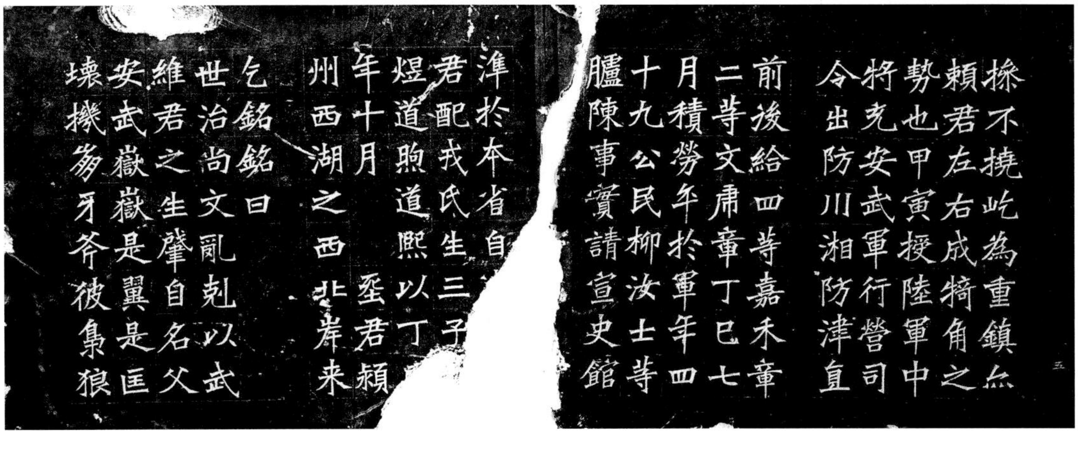

倪毓棻墓志铭（五）

◆苏州市平江实验学校碑刻

苏州市平江实验学校，位于姑苏区干将东路，前身为长洲县学。始创于南宋咸淳元年（1265），临时依附于长洲县驿站里，后设在弦歌里（今旧学前）西口北侧。明初迁入原长洲县衙旧址（今旧学前）。明嘉靖二十年（1541）迁至城东福宁寺（光孝寺），即今址。清雍正二年（1724）从长洲县分设出元和县，元和县学亦附于此，改名曰长元县学。光绪三十一年（1905）西庑改为吴县第五初等小学堂，后更名为南区第一小学、苏州市立第七初级小学、苏州市立国民第一小学、吴县县立平江小学、苏州市立第一完全小学校、平江小学、吴县长虹钟楼镇中心国民学校、吴县东吴镇第一中心国民学校、苏州市立平江中心国民学校、苏州市平江中心小学、大寨小学、苏州市东风区实验小学、苏州市平江区实验小学。1932年女教育家王季常于此创办私立安定中学，后改名苏州市五一技工学校、江苏省苏州市纺织工业学校、苏州电力土木建筑工程学校、苏州市工业职工子弟中学、苏州市第十一中学。1998年两校破墙合并为苏州市平江实验学校。

史载碑刻达三十余方，其中元惠宗至正十年（1350）杨维祯撰、危素集欧阳询书、周伯琦篆额《长洲县重修学官记碑》（误“桢”“宫”为“祯”“官”）碑毁，拓片藏国家图书馆。明洪武元年（1368）姜渐撰并篆额、姚德厚书《长洲县重修儒学记碑》，洪武九年（1376）金玟撰、卢熊书并篆额、张才刻《长洲重修儒学记碑》，嘉靖十五年（1536）文徵明撰并书、王穀祥篆额、章简甫刻《长洲县重修儒学记碑》，嘉靖二十年（1541）徐阶记、陆粲书、伊敏生篆《长洲县学尊经阁记碑》，嘉靖二十一年（1542）吴世良撰《长洲县新迁儒学明伦堂序碑》，隆庆二年（1568）李国珍书《长洲县儒学重植柏树记碑》，万历十八年（1590）韩世能撰、张凤翼书《重修长洲儒学记碑》，万历二十九年（1601）徐显卿撰、杜大绶书并篆额、沈幼文刻《重修长洲县儒学碑记》，万历四十年（1612）顾其志撰、朱篁书并篆额、沈幼文刻《长邑祁侯置学田记碑》，万历四十年（1612）顾其志撰、朱篁书并篆额、沈幼文刻《韩侯置学田记碑》，万历四十三年（1615）朱桂文书、马士鲤镌《立册置买学田以赡贫士给示碑》，万历四十八年（1620）毛堪撰、朱篁书、徐士廉篆额《茂苑掌教邓先生学政碑记》，崇祯五年（1632）陈锡仁撰、汤弘书《重修长洲县学仪门暨名宦乡贤祠记碑》，崇祯十五年（1642）徐汧撰、郭忠宁书、凌汉翀篆额《长洲学博粲伯王公教思碑记》，清康熙四十九年（1710）汪时泽撰、吴锡晋书、程士任篆额《长洲县学重建尊经阁赋并序碑》，韩简书《长洲元和县学崇祀乡贤神位碑》，韩简书《长洲元和县学崇祀名宦神位碑》，雍正元年（1723）乔世臣书《敕建长元学宫忠义孝弟祠碑》，乾隆十四年（1749）雅尔哈善撰并书、张卓人刻《重建秋崖朱公祠堂记碑》等碑毁，拓片藏于苏州博物馆等处。

◎重修长元邑学记碑

【时间】1817

重修／长元／学记

重修长元邑学记

三吴为东南最大都会，人文之盛甲海内。在会城之中，凡三学焉。郡学近城南之南园，宋范文／正公舍宅创立，先安定公教授其中者也。长洲县学在城东平江路之东，明直指舒公亶以旧学湫隘，奏徙万寿寺，以其地为学。／国朝雍正中，分长洲为元和，县学仍其旧，仅添建训导署于其东偏。春秋二丁之祭，两邑同致敬焉。／吴邑学在城西升平桥东，逼于市廛，其规模较二学为稍隘。嘉庆十七年，泾川朱公理抚吴，捐／廉倡修三学，再逾年，郡学、吴邑学先竣。未几，公移节去，又值岁大祲，长元邑学之工遂浸。二十／一年，吴君慈鹤、蒋君升瀛、蒋君敬、胡君凤仪、彭君蕴琨、潘君师升倡议劝捐，鸠工庀材，因工甚／巨而费不资，方惧中辍，会克家同年大司寇韩公崶奉父讳归里，以工未克竣告，克家遂同诣／相度，会督官绅士庶醵金克成。故大成殿即万寿寺，旧材阅数百年，摧朽剥落过半，凡楹柱之／属易十之五，宲桷瓴甋之属易十之七，并两庑、戟门、明伦堂、乡贤诸祠咸葺之。縻白金一万有／奇。工始于二十一年春，成于二十二年秋八月。自安定公之教授于苏也，郡邑人材骎骎然，蒸／蔚腾踔，以至今日，克家忝抚斯土，恭值／圣轨昌明，／文教光被，吴中之科第人物，视昔殆有过焉，则夫兴废举坠，固其责也。故乐为之记。

资政大夫、巡抚江苏、兵部侍郎兼都察院右副都御史、鄱阳胡克家撰。

光禄大夫、刑部尚书、邑人韩崶书丹。

胥江谭瀛洲刻。

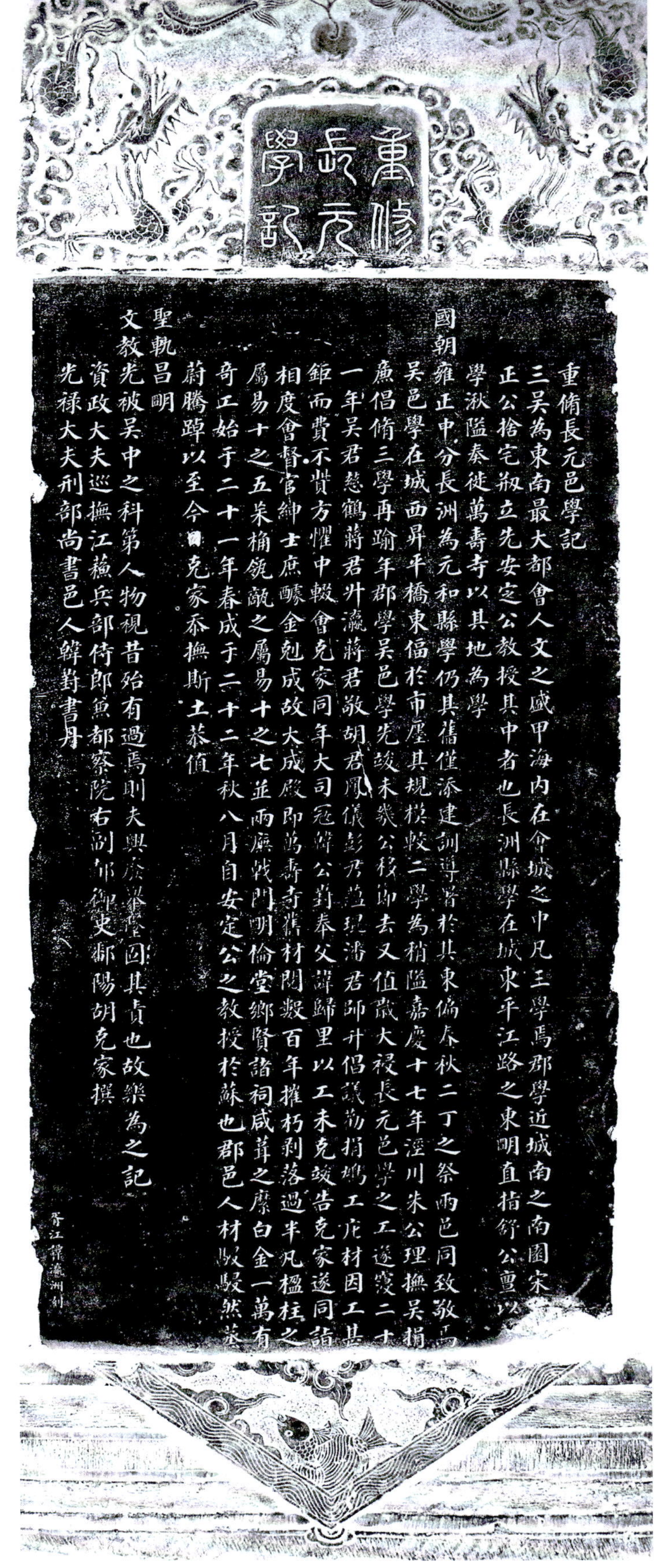

重修长元邑学记碑

◎永禁私收字纸碑

【时间】1858

江苏候补道署理苏州府正堂随带加一级纪录十次蔡为／惜字分段押收议请勒石永禁事。据郡绅彭翰孙、潘仪凤、汪朝棨、汪朝棻、汪朝棠，生员彭森、王清潞、冯桂英、陆灿文，／职员王炳荣等禀称，窃职等前因土匪邓寿、殷三、秦大造作还魂，污蔑字纸，禀蒙饬县严提并示禁在案。又据生员／彭森等禀请委员稽查，蒙委照厅张会同议办。职等遵谕，会同在仓圣庙，邀集绅董，议于六城内外，各局分段轮派／司事押收，以绝拣卖还魂之弊，各司事均各踊跃遵行。另由委员详请给发四言示牌，插置字担出收为凭，及担夫／添给腰牌，以别真伪。如无示牌私收，即系还魂之党，许交地保禀解讯办。倘敢恃众抗违，即由照磨随时移县严办，／以归划一。禀请出示给发各局勒石，以垂久远，并札照磨厅遵办等情到府。据此，查此案前据该绅等具禀，即经出／示严禁，并札饬照磨衙专司稽察，并给发捐牌晓谕遵办在案。据禀前情，除批示并札照磨衙遵照查办外，合再给／示永禁。为此，示仰郡城内外各善局司事、地保及铺户居民人等知悉，尔等铺户、居民，收拾字纸，听候各善局司／事□□按期收取，毋得混行付给。该司事等务各敬谨实力押收，毋稍懈弛。如有匪棍仍敢冒收捡卖造作还魂纸／者，一经访闻，或被告发，定即立拿严办，决不宽贷。各宜凛遵。毋违！特示。遵。

计开：／葑门内城中路、阊门外文星阁司事押收。／阊门内路派吴县学、火神庙、咸安局司事分段押收。葑门内外路派尊经阁司事分段押收。／阊胥门外路派奎光局、咸安分局、经始堂、修吉堂、恒善堂、又新局、久诚局、拾遗局司事分段押收。／娄门内路派存存局，娄门内外路派集善局，齐门内外路派长元学、诵芬庄，胥盘门内路派元邑武庙司事分段押收。／城中路派仓圣庙、欢喜局、宝善局、恤孤局、状元第吴，虎邱山塘路派同善堂、炉峰别墅司事分段押收。／阊胥门外路添派天香局、金陵有恒局、崇寿局，铁铃关、胥盘门添派文珍局，虎邱山塘路添派普济堂司事分段押收。／关镇派旅亨堂，斜塘镇派卢师庵，用直镇派玄白堂、通明道院司事分段押收。

咸丰捌年玖月十七日示。署苏州府照磨厅张士照、翰林院庶吉士汪朝棨仝立。

发长元学署内勒石。

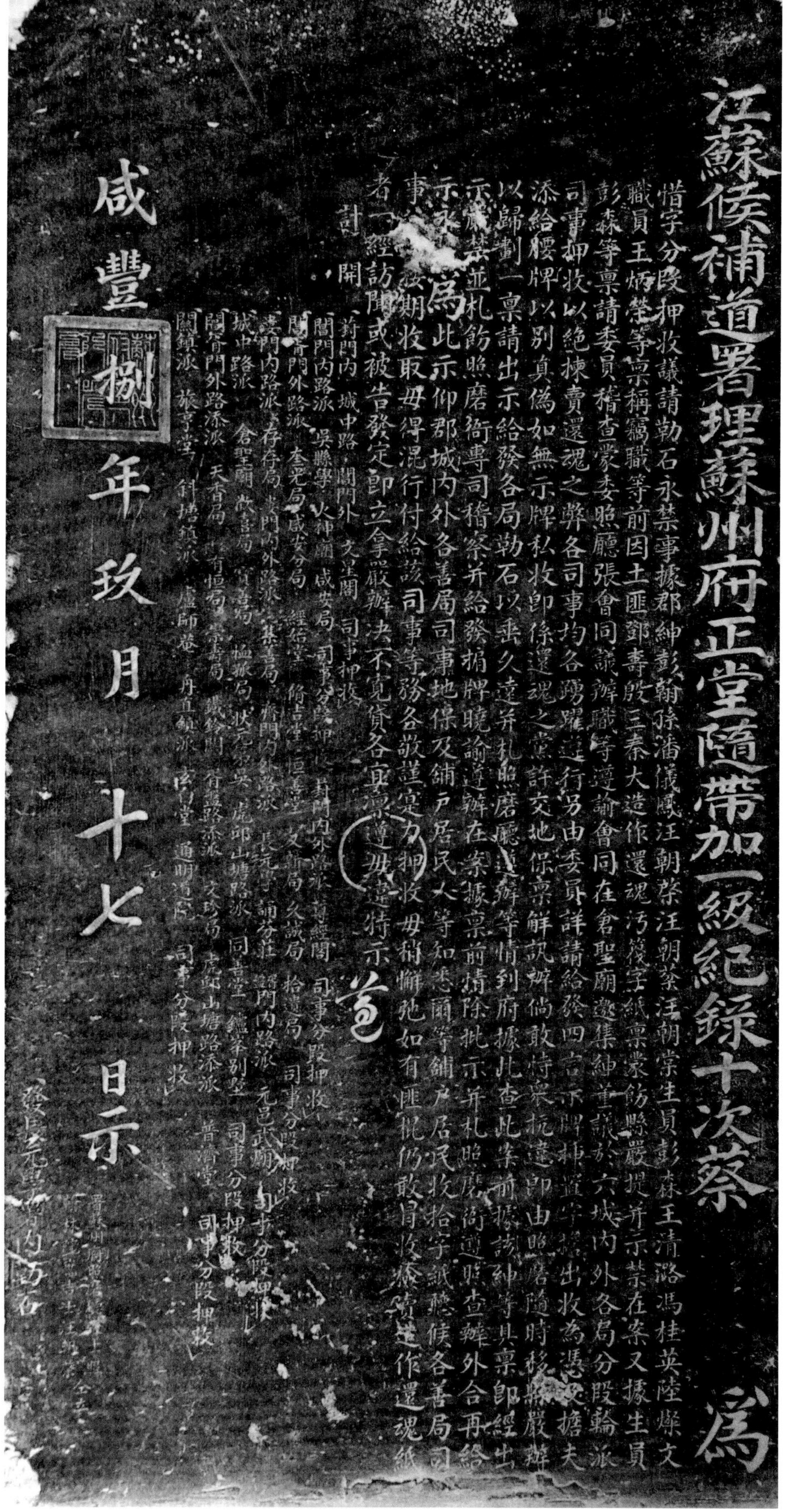

永禁私收字纸碑

◎元和县儒学菜圃契券交送芹香堂碑

【时间】1895

元和县儒学正堂汪碑记，/照得本学有菜圃二区，岁/收租价制足捌千文，隐匿/已久，现被随人王昌查出，/系门斗华岁收租价，华持/推契二纸呈验，字迹模糊，/无论真伪，给伊英洋二拾/元，将推契租券交出，敬送/芹香堂土地祠以为历年/碎修之用，归芹香堂绅董/收价修房，向元和学交修/理清账，以垂久远，是为记。

光绪廿一年　月　日立。

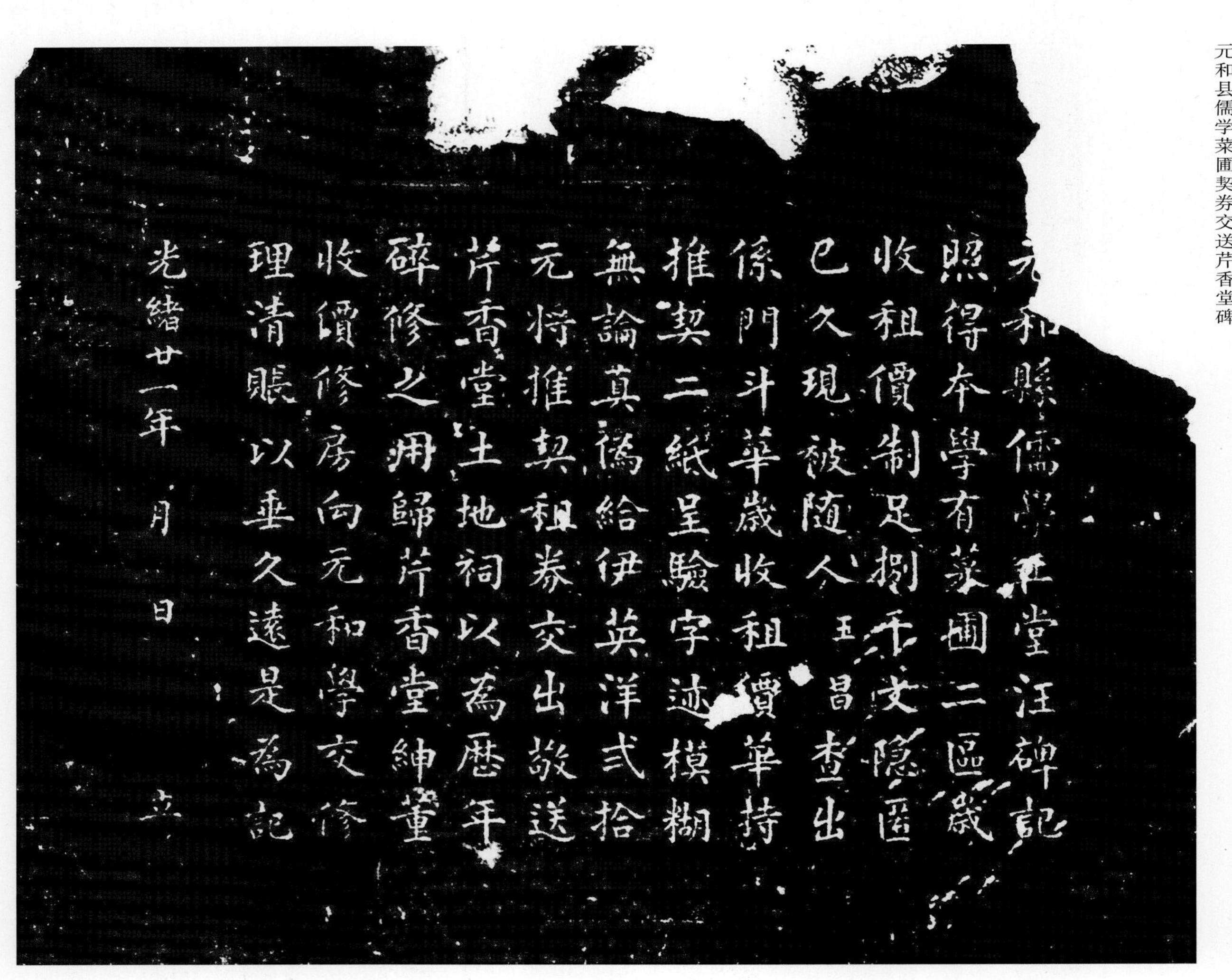

元和县儒学菜圃契券交送芹香堂碑

◆原万里小学（岭南会馆）碑刻

岭南会馆，又名广业堂，位于姑苏区山塘街。明万历年间广州商人始建。曾作圣公会学堂、私立惠群学堂、山塘街小学、维多书院、万里小学。另有雍正七年（1729）何开泰撰、冯祥迪篆额、邓彪书丹之《重修岭南会馆广业堂碑记》，1924年梁俊臣书《岭南会馆重修碑记》，现存苏州碑刻博物馆。

岭南会馆碑

◎**岭南会馆碑**

【时间】1865

同治乙丑孟春，/ 岭南会馆。

里人何焕然书。

◎**岭南会馆祭产碑**

【时间】清

岭南会馆祭产

岭南会馆祭产碑

◆原干将小学（言子祠）碑刻

言子祠，位于姑苏区干将东路，祀先贤言偃。初祀于学道书院内，明嘉靖中废，万历十二年（1584）申时行重建于今址。曾作长洲县初等小学堂第三校（东庑）、长洲县初等小学堂第十一校（西庑）、长洲县初等小学堂第二十六校、苏州中区第三小学校、干将小学、长征小学等。

◎重建学道书院记碑

【时间】1523

直隶苏州府知府、前南京吏部郎中、天水胡缵宗撰。

［翰林］院庶吉士、郡人陆粲书。

［翰林］院庶吉士、郡人袁袠篆。

［吴有学道书院尚矣。孔门言子，吴人也，封吴公。宋］咸淳间，郡守黄君镛奏立以祀公，而教育其子孙。故址在普贤子/［院，直锦帆泾之上。元初，夺于豪僧。至元间，山长和宗］震辈改创之，在徐贵子桥。元末，复夺僧舍。入/［国朝又百五十馀年矣，久不克复，迹益湮晦。嘉靖初，缵宗］受/［命来守郡，谨按故籍得其概，窃叹曰："事有若缓而实急者，］其是谓乎？虽然，无所因而为之，吾惧其侈且劳也。"既而行视/［诸佛老之宫，有曰景德寺者，去故址数百武而近，南临］通衢，形势宏敞，欲即是改为之，然不敢专也。则以请于巡抚/［右都御史庐陵陈公、巡按御史高安朱公、提学御史光］山卢公，皆报可。岁乙酉　月，爰始兴工，撤其像设，划去其丹/［雘，追琢之逾制者而增葺之。其南为门，稍北为仪门，又］北为堂，中肖公像，曰"学孔堂"。之北为师生讲授之所，曰"文学/［堂"。之东西增筑斋舍，以居诸生之学道者，凡若干间。又］北为楼，曰"弦歌楼"。塈而垣之，四周凡若干丈，须其成以闻于/［朝，岁修祀事，而择弟子之俊秀者，俾讲读其中焉。工既讫，］缵宗从博士弟子释菜以告成事，燕而歌《泮宫》之诗以落之。/［佥曰："书院之废，垂三百年，及今而复，不可无记。"予惟周道］衰，先王之教熄，赖孔子及其门弟子传而守之。惟吴公起/［南服北，学于中国，裒然以高弟称圣门，盛矣。顾其曰文学］云者，非尽于今之君子所能而已。盖圣道之精，蕴诸心，见/［之言，而达之政事，凡其粲然者皆是也，而公独得之。故其治］民，则以礼乐为教，曰："君子学道则爱人，小人学道则易/［使也。"彼所谓识其大者，非与？今去圣益远，虽政与代移，俗］随化易，而吴之文每先天下，盖非公则谁启之？君子揆礼/［意，原人情，循报本之义，则今日之举，固不可缓哉！惟人材］之作养，则学校存焉，条贯品式，亦既且备，宜若无事乎此。/［然玩常惕故，则劝督作兴之意，当有出于法令之外者。于］是乎拔其尤而储焉，以待天下之用，亦识治者所不废欤！/［若夫尚论景行，以追前人之懿，以求所谓学道之实，则］诸君子所有事者。先正有言："没不俎豆其间，非夫也。"诸君子/［于是亦有所感乎？缵宗不敏，愿相与勖之，以观其成。用］为记而镵诸石，且以劝夫嗣政者，俾勿坏。

【说明】据方志载，嘉靖二年（1523）胡缵宗重建言子祠，此碑当即斯时所立。今碑残，据乾隆《长洲县志》等补苴。

直隸蘇州府知府前南京吏部郎中天水胡纘宗撰
院庶吉士郡人陸粲書
院庶吉士郡人袁袠篆
咸淳間郡守黄君鏞奏立以祀公而教育其子孫故址在普賢子
輩改創也在徐貴子橋元末復奪僧舍入
矣是謂乎雖然無所因而爲之吾懼其侈且勞也既而行視
適衢形勢宏敞欲即是改爲之然不敢專也則以請於巡撫
山盧公皆報可歳乙酉　月爰始興工撤其像設刻去其斗
之爲堂中肖公像曰學孔堂之北爲師生講授之所曰文學
北爲樓曰弦歌樓壁而垣之四周凡若干丈須其成以開于
纘宗從博士弟子釋菜以告成事燕而歌泮宮之詩以落之
之衰先王之教熄賴孔子及其門弟子傳而守之惟吳公起
公者非盡於今之君子所能而已蓋聖道之精蘊諸心見
民則以禮樂爲教曰君子學道則愛人小人學道則易
隨化易而吳之文每先天下蓋非公則誰啓之君子於禮
之作養則學校存焉條貫品式亦既且備宜若無事乎此
是乎扶其尤而儲焉以待天下之用亦爲治者所不廢歟
諸君子所有事者先正有言没不俎豆其間非夫也諸君子
爲記而鑱諸石且以勸夫同政者俾勿替

學孔堂記

學孔堂記

後學天水胡纘宗撰　後學吳郡王寵書　後學吳郡許初篆

天不可以象名，孔子之道不可以科名。日月星辰象也，德行政事言語文學科也。謂天盡於日月星辰，是小之矣；謂孔子之道盡於德行政事言語文學，是小孔子之道矣。學孔子者，不得其全而各得其性之近似，乃名以科，而不知孔子之道何可以科名哉！雖然，學孔子者非得其門，吾未見其入也。夫苟不欲知天則已，苟欲知天，在璇璣玉衡以觀日月星辰，幾乎天矣。夫苟不欲學孔子之道則已，苟欲學孔子之道，由博文約禮以達德行政事言語文學，幾乎孔子矣。言子游，孔門高第也，其優於同列也以文學，而其治武城也以禮樂。禮樂固文學之見乎其外者也。德也、政也、言也、文也，無不序焉之謂禮；德也、政也、言也、文也，無不和焉之謂樂。子游學於孔子而獨得乎禮樂之傳，亦微矣夫。禮樂，孔子之道也；學禮樂以入道，孔門之教也。故學子游所以學孔子也。學至於子游，具孔子之一體矣，而顧曰文學云者，是所謂學焉而得其精華焉者也。子游，吳人也。吳之先啓於泰伯，泰伯以讓風，子游以禮樂風，吳之文實彬彬矣。夫豈後世之所謂文哉？亦豈後世之所謂學哉？後子游而興起者，唐有若陸公贄，宋有若范公仲淹。贊曰上不負天子，下不負所學；仲淹曰先天下之憂而憂，後天下之樂而樂。文章勲業度越一世，雖未敢上擬孔門，其亦學子游而有得者與！學子游所以學孔子也，故吳之文稱盛者，至曰泰伯賢，曰子游先正，曰敬輿、希文焉爾。其以文擅當時名後世者不與焉。吳故有學道書院，創於宋，復於元，迨至我

朝湮廢已久。纘宗忝守茲邦，乃因佛廬之隙而鼎建之，外為書院，內為堂，衞為周廬，於是擇郡中子弟之良者肄其中，而以孔子之道相切劘焉。諸士子學敬輿、希文以至子游，學子游以至孔子，亦庶幾矣。傳有之：士希賢，賢希聖，聖希天。其尚勗之哉！其尚勗之哉！

安節　蔣文仝　長洲縣知縣田定

蘇州府同知　通判能伯峰

蔡元　高堂　吳縣知縣蘇祐　立石

嘉靖丁亥春三月

◎**学孔堂记碑**

【时间】1527

学孔／堂记

学孔堂记

后学、天水胡缵宗撰，后学、吴郡王宠书，后学、吴郡许初篆。

天不可以象名，孔子之道不可以科名。日月星辰，象也；德行、政事、言语、文学，科也。谓天尽于日月星辰，是小天矣；／谓孔子之道尽于德行、政事、言语、文学，是小孔子之道矣。学孔子者，不得其全，而各得其性之近似，乃名以科，而／不知孔子之道，何可以科名哉？虽然，学孔子者，非得其门，吾未见其入也。夫苟不欲知天则已，苟欲知天，在璇玑、／玉衡以观日月星辰，几乎天矣；夫苟不欲学孔子之道则已，苟欲学孔子之道，由博文约礼以达德行、政事、言语、／文学，几乎孔子矣。言子游，孔门高第也。其优于同列也，以文学而其治武城也，以礼乐。礼乐，固文学之见乎其外／者也。德也，政也，言也，文也，无不序焉之谓礼；德也，政也，言也，文也，无不和焉之谓乐。子游学于孔子，而独得乎礼／乐之传，亦微矣。夫礼乐，孔子之道也；学礼乐以入道，孔门之教也。故学子游，所以学孔子也。学至于子游，具孔子／之一体矣，而顾曰文学云者，是所谓学焉而得其精华焉者也。子游，吴人也。吴之先启于泰伯，泰伯以让风，子游／以礼乐风，吴之文实彬彬矣。夫岂后世之所谓文哉，亦岂后世之所谓学哉？后子游而兴起者，唐有若陆公贽，宋／有若范公仲淹。贽曰："上不负天子，下不负所学。"仲淹曰："先天下之忧而忧，后天下之乐而乐。"文章勋业，度越一世。／虽未敢上拟孔门，其亦学子游而有得者与？学子游，所以学孔子也。故吴之文称盛者，圣曰泰伯，贤曰子游，先正／曰敬舆、希文焉。尔其以文擅当时名后世者，不与焉。吴故有学道书院，创于宋，复于元，迨至我／朝，湮废已久。缵宗忝守兹邦，乃因佛庐之隙而鼎建之。外为书院，内为堂，傍为周庐。于是择郡中子弟之良者肄／其中，而以孔子之道相切劘焉。诸士子学敬舆、希文以至子游，学子游以至孔子，亦庶几矣。传有之：士希贤，贤希／圣，圣希天。其尚勖之哉，其尚勖之哉！

嘉靖丁亥春三月，苏州府同知安节、蔡元，通判蒋文奎、熊伯峰、高堂，长洲县知县田定，吴县知县苏祐立石。

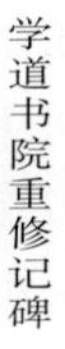

学道书院重修记碑

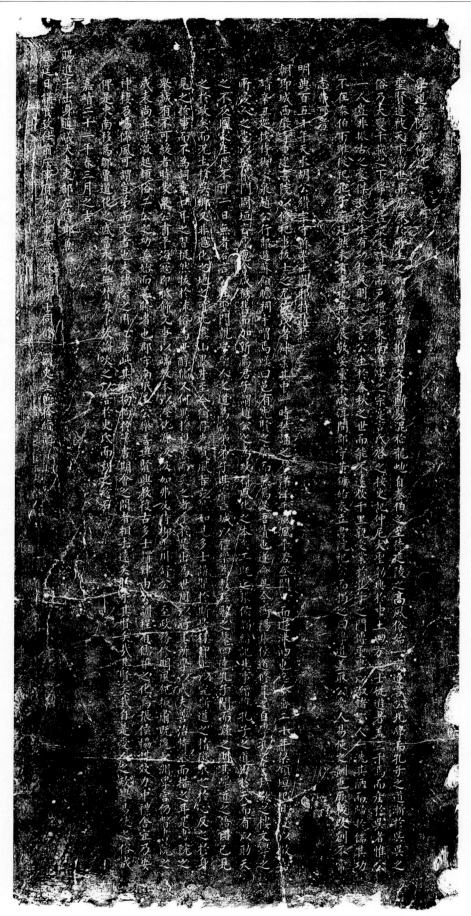

◎**学道书院重修记碑**

【时间】1542

学道书院重修记

圣贤道被天下万世，而尤深于所生之乡。惟吴古为荆蛮，文身断发，混于龙蛇。自泰伯之至德，延陵之高风，俗始一变。迨言公北学，而孔子之道渐于吴，吴之/俗乃大变。千载之下，学者益众，家诗书而户礼乐，东南道学之宗，实言氏启之。按《史记》，仲尼大圣，勃兴于中土，四方之士从游者盖三千焉，而产于吴者惟公/一人，岂非振古之豪杰哉？《祭法》："有功于民则祀之。"言公生于春秋之世，而能不远数千里亲受业于孔子之门，传圣学以淑诸乡人，一洗其陋而归于儒，其功/不在泰伯下。虽从祀孔子庙廷，然未有专祀，无以展敬妥灵。宋咸淳间，郡守黄镛始奏立书院祀公，而揭之曰"学道"，盖取公爱人易使之训也。厥后改创不常，/志弗可考。明典百五十年，天水胡公缵宗守苏，崇正辟邪，特请于/朝，即城西废寺重建书院，以修祀事，拔士之尤俊茂者肄业其中，一时弦诵之声洋洋乎，沨沨乎，若登阙里而游洙泗也。迄今垂二十年，梁倾垣圮，日浸以敝。嘉/靖辛丑，巡按侍御蒙泉赵公行部过苏，顾瞻祠宇，喟焉叹曰："邑有先贤之庙而芜焉，是吾责也。"遂命吴令衡阳张侯道修葺之。自学礼之堂、弦歌之楼、文学之/所、爱人之堂，以至仪门周垣、斋庐庖舍，咸饬旧而加新焉。君子谓赵公之为政，得风化之本矣。工既迄，张侯谒缙记其事。缙惟孔子之道出于天，而有以助天/之不及，国家生民不可一日无者。若言公在圣门，亲学圣人之道，为高第弟子。其宰武城，以礼乐为教，弦歌之声四达，孔子闻而叹之，则其学道之语，固已见/之于政矣。而况生于吴乡，又非过化之地之可比。虞山墨井，至今犹存。先贤风旨，宛然如见。多士讲习于斯，景行仰止，以究斯道之精微。求之于心，反之于身，/见之于事，而不为词章口耳之习，挺然拔于流俗，为世醇儒，又何异于亲熏而炙之者乎？于是出为世用，以行其所学，以成夫善治，特举而措之耳。是书院之/举，诚有不可缓者。时蒙泉公甫平海寇，即祗饰文事，以端教本，以澄化源，汲汲如弗及。侍御云川舒公继至，政务修明，风纪振肃。既迁长洲学宫，仍督书院之/成，表尚正学，激起颓俗。二公之功，善始而善终者也。郡守南岷王公，乐善与贤，兴教复古，多士讲肄，由公训程，有儒雅之化焉。张侯协谋效力，中礼舍宜，乃安/神栖，乃畅儒风，可谓岂弟而文者也。夫诸公之用心若此，其视拘拘于簿书期会之间者，相去远矣。於乎！其贤矣哉！其贤矣哉！自是爱人之政举，易使之俗成，/俾是东南移为邹鲁，道化之盛，当永永无替矣！予故论次之以告于史氏而刊之兹石。

嘉靖二十一年春三月之吉，/赐进士出身、通议大夫、吏部左侍郎兼/经筵日讲官致仕、前詹事府少詹事兼翰林院学士、同修国史、吴邑徐缙记。

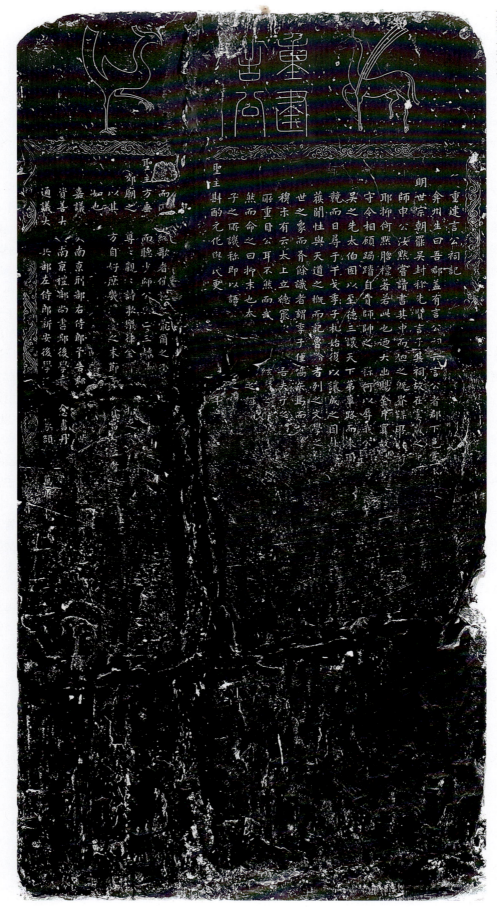

重建言公祠记碑

◎**重建言公祠记碑**

【时间】1585—1587

重建 / 言公 / 祠记

重建言公祠记

弇州生曰：吾郡盖有言公祠云。言公者，郡下邑虞［人也，讳偃，字子游。昔在宋世，绍隆先圣之统，而公以高弟子得进爵吴。而至］/ 明世宗朝，罢吴封，称先贤言子。其祠故在虞，载之祀典。［而在郡者，前守令因民之懿好而别为宫，顾杂市嚣而处，且湫隘不称。今少］/ 师申公汝默，尝读书其中而陋之。既贵，谋所以［称公者，问地而得一巷，故名学道。爱人喜曰：兹地也，非公之所尝从事类居肆者］/ 耶？抑何默吻标著若此也？乃大出赐金，斥买故［社 / 学及傍地，庀良材，为堂五楹，两庑翼之，戟门屏之，傍饬丙舍，以塾受经者。郡邑］/ 守令，相顾局蹐，自责师帅之［不］称，何以辱我公？［愿一切任费。少师公不可。既成，而贻书世贞山中曰：子为我记之。世贞伏睹乘志，］/ 吴之先太伯，固以至德三让天下。第筚路而来，因［循故俗，不能遽有所移易，其国至寿梦而始大。然与其三子相禅以武德，则不］/ 竟而日寻于干戈。季子札始复以让成之。因北［使中国，以观十二风之盛，著为咏嗟，盖彬彬矣。不三纪，而公始复游吾夫子之门，］/ 获闻性与天道之概而记鲁论者，列之文学之［科。自是二千馀年，而吾吴之文学，遂以巨丽闳爽甲天下。其黼黻章施，足以表盛］/ 世之象而有馀。识者谓季子仅嚆矢焉，而公［实廓大章明之，其功有不可掩者。虽然，公之所谓文学也，将今所谓文学而已乎哉？］/ 穆叔有云：太上立德，最次［立言。］吾夫子之［门，固未尝岐德与言而二之。公之视颜、闵若少逊，其文学不必不通于德行也，记者即］/ 所重目公耳。不然，而武［城之郭，］弦歌之声［蔼然，而学道之对，卒不屈于夫子之莞尔。子夏之门人，于樽节退逊，亦既雍雍矣，犹倨］/ 然而命之曰：抑末也。本［之则无，如］之何？［呜呼！是本也，岂今之所谓缀声偶韵，属事俪辞，以苟就世之耳目而已乎哉？盖不特孙卿］/ 子之所讥称，即以语［公，公亦贱儒］之［矣。少师公，世所推以文学衡世者也，然不自足，反而归之德行，以其所蕴藉，佐］/ 圣主斟酌元化，与民更［始。夫礼乐积德，百］年［而后兴。高皇帝之洗去狄膻，视太伯何啻万万，德之积为百年者两矣。以圣主之敬承，而少师公与二三哲辅毗赞之，其视当时何如也？亡论季子论乐归而不获伸于其父兄，即以公之贤，得夫子为之依归，而所谓弦歌者，仅施之蕞尔之小邑，］/ 圣主方垂［裳］而听少师公与二三哲［辅，］/ 郊庙之［典，］尊尊亲亲，诗歌乐律，金［声而玉］振之，又［何待哉？世贞老自废，辱少师公推毂而不能应，又不能通一介之书以谢，而少师公命之记公祠，岂谓于公之道，少能窥见一二？毋亦］/ 以其［拘］方自好，庶几［澹］台之末节，而［或］有当［于公］者。［故略述公文学之所重，且推公未竟之志，以属少师公，不知少师公以为何］/ 如也？

嘉议大夫、南京刑部右侍郎、予告郡后学［王］世［贞撰文］。

资善大夫、南京礼部尚书、郡后学袁［洪］愈书丹。

通议大夫、兵部左侍郎、新安后学□□□篆额，万历■。

【说明】原碑残，系王世贞撰文，今据《弇州山人续稿》补苴。碑末有万历款，按王世贞 1584 年至 1587 年间任南京刑部右侍郎，袁洪愈 1585 年起任南京礼部尚书，故此碑所刻时间当在 1585 年至 1587 年间。

重建言子廟之碑記

重建　言子祠碑記

言子祠初建於府城東北隅舊長洲縣學南今千將坊祠堂則明萬曆四十二年申文定公出賜金所營造也
國朝乾隆初給帑重修四十一年再加葺治知府韓君錫胙為之記中經兵燹祠宇榛莽而學道愛人二坊猶東西屹立行
道之人咨嗟愾歎同治甲戌冬元炳奉
命撫吳既重建泰伯廟落成議次第復先賢祠廟僉謂莫言子先飭庀工具計日程材簷楹翼翼美輪美奐凡六閱月而竣事
蓋自泰伯端委治吳民於是乎興禮讓言子以南方崛起之材從遊聖門特以學禮著聞禮運一篇戴記家語纂述綦
詳迄今讀之覺大道之行三代之英夫子歎其未逮者自與言子發之若有餘慕焉維我
國朝重道崇儒
翠華南幸特遣大臣致祭厥為常典
賜祭碑文之麗於石者字畫釐然摩挲可讀非獨子姓里閭光也三吳古今人文藪學士大夫濟濟輩出其致君澤民者固不
僅以文章顯即伏處在下亦能立說著書知以正人心厚風俗為本而不為異端詖行所搖惑是誠能服言子之言行
言子之行植本於先敷榮於既積德彌充衢道益固於以追蹤至德之風而靳造興賢之域吳其鄒魯乎修復之舉烏
可以不亟廟大門三楹儀門三楹後則為殿三楹東西廡為楹者六又東西房為楹如廡之數東別設門備平時出入
屏牆一前臨河岸有級維舟瞻謁者所止也地基計廣袤三畝七分九釐二毫又屏牆地基七分六釐九毫啓工於丁
丑五月落成於十月共縻金錢五千九百千有奇工程提調候補知府錢君寶[illegible]督造前候補知府劉君文棨候補直
隸州知州迮君常五管料候補知縣吳君成候補縣丞俞君世球監工試用未入流諸君瀚華皆有功於祠事者例得
備書
賜同進士出身
誥授光祿大夫兵部侍郎都察院右副都御史巡撫江蘇等處地方提督軍務兼理糧餉前翰林院侍講學士　日講起
居注官軍功　賞換花翎加三級紀錄十五次固始吳元炳謹譔並書　毅旦
光緒三年歲在强圉赤奮若陽月　梁溪周東錩刻

◎**重建言子庙之碑记**

【时间】1877

重建／言子／庙之／碑记

重建言子祠碑记

言子祠初建于府城东北隅，旧长洲县学南，今千将坊祠堂则明万历四十二年申文定公出赐金所营造也。／国朝乾隆初，给帑重修。四十一年，再加葺治。知府韩君锡胙为之记。中经兵燹，祠宇榛莽而学道、爱人二坊犹东西屹立，行／道之人，咨嗟忾叹。同治甲戌冬，元炳奉／命抚吴，既重建泰伯庙落成，议次第复先贤祠庙，佥谓莫言子先。饬庀工具，计日程材，檐楹翼翼，美轮美奂，凡六阅月而竣事。／盖自泰伯端委治吴民，于是乎兴礼让。言子以南方崛起之材从游圣门，特以学礼著闻。《礼运》一篇，戴记家语纂述綦／详，迄今读之，觉大道之行，三代之英，夫子叹其未逮者，自与言子发之若有馀慕焉。维我／国朝重道崇儒，／翠华南幸，特遣大臣致祭，厥为常典。／赐祭碑文之丽于石者，字画厘然，摩挲可读，非独子姓里闾光也。三吴古今人文薮学，士大夫济济辈出，其致君泽民者，固不／仅以文章显，即伏处在下亦能立说著书，知以正人、厚风俗为本，而不为异端诐行所摇惑，是诚能服言子之言行。／言子之行植本于先，敷荣于既，积德弥充衢道，益固于以追踪至德之风而靳造兴贤之域。吴其邹鲁乎？修复之举乌／可以不亟？庙大门三楹，仪门三楹，后则为殿三楹，东西庑为楹者六，又东西房为楹如庑之数。东别设门，备平时出入。/屏墙一，前临河岸，有级维舟，瞻谒者所止也。地基计广袤三亩七分九厘二毫，又屏墙地基七分六厘九毫。启工于丁/丑五月，落成于十月，共縻金钱五千九百千有奇。工程提调候补知府钱君宝传，督造前候补知府刘君文棨、候补直/隶州知州连君常五，管料候补知县吴君成，候补县丞俞君世球，监工试用未入流诸君瀚华皆有功于祠事者，例得/备书。

赐同进士出身/诰授光禄大夫、兵部侍郎、都察院右副都御史、巡抚江苏等处地方、提督军务兼理粮饷、前翰林院侍讲学士、日讲起/居注官、军功赏换花翎加三级纪录十五次、固始吴元炳谨撰并书。

光绪三年岁在强圉赤奋若阳月穀旦。

梁溪周秉锠刻。

◎言子祠清丈地基碑

【时间】1877

谨将重建/言子祠，长洲县清理地基周围丈尺数目开/列于后。/计开：/庙地基，/东面自东首学道牌坊北石柱起，十/八丈六尺。/北面接连东面十八/丈六尺迤西二丈一尺/五寸，迤北一丈一尺三寸，迤西三/丈八尺七寸，迤北六丈零七寸，迤/西五丈二尺四寸。/西面接连北面五丈/二尺四寸，迤南六丈三尺/九寸，迤西二尺八寸，迤南一丈七/尺四寸，迤西一丈三尺一寸，迤南/十二丈一尺，迤东二尺，迤南二丈/四尺四寸，迤东四尺九寸，迤南三/丈二尺一寸，至西首爱人牌坊北/石柱止。/南面自西首爱人牌坊北石柱起，至/东首学道牌坊北石柱止，十三丈/二尺五寸。/以上按弓折算，计地三亩七/分九厘二毫。/屏墙基，/东自桥道街边起，西至离爱人坊六/尺/七/寸止，十一丈零七寸。/北自街边起，南至傍岸口止，六丈。/以上按弓折算，计地七分六/厘九毫。

光绪三年十月立。

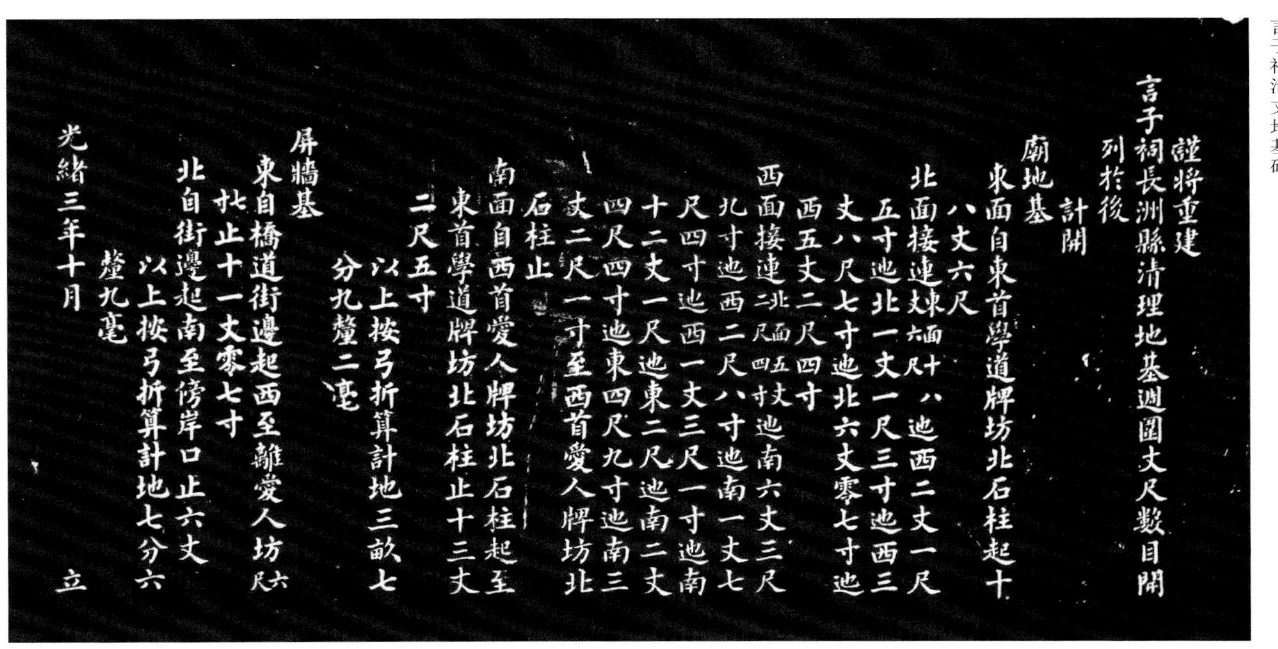
謹將重建
言子祠長洲縣清理地基週圍丈尺數目開
列於後
計開
廟地基
東面自東首學道牌坊北石柱起十
八丈六尺
北面接連東面十八丈六尺迤西二丈一尺
五寸迤北一丈一尺三寸迤西三
丈八尺七寸迤北六丈零七寸迤
西五丈二尺四寸
西面接連北面五丈二尺四寸迤南六丈三尺
九寸迤西二尺八寸迤南一丈七
尺四寸迤西一丈三尺一寸迤南
十二丈一尺迤東二尺迤南二丈
四尺四寸迤東四尺九寸迤南三
丈二尺一寸至西首愛人牌坊北
石柱止
南面自西首愛人牌坊北石柱起至
東首學道牌坊北石柱止十三丈
二尺五寸
以上按弓折算計地三畝七
分九釐二毫
屏牆基
東自橋道街邊起西至離愛人坊六尺
七寸止十一丈零七寸
北自街邊起南至傍岸口止六丈
以上按弓折算計地七分六
釐九毫
光緒三年十月　立

言子祠清丈地基碑

◆苏州大学碑刻

苏州大学，源于东吴大学，它于光绪二十六年（1900）成立校董会，次年3月开学，是美国基督教在中国设立的十三座教会大学之一，也是中国现有大学中最早全面以西方现代大学体系和方式举办的大学，前身有博习书院（1871—1899）、上海中西书院（1882—1911）、宫巷中西书院（1895—1900）等。1952年，东吴大学文理学院、苏南文化教育学院（前身为1928年始创的江苏省立教育学院、1941年始创的国立社会教育学院、1920年始创的无锡国学专修学校）、江南大学数理系（1947年始创）合并组建苏南师范学院，在东吴大学原址办学，同年更名为江苏师范学院。1982年5月苏州市财经学校（1964年创办）并入学院。1982年6月更名苏州大学。此后学校日益壮大，先后有苏州蚕桑专科学校（1903—1995）、苏州丝绸工学院（1903—1997）、苏州市化工局教育中心（1975—1997）、苏州医学院（1912—2000）、江南大学轻工业化学电源研究所（1982—2007）、南京铁道职业技术学院苏州校区（1954—2012）并入。

◎长洲县儒学重建文星阁记碑

【时间】1612

长洲县儒学重建文星阁记

人文之盛，类风气使然。故巽为风，而又为天帝司文之府。每见形家言文笔宜巽，盖此意也。乃茂苑黉宫，于右则矗双浮屠，而左则一望如掌。故虽名山大川，/经带包络，说者谓龙逊于虎，人杰之不能应地灵也，职此之故。闻里父老言，舒公建学后，尝议建钟楼矣，而卒难其竟。垂数十年，桃源江公来，楼果成。而前/抚台周公精堪舆，亲相其地，谓地不叶于巽，遂指画楼基，而始有更议。居亡几何，山阴祁公至，捐俸购民间地，鸠工采石。学博唐君佐之，甫定址，而以迁擢去，/弗观厥成。岁庚戌，余自由拳来，讲读之暇，诸生杨时伟、管珍、姚希孟、朱篁等，数为余言之。既度其形势，非数千金不可，非主自/两台不可，非得一任劳怨者为之总揽，又非得一强干而质实者为之料理不可。越壬子，槜李魏君至，学政井井。而诸生又谓当大比期，亟欲修举。为请诸/抚台徐公、/按台房公，皆报可。又捐金如干，而/鹾台张公、吴县周公、/榷关张公，暨阖郡缙绅先生，以及士民之好义者，乐助各有差。其所不及，则余以俸金济之；又不及，则以赎锾足之。其载董事、邑耆张弘祚，工籍斑斑也。余将/驾朝车，会楼成，与诸子登眺其上，则见大江经毗陵而东，与太湖三万六千顷相为灌输，而七十二峰沉浸其间，一抹如黛，或束或放，若抱若折。其折而入城/也，则葑溪迂回长黉，真如玉带。已而落日流金，明霞璀璨，烟岚吞吐，云物蔽亏。纵观大海之外，汪汪洋注，蜃气结成楼台，变幻闪倏，不可方拟。因指视诸子，日/月象纬，天之文也；江山海岳，地之文也。是惟杰哲，聚为人文。其人沉深浑厚，则其文如条风，是天地之元气也；其人疏旷特达，则其文如金风，是天地之清气/也。下此则冬夏之风为戾气、寒气，而文始不足言也。夫风均出于巽，而嘘之殊气若此；乃得之为文，则遂以殊人又若此。始信风不在巽，而文不在天。譬之斯/楼，自卑而高，自下而上；又譬之斯钟，大扣则大鸣，小扣则小鸣。其摩空响答，非偶然也。故繇文以端风，端风以风人。人不第藉以取金紫，而武纬文经，令范文/正、韩襄毅诸公不独擅美于前，是在诸子。是役也，创议于丁未，卜址于己酉，而庀材则于今壬子夏四月，落成于冬十月。为基周围二十丈四尺，阁高一十三/丈六尺，远可眺三百里。阁之中为洪钟，一响可闻千万户。南向为文星像，以奉香火。阁南不数武，为宇五楹，以待诸士之弦诵者。顾余以鸠能拮据，兴数万人/之工，举数千金之费，而先后七月，得睹落成以去。兹岁贤书环阁，左右奋［起］者十人，且有以羲经魁者，予又得

长洲县儒学重建文星阁记碑

長洲縣儒學重建文星閣記

人文之盛顯風氣使然故巽為風而又為天帝司文之府形家言文峯宜巽蓋此意也乃茂苑學宮於右則嘉□浮屠而左則一望如掌故雖名山大川
經帶包絡說者謂龍遜於虎人傑之不能應地靈也職此之故閭里父老信舒公建學後嘗議建鐘樓矣亟卒難其竟垂數十年桃源江公來樓果成而前
撫臺周公精堪輿親相其地謂地不附于巽遂指畫樓基而始有更議居近幾何山陰祁公至捐俸購民間地為工採石學博唐君佐之肯定址而以遷擢去
弗觀厥成歲庚戌余自由拳來攝篆之暇諸生楊時偉管珍姚希孟朱璧等數為余言之既度其形勢非數千金不可非主自
兩臺不可非得一任勞怨者為之總攬又非得一強幹而質實者為之料理不可越壬子□檇李魏君至學政井井而諸生又謂當大比期亟欲修舉為請諸
撫臺徐公
按臺房公皆報可又捐金如干而
漕臺張公　吳縣周公
推闔張公暨闔郡縉紳先生以及士民之好義者樂助各有差其所不及則余以俸金濟之又不及則以贖鍰足之其載董事邑耆張弘祚工籍班班也余將
駕朝東會樓成與諸子登眺其上則見大江經毘陵而東與太湖三萬六千頃相為灌輸而七十二峯沈浸其間一抹如黛或束或放若抱若折其折而入城
也則苑溪迂迴長灣真如玉帶已而落日流金明霞璀璨烟嵐吞吐雲物蔚蔚縱觀大海之外汪汪洋洋蜃氣結成樓臺變幻閃倏不可方擬因指眎諸子曰
天象麗天之文也江山海嶽地之文也是惟杰哲聚為人文其人沈深渾厚則其文如條風是天地之元氣也其人疏曠特達則其文如金風是天地之清氣
也下此則冬夏之風為戾氣寒氣而文始不足言也夫風均出于巽而嘘之殊氣若此乃得之為文則遂以殊人又若此始信風不在巽而文不在天譬之斯
樓自卑而高自□而□又譬之斯鍾大扣則大鳴小扣則小鳴其摩空響答非偶然也故錄之以端風端風以風人人不第藉以取金紫而武緯文經令范文
正韓襄毅諸公不獨擅美於前衆在諸生足後地□□於丁未卜址於己酉而庀材則於今壬子夏四月落成於冬十月為基周圍二十丈四尺閣高一十三
丈六尺遠可眺三百里閣之中為洪鐘一響可聞千萬戶南向為文星像以奉香火閣南不數武為宇五楹以待諸士之絃誦者顧余以鳩能拮据與數萬人
之工舉數千金之費而先後七月得觀落成以去茲歲賢書環閣左右者□十人且有以首經魁者乎又得觀人文之盛以去非諸君子之力不及此言
念共濟不勝低徊也是不可以不記
龍飛萬曆壬子冬十月之吉孤竹韓原善譔
檇李魏仕傑　蘭江唐公紳　延陵吳光□等仝立
茂苑張鳳翼篆額　門人沙介(?)鳳書丹
鄉耆張弘祚督工　邑人章□鐫
□□□□□同□

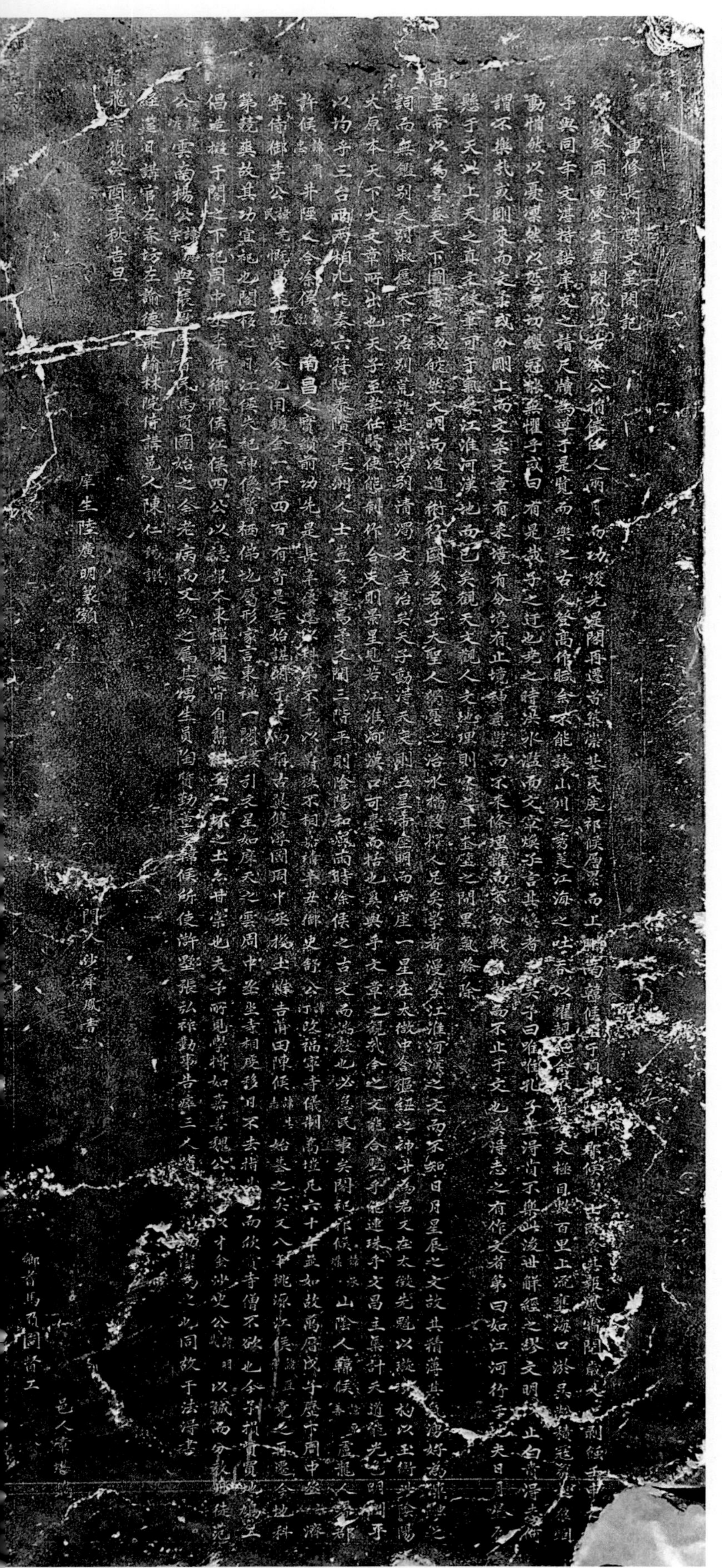
重修长洲学文星阁记碑

睹人文之盛以去，非藉诸君子之力不及此。言／念共济，不胜低徊也。是不可以不记。

龙飞万历壬子冬十月之吉，孤竹韩原善撰。槜李魏仕杰、兰江唐公绅、延陵虞九章同立。

茂苑张凤翼篆额。门人沙舜凤书丹。

乡长张弘祚督工。邑人章烨镌。

【说明】文星阁，又称钟楼、方塔、文昌阁，明万历十七年（1589）始建，万历四十年（1612）重建时稍向南移至今址。今位于姑苏区十梓街的苏州大学天赐庄校区。此碑阙处据《文星阁小志》补苴。

◎重修长洲学文星阁记碑

【时间】1633

重修长洲学文星阁记

崇祯癸酉，重修文星阁成，江右涂公捐俸任人，两月而功竣。先是阁再迁，首筑崇基，夷度祁候层累而上，鹏南韩候至于顶，井陉许郡候多士，既食其报，风霜阅岁，久之剥蚀。壬申之［冬］，／予与同年文湛持诸庠友之请，尺牍为导，于是览而乐之。古人登高作赋，余不能；夸山川之秀美，江海之吐吞，以耀睹记，余不屑。若夫极目数百里，上流壅，海口淤，吴淞积，寇氛起，狼烟／动，悄然以忧，凛然以恐，义切缨冠，能无惧乎？或曰："有是哉？子之迂也！尧之时，洪水滥而文章焕，子言其焕者已矣。"予曰："唯唯。"孔子筮，得贲不乐，此后世解经之缪。文明以止，白贲得志，何／谓不乐哉？或刚来而文柔，或分刚上而文柔，文章有来境，有分境，有止境，神气郁而不来，条理杂而不分，战气鼓而不止，于文也，奚得志之有？作文者第曰：如江河行于地，夫日月星辰／悬于天，此上天之真文彩笔，可干气象，江淮河汉地而已矣。观天文，观人文，地理则察之耳。奎壁之间，黑气涤除，/高皇帝以为喜。盖天下图书之秘，皎然大明，而后道术行。国多君子，大圣人独忧之。治水播谷，择人足矣。学者漫学江淮河汉之文，而不知日月星辰之文，故其精薄，其气涌，好为浑融之/词，而无鉴别。夫别淑慝，天下治；别荒熟，长洲治；别清浊，文章治矣。天子动得天度，则五星帝座明。而帝座一星，在太微，中含枢纽之神。斗为君，又在太微先。魁以璇玑，杓以玉衡，此阴阳/大原，本天下大文章所出也。天子至孝，任贤使能，制作合天，则景星见。若江淮河汉，口可囊而括也，奚与乎文章之观哉？今之文，能合璧乎，能连珠乎？文昌主集，计天道，能光色明润，平/以均乎？三台两两相比，能奏六符，陟泰阶乎？长洲人士，岂多让焉？予又闻三阶平，则阴阳和，风雨时。涂候之古文而端教也，必急民事矣。阁祀祁候讳承/爜，山阴人；韩候讳原/善，卢龙人；署郡/许候讳尔/忠，井陉人；今涂侯讳必/泓，南昌人，实缵前功。先是长庠屡迁，以科第不元，以爵秩不相。嘉靖辛丑，御史舒公讳/汀改福宁寺，仪制高垲，凡六十年并如故。万历戊子，历下周中丞讳/继、济/宁侍御李公讳尧，/民慨焉。李故长令也，用锾金一千四百有奇。是年始谋阁于东南，称古翼双浮图。周中丞揆土惟吉，莆田陈候讳/其志始基之矣。又八年，桃源江候讳盈/科竟之，再迁今地，科/第竞爽，故其功宜祀也。阁移之日，江侯失祀，神像暂栖佛地，属形家言东禅一阁，接引文星，如摩天之云。周中丞坐寺相度，移日不去，指其地而欣赏，寺僧不欲也。今予捐资买地，鸠功/倡造，拟于阁之下祀周中丞、李侍御、陈侯、江侯四公，以志报本。东禅阁基皆自旧阁至，一坏之土，亦甘棠也。夫予所见学摶，如嘉善魏公讳士/杰以才，金沙史公讳明/载以诚，而分教丹徒范/公讳/嵺、云南杨公讳应/宗与襄厥事。耆民马负图始之，今老病而又终之，属其甥、生员陶质勤董之。韩候所使浒墅张弘祚，勤事告瘁。三人嗜义若渴，而洁为之也同，故于法得书。

经筵日讲官、左春坊左谕德兼翰林院侍讲、邑人陈仁锡撰。

龙飞崇祯癸酉季秋吉旦。

庠生陆广明篆额。门人沙舜凤书。

邑人章堪镌。

乡耆马负图督工。

【说明】文中多有手植之误，如“侯”作“候”，“右文”作“古文”，“右翼”作“古翼”，“一抔”作“一坏”，“学博”作“学摶”，“崇祯”作“崇祯”。今碑阙处据《文星阁小志》补苴。

◎**海淑德纪念碑**

【时间】1903

THE LAURA HAYGOOD MEMORIAL

1903

【说明】此碑石英文字意为“海淑德纪念碑”，嵌于红楼。海淑德（Laura Haygood，1845—1900），美国佐治亚州人，美南监理会的女传教士。该组织1892年已在上海成功举办中西女塾，其第一任校长海淑德当时有意在苏州也创办同一所学校，然光绪二十八年（1902）学校建成时她已逝世。为纪念这位献身中国教育事业的异国人士，学校命名为景海女塾，并于成立次年刻碑。景海，意为景仰海淑德。1917年改为景海女子师范学校，次年增建小学一所。1951年改为苏南幼稚师范学校，1952年师范部并入苏南新苏师范学校，初中部由振华女子中学接办。建筑位于苏州大学天赐庄校区内。

THE LAURA HAYGOOD MEMORIAL
1903

海淑德纪念碑

◆原景德路第一小学（长洲县城隍庙）碑刻

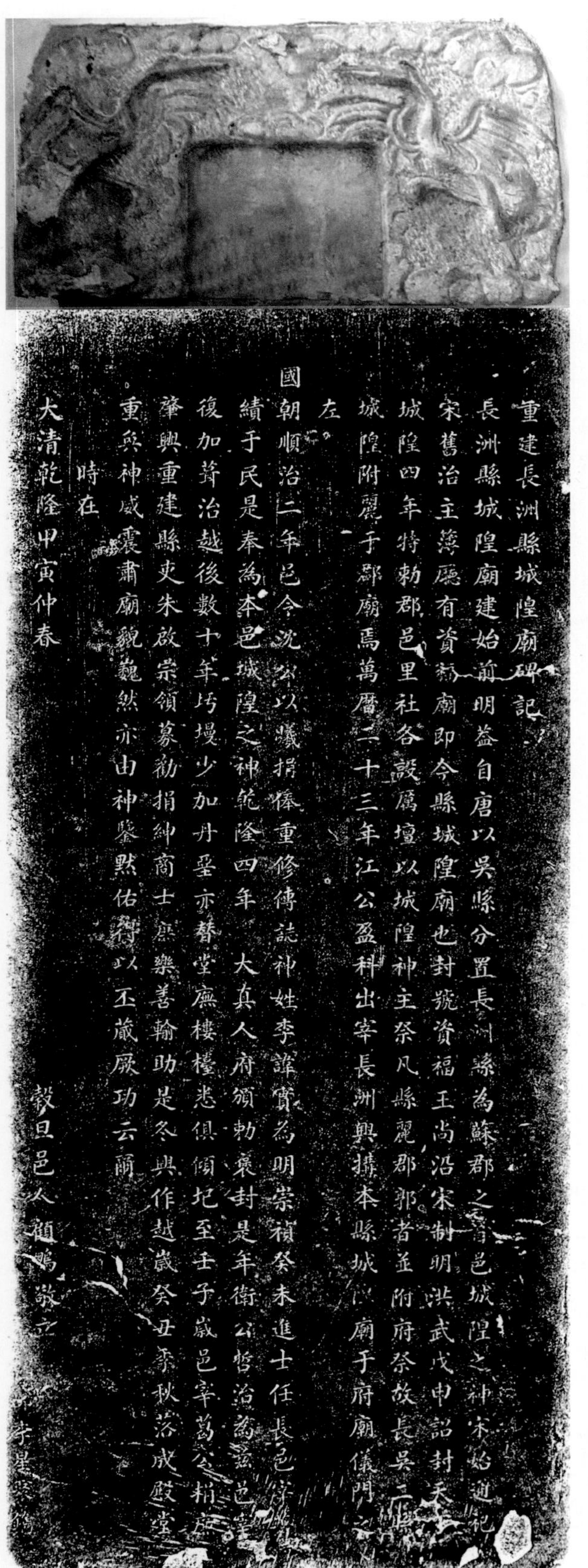

重建长洲县城隍庙碑记

长洲县城隍庙，祀明人李实，兼七省漕运都城隍，俗称郡庙。明万历二十三年（1595）知县江盈科始建。曾为公立第八半日学堂、市立中区第四小学、市立中区第二十四小学、苏群小学、景德路初级小学、景德小学校、吴县嘉馀大成镇中心国民学校、中和镇第七保国民学校、中和镇郡庙国民学校、景德国民学校、景德路第一小学等。

◎重建长洲县城隍庙碑记

【时间】1794

重建长／洲县城／隍庙碑／记

重建长洲县城隍庙碑记

长洲县城隍庙，建始前明。盖自唐以吴县分置长洲县，为苏郡之首邑。城隍之神，宋始通祀，／宋旧治主簿厅有资福庙，即今县城隍庙也。封号资福王，尚沿宋制。明洪武戊申，诏封天下／城隍。四年，特敕郡邑里社各设厉坛，以城隍神主祭。凡县丽郡郭者，并附府祭。故长、吴二县／城隍附丽于郡庙焉。万历二十三年，江公盈科出宰长洲，兴构本县城隍庙于府庙仪门之／左。／国朝顺治二年，邑令沈公以曦捐俸重修。传志神姓李讳实，为明崇祯癸未进士，任长邑宰，著／绩于民，是奉为本邑城隍之神。乾隆四年，大真人府颁敕褒封。是年，卫公哲治为兹邑宰，／复加葺治。越后数十年，圬墁少加，丹垩亦替，堂庑楼台悉俱倾圮。至壬子岁，邑宰葛公捐廉／肇兴重建，县吏朱启宗领募劝捐，绅商士庶乐善输助。是冬兴作，越岁癸丑季秋落成。殿堂／重奂，神威震肃，庙貌巍然。亦由神鉴默佑，得以丕葴厥功云尔。

时在／大清乾隆甲寅仲春谷旦，邑人顾鹏敬立。

吴郡李星聚镌。

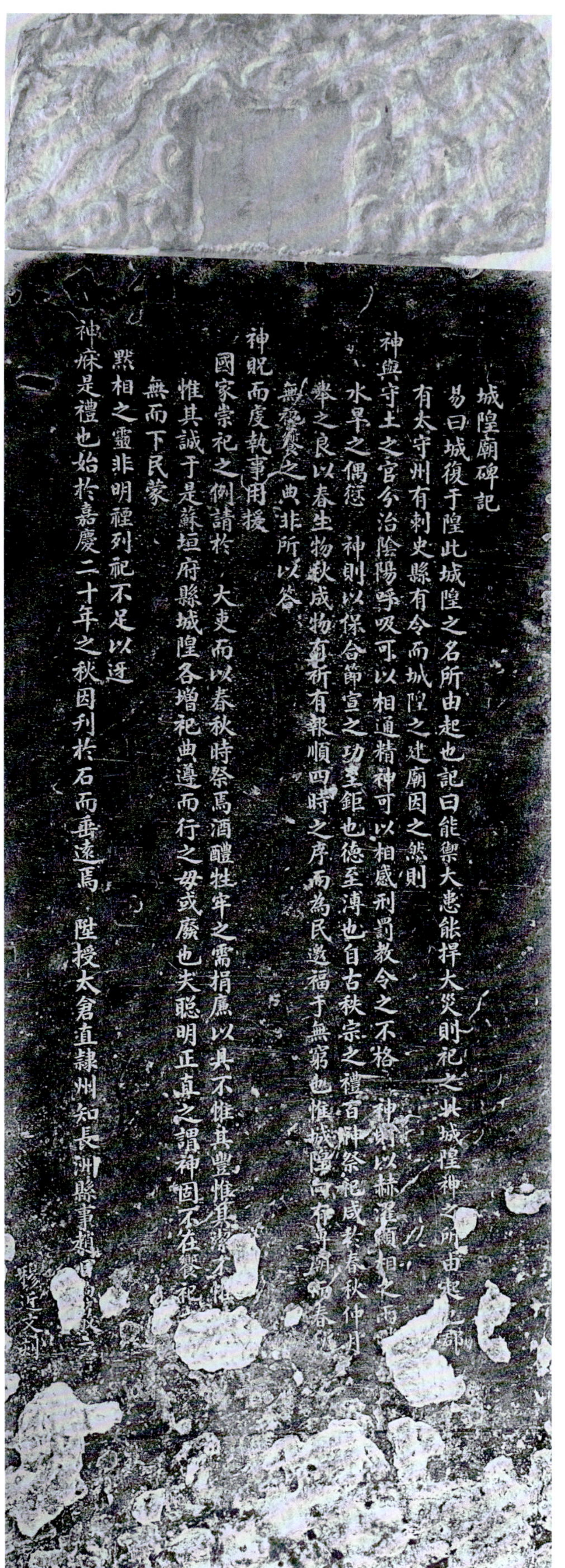

城隍庙碑记

◎ **城隍庙碑记**

【时间】1815

城隍庙碑记

《易》曰："城复于隍。"此城隍之名所由起也。《记》曰："能御大患，能捍大灾，则祀之。"此城隍神之所由起也。郡／有太守，州有刺史，县有令，而城隍之建庙因之。然则／神与守土之官，分治阴阳，呼吸可以相通，精神可以相感。刑罚教令之不格，神则以赫濯显相之；雨旸／水旱之偶愆，神则以保合节宣之。功至巨也，德至溥也。自古秩宗之礼，百神祭祀，咸于春秋仲月／举之。良以春生物，秋成物，有祈有报，顺四时之序，而为民邀福于无穷也。惟城隍向有专庙，而春秋／无祀飨之典，非所以答／神贶而虔执事。用援／国家崇祀之例，请于大吏，而以春秋时祭焉。酒醴牲牢之需，捐廉以具。不惟其丰，惟其洁；不惟其物，／惟其诚。于是苏垣府县城隍，各增祀典，遵而行之，毋或废也。夫聪明正直之谓神，固不在飨祀之［有］／无，而下民蒙／默相之灵，非明禋列祀，不足以迓／神庥。是礼也，始于嘉庆二十年之秋，因刊于石而垂远焉。升授太仓直隶州知长洲县事赵日煦敬立。

穆近文刻。

【说明】阙字据旧拓补。

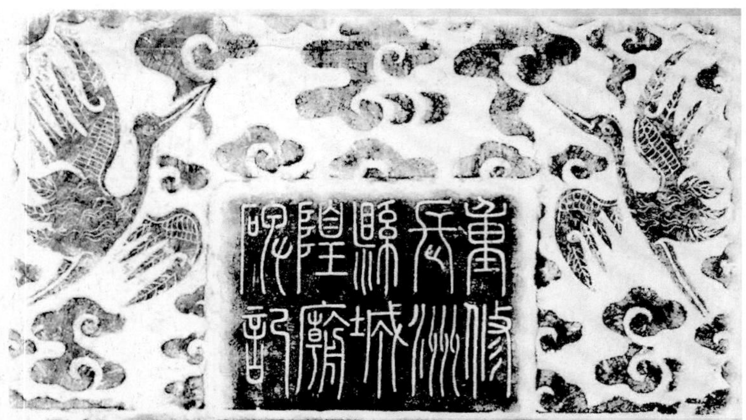

重修长洲县城隍庙碑记

◎重修长洲县城隍庙碑记

【时间】1867

重修／长洲／县城／隍庙／碑记

重修长洲县城隍庙碑记

长洲县城隍庙，在府庙仪门之左。其建立庙宇也，自前明万历年，邑令江公盈科始也；其／春秋时祭也，自／本朝嘉庆年邑令赵公日煦始也。比岁遭发匪之乱，殿宇毁坏，神象亦不存。城复后，大吏／首修学宫，凡百神之庙食斯土者，将次第具举而未遑也，县治亦荡尽。德模之来此，暂借／民房以为临莅所，而与守土之官分治幽明者，曾无一椽完整栖息神灵，即百姓之春祈／秋报，亦无所凭依以舒诚敬，民其谓我何？神其谓我何？则非德模之责而谁责哉？于是量／材度工，可修者修之，已缺者补之；丹垩之饰，几筵之需，一一具备；重立神象，威灵益赫，以／同治六年四月告成于庙。进父老于庭而告之曰：“若知敬神乎？若知神来格之思安在乎？／本业之不务，父母兄弟之不孝敬，欺诈之不除，骄淫之不戢，有一于此，虽瓣香顶礼，朝夕／在庭，神弗福也。身为民牧，苟有一事之不可对人，神亦弗贷也。”众皆欢然应曰：“谨闻命。”又／进而谕之曰：“神所以捍灾御患也。灾患之来，莫甚于兵戈。其召之也，积渐非一日。迨其孽／重而灾患至，即神亦弗能捍，弗能御。悔祸之机，其在人乎？自今以往，尚其改过迁善，永享／承平之福乎？”众又欢然应曰：“谨闻命。”德模既捐廉修建，又乐与斯民共观厥成也，爰勒石／以纪其事。若夫不坏而葺，不顷而植，享祀不忒，庙貌常新，则有后之来者在。

同治六年岁次丁卯十月庚辰朔，知长洲县事、合肥蒯德模谨撰并书。吴郡蒋静香镌。

◎永禁自尽图赖碑

【时间】1868

吴县正堂汪抄奉太子太保、武英殿大学士、两江总督部堂、一等毅勇侯曾，/兵部侍郎兼都察院右副都御史、江苏巡抚部院丁为/严禁自尽图赖以重民命事。照得自尽人命，律无抵法。而小民愚戆，每因细故，动辄轻生，其亲属听人主唆，无不砌词混控，牵涉多人，意在求财，兼图泄忿。经年累月，蔓引株连，被告深受其害。夫父子、兄弟、/夫妇，皆人道之大经，乃死而因以为利，是虽腼然人面，实则禽兽不如，尤人心风俗之忧也。本部堂/院现已通饬各属，随事整顿，力挽颓波。凡自尽命案，均限一个月审结。倘有耸令自尽、诬告诈赖等情，即严/究主使棍徒，一并从重治罪。此后尔等即或自拚一死，总不能贻害别人。其亲属虽欲逞刁，一经审出实情，不过自取罪戾，亦无人肯与贿和。是不但死者枉送性命，不值一钱，即生者因此又犯刑章，更属/无益有损。本欲害人，适以自害。徒为仇人所快，复何利之可图？何忿之能泄哉？合行剀切示禁。为此，示仰阖属军民耆老妇女人等知悉，尔等须知，身命为重，既死不可复生，公论难诬，千虚焉逃一实？/讼师罗织伎俩，今日不复能行。嗣后务各自爱其身，毋得逞忿轻生，希图诈害。其亲属亦不许听唆诬告，枉费诪张。所有律例罪名，逐条开示于后。

一、子孙将祖父母、父母尸身图赖人者，杖一百，徒三年。期亲尊长，杖八十，徒二年。妻将夫尸图/赖人者罪同。功缌递减一等。告官者，以诬告反坐，杖一百，流三千/里，加徒役三年。因而诈取财物者，计赃准窃盗论。抢去财物者，准抢夺论。

一、词状止许实告实证，若陆续投词，牵连妇女及原状内无名之人，一概不准，仍从重治罪。

一、赴各衙门告言人罪，一经批准，即令原告投审。若无故两月不到案，即将被告、证佐俱行释放。所告之事，不与审理。专拿原告，治以诬告之罪。

一、控告人命，如有诬告情弊，照律治

罪，不得听其拦息，或有误听人言，情急妄告，于未经验尸之先，尽吐实情，自愿认罪，递词求息者，果无贿和等情，照不应重律，杖八十。如有主唆，仍将教唆之人照律治罪。以上均系律例明文，何等严切！本部堂／院力除积弊，务挽浇风，惟有执法从事。尔等各宜猛省，慎毋自贻伊戚，徒悔噬脐。凛遵。特示。遵。右谕通知。

同治柒年伍月廿九日示。

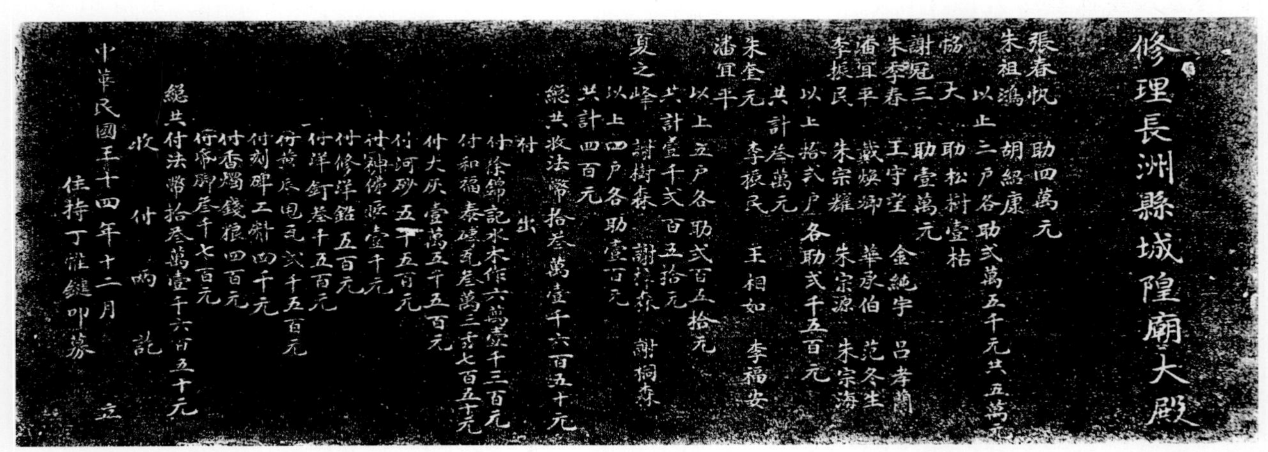

修理长洲县城隍庙大殿助银碑

◎**修理长洲县城隍庙大殿助银碑**

【时间】1945

修理长洲县城隍庙大殿

张春帆，助四万元。／朱祖鸿、胡绍康，／以上二户各助二万五千元，共五万元。／协大，助松树壹枯。／谢冠三，助壹万元。／朱季春、王守望、金纯宇、吕孝兰、／潘宜平、戴焕卿、华承伯、范冬生、／李振民、朱宗耀、朱宗源、朱宗海，／以上拾二户各助二千五百元，／共计叁万元。／朱奎元、李振民、王相如、李福安、／潘宜平，／以上五户各助二百五拾元，／共计壹千二百五拾元。／夏之峰、谢树森、谢梓森、谢桐森，／以上四户各助壹百元，／共计四百元。／总共收法币拾叁万壹千六百五十元。

付出：／付徐锦记水木作六万壹千三百元。／付和福泰砖瓦叁万三千七百五十元。／付大灰壹万五千五百元。／付河砂五千五百元。／付神佛匠壹千元。／付修洋铅五百元。／付洋钉叁千五百元。／付黄派甩瓦二千五百元。／付刻碑工料四千元。／付香烛钱粮四百元。／付纸脚叁千七百元。／总共付法币拾叁万壹千六百五十元。

收付两讫。

中华民国三十四年十二月立。

住持丁惟键叩募。

◆江苏省苏州第十中学校碑刻

江苏省苏州第十中学校，位于姑苏区带城桥下塘。前身为顺治三年（1646）所建之苏州织造局。光绪三十二年（1906）王谢长达在严衙前创办振华女子二等小学堂，1918年秋增设中学部。1928年中小学部分设，中学部迁入旧苏州织造署址，定校名为苏州振华女学校。后更名为苏州市女子中学、江苏师范学院附属女子中学、江苏师范学院附属中学、苏州市第十中学，今名江苏省苏州第十中学校。原有顺治四年（1647）《苏州织造局图碑》，现存苏州碑刻博物馆。

◎蜀素帖跋碑

【时间】不详

襄阳公在当代，爱积晋唐／法书，种种必自临拓，务求逼真。／时以真迹溷出眩惑人目。或被／人指擿，相与发笑。然亦自试其／艺之精，抑试人之知。如此所以名／书。于宋与蔡、苏、黄为四大家，／后之人恶敢议其劣，亦不容谀／其优矣。汪君宗道持其所／书杂咏织行绫卷素题。佛／头上岂可作罪过，但以苏长／公论其清雄绝俗之文，超妙入／神之字。今于此卷见之。因掇／以塞其请云。

正德改元八月下浣，后学沈周。

南宫帖予见数本，／每见未尝无所得。／此藏汪宗道家，尤／为精粹。余比有／意学米，安得常／对面也，临别漫志于／尾。唐宋书苑大家不

［过数辈，宗道皆能致之。欧阳公谓物长聚于所好，信哉。祝允明书。］

【说明】此为米芾《蜀素帖》跋，分别为沈周、祝允明所书，原当有多方，阙文据帖补。帖跋中署正德改元（1506）年款，实际何时所刻不详。

◎织造经制记碑

【时间】1647

织造经制记

蜀素帖跋碑

织造经制记碑

織造經制記

順治四年十二月　日立

天下无不可厘之弊，积召祛，则新功树矣；无不可久之业，区画定，则成宪彰矣。夫所谓区画者，制作详明，综核严密，不惮于更张，不嫌于独见，勒之贞铭，俾无遗漏。如水止而须眉毕照，棋列而黑白具陈。功业可久，基无坏矣。岁次丙戌，/余以冬卿之贰，特膺/简命，督理/上供。行至吴门，环观织染、总织两局。惟织染局尚存颓椽数间，而总织局仅有示禁矣。兼之机工星散，机户凋零，余蒿目而思曰：世值云雷泽火初革，抑至此乎？乃委曲通融，题/请周戚畹之遗居，改为总织局。亲为督率，克日计程，两局□□□□□，钱粮倍加于昔。当是时也，需公急矣。竭尽心力，计悉锱铢，必使之供足于运，机足于供，匠足于机，人足于匠。又必为之征贵贱以储其料，明剂量以定其额。给口粮，免徭役，/以恤其勤苦。起工竣工，视其繁约以为迟速。立□□□□贤，分派稽核之人，以要归于成。其中兴利除弊，昼夜思维，不尽于善不止也。于是工役渐集，规模已成，杼声盈耳，彩色盈眸。春秋迭运，不愆其期；经制画一，从今始矣。其所以仰佐/皇上坐抚鸿图，禹黻黄裳，俨然临御者，岂细故哉？如曰俟后之君子，是驰负之，非余之志也。用是记之，永著为式。列成九款，条之于左：

一、铺设机张。织挽所籍，全在机杼。明季积弊相仍，机户从无一机。但□钱粮入手，则买民间油粉草缎搪塞。本部莅任之后，尽除夙窦，首先立局铺机。织染局铺机三百五十张，总织局铺机四百五十张，以供织挽。锢弊顿除，造办有/赖矣。

一、额设匠役。织造停止日久，匠役涣散无存。本部设法招徕。织染局召足织挽匠役一千五十名，挑倒花匠、折绣、看守等役一百二十馀名。每月支粮五百馀石。总织局召足匠役一千二百五十名，折绣、看守等役一百二十名，内除/平花机匠二百名不给粮石外，每月支粮五百石，按月催解给发，养其身而后责其效，无不忻悦服役矣。

一、分管料理。夫机张匠役既备，则办给丝料，支领钱粮，必须□□诸□之人所办给周，而钱粮无漏卮之虞。明季佥报滋奸，本部稔知其弊，莅任之初，严行禁革。惟按计机杼，酌定人数，躬自慎选，派给分理。人得其平，而佥报之弊其/永杜矣。

一、预储丝料。每岁蚕桑甫毕，必先收丝。不惟价值减省，抑且得茧细净，过期则价值骤增矣。明季钱粮，每发后期，且多扣克，以朘削之馀，市腾涌之料。粉饰搪塞，势所必然。本部创立新法，每于三四月间预期催收钱粮。丝出之际，分/头市买。点验贮库，陆续照依原价，给发各机，以供织挽。一以济机户免买贵丝之苦，一以杜发银扣克之弊。其于织造，大有裨矣。

一、分别责成。夫机户染作，织匠各有攸司。如经纬不细净，缺乏料作，致误织挽，责在管事。机户颜色不鲜明，责在染房。织造稀松，丈尺短少，错配颜色，责在织匠。责成既专，而各役不致推诿矣。

一、织挽期限。机杼之设，为数颇繁，岂能人人急公？若无期限，则怠玩自生。本部酌量蟒缎、妆花、织金、抹绒、平花等缎，定为期限，给以工票，责令依限交纳。即玩怠者，亦无所容其奸矣。

一、立赏罚。夫劝惩明，则人心鼓。本部不时亲自下局，逐机查验。织挽精美者，立赏银牌一面。造作不堪者，责治示惩。总有一二粗疏，亦无不奋励精工矣。

一、优恤徭役。管事、机户、织匠等役，拮据/王事。办造钱粮，则徭役似应优免。见在各役，凡有差徭者，本部皆行文府县豁免，以示优恤。则役无旁扰，皆安心于机杼矣。

一、酌用员役。照得局中机杼杂沓，织造浩繁，且匠役千有馀名，卯进酉出，若无约束稽查，必致偷安懈怠。今设所官三员，专司点闸；管事十一名，分头料理；管工十二人，催攒工程；高手十二人，指导织挽。则事有□□，□务肃整矣。

钦命督理苏杭等处织造、工部右侍郎陈［有明撰］。

顺治四年十二月　日立。

【说明】碑多漫漶，底部遮挡文字不便传拓、辨识，据旧拓等补苴。

钦命督理织造少司空灿翁陈公去思碑记（局部）

钦命督理织造少司空灿翁陈公去思碑记

◎钦命督理织造少司空灿翁陈公去思碑记

【时间】1652

钦命督理织造少司空灿翁陈公去思碑记

督造陈公奉/命还部，将待用于/朝，都人士攀辕挽之不得，则焚香涕泣，遮道送之而未已也。复谋所以尸祝之，乃言于石而为之寿。先是，尝尸祝公于虎溪之塘矣，营祠志石，赫奕辉煌，鼎峙/于花蹊月榭之间。游人过客见而问者，莫不啧啧指曰："是则其德于我吴者也。"其名实之具载于彼，兹可不赘。然而/戟门之旁，筐篚出焉，公之嘉绩成焉，即此都人士之慕爱亦留焉。留召伯者系于一树，则固曰"此昔尝茇憩之所也"；留法真者系于一石，□□曰"此即其玄/德之征也"。凡古来名贤胜迹，其所以能不朽于世者，类必有所以留之，而后其人始托以见；而其所以能留之不朽者，则又必于其功德□□之地，而后人/之至其地者，始有所低徊感激而不能去。此今日者所以于公之去而更不能已于所以留之之举也。盖公之莅斯者七载矣，大约奉上/国恤，下亦为民。方公之甫阅事也，诸务繁兴，百役并作，而且一岁两供，輂输之使相望于道，而公不懈。公会计在握，出入任意，以至丝□□□□色储用之费/无不经其筹画，而公不涅；公职端督成，凡省诚所及，隶于役者若Ⅲ氏、缋氏、匠作诸属，不下数万人，无不鼓舞踊跃，若家人父子之□□□□，而公不苛。是/役也，当财赋繁甲之区，而会以诸郡汤大之后，公既不忍绎骚民间，或一时公帑不给，即捐俸以佐之。数年以来，玄黄纤缟，争络绎□□□□章服箱俨输/将于南国，固已勤劳著最，/天子书屏，而惠此一方，其阶得以入室家而起肉骨者，伊谁力也？公意气轩豁，而综理极详；持守端严，而才猷极练。譬之医衍视疾，随方□□，□□脉不伤。又如/大匠操作，绌其经营以事之艺，运斤成风，而无所于难。我等庇公之宇，邀公之慈，凡此顶踵发肤之存，孰非吾公之赐？而况□□之□□□□衣，故尝得以/宴言之欢，而相从于色笑之久。以是知公之功于/朝廷者甚厚，而泽于我吴者甚深也。尝稽古工垂之命官，始于虞廷；而织文之书，成于《禹贡》。独公之所以惠我吴者，不仅以□□□所以□□□者，亦不仅以/织□皆吾民之幸，而亦吾之所以留公于兹，而使之不朽者也。今而后有过/□□□□□言者，其不忍公之所以留也。夫公名有明，号灿然，辽左人，以顺治三年之吴，越九年冬十二月而后去吴。

赐进士出身、太子太保、兵部尚书充丙戌己丑两科读卷官加一品服俸金之俊撰。

阖郡乡绅、进士、举人、贡生吴□□、□□□、□□□、凌文正、汤有庆、□□□、何棅、周之玙、申继揆、叶子循、范周、周公轼、顾子咸、尹明廷、陆寿名、钱王任、顾贽、徐文衡、丘之蕃、郑敷教、吴好古、金世濂、金世渼、李楷、沙衍中、沈升初、顾景铉、王熊瑞、毛锺彦、徐籀、王玄居、刘李雅、黄扉、陆镕、陈济生、陆鉴、尤侗、宋实□、戴吴悦、钱化洪、沈元箕、许顾虬、宋德□、范□□、宋德□。

府长吴三学生员、门生汤传□、钱而豪、□□□、□□谟、沈世奕、蒋圻、宋揆受、冯绍京、王宪文。

顺治九年季冬吉旦立石。

◎重修织造公署碑记

【时间】1653

重修织造公署碑记

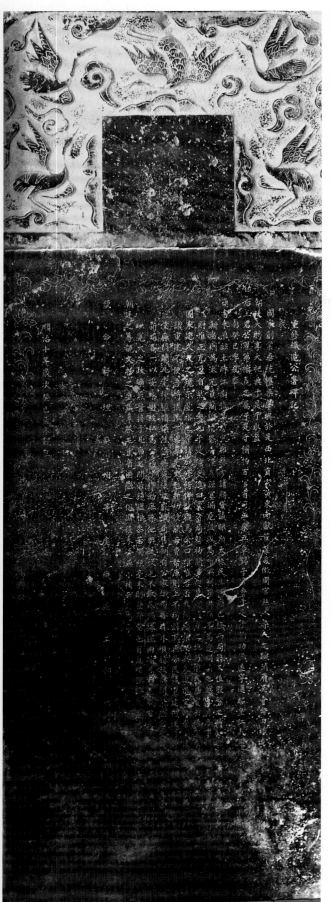

重修织造公署碑记

我／国家创业垂统，礼乐肇兴。于是西北贡玄黄，东南献筐篚。爰效周官丝人、染人之职，开府吴会，命曰织造。凡／朝廷大聘享、大祀典，于是乎取盈；／后王君公、翟茀褕毳之属，于是乎备物；百官有司，五采五章，锡予赏赉，于是乎论功；抚远宁迩，昭皇仁，表恩信，于是乎布德，则织造攸系綦重也。余／自癸巳季夏，奉／简书来莅兹土。时江南值旱涝灾，郡县方请蠲贷，议赈助。大抵民生凋瘵已极，而局务又值殷繁之时。如理乱丝，剬断为难。乃与诸僚吏商所以更／新者，则为汰冗员、简偷惰，罢去侵牟，谨塞漏卮。汲汲焉唯兴利厘弊无不为，遑问其他？越三月，庶事稍就绳墨。盖冗食除，则物力自足；中饱去，／则惟正充盈，自然之势也。于是僚吏进曰："曩者，局务初开，事起草创。建牙之地，乃僦民居，实出权宜，未瞻宏远。今欲为／国家建久大之规，示丰裕之业，请加修饬，俾改观焉。"余曰："唯唯、否否。夫辟关集思，与众进退，宜务崇闳，议重建便。至于费民财、兴土木，重劳吾民，／议重建不便。吾将捐俸资，与群吏交勉，计功授饩，毋费帑库。则上不病国，下无劳民，议重建仍便。"乃命僚吏相度形要，布算寻尺，恢廓旧制，建／堂庑门阑。凡甍栋楹牖，焕然备具。旋复巡核机局旧制。自公家织局外，有外机杂设民间。余恐官吏耳目所不及，反滋破冒，更捐俸锾，设南北／新局各一，以安外机。改私为公，饬惰作勤，庶无他弊。是役也，不取民锱铢，仅两逾月而落成，官民便之。爰集胥徒，各襄乃事，谕以更始之意，采／以宽大之政。旷然晋接于几席之间，若镜鉴秬黍，若烛照毫末。则登斯堂也，有息炀撤障之义焉。于以风示远人，使知／朝廷之尊，睹文物之盛，识章服之重，省固陋之俗，斯役未必无小补云。是为序。

钦命督理苏州等处织造、工部右侍郎周天成撰。

督工守备范启秀。

巡捕官张凤起。

材官张伟、凌元礼。

承差陈兆吉、高选、朱子御、张臣鉴、陈嘉云、顾廷璋。

顺治十年岁次癸巳孟冬谷旦。

◎苏州织造署多祉堂记碑

【时间】1746

苏州织造署多祉堂记

晋人有造室者，叹曰："作者不居，居者不作。"香山云："心是主人身是客。"古人□□屋宇为僧舍，况官署□□□系昭子所至。□□／曰："必葺其屋，则又以修屋如修身，不可□有所苟也。"若夫作而不居，居而□□，□而复居，此其闲官□□之迁移家庭之□，□□／君思之深重，诚有不能忘者在焉。载壬子冬承之苏州织造废署后隙基，构五楹为□□所，甫落成即罢职去。自谓不复居此□矣。／未几，／天子命家大人由河东盐政来膺兹任，载窃喜自负，以为子作之，父居之，较己身之居□成慰果孰胜？又未几，／天子命载随任襄事，因自念来江南后，初任理事司马，再守苏郡，再擢监司，十馀年／王事鞅掌，于温清之职，缺而未修，不无疚心。余乃得以官舍为子舍，非徒载之幸，亦□之幸也。居无何，家大人还都，而载旋以丁／忧去，又自谓不复居此屋矣。昨年夏六月，蒙／恩重司是职，入室洒扫，光景宛然，追思屋成而身去之时，自谓日费经营，将来一履其□未必可得，而况乎全家之欢聚于此耶？而／况乎再去而再来耶？／君恩如此，遭际如此，不可谓非盛事。转忆家大人远隔长安，而太夫人板舆难再，则又流□端□□□□竹而不免怆然生□□□／记数语以告后人。时／皇清乾隆三十有一年岁丙戌夏六月，中宪大夫、道员衔管理苏州织造兼管浒墅关税务■。

中宪大夫、国子监祭酒、提督江苏等处学政加一级□道曹秀先书。

观察构是屋也，余尝题其堂曰"多祉"，观察人■／所具见焉。非寻常文字比也。同官■。

【说明】此碑落款处漫漶，文中仅自称"载"，而今方志多言为陈载撰文。然考民国《吴县志》，乾隆三十一年（1766）时苏州织造当为萨载，且遍查方志，亦不见有言陈载其人，故可知其谬也。

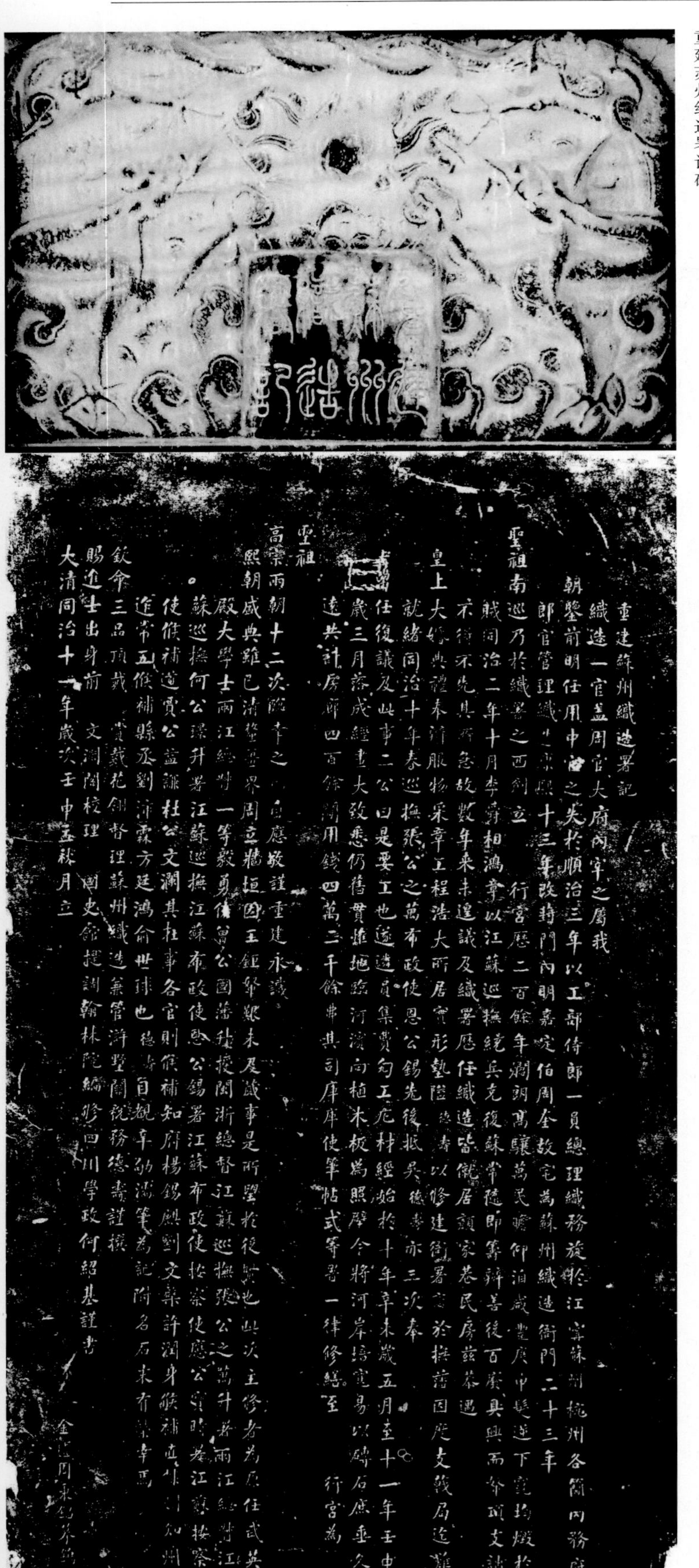

重建苏州织造署记碑

◎重建苏州织造署记碑

【时间】1872

重建／苏州／织造／署记

重建苏州织造署记

织造一官，盖周官大府内宰之属。我／朝鉴前明任用中官之失，于顺治三年以工部侍郎一员总理织务。旋于江宁、苏州、杭州各简内务府／郎官管理织造。康熙十三年，改葑门内明嘉定伯周奎故宅为苏州织造衙门。二十三年，／圣祖南巡，乃于织署之西创立行宫，历二百馀年，焰朗高骧，万民瞻仰。洎咸丰庚申，发逆下窜，均毁于／贼。同治二年十月，李爵相鸿章以江苏巡抚统兵克复苏常，随即筹办善后，百废具兴，而帑项支诎，／不得不先其所急，故数年来未遑议及织署，历任织造皆僦居颜家巷民房。兹恭遇／皇上大婚典礼，奉办服物采章，工程浩大。所居实形垫隘，德寿以修建衙署商于抚藩，因度支戟局迄难／就绪。同治十年春，巡抚张公之万、布政使恩公锡先后抵吴，德寿亦三次奉／旨留任，复议及此事。二公曰："是要工也。"遂遴员集费，鸠工庀材，经始于十年辛未岁五月，至十一年壬申／岁三月落成。经画大致，悉仍旧贯，惟地临河滨，向植木板为照壁，今将河岸培宽，易以砖石，庶垂久／远。共计房廊四百馀间，用钱四万二千馀串。其司库、库使、笔帖式等署一律修缮。至行宫，为／圣祖、／高宗两朝十二次临幸之所，自应敬谨重建，永识／熙朝盛典。虽已清厘疆界，周立墙垣，因工巨帑艰，未及蒇事，是所望于后贤也。此次主修者为原任武英／殿大学士、两江总督、一等毅勇侯曾公国藩，升授闽浙总督、江苏巡抚、张公之万，升署两江总督、江／苏巡抚何公璟，升署江苏巡抚、江苏布政使恩公锡，署江苏布政使、按察使应公宝时，署江苏按察／使、候补道贾公益谦，杜公文澜。其在事各官，则候补知府杨锡麒、刘文棨、许润身，候补直隶州知州／连常五，候补县丞刘沛霖、方廷鸿、俞世球也。德寿目睹辛劬，濡笔为记，附名石末，

己巳亭记碑

有荣幸焉。

钦命三品顶戴、赏戴花翎、督理苏州织造、兼管浒墅关税务德寿谨撰。

赐进士出身、前文渊阁校理、国史馆提调、翰林院编修、四川学政何绍基谨书。

大清同治十一年岁次壬申孟秋月立。

金匮周秉锠摹镌。

◎己巳亭记碑

【时间】1929

己巳／亭记

己巳亭记

人生有聚必有散，有合必有离，聚散离合，天理之循环，非人力所能强也。夫既知离／散之可悲，则尤当知聚合之可乐。今吾级同学与诸学友相聚一堂，屈指不过三月／有馀，而此三月之为期，又复如朝露易晞，白驹过隙，转瞬而即逝。然则吾侪在此寸／晷中，设不尽此相聚之乐，则光阴一去，将徒唤奈何矣。虽然，形体之离别不足悲也，／精神之聚合是可乐也。今而后吾侪形体虽将他适，安知精神之不仍在于校？吾尝／推而究之，躯壳乃有形之物质，故离人知其可悲；精神为无形之气魄，故聚人安知／其可贵？今能以精神而寄托于物质，物质形于外，精神存其中，人见物质之存在，即／知精神之凝聚，则此亭是也。此亭之建为吾侪所手创，留此以存纪念，所冀后之诸／同学临此亭也，于流连俯仰之馀必曰："此某年级同学所建。"虽至于风微迹往尚能／追忆及之，如是，则吾侪虽形体分驰，而精神则永永固结也。是为记。共和第一己巳。

吴兴陈浣华撰文。宝山张镜蓉书丹。吴江张如兰篆额。吴县蒋焜华、童绶贞、吴柳琪，／吴江沈贞、曹紫云，太仓蒋恩钿，昆山陈岭梅同建立。古吴黄慰萱刻。

长达图书馆碑

振华女学校西园摩崖石刻

振华女学校创办人王谢长达太夫人纪念塔

◎**长达图书馆碑**

【时间】1931

长达图书馆。/中华民国二十年，/蔡元培书。

◎**振华女学校西园摩崖石刻**

【时间】1932

仁慈明敏。壬申/级训，何泽/慧篆。

维/共和/第一壬申/夏，苏州振/华女学校二一级为母/校西园甃圜墙穿心曲/径，并建茅亭三匝，摩岩/勒铭，其词曰：/蚕凫蜀，褒余筑。旁皋/麓，缭而曲。因树屋，真且/朴。臧修足，聊寓目。

冯远怀/撰文。

齐季庄/书石。

◎**振华女学校创办人王谢长达太夫人纪念塔**

【时间】1935

伟绩长留。

清道光二十九年/七月十九日生，/振华女学校创/办人王谢长达/太夫人纪念塔。

民国二十三年十二/月二十五日卒。

振华女学校创办人王母谢夫人颂

吴下女子荏弱久矣。夫人既兴妇学，终/解天囚，去其绒縢，淑以诗礼，泽加一时，/胤胄蒙福。《易》称“直方大”，坤道之所以光/也。宜铭贞石，以示永世。

中华民国二十四年四月，/余杭章炳麟撰，/腾冲李根源书。

建筑经费共计四百四/十元，除由敝级劳作所/得外，不敷之数，由王季/茝先生助五十元，王季/山先生助四十元，王季/常先生助五十元，合志/于此，以垂久远。

乙亥级毕业生敬立。

【说明】纪念塔为方尖碑形制，碑身与四面基座皆有题刻。

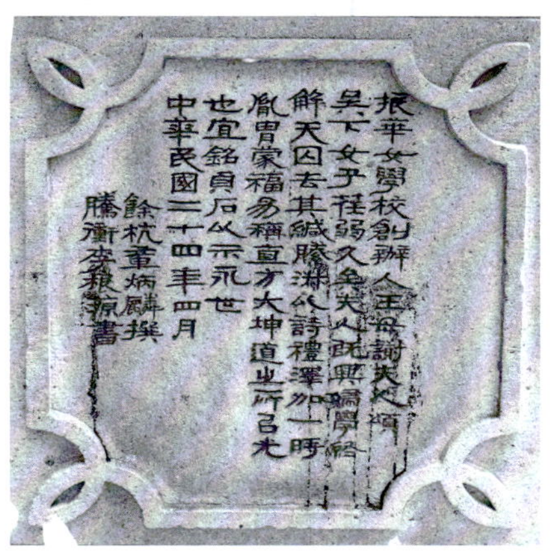

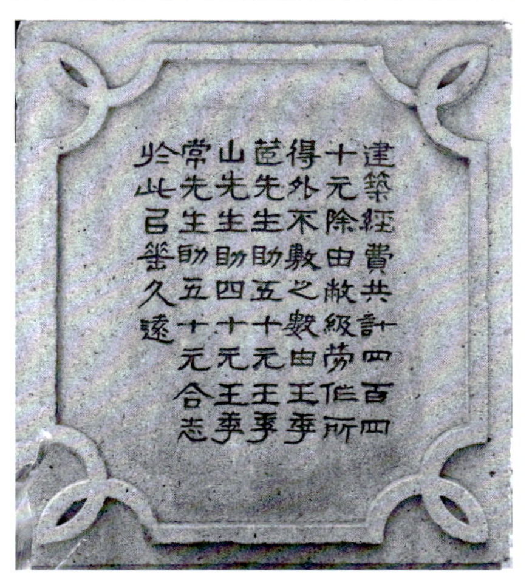

振华女学校创办人王谢长达太夫人纪念塔（局部）

通泉碑

通泉铭

行仁韫智碑

◎**通泉碑**

【时间】1937

通泉

二六级／毕业生／敬立。

◎**通泉铭**

【时间】民国

通泉铭

水深回渊，叶／落壅本。通达／怀师，其则不／远。树木十年，／滋兰九畹。思／源饮水，永式／燕婉。

赵冬撰文。

顾源书丹。

古吴黄慰萱刻字。

【说明】碑共两通。

◎**行仁韫智碑**

【时间】1948

行仁／韫智

戊子夏三七级全体／同学建紫藤棚志念。

徐瑞霞书。

◆原卫道观前小学（天禄庵）碑刻

天禄庵，位于姑苏区草庵弄，始建于康熙年间。曾作卫道观前小学、新风小学、教工宿舍。

◎天禄庵重建大殿愿引碑

【时间】1831

天禄庵重建大殿愿引

夫觉地重兴，大雄放宝光而悉照；梵宫再整，/威德垂真机而皆通。事随人为，心融景致。兹/有娄门内平江路正三上图卫道观前草庵弄/内天禄庵者，自本朝康熙年间创建以来，梵/宇巍峨，法门广大。至乾隆年间，不幸火焚几百/楹，大厦均遭热焰中矣，惟剩小斋堂一座。在/乾隆十一年，改为天禄庵。于嘉庆十四年十一/月二十日，比邱尼义源老师募化十方，买得此庵。/惜嘉庆十五年十二月初二日，义源西逝，其徒自修/接营，苦行焚修，以继义源之志。道光五年，交与/徒孙愿心住持，勉力支撑。但此庵仅有七间两披。/韦驮殿前出路，山门、寮舍、厨库逼窄。自修、愿心/师徒佛前发愿，昼夜恳求，缘化维艰。在道光/四年，协力凑买殿西楼屋两间，又来年再赁/四间，于七年绝兑卢姓凤池轩内朝南上下/楼房，共成十间，有契存焉，今供奉大悲菩萨是/也。道光十一年，复买西角彭姓一披，又有契存照。/止于殿庭，年久朽坏不堪，仰告十方，至切至祷。/幸蒙各护法等陆续捐资，共扶胜举。今叩/佛恩，护法力施，工完竣美，应将乐助姓名缮□/于左，以为后者之玄鉴云耳。

道光十一年六月，住持比邱尼自修领徒愿心立石。

信官吴云领孙斯嵤（法名观荣）、/信官石韫玉、/信官蒋鹏、/信官潘筠振、/敏慎堂潘、/信官彭蕴珊、/钱老爷、/信官韩荃、/信官潘筠简、/信官汪颜畹、/种德堂何、/汪少爷、/信士刘玉长、/殷震铭、/玉照堂朱、/慎思堂施、/崇庆堂姚、/礼安堂金、/顾金玉、/姚一元、/周俊扬、/介福堂冯。

皈依/贤信女法名：/净培、/愿椿、/愿慈、/愿嘉、/愿桢、/愿妙、/愿德、/愿峰、/愿芝、/净道、/愿遂、/愿广、/愿如、/愿性、/愿信、/愿康、/愿川、/愿清/悟空、/愿莲、/愿彻、/愿惠、/愿觉、/愿正、/愿泰、/愿澄、/愿尘、/毓逵、/愿华、/愿达、/愿□、/愿智、/愿法、/愿□、/愿显。

皈依/弟子：/观德、/观鳌、/观龄、/观贵、/观富、/观澜、/观柏、/观惠、/观荣、/观兴、/观全、/观吉、/观凤、/观桐、/观咸、/观峰、/观根、/观宁、/观祥、/观贞、/观俊、/观栋、/观乾、/观义、/观华、/观长、/观福、/观麟、/观宏、/观安、/观顺、/观松。

信女：吴门王氏、/汪门潘氏、/汪门钱氏、/蒋门王氏、/吴门余氏、/唐门沈氏、/杨太太、/顾太太、/田太太、/濮太太、/沈太太、/陆太太、/戴太太、/钱太太。

张斌荣刻。

天禄庵重建大殿愿引碑

◆原长洲县初等小学堂第八校（泰伯庙）碑刻

泰伯庙，又称至德庙，位于姑苏区阊门内下塘街。祀古吴国始祖泰伯。东汉永兴二年（154）郡守麋豹建于阊门外，或曰韩整守吴时创建。后梁乾化四年（914）吴越钱镠徙庙至今址。今庙基本为康熙二十三年（1684）汤斌重修后之建筑。曾作长洲县初等小学堂第八校、长洲县初等小学堂第三十二校（西庑）、北区第四小学等。

◎重建至德庙碑记

【时间】1685

重建／至德／庙碑

重建至德庙碑记

阊门内至德庙者，故所建以祀吴泰伯者也。吴越武肃王时，始度地创置于此。宋元祐间，赐庙额曰至德。［崇宁改元，制书累进王爵，以仲］／雍暨延陵季子札配。明洪武中，复改称吴泰伯之神。历世修葺者屡矣。既入／皇朝，益荒圮弗治，殆无以障风日。有司虽岁时致祭，特奉行／国家令甲，馀悉不暇问也。巡抚都御史汤公甫莅政，即涓吉谒庙，顾瞻徘徊，不胜叹息。乃下令撤巫祠之淫者，以其馀［材鸠工而改为之；有］／不足，则捐俸金若干两佐之；又不足，则布政使章君复捐金若干两，且遣县丞涂崇焜董其役。凡三阅月而［讫］，工不［知劳，民不知费。其殿］／址视昔稍缩，至于崇闳修拱，危垣文陛，以讫丹垩之绚丽，木石之坚好，则有加焉。公以七月之朔斋祓，率诸属吏晨［趋庙中，陈牲荐醴，命］／祝史读版，以成事告。是时吴士民方大和会，公呼众而谕之曰："尔曹亦知之乎？当勾吴之为荆蛮也，语言风俗不达于上［国。惟泰伯来居］／斯土，然后端委以治，而二千馀祀之间，文教由是始启。其末不幸有鱄设诸、要离之属出，而民人效之，尚气斗狠，舞剑轻死，［则伯之遗风］／渐以衰矣。尔曹亦知之乎？今者市井鳞比，舟车纷拿，冠带文章，甲于海内，伊谁之力而莫或念也？"言未既，郡人汪琬方［在公侧，乃复揖众］／而申公谕曰："诚哉公之言也！抑琬尝闻之，文者礼之迹也，让者礼之基也。伯之用文教治吴也，盖实以［三］让为之本。古［者政化之成也，则］／公卿让于朝，士庶人让于都鄙，耕者让畔，讼者让田，职是故也。故孔子曰'能以礼让为国乎？何有？'后世礼教既废，［锥刀之末，尺缕斗粟之］／微，靡所不争，于是父子相讥，妇姑相谇，伯仲相阋。及其甚矣，狱讼繁兴，盗贼滋炽，孰非不让为之与？此我公下车［以来，所为日夜有感于］／吴人者也。公之莅政未期，亦既锄豪强，惩贪蠹，崇师儒，兴学校矣。而犹惓惓于兹庙者，岂徒曰至德，必百世祀哉？［凡欲藉是为吴人劝］／也。继今以往，或过伯之庙，肃瞻伯之像，设有不愯然而思，翻然而悔，慨然而改者，匪特孤我公之教也，抑亦孟氏所［谓非人矣。琬愿偕］／父老共勉之，以倡诸子弟可也。"众皆曰："善。"既退，公以书抵尧峰，属琬志其修葺颠末，再辞不获命，因并书前言以复公［云云。公讳斌，字孔伯，］／河南睢州人，顺治壬辰进士，由内阁学士擢今官。章君，讳钦文，顺天宛平人，由江西按察使擢今官。于例当附书。

二十四年岁次乙丑秋七月望，郡人汪琬撰。登封耿介书。

【说明】原碑残，今据《至德志》等补苴。

重建至德庙碑记

◎巡抚江南汤公长生碑

【时间】1686

总理粮储、提督军务、巡抚江宁等处地方、都察院右副都御使，今/特简礼部尚书兼掌詹事府事汤公，讳斌，号潜庵，系顺治壬辰科进士，河南归德府睢州人。

巡抚江南汤公长生碑。

康熙二十五年岁次丙寅四月吉旦。

泰伯后裔、进士、举人、贡监生员、守祠生员吴朴、/吴辕、/吴士元、吴云汉等公立。

巡抚江南汤公长生碑

重建泰伯庙记碑（顾文彬撰）

◎重建泰伯庙记碑（顾文彬撰）

【时间】1876

重建／泰伯／庙记

重建泰伯庙记

吴之庙泰伯，自汉永兴麋豹始；其徙雁宕村之庙于今所，自吴越钱氏始。宋时，凡潦旱，祷于庙辄／应。故元符三年，从守臣吴伯举请，封至德侯。崇宁初，晋王爵，褒册累累，岁致宠命；庙貌亦日新月／异，俨然王者居。元明以后，兴替不常。我／朝康熙中，睢阳汤公、三韩吴公先后再修之。自是百馀年来，修举蔑闻。庙故邻湫隘，市廛骈坒，日益／侵削。咸丰庚申之乱，毁于兵。今都御史、固始吴公以国姓之胄来抚我邦，遂兴起庙祀，规复故址／之为民占者；斋厨庖湢，廨如奥如。复仿武氏石室之例，图其先世三让王以下五十五画像于庑／间。工既竣，因命文彬操笔记之。窃惟吴之先，草昧未凿，混于龙蛇。自端委圣君让德来避，易文身／为衣冠，而民知礼教；穿渎浍，缮城墉，而民始有生聚室家之乐。至德渐被，功施到今，东南礼乐，彬／彬为天下甲，则伯之庙于吴，固甚宜然。推使者与民更始之意，则尤有进于此者。我吴寇乱龛定／已越十年，而农田未尽安集，风俗不加长厚，其咎安在？盖世浇民窳，人心争趋利便，又天性愚冥，／易惑难晓，故遇异说煽诱，辄靡然从之。司牧者诚循伯之流风，以礼让为导，则民虽邪僻，亦将求／尽于父子兄弟之伦，而以畔道为耻。且循之既久，则必恍然于先王之教之可行，而夷狄之化为／不足恃。是则薄俗可厚，而回邪可正，治理不蒸蒸上耶？是举也，不独功德于民则祀，而公之轨训／嚣俗，亦具有至意焉。如谓公系出延陵，因以韦孟述祖德例之，犹浅之乎测公矣。

布政使衔前浙江宁绍台兵备道、元和顾文彬撰。

江苏按察使司按察使、统辖驿路、新建勒方锜书。

光绪二年岁在柔兆困敦相月谷旦。

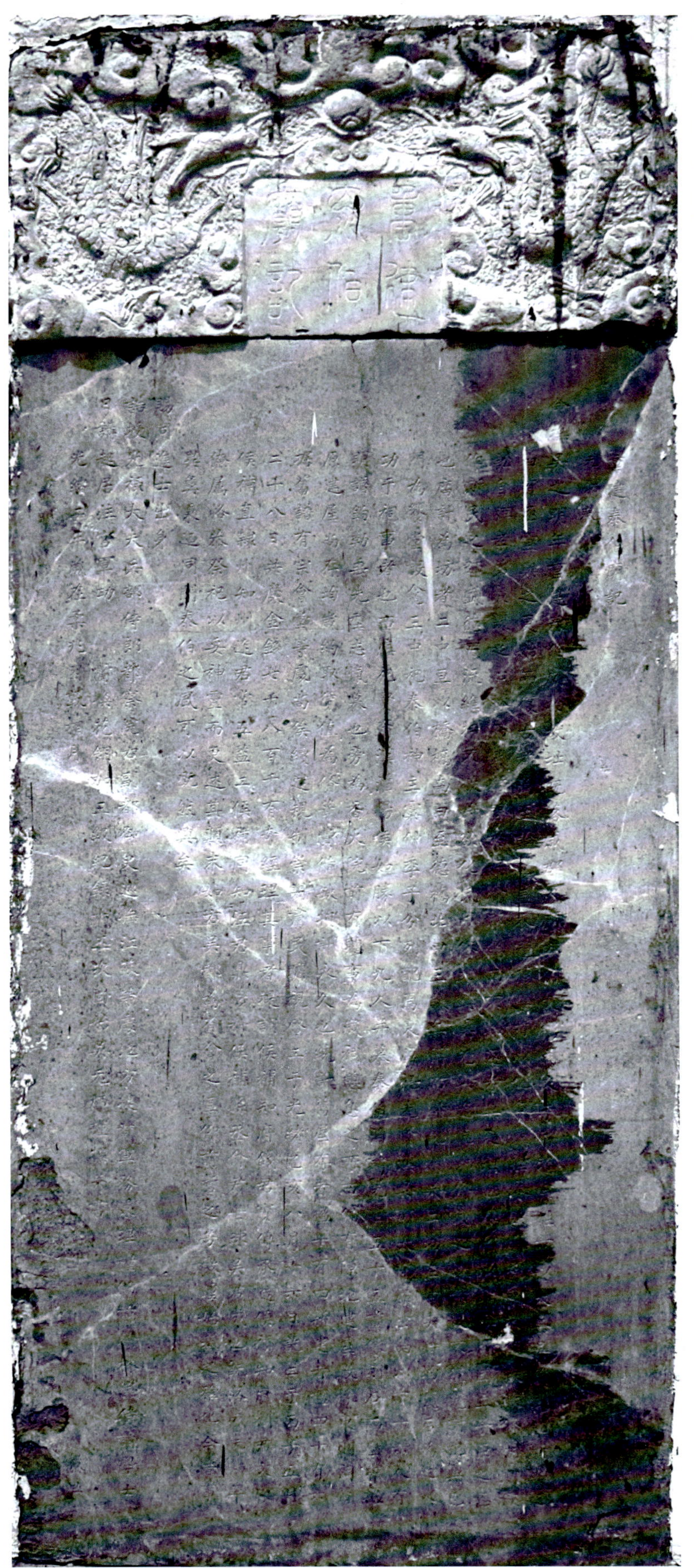

重建泰伯庙记碑（吴元炳撰）

◎重建泰伯庙记碑（吴元炳撰）

【时间】1876

重建／泰伯／庙记

重建泰伯庙记

元炳奉／命抚吴之明年，重建泰伯庙于故址。既落成，郡人顾方伯文彬为文于碑，推宗姓所以大与吴民风化渐染之／由，有亟宜与之更始而复古者，洵至论也。盖衣冠礼乐所以化争，义理餍饫则祸乱不作，政教修明则狱／讼自弭，孝弟廉让之心胜，而民犹习于奸贪邪伪而不知返者，无是理也。泰伯以端委开国，立子臣之极，／作斯民之师，盛德所流，维持不敝，将欲化民成俗，非此奚先？此尤元炳修复之微意，又不仅搜讨祀典已／也。庙计为坊者二，中亘以桥，桥南曰至德，桥北曰三让、无称，而归化、开吴二坊左右夹峙，均甃石为之。入／门为飨堂，设龛三，中祀泰伯神主，虞仲、季子分列配焉。东庑祀先贤、汉吴郡太守麋公豹以下十六人有／功于祠事者也。西庑祀贤裔、汉灌阳侯如胜以下九人，并摹泰伯洎诸先世五十五画像，刻石陷壁，皆据／明谱钩勒，垂先型，志忾慕也。旁为香火院，前有厅事，为岁祀憩息之所。西偏有隙地，建屋数椽。东则祠裔／原建屋尚存，均岁约取赁值为修葺费，备缺损，计永久也。统计旧屋存者楹十有四，新建者楹四十有六。／据旧谱，有宗会堂等处，尚俟续建。规制崇闳，肃民瞻视。启工于光绪乙亥八月十六日，讫工于丙子五月／二十八日，共縻金钱七千八百千有奇。经理其事者，提调候补知府钱君宝传，承造候补知府刘君文棨、／候补直隶州知州连君常五，监工候补同知汪君鼎，管料候补县丞俞君世球、吴君成也。既落成，元炳率／僚属恪恭祭祀，以妥神灵，而更述其颠末如右。吴都为省会之区，仰前哲之芳徽，踵始基之雅化，今昔事／异，彝秉乃同。闻泰伯之风，可以慨然兴矣。

赐同进士出身、／诰授光禄大夫、兵部侍郎、都察院右副都御史、巡抚江苏等处地方、提督军务兼理粮饷、前翰林院侍讲学士、／日讲起居注官、军功赏换花翎、加三级纪录十五次、固始吴元炳谨撰并书。

光绪二年岁在柔兆困敦相月谷旦。

◎**重修泰伯庙碑记**

【时间】1948

重修泰伯庙碑记，吴敬恒题。

重修泰伯庙记

周泰伯以天下让，遂至东吴，肇开文化之基，其功德巍然，宜／乎馨香弗替已。吾邑泰伯庙，在阊门城隅，规模宏敞，列入祀／典，牲牢酒醴，有司岁必莅临。鼎革以还，礼乐渐弛。丁丑之秋，／殿楹炸毁，风雨侵袭，倾圮堪虞。吴君庚荫，矢愿修葺，敦命令／嗣霞清，集合同族，捐资百亿，功始告成。以今日军事未戢，羽／书载驰，崇祠广厦，不藉以建戎旃，即沦而为马厩。而兹庙独／能朴斫丹雘，重复旧观，固属贤子孙规画之力，抑亦泰伯在／天之灵默有以呵护之也。爰不辞荒陋，而为之记。

民国三十七年九月，吴县潘昌煦撰并书。

后裔蕴初、庚荫、忠达、秀章、保之、霞清、祖荪、／文卿、公退、子扬、志渊、锦源、文祺、福盈敬植。

◆苏州市振华中学校碑刻

苏州市振华中学校，位于姑苏区相王路。校内西南部原为赤阑相王庙，俗称相王庙，又名相王行祠。赤阑即赤门。相王，一说为春秋吴国筑城时因延误工时被诛的南面讨击将军黑莫郝，亦称赤阑将军；一说为死于筑城的桑湛璧；一说即主持筑城的相国伍子胥。庙始建于唐代（一说春秋），清康熙四十四年（1705）苏州织造李煦重建于今址。原有康熙五十五年（1716）《重修相王巷石塘阖里姓氏碑》，乾隆四十二年（1777）彭启丰撰、蔡濨书、穆大展刻《新修赤兰相王庙碑记》，光绪九年（1883）顾熙山撰、吕砚香书、毛上珍刻《苏州织造相王庙装修头门碑》，光绪十四年（1888）《建头皂班房记碑》，光绪三十四年（1908）陈敬业撰并书《重修相王庙记略碑》，今碑毁，拓片存苏州博物馆。

◎新修相王行祠志碑

【时间】1819

新修相王行祠志

赤兰相王行祠，坐治城南东烧香桥／元邑仁一图天字圩内，向有苏／州织造笔帖式巴公讳世武为／习射之圃，继因升任江宁织造／司库，故将此隙地亩馀舍捐庙／内，续有境中各善姓等捐资置，／陆续建造亭台、殿阁、回廊处，将／次完工，渐成名胜之区。古名曰／巴家园也。斯园共有官册田七／亩九厘七毫，下地一分二厘，岁／输漕米一石四斗四合，应征／无闰地漕正耗银八钱二分四厘。／缘庙无出息，条赋无抵，是于嘉／庆二十三年秋间有部署头役／仲鸣、沈荣叩求前任／榷宪大人阿讳尔邦阿，示拨廒底／米，每季给发五斗，交付粮科书／顾云祥完办，此项漕米庶可永／远有抵矣。其条银行祠内自行／完办，勒此一石，永垂久远矣。

嘉庆贰拾肆年二月　日立。

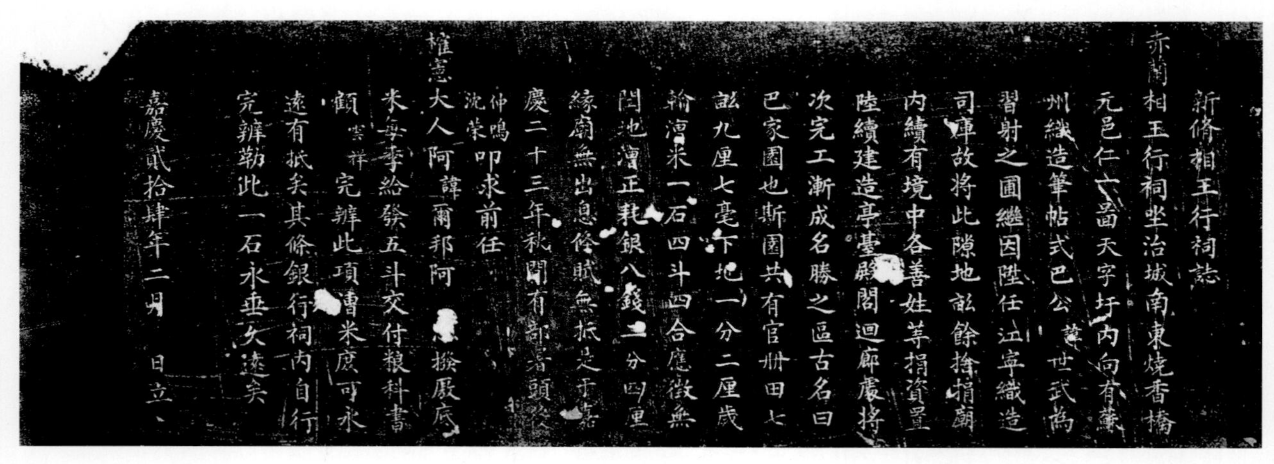
新修相王行祠誌
赤闌相王行祠坐治城南東燒香橋
元邑仁一圖天字圩内向有蘇
州織造筆帖式巴公諱世武爲
習射之圃繼因陞任江寧織造
司庫故將此隙地畝餘捨捐廟
内續有境中各善姓等捐資置
陸續建造亭臺殿閣迴廊處將
次完工漸成名勝之區古名曰
巴家園也斯園共有官册田七
畝九厘七毫下地一分二厘歲
輸漕米一石四斗四合應徵無
閏地漕正耗銀八錢二分四厘
緣廟無出息條賦無抵是于嘉
慶二十三年秋間有部署頭役
仲鳴 沈榮 叩求前任
榷憲大人阿諱爾邦阿 示撥廒底
米每季給發五斗交付糧科書
顧雲祥完辦此項漕米庶可永
遠有抵矣其條銀行祠内自行
完辦勒此一石永垂久遠矣
嘉慶貳拾肆年二月　日立

新修相王行祠志碑

◆苏州市老年大学碑刻

苏州市老年大学，位于姑苏区公园路。东部曾为万寿宫，又名旧皇宫，康熙五十六年（1717）江苏巡抚吴存礼创建。宫内供奉皇帝万岁牌，为恭迎诏书、贺帝诞辰或为帝致祭之所。

◎**万寿宫下马碑**

【时间】清

文武官员军[民人等至此下马。]

万寿宫下马碑

◆原苏州医学院（可园）碑刻

可园，位于姑苏区人民路沧浪亭街。清雍正六年（1728）起江苏巡抚尹继善建园，名曰“近山林”，乾隆间易名可园。嘉庆十年（1805）两江总督铁保、江苏巡抚汪志伊于此建正谊书院。曾作吴县县立中学、苏南工业专科学校、江苏法政共和学校、苏州医学院、苏州大学（南校区）等。

◎改建正谊书院记碑

【时间】1864

改建／正谊／书院／记

改建正谊书院记

事有创自晚近，而于三代圣人之法适合者，今书院是也。书院之名始于唐明皇丽正书院，盖六馆之属，与今书院异。／宋元时，辄因先贤遗迹，思而祠之，请于朝，设官主教事。如苏州之学道，文正、和靖、鹤山皆是。盖祠堂之属，与今书院同／而异。今书院之法，实即三代乡学、宋元郡县学之法。何以言之？《学记》：“家有塾，党有庠，遂有序。”（注：“古者仕焉而已者，归教／于闾里，朝夕坐于门。”疏：“引《书传》说，‘大夫为父师，士为少师。新谷已入’，‘馀子皆入学’，‘上老平明坐于右塾，庶老坐于左塾’。”）／“中年考校。”（注：“乡、遂大夫间岁则考学者之德行道艺。”）非即今师课、官课之法乎？史称胡安定教授苏湖，立经义、治事两／斋。又称范文正守郡立学，延安定为师。考是时天下未有学，莅教事者以礼聘，不以选授。迨后文正《天章阁十事》之疏／既上，始命郡县皆立学，取安定学法为太学法，着为令，至于今不废。非即今延山长选内课之法乎？穆堂李氏不深考，／乃谓后世立学，未尝聚弟子员于学宫，散而无纪，疏而不亲，课无与为程，业无与为考，不如书院以聚处讲贯，而学业／易成。不知古来之学本无不聚，后世名存实废之学始不然，而书院则转存古学之法。然所习仅制举文字，犹无当也。／务令究心经史有用之学，无失文昭遗意，斯于古学法有合焉。予平吴之次年，建复紫阳书院，课《四书》文，试帖如旧制。／其明年，将复正谊书院，旧制与紫阳同，以肄业人众，故分之。今人数不及半，分之则弥少。因念江宁有惜阴书舍，杭州／有诂经精舍，广州有学海堂，苏州独无。岁庚申，当事议建沧浪讲舍，延宫允冯先生为之师。落成，课有日而寇至，都人／士惜之。予遂因正谊旧名，而改课经解古学。檄所司筹白金万二千金，以万金置田，以岁租为脩脯膏火资。馀购屋、庀／家具，属郡绅顾观察文彬理董发敛之事。仍延宫允主是席，损益惜阴旧章。又参用湖南岳麓、城南等书院之式，招诸／生之隽若而人，宿院肄业，以年较长者一人为斋长。庶与安定学法合，即与宋元郡县学法合，以渐几乎三代上乡学／之法，亦无不合。夫天下之有学，自文正发其端，而苏郡实为权舆。又乌知正谊之法，不从此风行海内，如响斯应，家知／朴学，士尽通经，益以广我／圣清典学右文之盛，亦将以正谊为权舆乎？予于文正无能为役，而适与其事，亦云厚幸。又考正谊书院，创于吾乡汪／稼门先生抚吴时。是岁嘉庆九年甲子，先生以江南人监临江南乡试。今甲子一周，大难已去，／文运重新。予亦以苏抚充监临，改建是院。贞元循环之理，有如是之巧合者，可异也夫！

诰授建威将军、赐进士出身、太子少保、江苏巡抚、一等肃毅伯、赏穿黄马褂、赏戴双翎、合肥李鸿章撰。

诰授奉政大夫、赐进士及第、詹事府右春坊右中允、五品顶戴、郡人冯桂芬书并篆额。

吴郡程芝庭镌。

【说明】据考，此碑文书于同治三年（1864）。

学古堂记碑（一）

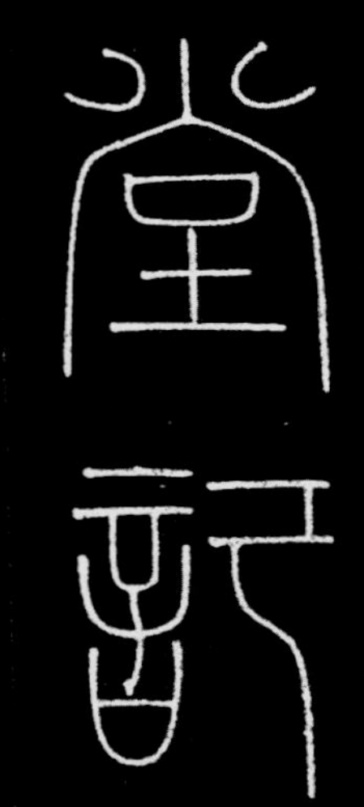

學古堂記

學古堂之建也實維著雍困敦之歲而落成於次年三月時則貴筑黄公來蒞於蘇州公好學愛士不厭不倦先以翰林告養日久主蓮池書院講席儲書分課畿輔至今稱道之涖官後百廢具舉謂浙有詁經精舍粤有學海堂若鄂若湘若巴蜀若豫章無弗有藏書肄課之地獨茲大郡闕焉未備甚非誼也於是句覈庫帑得閒款如干緡迺創築室購書之議度地於可園而基立巳可園者水木明瑟庭宇清曠故為正誼院長涇朱贊善之所居有記見小萬卷齋文集中堂工既庀次第恢拓初成者書樓五楹顏其堂曰博約中祀高密新安二大師之位樓儲四部書八萬卷

学古堂记碑（二）

以上至新譯泰西所謂重氣化電諸書非算不明一切悉隸算學樓之前迤東面池畝許芙渠敞水為聽事三楹曰學古堂周以修廊曲達左右巽角為亭臨水曰一隅堂背小山梅林環之拾級而登其顛眺遠為樓亭曰浩歌直北開小院為居室五楹少後於樓樓前迤西有桃杏梅李之屬數十樹編竹為籬緣池岸以抵於門闌隸庵福成得其所是冬合樓右之沈文愨祠址繼為齋舍三成成五楹取資於前青浦令錢君志澄所捐二千金成之最後為講堂五楹於齋舍之南而規模始完矣會公權巡撫事遂籌巨金二萬兩常存典肆歲取什一之息以供用聘學長雷深之先生主講席選高材生胡君玉縉章君鈺為齋長任典守漸陶之責嗣復拔余及門吳生壽萱為算學齋長示有專家察諸生之勤惰而以時攷其言行則委監院吳校官履剛充之以余為詁經舊生徒也於訓詁詞章六書九數曾識途徑檄令理董其事又參倣蓮池事例訂定課程卒循周越開堂踰歲敬業樂羣彬彬可觀公欣然曰吾之心力已盡節目綱維容多未備惟後賢善補苴之矣庚寅十月公移藩去未三月而卧來齋長暨諸生

学古堂记碑（三）

請為位於北院春秋報祀與西齋祀文慤公相配代貴筑者令方伯順德鄧公好學愛士過無不及虛懷下問壹是仍舊貫凡所未備規隨而踵增之厚其膏火廣其課額諸生愈鼓舞奮興孜孜孟晉選存日記月異而歲不同積久乃初刻奚啻倍蓰自章君等捷己丑慶榜後辛卯科胡君亦以優行第一登賢書舉南北榜者都十有三人王君仁俊聯捷成進士選庶常改官銓部累科皆有雋者吳郡言書院之盛於是乎首屈一指則令方伯培植之效也語云莫為之前雖美弗彰莫為之後雖盛弗傳於此益信去年余除令崑山秋九月將之官適賡續日記之刻程功過半齋長偕諸生謂余處事七年必留一言以去固請為之記且曰貴筑公未竟志也余重違同人雅意不獲以不文辭敢述經營締造之因由與夫贊成勿替之本末覼縷如右爰屬章君書丹刻石陷諸壁俾後之覽者有徵焉若夫師承之臧否德業學術之興衰具詳雷先生日記初刻序中茲不復贅云

光緒二十有二年歲在丙申立秋日錢塘諸可寶謹撰并篆額

句吳錢新之刻石

◎学古堂记碑

【时间】1896

学古/堂记

学古堂记

学古堂之建也，实维著雍困敦之/岁，而落成于次年三月。时则贵筑/黄公来藩于苏州。公好学爱士，不/厌不倦，先以翰林告养日久，主莲/池书院讲席，储书分课，畿辅至今/称道之。莅官后，百废具举，谓浙有/诂经精舍，粤有学海堂，若鄂、若湘、/若巴蜀、若豫章，无弗有藏书督课/之地，独兹大邦，阙焉未备，甚非谊/也。于是句核库帑，得闲款如干缗，/乃创筑室购书之议，度地于可园/而基立已。可园者，水木明瑟，庭宇/清旷，故为正谊院长泾朱赞善之/所居，有记见《小万卷斋文集》中。堂/工既庀，次第恢拓，初成者书楼五/楹，颜其堂曰博约，中祀高密、新安/二大师之位。楼储四部书八万卷

以上，至新译泰西所谓重气化电/诸书，非算不明，一切悉隶算学。楼/之前，迤东面池亩许，夫渠蔽水，为/听事三楹，曰学古堂。周以修廊，曲/达左右，巽角为亭临水，曰一隅。堂/背小山，梅林环之，拾级而登其顶，/眺远为棕亭，曰浩歌。直北开小院，/为居室五楹，少后于楼。楼前迤西，/有桃杏梅李之属数十树，编竹为/篱，缘池岸以抵于门，阑隶庖湢，咸/得其所。是冬，合楼右之沈文悫祠/址，继为斋舍三成，成五楹，取资于/前青浦令钱君志澄所捐二千金/成之。最后为讲堂五楹于斋舍之/南，而规模始完美。会公权巡抚事，/遂筹巨金二万两，常存典肆，岁取/什一之息以供用。聘学长雷深之/先生主讲席，选高材生胡君玉缙、/章君钰为斋长，任典守渐陶之责。/嗣复拔余及门吴生寿萱为算学/斋长，示有专家。察诸生之勤惰，而/以时考其言行，则委监院吴校官/履刚充之。以余为诂经旧生徒也，/于训诂、词章、六书、九数，曾识途径，/檄令理董其事。又参仿莲池事例，/订定课程，率循罔越。开堂逾岁，敬/业乐群，彬郁可观。公欣然曰："吾之/心力已尽，节目纲维容多未备，惟/后贤善补苴之矣。"庚寅十月，公移/藩去，未三月而讣来。斋长暨诸生

请为位于北院，春秋报祀，与西斋/祀文悫公相配。代贵筑者，今方伯/顺德邓公，好学爱士，过无不及，虚/怀下问，壹是仍旧贯。凡所未备，规/随而踵增之，厚其膏火，广其课额。/诸生愈鼓舞奋兴，孜孜孟晋，选存/日记，月异而岁不同，积久视初刻，/奚啻倍蓰？自章君等捷己丑庆榜/后，辛卯科胡君亦以优行第一登/贤书，举南北榜者都十有三人。王/君仁俊联捷成进士，选庶常，改官/铨部。累科皆有隽者，吴郡言书院/之盛，于是乎首屈一指，则今方伯/培植之效也。语云："莫为之前，虽美/弗彰；莫为之后，虽盛弗传。"于此益/信。去年，余除令昆山，秋九月，将之/官，适赓续日记之刻，程功过半。斋/长偕诸生谓余处事七年，必留一/言以去，固请为之记，且曰"贵筑公/未竟志"也。余重违同人雅意不获，/以不文辞，敢述经营缔造之因由，/与夫赞成弗替之本末，覼缕如右。/爰属章君书丹刻石陷诸壁，俾后/之览者有征焉。若夫师承之臧否，/德业学术之兴衰，具详雷先生日/记初刻序中，兹不复赘云。

光绪二十有二年岁在丙申立秋/日，钱塘诸可宝谨撰并篆额。

句吴钱新之刻石。

【说明】共三石。

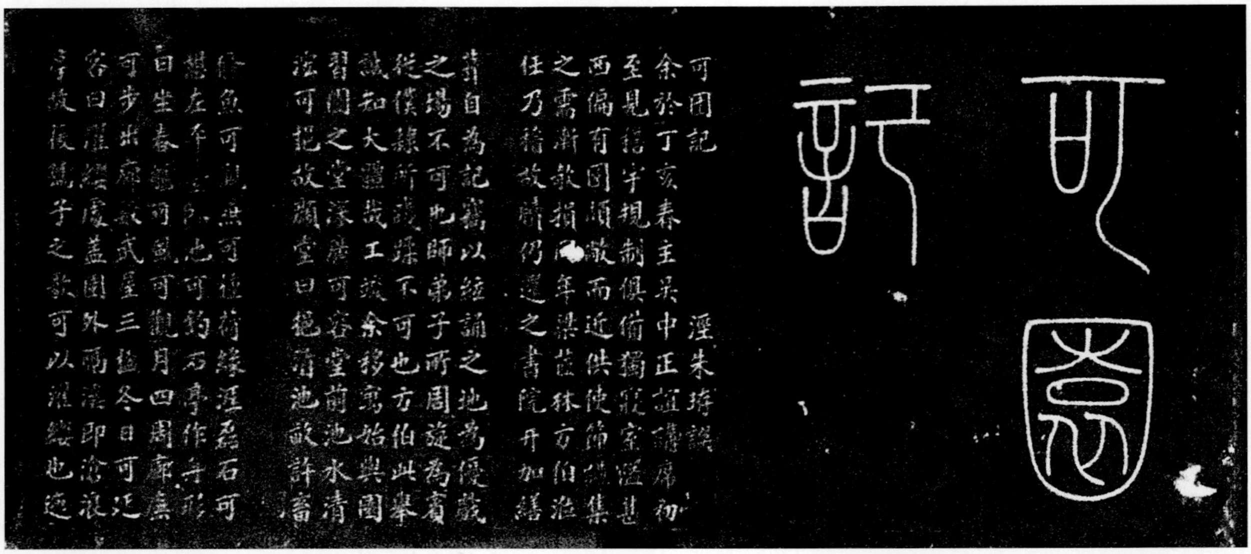

可园记碑（一）

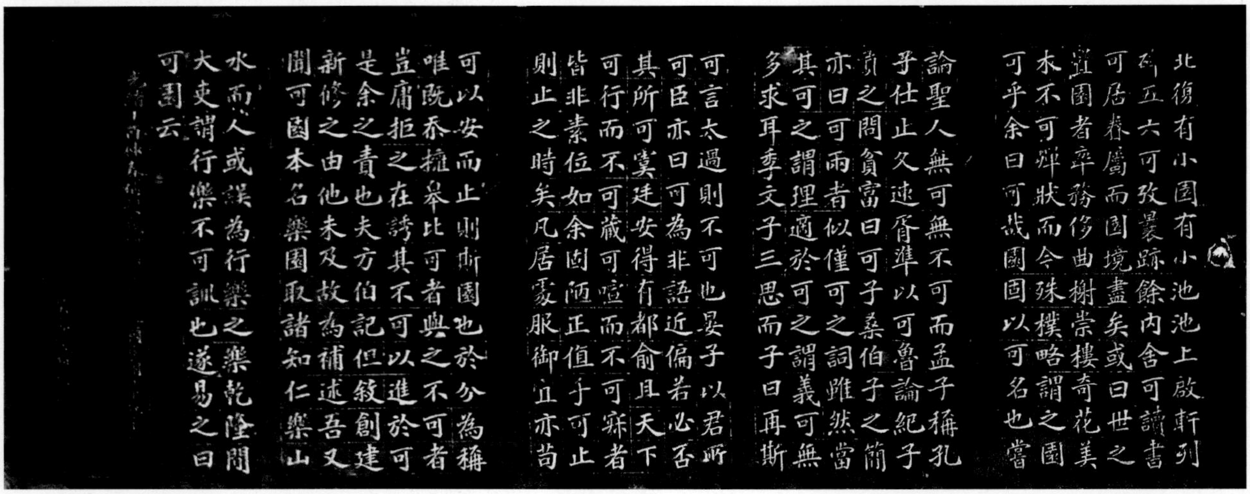

可园记碑（二）

◎可园记碑

【时间】1897

可园／记

可园记。泾朱珔撰。

余于丁亥春，主吴中正谊讲席。初／至，见檐宇规制俱备，独寝室隘甚。／西偏有园颇敞，而近供使节宴集／之需，渐欹损。同年，梁茝林方伯莅／任，乃稽故牍，仍还之书院，并加缮／葺，自为记。窃以弦诵之地，为优戏／之场，不可也；师弟子所周旋，为宾／从仆隶所践蹂，不可也。方伯此举，／诚知大体哉！工竣，余移寓，始与园／习。园之堂深广可容，堂前池水清／浤可挹，故颜堂曰挹清。池亩许，畜／鲦鱼可观，兼可种荷，缘涯磊石可／憩。左平台临池可钓。右亭作舟形，／曰坐春舻，可风，可观月。四周廊庑／可步。出廊数武，屋三楹，冬日可延／客，曰濯缨处。盖园外隔溪即沧浪／亭，故援孺子之歌，可以濯缨也。迤

北复有小园，有小池，池上启轩，列／碑五六，可考曩迹。馀内舍可读书，／可居眷属，而园境尽矣。或曰："世之／置园者，率务侈曲榭崇楼，奇花美／木，不可殚状，而今殊朴略，谓之园／可乎？"余曰："可哉！园固以可名也。尝／论圣人'无可无不可'，而孟子称孔／子'仕止久速'，胥

准以可。《鲁论》纪子／贡之问贫富，曰‘可’。子桑伯子之简，／亦曰‘可’。两者似仅可之词。虽然，当／其可之谓理，适于可之谓义，可无／多求耳。季文子三思，而子曰‘再，斯／可’，言太过则不可也。晏子以‘君所／可，臣亦曰可’为非，语近偏。若必否／其所可，虞廷安得有都俞？且天下／可行而不可藏，可喧而不可寂者，／皆非素位。如余固陋，正值乎可止／则止之时矣。凡居处服御，宜亦苟／可以安而止，则斯园也，于分为称。／唯既忝拥皋比，可者与之，不可者／岂庸拒之？在诱其不可以进于可，／是余之责也。”夫方伯记但叙创建／新修之由，他未及，故为补述。吾又／闻可园本名乐园，取诸知仁乐山／水，而人或误为行乐之乐。乾隆间，／大吏谓行乐不可训也，遂易之曰／可园云。

光绪丁酉仲春补刻，钱塘诸可宝篆额，长洲章钰书。

吴郡钱邦铭镌石。

【说明】共二石。

◎**陶小沚先生遗像碑**

【时间】1930

陶小沚先生遗像

元和孝廉陶先生于丁卯岁莅斯／长馆，劬悴三载，遽焉捐舍。同／侪慨念，镌石摹像，庸矢勿谖。

辛未仲春，玉山陈定祥述同人意识之。

庚午岁暮□□月□士颜□，时年七十有一。

苏州中学第二院记碑（一）

苏州中学第二院记碑（二）

◎苏州中学第二院记碑

【时间】1928

中华民国十有七年八月，苏州中学／第二院成立。汪子懋祖谒余都门，请／为文纪其事。汪子今长苏州中学，曩／毕业于江苏高等学堂。高等学堂故／址，即第二院所在地也。事业废而复／兴，统绪坠而复续，岂非快意事耶？虽／然，汪子述十馀年间蜕化之陈迹，俯／仰兴怀，有不能已者。其言曰，自元年／新学制行，江苏高等学堂遂改为江／苏医学专门学校。阅五年他徙，而工／业专门学校之中学部继之，名曰工／业南校。旧时院宇，始变形模。最新之／重楼五楹，且夷为平地。十六年夏，国／民革命军定都江宁，刷新教育。懋祖／以督学赞襄计画，旋承命以省立第／一师范学校及第二中学，改组苏州／中学。其工业南校学生，亦奉令编入／焉。总计全校新旧学生，数逾七百，级／分二十，三元坊第一师范学校草桥／第二中学，固有校舍，实不能容。其年／八月，第四中山大学校长张公乃燕，／允懋祖之请，以工业南校校舍拨归／应用。适值龙潭战役，中驻防军，嗣又改／作后方伤兵医院。背秋涉冬，始渐／撤退。检视斋舍教室，为工业南校所／存留者，又多摧毁，盖不堪弦诵矣。今／年乃庀材鸠工，从事修建。糜金三千，

历时两月，始克蒇事。分设自然科学／教室、仪器室、实验室、一年级普通教／室，并任教职员若干人，学生一百六十／馀人。少时鼓箧之地，至是乃粗具／规模。甚矣，建设之不易，而《菁莪》《棫朴》／诸诗之几几无嗣响也。余因忆辛亥／改革之初，程中丞德全改称江苏都／督，传命停办高等学堂，派员收取印／信、文卷、银钱、什物、图书、仪器。尔时讹／言四起，谓隶旗籍者杀无赦。校中有／京口八旗中学申送之蒙古学生十／人，惴惴不知所为。余既结束校务，即／徒步送诸生出阊门，上沪宁火车。沈／君商耆在沪任照料食宿。岂仅曰人／道宜然，五族共和，理无歧视。自此遂／与校别。元年以后，浮沉宦海，迄十六／年夏，始还江南。而汪子亦于其间肄／业北洋大学。后负笈美国，专研教育，／得硕士学位。既归国，历任北京国立／师范大学教务长、代理校长，国立东／南大学教育系主任。彼此契阔，相见／甚稀。遥望沧浪亭畔讲学之地，意其／为榛莽之墟矣。今汪子以苏州中学／第二院成立告，喜不自胜，始信负建／设之才，吾徒中大有人在。爰泚笔记／之如右。若夫江苏高等学堂已往之／历史，具详刘君昌熙所撰校事记，略／不赘述。朱寿朋记。汪懋祖书。

【说明】此二石出土于今可园西路，今不知其踪。

◆原长洲县高等小学堂第九校（羊太傅庙）碑刻

羊太傅庙，位于姑苏区羊王庙（巷名）。祀晋太傅羊祜，俗称羊王庙。清雍正十年（1732）长洲县知县沈光曾重建。曾作长洲县高等小学堂第九校、乙种商业学校。今存古碑一通，字迹被涂抹，当为道光四年（1824）俞德渊撰《县治司羊太傅庙记碑》。

羊太傅庙碑刻

◆原苏州高等幼儿师范学校（李鸿章祠）碑刻

李鸿章祠，位于姑苏区山塘街。前身为清乾隆时蒋重光所筑之塔影园。嘉庆二年（1797）知府任兆坰改建为奉祀白居易之白公祠。光绪二十八年（1902）巡抚恩寿奉敕为李鸿章建祠于此。曾作淮上中学、虎丘初级中学、苏州市第二十八中学、苏州高等幼儿师范学校。

◎李鸿章哀荣谕旨碑

【时间】1901

谕旨

光绪二十七年九月二十七日，内阁奉／上谕，朕钦奉／慈禧端佑康颐昭豫庄诚寿恭，钦献崇熙皇太后懿旨：大学士、一等肃毅伯、直隶总督李鸿章，器识渊深，才猷宏远，由翰林倡率淮／军戡平发捻诸匪，厥功甚伟。朝廷特沛殊恩，晋封伯爵，翊赞纶扉。复命总督直隶兼充北洋大臣。匡济艰难，辑和中外，老成谋国，／具有深衷。去年京师之变，特派该大学士为全权大臣与各国使臣妥立和约，悉合机宜，方冀大局全定，荣膺懋赏，遽闻溘逝，震／悼良深。李鸿章着先行加恩，照大学士例赐恤，赏给《陀罗经》被，派恭亲王溥伟带领侍卫十员前往奠醊，予谥文忠，追赠太傅，晋／封一等侯爵，入祀贤良祠，以示笃念荩臣至意。其馀饰终之典，再行降旨。钦此。

光绪二十七年十月初三日，内阁奉／上谕，朕钦奉／慈禧端佑康颐昭豫庄诚寿恭，钦献崇熙皇太后懿旨：周馥奏督臣因病出缺代递遗疏一折。大学士、直隶总督李鸿章以儒臣起／家军旅，早膺疆寄，晋赞纶扉，辅佐中兴，削平大难，嗣在北洋三十馀年，办理交涉，悉协机宜。上年京师之变，事机万紧，该大学士／忠诚坚忍，力任其难，／宗／社复安，朝野攸赖。本年七月间，因病迭经降旨慰问，该大学士仍力疾从公，未敢休息，忠靖之忱，老而弥笃。方冀调理就痊，长资倚／任，乃骤患咯血，遽致不起。当兹时局艰难，失此柱石重臣，曷胜怆恸！前已加恩赏恤，予谥文忠，追赠太傅，晋封一等侯爵，入祀贤／良祠。着再赏银五千两治丧，由户部给发，原籍及立功省分着建立专祠，并将生平战功政绩宣付国史馆立传。灵柩回籍时，沿／途地方官妥为照料。任内一切处分悉予开复，应得恤典，该衙门察例具奏。伊子刑部员外郎李经述，着赏给四品京堂，承袭一／等侯爵，毋庸带领引见。工部员外郎李经迈，着以四五品京堂用记名道。李经方，着俟服阕后，以道员遇缺简放。伊孙户部员外／郎李国杰，着以郎中即补。李国燕、李国煦，均着以员外郎分部行走。李国熊、李国焘，均着赏给举人，准其一体会试，用示笃念荩／臣有加无已之至意。钦此。

【说明】碑下龟趺尚存。2022年重修塔影园时加建六角碑亭。

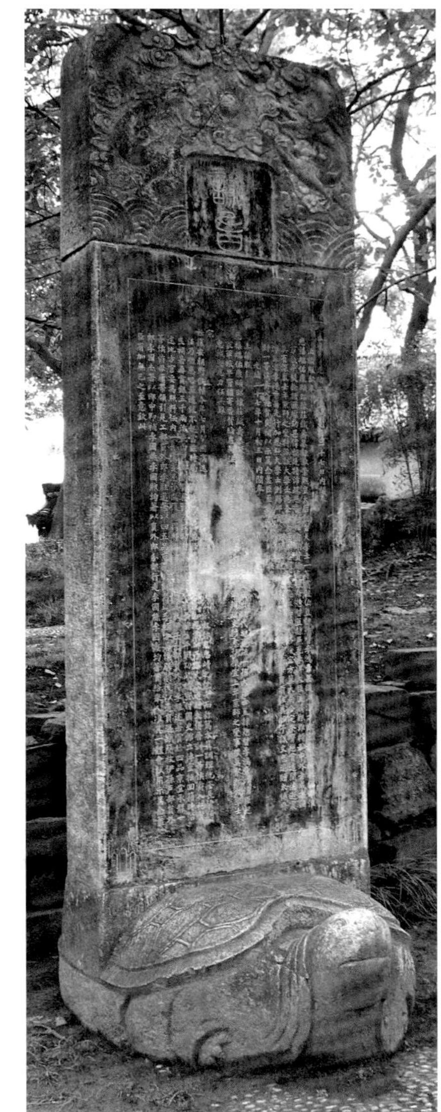

李鸿章哀荣谕旨碑

◆原苏州工艺美术专科学校（俞樾故居）碑刻

俞樾故居，位于姑苏区马医科。初为躬厚堂潘宅西路，乾隆六年（1741）贵潘家族之潘暄从谦益堂迁居至此，后归学者俞樾。东宅西园格局，西部称曲园，曾作苏州工艺美术专科学校。1988年维修时，曲园内增书条石若干（或言九方，然与实际不符），今存同治四年（1865）俞樾书《枫桥夜泊诗碑》；俞樾书《惜食求名联碑》；同治七年（1868）俞樾跋、光绪三十三年（1907）端方跋《秦会稽刻石残字碑》（四石）；光绪四年（1878）彭玉麟绘，光绪七年（1881）俞樾、徐琪、马驷良补跋、钱邦铭刻《孤山红梅图碑》（原碑位于杭州西湖，此据拓片仿刻，多有舛误，如“人不作”当为“久不作”，印章“彭玉庆”当为“彭玉麟”）；俞樾撰《书家碑》；光绪十八年（1892）任廷贵绘《春在先生杖履中图碑》；俞樾书《曲园书札碑》（三石，一为《上曾涤生揆帅》《与李兰生同年》，一为《上春圃相国》《与王补帆亲家》，一为《与杭州刘笏堂太守》《与女婿许子原》《与次女绣孙》）；俞樾书《曲园遗诗碑》（二石，一有规矩作“曲园”二字）；俞樾书《曲园遗言碑》（三石，一有“曲园拜上”拟人字画）。

◎清故乡贤潘先生专祠碑

【时间】1856

清故乡贤潘先生专祠碑。同郡后学陈奂撰并书。

[潘先生讳世璜，字黼堂，]尚宋儒理学，故字理斋，晚年自号定庵学人，吴县人。乾隆六十年乙卯一甲进士，授编修。嘉庆纪元丙辰，散馆，/改户部，补浙江云南司主事。年十二，遭母丧。通籍后，服官不三载，遭继母丧回籍。父榕皋公先乞假归，遂以养告，不再仕。道光九年己/丑，年六十六，卒于里第。先生潜心理学，箸《一得录》传世。气宇和粹，动容周旋中乎礼，而尤竭力孝行，声闻在乡党。始自先生归里，亲年/才花甲，寒暑晨昏必在侧。亲短视，晚年稍重听，观察之必周，捧盥必谨，视膳必絜。亲贯有乐意事必告。夜则爇灯侍，或论经史，或道宴/嬉，与一切世故，娓娓不敢倦。亲寝然后复出，则必有常。尽孝养者三十馀年。疾革时，榕皋公年九十，犹无恙也。乃呼子遵祁、希甫而言/曰：“仰事之不终，责在汝矣。”言已，目遂瞑。荥阳旧有遗田，累积而扩充之，欲谋所以赡族者，遗命承先志立义庄。向例立义庄得咨请/旌，给帑建坊，又复欿然不欲自多，而以善归亲焉。次岁，榕皋公相继即世，遵祁、希甫丧葬礼，尽谋诸族，增益其亩数，立荥阳氏义田，卜/郡城之东隅悬桥巷，设庄房一所。十二年壬辰，庄始告成，事具奂作庄记中。二十一年，郡中绅士具核行实，议请入祀乡贤，以符众望，/由学申详。二十二年，护理江苏巡抚程公矞采汇奏，奉/旨：“依议，钦此。”二十三年岁次癸卯春正月，承祀子绕道至府学，进泮宫及礼门外，跪迎神位，入祠告祭，供奉正中。主祭官苏州府知府舒公/化民，上香奠帛，三献爵，读祝文，一跪三叩首，兴，焚祝帛，望燎复位，昭郑重也。越十有一年，咸丰三年癸丑之岁，乃在庄之左偏，有隙地/若干弓，相度以形，更筑寝宇，建立专祠。遵/上谕，春秋以官祭里闬之人，俾近瞻视焉。其子姓亦得尽其月祀时享之忱，思其居处，思其笑语，思其所乐，思其所嗜，尊尊而亲亲矣。古者/乡中年老，有道者，有德者，为卿大夫致仕者，大司徒以礼礼宾之，使合国之子弟教焉，死则为乐祖，祭瞽宗。《记》曰：“祀先贤于西学。”西学，/瞽宗也。此乡先生得与祭郡学者，实权舆于此。上老养左塾，庶老养右塾，移其教里中，州长、党正皆事之为先师。所谓乡先生殁而祭/社，社二十五家之里名，专祠所由设也。今虽宾不举行，而祀先贤之礼，必本自先古。凡所谓有道者、有德者，生则师敬之，终则鬼享之，/崇德报功，箸为令典。人之生直，斯道不违。明隆庆朝，封礼科给事中，海隐顾公命子大仆公存仁捐膏腴，赒贫乏，当时怀之，祀诸郡学，/与

先生先后有一揆者。海隐公专祠固未暇详，而大仆之克成父志，又与先生之令子不异也。若先生者，是能合美乎前，而用昌厥后／矣。遵祁，进士，官编修；希甫，举人，官内阁中书。二子从奂游，以奂之于先德闻见颇悉，故立专祠，属文为记。奂诚不足表扬，姑举其宗族／之所称孝者，而以矜式乡人。

咸丰六年大岁在柔兆执徐秋壮月立石。江阴方云棠刊。

【说明】此碑原属潘氏家祠内之物，今碑残，阙文据《三百堂文集》补苴。

◆苏州市山塘中心小学校碑刻

苏州市山塘中心小学校，位于姑苏区山塘街。原为陕西会馆，又名全秦会馆、雍凉公墅、陕甘会馆、陕秦会馆。乾隆六年（1741）西安商人邓廷试、刘辉扬倡众购地，乾隆二十六年（1761）建成。原有吏部左侍郎王杰撰、许昭书《重修陕西会馆碑记》、乾隆四十五年（1780）《陕甘会馆新建水马头记》、乾隆五十四年（1789）《陕甘会馆公捐置田碑记》、嘉庆十年（1805）刘兰芳撰《陕西会馆重修乐楼碑记》、道光元年（1821）张延寿立《重修陕西会馆记》、道光二十五年（1845）党玙立《重修全秦会馆碑记》、道光二十六年（1846）刘珏立《陕西会馆装金漆黝碑记》。

◎苏州新修陕西会馆碑

【时间】1762

苏州新修陕西会馆记

苏州为东南一大都会，商贾辐辏，百货骈阗。上自／帝京，远连交广，以及海外诸洋，梯航毕至。吾乡之往来于斯者，或数年，或数十年，甚者成家室，长子孙，往往而有，此会馆之建／所宜亟也。曩者，余尝一至钱塘，适吴会，闻诸乡人方议举斯役而未决也。乾隆六年，长安赵君慨然任其事，于山塘购基／地十二亩。同乡诸士商继之。经始于二十年，讫工于二十六年。维时赵学山来守是邦，陈文飞为司马，王式之为吴尹，相／与董其成。中祀伏魔大帝汉关夫子。门庑宏厂，旁列园亭。往岁／翠华南巡，乡人恭迎／銮舆，有藏香之赐。乙亥江南赈饥，乡人输银米接赈。奉／旨给匾，乡人荣之。又建普善堂，以妥旅榇，计至周也。寓书属余为记。余惟会馆之设，所以联乡情、敦信义也。吾乡幅员之广，几／半天下。微论秦陇以西，判若两省。即河渭之间，村墟鳞栉。平时有不相浃洽者，一旦相遇于旅邸，乡音方语，一时蔼然而／入于耳；嗜好性情，不约而同于心。加以岁时伏腊，临之以神明，重之以香火，樽酒簋餔，欢呼把臂，异乡骨肉，所极不忘耳。／抑余犹有进焉者。吾乡土厚水深，风醇俗朴，人多质直慷爽。词无支叶，不侵为然诺；意所不可，不难面折人非；而胸中朗／朗，无几微芥蒂。以故四方之士，乐其易与而谅其心。然局于闻见，斤斤自好，不克振拔者，亦所时有。吴门为泰伯端委地，／有季札、梁伯鸾遗风。既以财赋雄东南，人情日趋于华靡，月异日新矣，吾乡人耳濡目染。得无有是效者乎？夫习俗移人，／贤者不免维土物是爱，厥心斯臧。矧／国家久道化成，薄海同风。士商之游处四方者，道路无燥湿之虞，行李有聚处之乐。相与敦古处，以讲洽比之谊。山水人文／之盛，都丽恢宏，足以游目而骋怀者固自不乏，又不在园亭林麓之观已也。异时天假之缘，乘兴为东南之游，尚愿与吾／乡人士班荆道故，访缔造之维艰，联任恤之惇诣，相最相劝，期无替前修焉。其以斯记为息壤之约，可也。

时／乾隆二十七年八月谷旦，／赐进士出身、／诰授朝议大夫、通政使司参议加三级纪录十次、前太常寺少卿、京畿道监察御史、巡视中城工科、给事中、丙子科／钦命监视顺天乡闱、刑部浙江司郎中、户部云南司员外郎、户部福建山东司主事、山西河曲县知县、华州史茂撰文。

赐进士及第、翰林院修撰加一级、壬午科湖南乡试副主考、韩城王杰书丹。

苏州新修陕西会馆碑

新建陕甘通省会馆码头等助银碑

◎新建陕甘通省会馆码头等助银碑

【时间】1780

陕西／会馆／众捐／碑记

陕甘通省会馆是于乾隆孟秋已亥新建水马头□□栅拉重加彩漆，蒙各宝号捐资乐输，将助银两绸数□列芳名于左。

钱塘县知县三原唐若瀛，助银拾贰两。／红花众商，助银叁伯贰拾两。／桐油众商，助银贰伯伍拾两。／固州众皮商，助狮子银柒拾两。／又众公捐，助银壹佰伍拾两。

同州朝邑皮商：／公顺永号，助银拾贰两。／源顺贵号，助银拾两。／万顺□号，助银拾两。／永盛□号，助银捌两。／公顺得号，助银捌两。／泰兴宣号，助银陆两。／万顺公号，助银陆两。／万顺明号，助银陆两。／正兴合号，助银陆两。／德祥瑞号，助银陆两。／大顺号，助银陆两。／通顺号，助银陆两。／宝源号，助银陆两。／兴顺公号，助银伍两。／普庆号，助银肆两。／大亨号，助银肆两。／隆盛号，助银肆两。／新兴号，助银肆两。／恒泰号，助银肆两。／高公顺号，助银肆两。／□□利号，助银□两肆钱。／德顺昌号，助银□两肆钱。／合义信号，助银贰两肆钱。／合盛连号，助银贰两肆钱。／万顺公号，助银贰两肆钱。／永盛□号，助银贰两肆钱。／隆茂□号，助银贰两。／五合号，助银贰两。

黑皮众商：／天顺曹号，助银叁两陆钱。／长丰王号，助银叁两陆钱。／万顺呼号，助银叁两。／和合张号，助银叁两。／天佑杨号，助银贰两肆钱。／永通李号，助银贰两贰钱。／元隆白号，助银贰两贰钱。／越成王号，助银贰两。／魁盛卢号，助银贰两。／伯□王号，助银肆钱。

丝行众商：／广盛□号，助银拾贰两。／西祥盛号，助银拾贰两。／永丰绸号，助银拾两。／和顺云号，助银拾两。／广生泰号，助银拾两。／发隆德号，助银拾两。/永丰京号，助银陆两。/正顺通号，助银陆两。/世□正号，助银陆两。/通□□号，助银陆两。/裕丰绸号，助银陆两。/宁远号，助银陆两。/万盛绸号，助银陆两。/世隆帝号，助银陆两。/义□和号，助银陆两。/永□□号，助银陆两。/□□协号，助银陆两。/永兴□号，助银陆两。/□□□号，助银陆两。/新□□号，助银陆两。/长□□号，助银陆两。/□□□号，助银陆两。/恒顺许号，助银陆两。/增盛成号，助银伍两。/全顺大号，助银肆两。/积盛宗号，助银肆两。/天顺恒号，助银肆两。/和顺□号，助银肆两。/□□□号，助银肆两。/宏裕晋号，助银叁两伍钱。/义顺据号，助银叁两。/全盛德号，助银贰两肆钱。/德顺号，助银贰两。/屡丰号，助银贰两。/广盛绸号，助银贰两。

布行众商：/九春通号，助银贰拾□两。/太和合号，助银贰拾□两。/合盛顺号，助银拾两。/和□□号，助银拾两。/仁隆生号，助银拾两。/九春合号，助银拾两。/长春公号，助银□两。/泰亨公号，助银□两。/太和公号，助银伍两。/永益顺号，助银肆两。/松顺永号，助银肆两。/长亨公号，助银叁两。/成泰恒号，助银叁两。/全盛永号，助银叁两。/信德生号，助银贰两。/□兴盛号，助银贰两。/□□□号，助银贰两。/□□□号，助银贰两。/长□□号，助银贰两。/□隆□号，助银贰两。/信□恒号，助银贰两。/清盛生号，助银贰两。/兴隆和号，助银贰两。/兴广长号，助银贰两。/兴广执号，助银贰两。/兴广公号，助银贰两。/万顺宏号，助银贰两肆钱。

肃州：/士龙□号，助银□拾陆两。

木行众商：/全盛生号，助银拾伍两。/大□□号，助银捌两。/□□生号，助银柒两贰钱。/□生□号，助银柒两。/恒隆魁号，助银陆两。/永顺长号，助银陆两。/新兴魁号，助银肆两捌钱。/永隆合号，助银贰两。

煤行众商：/恒升源号，助银拾壹两肆钱陆分。/永春仁号，助银拾壹两肆钱陆分。/九春□号，助银拾两零柒□分。/恒川通号，助银拾两零□伍分。/长春恒号，助银玖两捌钱玖分。/永□□号，助银捌两。/恒川永号，助银柒两捌钱贰分。/天丰聚号，助银陆两肆钱贰分。/□山茂号，助银伍两柒钱伍分。/恒泰永号，助银伍两零贰分。/永兴世号，助银肆两叁钱壹分。/太和新号，助银陆两。/新盛刘号，助银肆两。/复顺杨号，助银肆两。/复兴利号，助银肆两。/众晟和号，助银肆两。/大丰昌号，助银叁两。/兴顺刘号，助银贰两肆钱。/思源号，助银壹两捌钱。/万顺号，助银贰两。/起盛号，助银贰两。/张瑄，助银壹两贰钱。/□盛李号，助银壹两贰钱。/张合□，助彩绸二拾匹。/陈茂□，助彩绸二拾匹。/□大□，助彩绸二拾匹。

总共收各号捐银壹千伍伯拾肆两□钱。

买张姓下岸，元银柒伯两。/税契酬东，元银肆拾两。/盛姓交房顶首并外出房，元银叁拾捌两。/四衙门出示，元银肆拾两零□□。/整建水马头匠头张永庆，元银捌伯伍拾两。/外旧房，折算银贰伯伍拾两。/库房山墙园墙等处，元银捌拾柒两。/绸□彩画，元银贰伯四拾六两。/破土犒劳众匠□桐油，元银贰拾玖两六钱。/碑文写字刻字碑书条，元银叁拾玖两五钱。/督工修金伙食船只，元银贰拾肆两。/合少平色，元银叁拾贰两九钱。/杂费等零，元银贰拾四两。

总共使银贰千壹伯陆拾捌两贰钱。

除收捐项外净用会馆存银陆伯五十叁两。/又外大门重整栅拉元银贰拾陆两。

督办姚永清、/郝文元、/王者相、/高执中。

乾隆肆拾伍年二月督办首事王者相、/高执中、/郝文元、/姚永清公立。

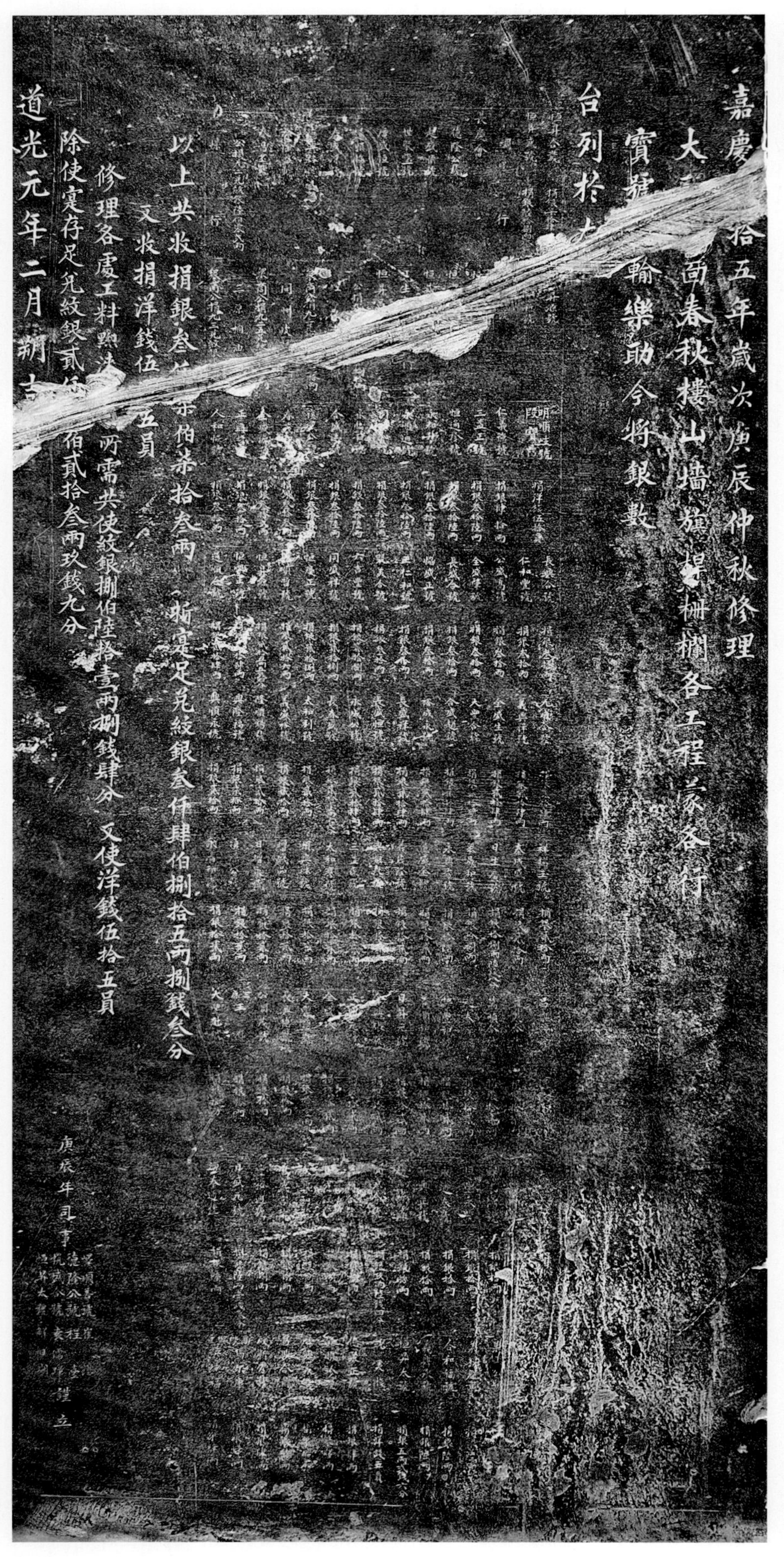

修理陕西会馆助银碑

◎修理陕西会馆助银碑

【时间】1820

嘉庆贰拾五年岁次庚辰仲秋修理／大殿□面春秋楼、山墙、旗杆、栅栏各工程，蒙各行／宝号□输乐助，今将银数／台列于左。

恒升合号，捐银柒拾肆■。／恒升盛号，捐银陆拾捌两叁钱。

绸行：／长庆会、／德隆公号、／起盛顺号、／世聚璧号、／广盛恒号、／通顺协号、／泰盛源号、／德兴裕号、／裕隆盛号、／泰昌丕号，／公捐九二兑纹银陆伯零二两。

煤行：／□升源号、／□□新号、／□□号、／恒□□、／恒□□、／恒升□、／日生□、／恒升昌，／公捐九二■捌拾两。

红花帮，／众商公捐九二兑纹银■拾两。

同州皮□，／众商公捐九二五兑纹银■两。

三原桐油□，／众商公捐九三兑纹银贰■。

明顺岐号、／段宝鼎，捐洋钱伍拾员。／仁义德号，捐银肆拾两。／三益正号，捐银叁拾陆两。／恒通珍号，捐银叁拾陆两。／永和升号，捐银叁拾陆两。/永顺通号，捐银叁拾陆两。/同□□号，捐银叁拾陆两。/永协和号，捐银叁拾陆两。/合盛连号，捐银叁拾陆两。/复盛公号，捐银叁拾陆两。/春茂□，捐银叁拾叁两。/全盛源号，捐银叁拾二两。/正兴哲号，捐银叁拾两。/人和恢号，捐银叁拾两。/长兴合号，捐银叁拾两。/仁和丰号，捐银叁拾两。/公盛高号，捐银叁拾两。/全盛肇号，捐银叁拾两。/长盛合号，捐银叁拾两。/协盛正号，捐银叁拾两。/王仁和号，捐银叁拾两。/双美合号，捐银叁拾两。/六吉丰号，捐银贰拾捌两。/同盛祥号，捐银贰拾捌两。/恒庆正号，捐银贰拾捌两。/□顺哲号，捐银贰拾六两。/恒升源号，捐银贰拾五两五钱四分。/恒顺正号，捐银贰拾肆两。/通顺合号，捐银贰拾肆两。/九成合号，捐银贰拾肆两。/义兴祥号，捐银贰拾肆两。/全盛生号，捐银贰拾肆两。/大丰合号，捐银贰拾肆两。/合盛赵号，捐银贰拾肆两。/裕成永号，捐银贰拾肆两。/长盛祥号，捐银贰拾肆两。/长盛恒号，捐银贰拾肆两。/永成公号，捐银贰拾肆两。/长春盛号，捐银贰拾壹两零六分。/太和利号，捐银贰拾两。/义盛裕号，捐银贰拾两。/隆顺锡号，捐银贰拾两。/兴隆福号，捐银贰拾两。/兴顺永号，捐银贰拾两。/祥瑞玉号，捐银贰拾两。/泰成盛号，捐银贰拾两。/日生广号，捐银拾捌两陆钱八分。/众晟和号，捐银拾捌两。/永兴秀号，捐银拾陆两。/篦盛金号，捐银拾贰两。/义茂隆号，捐银拾贰两。/兴顺永号，捐银拾贰两。/三益森号，捐银拾贰两。/太和亨号，捐银拾贰两。/顺兴琳号，捐银拾贰两。/增盛品号，捐银拾贰两。/日增永号，捐银拾贰两。/涌源公号，捐银拾贰两。/永□和号，捐银拾贰两。/昌兴盛号，捐银拾贰两。/益美合号，捐银拾贰两。/万顺合号，捐银拾贰两。/赵泰祥号，捐银拾贰两。/恒丰和号，捐银拾贰两。/义顺和号，捐银拾贰两。/日升元号，捐银拾贰两。/全兴张号，捐银拾贰两。/正□元号，捐银拾贰两。/全盛裕号，捐银拾贰两。/大丰涌号，捐银拾壹两叁钱九分。/长兴德号，捐银拾两。/公顺茂号，捐银拾两。/三/原王魁，捐银拾两。/大丰魁号，捐银拾两。/太丰合号，捐银拾两。/□□□，捐银拾两。/祥泰协号，捐银拾两。/恒丰永号，捐银拾两。/永通泰号，捐银拾两。/新兴正号，捐银拾两。/赵鼎兴，捐银拾两。/□盛合号，捐银玖两陆钱四分。/义顺合号，捐银捌两。/□盛钰号，捐银捌两。/永兴和号，捐银捌两。/万盛宫号，捐银捌两。/丰裕通号，捐银捌两。/日盛元号，捐银陆两壹钱叁分。/源泰通号，捐银陆两。/王□□号，捐银陆两。/兴昌□号，捐银陆两。/义顺公号，捐银陆两。/义发魁号，捐银陆两。/合和福号，捐银陆两。/义兴承号，捐银陆两。/恒升太号，捐银五两二钱六分。/乾美栈，捐洋钱五员。/德聚正号，捐银肆两。/□顺珍号，捐银肆两。/启兴永号，捐银肆两。/昌兴合号，捐银肆两。/启新秀号，捐银肆两。/高/陵马永康，捐银肆两。/临/潼樊绅福，捐银肆两。

以上共收捐银叁仟柒伯柒拾叁两，折实足兑纹银叁仟肆伯捌拾五两捌钱叁分，/又收捐洋钱伍拾五员。/修理各处工料黝漆□所需共使纹银捌伯陆拾壹两捌钱肆分，又使洋钱伍拾五员。/除使实存足兑纹银贰仟□伯贰拾叁两玖钱九分。

道光元年二月朔吉日。

庚辰年司事/峄顺善号崔懋、/德隆公号程台、/悦盛合号袁儒璋、/恒升太号解日瑚/谨立。

陕西会馆置田碑

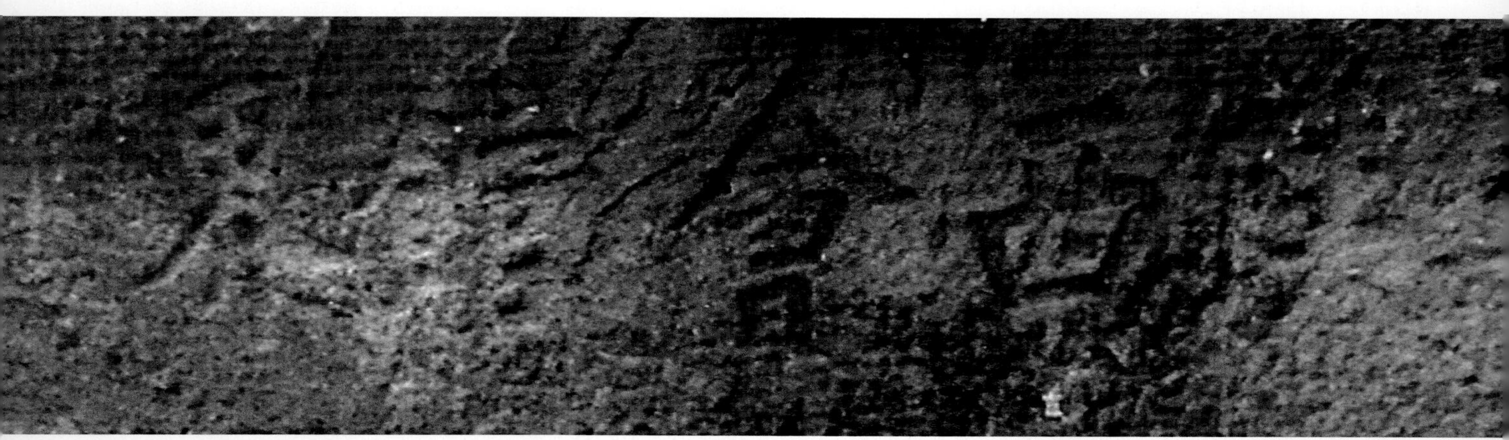

陕西会馆界碑

◎**陕西会馆置田碑**

【时间】不详

五

上十一图席字圩失丘官则一分五厘。/盘字圩一百四十八丘官则五亩九分三厘三毫。/十四图瑟字圩一百三十丘官则三分三厘一毫，又一百四十六丘官则四亩四分八厘二毫。/上十五图穀字圩一百四十三丘官则三亩三分二厘二毫。/犖字圩十八丘官则一亩五分一毫，又四十二丘官则一亩六分八厘三毫。/五十六丘官则一亩六分一厘，又一百四十七丘官则三亩一分一厘六毫。/下十五图穀字圩失丘官则一亩六分。/茂字圩二十七丘官则二亩。/下十七都一图昼字圩失丘官则二亩四分，又失丘官则一亩五分。/十四图纺字圩失丘官则一亩五分四厘三毫。/十六图御字圩二百四十三丘官则二亩八分三厘一毫，又■丘官则一□七厘。/侍字圩一百六十二丘官则二亩九分八厘二毫。/二十四图举字圩三百丘官则一亩九分六厘一毫。/二十五图东烛字圩一百四丘官则一亩八分一厘九毫，又一百五丘官则二亩一厘一毫。/二十六图西银八字圩一百七十五丘官则一亩四分八厘二毫，又七十六丘官则二亩四分五厘八毫。/东银字圩一百八十七丘官则一亩八分二厘，又二百九十五丘官则二亩六厘。/四百十六丘官则一亩三厘。/银字圩四百九十三丘官则一亩九分七厘。/二十七图纨字圩三丘官则二亩二分七厘，又四丘官则五亩八分二厘八毫。/五丘官则三亩四分六厘一毫，又二十二丘官则一分三厘四毫。/二十五丘官则六亩□分三厘，又■丘官则四亩四■。/三十丘官则二分四厘，又四十四丘官则二亩四■。/五十四丘官则三分九厘四毫，又■丘官则五□□厘□毫。/七十丘官则一亩三分九厘，又七十二丘官则九分八厘八毫。/七十三丘官则三亩二分七厘七毫，又七十八丘官则一亩四分七厘。/八十二丘官则二亩四分八厘。/帷字圩二十一丘官则二亩七分七毫。/三十四图煌字圩四百五十七丘官则五分，又二百■丘官则二亩二分一厘。/上十四都上十二图庶字圩一百九十丘官则二亩。/十七图劝字圩一百五十六丘官则四亩四分三厘三毫。/二十九图棘字圩五十七丘官则三亩七分一厘六毫。/下十九图劳字圩一百五十一丘官则二亩五分五毫。/二十一图南敕字圩一百五丘官则一亩二厘七毫。/八十九都四图金字圩一百□丘官则一亩五分七厘五毫，又一百十一丘官则七分五厘六毫。/五图雷字圩九十丘官则二分九厘，又九十二丘官则二亩九分八厘五毫。/九十七丘官则一亩七分四厘三毫。/下八图□字圩二十二丘官则一亩三分四厘七毫。/一置得徐姓契下长境田玖拾□亩陆分玖厘陆毫，价银伍仟壹佰拾元陆角捌分陆厘。/西十三都十六图□字圩四十二丘官则二亩六分，又二百三十丘官则二亩二分七厘四毫。/二百四十七丘官则一亩八分□厘□毫，又二百七十七丘官则二亩二分七毫。/十七图禄字圩四十丘官则二亩六分八厘八毫，又四十七丘官则三亩六分九厘八毫。/轻字圩二十七丘官则二亩一分三厘九毫。/茂字圩八十一丘官则三分。/一图九字圩十七丘官则一亩九分二厘，又十九丘官则一亩四分五厘。/岱字圩七丘官则四亩三分四厘六毫。

【说明】原有多方，今存一，此其第五方。

◎**陕西会馆界碑**

【时间】不详

陕西会馆界

郁母沈太夫人建祠兴学记碑

◎**郁母沈太夫人建祠兴学记碑**

【时间】1924

郁母沈太夫人建祠兴学记

中华民国十有三年岁次甲子仲春，郁氏祠宇落成，里人咸额手称庆，谓郁氏饮水思源／也。时郁母沈太夫人年六十有二，自述先夫子良公辛苦经商，北至辽东，南游闽粤，／历三十馀年，以商业起家。秉性慷慨好义，不幸于民国纪元壬子疾革，弥留时犹以举办／公益谆嘱，年五十四即弃世。氏承先夫之志，寝馈未忘。屈指星霜，已十有三易，念吾家／代守园艺，独先夫以运茶获益，遗荫后人，今数典忘祖，莫承先志，揆诸水源木本之谊，／此心奚安？因是商同长房协力建祠，费银一万六千馀元，拨培记田一百九十馀亩为祠／产，以岁收租息供祭祀修理之用。此建祠之繇起也。顾太夫人犹谓未竟先夫之志，／爰以兴学事询余，余曰：七里山塘教育尚未普及，今太夫人本幼幼及人之意，创办小／学，培植人才，事无有善于此者。乃拨家祠馀屋二十馀间为校舍，筹开办费捌百金，并拨／萱记田四百七十七亩六厘二毫捐作学校基金，名曰郁氏尚德小学，命内侄沈君玉／麒襄其事，即于是年五月十日开校。厥后一再添设学级，先后呈请官厅备案。将建祠兴/学开支实数及祠产、校产、田单都图亩数汇刊于石，以垂久远。太夫人之心亦良苦矣。/从此上妥先灵，下培后泽，子良公之遗型赖以不朽，而太夫人之获报亦未有艾焉。/鲰生不才，谨叙述其事而为之记。吴县林大夔仙耕氏识。

计开：/建筑祠堂项下。

一、支购买山塘金家弄口房屋一所，后街基地一亩，对门码头一个，平屋一间，契/价连税银、中费共银伍千伍百肆拾元贰角。

一、支木料银壹千柒百拾玖元壹角陆分。

一、支石料、石工银壹百伍拾伍元捌角。

一、支砖瓦、湖沙、石灰银壹千玖百陆元。

一、支铁料工银壹百陆拾玖元陆角玖分。

一、支锯匠、雕花匠银叁百柒元肆角柒分。

一、支水木工匠银叁千伍百伍拾壹元。

一、支白铁晴落等件银叁百陆拾元陆角肆分。

一、支玻璃、铰链、门锁等件银壹百玖拾肆元叁角叁分。

一、支油漆工料银壹千叁百贰拾叁元。

一、支木器、铜器、磁器、祭器银肆百柒拾伍元肆角。

一、支砌街开沟及各项杂费银陆百伍拾陆元肆角壹分。

一、支碑石镌字工料银壹百伍拾元。

以上共支银壹万陆千伍百玖元壹角。

开办学校项下。

一、支学生桌椅二百四十件银贰百肆拾元。

一、支大小黑板、书橱、书架、教桌等件银壹百肆拾叁元捌角。

一、支风琴、挂钟、铜铃银贰拾肆元。

一、支书籍银贰拾玖元。

一、支五色纺绸国旗、校旗银拾肆元叁角壹分。

一、支球台、球架、手工箱橱具油漆银拾柒元捌角。

一、支棕床、藤椅、镜架、痰盂等件银叁拾捌元玖角壹分。

一、支茶壶、茶缸、算盘等零星物件银陆拾元。

一、支开校酒筵、茶点一应银拾玖元肆角叁分。

一、支填筑操场、校园种树银壹百肆拾捌元陆角伍分。

一、支水木工料银伍拾元。

一、支碗盏、磁器银拾肆元五角。

以上共支银捌百元零肆角。

【说明】此碑原存郁氏家祠。

◆原裕才学校（光裕公所）碑刻

光裕公所，又称光裕社，位于姑苏区第一天门，是苏州评弹界最早建立的行会组织。清乾隆四十年（1775）始建，曾移至小日辉桥等处，光绪十年（1884）迁回今址。公所北部曾作裕才初等小学堂、裕才学校。原有光绪二十五年（1899）《光裕公所增建戏台两庑记碑》《光裕公所重建宫巷第一天门三皇祖师殿碑记》、1912 年《永禁推诿裕才初等小学校经费碑》，1923 年《光裕公所各会员捐资名录碑》《吴县永禁外埠非社中人高台说书碑》《江苏苏州警察厅永禁外埠非社中人高台说书碑》，今碑毁，拓片存苏州博物馆。原有宣统元年（1909）《苏州光裕公所裕才学堂碑》、1926 年《光裕公所整顿裕才学校经费及公所旧规立案碑》、1927 年《立案裕才学校经费旧规碑》《永禁滋扰光裕公所碑》，今碑毁，拓片存苏州碑刻博物馆等。

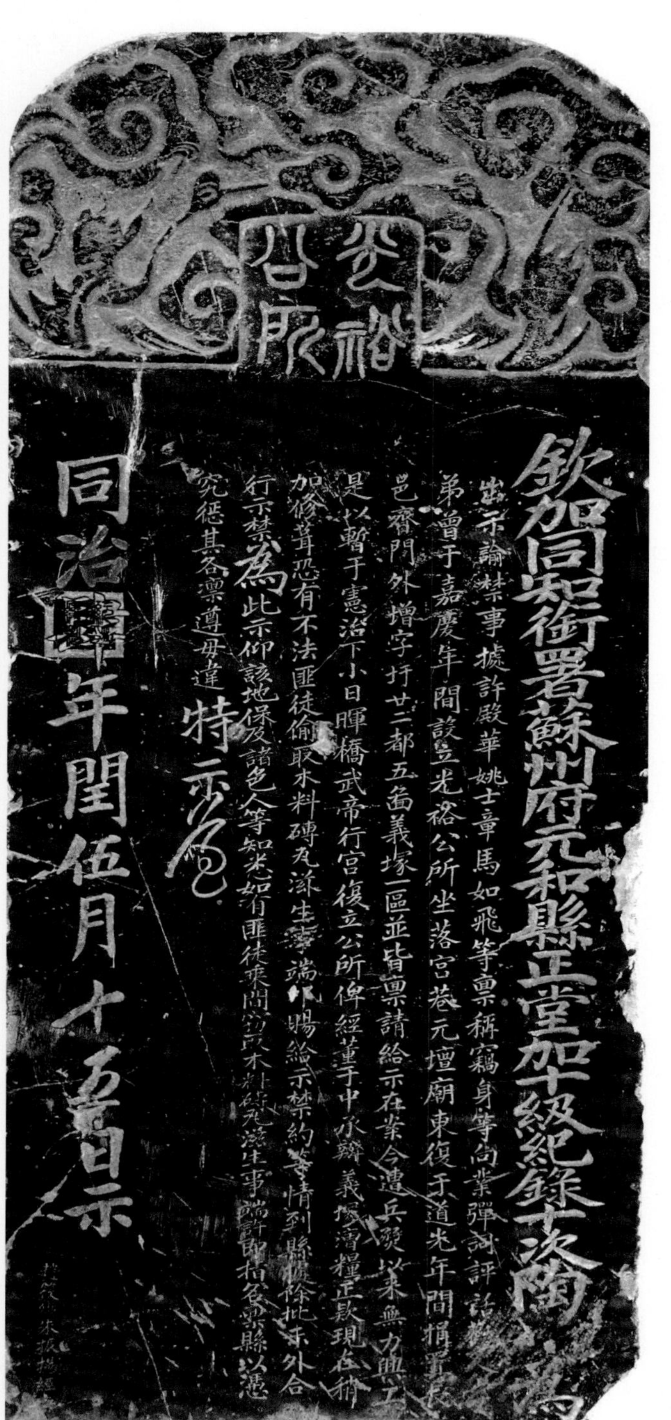

永禁偷盗滋扰光裕公所复立碑

◎永禁偷盗滋扰光裕公所复立碑

【时间】1865

光裕／公所

钦加同知衔、署苏州府元和县正堂加十级纪录十次陶为／出示谕禁事。据许殿华、姚士章、马如飞等禀称，窃身等向业弹词评话，劝人孝／弟，曾于嘉庆年间，设立光裕公所，坐落宫巷元坛庙东，复于道光年间捐置长／邑齐门外增字圩廿二都五图义冢一区，并皆禀请给示在案。今遭兵燹以来，无力兴工，／是以暂于宪治下小日晖桥武帝行宫复立公所，俾经董于中承办义冢漕粮正款。现在稍／加修葺。恐有不法匪徒偷取木料、砖瓦，滋生事端，叩赐给示禁约等情到县。据除批示外，合／行示禁。为此，示仰该地保及诸色人等知悉。如有匪徒乘间窃取木料、砖瓦，滋生事端，许即指名禀县，以凭／究惩。其各凛遵。毋违！特示。遵。

同治肆年闰伍月十五日示。赵筱卿、朱振扬经立。

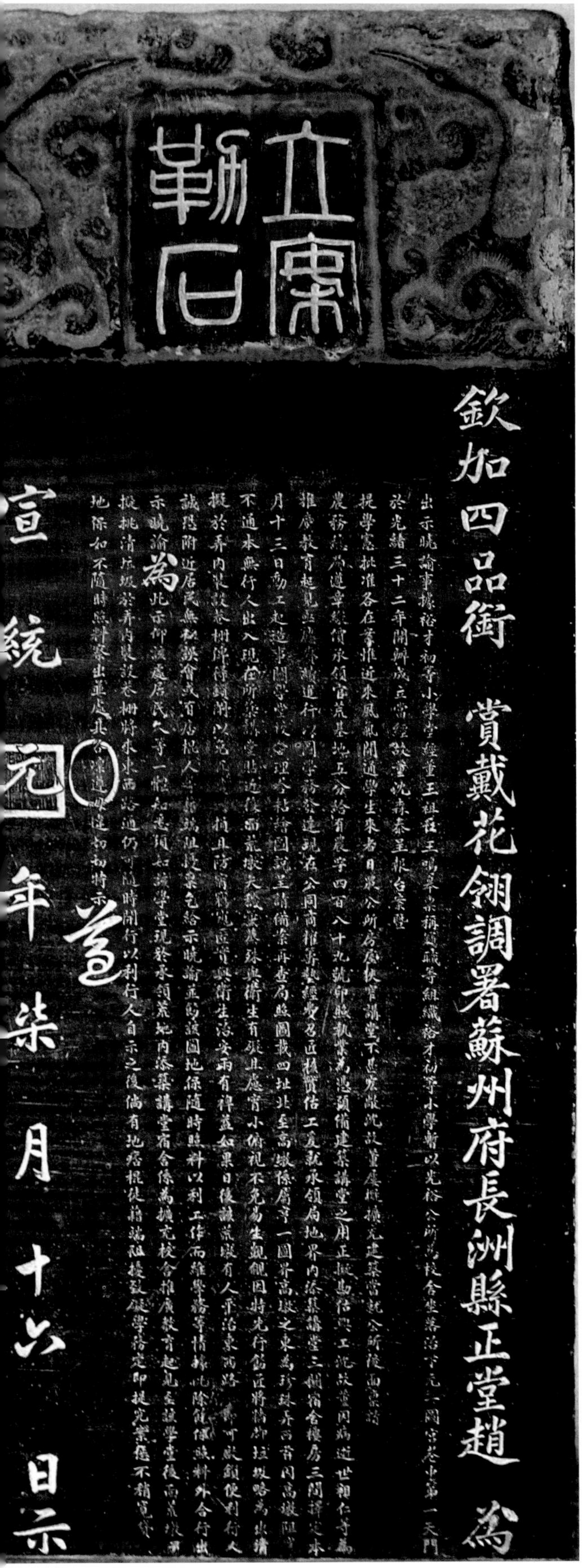

◎永禁滋扰裕才初等小学堂扩建碑

【时间】1909

立案／勒石

钦加四品衔、赏戴花翎、调署苏州府长洲县正堂赵为／出示晓谕事。据裕才初等小学堂经董王祖仁、王鸣皋禀称，窃职等组织裕才初等小学，暂以光裕公所为校舍，坐落治下元一图宫巷中第一天门，／于光绪三十二年开办成立，当经故董沈森泰呈报台案暨／提学宪批准，各在案。惟近来风气开通，学生来者日众，公所房屋狭窄，讲堂不甚宏敞，沈故董屡拟扩充建筑，当就公所后面禀请／农务总局，遵章缴价，承领官荒基地五分，给有农字四百八十九号印照执业为凭，预备建筑讲堂之用。正拟勘估兴工，沈故董因病逝世。祖仁等为／推广教育起见，亟应赓续进行，以图学务发达。现在公同商榷，筹垫经费，召匠核实估工。爰就承领局地界内添筑讲堂三间，宿舍楼房三间，择定本／月十三日动工起造。事关学堂校舍，理合粘绘图说，呈请备案。再查局照图载四址，北至高墩系属亨一图界，高墩之东为珍珠弄西首。因高墩阻塞／不通，本无行人出入。现在所筑讲堂，贴近后面荒墩，矢秽薰蒸，殊与卫生有碍；且虑宵小俯视，不免易生觊觎。因特先行饬匠，将墙脚垃圾略为出清，／拟于弄内装设巷栅，俾得锁闭，以免再遭污损，且防宵窃窥匿，实与卫生、治安两有裨益。如果日后该荒墩有人平治，东西路通，即可启锁，便利行人。／诚恐附近居民无知误会，或有痞棍人等藉端阻扰，禀乞给示晓谕，并饬该图地保随时照料，以利工作，而维学务等情。据此，除饬保照料外，合行出／示晓谕。为此，示仰该处居民人等一体知悉。须知该学堂现于承领荒地内添筑讲堂、宿舍，系为扩充校舍、推广教育起见。至该学堂后面荒墩，现／拟挑清垃圾，于弄内装设巷栅。将来东西路通，仍可随时开行，以利行人。自示之后，倘有地痞、棍徒藉端阻扰，致碍学务，定即提究案惩，不稍宽贷。该／地保如不随时照料，察出并处。其各凛遵。毋违！切切。特示。遵。

宣统元年柒月十六日示。

◎裕才学堂建筑课堂记碑

【时间】1910

学堂建筑课堂记

迩当列强环峙之世，朝廷惩前毖／后，亟筹自强政策，于军界则整顿水／陆，于商界则联络社会，而于学界则／独汲汲于学堂，置专部，设专司，规画／学务，式焕新猷，属在黎庶，均各随所／业，以建校舍，藉以鼓吹维新之治。懿／乎烁哉，上理之极轨也。吾吴裕才初／等小学堂设于宫巷之第一天门内，／屈指年华，已届四载，提倡者系候／选州同沈君森泰等，偕同业者协力／筹办，计费不资。惟公所屋宇无多，故／校所规模尚隘。曾于光绪三十三年／二月开办，领有公所后隙地得亩许，／拟为他日扩充计，而乃突悲无禄，／赍志以终，可慨也已。至常年经费，向／由同业演说稗史场所抽捐协助，／俾成义举。虽始于总理之热心，实成／于诸君之毅力。顾亭林言，天下虽大，／匹夫与有责，得于光裕公所略见／一斑。风会转移，其在是乎？今复得／候选理问王君祖仁总理校务，体／沈君未竟之志，为课堂推广之计，／商诸同人，填款兴工。历时未久，焕／然一新。高阁云连，回廊路曲，彤／轩紫柱，翼然一亭，美轮美奂，一学／界蒸蒸日上机也。于宣统元年六／月经始，十一月落成。凡前后两总／理暨各任义务之职员及同业诸／君之愿捐斯款者，其有裨于自

强之治者，岂浅鲜也哉？而予尤有／感焉。国家盛衰之故，系于各社会／优劣之殊。集无数社会而为一国家，／盖有如响斯应之机。日本之雄视五／洲者，半基于社会之效力，若社团法／人、财团法人，其所影响甚大。考诸民／法，自知今以光裕一社会，众情踊跃，／进步綦速。众社会苟闻风响应焉，／岂独于学界前途有特色乎？予故于／斯堂之筑，既为之欣然幸，又为之皇／然望。至捐者姓名，概书于后，是为记。／宣统二年庚戌季春月，／长洲刘福培撰。

元和姚锺藻书。

学堂公所职员姓名。

总理：／蓝翎五品衔、候选布政司理问王祖仁（绶卿）。

协理：／监生王鸣皋（秋泉）。

会计：／蓝翎五品衔、候选布政司经历朱文达（耀庭）、／蓝翎五品衔、候选州同张心耕（福田）。

干事：／监生叶谨孚（声扬）、／候选州同金谱琴（桂庭）。

司年：／蓝翎五品衔、候选巡政厅王菊村（效松）、／监生谢文元（品泉）、／候选州同吴维熙（西庚）、／监生叶谨孚（声扬）。

各会员姓名捐数列左。

姓名，捐数。姓名，捐数。

何云飞，助洋拾五元。谢品泉，助洋拾五元。／叶声扬，助洋拾五元。朱耀庭，助洋拾五元。／毛子翁，助洋拾元。王效松，助洋拾元。／张少云，助洋拾元。王绶卿，助洋拾元。／锺似亮，助洋拾元。谢少泉，助洋拾元。／张福田，助洋拾元。张步蟾，助洋拾元。／郭怡卿，助洋拾元。周杏泉，助洋拾元。／许文安，助小／洋壹伯角。金桂庭，助小／洋壹伯角。／朱振扬，助洋陆元。王稺松，助洋陆元。／杨月槎，助洋陆元。黄永年，助洋伍元。／吴西庚，助洋伍元。吴升泉，助洋伍元。／曹安山，助洋伍元。钱幼卿，助洋伍元。／魏钰卿，助洋伍元。姜听涛，助洋伍元。／杨星槎，助洋伍元。金继祥，助洋伍元。／邹鸿祥，助洋伍元。夏锦峰，助洋肆元。／张松林，助洋肆元。黄兆麟，助洋肆元。／韩凤翔，助洋肆元。陈士林，助洋伍千文。／王秋泉，助洋叁元。陈子祥，助洋叁元。／赵小卿，助洋叁元。杨鹤鸣，助洋叁元。／朱秋田，助洋叁元。

王子畦，助洋叁元。/沈勤安，助洋叁元。金耀孙，助洋叁元。/张子祥，助洋叁元。李柏泉，助洋叁元。/亢凤祥，助洋叁元。应汉章，助洋贰元。/叶涌泉，助洋贰元。王少泉，助洋贰元。/王子和，助洋贰元。朱兼庄，助洋贰元。/柳逢春，助洋贰元。朱耀笙，助洋贰元。/何绶良，助洋贰元。崔水泉，助洋贰元。/吴玉孙，助洋贰元。朱春涛，助洋贰元。/吴九香，助洋贰元。周镛江，助洋贰元。/谢凤怡，助洋贰元。钱鸿春，助洋贰元。/钱耀春，助洋贰元。陶锦章，助洋贰元。/王继臣，助洋贰元。陆岐山，助洋贰元。/凌友卿，助洋贰千文。史效章，助洋贰千文。/锺柏亭，助洋壹元。程吟梅，助洋壹元。

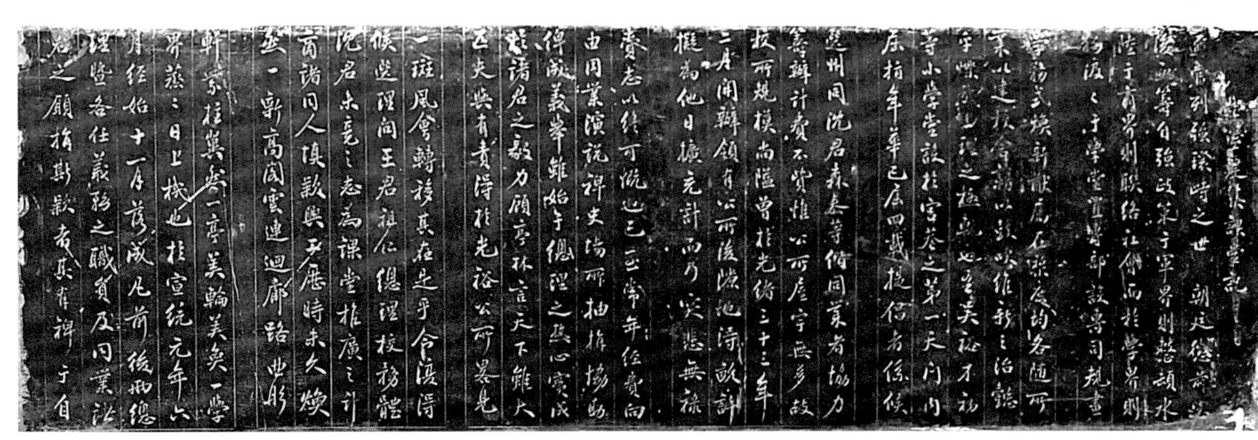

裕才学堂建筑课堂记碑（一）

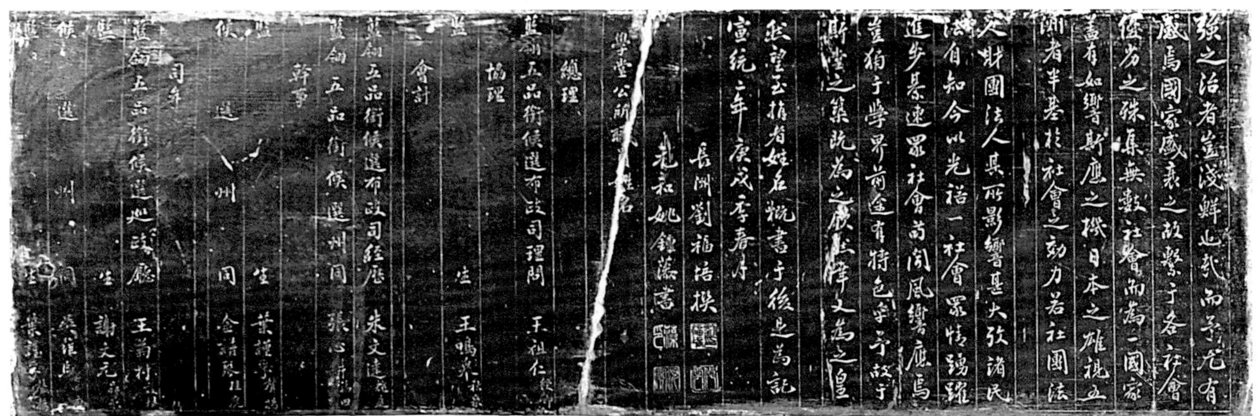

裕才学堂建筑课堂记碑（二）

裕才学堂建筑课堂记碑（三）

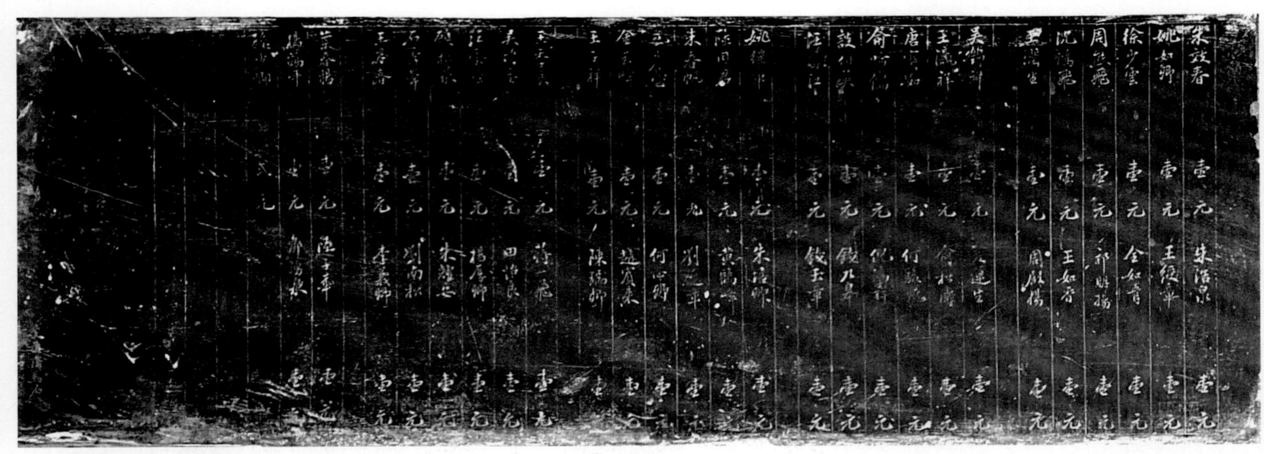
裕才学堂建筑课堂记碑（四）

朱效春，助洋壹元。朱浩泉，助洋壹元。/姚如卿，助洋壹元。王绶章，助洋壹元。/徐少云，助洋壹元。金如青，助洋壹元。/周熊飞，助洋壹元。祁明扬，助洋壹元。/沈鸿飞，助洋壹元。王如香，助洋壹元。/王润生，助洋壹元。周殿扬，助洋壹元。/吴锦祥，助洋壹元。夏莲生，助洋壹元。/王瀛祥，助洋壹元。俞松涛，助洋壹元。/唐宝如，助洋壹元。何骏飞，助洋壹元。/俞吟儒，助洋壹元。倪鸿祥，助洋壹元。/谈伯英，助洋壹元。钱九皋，助洋壹元。/汪凤江，助洋壹元。钱玉章，助洋壹元。/姚继章，助洋壹元。朱培卿，助洋壹元。/陆同君，助洋壹元。黄鹤峰，助洋壹元。/朱春帆，助洋壹元。刘连章，助洋壹元。/尤少台，助洋壹元。何心卿，助洋壹元。/金玉峰，助洋壹元。赵宾来，助洋壹元。/王子祥，助洋壹元。陈瑞卿，助洋壹元。/王季良，助洋壹元。蒋一飞，助洋壹元。/吴均安，助洋壹元。田怡良，助洋壹元。/汪云峰，助洋壹元。杨厚卿，助洋壹元。/顾松泉，助洋壹元。朱耀安，助洋壹元。/石秀峰，助洋壹元。刘南松，助洋壹元。/王月春，助洋壹元。李义卿，助洋壹元。/叶春扬，助洋壹元。陆子华，助洋壹元。/杨鹤年，助洋壹元。邹涌泉，助洋壹元。/孙少卿，助洋二元。

斐葆斋勒石。

【说明】共四石。

◎吴县布告光裕公所维持学校经费及整顿旧规碑

【时间】1926

立案/勒石

吴县知事公署布告第　号/为布告事。案据光裕公所代表王效松呈称，窃民等说书一业，自前清乾嘉间，即建有光裕公所，并设有裕才学校，历奉前清府县宪立案保护，并劝学所学务委员列表汇报在案。民国四年间，呈/奉苏州警察厅核准给示，凡光裕社中人应聘各茶肆说书，另辟书室，搭以高台，社外之人，概用平台，以示区别。至书茶价格，向由公所规定，以五成以外书资归同业，四成以外茶资归茶室，曾呈奉厅县核准有案。至裕才学校常/年经费，由公所规定，即在书资中每位抽捐一文。嗣因百物腾贵，开支不敷，遂由公所同人议决，书资每位涨价为八十文。除茶资三十九文外，馀多二文，捐充裕才学校经费。所捐之款，暂存茶室，按月由公所派人分期收取。惟收捐之时，各茶室/照数付捐者固属不少，而以多报少，甚或藉故抑勒延宕者，亦所不免。伏思此项捐款，出自各书客之捐助，不过仅假各茶室暂代储存，乃竟弊端百出。学校经费攸关，且公所规则，裕才学校经费，向不收取外款，仅赖此戋戋之捐款以/维持之。而此项捐款难以收集，若不请求给示保护，必使学校经费无着，应请钧长给示保护者，一也。伏查敝业说书一业，虽有评话、弹词两种，要皆节取稗史旧闻中关于忠孝节义足资劝惩之故事，并由社中订有规则，自／行约束同人，不得拚说男女双档，以及损碍风化之事，如有违犯社规，公议斥逐出社，剥夺其在本城各书场登台唱说之权，无非恪守警章，互保名誉起见。至各埠外来之非社中人，或假庙宇隙场露天卖艺，或在茶肆酒／寮临时唱说，设有犯警滋事，终起官厅干涉，故定章有高台、平台之分，应请钧长给示保护者，二也。民等对于社外之非同业，绝无把持嫉妒之心，本无庸再有所过虑，惟为维持公所学校经费以及整顿营业旧规起见，／事隶县治行政范围，理合具呈，伏乞俯赐恩准援案给示保护，至感德便等情。据此，查光裕社说书一业，历经官厅保护在案，该代表为整顿学校经费暨公所旧规起见，请求援案给示，应予照准。除／批示外，合行布告，一体知照，此布。遵。

中华民国十五年玖月七日，知事张显谟。朱耀庭、金继祥经立。

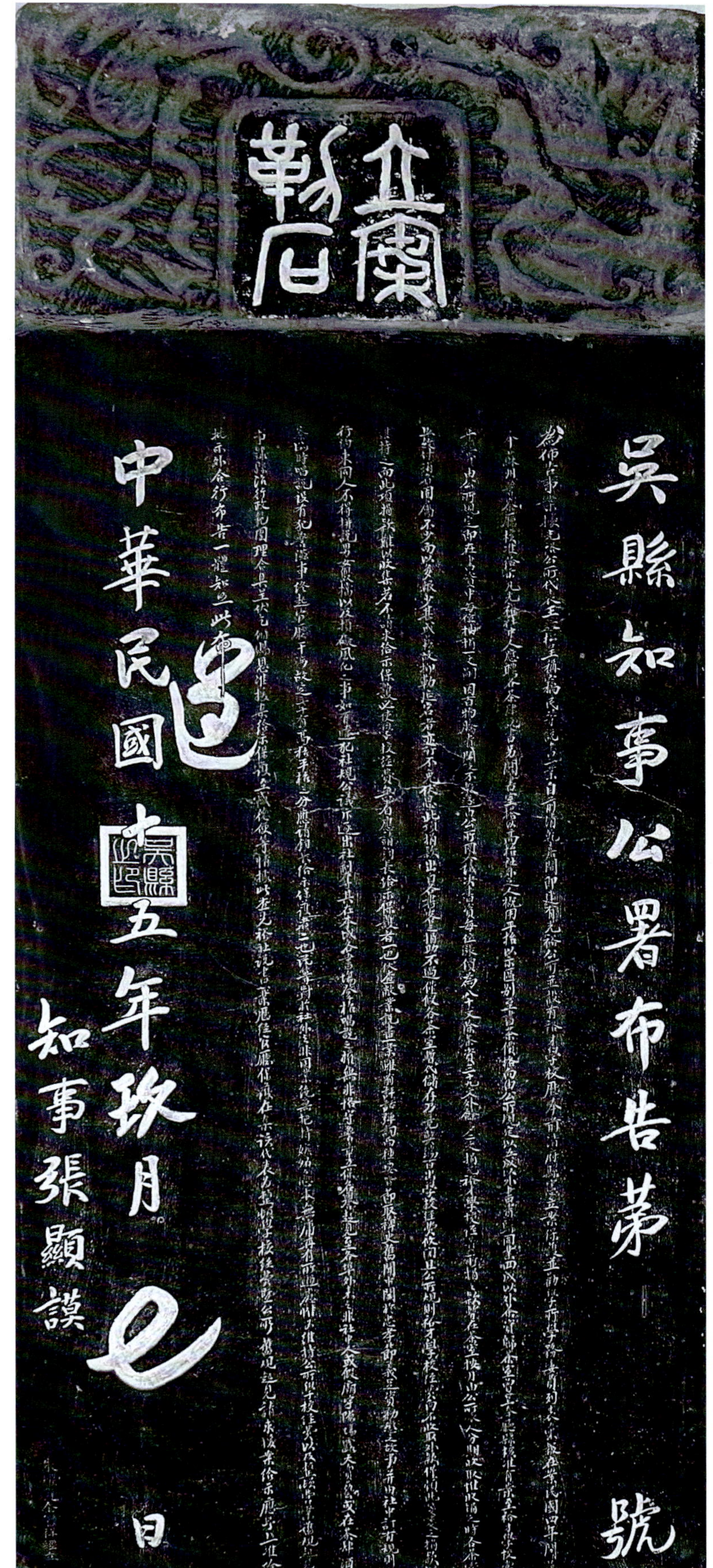

吴县布告光裕公所维持学校经费及整顿旧规碑

江苏苏州警察厅布告光裕公所整顿旧规及维学校经费碑

◎江苏苏州警察厅布告光裕公所整顿旧规及维学校经费碑

【时间】1926

勒石

江苏苏州警察厅布告第七拾号。/案据说书业光裕公所代表王效松呈，以整顿公所旧规，维学校经费，/请求援案，重给布告，以资保护，并据呈验/吴县公署布告一纸前来。查该具呈人所请各节，事属行政范围，既经主/管机关核准有案，自属可行，除批示外，合给布告，仰即一体知悉。此布。

中华民国十五年九月二十六日。

厅长李钰林。朱耀笙、王如松经立。

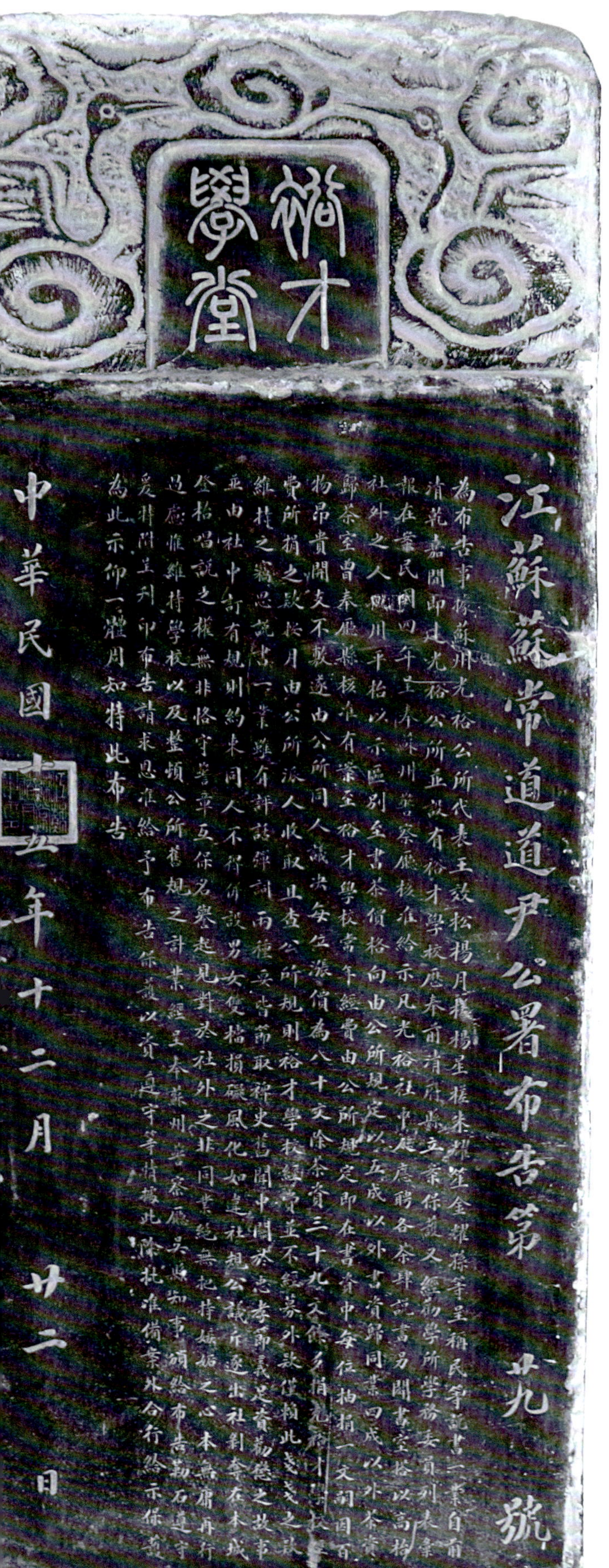

江苏苏常道布告光裕公所维持学校经费及整顿旧规碑

◎江苏苏常道布告光裕公所维持学校经费及整顿旧规碑

【时间】1926

裕才／学堂

江苏苏常道道尹公署布告第廿九号／为布告事。据苏州光裕公所代表王效松、杨月槎、杨星槎、朱耀笙、金耀孙等呈称，民等说书一业，自前／清乾嘉间，即建光裕公所，并设有裕才学校，历奉前清府县立案保护，又经劝学所学务委员列表汇／报在案。民国四年，呈奉苏州警察厅核准给示，凡光裕社中人应聘各茶肆说书，另辟书室，搭以高台，／社外之人，概用平台，以示区别。至书茶价格，向由公所规定，以五成以外书资归同业，四成以外茶资／归茶室，曾奉厅县核准有案。至裕才学校常年经费，由公所规定，即在书资中每位抽捐一文。嗣因百／物昂贵，开支不敷，遂由公所同人议决，每位涨价为八十文。除茶资三十九文外，馀多捐充裕才学校经／费。所捐之款，按月由公所派人收取。且查公所规则，裕才学校经费，并不经募外款，仅赖此戋戋之款／维持之。窃思说书一业，虽有评话、弹词两种，要皆节取稗史旧闻中关于忠孝节义足资劝惩之故事，／并由社中订有规则，约束同人，不得并设男女双档，损碍风化。如违社规，公议斥逐出社，剥夺在本城／登台唱说之权，无非恪守警章，互保名誉起见。对于社外之非同业，绝无把持嫉妒之心。本无庸再行／过虑，惟维持学校以及整顿公所旧规之计，业经呈奉苏州警察厅吴县知事颁给布告，勒石遵守。／爰特附呈刊印布告，请求恩准，给予布告保护，以资遵守等情。据此，除批准备案外，合行给示保护。／为此，示仰一体周知。特此布告。

中华民国十五年十二月廿二日。

道尹李维源。陈士林、王如香经立。

【说明】偶有别字，如“稗史”误为“裨史”。

光裕社一百五十周纪念幢（原物）

◎**光裕社一百五十周纪念幢**

【时间】1926

廿周纪念。

中华民国十五年十二月，/云威将军、农商总长、腾冲李根源书。

裕才小学校教职员公立。

光裕公所一百五十周纪念，/裕才学校二十周纪念。

丙寅之冬，西津渔夫拜题。

华夏中声久寂沉，竞吹羌笛柏胡琴。忽闻檀/板筝琶响，犹似先朝供奉音。

承平雅颂尽沦亡，却让伶伦独擅场。兴学廿/年知绍述，遥遥数典不能忘。

丙寅残腊，/光裕公所同人以建立以来有百五十年之久，创办/裕才学校亦既廿载，广征题咏，用志勿谖，勉赋/两绝以应雅令。玉峰岁寒老人初稿。

古董南朝史，分第北曲伶。可怜非故国，相对/况新亭。岂少兴亡梦，无多离合情。感时挥涕/泪，此亦不平鸣。

世乱人才出，栽培未可疏。王侯宁有种，子弟要/知书。设作功名想，且为章句儒。廿年看树木，/生气已渠渠。

奉祝裕才小学廿周纪念。

霜崖吴梅。

清词雅曲度前贤，旖旎丰情托管/弦。一瓣心香虔供奉，晓风残月柳屯/田。 庇寒兴学仰儒修，嘉惠青年/此共谋。小筑诗幢作纪念，风流事业/亦千秋。

光裕百五十周建幢纪念，元和徐象枢题。

勉执教鞭，垂二十年。/饮水思源，光裕之贤。/百五之周，公所相延。/筑塔纪念，辉映后先。

丙寅冬日，/裕才学校主任刘福培题。

德邻仁里事弦歌，二/十年来为益多。子弟/合群游艺好，异时学/问进如何？丁卯初春题赠/光裕社裕才学校建幢纪念。周梅谷。

裕才校廿周纪念建立石幢，颂以五言八韵。

社创前清盛，囊金仰破悭。校添才是裕，幢/建石非顽。圭臬追雷李，弦歌慕孔颜。游心/三育里，转瞬廿年间。印雪思鸿爪，流风炳/豹斑。渊源通泗水，誉价永吴山。童稚身先/淑，官僚念亦关。天门邻咫尺，鸟革看增环。

余居邻近，廿馀载，见开校，又见建幢，更/日盼宏模益拓焉。古吴龚宝铨题赠。

神光照社彩云开，弹指年华溯往回。/师淑敬亭传嫡派，产生吴下聚群才。/知音牙旷门前过，问字邹枚席上来。/秀出班行皆后辈，秦青子弟满苏台。

长洲费廷璜。

裕才学校二十周纪念。

大雅扶轮。
南皮张厚穀敬识。

启迪功深。
施藻翔。

光裕公所一百五十周、/裕才学校二十周纪念。
榛苓遗韵。
彭清鹏题。

光裕公所百五十周纪念，裕才学校二十周纪念。
百年树人。
国民革命军第四十一军军长冯志恂题。

光裕公所百五十周、/裕才学校二十周纪念。
风世树人。
吴县陈任。

皋赓夔教。
陆荣廷题。

自昔传名柳敬亭，说诗人尽/解颐听。裕才设校真才出，二/十年来毓秀灵。
吴县潘利穀。

恭祝/光裕公所、/裕才学堂建幢纪念。
敬亭遗韵怅销沉，三百年来孰赏音？幸有吴/门光裕社，力绵坠绪到如今。
淑堂学子萃莘莘，棫朴居然咏作人。始信十/年能树木，况看一倍长轮囷。
吴县巍成顾建勋初稿。

国粹精微。
苏州光裕公所创百五十载/矣，并裕才学校二十周纪念/盛典，书此藉作观礼。
心抚张长题。

回首沧桑百五年，荣枯往事渺如烟。敬亭/身世何戡泪，不是阳关也黯然。
且将说法效生公，《棫朴》《菁莪》意本同。教育/终嫌难普及，主文谲谏助移风。
苏州光裕社建幢纪念，率成两绝以志钦迟。
丁卯孟秋，姚煜敬题。

敬祝/光裕公所百五十载、/裕才小学校二十周纪念并建幢落成典礼。
钧天雅奏久沉沦，花甲重周又卅春。赖有当年李供/奉，揄张盛典说南巡。
果然广厦裕群才，柳季遗风世共推。却胜榛苓垂久/远（沪上伶界有榛苓学堂之设，/迄今垂三十载，成绩颇优），建幢刻石纪功来。

丙寅季冬，吴县潘遵瑚初稿。

光裕公所一百五十年、/裕才学堂二十年建幢纪念。

淇水高唐善讴歌，移风易俗有足多。敬亭绝技云间/习，欢哈嗢噱感若何？献诗献曲精且切，音韵神态更揣/摩。稗史小说竞采择，忠孝节义尽搜罗。吴中风气本/驯雅，人心补救几经过。相传百有五十载，社屋瞻仰洵/巍峨。弹词一变为弦诵，英材乐育庆菁莪。石钟纪/念姓字永，日月悠长迹不磨。

徐经镛敬诵。

光裕公所百五十载纪念暨/裕才学校廿载纪念，爰撰俚句以志鸿爪。

岁星端赖滑稽雄，此事今人大不同。留得敬/亭先辈法，试敲醒木唤吴蒙。/绛帷廿载励精勤，桃李盈门自昔闻。树木树/人无二礼，讲坛花雨自缤纷。

共和第一丁卯孟春之月，/吴县祝秉纲谨颂。

光裕公所成立迄今历百五十载暨所设/裕才小学廿周纪念，奉题一律祝颂。

裕后光前业日新，育才兴学廿年春。弹词/曾记邀宸赏，说法何妨借现身。化被弦歌/兼善俗，诗赓秉穗更推仁。巍峨幢石瞻黉/舍，几辈经营费苦辛。

苏州工业专门学校校长邓邦逖。

【说明】1926年为纪念光裕社成立一百五十周年暨其资助办的裕才学校成立二十周年，于第一天门光裕公所（北部为裕才学校）内建立五层四面石幢，其中底层雕刻纹饰，其余四层共刻当时名流书法五十六处，兹择其中与裕才学校相关之二十三处释文，其中西津渔夫系顾麟士，玉峰岁寒老人系王德森。此外，还有吴荫培、王大钧、程兆栋、庞延祚、余觉、汪起鹏、潘胜年、陆兆鹍、亢志逵、瞿鸿宾、钱崇固、沈兆九、金松岑、费树蔚、张显谟、李作源、蒋尊簋、王清穆、徐凌云、傅珍、赵学南、陈侃如、吴仁锡、周东村、方还、吴痴尘、徐芬、毛经畴、沈世廉、吴邦珍、汪凤翔、吴查乾、岑郊麟等人题刻，内容仅与光裕公所相关。今石幢移建至中张家巷中国苏州评弹博物馆内，并于原址仿建一幢。

永禁光裕社有乖宣传宗旨碑

◎永禁光裕社有乖宣传宗旨碑

【时间】1928

立案／勒石

苏州市公安局、／吴县公安局布告第七十三号／为布告事。案据苏州光裕社社员朱耀廷、王效松、叶声扬、金继祥、张福田、杨月槎等呈称，窃本社成立一百／五十二载，创办裕才学校，已二十二年，校中经费，由社员担任，并不外募。各尊先贤道训，以忠孝节义劝人。现／改革以来，书中每加劝乡民识字读书、戒烟赌嗜好、急纳税还租，尽力引导，闻者咸生乐趣，易于感化。去／年，本省驻沪宣传部嘱本社书中劝导愚民，赞助传宣，第恐尚有不法子弟，不尊先贤道训、有乖宣传／宗旨者，理合斥逐出社，取消凭、执二证书，或登报声明。且本社凭证、执证二书已由县政府批准立案。今附呈证／书二纸，肃请宪鉴，并祈赐给示谕，俾得勒石于社，以资警醒社中子弟，实为公便等情前来。查该社阐明先贤／道训，以资感化乡民，宗旨纯正，实堪嘉尚，应准予备案。除批示并通令所属一体保护以利宣传外，合行布告周知。倘／有不法子弟，不遵先贤道训，有乖宣传宗旨者，准由该社遵章处理，不得稍有抗违情事。其各凛遵，切切此布。遵。

中华民国十七年六月十七日。

局长殷石笙、／局长郑诚元。

◆原培养小学（珠晶玉业公所）碑刻

珠晶玉业公所，又称周宣王庙、周王庙，位于姑苏区周王庙弄。祀孝子周雄。清嘉庆二十五年（1820）琢玉业同业公会宝珠公所建于石塔头宝珠庵，同治间重建珠晶玉业公所于今址。曾作培养小学、复读学校等。原有同治九年（1870）《周宣灵王庙重建助银碑》（二通）、光绪二十八年（1902）《苏州府规定珠宝玉器铺误买盗窃赃物处理办法碑》，现存苏州碑刻博物馆。原有光绪十二年（1886）《永禁滋扰宝珠公所碑》、同年《玉石义会助银碑》，现为私人收藏。原有《玉业义冢助银碑》、光绪十六年（1890）《玉业义会处理同业遗资碑》、宣统三年（1911）《玉业公所从圣堂碑记》，今碑不知所终。另有嘉庆九年（1804）《玉器业祭神用寿烛庙产沿革碑》、嘉庆十三年（1808）《周文王庙置买地产修庙敬神碑》、道光三年（1823）《周文王庙祭神事碑》、道光三年（1823）《周文王庙范围事碑》、同治九年（1870）《周王庙恢复神像捐款名单碑》、光绪十五年（1889）《宝珠公所设立万年台木主碑》，今碑毁，拓片存苏州博物馆。

周王庙墙界碑

◎**周王庙墙界碑**

【时间】清

周王庙墙界

◆原环秀小学（环秀山庄）碑刻

环秀山庄，位于姑苏区景德路。原为北宋时景德寺址，明时曾作学道书院、王鏊祠、督粮道署、巡抚行台、中吴书院等。清乾隆时，园归刑部员外郎蒋楫、尚书毕沅、文渊阁大学士孙士毅等，清嘉庆十二年（1807）前后戈裕良在书厅前叠筑湖石假山一座，为戈氏杰作。道光末归汪氏耕荫义庄和汪氏宗祠，花园称颐园，堂称环秀山庄。曾作环秀小学。原有1919年金松岑撰、章钰书、周梅谷刻《颐园记碑》（二石），今碑毁，拓片存苏州博物馆。原有《梅花图碑》，今碑毁，拓片存苏州园林档案馆。今园内除点校的《味古斋恽帖》（六石）外，尚有王献之《洛神赋十三行碑》，系《墨林秘宝》之一，有唐宝历元年（825）柳公权及宋大中祥符八年（1015）周越跋记；祝允明书、明嘉靖十一年（1532）黄省曾附识、嘉靖十三年（1534）文徵明附识《后赤壁赋碑》（八石）；明嘉靖三十七年（1558）文徵明书、清光绪二十三年（1897）陈豪附识《前赤壁赋碑》（四石）。

◎味古斋恽帖

【时间】清

傲雪凌霜，爱它梅蕊，搀借春光。步绕西湖，/兴馀东阁，可柰诗肠。娟娟月转回廊。悄无处、/安排暗香。一夜相思，几枝疏影，落在寒窗。

朔风卷树无云影，半/壁寒光天欲冥。怪底晴/窗见雪飞，江空忽露峨/眉顶。南田草衣恽寿平。

读九日翁诗，青鬓白头，写景最/真，飘扬尽致，戏和其韵。

晓烟横岸树如浮，疑有寒/钟出梵楼。冻合千滩云不起，/银涛光涌万山头。

却后十日，寿平又题。

烟树汀花隔水滨，黄鹂声里/度残春。绿阴遮断红尘路，/羡尔溪亭看竹人。

黄鹤山樵《修竹远山》，仿文湖州，/略师其意为此。与赏音发笑。/己巳小春，云溪外史寿平。

文湖州有《寒林竹石》卷，宋思陵题卷/首曰："暮霭横看。"相传为墨林奇迹。王/叔明用其意作《修竹远山》，自题云："湖州画/卷，笔力不在郭熙之下，于树石间写

丛竹，乃自肺腑中流出，不可以笔墨/畦径观也。"此图曾模粉本，因仿为之。

鳞鳞者松，沐浴风雨。良士/媲德，以寒以暑。曰予有心，/毋也谅只。日月方至，誓/将共女。以勖于兹，黄/发惟缕。春秋匪虞，笾/豆攸喜。日华茂茂，柏叶/敷翠。烨烨者芝，云光/泽

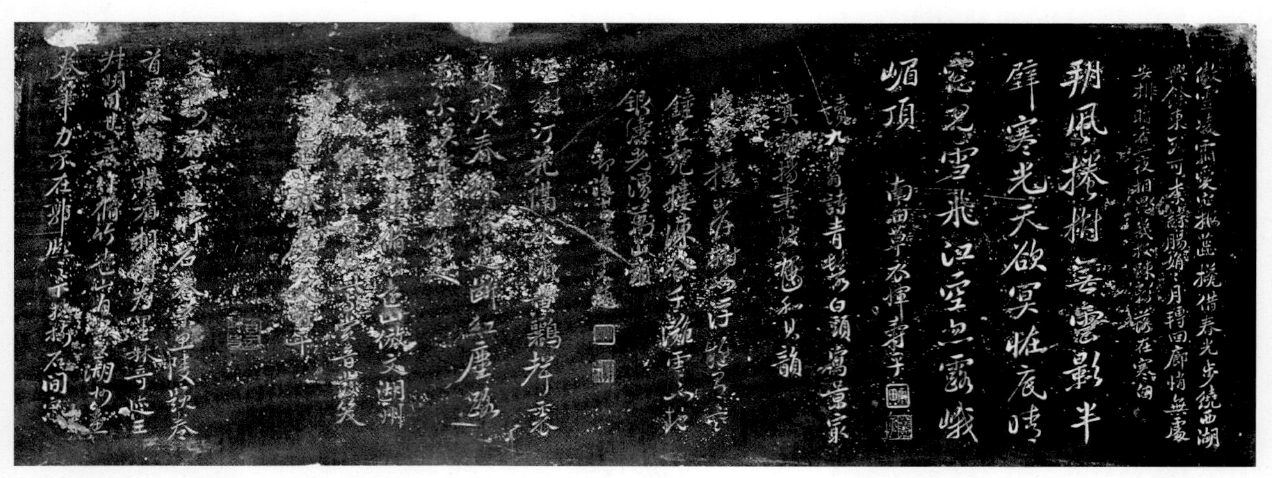

味古斋恽帖（一）

味古斋恽帖（二）

媚。众芳相煎，惟此／独瑞。缅怀唐虞，顾／彼何世？

南村外民明昙拜颂。

丙午秋九月，后学恽寿平制。

溪路杨花点客衣，落红影里／送春归。惜春好鸟娇啼久，／立软高枝未肯飞。

雪渊昨夜元珠脱，罔象多年／求不得。有人摸索到西湖，／离了昆仑依旧黑。

不是黄台三摘后，应与／青门五色同。一枕羲皇高

林尽此矣。寿平。

白衣不至酒樽间，掩卷高吟深闭关。独／向篱边把秋色，谁知我意在南山？

临王澹轩本，南田草衣恽寿平。

此种笔趣，元时有赵善长、陈秋水，明初有／王孟端、徐幼文，皆黄鹤山樵一路。元末最盛，不下／十馀家，即陆天游、郭天锡亦相近。盖此种与／郭河阳画法，似分道而驰。然此得人为多，大／底高旷宕逸之士，都由此入。

冬至夜拥炉书，寿平。

断云残叶树高低，竹里人／家傍水西。满地芦花秋色／远，好山青似若耶溪。

玉峰池馆题为／鹿野先生发笑。

南田恽寿平。

鱼窥人影跃空池，绿挂秋风柳／万丝。石岸与君闲立久，碧梧阴下／纳凉时。

味古斋恽帖（三）

味古斋恽帖（四）

味古斋恽帖（五）

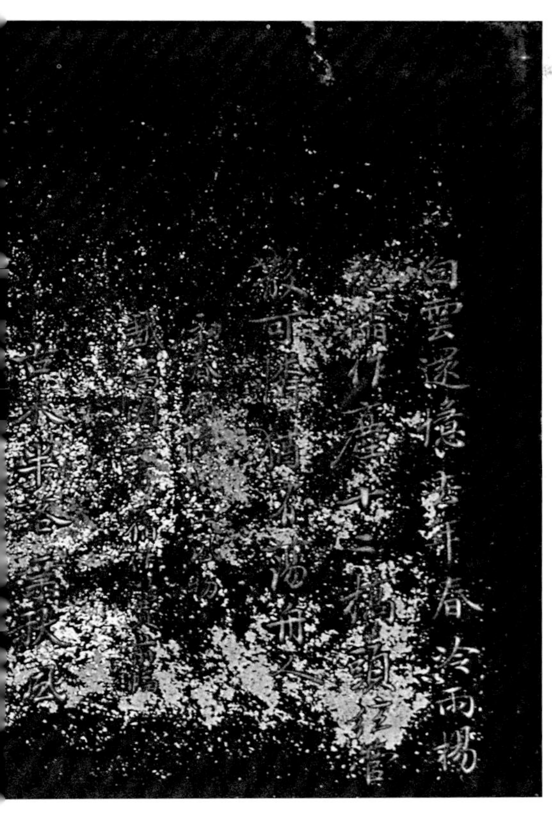

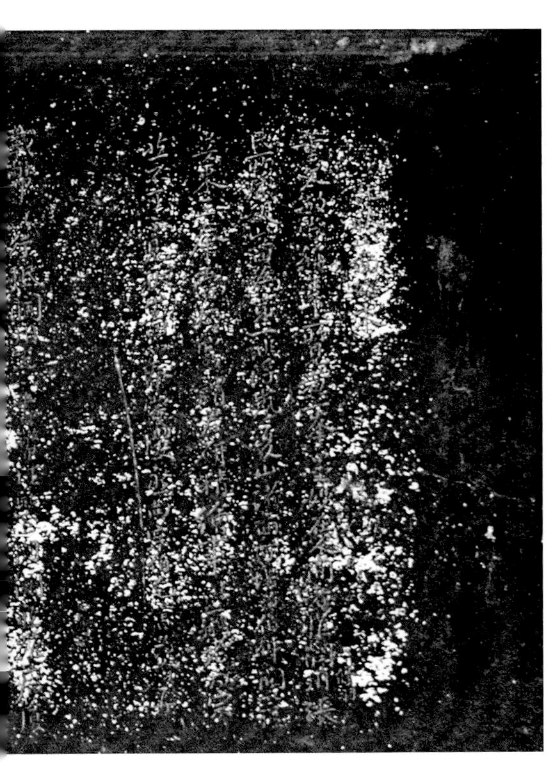

秋夜每与王先生立池上，清话／久之，暗睹梧影辄大叫曰：／“好墨叶，好墨叶！”酒酣戏为点／笔，如张颠濡发时也。／寿平记。

枫叶积地，芦花满天，柳／岸无人秋水阔，渡头闲杀钓／鱼船。石谷子芦花钓船秋窗展／对，使人悠然神远。／南田。

白云还忆去年春，冷雨杨／花踏作尘。十二桥头弦管／散，可怜犹有荡舟人。

初春偶忆湖山风物，／戏为图并书旧作以实前幅。

古木半落叶，秋风／初满林。无人领此／意，野趣自高森。

董云间有此／图，戏仿其意。

驱豪染岚雾，一片匡庐壁。钟磬／出空翠，江流泻天碧。岛影悬澄／茫，回滩互明灭。吴云不可见，千帆／望中没。

昔人有《江山图》，余仿其意作小景，于古亦／有入处，鉴者当得之畦径之外也。／甲辰腊月，寿平题。

学元人小景，萧散／廛澹。竹石乱泉，／不作丛莽冗杂，清／韵自足。

云林画天真澹简，／一木一石，自有千岩万／壑之趣。今人遂以一木／一石求云林，几失云林／矣。东园寿。

右小景一帧，为东园娱闲游戏之／作，或规模古制，亦闲出新意，不循／畦径，无烦绘采，欲墨章水晕，自／备五色。非得象外之赏者，未足与观／此画也。甲辰腊月八日，恽寿平识。

记《秋山图》始末

董文敏尝称，生平所见黄一峰墨妙，在人间者，惟润州修羽张／氏所藏《秋山图》为第一，非《浮岚》《夏山》诸图所堪为伯仲。间以语／娄东王奉尝烟客，谓君研精绘事，以痴老为宗，／然不可不见《秋山图》也。奉尝惯然，向宗伯乞书为介，并／载币以行。抵润州，先以书币往，比至，门阒然，虽广厦／深间，而厅事惟尘土，鸡鹜粪草几满，侧足趑趄，奉／尝大诧，心语是岂藏一峰名迹家邪？已闻主人重门／启钥，童仆扫除，肃衣冠，揖奉尝，张乐治具，备宾主／之礼，乃出一峰《秋山图》视奉尝。一展视间，骇心洞目。其图乃用／青绿设色，写丛林红叶，翕赧如火，研朱点之，甚奇丽。上起／正峰，纯是翠黛，用房山横点积成，白云笼其下，云以粉／汁澹之，彩翠烂然，村墟篱落，平沙丛杂，小桥相映带，／丘壑灵奇，笔墨浑厚。赋色丽而神古，视向所见诸／名本，皆在下风，

味古斋恽帖（六）

始信宗伯绝叹非过。奉尝既见此图，观乐忘／声，当食忘味，神色无主。明日，停舟，使客说主人，愿以金／币相易，惟所欲。主人哑然笑曰："吾所爱岂可得哉？不获已而／眈眈若是，其唯暂假，携行李往都下，归时见还。"时奉／尝气甚豪，谓终当有之，竟谢去。于是奉尝已抵京师，亡何，出／使外国，南还，道京口，重过其家，阍人拒勿纳矣。问主人，对以他往。／固请前图一过目，使三反，不可，重门扃钥，粪草积地如故。奉尝徘／徊淹久而去。奉尝公事毕，昼夜念此图，乃复／诣董宗伯定画。宗伯云："微独斯图之为美也，如石田《雨夜止宿》及／《自寿图》，真缋苑奇观，当再见之。"于是复作札与奉尝，乃／走使持书、装橐金，克期而遣之，诫之曰："不得画，毋归见我。"使／往奉书，为款曲乞图，语峻勿就，必欲得者，持《雨夜止宿》《自寿／图》去。使逡巡归报。奉尝知终不可致，叹怅而已。／虞山石谷王郎者。与王奉尝称笔墨交。奉尝谘论古今名迹，／王郎为述《沙碛》《富春》诸图云云，奉尝勿爱也，呼石谷，"君知《秋山图》邪？"／因为备述此图。盖奉尝当时寓目间，如鉴洞形，毛发不隔，闻所／说，恍如悬一图于人目前。其时董宗伯弃世久，藏图之家已更／三世，奉尝亦阅沧桑且五十年，未知此图存否何如，与王郎相对

叹息已。石谷将之维扬，奉尝云："能一访《秋山》否？"以手札属石／谷。石谷携书往来吴阊间，对客言之。客索书观奉／尝语，奇之，立袖书言于贵戚王长安氏。王氏果欲得之，并命客／渡江物色之。于是年中张氏之孙某悉取所藏彝鼎法书，并持一峰《秋山图》／来。王氏大悦，延置上座，出家姬合乐享之，尽获彝鼎法书名迹，以千金为寿，一时群称秋山妙迹已归王氏。王氏挟图趋金阊，／遣使招娄东二王公来会。时石谷先至，便诣贵戚，揖未毕，大笑乐／曰："《秋山图》已在吾橐中。"立呼侍史于座，取图观之。展未及半，贵戚／与诸食客皆觇视石谷辞色，谓当狂叫惊绝。比图穷，惝恍若有／所未快。贵戚心动，指图谓石谷曰："得毋有疑乎？"石谷唯唯曰："信神物，何／疑！"须臾，传王奉尝来。奉尝舟中先呼石谷与语，惊问："王氏已得《秋山》乎？"石谷诧曰：／"未也。"奉尝曰："赝耶？"曰："是，亦一峰也。"曰："得矣，

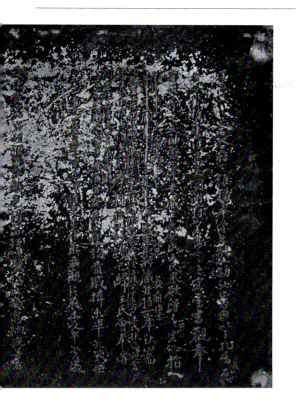

何诧为？”曰：“昔者先生／所说，历历不忘，今否否，焉睹所谓《秋山》哉？虽然，愿先生勿遽语王氏以所／疑也。”奉尝既见贵戚，展图。奉尝辞色一如王郎，气索，强为叹羡，贵／戚愈益疑。又顷，王玄照郡伯亦至，／大呼《秋山图》来，披指灵妙，赞叹纚纚不绝口，戏谓王氏非厚福不能得奇宝。于／是王氏释然安之。嗟夫，奉尝曩所观者，岂梦邪，神物变／化耶？抑尚埋藏耶？或有㐌玉之毁耶？其家无他本，人间无／流传，天下事颠错不可知。以为昔奉尝捐千金而不得，今贵戚一弹指而／取之，可怪已。岂知既得之，而复有淆讹舛误，而王氏诸人，至始不寤，不亦更／可怪耶？王郎为予述此，且订异日同访《秋山》真本，或当有如萧翼之遇／辨才者。南田寿平灯下书与王山人发笑。

秋堂丛桂醉花茵，犹忆更阑风露身。／今夜长干还对月，月中不见隔宵人。／天畔离思梦未醒，登台秋露下残／星。落花吹遍江楼笛，偏在关山客里／听。白练空江天倒流，蘋花风满昼／登楼。江山不入王维手，碧草红林未／是秋。千春雪曲许谁工，唱拍曾无／古调同。我去白门还恸哭，回车应不／为途穷。怀人天畔望江枫，驼背金／笳落照中。多少秦淮河上柳，一时吹

【说明】现存六石。从内容看，当与退思园者同属《味古斋恽帖》。内既有恽寿平自作诗文画论等，亦有摘抄或略改他人作品者，如第一石“傲雪凌霜”词，系为杨无咎《柳梢青·梅》。第二石末，全句为“一枕羲皇高卧处，翠阴藤下豆花风”。第五、第六石系手稿上石，颇多涂抹、改写之处。第六石末，全句为“多少秦淮河上柳，一时吹断鹧鸪风”。

◎**益善新村碑**

益善新村

【说明】1940 年，环秀山庄归中南火柴厂主李昆松和经理包熙善。包氏曾在北部建新式洋房一幢，取李昆松父亲李益石和包熙善两人名字中各一个字，题额名“益善新村”。碑原在环秀山庄内，近年移走。

益善新村碑

◆原胥江第一初等小学分校（嘉应会馆）碑刻

嘉应会馆，位于姑苏区枣市街。嘉庆十四年（1809）始建，为主营烟叶的广东嘉应州（今梅州市）所属五县商贾集资建造。曾作胥江第一初等小学分校。除点校者外，另有嘉庆十四年（1809）《给示嘉应会馆房基地契碑》、嘉庆十八年（1813）《嘉应会馆捐资名录碑》、嘉庆十八年（1813）《姑苏鼎建嘉应会馆引碑》、道光十三年（1833）《嘉应会馆建造码头捐资名录碑》、道光二十年（1840）张延颐撰并书《嘉应会馆捐补礼器碑》、道光二十七年（1847）李载熙撰《重建嘉应会馆碑志》、同治八年（1869）《永禁丧葬盘头脚夫昂价把持地段碑》，现碑已毁，拓片存苏州博物馆。另有同治六年（1867）《嘉应会馆捐银名单碑》、光绪二十七年（1901）《嘉应会馆重建会馆大殿头门捐款碑》，现碑已毁，拓片存苏州碑刻博物馆。

◎修建嘉应会馆地基房屋契碑

【时间】1811

立永远拔根绝卖地基房屋文契。毛怀芳、毛惟贤、毛德漳今有承祖遗下房屋壹所，坐落吴县十三都一图野字/圩内太平桥东首，坐北朝南，门面出入，计平屋楼房五进，左边避弄壹条，书房平屋四进，至后官街止，共计上下/楼房平屋肆拾捌间，上下披厢壹拾伍个，砖石、木料、门窗、板壁、天井、假山、树木、水井、装折，一应俱全，另立细账，为/因正用，弟兄叔侄合议，情愿央中李春泉、程赞璜、汪瑞廷、陆容斋、张乐真、戴芳进等，将此房卖与广东嘉应府众/仕商王仰莲等为公所，三面议定时值，永远绝卖，足兑元丝价银贰千叁伯两正，契下一并收足，并无债货准折，/亦无重叠交易，以及上下房族人等争执等情。如有等情，俱系毛怀芳等理直，与得业者无干。所有上首契券，尽/行交出，并无片纸只字存留在外。倘后日或有寻出，以作废纸无用。至地基条漕，随产过户完纳。遵奉新例，总/书壹纸为绝。自卖之后，任从买主居住管业，永为嘉应众仕商之世产。此系两愿，各无异言。恐后无凭，立此永远/拔根绝卖地基房屋文契为照。

随契收足绝卖房价足兑元丝银贰千叁伯两正。曹平砝、陈瑞生，中金、/东金照例。

计开四址：东至左邻许墙界，南至官街，/西至右邻张墙界，北至官街。下岸平屋壹间，前至官街，后至官河，东至朱屋，西至顾屋。

嘉庆拾肆年叁月　日立永远拔根绝卖地基房屋文契。毛怀芳、毛惟贤、毛德漳。

嘉庆拾陆年/肆月廿六日/税印房契。/布字第柒千九伯廿九号，苏州府正堂五、/吴县正堂孙。

原中：程赞璜、/李春泉、/汪瑞廷、/张乐真、/戴芳进、/徐良佐、/顾昌年、/朱奕贤、/鲍维九、/何嵩瞻、/洪玉章、/包肄三。

代笔：陆容斋。

立永遠扳根絶賣地基房屋文契毛懷芳毛惟[illegible]毛德[illegible]今有承祖遺下房屋壹所坐[illegible]

圩内太平橋東首坐北朝南門面出入計平房五[illegible]左邊避街壹條書房平屋四[illegible]正共計[illegible]

樓房平屋肆拾捌間上下披厢壹拾伍個磚石料門[illegible]板壁天井假山樹木水井[illegible]立細[illegible]

因正用弟兄叔姪合議情願央中李春泉程贊[illegible]汪瑞廷陸容齋張樂真戴芳進等將[illegible]賣[illegible]廣東嘉[illegible]

仕商王仰蓮等為公所[illegible]面議定時值永遠絶[illegible]足兑元絲價銀貳千叁伯兩正[illegible]水足並無債[illegible]准

亦無重疊交易以及上下房族人等争執等情[illegible]有等情俱係毛懷芳等理直與得[illegible]者無干所有上首[illegible]

行交出並無片紙隻字存留在外倘後日或有[illegible]出以作廢紙無用至地[illegible]漕隨産過户完納遵奉新例

書壹紙為絶自賣之後任從買主居任管業永[illegible]為嘉應衆仕商之世産此係兩愿各[illegible]無悔立此永[illegible]

扳根絶賣地基房屋文契為照

隨契收足絶賣房價足兑元絲銀貳千叁伯兩正　曹平砝陳瑞生　中東金照例

計開四址

東至左隣許墻界　南至官街

西至右隣張墻界　北至官街

下岸平屋壹間前至官街後至官河東至朱屋西至顧屋

嘉慶拾肆年叁月　日立永遠扳根絶賣地基房屋文契　毛懷芳　毛惟賢　毛[illegible]

原中　程贊璜　張樂真　顧昌年　何萬瞻

李春泉　戴芳進　朱奕賢　洪[illegible]章　代[illegible]陸[illegible]齋

汪瑞廷　徐良佐　鮑[illegible]九　毛[illegible]

嘉慶拾陸年[illegible]肆月廿六日　布字第柒千九伯廿九號

蘇州府正堂五[illegible]

税印[illegible]契　吳縣正堂孫[illegible]

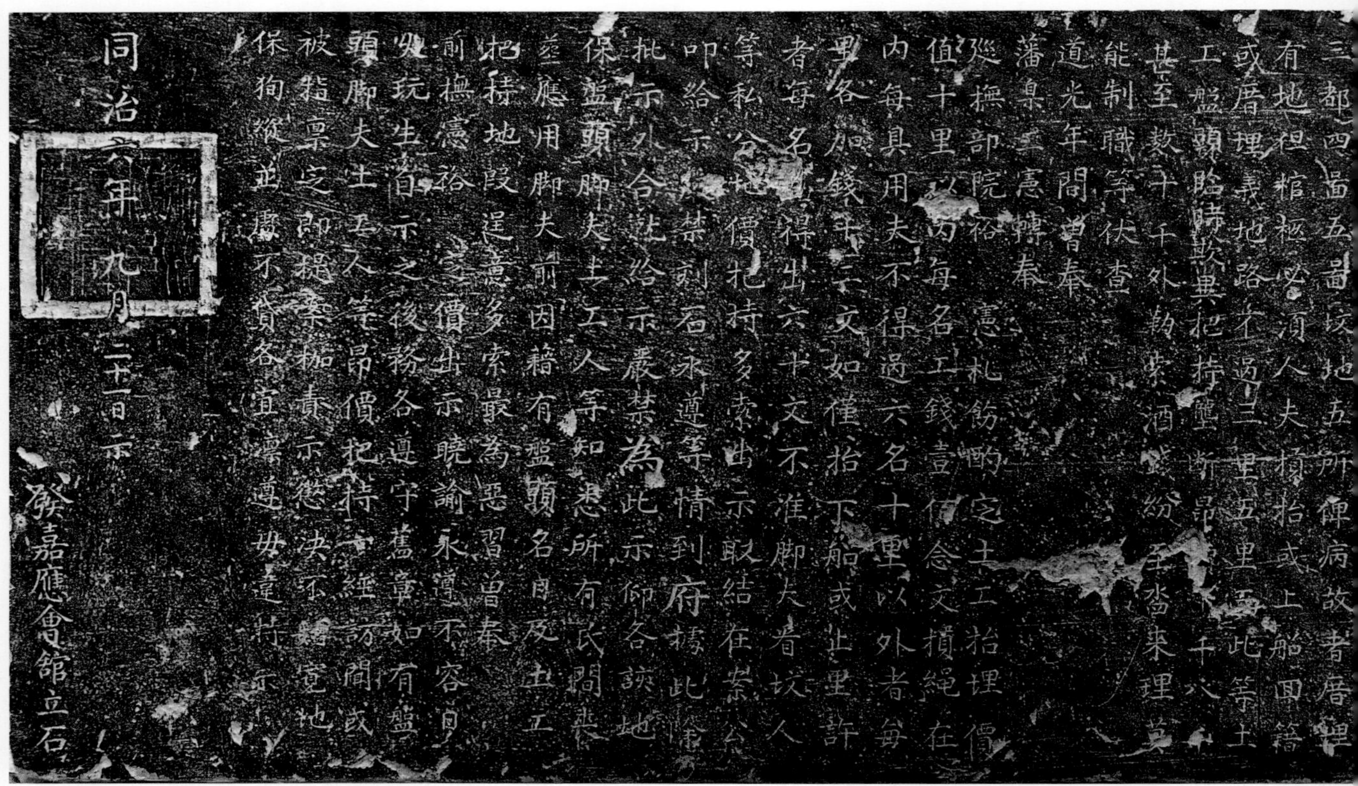

三都四啚五啚坟地五所俾病故者得埋有地埋棺柩必須人夫扛抬或上船回籍或厝埋義地路不過三里五里至此等土工盤頭臨時欺異把持壟斷昂□千八甚至數千外勒索酒錢紛至沓來理莫能制職等伏查道光年間曾奉藩臬二憲轉奉巡撫部院裕 憲札飭酌定土工抬埋價值十里以內每名工錢壹佰念文擯繩在內每具用夫不得過六名十里以外者每里各加錢二十文如僅抬下船或止里許者每名只得出六十文不准脚夫看坟人等私分地價把持多索出示取結在案公叩給示永禁刻石永遵等情到府據此除批示外合就給示嚴禁為此示仰各該地保盤頭脚夫土工人等知悉所有民間喪葬應用脚夫前因籍有盤頭名目及土工把持地段逞意多索最為惡習曾奉前撫憲裕 定價出示曉諭永遵不容自興玩生本示之後務各遵守舊章如有盤頭脚夫土工人等昂價把持一經訪聞或被指稟定即提案枷責示懲決不寬貸地保狥縱並處不貸各宜凜遵毋違特示

同治六年九月二十一日示

發嘉應會館立石

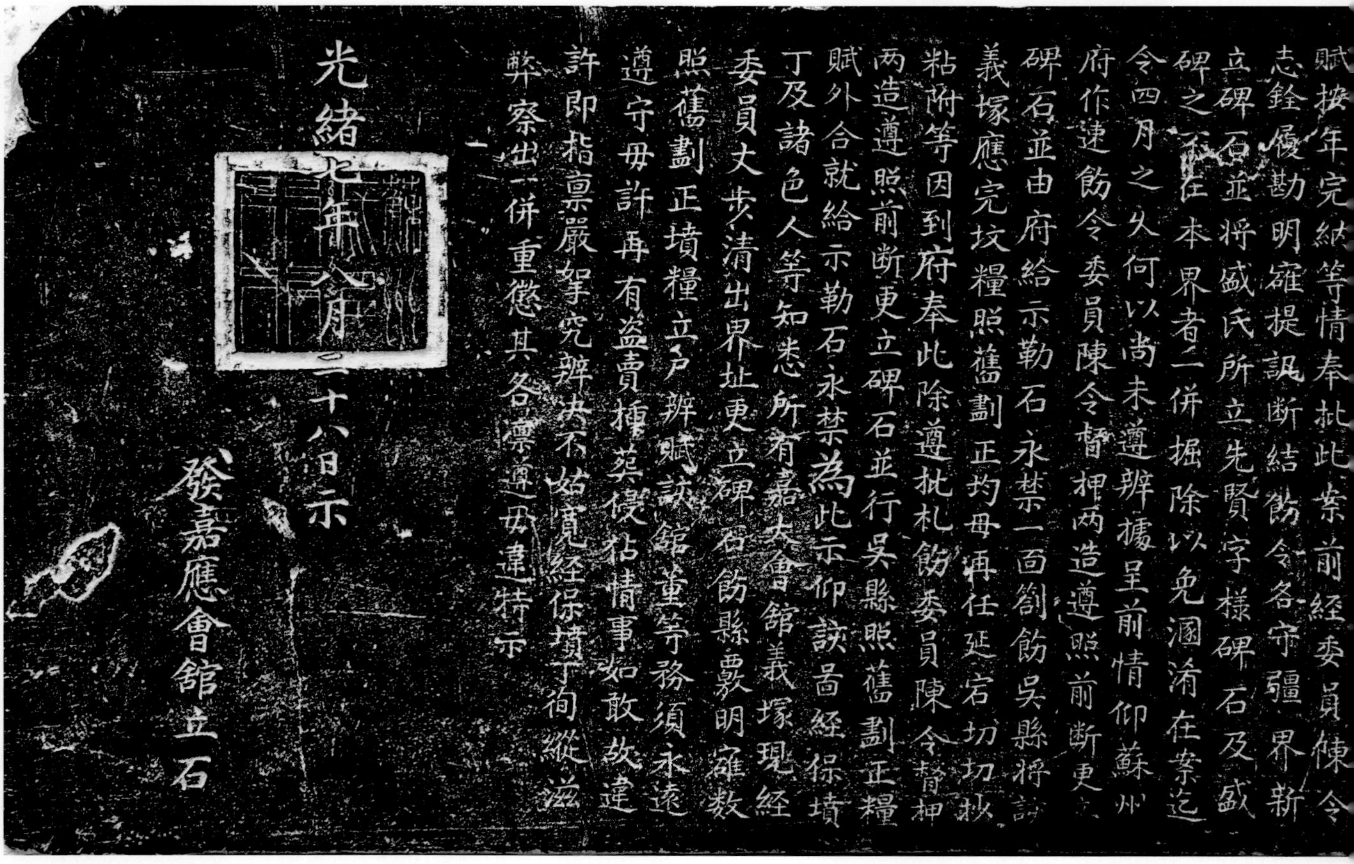

賦按年完納等情奉批此案前經委員陳令志銓履勘明確提訊斷結飭令各守疆界新立碑石並將盛氏所立先賢字樣碑石及盛碑之石在本界者一併掘除以免溷淆在案迄令四月之久何以尚未遵辦據呈前情仰蘇州府作速飭令委員陳令督押兩造遵照前斷更立碑石並由府給示勒石永禁一面劄飭吳縣將該義塚應完坟糧照舊劃正均毋再任延宕切切抄粘附等因到府奉此除遵批札飭委員陳令督押兩造遵照前斷更立碑石並行吳縣照舊劃正糧賦外合就給示勒石永禁為此示仰該啚經保墳丁及諸色人等知悉所有嘉應會館義塚現經委員丈步清出界址更立碑石飭縣覈明確数照舊劃正墳糧立戶辦賦該館董等務須永遠遵守毋許再有盜賣插葬侵佔情事如敢故違許即指稟嚴拏究辦決不姑寬經保墳丁徇縱滋弊察出一併重懲其各凜遵毋違特示

光緒七年八月二十八日示

發嘉應會館立石

永禁丧葬土工盘头把持昂价碑

◎永禁丧葬土工盘头把持昂价碑

【时间】1867

钦加盐运使衔尽先题补道特调江南苏州府正堂李为／给示严禁事。据候补县丞林启瑞、候补县／丞赖鍹、候补府经历李学彦、职监杨葆植、／六品衔尽先选用从九品曾仲翔、议叙从／九品吴起等禀称，职等籍隶广东嘉应州，／向在治下，或游宦俭居，或贸易生理。于嘉／庆道光年间，公捐资费，陆续置买吴邑十／三都四图五图坟地五所，俾病故者厝埋／有地。但棺柩必须人夫扛抬，或上船回籍，／或厝埋义地，路不过三里五里。而此等土／工盘头，临时欺异，把持垄断，昂价十千八千，／甚至数十千外。勒索酒钱，纷至沓来，理莫／能制。职等伏查／道光年间，曾奉／藩臬二宪转奉／巡抚部院裕宪札饬，酌定土工抬埋价／值。十里以内，每名工钱壹佰念文。扛绳在／内，每具用夫不得过六名。十里以外者，每／里各加钱十二文。如仅抬下船，或止里许／者，每名工得出六十文。不准脚夫、看坟人／等私分地价，把持多索。出示取结在案。公／叩给示严禁，刻石永遵等情到府。据此，除／批示外，合就给示严禁。为此，示仰各该地／保、盘头、脚夫、土工人等知悉，所有民间丧／葬应用脚夫，前因藉有盘头名目及土工／把持地段，逞意多索，最为恶习。曾奉／前抚宪裕定价出示，晓谕永遵，不容日／久玩生。自示之后，务各遵守旧章。如有盘／头、脚夫、土工人等昂价把持，一经访闻，或／被指禀，定即提案枷责示惩，决不姑宽。地／保徇纵，并处不贷。各宜凛遵。毋违！特示。

同治六年九月二十一日示。

发嘉应会馆立石。

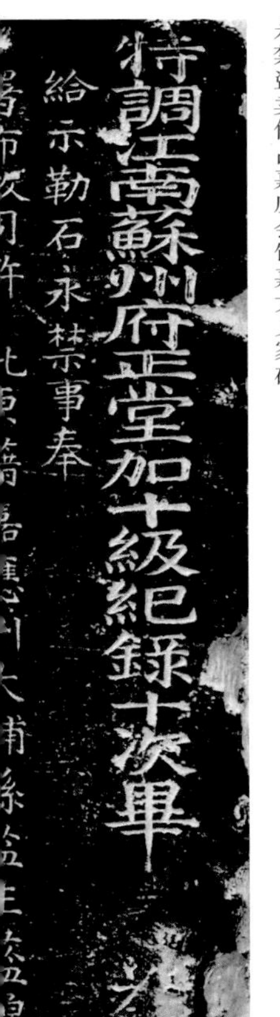

永禁盗卖侵占嘉应会馆嘉大义冢碑

◎永禁盗卖侵占嘉应会馆嘉大义冢碑

【时间】1881

特调江南苏州府正堂加十级纪录十次毕为／给示勒石永禁事。奉／署布政司许批，原籍嘉应州大埔县监生蓝锦／峰、刘耀椿，民人戴其勋、范森甫、邱玉书、蓝九韶，／馆丁吴宝元，呈控盛兆霖等灭界掘棺一案，请／给示勒石永禁，并求饬县给发印契执守，划正粮／赋，按年完纳等情。奉批，此案前经委员陈令／志铨履勘明确，提讯断结，饬令各守疆界，新／立碑石，并将盛氏所立先贤字样碑石及盛／碑之不在本界者一并掘除，以免溷淆在案。迄／今四月之久，何以尚未遵辨？据呈前情，仰苏州／府作速饬令委员陈令、督押两造遵照前断，更立／碑石，并由府给示勒石永禁。一面札饬吴县将该／义冢应完坟粮照旧划正，均母再任延宕。切切。抄／粘附等因到府。奉此，除遵批札饬委员陈令督押／两造遵照前断更立碑石，并行吴县照旧划正粮／赋外，合就给示勒石永禁。为此，示仰该图经保、坟／丁及诸色人等知悉，所有嘉大会馆义冢，现经／委员丈步，清出界址，更立碑石。饬县核明确数，／照旧划正坟粮，立户辨赋。该馆董等务须永远／遵守，毋许再有盗卖、插葬、侵占情事。如敢故违，／许即指禀，严拿究辨，决不姑宽。经保、坟丁徇纵滋／弊，察出一并重惩。其各凛遵。毋违！特示。

光绪七年八月二十六日示。

发嘉应会馆立石。

【说明】此碑偶有别字，如“均毋”误作“均母”，“遵办”误作“遵辨”，“办赋”误作“辨赋”，“究办”误作“究辨”。

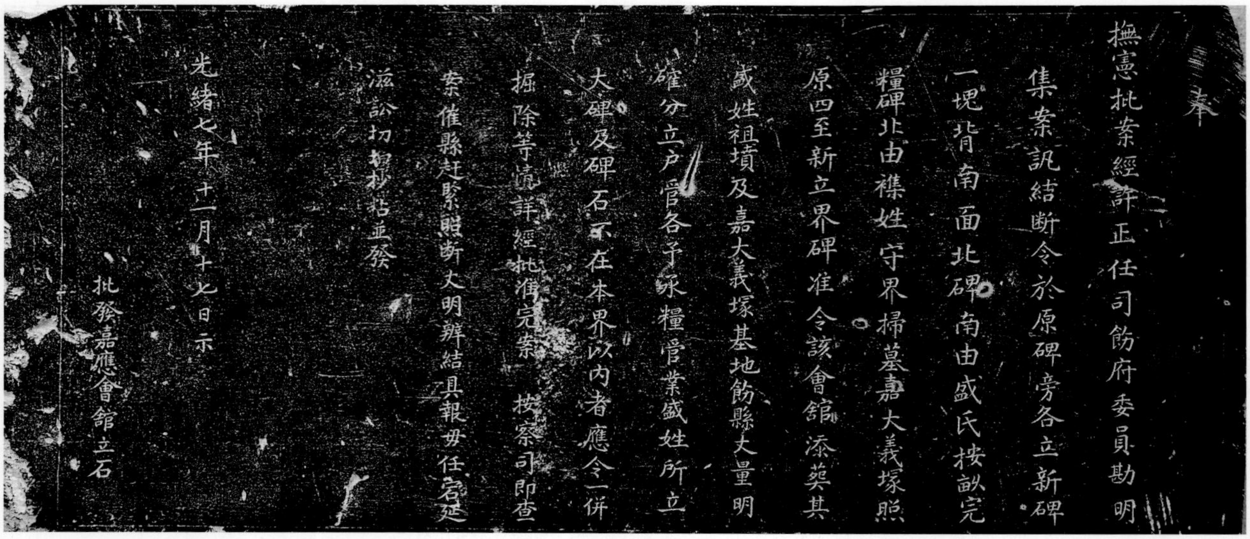

嘉应会馆嘉大义冢与盛姓祖坟确界碑

◎**嘉应会馆嘉大义冢与盛姓祖坟确界碑**

【时间】1881

奉／抚宪批，案经许正任司饬府委员勘明／集案讯结，断令于原碑旁各立新碑／一块，背南面北，碑南由盛氏按亩完／粮，碑北由杂姓守界扫墓。嘉大义冢，照／原四至新立界碑，准令该会馆添葬。其／盛姓祖坟及嘉大义冢基地，饬县丈量明／确，分立户管，各予承粮管业。盛姓所立／大碑及碑石，不在本界以内者，应令一并／掘除等情。详经批准完案，按察司即查／案催县赶紧照断，丈明辨结具报，毋任宕延／滋讼。切切。抄粘并发。

光绪七年十一月十七日示。

批发嘉应会馆立石。

◎**重建会馆大殿、头门、戏台、水码头助银碑**

【时间】1906

甲辰、／乙巳年重建会馆大殿、头门、戏台、水码头等项诸同乡捐款芳名开列于左。

王肇嵩贰伯元，／邹敬邦贰伯元，／李晋昌壹伯念元，／李恒泰壹伯念元，／王雨滋陆拾元，／温蔗青伍拾元，／济美恒伍拾元，／李崇庆叁拾元，／李嘉隆二拾元，／上／洋王恭泰二拾元，／李和泰隆二拾元，／刘碧珊二拾元，／黄宝源二拾元，／黄晋康二拾元，／温德荪二拾元，／浏／河王恭泰二拾元，／吴恒泰拾五元，／锺广城拾五元，／吴祥记拾五元，／其昌号拾五元，／晋泰号拾五元，／吴鉴光拾五元，／彭树泽拾二元，／嘉盛号壹拾元，／潘盛泰壹拾元，／富丰号壹拾元，／永嘉兴壹拾元，／王耀卿壹拾元，／张筱山壹拾元，／李升华壹拾元，／张志远堂壹拾元，／李祖芬壹拾元，／汤正斋拾元，／德泰拾元，／复泰昌拾元，／生泰拾元，／海康伍元／伍拾角，／广万源捌元，／裕泰陆元，／培昌伍元，／裕茂伍元，／邱申泰伍元，／锺培昌伍元，／黄宽辅伍元，／吴朗星伍元，／吴大宾伍元，／吴海宽伍元，／邱关寿两元，／协和丰肆元，／通泰号肆元，／奎园肆元，／邱正香肆元，／长盛肆元，／甡泰祥叁元，／郭荣昌叁元，／逢昌叁元，／万盛泰叁元，／复昌隆叁元，／鸿泰叁元，／怡和叁元，／同庆叁元，／义和丰叁元，／广荣昌两元，／李慎修两元，／黄子明两元，／义泰昌两元，／钧福协两元，／王初田两元，／王钧田两元，／魁园壹元，／李定初壹元，／德泰壹元，／广发祥壹元，／祥泰壹元，／福泰祥壹元，／义安壹元，／饶源兴壹元，／吴畹亭壹元，／张子宾壹元，／砀山各号共捐洋五拾叁元，／浙江震泽、／常熟横泾等处月捐列后，／三盛公肆拾捌角，／德星昌壹百叁拾角，／沈荣昌壹百角，／邹大成四拾角，／罗德堂念四角，／广

重建会馆大殿、头门、戏台、水码头助银碑

裕丰柒拾五角，/汤和兴四拾角，/万昌隆壹百念五角，/杨同德壹百拾五角，/邹源升壹百卅五角，/戴协丰柒拾五角，/晋丰恒壹百卅五角，/江公记壹百拾五角，/锺协泰伍拾捌元，/祥泰丰伍拾二元，/锺恒丰叁拾叁元，/锺协泰贰拾玖元，/锺性泰贰拾玖元，/成美源贰拾陆元，/震泰来贰拾元/念五角，/陈鸿昌贰拾元，/万康壹百陆拾五角，/义源泰壹百五拾五角，/王源源壹百叁拾角，/万裕源壹伯角，/协和丰壹伯角，/德泰壹伯角，/李双成壹伯角，/燮源兴伍角，/上/洋古梅山庄收洋叁伯元。

计共收捐洋大洋壹仟叁伯五拾肆元，/小洋五拾角文丨口。/又月捐共收大洋贰伯陆拾柒元正，/小洋贰千叁拾柒角文丨口。/叁拾年叁月起至三十二年岁底止，/共收会馆房金顶首洋叁伯叁拾元二角。/统付工料各等洋二千柒伯陆拾伍元捌角。/除收捐款外尚不敷洋二伯柒拾壹元零。

光绪叁拾二年拾二月吉日。经理邹敬邦、/罗润琴勒碑。

◎**绍康捐银碑**

【时间】不详

■福拔/■绍康/■上容捐/■银壹圆/■仲兴/■捐款

【说明】碑已残。

绍康捐银碑（局部）

◆原苏州市盲聋哑学校（柴园）碑刻

柴园，位于姑苏区醋库巷。初为清道光间潘曾琦宅园，名曰䌹园。光绪间归两淮盐运使柴安圃，重修扩建后改名柴园。后其子柴莲青复称䌹园。曾作苏州市盲聋哑学校。今为苏州教育博物馆。

◎浒墅镇宋范文正公书院记碑

【时间】1531

［先生，苏人也。浒墅，苏地也。原非居里，书院祀焉，矫俗也。苏之往哲多矣，独虔者就人所知耳。前乎先生，固有其人；后乎先生，亦未尝无人。先生去今四五百年，卓然之风，青天白日，浒关谈者，了了如见，先生何所待而兴其豪杰之士欤？予观所为之事，皆今人所当为者。兹浒墅出风气之表，躅遗芳而著闻者几人耶？使先生所为，矫情媚世，以大其美，则不可为矣。惑于一时，随后攻之矣。欺于无知者，难逃于具目矣。今犹能大理于口耶？使先生所为，戾于人］情之常，亦不必为矣。根乎天理［之正，不夺于私；/顺乎人心之同，不牵于怪。今何惮而不为耶？使先生所为，优入圣域，非众人］一蹴可到，而为之不及，犹可诿也。人皆［可以为尧/舜，奚先生之有哉？人自绝之，先生始孤高于前矣。能自奋者，肯曰：我之形骸，］欲役伦群类，聚灵于万物造化，赋予无少［亏欠，其/志行独不可肖人道，谁其厄之？宁不负所生哉？企其不懿，务去其愧，求］至其企，企之弗至，弗措焉。业儒也，豫天下事于胸/［中，扩良心以有为，义理所在，磊磊落落，举而措之，笃近举远，毋顾忌，毋退逊，］毋戾，毋比，毋袭，毋佚，毋已有，随所处而惠泽流衍，/［不逐逐于虚声而寡实效，穷达一致，泰如也，先生之矩步的矣。身虽齐民，不］死其良心，推平旦之好恶，达于胶扰之际，由家庭/［而宗族、邻里、乡党交与，勉为忠厚，而狡诈是耻，老穷不遗，强不犯弱，众不暴］寡，自拔鄙陋而惇爽矣。今浒墅也，谁其人欤？盖有/［之矣。苦傅畏咻，莫子其归也，安得懿其俗哉！予固设义敦教事矣，见广福］庵右畔别墅一所，幽邃轩豁，林木蓊樾，日惟丛族/［赌博，蠹俗尤甚。今顾泽辈推余工，葺颓益新，玲珑牖户，坚甓屏壁，创重门，拓］院落，

浒墅镇宋范文正公书院记碑

论语碑（一）

论语碑（二）

充广翼宇，完洁阶砌，暨艭焕然，邪塑尽撤。设 /[先生木主于于中堂，岁时特牲祀之，揭匾树碑，以昭不朽。屏浮荡之迹，寓诸生肄业，] 昕夕瞻仰，而企慕修为，诱之孔易矣。有来于 /[堂，均得观感，则劝宏矣。竟力全好，则先生之懿，不擅于一身，不止于一时，不拘于一方，受赐衍赐，沛然无既矣。犹或] 有无自待 /[焉，得谓之学哉，得谓之人哉！唯肄业诸生，脱俗自强，为民之先可也。或有过其齐民之望，不知予之初意也，风俗所以难振。钧是人也，晞骥骥乘，晞颜颜徒。存乎其人，不甘自诬，何难哉！或谓非后学之极致，予恐作辍相胜，户庭难跂足也。行远登高，此莫非发轫之地，寻向上去，自莫可御，但戒自足耳。先生事迹六一碑，悉今人莫不知，不复具仲尹之事，有投杼之疑，当阙之。书院成，仍令守于僧，毋仍倾圮焉。嘉靖辛卯岁仲夏日。]

【说明】碑文系明方鹏所撰，今残，据嘉靖《浒墅关志》、道光《浒墅关志》等补苴，择善而从，如道光志“投杼之疑”作“投抒之疑”，据嘉靖志、民国《吴县志》等正之。原存浒墅关。

◎ **论语碑**

【时间】清

[冉有曰:“夫子为卫君乎？” 子贡曰:“诺，吾将问之。”入，曰:“伯] 夷、叔 /[齐何人] 也？” 曰:“古之贤 / 人也。”曰:“怨乎？” 曰:“求仁 / 而得仁，又何怨？” 出，曰: /“夫子不为也。”子曰:“饭 / 疏食饮水，曲肱而枕 / 之，乐亦在其中矣。不 / 义而富且贵，于我如 / 浮云。”子曰:“加我数年，/ 五十以学《易》，可以无 / 大过矣。”子所雅言，《诗》/《书》、执礼，皆雅言也。叶 / 公问孔子于子路，子

[路不对。子曰:“女奚不曰，其为人也，发愤忘食，乐以忘忧，不知老之将至云尔。”]

[唯女子与小人] 为难养也，近之则不 / 孙，远之则怨。子曰:“年 / 四十而见恶焉，其终 / 也已。”

论语

微子第十八

微子去之，箕子为之 [奴，比] 干谏而死。孔子 /[曰:“殷有] 三仁焉。”柳下 /[惠为士师，三] 黜。人曰: /[“子未可以去乎？”] 曰: [“直 / 道而事人，焉往而不三黜？枉道而事人，何必去父母之邦？”]

【说明】残碑二通，属《苏州府学石经》，原存苏州中学。

◆原虎阜小学（李氏祇遹义庄）碑刻

李氏祇遹义庄，位于姑苏区山塘街。曾作敦仁小学、虎阜小学等。

◎**李氏祇遹义庄界碑**

【时间】清

李氏祠

李氏祇遹义庄界碑

◆原蒙养义塾（云锦公所）碑刻

云锦公所，又名丝业公所、轩辕宫、先机道院等，位于姑苏区祥符寺巷。清道光二年（1822）建。系纱缎业同业公会，后并入丝业同业公会。曾作蒙养义塾、教工托儿所。除点校者外，原有同治十三年（1874）《云锦公所建立轩辕宫大殿和山门并创办义塾碑》、光绪元年（1875）《苏州丝业整顿旧规集资设所缘由碑》、光绪四年（1878）《禁革宋锦机业设立行头名目碑》、光绪十一年（1885）《厘捐局给示按机抽捐举办善事碑》《长元吴三县给示按机抽捐举办善事碑》、光绪十五年（1889）《长元吴三县给示云锦公所拨款添设义塾碑》，今碑存苏州碑刻博物馆。另有道光二年（1822）《元和县永禁机匠叫歇碑》、光绪十五年（1889）《苏州府给示云锦公所拨款添设义塾碑》，今碑毁，拓片存苏州博物馆。

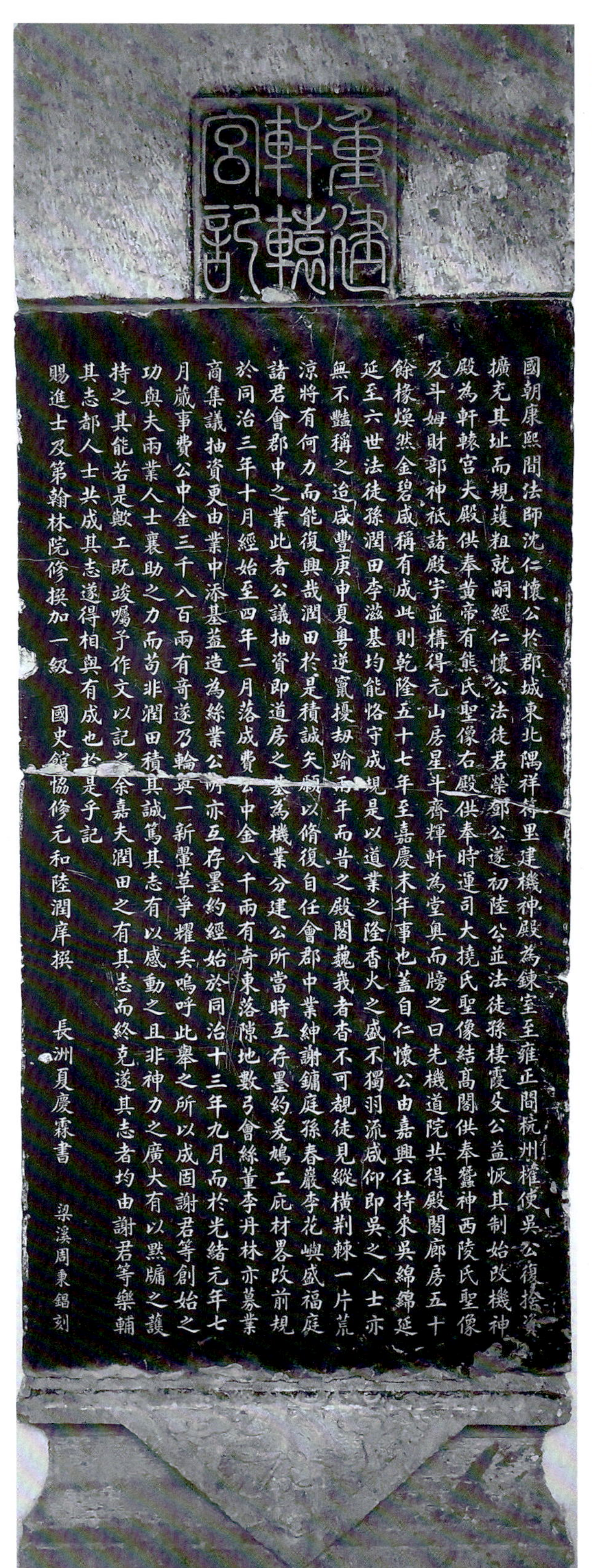

重建轩辕宫记碑

◎**重建轩辕宫记碑**

【时间】1875

重建／轩辕／宫记

国朝康熙间，法师沈仁怀公于郡城东北隅祥符里建机神殿为炼室。至雍正间，杭州榷使吴公复舍资／扩充其址，而规矱粗就。嗣经仁怀公法徒君荣邓公、遂初陆公并法徒孙栖霞殳公，益恢其制，始改机神／殿为轩辕宫。大殿供奉黄帝有熊氏圣像，右殿供奉时运司大挠氏圣像，结高阁供奉蚕神西陵氏圣像／及斗姆、财部神祇诸殿宇，并构得元山房、星斗齐辉轩为堂奥，而榜之曰先机道院。共得殿阁、廊房五十／馀椽，焕然金碧，咸称有成。此则乾隆五十七年至嘉庆末年事也。盖自仁怀公由嘉兴住持来吴，绵绵延／延至六世，法徒孙润田、李滋基均能恪守成规，是以道业之隆，香火之盛，不独羽流咸仰，即吴之人士亦／无不艳称之。迨咸丰庚申夏，粤逆窜扰，劫逾两年，而昔之殿阁巍峨者杳不可睹，徒见纵横荆棘，一片荒／凉，将有何力而能复兴哉？润田于是积诚矢愿，以修复自任。会郡中业绅谢镛庭、孙春岩、李花屿、盛福庭／诸君会郡中之业此者，公议抽资，即道房之基为机业，分建公所，当时互存墨约。爰鸠工庀材，略改前规，／于同治三年十月经始，至四年二月落成。费公中金八千两有奇，东落隙地数弓。会丝董李丹林亦募业／商，集议抽资，更由业中添基，盖造为丝业公所，亦互存墨约。经始于同治十三年九月，而于光绪元年七／月蒇事。费公中金三千八百两有奇。遂乃轮奂一新，翚革争耀矣。呜呼！此举之所以成，固谢君等创始之／功，与夫两业人士襄助之力，而苟非润田积其诚、笃其志，有以感动之？且非神力之广大，有以默牖之、护／持之，其能若是欤？工既竣，嘱予作文以记之。余嘉夫润田之有其志而终克遂其志者，均由谢君等乐辅／其志，都人士共成其志，遂得相与有成也。于是乎记。

赐进士及第翰林院修撰加一级、国史馆协修、元和陆润庠撰。长洲夏庆霖书。梁溪周秉锠刻。

先机道院界碑

◎先机道院界碑

【时间】清

先机院墙■

◆原建新小学（董氏义庄）碑刻

董氏义庄，位于姑苏区钮家巷。道光四年（1824）茶商董秉玠建，后部分辟为善行董公祠，并祀处士乾初。曾作建新小学。

◎董氏义庄执帖碑

【时间】1825

执帖

藩字第拾壹号。

苏抚部院挂发藩字第拾壹号。

藩字第拾壹号。

江南、江苏等处承宣布政使司，为请定盗卖盗买祀产义田之例，以厚风俗事。案奉／苏抚部院庄宪行开，准刑部议覆条奏。祖宗祀产，倘有不肖子孙投献势要，私捏典卖，及富室强宗／谋吞受买，各至五十亩以上者，悉依投献捏卖祖坟山地原例，问发充军，田产收回，卖价入官。不及前数／者，即照盗卖官田律治罪。其盗卖历久宗祠者，亦计间数，一体办理。若盗卖义田，应仍照例，罪止杖一百，／徒三年。谋买之人，各与同罪。仍令立有确据，分别勒石报官存案等因。

董氏义庄执帖碑

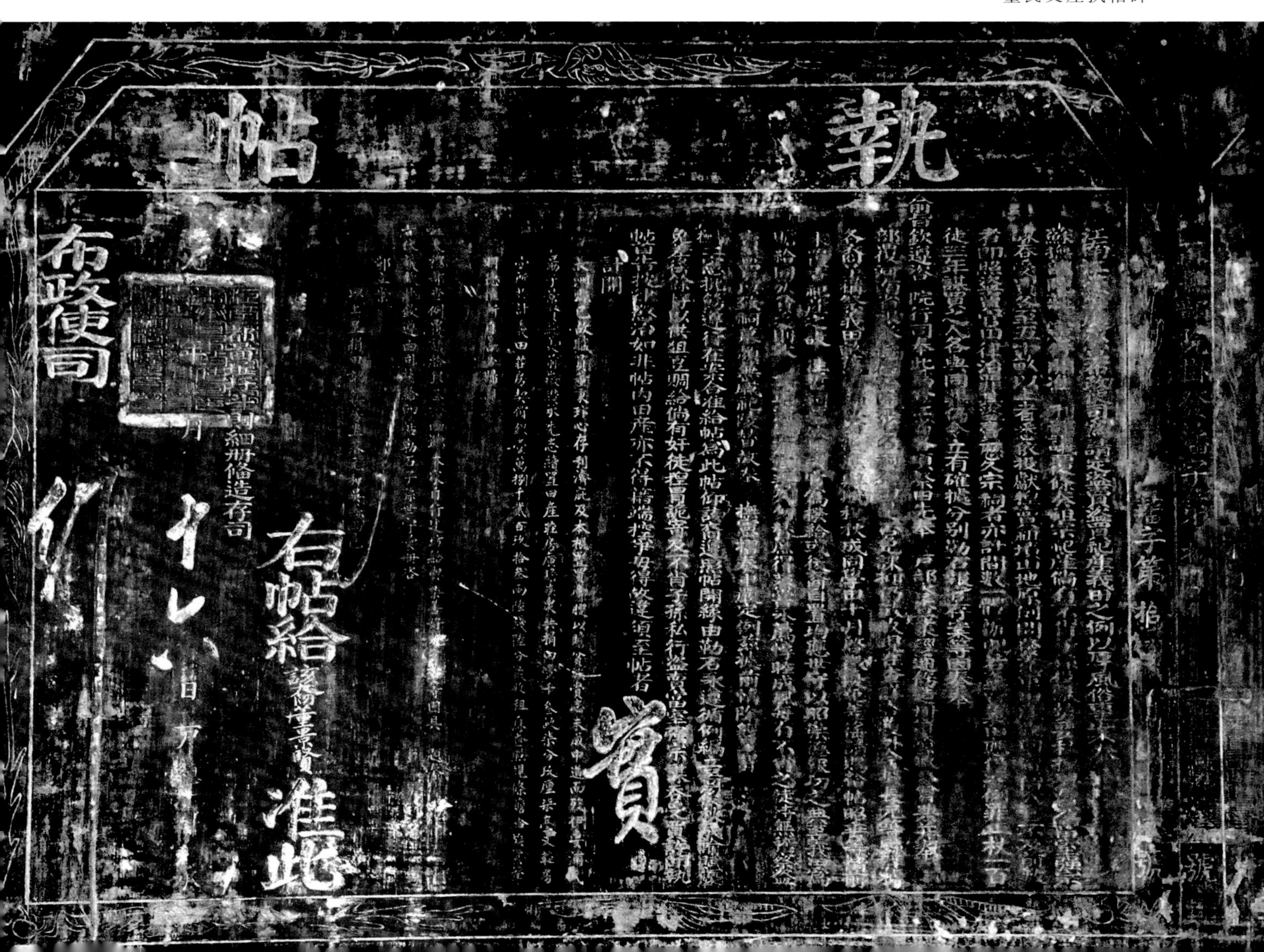

奏奉／俞旨，钦遵咨院行司。奉此，为查江省各项祭田，先奉户部咨查，业经通饬造册详咨，载入会典。并奉／部覆，河南省银米，系属豁除。江省各祠祭田，是否免课，抑仍征收，现在查详咨覆外。今据长元等县详，据／各裔呈称，祭义田亩，旧例编立图后，应办赋税，秋成同学田十月启征，优免差徭，请赐给帖昭垂等情前／来。覆查祀产之设，往哲祠墓攸赖，或官为拨给，或后裔自置，均应世守，以昭宗德报功之典。至义田为／赡给同族贫乏，则效文正遗规，亦宜垂久勿替，庶得蒸尝永荐，惇睦成风。每有不肖之徒，恃无稽察，盗／卖盗买，以致祠墓颓芜，岁祀陵替。故奉抚宪折奏，申严定例。兹据前情，除经呈详／督／抚二宪批饬遵行在案，合准给帖。为此帖仰该裔遵照帖开缘由，勒石永遵，循例编立图后，秋成输赋，优／免差徭，馀籽以供俎豆赒给。倘有奸徒捏冒诡寄，及不肖子孙私行盗卖，富室强宗谋吞受买，许即执／帖首告，按律惩治。如非帖内田产，亦不得藉端控争，毋得故违。须至帖者。实行。

计开：／长洲县已故职员董秉玠，心存利济，庇及本根。置买膏腴，以赡贫族。赍志未成，中道而殁。伊妻浦氏／勖子景贤，继美前徽，缵承先志，续置田产庄房，广赡族众。共捐田壹千叁亩柒分玖厘柒毫，又庄房／壹所，共计义田庄房契价银壹万捌千贰百玖拾叁两陆钱陆分。岁收租息，查照规条，赡给族党。声／明德推所自，善必归亲。／题请／旌表。礼部查例覆议，给银叁拾两，听本家自行建坊，给与“乐善好施”字样等因具题。奉／旨：“代议。钦此钦遵。由司核给印帖勒石，子孙世守。”汇册咨／部立案。／以上呈捐田亩庄房，坐落元和、吴县两邑。／右帖给该裔董景贤，准此。／都图丘圩斗则细册，备造存司。

道光伍年肆月十六日，户总科承／布政使司。

◆原西美巷小学（况公祠）碑刻

况公祠，祀苏州知府况锺，位于姑苏区西美巷。清道光六年（1826）苏州知府额腾伊倡建。曾为江西会馆。曾作私立苏民中学附属小学校、崇实中学、西美巷小学、仓米巷小学幼儿班等。原净渌亭西廊壁间有九碑，系孙星衍题《明循吏况公像碑》以及潘奕隽、孙星衍、张问陶、陈鸿寿、韩是升、黄丕烈、石韫玉、郭麐、陈文述、钮树玉、董国琛、顾震咏赞丛碑，今已不见。近年新修时仿刻胡俨若、周忱、张洪、萧夔、曾添恕、何澄、彭颖、陈贽、陆俦、周瑮、顾瞻、徐辅、宋楷、张素、丁鸿、杨士奇等书《况知府复任苏州赠行倡和诗序碑》十一方。

◎大清改建明苏州府知府况公专祠之碑

【时间】1826

大清／改建／明苏／州府／知府／况公／专祠／之碑

大清改建明苏州府知府况公专祠碑

尝读《汉书·循吏传》曰，所在民富，所去见思，生有荣号，死见奉祀。惟其畜保惠之心，靡间于存没，是故策报功之典，奚别乎古／今？勿拜深棠舍之思，将爱展桐乡之祀。凡所谓祈年介福，感而遂通，酌泉荐芳，舍兹奚适者，岂偶然哉！明礼部仪制司郎中／况公锺，于宣德五年秋七月擢知苏州府事，史称其刚正廉洁，民奉若神，且以为抚臣周文襄所行善政，公协成之力居多。／是故奏免官田浮租七十二万，疏减抑配平民千四百人。设公仓以代逋租，民无荐札之患；浚三江以资水利，地无旱涝之／虞。他如置善恶薄以行劝惩，置勘合簿以防奸伪，置纲运簿以杜侵盗，置馆夫簿以禁需求。振赡单寒，裁抑中贵，锄强植善，／美不胜书。嗣丁母忧，民乞复任。秩满当迁，部民二万馀人复乞再任，诏进正三品俸，仍视府事。正统七年十二月卒于官，吏／民聚哭立祠。是公之治绩既无愧于龚、黄、卓、鲁之行，而其见思奉祀于吴民者，亦非一日矣。顾于祔祀郡学之外，别无专祠，／春秋祈报，蔑以展敬，匪特吴民之戚，抑亦来者之责也。苏州府治西美巷之五显行祠者，其地在宋为

大清改建明苏州府知府况公专祠之碑

和丰坊，其祠为如意/庵。自嘉泰间，庵僧普智奉安徽婺源之土神五显灵官者祀于此，始易今名。自宋迨明，历有改作。况公守吴，复率僚属修葺之，/事详翰林刘铉所撰记中。本朝康熙二十五年，文正汤公抚吴，毁境内淫祠，并焚其像，祠地遂日见颓削。家大人与季父/来吴服官，缅况公之遗烈，请于太守额公，商于吴邑侯，万公暨前后长元诸邑侯，仍其旧贯，加以丹雘，为公专祠。或以公祀/五显之地，今以祀公，惧非所安。且以是祠为公之所兴，而为汤公之所废，兴废之际，不能无疑焉。余因详考史乘而晓之曰：/"五显之兴也，始自唐光启二年，降灵安徽婺源县王瑜园中，旱涝疫疠之祷，辄有奇验。雍熙、大观之间，累闻于朝，赐祠灵顺。/咸淳以来，吴民亦建祠奉之。况公之守吴也，首建泰伯庙，续建县学、社稷坛、五贤祠、韦苏州祠、范文正公祠，洎及广惠诸庙。/先成民而后致力乎神，若此者指不胜屈。所谓五显之祀，庙食于吴者久矣。公固爱民如子者，闻神能阴庇吴民，爰就故宋/庙貌葺而新之，以进诸山川社稷之祀也，亦固其所。厥后师巫邪说，假神惑众，不特劳民伤财，且为人心风俗之害。明万历/参议伍袁萃曾改朱家园灵顺行祠以祀伍相，洎乎汤公，乃更一律毁之。夫况公之兴祠也，为民迓福；汤公之废祠也，为民/除患。救时之政，势若异趋；爱民之心，理无二致。两公易地则皆然，又何所用其疑议哉？唐狄梁公持节江南，毁淫祠千七百/所，仅存夏禹、泰伯、伍员、季札四祠。汤公既毁楞迦山之五通庙以祀关帝，复毁颜家场之五显庙以祀复圣。今以此祠专祀/况公，此宋潘凯所谓崇正黜非，当亦汤公未竟之志与？且夫况公聪明正直，唯德是与，衣冠之墓，岿然尚存。其惠爱吴民之/心，虽易世以后，魂魄犹应恋此。旱潦疫疠之祷，必有显著其灵爽者。将使后来守土之官，瞻依祠宇，观感奋兴，心公之心，行/公之行，无负于民，而无愧于公，非皆我公遗泽之所存哉？"或退，因书以记之。

诰授奉政大夫、/赏戴同知衔、前江苏即补通判、钱唐陈裴之谨撰并书篆额。

道光六年青龙在柔兆阉茂之岁颇勤婆那月谷旦立石。刘六润斋刻。

【说明】偶有误刻，如"善恶薄"误作"善恶薄"，"颇勒宴那"误作"颇勤宴那"。

◆原悬桥小学（潘氏松鳞义庄）碑刻

潘氏松鳞义庄，位于姑苏区悬桥巷。初为乾隆间解元、主事黄丕烈宅，号“百宋一廛”，专储所有宋椠古本书，藏书楼称士礼居。道光十二年（1832）潘遵祁承祖父潘奕隽（户部主事）和父潘世璜（探花）遗志与弟潘希甫谋捐义田千亩，并请叔父潘世恩于此建松鳞义庄，救助族里。曾作潘松鳞两等小学、敬善中学、悬桥小学。另有“潘义庄界”界碑，移至他处。

◎**松鳞义庄记碑**

【时间】1853

松鳞义庄记

道光十二年壬辰春三月，荥阳潘氏建立松鳞义庄于郡城之东偏。越二十馀年，岁有增置，经/定章程，详载规条中，既周且备，而未有庄记以志缘起。于是掌庄遵祁、希甫属奂为之记。曰，荥/阳系出徽州大阜村。康熙间，候选主事其蔚公迁吴郡，分九派，数传至贡湖公。公生三子，容皋/公、畏堂公、云浦公。父子兄弟俱膺一品封诰，高其庄门，颜之曰光禄公祠。盖庄之设也，由来旧/矣。先是，贡湖公授祭田，供祭祀，手书遗训，俟后人之赢，济族人之绌。容皋公暨理斋公为其长/房之子若孙，恪奉遗训，欲仿范氏良规，厚宗赡族，累积之有年矣，顾有志而未及行。遵祁、希甫/先后遭大父、父丧，才逾冠耳，奋乎此举，捐田一千四亩，又造作庄屋一所。当是时，从兄曾沂设/丰豫备荒仓，惠邻里乡党。而惠族之事，遵祁等必咨询焉，以请命芝轩相国。故云浦公支下捐/二百亩，又畏堂公支下捐番银二千，资其费用。既复积租入之馀，益置九百九十亩。贡湖公旧/遗十六亩，亦归入庄。以原其所始，共田二千二百二十亩有奇。更为之遍告族党，汇修支谱，谱/之与田有相济。然承遗志，

松鳞义庄记碑

妥先灵，具豆笾，尽享祀，三房所共之，而经始成终者由长房。是故遵/祁、希甫实掌庄务，世世后子孙其毋替。奂昔馆于荥阳氏容皋公，优游在籍。理斋公色笑承欢/膝下，奉《太上感应篇》为家塾课程。清晨令盥读，每叹曰，世途叵测，类皆雍塞莫可为，为善最乐。/东平王处家一言，其终身行之可乎？夫善之道广，要必本分之所当为，此义庄之举也，所以完/吾人本分事也。周公燕兄弟而作《常棣》，召穆公合九族以歌之，其六章曰："兄弟既具，和乐且孺。"/其七章曰："兄弟既翕，和乐且湛。"《传》曰："九族会曰和。"若乃同姓从宗，合族以食，老有终，幼有长，矜/寡孤独废疾皆有养，嫁子取妇皆有度，送敛营葬皆有制，以言乎善，善莫大焉，以言乎乐，乐莫/甚焉，和之至也。荥阳氏厚宗赡族之意，蕴蓄既久，后起之贤，克光前型，如山之幽远，如涧之流/长，松鳞义庄其继范氏而兴也夫。

咸丰三年癸丑秋九月，长洲陈奂谨撰并书。

◆原菉葭巷小学（周急局）碑刻

周急局，位于姑苏区菉葭巷。道光二十年（1840）邑绅黄寿凤创办。曾作元和初等学堂、吴县东区第三国民学校、苏州市菉葭初级小学校、吴县县立菉葭初级小学堂、东区第三国民学校、吴县北街镇菉葭国民学校、长征小学、菉葭巷小学等。

周急局界碑

◎**周急局界碑**

【时间】清

周急局界

◆原梓义小学（梓义公所）碑刻

梓义公所，又名公输子祠，俗称清洲观，位于姑苏区清洲观前。祀鲁班。清嘉庆间始建，初在憩桥巷，称小木公所，咸丰中毁，同治间移今址，为水木工业行会。曾作梓义小学、玄妙小学、五星小学等。现址另有助银碑二十余通。原有道光元年（1821）《水木作捐建公所给示碑》、道光三十年（1850）《水木匠业兴修公所碑》、光绪十二年（1886）《水木作按月捐钱储所碑》、光绪十三年（1887）《梓义公所修所布告碑》、光绪二十九年（1903）《水木作议定工价碑》、光绪三十年（1904）《永禁滋扰梓义公所碑》、光绪三十三年（1907）《梓义公所创立工艺实业小学堂碑》、1910年《永禁水木作偷闲怠惰碑》、1920年《水木作增加工资标准碑》、1922年《水木作增加工资标准碑》、1925年《水木作增加工资标准碑》、1939年《水木同业工人增加工资碑》、1946年《水木工业营造业禁雇非会员碑》，现存苏州碑刻博物馆。另有1920年《议定水木作工钱和工作时间碑》（吴县给示）、1948年《梓义公所第一次理监事办理会务概况碑》，拓片藏苏州博物馆。

◎吴县水木业职业工会纪念亭碑

【时间】1940

吾水木业职工之有集团远在逊清，原名梓义公所，惟当时缺乏事业记载，因而详细沿革不能备述。二十六年秋，战／事发生，水木业工人全部星散，公所事业亦完全停顿。二十九年春，城厢秩序渐次恢复，吾业职工之来苏服务者日／众，乃由前公所职员尢仲良、须惠如、郁义良、姚竹甫、陆凤良、姚惠云、郁乾良、翁如甫、顾惠卿、程永甫、蒯琴寿、陆文安、许／熊标、郁瑞生、张仲春、张祝良、李鸿甫、虞锦良、喻锡涛、张信仁、姚惠英、严义康、顾品云、□信卿、程永庭、戴琴昌、蒋锡云、施／宝龙、颜鸿鑫、王炎、蒋鸿良、袁麟法、贾林祥、沈福祥、蒯云良、夏筱兴、郁和尚、须□□、孙坤祥、朱琴香、姚胜甫、范琴安、须馀／卿、姚鉴堂等发起组织工会，集四十馀人之精力，积极筹备，于五月十□□领到吴县县党部之组织许可证。同月十／五日召开成立大会，定名为吴县水木业职业工会，迄今已两度□□。会务推进，成绩粗具，兹为表彰历届理监事事／业概况，特建纪念亭于殿前西隅，并勒石以纪其大概，藉留□□而志不忘，亦以自勉云尔。

中华民国三十二年　月　日。古吴周梅谷书丹并勒石。

历届理监事办理会务概况

届别：第一届。

时期：二十九年五月至三十一年六月。

理监事姓名：尢仲良、郁义良、姚惠云、顾惠卿、／程永甫、许熊标、李鸿甫、虞锦良、／姚惠英、严义康、顾品云、戴琴昌、／蒋锡云、王炎、蒋鸿良、沈福祥、／蒯云良、夏筱兴、孙坤祥、朱琴香。

会员人数：一千一百五十人。

会务进行概况：修理本会房屋，购置用具，／发给会员证章，筹设分会，／分送夏令药品，／增加工资先后共七次，自每工四角／四分增至每工六元三角，膳食在外。

届别：第二届。

时期：三十一年七月至三十三年十一月。

理监事姓名：尢仲良、郁义良、程永甫、／顾品云、范琴安、王信庆、／蒋锡云、施宝龙、须明□、／蒯云良、杨兰生、姚惠云、／顾惠庆、夏筱兴。

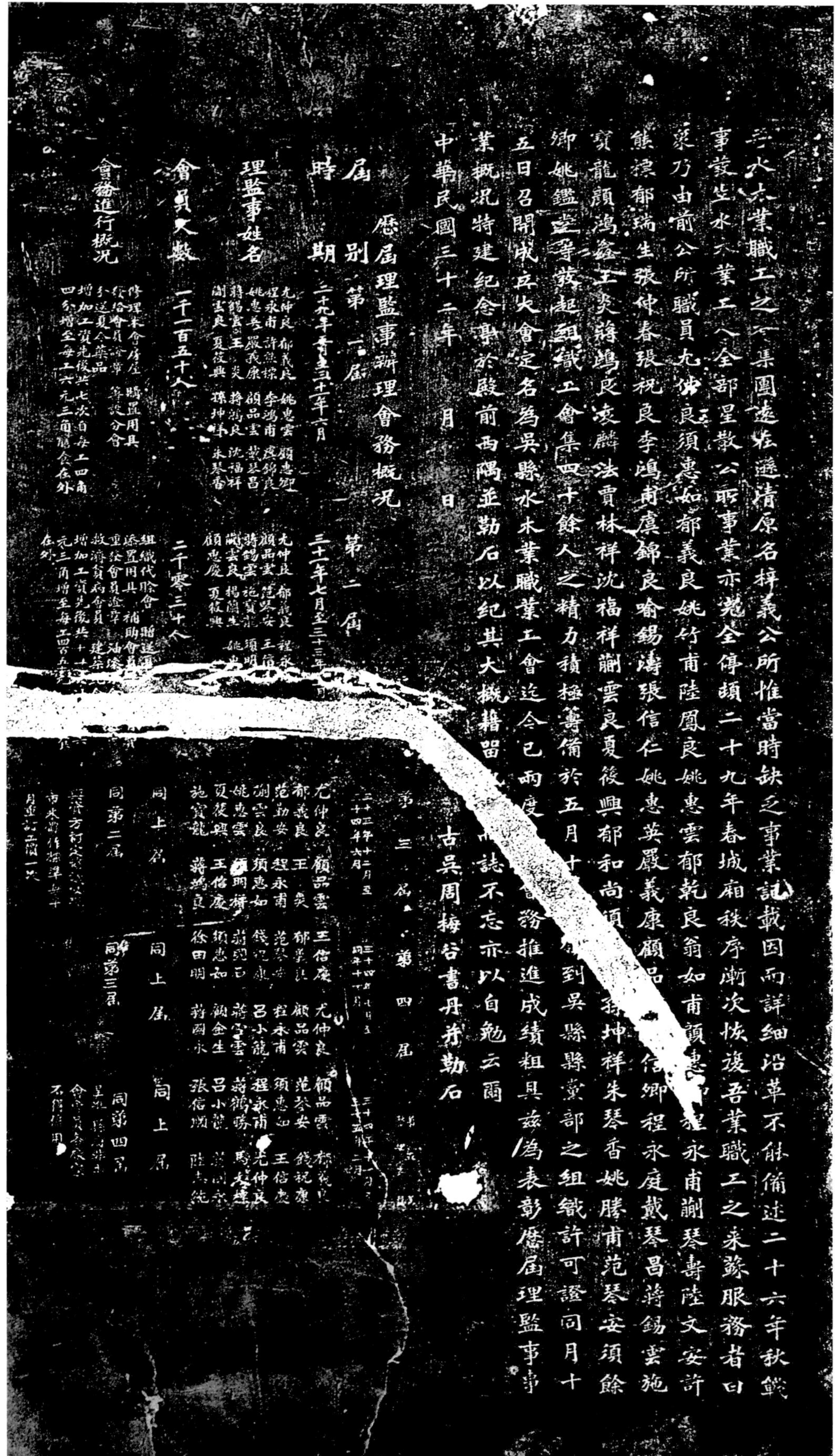

吾水木業職工之[illegible]集團遠在遜清原名梓義公所惟當時缺乏事業記載因而詳細沿革不能備述二十六年秋戰事發生水木業工人全部星散公所事業亦蕩全停頓二十九年春城廂秩序漸次恢復吾業職工之來蘇服務者日衆乃由前公所職員尤仲良須惠如郁義良姚竹甫陸鳳良姚惠雲郁乾良翁如甫顧惠[illegible]程永甫蒯琴壽陸文安許熊祿郁瑞生張仲春張覲良李鴻甫虞錦良喻錫濤張信仁姚惠英嚴義康顧品[illegible][illegible]信卿程永庭戴琴昌蔣錫雲施寶龍顧鴻鑫王炎蔣鴻良凌麟法賈林祥沈福祥蒯雲良夏筱興郁和尚顧[illegible][illegible]坤祥朱琴香姚勝甫范琴安須餘卿姚鑑堂等發起組織工會集四十餘人之精力積極籌備於五月十[illegible]到吳縣縣黨部之組織許可證同月十五日召開成立大會定名為吳縣水木業職業工會迄今已兩度[illegible]務推進成績粗具茲為表彰歷屆理監事事業概況特建紀念亭於殿前西隅並勒石以紀其大概藉留[illegible]誌不忘亦以自勉云爾

中華民國三十二年　月　日　古吳周梅谷書丹并勒石

歷屆理監事辦理會務概況

屆別	時期	理監事姓名	會員人數	會務進行概況
第一屆	二十九年五月至三十年六月	尤仲良 郁義良 姚惠雲 顧惠卿 程永甫 許森棣 李鴻甫 虞錦良 姚惠英 嚴義康 顧品雲 戴琴昌 蔣錫雲 王炎 蔣鴻良 沈福祥 蒯雲良 夏筱興 孫坤祥 朱琴香	一千一百五十人	修理本會房屋 購置用具 發給會員證章 籌設分會 分送夏令藥品 增加工資先後共七次自每工四角四分增至每工六元三角膳食在外
第二屆	三十年七月至三十三年[illegible]月	尤仲良 郁義良 程永[illegible] 顧品雲 范琴安 王信[illegible] 蔣錫雲 施寶龍 須明[illegible] 蒯雲良 楊關生 姚[illegible] 顧惠慶 夏筱興	二千零三十人	組織代賒會 贈送[illegible] 添置用具 補助會員[illegible] 重發會員證章 油漆[illegible] 救濟貧病會員 建築[illegible] 增加工資先後共十[illegible]元三角增至每工四百五[illegible]在外
第三屆	三十三年十二月至三十四年六月	尤仲良 顧品雲 郁義良 王炎 范勤安 程永甫 蒯雲良 須惠如 姚惠雲 須明祥 夏筱興 王信慶 施寶龍 蔣鴻良	同上	同第二屆
第四屆	三十四年[illegible]月至[illegible]	王信慶 郁義良 范琴安 錢祝康 蔣[illegible] 須惠如 徐田明	同上	同第三屆
[illegible]	[illegible]	尤仲良 顧品雲 程永甫 呂小龍 蔣雪雲 顧金生 蔣國永	同上	[illegible]
[illegible]	三十四年[illegible]	顧品雲 范琴安 須惠如 程永甫 蔣鶴務 呂小龍 張信炯 顧祝康 王信慶 尤仲良 馬季雄 [illegible] 陸[illegible]	同上	同第四屆 呈准[illegible] 會員[illegible] 不得[illegible]用

会员人数：二千零三十人。

会务进行概况：组织代赊会，赠送夏令药品，/添置用具，补助会员□□月费，/重发会员证章，油漆分会□□，/救济贫病会员，建筑纪念□，/增加工资先后共十一次，计□□六/元三角增至每工四百五十元□□，膳食/在外。

届别：第三届。

时期：三十三年十二月至/三十四年六月。

理监事姓名：尢仲良、顾品云、/郁义良、王炎、/范勤安、程永甫、/蒯云良、须惠如、/姚惠云、须明祥、/夏筱兴、王信庆、/施宝龙、蒋鸿良。

会员人数：同上届。

会务进行概况：同第二届。/与资方订定协议，以现/市米价作标准，每半/月重订工价一次。

届别：第四届。

时期：三十四年七月至/同年十一月。

理监事姓名：王信庆、尢仲良、/郁义良、顾品云、/范琴安、程永甫、/钱祝康、吕小龙、/蒋国石、蒋雪云、/须惠如、顾金生、/徐田明、蒋国永。

会员人数：同上届。

会务进行概况：同第三届。

届别：第五届/整理委员。

时期：三十四年十一月至/三十五年三月。

理监事姓名：顾品云、郁义良、/范琴安、钱祝康、/须惠如、王信庆、/程永甫、尢仲良、/蒋鹤胜、马文标、/吕小龙、蒋国永、/张信顺、陆志纯。

会员人数：同上届。

会务进行概况：同第四届。/呈准县府，非本/会会员各厂家/不得雇用。

◆原达材中学（咏勤公所）碑刻

咏勤公所，又称洋布公所、咏勤公所，位于姑苏区宝林寺前，系洋布洋货业同业公所。清嘉庆十二年（1807）建于梵门桥弄肖家园，同治二年（1863）重建于此。同治十三年（1874）洋货部分出建立惟勤公所。民国时期，与尚始公所合并成立华洋布业同业公会。曾作达材中学。除点校者外，原有同治十一年（1872）程肇清撰、潘绍菜书《洋货业修复咏勤公所碑》，今存苏州碑刻博物馆。原有咸丰五年（1855）冯桂芬撰并书《咏勤公所恤寡会碑记》，同治十二年（1873）程肇清撰、石渠书《咏勤公所推仁局办理代葬碑记》，光绪二年（1876）冯方缉撰、俞樾书《咏勤公所恤寡会续记碑》，今碑毁，拓片存苏州博物馆。

咏勤公所界碑

◎咏勤公所界碑

【时间】清末

咏勤堂

◆原西花桥巷小学（王氏怀新义庄）碑刻

王氏怀新义庄，位于姑苏区西花桥巷。同治十一年（1872）浙江秀水王师晋与从子王伟棨创建。西路曾作为西花桥巷小学、井冈山小学。

◎怀新义庄规条序碑

【时间】1873

怀新义庄规条合刻。癸酉夏日，/宝莹题签。

怀新义庄规条序

吾家系出太原，由秀水之新塍迁吴/江盛泽者，师晋高祖也。由高祖/而上五世以前，丁明之季，谱牒散亡，/曾祖承高祖命实创修之，盖有/志于敬宗收族矣。吾祖率循遗训，/敦行不怠，至吾父与叔父西泉公克/自振立，笃于亲亲。道光丁亥，先有义宅/之设，而吾父以未立义庄为恨，临殁/谆谆，至于呜咽。咸丰甲寅，叔父与故/兄用九勉绍其志，私定赡族章程，方欲/经营久远，修整规模，而吾兄以庚申之/乱殁于播迁，叔父长子皆吉旋亦下世，/家道中落，未有以图厥成。/今上御宇，江南底定，师晋由沪迁苏，越九/年，乃得以负郭田一千二百五十亩、庄屋/一所，合叔父田二百亩、租房一所，用成吾/父之志。因推本吾父所述敬宗收族/诸训，及叔父所尝与上下其议论者，定/为义庄规条五十三则，缮请有司，获蒙/奏准，以资世守。盖吾父有志于数十年/之前，而叔父与师晋终睹其成于数十/年之后，非祖宗之遗泽有以庇赖，

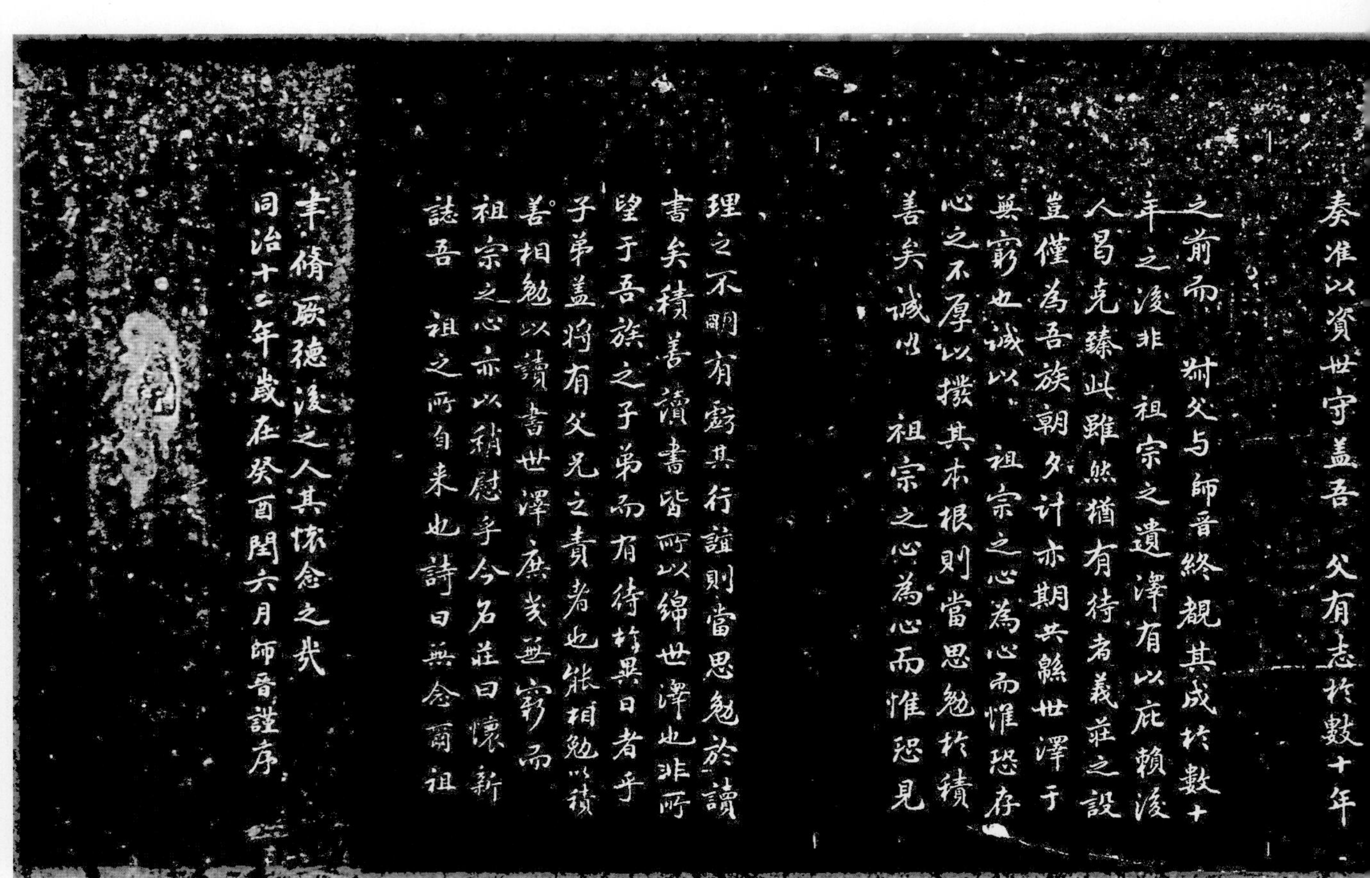

怀新义庄规条序碑

后／人曷克臻此？虽然，犹有待者。义庄之设，／岂仅为吾族朝夕计，亦期共绵世泽于／无穷也。诚以祖宗之心为心，而惟恐存／心之不厚，以拨其本根，则当思勉于积／善矣。诚以祖宗之心为心，而惟恐见／理之不明，有亏其行谊，则当思勉于读／书矣。积善读书，皆所以绵世泽也，非所／望于吾族之子弟，而有待于异日者乎？／子弟盖将有父兄之责者也。能相勉以积／善，相勉以读书，世泽庶几无穷，而／祖宗之心亦以稍慰乎！今名庄曰怀新，／志吾祖之所自来也。《诗》曰："无念尔祖，／聿修厥德。"后之人其怀念之哉。

同治十二年岁在癸酉闰六月，师晋谨序。

【说明】此碑为王师晋所书《怀新义庄规条》，当为丛碑，今仅存其一。

◎王字砖铭

【时间】1897

王

同治壬申夏，先人创建义庄，命伟桢督理修治，于中祠两楹间／掘地得砖，厚二寸馀，背刊一字，适／吾姓，异而藏之。屈指今二十六年矣。／亟叙其颠末，置诸壁，以示凡事之有前定云。／光绪二十三年岁在丁酉清和月朔，／伟桢谨识。

王字砖铭

懷新義莊規條合刻　癸酉夏日　寶瑩題籤

懷新義莊規條序

吾宗系出於原由秀水之新塍遷吳江盛澤者 師晉 高祖也由 高祖而上五世以前丁明之季譜牒散亡 曾祖考 高祖命 賓劍公脩之蓋有志於敬宗收族矣吾 祖卒循遺訓敦行不怠至吾 父與 叔父西泉公克自振立篤於親親之道光丁亥先有義宅之設而吾 父以未立義莊為恨臨殁諄諄至于嗚咽咸豐甲寅 先父與故兄用九勉紹其志私定贍族章程方欲經營久遠脩整規模而吾兄以庚申之亂殁於播遷 先兄長子皆吉旋亦下世家道中落未有以圖厥成

今上御宇江南底定師晉由滬遷蘇越九年乃得以負郭田一千二百五十畝莊屋一所合 先父田二百畝祖房一所用成吾

◆原拙政园小学（王氏惇裕义庄）碑刻

王氏惇裕义庄，位于姑苏区潘儒巷。清同治十二年（1873）进士王笑山建。曾作潘儒小学、拙政园小学、勇敢小学等。除点校者外，另有1926年费树蔚撰并书、陈夔龙篆额、孙仲渊刻《王氏惇裕义庄记碑》，今碑毁，拓片存北京大学图书馆。

王氏惇裕义庄界碑（一）

王氏惇裕义庄界碑（二）

王氏惇裕义庄界碑（三）

◎**王氏惇裕义庄界碑**

【时间】同治

王惇裕义庄祠

王惇裕义庄祠

王惇裕界

◆苏州市桃坞中心小学校碑刻

苏州市桃坞中心小学校，位于姑苏区石幢弄。校内所藏《永禁滋扰书业公所碑》，系书坊业同业公会崇德公所之物。公所于康熙十年（1671）始建，原名崇德书院。同治十三年（1874）重建于石幢弄，民国时期改为图书文具业同业公会。

◎永禁滋扰书业公所碑

【时间】1874

补用知府候补直隶州署江南苏州府吴县正堂加二级高为/给示禁约事。据布政司衔、前甘肃巩秦阶道金国琛、青浦县廪生席威、钱塘县文童生吴寿朋、抱属/金升等禀称，窃照苏城书坊一业向于康熙十年间曾建崇德书院在治北利三图汪家坟，供奉/梓潼帝君，为同业订正书籍、讨论删原之所，并同业中异乡司伙如有在苏病故无力回乡者，代为埋/葬狮山义冢等项事宜。历年久远，咸各遵守。兵燹后，公所被毁，故址荒蔓，难以修葺。今同业各愿捐/资，更卜新基。在于治下北利四图石幢弄内，重建崇德公所。择吉兴工，次第建造。一应章程，悉循旧/规，皆出同业自愿捐办，毫无假公勒捐情事。兴工在即，恐地匪藉端阻挠，有妨工作，粘呈碑示并抄/章程，禀叩给示禁约等情到县。据此，除批示外，合行给示禁约，为此，示仰该司事暨地方人等知/悉。现据金绅等在石幢弄内重建书业公所，如有地匪藉端阻挠，有妨工作者，许即指名禀/县，以凭提究。该地保徇隐，察出并处。各宜凛遵。毋违！特示。遵。

同治十三年三月十四日示。

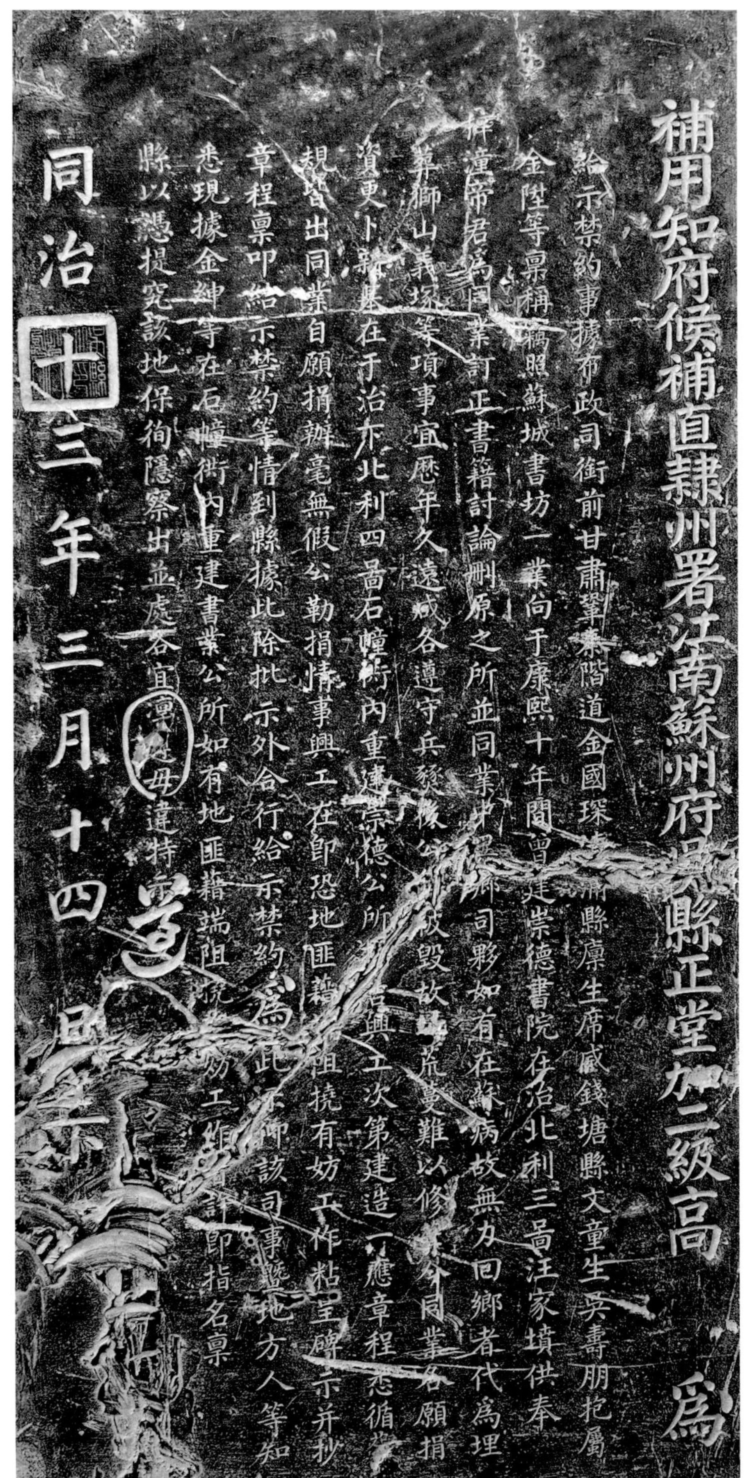

永禁滋扰书业公所碑

◆原苏州市第十七中学校（汪甘卿故居）碑刻

清政府驻奥地利使馆参赞、举人汪甘卿故居，位于姑苏区东美巷。始建于清光绪年间，宅中园林又名十亩园。后曾为叶公绰所得，易名凤池精舍，后称晦园。现归苏州市立医院本部，园址称晖园。曾为机关干校、卫前中学、苏州市第十七中学校。

◎**汪甘卿故居界碑**

【时间】清

允文堂界

汪甘卿故居界碑

◆原苏州市城东中心小学校（太原王氏义庄）碑刻

太原王氏义庄，位于姑苏区传芳巷。清光绪六年（1880）王治、王沆、王沂等请建，祀王氏皋桥支始祖王继宗、王师桓、王子鉴等。曾作城东义务小学、东义小学、苏州市城东中心小学校。

◎允奏太原王氏义庄立案碑

【时间】1880

奉／旨允／奏

江苏藩司护理巡抚谭片奏，／再据知府衔候选盐运使司副使王治、同知衔王沆、员外郎衔中书科中书王沂等呈称，职等故曾祖二品赠职／王继宗、故祖二品赠职王师桓，勤俭励志，敦睦为怀。族中孤寡贫乏者，无不随时赒恤。深慕范氏高风，欲置义庄／瞻族，未偿隐愿。故父二品赠职道衔王子鉴，情殷继述，屡遭颠沛。迨晚年，清和逋负，撙节馀资，正欲举办赍志而／殁。今职等上承遗命，陆续置得元和县不等则田壹千贰拾壹亩贰分伍厘叁毫，准值银壹万肆千壹百玖拾口／两零。又庄屋壹所，计叁拾壹间，绝契价银贰千捌百壹拾捌两零。又市房壹处，计四间，准值银叁百叁拾肆两口。／提存现银肆千两，以备添建房屋、修理及祭器等项之需。四共准值银贰万壹千叁百肆拾柒两零。每年田房租／息所入，除完粮、祭扫、庄中公用外，馀悉贴助族中孤寡贫乏，以资养赡。职等敬承先志，勉力成事，不敢为祖父仰／邀／旌奖，惟事关阖族资赖，诚恐日久废坠，呈请／奏明立案等情前来。臣查该职员王治等，仰承遗志，广置膏腴，阖族之赡养攸资，三世之贻谋克绍，洵属后先济口／任恤可风。既据声称不敢邀奖，相应请／旨敕部核议，立案施行。除饬苏藩司给帖遵守，并查取田号庄规各册，给详送核咨，暨先咨明礼部查照外，理合附片／具陈，伏乞／圣鉴训示。谨／奏。光绪六年六月十九日，军机大臣奉／旨："该部知道。钦此。"

光绪六年五月二十九日拜发。茂苑陈夔卿缮刻。

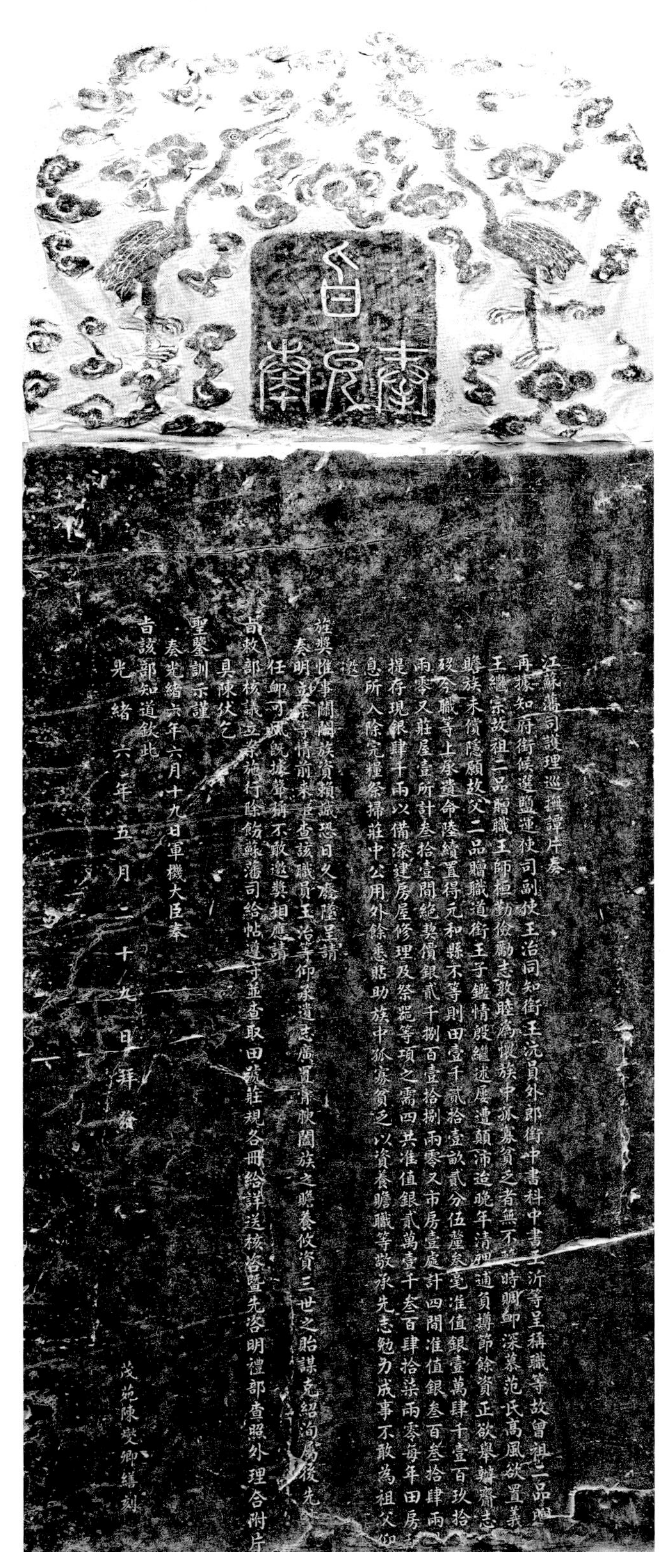

允奏太原王氏义庄立案碑

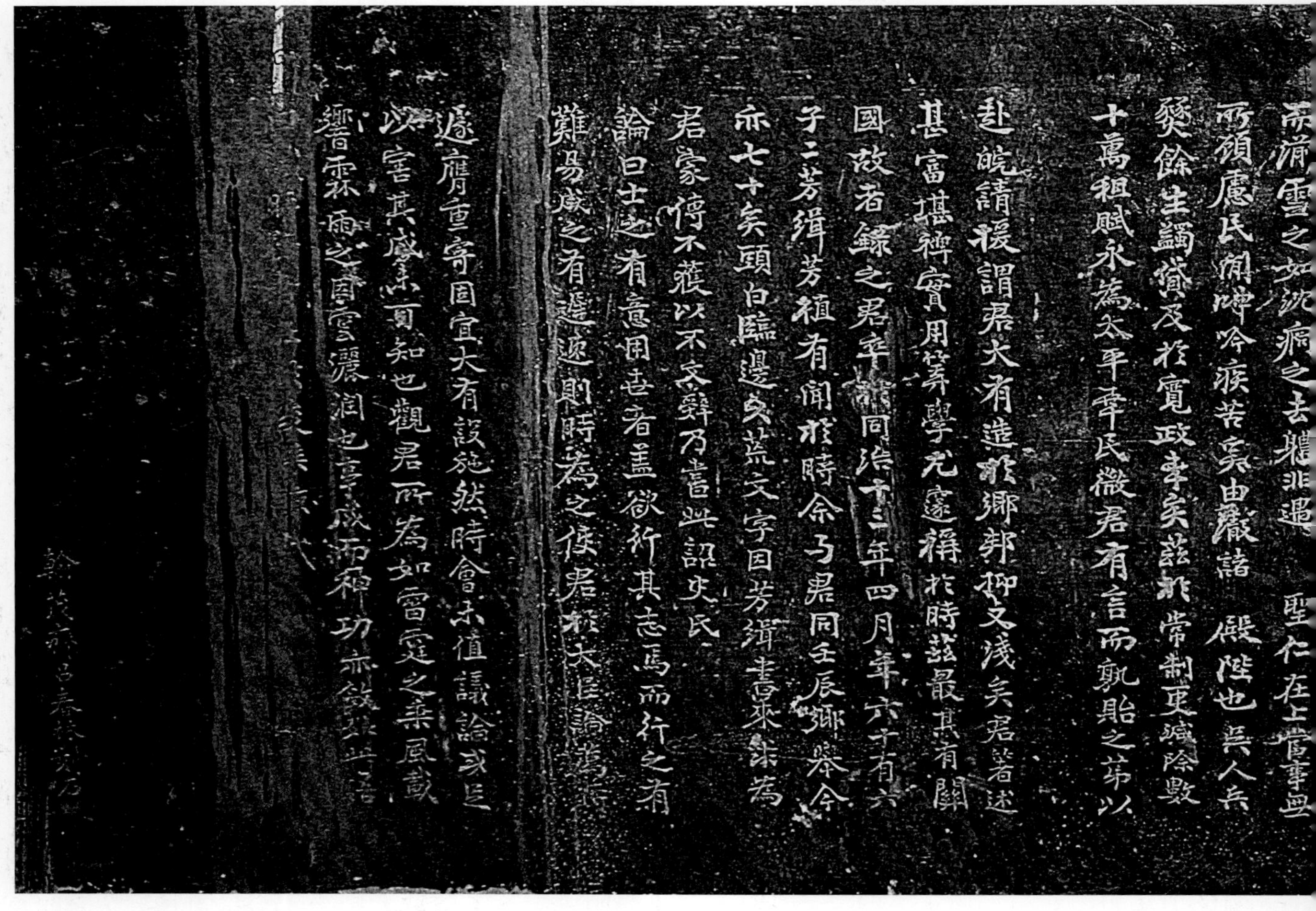

◆原史家巷小学（冯桂芬祠）碑刻

冯桂芬祠，又名冯中允公祠，位于姑苏区史家巷。祀榜眼、思想家冯桂芬，建于同光间。曾作新毅小学、白塔子巷小学、史家巷小学。

◎中允冯君景庭家传碑

【时间】1880

中允冯君景庭家传

湘阴左宗棠撰并书。

君讳桂芬，字林一，又字景庭，吴县冯氏。先世/由常熟迁吴，遂为吴县人。君幼颖异。弱冠，补/县学生员。道光十二年，举于乡。二十年，一甲二名/进士，授职编修。文宗御极，大臣疏举人才，/以君与林文忠同荐；旋以忧归。比服阕，而贼已/陷金陵矣。承诏劝捐输、练乡团；事办，叙克/复诸城劳，晋五品衔，特旨擢中允。有间之/者，告归，不复出也。金陵师溃，贼犯吴中。时泰西/海舶鳞集沪上，众议藉以御寇；君亦谓然。/比和春、张国梁师又败，沪益不支；所望者，曾/侯驻皖之军。吴人画赴皖乞援之策，虑侯不遽/许，推君具草。君为陈危急情状并时局利钝/及用兵先后所宜，语甚辨。曾侯许之，令福建延/建邵道、今相国李公

以水陆诸营东下，李公益召／淮阳豪俊与俱，遂成平吴之功。吴平，李公开府吴／中，就君谘访郡县利病，诸时政多取决焉；如苏、／松减漕额，长、元、吴三县减佃租。举八百数十年历代／名公卿思为民请命不可得、积歉终古者，一旦如其意／而湔雪之，如沉疴之去体。非遇圣仁在上，当事无／所顾虑；民间呻吟疾苦，奚由澈诸殿陛也！吴人兵／焚馀生，蠲贷及于宽政，幸矣！兹于常制更减除数／十万租赋，永为太平幸民；微君有言，而孰贻之！第以／赴皖请援，谓君大有造于乡邦，抑又浅矣！君箸述／甚富，堪裨实用；算学尤邃称于时。兹最其有关／国故者，录之。君卒于同治十三年四月，年六十有六。／子二，芳缉、芳植，有闻于时。余与君同壬辰乡举，今／亦七十矣；头白临边，久荒文字。因芳缉书来，求为／君家传，不获以不文辞，乃书此诏。史氏／论曰：士之有意用世者，盖欲行其志焉；而行之有／难易，成之有迟速，则时为之使。君于大臣论荐时，／遽膺重寄，固宜大有设施；然时会未值，议论或足／以害其成，未可知也。观君所为，如雷霆之乘风载／响、霖雨之因云洒润也；事成，而神功亦敛如此。语／曰："识时务者，在于俊杰。"谅哉！

翰茂斋吕春林刻石。

【说明】光绪六年六月十四日左宗棠《与孝同书》云："近作《冯林一家传》，尚觉得意。"由是可知，此文当作于 1880 年，文中自谓"今亦七十"（左氏生于 1812 年 11 月 10 日）实为虚论。

◆原敦仁小学（拥翠山庄）碑刻

拥翠山庄，位于姑苏区虎丘山麓。光绪十年（1884）春，状元洪钧与友人朱修廷、彭南屏、文小坡同游虎丘觅得憨憨泉，因集资就势构屋于泉旁，次年正月落成。曾作敦仁小学、虎阜小学。

◎海涌峰碑

【时间】1796

嘉庆丙辰冬，/海涌峰。

钱大昕。

光绪丁亥得是碑于山麓，请于中丞崧公，建榭护之。名人笔墨，历劫不磨，/书以志之，用垂不朽。归安朱福清识。

【说明】此碑嘉庆丙辰（1796）初刻，光绪丁亥（1887）移今址。

海涌峰碑

◎龙虎豹熊碑

【时间】1858

龙

虎

豹

熊

大清咸丰八年十月朔日，/桂林威熊氏陶茂森书。

直夫莫瑞靖谨观，/古吴菊人程锡庆同观，枫江曹修之裕长谨观，/蓉江外史朱埻朴拜观。

海昌子久陈毓恒谨拜上石。

殷孝元镌。

【说明】共六石，前四字各书一石，跋款跨书于二石之上。“龙”“虎”两字实为乾隆五十年（1785）参议蒋之逵所书，原在五人墓东蒋参议祠内。

◎吕祖百字碑

【时间】不详

养气忘言守，降心为不为。/动静知宗祖，无事更寻谁？/真常须应物，应物要不迷。/不迷性自住，性住气自回。/气回丹自结，壶中配坎离。/阴阳生返覆，普化一声雷。/白云朝顶上，甘露洒须弥。/自饮长生酒，逍遥谁得知？/坐听无弦曲，明通造化机。/都来二十句，端的上天梯。

癸丑深省子勒。

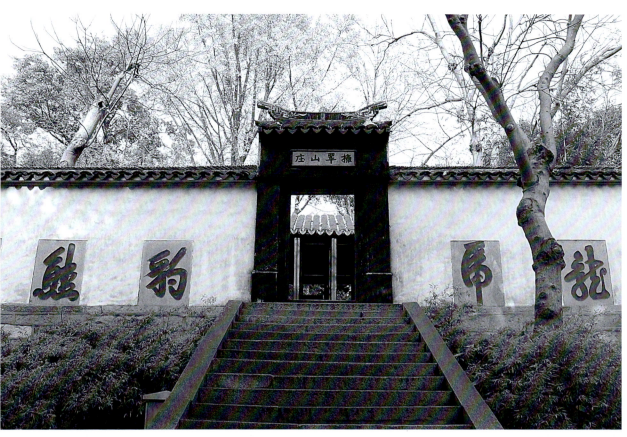

龙虎豹熊碑

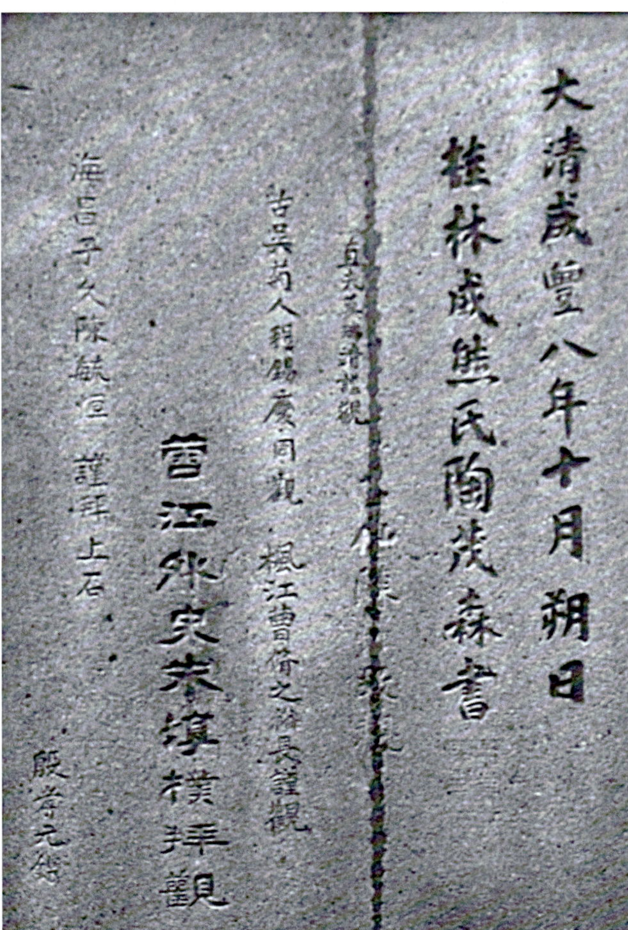

龙虎豹熊碑（局部）

呂祖百字碑

養氣忘言守降心為不為
動靜知宗祖無事更尋誰
真常須應物應物要不迷
不迷性自住性住氣自回
氣回丹自結壺中配坎離
陰陽生反覆普化一聲雷
白雲朝頂上甘露洒須彌
自飲長生酒逍遙誰得知
坐聽無弦曲明通造化機
都來二十句端的上天梯
癸丑
深省子勤

吕祖百字碑

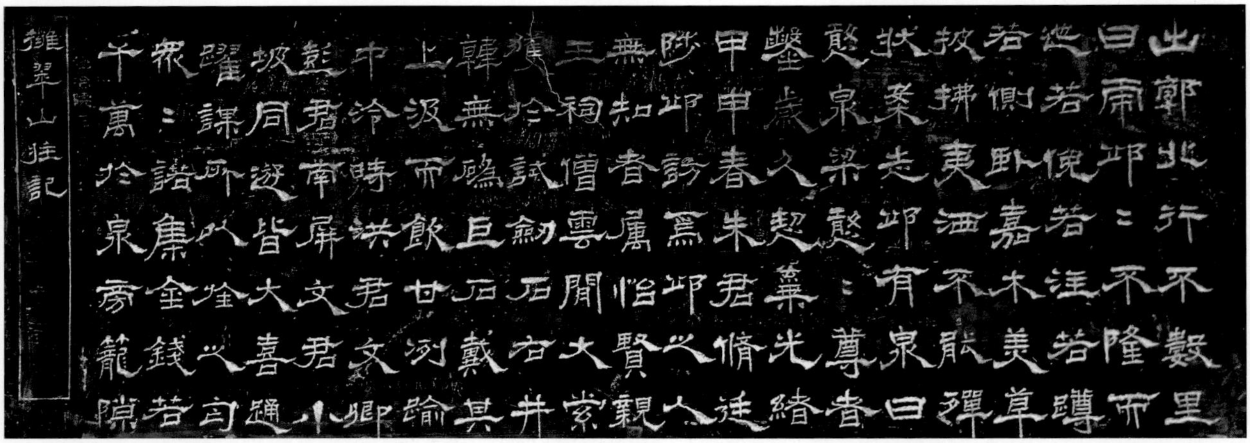

拥翠山庄记碑（一）

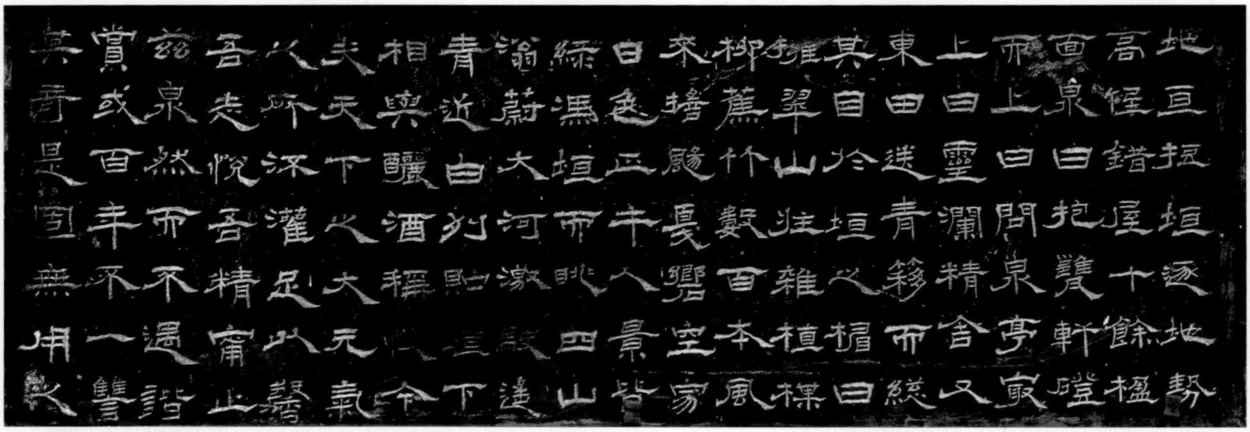

拥翠山庄记碑（二）

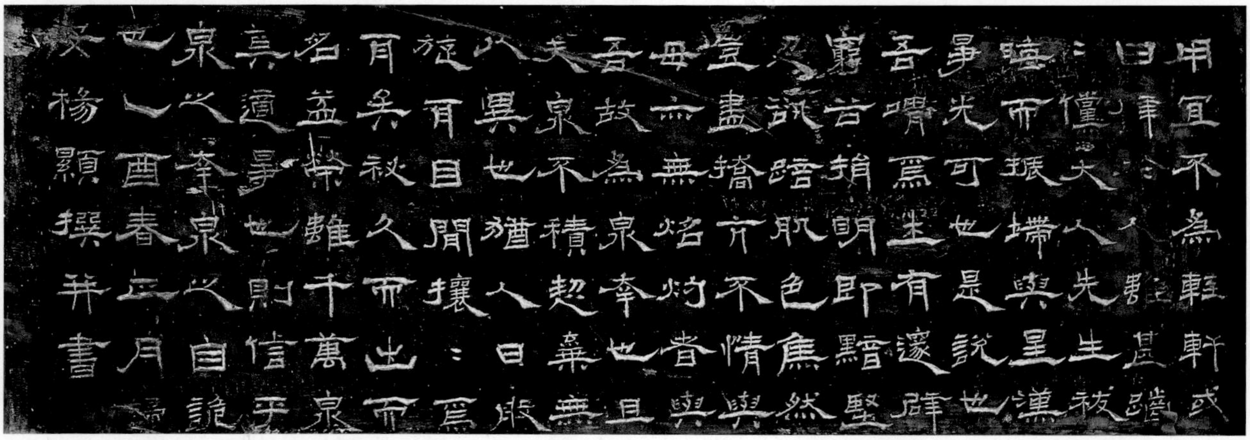

拥翠山庄记碑（三）

◎拥翠山庄记碑

【时间】1885

出郭北行不数里，/曰虎邱。邱不隆而/迤，若俯若注，若蹲/若侧卧。嘉木美草，/披拂夷洒，不能殚/状。案志，丘有泉，曰/憨泉。梁憨憨尊者/凿，岁久湮弃。光绪/甲申春，朱君修廷/陟邱访焉，邱之人/无知者。属怡贤亲/王祠僧云间大索，/获于试剑石右，井/韩无毁，巨石戴其/上，汲而饮，甘冽逾/中泠。时洪君文卿、/彭君南屏、文君小/坡同游，皆大喜踊/跃，谋所以旌之，丐/众，众诺，集金钱若/干万，于泉旁笼隙/（拥翠山庄记）

地，亘短垣，逐地势/高低，错屋十馀楹，/面泉曰抱瓮轩，磴/而上曰问泉亭，最/上曰灵澜精舍，又/东曰送青簃，而总/其目于垣之楣，曰/拥翠山庄。杂植梅/柳蕉竹数百本，风/来摇扬，戛响空寂，/日色正午，人景皆/绿。冯垣而眺，四山/滃蔚，大河激驶，遥/青近白，列贮垣下，/相与酾酒称快。今/夫天下之大元气/之所流灌，足以馨/吾志、悦吾精，宁止/兹泉？然而不遇谐/赏，或百年不一雠/其奇，是固无用之

用，宜不为轻轩。或/曰譬于人，虽甚龊/龊，傥大人先生祓/晦而振墆，与星汉/争光可也。是说也，/吾喟焉。士有邃辟/穷谷，捐明即黯，坚/忍硁踣，肌色焦然，/岂尽挢亢不情与？/毋亦无焰灼者与？/吾故为泉幸也。且/夫泉不积湮弃，无/以异也，犹人日般/旋耳目间，攘攘焉/耳矣，秘久而出，而/名益荣，虽千万泉/莫适争也。则信乎/泉之幸，泉之自诡/也。乙酉春正月，归/安杨显撰并书。

【说明】共三石。原碑末钤“唐仁斋双钩刻”印。民国间碧梧山庄求古斋据此拓石印出版《拥翠山庄记》。

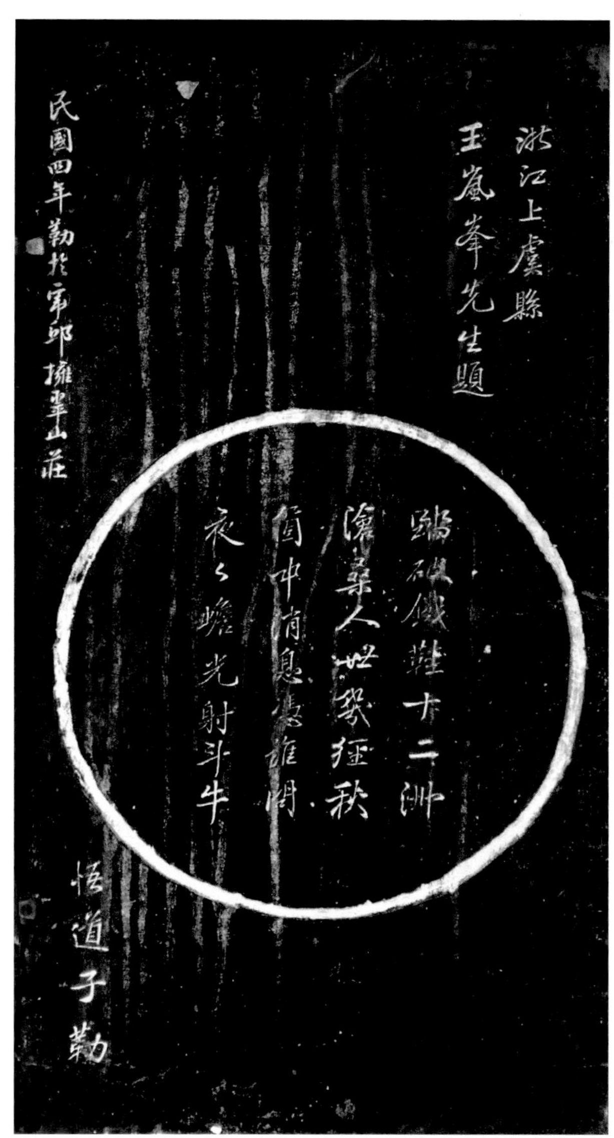

王岚峰诗碑

◎王岚峰诗碑

【时间】1915

踏破铁鞋十二洲，/沧桑人世几经秋。/个中消息凭谁问，/夜夜蟾光射斗牛。

浙江上虞县，/王岚峰先生题。

民国四年勒于虎邱拥翠山庄，悟道子勒。

吳縣曹允源撰文

長洲章鈺書丹

文烈陸公既授命於晉之十有二年蘇之大吏及薦紳之士相與謀曰昔有明之季蔡忠襄公懋德巡撫三晉殉流寇之難蘇人承立祠虎邱馨香勿替令公之死尤烈且官吾土最久其有德斯至深尤宜祠僉曰善先是鄉人山塘蒲庵奉公香火屋宇湫隘足妥神靈於是擇地於擁翠山之後有奎星閣三椽將改築以祀公相與具詞請於大府報可遂推陳君祖述與山寺僧詮堯董其役陸君鼎奎首捐千金為倡公之故舊僚屬暨吳人之慕公者咸感奮輸金為助不數月祠成堂廡軒黝堊無華歲甲子仲春吉日奉公主入祠配唐夫人子文節公暨同殉之村官等祔焉乃以文石之辭來請允源作而言曰嗚呼秉彝之好其原於生初而為人心之同然者如日月經天江河緯地雖屢更世變朝野上下復雜出新論以相排笮其炳於天壤昭於人心者乃歷劫而彌光故自古致命遂志之士在行之者不過以為順受其正而聲聞遐邇無問識與不識莫不唏噓驚嘆而欲奉以為神明又況

虎邱新建陆文烈公祠碑记（一）

乎是則蘇人祀公乃至性之所發綱常名教豈隨世運為輕重哉公諱鍾琦字申甫直隸宛平縣人原籍浙江蕭山以拔貢生選授撫甯縣教諭光緒十五年成進士二十九年以翰林院編修簡江蘇督糧道晉按察使三十四年調江西又調湖南宣統元年擢江蘇布政使前後官蘇者且十年與士庶相見以誠不為赫赫名而議獄緩刑獄市不擾革陋規求民瘼吳民甚戴之三年遷晉撫去蘇祖送載途有泣下者涖晉不一月而難作方難之未作也公知兵心不靖肘腋下皆叵測不可以武力競乃日討其眾而垂涕訓以忠義娓娓終日歸則誓家人以必死曰設亂作不死者非夫也吾自庚子拳亂欲死於刀繩而不果茲已為餘生矧受疆寄城亡復奚恤此命九月九日有黨徒數十乘人不虞黎明持械入公署左右勸公避公曰今日正吾死所整衣冠出堂子翰林院侍講光熙隨之公麾使去曰父死忠子死孝不敢避公出仍以大義詔眾眾微悔將退黠者恐敗乃事突出槍狙擊貫公首侍講踞抱尸哭復中槍死協統譚振德管帶熊國斌暨從者馬八牛萬春李升咸及於

虎邱新建陆文烈公祠碑记（二）

不能止遂殉而出亦死焉事聞上震悼照總督例賜卹予謚文烈光熙贈三品卿謚文節夫人旌如禮嗚呼辛亥之難疆臣死事者亦有之矣或倉卒遇害或禍止及身求如公之忠誠裕於夙昔且妻孥廝養感激相從視死如歸殆未有也此固天下之所同悲而欲奉以為神明者獨蘇人也哉乃述公平生矢忠之言繫以聲詩以訊諸永永無極之世詞曰

人皆有死夭壽同揆死而無愧身殄神怡辛亥之秋玄黃易色附者景從自矜達識亦或不幸邂逅戕生春秋善之予之以名嶽嶽陸公積誠夙抱雖學是劘實秉彝好憶昔治吳繕吉公祠願與同死繫之銘詩人詫其異謂為先幾予曰非幾根心之詞公亦有言聞之公子欲生則生欲死則死不以自恕不責人難卒其所感貴賤同拌山有時傾澤有時竭碧血千年丹心不滅公神在天公德在吳以妥以侑倫紀同扶

古吳孫仲淵刻

虎邱新建陆文烈公祠碑记（三）

◎**虎邱新建陆文烈公祠碑记**

【时间】1924

虎邱新建陆文烈公祠碑记

吴县曹允源撰文。

长洲章钰书丹。

文烈陆公既授命于晋之十有二／年，苏之大吏及荐绅之士，相与谋／曰："昔有明之季，蔡忠襄公懋德，巡／抚三晋，殉流寇之难，苏人承制／立祠虎邱，馨香勿替。今公之死事／尤烈，且官吾土最久，其有德斯民／至深，尤宜祠。"佥曰："善。"先是乡人于／山塘蒲庵，奉公香火，屋宇湫隘，不／足妥神灵，于是择地于拥翠山庄／之后，有奎星阁三椽，将改筑以祀／公。相与具词，请于大府，报"可"。遂推／陈君祖述与山寺僧诠尧董其役。／陆君鼎奎，首捐千金为倡。公之故／旧僚属暨吴人之慕公者，咸感奋／输金为助。不数月祠成。堂庑轩爽，／黝垩无华。岁甲子仲春吉日，奉公／主入祠，配唐夫人、子文节公暨同／殉之材官等祔焉。乃以文石之辞／来请，允源作而言曰："呜呼，秉彝之／好，其原于生初，而为人心之同然／者，如日月经天，江河纬地，虽屡更／世变，朝野上下，复杂出新论，以相／排笮，其炳于天壤、昭于人心者，乃／历劫而弥光。故自古致命遂志之／士，在行之者，不过以为顺受其正，／而声闻遐迩，无问识与不识，莫不／唏嘘惊叹，而欲奉以为神明。又况

亲接其履綦言笑，躬被其德泽者／乎？是则苏人祀公，乃至性之所发，／纲常名教岂随世运为轻重哉？公／讳锺琦，字申甫，直隶宛平县人，原／籍浙江萧山。以拔贡生选授抚宁／县教谕。光绪十五年成进士，二十／九年以翰林院编修简江苏督粮／道，晋按察使。三十四年调江西，又／调湖南。宣统元年，擢江苏布政使。／前后官苏者且十年，与士庶相见／以诚，不为赫赫名。而议狱缓刑，狱／市不扰，革陋规，求民瘼，吴民甚戴／之。三年，迁晋抚，去苏，祖送载途，有／泣下者。至晋不一月而难作。方难／之未作也，公知兵心不靖，肘腋下／皆叵测，不可以武力竞，乃日讨其／众，而垂涕训以忠义，娓娓终日。归／则誓家人以必死，曰'设乱作，不死／者非夫也。吾自庚子拳乱，欲死于／刀绳而不果，兹已为馀生；矧受疆／寄，城亡复奚恤此命？'九月九日，有／党徒数十，乘人不虞，黎明持械入／公署，左右劝公避。公曰'今日正吾／死所'。整衣冠出堂，子翰林院侍讲／光熙随之。公麾使去，曰'父死忠，子／死孝，不敢避'。公出，仍以大义诏众，／众微悔，将退。黠者恐败乃事，突出／枪狙击，贯公首，侍讲跽抱尸哭，复／中枪死。协统谭振德、管带熊国斌／暨从者马八牛、万春、李升咸及于

难。夫人唐，在后堂闻变，欲出，家人／不能止，遂号而出，亦死焉。事闻，／上震悼，照总督例赐恤，予谥文烈。／光熙赠三品卿，谥文节。夫人旌如／礼。呜呼！辛亥之难，疆臣死事者亦／有之矣，或仓卒遇害，或祸止及身，／求如公之忠诚裕于夙昔，且妻孥／厮养，感激相从，视死如归，殆未有／也。此固天下之所同悲，而欲奉以／为神明者，独苏人也哉！乃述公平／生矢忠之言，系以声诗，以讯诸永／永无极之世。"词曰：／"人皆有死，夭寿同揆。死而无愧，身／殄神怡。辛亥之秋，玄黄易色。附者／景从，自矜达识。亦或不幸，邂逅戕／生。春秋善之，予之以名。岳岳陆公，／积诚夙抱。虽学是劘，实秉彝好。忆／昔治吴，缮吉公祠。愿与同死，系之／铭诗。人诧其异，谓为先几。予曰非／几，根心之词。公亦有言，闻之公子。／欲生则生，欲死则死。不以自恕，不／责人难。卒其所感，贵贱同抃。山有／时倾，泽有时竭。碧血千年，丹心不／灭。公神在天，公德在吴。以妥以侑，／伦纪同扶。"

古吴孙仲渊刻石。

【说明】共三石。

陸文烈公祠碑書後

陸文烈公祠碑書後[illegible]吳江金祖澤書丹
陸文烈公祠堂成，書大允源既為之碑，公之純也大節既著於篇，碑體簡嚴，其
有事可傳而不見於碑者，樹蔚遂別記於後，亦不肖識小之意也。文烈殉節日
幕客臨檢舉人江蘇知縣徐光彌同被兵，屍體創幾滿，殉絕堂下，事定與醫院
[illegible][illegible]儔隸辛銜劉發，辛光彌無官守，不必責以死，而其死由劉發，雖謂為文烈
殺可也。以是亦為位，祔於譚熊之側。吳縣吳兆麟亦佐公幕，居隣文山寺，寺奉
[illegible]祀，兆麟適而歎曰：吳吾文烈[illegible]非文山流耶？文山入吳，席未暖，吳民歆其
而祀之，文顏官吳十年，遺愛在民，尤宜祠。於是謀之鄉先生潘丈祖謙等，潘
首肄之，以語鎮守使朱公，朱公故文烈舊部，風誼至篤，願力為助，遂就虎邱
塘蒲庵奉公香火，而屬公族姓某守護之。某故好道，隱居此，未幾卒，庵地僻
[illegible]祭養非便，兆麟乃更請於搢紳先生，具牘大府，撥寶蘇局址為祠基，報可。而
[illegible]地尤[illegible]自主者，議經年不決。兆麟每為予太息，要予助。歲癸亥五月，予游虎
[illegible]以雨[illegible]上寺五日，住持僧詮堯導宿於方丈之室，見壁間懸文烈遺像衣冠
[illegible]劍[illegible][illegible]忽動。雨霽，步山下，入吉勇烈公祠，讀文烈所為碑記，尤瞿然異之
[illegible]從[illegible][illegible]兆麟謳誘久，今若以擁翠山莊後舊屋三椽改作文烈祠，而使詮堯
[illegible]其[illegible][illegible]善焉。地產屬山寺，無趣而居之者，一也；界冷香閣、靈瀾精舍之間，
[illegible]修[illegible][illegible][illegible]游人便於瞻拜，守者便於檢校，二也；以固為創，所縻不多，三也；於
[illegible]為誠[illegible]暑智於將作，居處又近，可朝夕木石間，四也。試以語詮堯，詮堯曰：諾。
[illegible]語兆麟，復為朱公、潘丈暨諸先生言之，皆曰善。遂為狀達大府，更乞公故
[illegible]醵金，吾鄉陸子鼎奎首以千金應，助者遂集。營建事委詮堯，更浼陳君祖述
[illegible]之經始於九月，訖十一月工成，用白金二千元。遂迎公及公夫人唐子文節
公以下將校僕役同殉者木主於蒲庵而祭，以妥之。吳子兆麟之不忘公，朱公
[illegible]之洎公故舊之思公遺澤，陸子之閔忠好義，詮堯之勤於所事，皆可謂今之
[illegible]也已。嗟乎！清季以來，士大夫以巧與利相高，謚不巧而不好利曰大愚。文
[illegible]一門及所部之赴義，固彼巧與利者所謂大愚也矣夫。君子逸民方外於文
[illegible]建祠，皆懇懇然相與推挽，無所利也，亦非巧者所為也。其間豈無巧者射利
[illegible]致歸議其後，或面相揶揄，然而落成之日，四方來觀，有嗟歎泣下者，知人心
之好是懿德猶然，因事而見。吾惡知自今以後，不巧者無所利者果能勝巧與
[illegible]耶？柳巧與利者竟能礪不巧無所利者盡化為巧與利耶？吾將于此覘世運

◎**陆文烈公祠碑书后**

【时间】民国

陆文烈公祠碑书后。吴江费树蔚撰文。吴江金祖泽书丹。

陆文烈公祠堂成，曹丈允源既为之碑，公之纯忠大节既著于篇，碑体简严，其/有事可传，而不见于碑者，树蔚遂别记于后，亦不贤识小之意也。文烈殉节日，/幕客临榆举人、江苏知县徐光弼同被兵，肤体创几满，殒绝堂下。事定，舆医院/疗治，得苏。年馀，创发，卒。光弼无官守，不必责以死，而其死由创发，虽谓为文烈/死可也，以是亦为位，祔于谭熊之侧。吴县吴兆麟，亦佐公幕，居邻文山寺。寺奉/信国祀，兆麟过而叹曰："若吾文烈，岂非文山流耶？文山入吴席未暖，吴民敬其/忠而祀之。文烈官吴十年，遗爱在民，尤宜祠。"于是谋之乡先生潘丈祖谦等。潘/丈首韪之，以语镇守使朱公。朱公，故文烈旧部，风谊至笃，愿力为助。遂就虎邱/山塘蒲庵，奉公香火，而属公族叔某守护之。某故好道，隐居此，未几卒。庵地僻，/于祭飨非便，兆麟乃更请于搢绅先生，具牍大府，拨宝苏局址为祠基，报"可"。而/局地先已有主者，议经年不决，兆麟每为予太息，要予助。岁癸亥五月，予游虎/邱，以雨留山寺五日。住持僧诠尧，导宿于方丈之室，见壁间悬文烈遗像，衣冠/立剑池旁，心忽动。雨霁，步山下，入吉勇烈公祠，读文烈所为碑记，尤耸然异之。/窃念吾受兆麟諈诿久，今若以拥翠山庄后旧屋三椽，改作文烈祠，而使诠尧/董其役，有四善焉。地产属山寺，无起而居之者，一也；界冷香阁、灵澜精舍之间，/岁修易为力，游人便于瞻拜，守者便于检校，二也；以因为创，所縻不多，三也；诠/尧笃诚耐苦，习于将作，居处又近，可朝夕木石间，四也。试以语诠尧，诠尧曰："诺。"/归而语兆麟，复为朱公、潘丈暨诸先生言之，皆曰："善。"遂为状达大府，更乞公故/旧醵金。吾乡陆子鼎奎首以千金应，助者遂集。营建事委诠尧，更浼陈君祖述/董之。经始于九月，讫十二月工成，用白金二千元。遂迎公及公夫人唐、子文节、/公以下将校、仆役同殉者木主于蒲庵而祭以妥之。吴子兆麟之不忘公，朱公、/潘丈洎公故旧之思公遗泽，陆子之闵忠好义，诠尧之勤于所事，皆可谓今之/古人也已。嗟呼！清季以来，士大夫以巧与利相高谥，不巧而不好利曰大愚。文/烈一门及所部之赴义，固彼巧与利者所谓大愚也。大夫、君子、逸民、方外于文/烈建祠，皆恳恳然，相与推挽，无所利也，亦非巧者所为也。其间岂无巧者、射利/者，或窃议其后，或面相揶揄。然而落成之日，四方来观，有嗟叹泣下者，知人心/之好是懿德，犹然因事而见。吾恶知自今以后，不巧者、无所利者，果能胜巧与/利耶？抑巧与利者竟能磨不巧，无所利者尽化为巧与利耶？吾将于此觇世运/矣。

鸣琴室杨鉴庭刻，杜颐□石。

◆原中央测量学校临时校（苏州关税务司署）碑刻

苏州关税务司署，位于姑苏区南门路。苏州关，又称洋关，清光绪二十二年（1896）成立，是国内较早的近代海关设施之一。曾作中央测量学校临时校、华东军政大学临时校等。

苏州关税务司署界碑

◎苏州关税务司署界碑

【时间】近代

CP.

BCLOT

3036

【说明】BC字样是British Consulate（英国领事馆）的缩写，而LOT则是土地分界线之义。BCLOT意为经英国领事馆注册登记的土地分界线，而3036即条石上的数字就是这块土地在道契上的编号。此类碑刻沪上较多，而苏州则此为孤例。按旧例，此仅表示登记者，与房屋所属国并不一定一致。一说移自他处。

◆原苏州丝绸技工学校（邓氏宗祠）碑刻

邓氏宗祠界碑

邓氏宗祠，位于姑苏区大柳枝巷。晚清时建，祀南渡始祖邓肃。曾作纺工职业大学工场、苏州丝绸技工学校、苏州市第六中学分校等。

◎邓氏宗祠界碑

【时间】晚清

敦仁堂邓界

◆原苏州商业职工大学（姚氏宗祠）碑刻

姚氏宗祠，位于姑苏区仓街。由布商姚君玉建于清末。曾作苏州商业职工大学。

◎姚氏宗祠界碑

【时间】清末

姚氏祠界

姚氏宗祠界碑

◆苏州市桃坞高级中学校碑刻

苏州市桃坞高级中学校，位于姑苏区宝城桥街。清光绪二十八年（1902）美籍传教士韩汴明、聂高莱奉美国基督教圣公会之命，在其租住地廖家巷附近办学，外界称其为圣公会中西学堂。次年迁至宝城桥街今址，定名为桃坞中学，后曾名苏州市第四中学校，2021年改今名。

◎桃坞中学界碑

【时间】民国

桃坞中■

桃坞中学界碑

◆苏州市第五中学校碑刻

苏州市第五中学校，位于姑苏区义慈巷。前身为光绪十八年（1892）美国基督教北长老会传教士海依士博士创办的萃英书院，初设在十全街彭氏宅内，光绪二十年（1894）迁至阔家头巷李氏宅，光绪二十六年（1900）将木杏桥戈氏宅改建为校舍，光绪三十年（1904）迁至中西学堂原址，即今之址。宣统三年（1911）改名萃英中学，后改名省立建国中学，1952年改今名。校内北部原为潮州会馆，又称潮州天后行宫，为清初潮州旅苏商人集资创建，初在阊门外北濠弄，康熙四十七年（1708）购得上塘街许昭远宅址迁入。原有1916年《潮州会馆助银碑》，今碑毁，拓片存苏州碑刻博物馆。另有乾隆四十九年（1784）万世荣撰《潮州会馆祭业碑》（附马登云撰并书之后序、姚振宗撰并书之后跋），今碑毁，拓片存苏州博物馆。

◎ **潮州会馆界碑**

【时间】清

潮州会馆后门

◎ **潮州会馆记碑**

【时间】1784

一

潮州会馆 / 记

潮州会馆记

潮州会馆界碑

潮州会馆记碑

圣朝景运日隆，都会名区，五方士商辐／辏，于是有会馆之设。迓／神庥，联嘉会，襄义举，笃乡情，甚盛典／也。我潮州会馆，前代创于金陵，／国初始建于苏郡北濠，基址未广。康／熙四十七年，乃徙上塘之通衢。列／屋五楹，为殿者一，为阁为台者各／二，闬闳高敞，丹雘翚飞。敬祀／灵佑关圣帝君、／天后圣母、／观音大士。已复买东西旁屋，别祀／昌黎韩夫子，兼设客厅、厨舍。凡岁时／伏腊、祝厘受祉、宾朋叙会、饮爵献／酬，咸集于是。规制焕然一新矣。乾／隆十六年，恭逢／皇上南巡，翠华临莅，适经上塘，诸商跪／迎于门外，／天颜温霁，赏赐彩缎二十匹。感沐／鸿恩异数，舆情鼓舞，式廓日增。吾郡七／邑：首海阳，次澄海，次潮阳，次饶平，／次惠来，次普宁，次揭阳，议定规条，／将历置房产，设立册簿。所有现带／租银，征收以供祭祀，馀充修葺诸／款动用，并襄义举。延请董事经理，／三年一更，七邑轮举。一应存馆契／券，递交董事收执。先后更替，照簿／点交，永为定例。所以敦请董事，必

［二］

［择才具贤能、心术公正之人，综理巨其责郑重。我郡同人互相勉励，善保始终，尤会馆之第一要务也。甲寅春，恭届銮辂重临，敬设歌台灯彩，众商踊跃相将，输诚欢庆。伏念帝泽覃敷，海氛永息，风帆顺利，渤澥安澜，凡我潮之懋迁于吴下者，日新月盛，可不谓遭逢之幸欤？夫立基期于永赖，创业贵乎守成，继自今恪守前规，勉思善后。于贸易往往来之地，敦里党洽比之情；当丰亨豫顺之时，务撙节爱养之道。公平处事，则大小咸宜；忠信相孚，则物我各得。一切仰体圣天子优恤商民之至意，垂诸永久。式睹神歆其祀，锡福延禧，众协一心，千秋弗替，斯潮人所欢忻而颂祷者已，谨祷者已。谨条例祭业款项，勒之珉石，为潮州会馆记云。］

［时乾隆四十九年岁次甲辰清和月，潮郡七邑众商万世荣等公记，郡人汉阶马登云书。］

【说明】原有二石，今存其一，佚文据《江苏省明清以来碑刻资料选集》（江苏省博物馆编，生活·读书·新知三联书店，1959年版）补苴。

◎萃英中学丙子方尖碑

【时间】1936

与日月争光。

民国念五年／丙子级敬赠。

◆苏州市升平实验小学校碑刻

苏州市升平实验小学校，位于姑苏区东大街。学校创办于清光绪三十二年（1906），初名吴县官立高等小学堂，后更名为吴县县立第一高等小学校、吴县县立第二小学校、吴县县立城南小学校、吴县县立泮环小学校、育红小学、苏州市东大街小学校等，发展中有苏纶小学、三多小学、仓米巷小学、升平中心小学等并入，2021年秋更为今名。

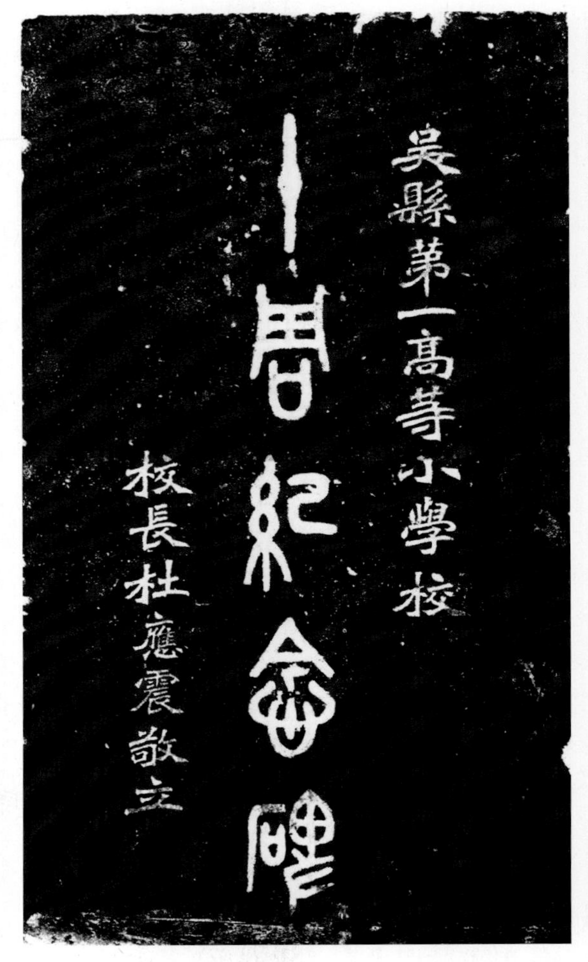

吴县第一高等小学校十周纪念碑（碑阳）

◎吴县第一高等小学校十周纪念碑

【时间】1916

碑阳

吴县第一高等小学校／十周纪念碑。

校长杜应震敬立。

碑阴

【时间】1917

应震谫陋，先后忝任校职，垂六载矣。基址为苏卫官署，旧称为长元吴三县高等小学堂也。清光绪乙巳冬，同学均／东渡归，时知吴县事者，石屏张公瀛；监督学堂者，桐城方君汝褧。吴邑学董锐意更新，以学制未善，谋分析而改革／之分于张公，延同学吴县查君凤声及震创办吴县学堂事。查君，三县学堂教员也，是年冬腊，吴县蒋公炳章主校／事，易监督名为堂长，定名吴县官立高等小学堂。经营伊始，手续至繁。越年正月，合试学生于贡院，取吴邑新旧生／二十八人。二月三日，行开学礼。八日，授课。是为吾校建设创始时代。丁未春，查君游幕之山东同学、太仓王君泽永／任教务。是冬，震亦赴津就幕，辞职北上。代庶务者，吴县赵君振鹭也。先是学堂招生无定制，自同学分仕治学务，嗣／是，每岁必招生一班，以定年级。宣统纪元之腊，首届毕业，计十一人，是为吾校创建后进行时代。二年秋，开联合运／动会于王废基，诸生与会者多得奖。一时学子为之色舞。翌岁辛亥夏，蒋公辞堂长职，王君泽永继之。秋九月，苏垣／光复。鼎革俶扰，士为辍业。震于冬月自津得家电促南还，都督程公时方率师赴宁，风声鹤唳，市廛无生气。王君以／维持学务为己任。适同事赵君任民政署学务职，乃招震仍襄校务，不获辞。冯妇下车，自笑无状。时地方不靖，江防／营与台兵冲突。一日巷战，枪声四起，距校只里许，震与诸生在小楼犹娓娓讲历史也。是为吾校光复时恐怖时代。／逾岁，学制变更，改用阳历，我校于民国元年四月一日开课，即旧历壬子二月十四日也。更学堂名为吴县第一高／等小学校。是年秋，从部令，八月为学年之始。吾校乃于九月一日行开学礼。明年冬，规画操场，画分一部辟为校园，／披荆斩棘，凿沱艺果蔬，隐然有蚕丛开辟之思焉。又明年夏，群议以教室窳陋不合制，谋改作，请于县。县长铜山杨／公懋卿力任之，得建筑金二千二百有奇。值暑假期间，鸠工营造，度地庀材，迁校植园，诸事猬集。自八月兴工，计五／阅月而毕，始楚楚有学校制。是为吾校创建后维新时代。是年冬，王君奉檄赴沈阳，今县长杭县孙公锡祺檄震代／其职。四年秋，招一级生两组，合新旧生为五班，与县立各高小校办法同。于是教育始有统一之望矣。震窃维我校／隅处城南，地僻而陋。溯自十年以来，乡先生倡于前，我同志继于后，复得贤长官扶翼而左右之。明知罅漏犹多，受／一番刺激即增一番经验，有一分精力即尽一分义务，此则私衷可自信，而与我同事诸君子可共矢者。校中生徒／先后毕业者，凡七次，得一百十一人，今在校生一百六十六人，此我校今昔之概况也。爰陈崖略，书于左方。不文之／诮，所弗辞焉。

民国五年六月十日，十周纪念开会日，常熟杜应震述。六年双十节属吴县汪克埙书。武进薛念椿刻。

◆苏州市第三中学校碑刻

苏州市第三中学校，位于姑苏区谢衙前。前身是晏成中学和慧灵女中，办学历史可追溯至光绪三十二年（1906），曾名晏成慧灵中学等。原有1936年吴曾善书、孙仲渊刻《周明扬君纪念碑》，今碑毁，拓片存苏州碑刻博物馆。

德寿堂界碑

◎**德寿堂界碑**

【时间】不详

德寿堂

【说明】德寿堂，原为民居，并入苏州市第三中学校后改建为校史馆，界碑保留。

◆江苏省苏州第一中学校碑刻

江苏省苏州第一中学校，位于姑苏区公园路。学校前身为始创于光绪三十三年（1907）的苏州公立第一中学堂，是苏州第一所公办新式学堂。后曾名吴县县立第一中学校、江苏省立第二中学校、江苏省立苏州中学初中部、苏州市第四初级中学、苏州第一中学等，2016年改今名。校内北部为元和县署旧址。除点校者外，原有1927年汪家玉立《十周纪念碑》已毁，后仿刻，另有清雍正十年（1732）《移建元和县尉署记碑》、光绪六年（1880）《永禁大斛刻剥农民及掘卖无主荒坟碑》《军民赴省投文当赴待质公所给示碑》《境内渔船统归县中编查给示碑》，今碑不存，拓片存苏州博物馆。又有汪家玉书1927年《江苏省立第二中学图书馆记碑》、1928年汪懋祖书《苏州中学初中部记碑》，今拓片为私人收藏。

江苏省立第二中学界碑（一）

江苏省立第二中学界碑（二）

◎**江苏省立第二中学界碑**

【时间】1913—1927

省／立第二中学校界

省／立第二中［学校界］

◎**江苏省立第二中学十周纪念碑**

【时间】1917

民国六年四月，江苏省立第二中学校建／十周纪念碑。

书丹者吴县汪克壎。

立碑者校长汪家玉。

勒石者学生缪廷樑、／沈宗堃。

【说明】此碑所谓十周年时间，乃从建苏州公立第一中学堂算起。

故苏州府中学堂总教习王鹤琴先生纪念碑

故蘇州府中學堂總教習王鶴琴先生紀念碑
自古潔行篤學之士思本將修以挽世運扼於時趨不得[illegible]
學四方謗振後進至老弗衰卓然為一代宗師百世下聞其[illegible]
慕其為人如吾師鶴琴先生者非其倫歟先生江蘇吳縣人
亦曾號遂園鶴琴其字也其先出自太原代有隱德東晉以還世
望族　先生謙貞聰明稟性耿介窮理盡性行潔志高年十六入[illegible]
邑登賢書旋以庶吉士散館授職知縣歷任陽湖武進勸民[illegible]
歲以不習阿諛忤上官旨去職改教徐州江都所至[illegible]名教政[illegible]
繼主講南菁書院一時人才稱盛迨遜清光緒二十八年[illegible]
鋭意興學就正誼書院故址設立蘇州府中學堂聘先生[illegible]
務於是紹述前修表章實學而風聲所樹一時[illegible]
師乙生曲師叔彥箸某不如鼓應桴如水赴[illegible]
師道既立善人斯多先覺所資後生是則澄波[illegible]
於河汾之教叔之發痛茲天喪斯文哲人其萎以[illegible]
一日卒距生前清道光廿九年八月二十三日享年[illegible]
緬教澤之如新感師恩于罔極爰於　先生逝世之二十二[illegible]
德風示來茲庶幾後之覽者仰止高山毋忘懿行[illegible]
年八月一日前蘇州府中學堂及門弟子[illegible]
姚[illegible]陸寶淦胡文藻周寶圭陳定求唐昌言宋銘[illegible]
繼蓀宗溥胡駿陳熙識王定益周中浩王祖彝周[illegible]
文起汪懋祖敬立後學吳興鈕家魯書

◎故苏州府中学堂总教习王鹤琴先生纪念碑

【时间】1935

王鹤琴先生遗像

故苏州府中学堂总教习王鹤琴先生纪念碑

自古洁行笃学之士，思本躬修，以挽世运，扼于时趋，不得伸其志传其名，谋／学四方，诱掖后进，至老弗衰，卓然为一代宗师。百世下闻其风□□□□，慕／其为人如吾师鹤琴先生者，非其伦欤！先生，江苏吴县人，姓□□□，／亦曾号遂圃，鹤琴其字也。其先出自太原，代有隐德，东晋以还世□□□／望族。先生诞赋聪明，禀性耿介，穷理尽性，行洁志高。年十八，举茂才，□／岁登贤书，旋以庶吉士散馆，授职知县，历任阳朔、滕县，勤政爱民，士庶爱／戴。以不习阿谀，忤上官，旨去职，改教徐州、江宁，所至维护名教，启迪新□。／继主讲南京格致书院，一时人才称盛。迨逊清光绪二十八年，苏省当局／锐意兴学，就正谊书院故址，设立苏州府中学堂。仰先生德望，聘总教习／务，于是绍述前修，表章实学，而风声所树，一时耆年硕德若顾师少逸、钱／师乙生、曹师叔彦等莫不如鼓应桴，如水赴壑，相与商古榷今，因材施教。／师道既立，善人斯多，先觉所资，后生是则。沧浪一水，盖不废乎？如仲淹之／于河汾，茂叔之于濂溪也。天丧斯文，哲人其萎，以民国二年夏历正月十／一日卒，距生前清道光十九年八月二十一日，享年七十有五。凡我门生／缅教泽之如新，感师恩于罔极，爰于先生没世之二十二周岁谨表沐／德，风示来兹，庶几后之览者仰止高山，毋忘景行云尔。中华民国二十四／年八月一日，前苏州府中学堂及门弟子邹绍林、宋铭仁、张世芳、夏彭年、／姚荣、陆宝淦、胡文藻、周宝圭、陈定求、唐昌言、宋铭毅、□锡□、顾祖汉、王启／绳、徐宗溥、胡塍、陈熙诚、王定益、周中浩、王祖尧、周锺书、王昌基、谢家树、唐／文起、汪懋祖敬立，后学吴兴钮家鲁书，古吴薛念椿刻。

【说明】碑中“滕县”疑“藤县”之误。

◆原苏州市大儒中心小学校（徐氏春晖义庄）碑刻

徐氏春晖义庄，位于姑苏区南石子街。宣统元年（1909），终身未婚以事父之孝女徐淑英继承其父徐佩藻遗志创办。太平天国后织造署曾一度移此。曾作协成小学、苏州市大儒中心小学校。

◎龙湛霖题砖铭

【时间】1896

翰林院编修吴荫培呈请／礼部具／奏，遵／行查原籍，蒙／江苏巡抚部院赵舒翘、／两江总督部堂刘坤一具，／江苏督学部院龙湛霖／题于光绪二十二年十二月／初三日。奉

◎徐氏春晖义庄界碑

【时间】民国

徐春晖■

龙湛霖题砖铭

徐氏春晖义庄界碑

徐孝女七十年事实碑（一）

◎**徐孝女七十年事实碑**

【时间】1914

一

徐孝女七十年事实

守不字之贞，矢之终身，亲虽亡而视若不亡者，孝思／所以不匮也。其瞻族之志，蓄之数代，亲莫致而求其／克致者，义务所以有成也。至性所流，有其一已足以／拔流俗而名后世，而况擅两美于一身乎？闺阁名媛／能副斯言而不愧者，古未有也。有之，自吾吴贞孝女／徐淑英始。淑英谊关亲戚，年长于愚表妹三岁，而为／大表姊也。其先世居永昌，为吴郡长境人。父讳佩藻，／母蒋氏，继母江氏。子女五人，表姊最长，生于前清道／光丙午年二月十九日。其时曾祖、暨祖均在堂，无一／不钟爱我表姊者。徐固吴中大族，五世同堂，一门鼎／盛，方兴未艾，人杰辈生。顾兹提孩，自幼不凡，爱亲早／喻意者，天钟人端，将以昌大其门欤？未几，妹质英生。／迨咸丰元年岁辛亥，表姊虽年仅六岁，惯习家庭之／乐，时修定省之仪，意甚得也。讵蒋氏母方三十四岁／而一病不起，三月朔竟殁矣。表姊以至性过人，既遭／失恃，痛何可言？抚膺抢地，有逾成人凄怆者。一载，尊／人因中馈乏人，续娶江氏继母。而江继母慈幼性成，／抚七岁女如己出。咸丰三年，三表妹静英生。表姊之／曾祖考卒，亦能随其尊人乃祖而号泣如礼。洎乎九／岁，孺慕依依，自顾女流，恐缓急非有益，而盼望夫继／母之生弟也，情綦切。咸丰五年岁乙卯二月，大表弟／润敷生。是时表姊年十岁，常抱弟以娱亲，而承欢倍／至。自咸丰六年丙辰岁迄己未，四年之间，惟知庭帏／之不可离，而服劳以尽女职；惟知浮华之不足慕，而／闲静以养天真。咸丰十年岁庚申，变故非常，苏城陷，／梓里危，仓皇出走，以艇为家。冬十二月，表弟漱敷生，／表姊又为之一快。及咸丰末叶，表姊年十六岁，事江／继母如所生，病侍汤药，衣不解带，经月无倦，甚至割／臂和药以进，厥疾遂瘳。至十月，江继母又殁。哀毁逾／恒，念抚我劬劳，末由报答。夫春晖弟妹正在孩年，竭／力周旋，赖其抚挈。同治建元，质英妹卒，我表姊年刚／十七，操持内政，井井有条。于时四面贼氛，愈形紧迫。／冬十二月，避难舟居，泛宅浮家者七十馀日。同治二／年岁癸亥二月，尊人挈表姊等寓居沪上，载券而行，／五房田产计单六千馀亩，聚贮赈箱，忽遭胠箧。尊人／焦迫，表姊亦为之废寝忘餐。幸紧缉追回，虽费金六／百，愁担弛焉。居未半年，匪势已衰，归心乃切，遂于七／月移至陆巷镇，赁屋而栖，聊以卒岁。其时永昌旧宅／兵燹甫经，破不堪居，非惟无窗无户无什物，屋面之

徐孝女七十年事实碑（二）

二

瓦亦须大补，特以先灵魂魄乐乎此乡，未忍舍旃。同／治三年春二月，尊人所以亟返故庐，入而修葺也。然／甫归即病，我表姊时年十九，亲侍汤药，诚心祈祷，一／月而痊。家中幼稚居多，侍疾持家，厥劳独任。尊人既／愈，经营房屋，次第图之。又事父抚弟者二载，家宅渐／复旧观。而又连年茹苦，从事俭勤，佐尊人立业兴家，／志不少懈。同治六年，表姊二十二岁。其时尊人田产／日增，每当宴客，留宾中馈，皆其所主。平日照尊人饮食／所需，尤善察其嗜好，而先意承志焉。越明年，表姊二／十三岁，家道固蒸蒸日上也。同治八年，表姊二十四／岁，掌握内务，凡银钱管钥，出纳分明。是岁提议润敷／弟姻事。越一载，同治十年，即为完婚，娶弟妇胡氏。高／朋满座，演剧为欢，尊人乐甚。维时亲戚有欲为我表／姊作执柯人者，然表姊固深慕乎北宫为人，至老不／嫁，以事其亲，故平日荆钗布服，隐示终老于闺之意，／匪石难转。尊人心知之，踵门求亲者，概婉言以谢也。／厥后二十七岁，仍总内务，酬应新亲，人口益增。同治／十三年，侄伯云生，尊人得抱孙之喜。表姊年二十九／矣，惟孝于父而友于弟焉。光绪建元，表姊三旬之庆，／乃润敷弟大病，而表姊续抱病匝月，讵笃于手足伴／病过劳所致与？光绪二载，尊人年五十六，计返乡。迄／是岁，尊人于葺庐舍、备什物、完婚娶而外，增良田一／千八百馀亩，连旧产共三千亩有另。惟惑于堪舆言，／生圹未卜。适得胃脘疾，喉中作咳，胸内不舒。十月初，／九赴城内。初十，迫于疾，即返棹而归，腹痛甚。医来已／暮，诊之云：不及治，不得已。我表姊香案祷祈，愿减己／龄，以增父寿，上冀天心之感格。然大数难回，似无效／力，竟于是月十二日病故。表姊则异常哀毁，痛不欲／生，思随先人于地下。家中人识其素性，常谨视而防／范之，不敢稍忽。但其至情固结，心为之迷，神为之呆，／丧葬各务，弟辈等主之。即家中内政，亦不与闻，足不／履户庭，而于所处之楼悬父母小像供奉之，一若亲／之存在，而瞻依于膝下也者。事亲之志，无间存殁，一／乡之人无不叹其纯孝之不可及。且其尊人之将逝／也，呼表姊等谕之曰：余承先代之嘱咐，拟建水陆忏，／立义祭田，耿耿在心。特为时值播迁，门庭再造，心虽／勉而力不逮。此二事者，吾遗憾也。尔辈其克绍乃父／之志。并示建庄大略，以先立祭田五百亩，撙节俭约，／增置腴田，汇成千亩，建立全庄赡族。并嘱选举庄正／副规则，谓庄正为庄中表率，择本支之贤者任之，立

徐孝女七十年事实碑（三）

三

长之义，未尽善也。庄副经理，财项于通族东西支中／各举一人，钱财账目，各司其事，年终报销时交替。如／限于一支，少全才也。其馀规条，随时制宜也可。遗命／如此，表姊等泣而应之，誓承先志。迨光绪三载，表姊／是年三十二岁，患痧疹。痉厥神昏之际，似闻尊人謦／咳，大唤一声，而表姊遂醒，竟占勿药。光绪四年三月，／静英表妹适张氏。六月，尊四胞伯建立半庄。于时表／姊年三十有三，念先人之嘱，无敢因循，请四胞伯及／达馀兄发端议事，剖析家产，提立义祭田四百九十／九亩三分四厘九毫，预为立庄基础，由表弟润敷经／理，不过时常促其进行而已。又提三百亩为表姊生／存膳田。馀产两房对剖，如议而行。其年，表姊病怯，危／象已具，更历数医，服浦先生方得有转机。计偃息在／床者五阅月。厥后气体调和，足以任事，仍佐理乎内／政也。光绪六年，表姊三十六岁，为二弟漱敷完姻。越／明年，自营寿圹于亲茔之侧，计费三百馀元，以为生／死可以奉亲，乡里传为美谈。至光绪十年岁甲申，表／弟润敷卒。是时表姊三十九岁，痛棣萼之见摧，念田／庐之可守，惟勖二表弟同心撙节，筹遵遗命。如是者／又二年。迨光绪十二年丙戌岁，表姊年四十有一，出／其积资四百元，作水陆会及纸扎锭箔银库之用，了／先人之遗愿，此其一也。光绪十三年，表姊四十二岁，／仍服饰无华，饮食从菲，刻苦储金，为致孝乎先灵计／者一年。至光绪十四年，表姊四十三岁，又续手田务。／缘前数年葬事虽办，坟工未竣，享堂侧落均不完全，／用款共亏至三千馀金。庄事前途益难进步，由表弟／漱敷邀亲蒋春元、胞兄瀛士、族表兄达馀、博如议归／表姊经理。自此，表姊愈自刻苦，锐意进行。次岁为光／绪十五年，适吴中大水，租息全无，经营筹垫，颇费苦／心。光绪十六年，表姊四十五岁，急欲竣此坟工，而上／年亏空，巨款难抽，计惟缓俟。光绪十七年，我表姊四／十六岁，整饬坟茔，完全堂宇，牛眠异旧，鸟革从新。又／增边落四间，内中各物毕漆油而安祭扫，计费千馀／金而功竣焉。光绪十八载，我表姊年四十有七，将前／日提立义祭田四百九十九亩三分四厘九毫，立案／盖印，计费三百馀元。岁癸巳，藩给执帖，表姊又整顿／义田租者一年。光绪二十年，表姊四十九岁也。秋九／月，为弟政、妹质英作一小坟，凡树木、拜台、石工、道场、／安葬各费约二百元。十月望，祝融肆虐，内室遭焚，各／契据均付丙丁，存者惟义祭田单耳。日间所收租洋

徐孝女七十年事实碑（四）

四

三百馀元亦为人掠去，内容告匮，遗像无存，移住仓／房。庄务进行，又梗于家务之拮据。室庐重建，衣服重／增，什物重置，事事需金，苦难言状。光绪二十一年，表／姊年五十，倩传神家补描遗像，更作寿衣，爰售田数／十亩以应急需。秋又大病者经月，虽境遭拂逆，而于／遗命立庄之举终弗谖也。光绪二十二年，吾哥谢瀛／士将表姊贞孝事实，托故夫为之请奖。转嘱同乡吴／君荫培，于徐氏亦亲戚也，具呈生存五十一岁割臂／孝女徐淑英，恳祈咨部汇案，奏请旌奖。是我表姊／之梗概，不独见称于一邑，而亦上达于两宫矣。光绪／二十三年岁丁酉，我表姊五十二岁。冬十二月，价得／福寿庵一所，坐长境下十四都下九图东野字圩，地／名东永昌娄子头，计两进，共六间四披厢，价银七十／两。拟于第二进西次间，供立徐氏三代祖先之位。其／地南距河，东西北皆徐界。后续助田六亩三分，另庵／内立碑于中，供奉香火者，岁给洋三十二元。越明年，／表姊五十三岁。是年，惟修理福寿庵，做三代祖先位，／添办庵内应用诸物，俾之完全。迨光绪二十五年，表／姊已五十四岁矣。自念身多疾病，侍奉需人，知心识／意者之难其人也。适有沈姓女名宝莲者，其父辛才，／同邑人也，与表兄达馀为联袂婿。其年三十三岁，而／亦矢贞不嫁，甘心过继，有志相依，足以伴寂寥而供／使令。爰于八月，领在身旁，作为义女。迄今十有七年，／祇事表姊，不啻所生，其贞其孝，亦足传者。是年，又拟／发起修谱，以为立庄地步。庚子年，表姊五十五岁，仍／储建义之金，为承先计。辛丑六月，表弟漱敷又故。光／绪二十八年，表姊五十七岁也。于五月间，代一父二／母建塑罗汉像一尊助于西园，以资冥福，计费五十／元。又为润敷、漱敷二弟追荐水陆会及做位加漆等，／费约百元另。岁癸卯，我表姊五十八岁也。正月，侄伯／云故。五月，弟妇胡氏又故。本支零落，建庄之责任全／在我表姊矣。锡山向有徐氏全谱，至是取移居永昌／之始，推源其先自清溪公一支修入。其时族中城乡／散处，其官阶、名号、生卒、嫁娶，遍询各房，则由表侄公／勤总纂焉。光绪甲辰，表姊年五十有九，研究义庄各／项条程，选举庄正副，谨遵遗命，其他规则嘱表侄公／勤遍参苏城各义庄，有美必臻，无善不录。与表姊详／细折衷及田亩细册，阅数寒暑而始成。光绪三十一／年，正表姊周甲之期，爰于二月间在狮林寺邀集亲，／发表承志建庄。表姊拟将己名下田增入以成全庄

徐孝女七十年事实碑（五）

五

□者。庄田中提出二百六十二亩，每届租息作为姊／生存用费。是日酒筵饭茶等用约四十馀元。五月，锡／山修谱事总计洋一百五十元，其馀一半商之族中。／在外□祖立堂各祭田内开支也。光绪三十二年岁／丙午，又将各庄田五百壹拾亩七分九厘立案盖印，／此项田产大半皆表姊拨补储金，连年得下，以承先／志者也。光绪丁未年，表姊六十二岁，买城中顾姓住／宅，拟建庄房。三月朔，付房主东金五百元。九月二十／日，在卫道观成交，兑房价洋三千七百元，中费二百／四十元，计酒席等费又三十七元，钱十千九百另。试／契费契纸计一百八十元，即于是年冬缴讫。时小儿／季烈适在都城，函嘱为表姊呈请建庄，而庄规田册／均未附寄，久无复音。光绪三十四年，表姊六十三岁。／四月二十六日，移至城中庄房内住，今之二堂修葺／之。六月二十一日，找付房价洋二千四百元讫。筑乱／砖墙、驳河滩又费三十七元馀。是年，妹赴京复提此／事，时季烈任学部郎中，于八月呈请生存孝女徐淑／英助田建立全庄，由部立案。迄宣统建元，表姊六十／四岁。诹吉于二月起造庄房。九月廿六奉藩宪札／抚宪瑞札开长洲县旌表孝女徐淑英仰承先志，请／建义庄。已于八月一日附片具奏，八月七日藩给执／帖。宣统二载，表姊年六十五，历办庄内应用各物。宣／统三年，我表姊六十六岁，添配祭器，唯备来岁开庄。／不意夏秋水发，冬间入局收租，仅得租息洋三百五／十元，无以应各项开支，虽竭力设法筹垫经费，终觉／不敷开庄。只得议缓。民国元年，租入所馀，理上届亏／空。二年岁癸丑，庄中祭器及大堂侧落装修均已完／备。民国三年，表姊年六十九岁。选四月四日为春晖／义庄开庄演祭之始。少长咸集，姻亲观礼，乃尊乃祖／泉壤含欢，非我表姊祗承遗命，曷克致此？今民国四／年，而表姊七十岁矣。大庆后，又翻造馀屋五间，旋又／功竣。装修也，玻璃也，漆也，油也，毫无欠缺，而焕然一／新矣。统计庄房、庄务之出款，今岁止约费二万六千／元。表姊以经历各事，恐久而磨灭，无以垂示于后人，／嘱妹笔之而刊诸石。妹方自愧文词谫劣，不足以彰／懿范，而又义无可辞，遂并表姊之幼事而闻诸先人／者，按其岁年次、其事实巨细，并列先后，灿呈汇核之／馀，良深敬佩。且夫孝者天之经也，地之义也，而竟以／一女喻之践之，事亡亲而如在，念锡类于无穷，其亦／女界中之伟人矣乎！夫诗人之言，明发也，有怀二人；

徐孝女七十年事实碑（六）

六

《尧典》之述，平章也。先亲九族。惟表姊能暗合乎诗书／之训，在愚妹早惊叹为创见之人。第就尊人之殁后／而观，当庄未成而志未遂，其间之阻塞且交至，病之／险也，款之亏也，弟之亡也，室之烬也，皆有碍于庄事／之进行也者。而乃遗言克守，百折不回，有志者事竟／成。卒践乎建庄之目的，果有以尽力于祖宗天，殆历／试诸艰而益彰其孝行欤！近者我中华民智日开，天／足会倡议于朝，平权说发明于世，诚欲鼓舞民风、振／兴女教也。天下非常之事，岂惟男子能之，而女流顾／不思振作乎？如我表姊者，殆可以风世矣。人生大节，／敦本为先，苟率民而出于孝情，采其传略足以矜式／乎！女校诸生而动其孝事之忱，爱我亲施及人亲。《孟／子》所云“亲亲而仁民，仁民而爱物”，无不于孝基之。得／我表姊，为之提倡民德，庶乎归厚矣。

民国四年　月　日／振华女学校长、归太原愚表妹谢长达敬撰。

萧山龚艮敬书。

附登：提拔义女宝莲膳费议嘱

立提拔义女宝莲膳费议嘱慎仪。见立庄正毓圃，庄副沅臣、公勤。义女宝莲，／沈辛才之女，母张氏。与堂兄达馀有姻亚之谊。女中年矣／志不嫁，其戚族咸以孝称，光绪已亥来侍余，余以春秋渐／高，家事渐烦，且素体亏弱，女为余分劳分忧，侍奉弗稍衰。／近数年来，鸠工庀材，修建庄屋，女又能竭力照料末始，非／助余一臂之力，不独主持中馈，缝裳制履，毕其能事也。故／余将来身故之后，在余捐助田亩租息项下酌提每月膳／费洋贰拾元，闰月照提，以尽其天年为止。届时丧葬费酌／量开支，其膳费即遇岁歉亦按月照付，不得藉口停止。余／既喜女之与余道同合志同方，余更嘉女之为人有贞心／无惰志。女之于余得以善其始终者，而余亦相与善其始／终而已。是为嘱。

民国三年旧历九月初五秋祭日立，提拨宝莲膳费议嘱慎仪。

见立庄正毓圃，／庄副沅臣、公勤。

第四石第三十九行“邀集亲”下落去“族”字。

古吴周容刻。

【说明】此丛碑共有六石。

◎吴县县立第三高等小学校廿周纪念碑

【时间】1932

吴县县立第三高等小学校，/ 廿周纪念。

校友会同人敬立。

【说明】吴县县立第三高等小学校成立于1912年。此碑移自昭庆寺。

吴县县立第三高等小学校廿周纪念碑

◆原虹桥幼儿园（王秋记营造厂）碑刻

王秋记营造厂办公楼，位于姑苏区文丞相弄。王秋记建于民国间，系苏州当时规模较大的建筑机构。曾作树德附小、树德小学、虹桥小学、虹桥幼儿园。

王秋记界碑（一）

王秋记界碑（二）

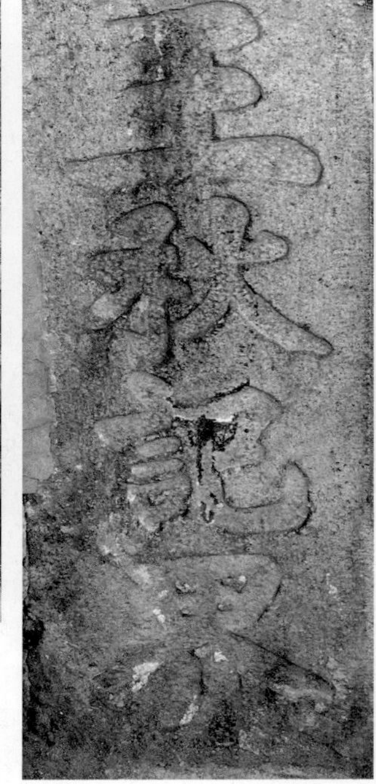

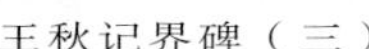

王秋记界碑（三）

王秋记界碑（四）

◎**王秋记界碑**

【时间】民国

王秋记

王秋记

王秋记界

王秋记

郁氏家祠界碑

◆原大德小学（郁氏家祠）碑刻

郁氏家祠，位于姑苏区山塘街。郁沈懋萱氏因其夫经商福建猝死后，1924年在郁氏家祠内创办郁氏尚德小学，后曾作大德小学、影视教育培训基地。原有《郁母纪念碑》等，今已佚。另有《郁母沈太夫人建祠兴学记碑》，现存苏州市山塘中心小学校。

◎**郁氏家祠界碑**

【时间】民国

郁氏家祠

◆原博习医院护士学校碑刻

博习医院护士学校，位于姑苏区十梓街。1911年创办，后名博习医院护士女校、博习高级护士职业学校、博习医院护士女科、苏南苏州护士学校、江苏省苏州护士学校等。

◎**福音堂碑**

【时间】1884

耶稣教／福音堂

1884

福音堂碑

博习医院界碑

◎**博习医院界碑**

【时间】1920

博习医院

中华民国／九年

SOOCHOW/HOSPITAL

1920

【说明】隅石式界碑

◆苏州市草桥实验小学校碑刻

苏州市草桥实验小学校，位于姑苏区草桥弄。前身为清光绪三十二年（1906）始建于夏侯桥东堍的长元吴公立高等小学堂，后迁今址，曾名吴县县立第四高等小学校、吴县县立第五小学校、城中小学、吴县县立草桥小学、江苏模范小学、江苏省立苏州实验学校、省立实验小学等，2010年改今名。又曾于此办苏州市东吴业余学校。

◎吴县立第四高小界碑

【时间】1912—1916

吴县立/第四高小/学校园界

吴县立第四高小界碑

◆苏州农业技术职业学院碑刻

苏州农业技术职业学院，前身是光绪三十三年（1907）创办于小仓口的苏州府官立农业学堂，1912年更名江苏省立第二农业学校，1914年迁至今址。后更名为江苏大学区立苏州农业学校、中央大学区立苏州农业学校、江苏省立苏州农业学校、江苏省立苏州高级农业职业学校、苏南苏州高级农业技术学校、江苏省苏州农业学校、苏州农业专科学校、苏州第十二中学，2001年改今名。

◎**江苏省立第二农业学校界碑**

【时间】1912—1927

省/立第二农业学校

省/立第二农业学校

【说明】双面隅石式界碑。

江苏省立第二农业学校界碑

◆原传德小学（鲍氏传德义庄）碑刻

鲍氏传德义庄，位于姑苏区山塘街。1919年泰来洋行在华经理鲍宗汉建。曾作传德小学。另有《鲍氏传德义庄捐置田亩碑》、1919年《褒章鲍氏碑》（二通）藏苏州碑刻博物馆。

◎鲍传德庄祠界碑

【时间】民国

鲍传德庄祠界

鲍传德庄祠界

鲍传德庄祠界碑（一）

鲍传德庄祠界碑（二）

◆原苏州工业专科学校碑刻

苏州工业专科学校，原位于人民路三元坊。1912 年建，由宣统三年（1911）创办的官立中等工业学堂和光绪三十四年（1908）创办的苏省铁路学堂组合，初名江苏省立第二工业学校，后曾名江苏省立苏州工业专门学校、苏州工业学校、江苏省立苏州工业专科学校。日军侵占期间一度迁校至上海，1941 年后改名工业补习社、诚孚纺织人才培养社、私立上海工业专科学校、上海纺织工业学校，隐蔽生存。1945 年冬复校回苏州。1951 年改为苏南工业专科学校。1956 年学校随院系调整而终结。

◎学校改建染织工场及扩充纺织设备碑

【时间】1935

本校染织工场，创建于清季苏省中等工业学堂，扩展于民元/江苏省立弟二工业学校。厥后改办专门，略事增益，顾囿于资，/设置靡尽。二十三年，全国经济委员会、棉业统制会徇本校之/请，公决补助经费四万元，专备添购纺织机，供学子之实习。惟/设备有加，而工场湫隘，佥谓非宜，乃议改建。请于教育厅，以/纺织设备费移用。令曰：“可。”二十四年四月，由棉统会购机运校。/于是度地绘图，鸠工庀材，越四月而工成。当兹工业凋敝，教费/枯竭之际，犹能纠集巨资，力谋纺织设备之扩充。异日莘莘学/子研习有得，改进技术，应纺织界之需求，皆教育厅作育人/才之效，亦棉统会诸君子提倡生产之功也。爰勒石庸志颠末。

中华民国二十四年七月，邓邦逖。中国石公司敬赠。

学校改建染织工场及扩充纺织设备碑

◆姑苏区老年大学碑刻

姑苏区老年大学，位于姑苏区马医科。原为1921年自申衙前迁至今址的振声中学附属小学，校名纪念创办人金振声。后曾作马医科小学、反修小学、马医科中心小学等。2002年起改为平江老年大学，2012年改今名。

◎振声附属小学校碑

【时间】1930

振声 / 附属小学校

1930

中华民国十 / 九年五月立

【说明】今存碑座，正面及一侧刻字。

振声附属小学校碑

◆原大马路小学（太平坊清真寺）碑刻

太平坊清真寺，位于姑苏区石路太平坊。1924 年始建。曾作清真义学、大马路小学等。

◎**清真义学界碑**

【时间】不详

清真义学界

清真义学界碑

◆原救世女学社（救世堂）碑刻

救世堂，位于姑苏区养育巷。光绪十五年（1889）美南监理差会创建救世堂，先在申衙前、长春巷设堂，1924 年移建至此。1929 年于此成立救世女学社，专事刺绣兼传道。曾作救世女学社、第十六中学音乐教室。

◎**救世堂界碑**

【时间】1924

监理公会，/ 救世堂，/ 民国十三年五月。

前有礼堂，/ 已逾廿稔。/ 不敷应用，/ 爰谋推广。/ 购地鸠工，/ 斯堂乃成。

【说明】此为双面隅石式界碑。

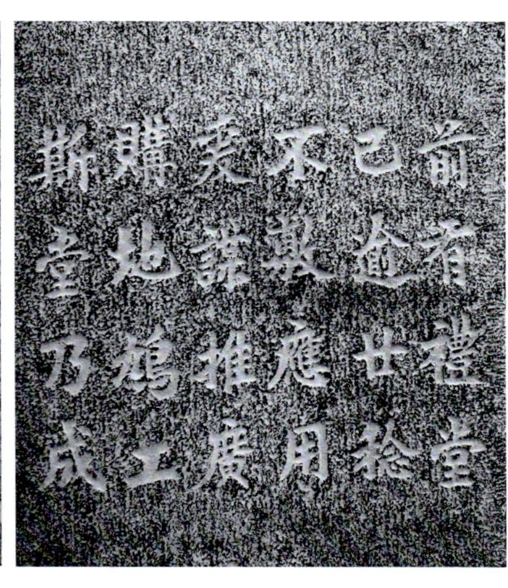

救世堂界碑

◆原思杜小学（思杜堂）碑刻

思杜堂，位于姑苏区养育巷。原为美国中华基督教会（长老会）所属教堂，为追思教堂创始人、美籍传教士杜步西夫妇，故名。创建于清同治十一年（1872），初在现址对面，1925年杜夫人募资建于今址。1935年于此创办思杜小学。解放战争时期，中共苏州地下党组织曾在此设立职业青年进修会。

◎杜步西先生记念碑

【时间】1910

勒碑／刻铭

杜步西先生记念碑

美国杜步西先生，耶稣教长老会之牧师也，生于西历一千八百四十五年九月底。髫龄聪慧，长好读书，髦尤敦行不怠，性情和霭，／学问渊博。初在本国京师大学堂卒业。二十有八岁，航海来沪。西历一千八百七十年六月中，即华历同治十年四月内，与蓝柏君／及其眷属同至浙省杭州小往。旋偕司徒尔先生莅苏，租赁现在堂之对门房屋为礼拜堂。其时内地教堂尚少，牧师传道，足迹尤／稀。先生首先莅苏，设堂传教，劝导热心，不辞劳苦，寒暑无间，总以救主耶稣为宗旨，冀得万民脱离罪苦。一时信徒麇集，车辙盈庭，／闻风而来，不能枚举，皆先生救世之苦心，亦圣灵感动有以致之也。光绪初年，购郡学西地，拟筑教堂，后迫于物议，大吏集款千金／赎回，遂于养育巷开拓堂基，广授教友，沿乡添置教堂十数次，会中教友均受其益。初来吴会，语言文字尚未精通，延请吴下名师／宿儒，虚心考订方言文学，上午读书，下午讲道，数十年来讨论真理，虽终日话谈，无少倦容。先生体上帝之心为心，故凡救世之事，／人所难为，无不毅然为之。尝慨东方雅片害人之物，与圣教反对，苟能全除烟害，即复活证据。源自印度，流入支那，官绅士庶，沉沦／黑海，莫挽狂澜，心窃忧之。于是慨然有志开会除烟，为清源塞流之论，商诸英政府，逐年减种。先于光绪二十年，因事谒见各省督／抚，竭诚进言，动以利害。至光绪三十二年，除烟之念益坚。晋谒两江周督，颇垂青眼，联合在华之西教士一千三百馀名，亲自填册，／并拟具禁烟大略情形，呈恳江督转请外部代奏，荷蒙允准。今日中国之烟祸逐渐消除者，非先生昔日救世之苦心，曷能达其目／的哉！平生笃守圣教，至老弗衰，尤好著书。观其历年所著中西文之书，指不胜屈。已刊行者，如《圣道序论》《天道讲台》《福音讲／台》《救主行述》《得救磐石》《三教问答》《福音千字文》《福音讲台篇（十二章）》《圣经小引（四章）》《旧约注释》《新约注释》《速／除罂粟》，以上皆中文之书。《儒释道三教》《在中华传道》《姑苏事迹》《韦理生行述》《福音讲台》《除烟报告》，以上皆西文之／书。惜乎《圣道序论》一书，其中议论精详赅括，几历星躔，仅译上半部，尚未工竣，已遄归天阙矣。卒于西历一千九百十年三月廿二／号，即华历宣统二年二月十二日，存年六十有四岁。殁在苏城卫前街大卫弄洋房内，葬于申江八仙桥坟墓。哲嗣翰西牧师，英年／毕业，能继志述事，以竟其功。先生虽死，如永生也。凡我教友，当祷祝以俟之。是为记。爰铭其词曰：／"巍巍先生，道参古今。枕葄圣教，渊默帝心。奉三无私，陟降常临。登山之巅，高旷胸襟。挹水之秀，澄清知音。品行卓卓，尘氛不侵。振衰／扶弱，华美交深。渺矣先生，中外同钦。"

主降世一千九百十年十二月，／宣统二年十一月，教友公立。

昆山后学张祖龄撰。苏城唐汇莲刻石。

勒碑刻銘

杜步西先生記念碑

美國杜步西先生耶穌教長老[illegible]生於西歷一千八百四十五年九月底聰慧長好讀書髦尤敦行不怠性情和靄學問淵博初在本國京師大學堂卒業[illegible]來滬西歷一千八百七十年六月中即華歷同治十年四月內與藍柏君及其眷屬同至浙省杭州小住旋偕司徒爾先生蒞蘇租賃現在堂之對門房屋為禮拜堂其時內地教堂尚少牧師傳道足跡尤稀先生首先蒞蘇設堂傳教勸導熱心不辭勞苦寒暑無間總以救主耶穌為宗旨冀得萬民脫離罪苦一時信徒麕集車轍盈庭聞風而來不能枚舉皆先生救世之苦心亦聖靈感動有以致之也光緒初年購郡學西地擬築教堂後迫於物議大吏集款千金贖回遂於養育巷開拓堂基廣授教友沿鄉添置教堂十數次會中教友均受其益初來吳會語言文字尚未精通延請吳下名師宿儒虛心孜訂方言文學上午讀書下午講道數十年來討論真理雖終日詰談無少倦容先生體上帝之心為心故凡救世之事人所難為無不毅然為之嘗慨東方雅片害人之物與聖教反對苟能全除煙害即復浩證據源自印度流入支那官紳士庶沉淪黑海莫挽狂瀾心竊憂之於是慨然有志開會除煙為清源塞流之論商諸英政府逐年減種先於光緒二十年因事謁見各省督撫竭誠進言動以利害至光緒三十二年除煙之念益堅晉謁兩江周督頗垂青眼聯合在華之西教士一千三百餘名親自填冊並擬具禁煙大畧情形呈懇江督轉請外部代奏荷蒙允准今日中國之煙禍逐漸消除者非先生昔日救世之苦心曷能達其目的哉平生篤守聖教至老弗衰尤好著書觀其歷年所著中西文之書指不勝屈已刊行者如 聖道序論 天道講臺 福音講臺 救主行述 得救磐石 三教問答 福音千字文 福音講臺篇十二章 聖經小引四章 舊約註釋 新約註釋 速除罌粟以上皆中文之書 儒釋道三教 在中華傳道 姑蘇事蹟 韋理生行述 福音講臺 除煙報告 以上皆西文之書惜乎聖道序論一書其中議論精詳賅括幾歷星躔僅譯上半部尚未工竣已遄歸天闕矣卒於西歷一千九百十年三月廿二號即華歷宣統二年二月十二日存年六十有四歲歿在蘇城衛前街大衛街洋房內葬於申江八仙橋墳墓哲嗣翰西牧師英年畢業能繼志述事以竟其功先生雖死如永生也凡我教友當禱祝以俟之是為記爰銘其詞曰

巍巍先生道參古今枕能聖教淵默帝心奉三無私陟降常臨登山之巔高曠胸襟挹水之秀澄清知音品行卓卓塵氛不侵振衰扶弱華美交濼渺矣先生中外同欽

主降世一千九百十年十二月

宣統二年十一月

虞山後學張祖齡撰

教友公立

蘇城唐秉蓮刻石

杜步西先生记念碑

思杜堂界碑（一）

思杜堂界碑（二）

◎ **思杜堂界碑**

【时间】民国

基督教 / 长老会 / 思杜堂界

基督教 / 长老会 / 思杜堂界

张家瑞故居界碑

◆苏州市民治路机关幼儿园碑刻

苏州市民治路机关幼儿园，位于姑苏区民治路槐树巷，创建于1949年。原为民主革命人士张家瑞故居，建于1930年。

◎ **张家瑞故居界碑**

【时间】民国

澄庐

◆原苏州美术专科学校（颜文樑纪念馆）碑刻

颜文樑纪念馆，位于姑苏区沧浪亭东。原为苏州美术专科学校，亦曾作江苏国学社。另有1948年黄觉寺撰、钱定一书、杨自珍刻《苏州美专教学大楼改造纪念碑》，今碑毁，拓片存苏州碑刻博物馆。

◎苏州美术专科学校舍奠基纪念碑

【时间】1931

中华民国二/十年十月一/日苏州美术/专科学校舍/奠基纪念。

吴子深、/颜文樑。

苏州美专校舍建筑委员：/吴秉彝、吴希猛、沈寿鹏、/胡粹中、徐镇之、龚赓禹。

建筑工程师：/吴希猛、张宏。

营造师：/张桂山。

中华民国二十年十月，蒋吟秋书石。

【说明】此为双面隅石式碑。

苏州美术专科学校舍奠基纪念碑

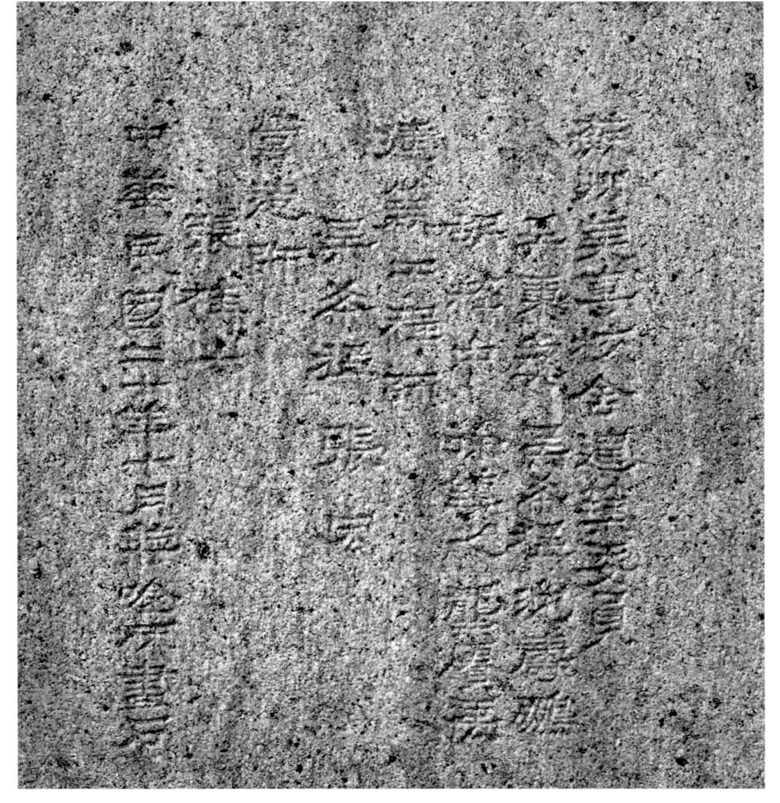

◆原苏州医士学校（沈京似故居）碑刻

上海中孚银行副理沈京似故居，位于姑苏区十梓街今苏州大学附属第一医院内。曾作苏州医士学校、苏州大学附属第一医院卫生学校。

◎**沈京似故居隅石**

【时间】1936

1936

沈京似故居隅石

◆原苏州银行学校（唐腴胪故居）碑刻

宋子文秘书唐腴胪故居，位于姑苏区吴衙场东吴饭店内。曾作苏州银行学校、苏州财经专科学校。

◎**上池书屋碑**

【时间】1936

丙子孟夏，/上池书屋。

忘飞。

【说明】忘飞，即罗良鉴，湖南善化（今长沙）人，曾任国民政府蒙藏委员会委员长等职。

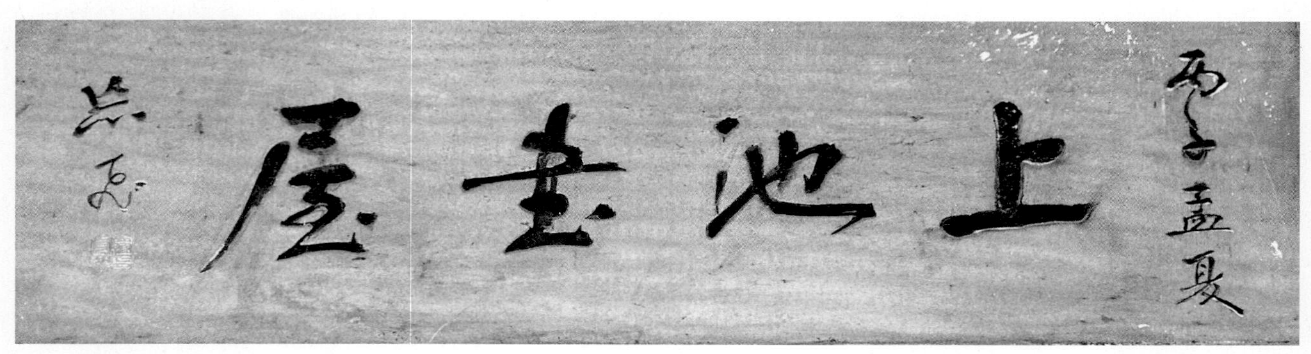

上池书屋碑

工业园区

◆江苏佛学院寒山学院（重元寺）碑刻

重元寺，原位于工业园区唯亭草鞋山旁。始建年代不详，唐时已有。元末张士诚攻克苏州后一度改寺为宫，明代恢复。曾作唯亭乡立初等小学校、唯亭乡夷陵初级小学校、夷陵乡小学、唯亭乡夷陵小学、唯亭陵南小学校等。2003年起于阳澄湖南新建重元寺，并作为江苏佛学院寒山学院。原旧址碑刻部分亦移至今址。

◎永禁丐匪滋扰元邑东念二都农民碑

【时间】1796

奉／宪示谕／勒碑

署江南苏州府事扬州府正堂加十级纪录十次任／特授江苏等处提刑按察使司经厅加一级又军功加一级随带纪录四次李／特调江南苏州府元和县正堂加六级纪录五次贾为／丐匪滋扰等事。据元邑东念二都十六七八等图民邹振声、薛香章、王殿卿、何士才、张御禄、尤占三等呈称，身等耕种农民，该／处出有土匪，与贼为伍，日则沿村求乞，夜则逾墙挖壁，竟肆硬讨，动辄行凶。若身等在田家存妇女被其恐吓，见物即取，追赶／反遭荼毒，扬称将来扳害。首恶丐匪高傅、吴富等，硬讨不遂，横行窝匪。今高傅于三月念四日与帮捕查天扭殴获，交马快周／启禀解元邑查审。但高傅虽去，吴富尚存，更且丐匪羽党甚多，难以防备。环叩给示严禁，滋求差保躯逐，以杜扰害等情，具禀／前来。查丐匪滋扰，最为闾阎之害。除现在查拿外，合先给示谕禁。为此，示仰该处居民人等及地保知悉，嗣后如有前项丐匪／棍徒仍前在于该处强讨滋事，立即协同躯逐。倘敢故违，即指明证据，具禀本府，听凭提究。该地保如敢徇庇容隐及藉端滋／扰，定行重处。各宜凛。毋违！特示。按察使司经厅示谕，仰该地保居民人等知悉，嗣后如有丐匪再敢到村强讨偷窃滋／扰，许即立拿禀解本厅，凭严究通详治罪。倘有村棍窝留容顿者，一并禀究。该图地保亦宜梭织巡防，毋稍懈忽，徇纵干咎。各／宜凛遵，毋违！特示。元和县示谕，仰该地保居民人等知悉，嗣后如有丐匪再敢到村强讨偷窃，以及各地棍容留，罔知法／令，仍前滋事，许即立时扭解本县，以凭尽法严究，通详治罪。倘有村棍容留窝顿，亦即禀究。地保甲长容隐不报，立拿并究，法／不宽贷。各宜凛遵。毋违！特示。

嘉庆元年四月十九日示。

【说明】碑原在悬珠村天尊堂（曾作悬珠村小学）。

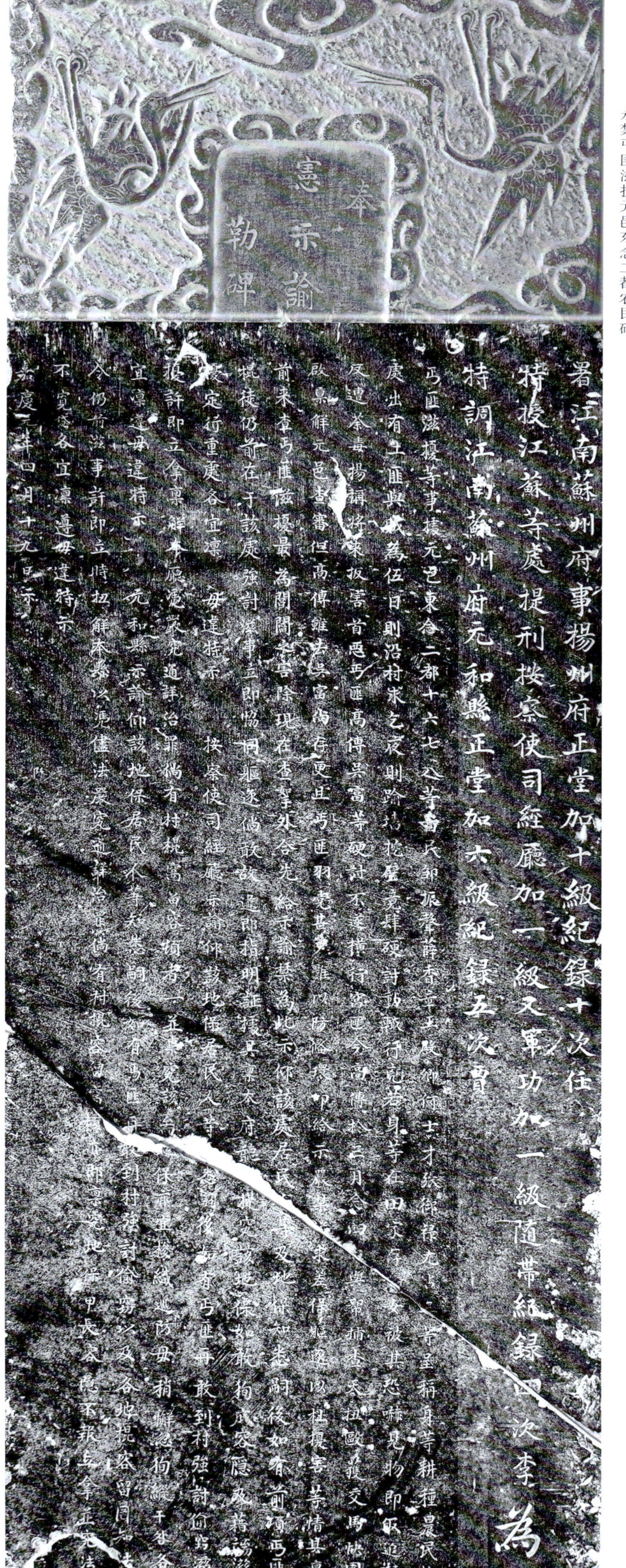
奉憲示諭勒碑

署江南蘇州府事揚州府正堂加十級紀錄十次任
特授江蘇等處提刑按察使司經歷加一級又軍功加一級隨帶紀錄四次李為
特調江南蘇州府元和縣正堂加六級紀錄五次賈

永禁丐匪滋扰元邑东念二都农民碑

◎永禁窃取践踏芦苇碑（苏州府桂）

【时间】1847

特调江南苏州府正堂加二级奏准随带加一级纪录十次桂为/据禀给示禁约事。据普济堂司总监生周奕金禀称，堂田坐落元邑中十九都十图、十一图、五十二图、五十四图洪、荒、日、诮、谓、语、/助、者、也字圩，系田户周孝章、张瑞祥、孙受益、陆茂松等承种。在洋澄河滩，每遇水汛潮涨，被浪冲坍，地步渐狭。各佃于完租/时，藉以为词，诸多掣肘。经董赴乡征租目睹，深虑渐次冲坍，难以底止，当令各佃在于近岸浅滩插种芦苇，以御水虞。兹播种已周，/恐该处匪徒乘机窃取，以及牛羊践踏，均未可定。呈叩给示永禁，并求檄饬元邑一体示禁等情到府。据此，除禀批示，并饬县一/体示禁外，合准给示禁约。为此，示仰该图总保、佃农诸色人等知悉，所有普济堂管业元境中十九都十图等处田亩/据禀因被冲渐狭，现经该堂令佃在于近岸浅滩插种芦苇，以御潮水。为保护田畴起见，毋许匪徒窃取芦草，以及纵放牛/羊践踏。各该佃户务将应完堂租按数清完，亦不准藉词拖欠，及僭占官河情事。如敢故违，一经堂董指禀，或被告发，定/提究办。该总保等徇纵容隐，察出并惩。其各凛遵。毋违！特示。遵。

道光贰拾柒年四月十一日示。

永禁窃取践踏芦苇碑（苏州府田）

◎永禁窃取践踏芦苇碑（苏州府田）

【时间】1901

代理江南苏州府事补用府正堂田为/给示禁约事。据区董职员卫祥麟、增生王朝昌、耆农周杏林、张万和、孙勤安、徐玉昆、孙仁卿、周松亭、毛景春、凌玉峰、顾星耕、/王景芳、吴明德、马世德、俞汉良、凌云峰、沈茂竹、孙厚安、沈洪祥、虞茂轩、卢丕基等禀称，窃董耆等向居元境中十九都十、十/一、十二、十三、四十七、五十二、五十四图，地名大唯亭，东北滨临洋澄河，系属低区水乡，耕种田亩上关/国课，下资赡养，其田全赖圩岸保卫。农民于洋澄河沿岸插种芦柴，以防水浪冲损。每逢水旺，尚须加高岸堤，时防淹没。乃近/年来，时有渔网船只驶入内河，随带竹篓，任意挖掘鳅鳝，深至数尺，岸堤土松坍缺，耕牛失足，跌损病毙。并有一种托/名逃荒，于插莳之际，成群结队，至村盘踞借宿，将沼滩所种芦柴任意刈割，并撩挖水旱两草，损禾坏岸，与理蛮横，动辄行/凶，棍徒人等藉此生风，伏念小民终岁辛勤，所望秋收□□□□□□□□□□□□□求给示永禁，勒石遵守等情/■永禁窃取践踏□□□□□据此，除批示外，合行给示禁约。为此，示仰该处居民、渔户、地保/人等知悉，尔等须知，水田全赖堤岸保卫。自示之后，如有无知之徒及渔网船户再有毁损堤岸，挖掘鳅鳝，并托名逃荒游/民，结队盘踞，刈割

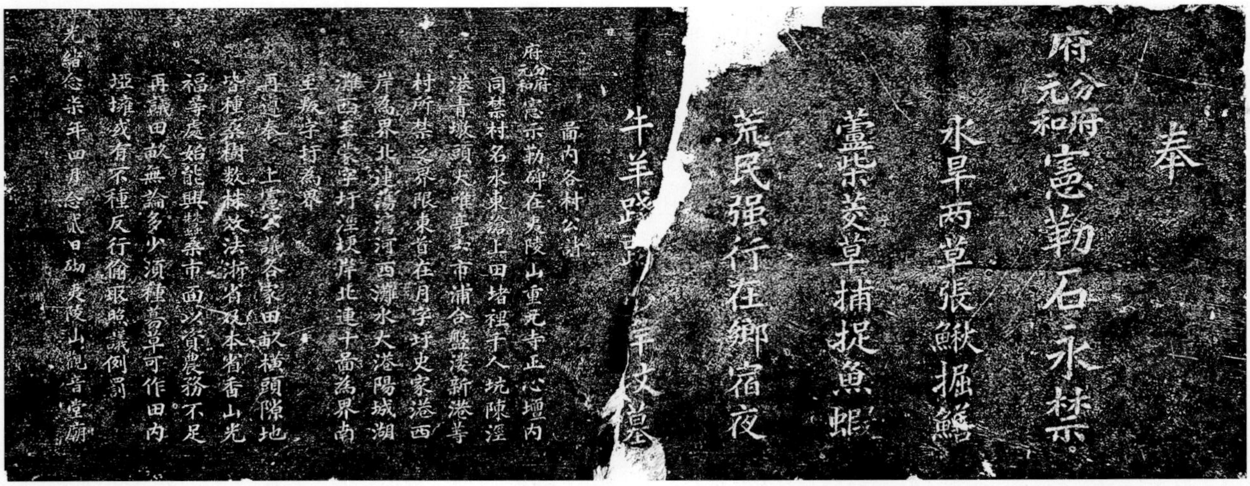

元和各乡禁约碑

沼岸所种芦柴，撩取水旱两草以致损禾坏岸情事，许即指名禀，候／本府提究。地保徇隐，察出并惩不贷。其各凛遵。毋违！特示。遵。

计开：东连月字圩史家港西岸为界，／北连塘湾河西滩水大港阳城河滩为界，西至蒙字圩金埂岸，北连十图为界，／南至叛字圩为界。右谕通知。

［光绪贰］拾柒年肆月廿二日示。

发■。

【说明】碑残。

◎**元和各乡禁约碑**

【时间】1901

奉／府／分府／元和宪勒石永禁／水旱两草张鳅掘鳝，／芦柴茭草捕捉鱼虾，／荒民强行在乡宿夜，／牛羊践踏□岸坟墓。

图内各村公请／府／分府元和／宪示勒碑，在夷陵山重元寺正心坛内／同禁。村名水东、沧上、田堵里、千人坑、陈泾／港、青墩头、大唯亭、六市浦、合盘溇、新港等／村。所禁之界限，东首在月字圩、史家港西／岸为界，北连荡湾河、西滩、水大港、阳城湖／滩，西至蒙字圩、泾埂岸，北连十图为界，南／至叛字圩为界。／再遵奉上宪公议，各家田亩横头隙地／皆种桑树数株，效法浙省及本省香山、光／福等处，始能兴蚕桑市面，以资农务不足。／再议，田亩无论多少，须种荡草，可作田内／垭壅，或有不种，反行偷取，照议例罚。

光绪念柒年四月念贰日，砌夷陵山观音堂庙。

◎**永禁窃取践踏芦苇碑（船政分府）**

【时间】1901

钦加四品衔特授江南苏州府督粮总捕船政分府加一级黄为／给示勒石禁约事。据区董职员卫祥麟，图董、增生王朝昌，耆农周杏林、张万和、孙勤安、徐玉昆、周松亭、毛景春、凌玉峰、顾星／耕、王景芳、吴明德、马世德、俞汉良、凌云峰、沈茂竹、孙厚安、沈洪祥、孙仁卿、虞茂轩、卢丕基等联名禀称，切董耆等世居元和／县中十九都十、十一、十二、十三、四十七、五十二、五十四图，大唯亭东北滨临洋澄河，系属低区水乡，耕种田亩，上关／国课，下资赡养，其田全赖圩岸保卫。农民于洋澄河沿岸种植芦柴，以防水浪冲损。每逢水旺，尚须加高岸堤，时防淹没。乃近／年来，时有鱼网船只驶入内河，随带竹篓，任意挖掘鳅鳝，深至数尺，

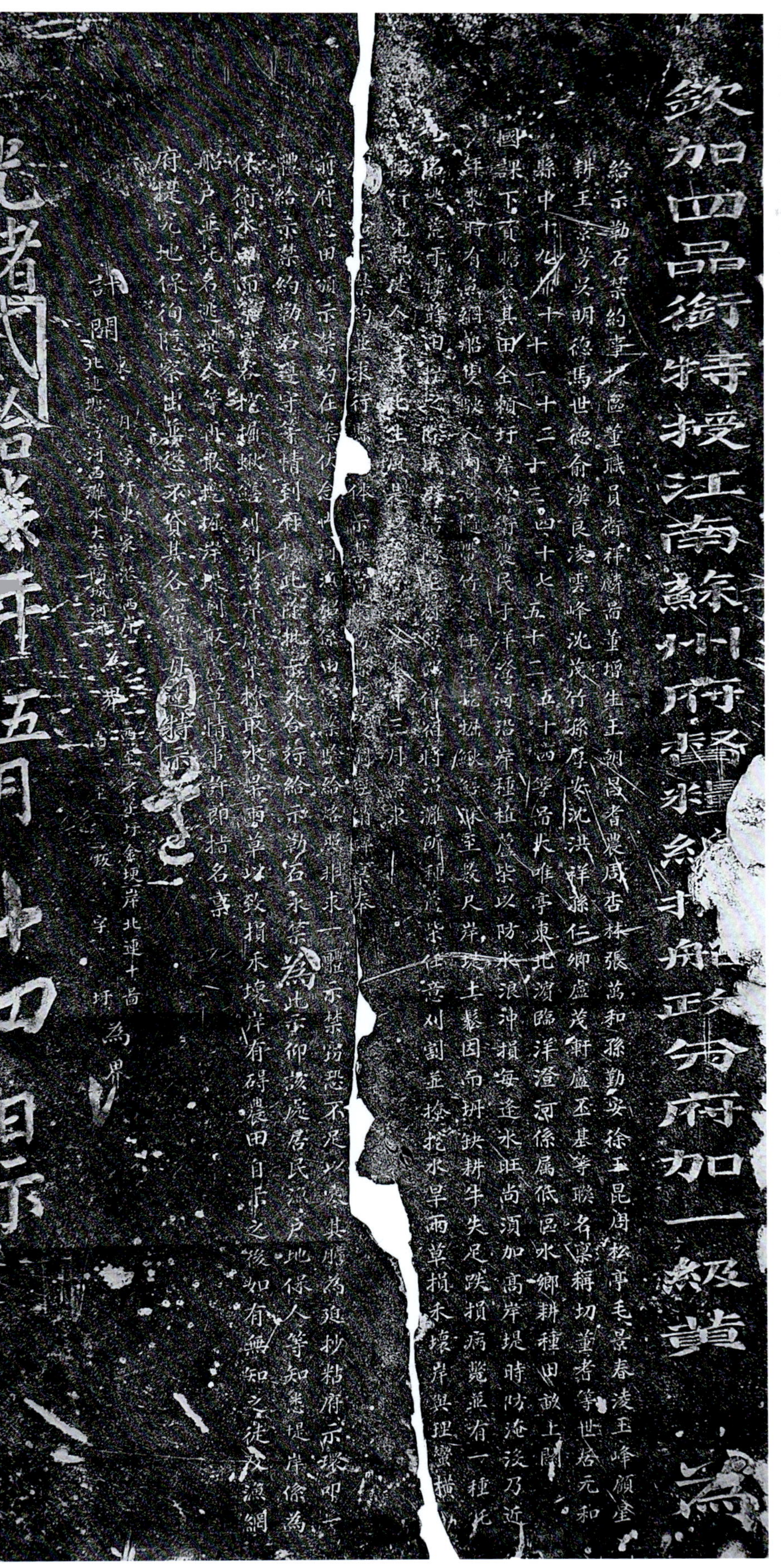

永禁窃取践踏芦苇碑（船政分府）

岸堤土松，因而坍缺，耕牛失足，跌损病毙。并有一种托/名逃荒，于插莳田忙之际，成群结队，至村盘踞借宿，沼滩所种芦柴，任意刈割，并撩挖水旱两草，损禾坏岸，与理蛮横，动/辄行凶，棍徒人等藉此生风。是以小民等于本年三月禀求/府宪给示禁约，并求行县一体示禁。当蒙饬县查复，嗣经拓碑，禀奉/前府宪田颁示禁约在案，伏念内河渔船系由宪案验给烙照，非求一体示禁。窃恐不足以寒其胆，为追抄粘府示，环叩一/体给示禁约，勒石遵守等情到府。据此，除批示外，合行给示勒石永禁。为此，示仰该处居民、渔户、地保人等知悉，堤岸系为/保卫水田而筑，岂容挖掘鳅鳝，刈割沼岸芦柴，撩取水旱两草，以致损禾坏岸，有碍农田。自示之后，如有无知之徒及渔网/船户，并托名逃荒人等，再敢挖掘岸堤，割取芦草情事，许即指名禀/府提究。地保徇隐，察出并惩不贷。其各凛遵。毋违！特示。遵。

计开：东连月字圩史家港西岸为界，/北连塘湾河西滩水大港阳城河滩为界，西至蒙字圩金埂岸，北连十图为界，/南至贩字圩为界。

光绪贰拾柒年伍月十四日示。

发给区董职员卫祥麟勒石竖立。

◎永禁窃取践踏芦苇碑(元和县叶)

【时间】1901

奉／宪永禁

钦加同知衔在保候补□□□华亭县司署苏州府元和县正堂叶为／给示禁约事。据区董职员卫祥麟，图董、增生王朝昌，耆农周杏林、张万和、孙勤安、徐玉昆、周松亭、毛景春、凌玉峰、顾星耕、／王景芳、吴明德、马世德、俞汉良、凌云峰、沈茂竹、孙厚安、沈洪祥、孙仁卿、虞茂轩、卢丕基等禀称，切农者等世居中十九都／十、十一、十二、十三、四十七、五十二、五十四图□，地名大唯亭，东北滨临洋澄河，系属低区水乡，耕种田亩，上关／国课，下资赡养，其田全赖圩岸保卫。农民于洋澄河沿岸种植芦柴，以防水浪冲损。每逢水旺，尚须加高岸堤，时防淹没。乃／近年来，时有鱼网船只驶入内河，随带竹篓，任意挖掘鳅鳝，深至数尺，岸堤土松，因而坍缺，耕牛失足，跌损病毙。并有一／种托名逃荒，于插莳田忙之际，成群结队，至村盘踞借宿，沼滩所种芦柴，任意刈割，并撩挖水旱两草，损禾坏岸，与理／蛮横，动辄行凶，棍徒人等■／府宪给示禁约，并求行县一体示禁。■，／□□□□□□，嗣经拓碑，■／前府宪田颁示禁约在案，伏念■不足以寒其胆，为追■禁约，勒石遵守／等情到县。■，／示之后，如有无知之徒及■，结队盘踞，刈割沼岸所种芦柴，撩取水／旱两草以及损坏田畴情事，许即指名■／县以凭提究。地保徇隐，察出并惩。其各凛遵。毋违！特示。遵。

计开四至：东连月字圩史家港西岸为界，／北连塘湾河西滩水大港阳城河滩为界，西至蒙字圩金埂岸，北连十图为界，／南至叛字圩为界。

光绪贰拾柒年伍月二十五日示。

发■。

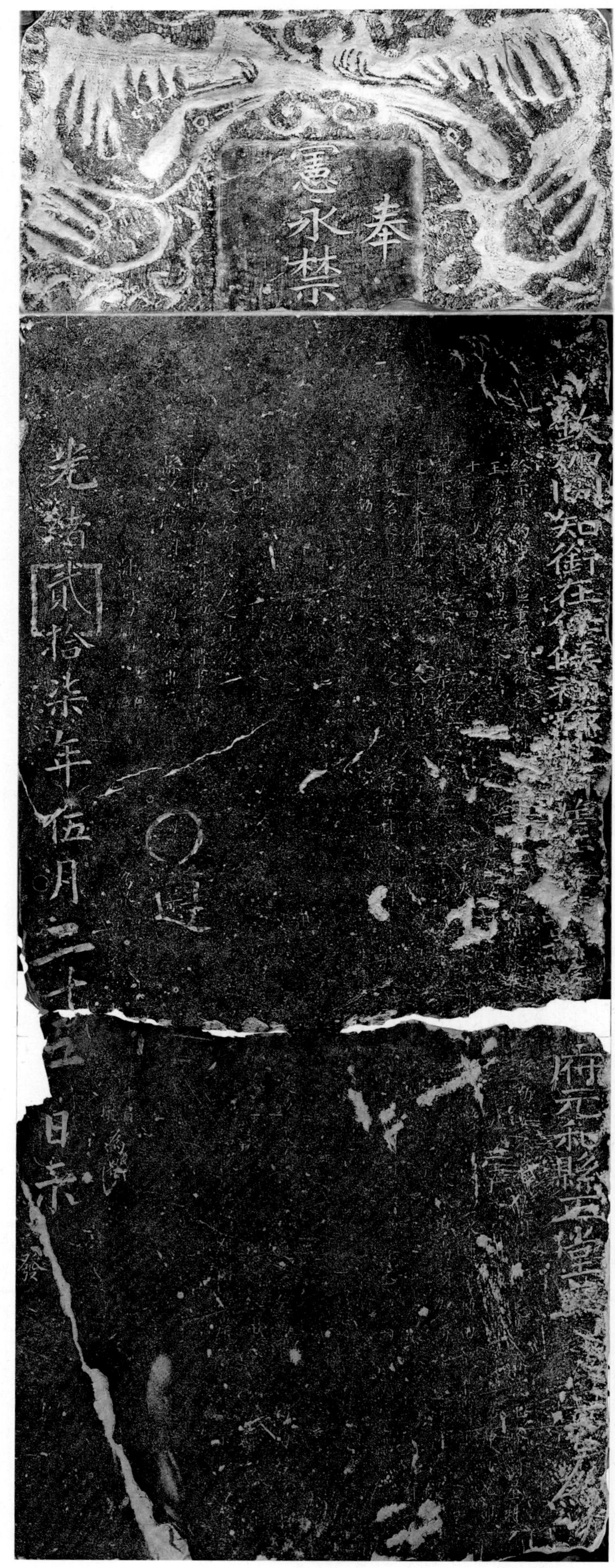

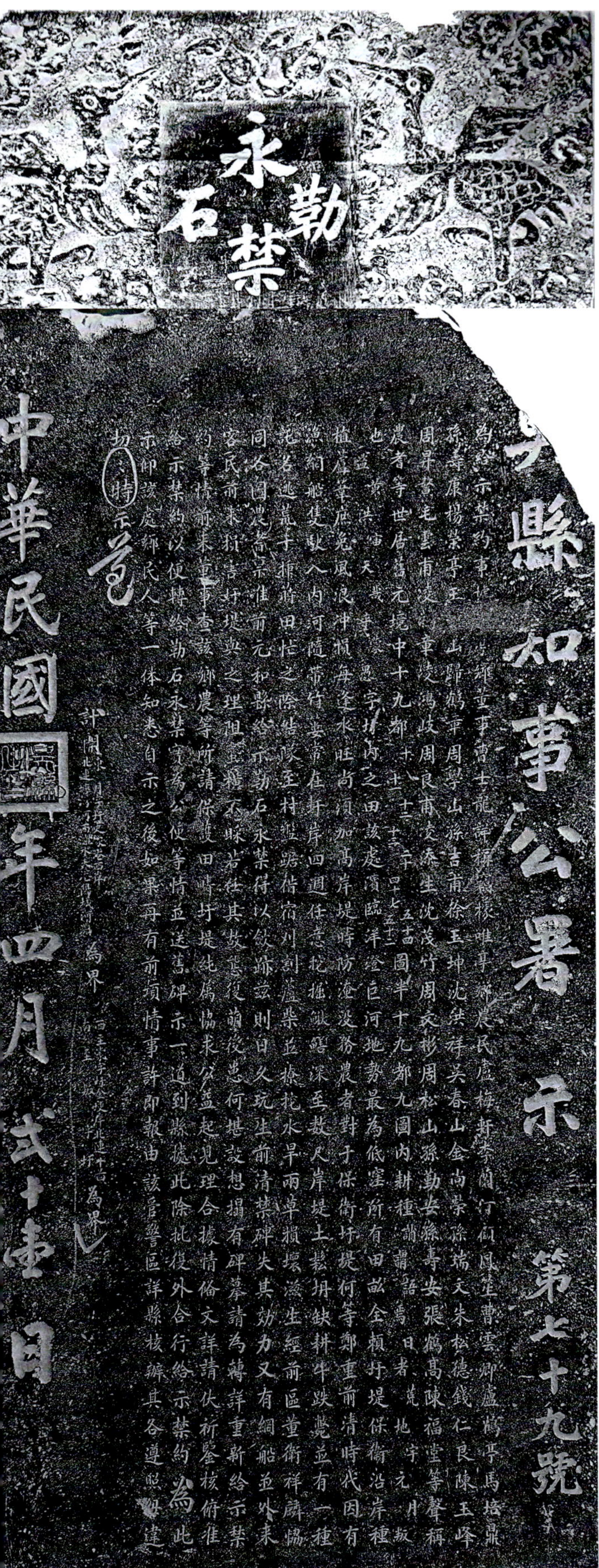
永禁窃取践踏芦苇碑（吴县）

◎永禁窃取践踏芦苇碑（吴县）

【时间】1914

勒/石/永禁

吴县知事公署示第七十九号/为给示禁约事。据唯亭乡董事曹士龙详称，窃据唯亭乡农民卢梅轩、李兰汀、顾凤笙、曹云卿、卢鹤亭、马培鼎、/孙寿康、杨荣亭、王□山、归鹤章、周学山、孙吉甫、徐玉坤、沈洪祥、吴春山、金尚荣、孙瑞文、朱松德、钱仁良、陈玉峰、/周昇鳌、毛云甫、凌鸿章、凌鸿岐、周良甫、凌添生、沈茂竹、周文彬、周松山、孙勤安、孙寿安、张鹤高、陈福堂等声称，/农者等世居旧元境中十九都十、十一、十二、十三、二十、四十七、五十四、五十二图半。十九都九图内耕种诮、谓、语、焉、日、者、荒、地、宇、元、月、叛、/也、盗、黄、洪、宙、天、哉、乎、蒙、愚字圩内之田。该处滨临洋澄巨河，地势最为低洼，所有田亩全赖圩堤保卫，沿岸种/植芦苇，庶免风浪冲损。每逢水旺，尚须加高岸堤，时防淹没。务农者对于保卫圩堤何等郑重！前清时代，因有/渔网船只驶入内河，随带竹篓，常在圩岸四周任意挖掘鳅鳝，深至数尺，岸堤土松坍缺，耕牛跌毙。并有一种/托名逃荒，于插莳田忙之际，结队至村盘踞借宿，刈割芦柴，并撩挖水旱两草，损坏滋生。经前区董卫祥麟协/同各图农耆禀准前元和给示，勒石永禁，得以敛迹。兹则日久玩生，前清禁碑失其效力。又有网船并外来/客民前来损害圩堤，与之理阻，蛮横不睬。若任其故态复萌，后患何堪设想？拓有碑摹，请为转详，重新给示禁/约等情前来。董事查该乡农等所请保护田畴圩堤，纯属协求公益起见。理合据情备文详请，伏祈鉴核俯准。为此/给示禁约，以便转给勒石永禁，实为公便等情，并送旧碑示一道到县。据此，除批复外，合行给示禁约。为/示仰该处乡民人等一体知悉，自示之后，如果再有前项情事，许即报由该管警区详县核办。其各遵照。毋违！/切切。特示。遵。

计开：东连月字圩史家港西岸为界，/北连塘湾河西滩水大港阳城河滩为界，西至蒙字圩金埂岸，北连十图为界，/南至叛字圩为界。

中华民国三年四月二十壹日。

吴县知事孙锡祺。

娄下镇碑

◆苏州工业园区跨塘实验小学碑刻

苏州工业园区跨塘实验小学，位于跨南路。学校前身为 1912 年始建于周处庙的唯亭乡立第二初等小学校，2010 年改今名。

◎娄下镇碑

【时间】不详

《苏州府志》载《姑苏东郊记》：/“娄下镇，跨于致和塘娄关之东，/乃第一商埠也。”

庚辰春，茆塔杨公丽庵以留片石保存古迹。

【说明】碑中言句，不见载各版《苏州府志》。

柳仙庙界碑

◆原吴县第三十六初级小学（柳仙庙）碑刻

柳仙庙，又名水仙庙、柳仙堂。位于工业园区娄门路。祀唐仪凤间儒生柳毅，为土谷神。康熙三十三年（1694）建于凌浜，后迁今址，同治六年（1867）重建。曾作吴县第三十六初级小学、柳仙堂小学、四合小学、娄门小学等。

◎柳仙庙界碑

柳仙庙

虎丘区

◆石湖书院石刻

石湖书院，又名范成大祠、范公祠，位于虎丘区上方山麓。祀南宋文学家、参知政事范成大。原为范成大别墅，又名石湖精舍，明正德十四年（1519）起御史卢雍于今址建范成大祠奉祀，又于祠内设石湖书院。原有宋孝宗《石湖碑》，现存南京博物院。除点校者外，今存《四时田园杂兴六十首》诗碑七方（原有八方，现缺一方，为王鏊题跋下半部及都穆、文徵明题跋），清道光十六年（1836）某布告碑（漫漶），任兆炯撰、王文治书《天镜阁记》碑（残）等，另有四面《佛说阿弥陀经》石刻，八面兽首石刻。此外，明万历十八年（1590）御史李辰民为徐显卿立三间四柱坊于祠前，额题“宠光奕世”，今残石亦存于此。

◎重修文穆公祠堂记碑

【时间】1789

吴郡西十里有浸曰石湖，山曰吴／山。宋淳熙中，参政文穆公构别／墅其间，阜陵书“石湖”二字赐之。／数传后，沧桑变易，向之天镜阁、／玉雪坡，争奇献异于别墅中／者，已鞠为茂草，不可复识。明侍／御卢雍偕弟郎中襄，家越来／溪。少时，数过湖上，约曰:“它日当俎／豆文穆于斯。”迨正德庚辰，始建／祠祀公，王文恪鏊记之。万历时祠／废，吾宗参议长倩公重建，陈处士／继儒记之。此石湖祠兴废之由来／也。自后春秋祀事及岁修费，归／吾家义庄经理。本朝乾隆十六／年后，义庄公费不足，祠屋日颓。宗／己酉请养归，清理庄务，积弊渐／除。岁有储馀，爰商重建。适郡侯／任晓林先生政成之暇，同来相度，／鸠工庀材，制加坚壮，不日竣事。祠／之旁，向年居民租馀地建屋，先／生酬其值，迁去。复捐廉俸建天／镜阁，艺花叠石，有亭立池，以为／登眺游憩之所。俾先哲风流，依／然未坠，甚盛举也。窃思文穆公

与先始祖文正公，世系难考，即／石湖集中，亦不自为表述。文正／驰驱中外，未尝一日退闲。文穆／谢事后，管领湖山，极优游之乐。／文正祠宇宏多，义田义宅，子孙／世守。文穆云仍歇绝，谱牒无存。／其后之不同如是。然合之法施／于民则祀之，以劳定国则祀之，／是岂有不同者哉？昔眉公有云：／“石湖为文穆剑履往来之故墟，／顾独委弃于山陬水涯，非独范／氏之耻，亦三吴后学之耻也。”今／重新祠宇，复得贤太守慨念先／贤，主持风雅，使当年旧观，仿佛／犹在，可不谓厚幸欤！落成之日，／爰志其始末，以示后来，俾世守／勿坠，是所望也。

范来宗撰。

右范来宗撰《重修文穆公祠堂记》旧刻条石，十年浩劫／中毁其半。岁在丙寅，祠宇新修，断碑重刻，园林局当事／者命予补书，愧不能工，临颖不胜惶恐。后学吴溱谨识。

【说明】清嘉庆三年（1798）范来宗撰、吴锡麒书《重修文穆公祠堂记》，原有两石，今存一。后一石为1986年吴溱补书。

重修文穆公祠堂记碑（局部一）

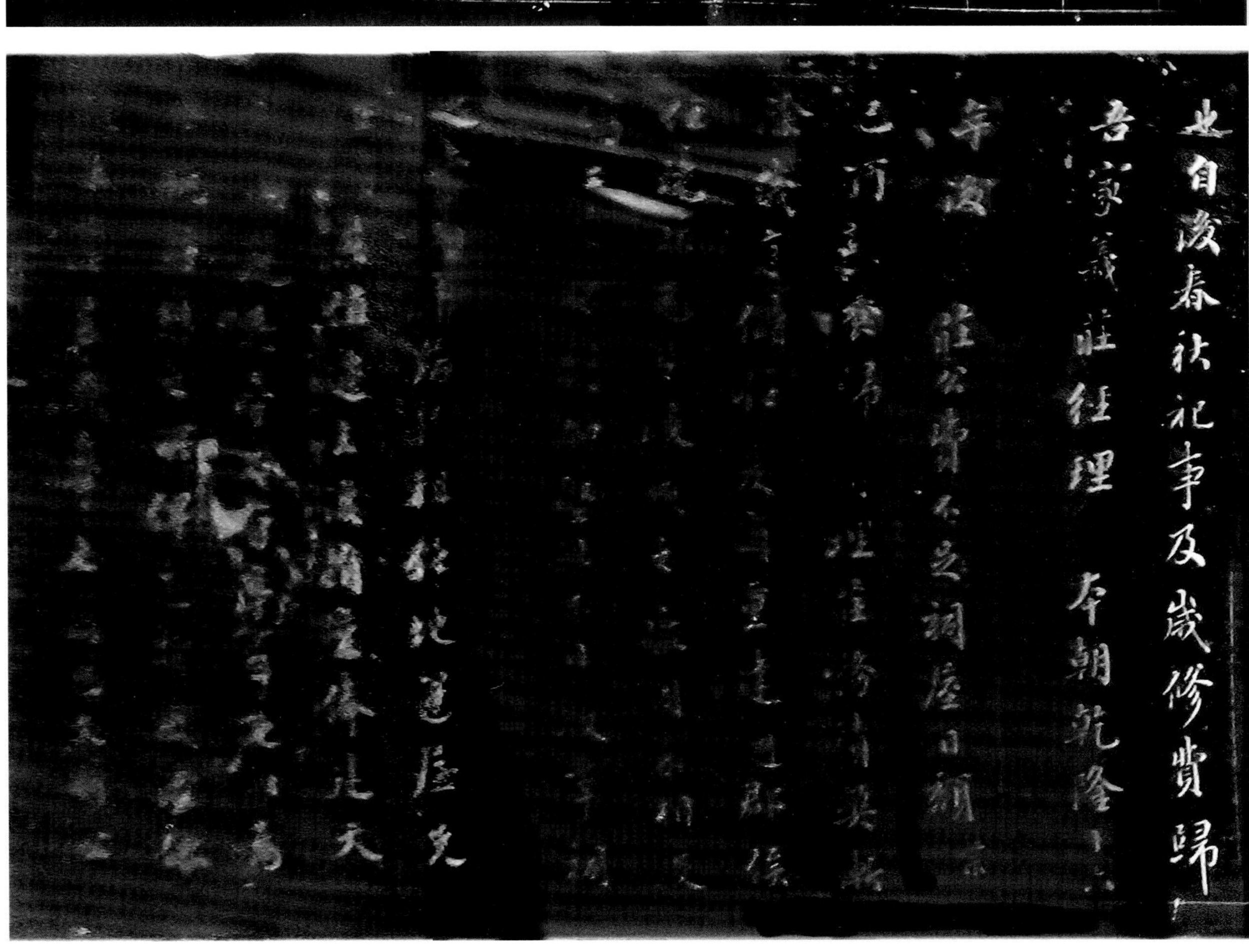

重修文穆公祠堂记碑（局部二）

◆原吴县中学碑刻

吴县中学，创建于1943年，位于虎丘区浒墅关原龙华寺址。曾名吴县县立浒关初级中学、东方红学校、吴县市中学等，后曾作苏州市浒墅关中学等。校内收有附近之碑。

◎永禁藉尸骚扰布告碑

【时间】1791

永禁藉尸骚扰布告碑

特调江南苏州府正堂、随带军功加二级又加三级纪录三十三次冯／严禁藉尸骚扰及惧累移尸之恶习，以安民业，以恤尸骸事。照得路毙乞丐及江河浮尸，各处均常／有之事，如验无伤痕，不过立案示召尸属领埋，即可随时完告，毋庸辗转累民。乃访闻苏属地方，一遇／此等尸骸，地保居为奇货，一经报验，即沟通书役后藉买棺盛殓及官后船只水脚为词，藉端索需，名曰／尸场使用，任意饕餮，饱其欲壑。因而地主居民畏其骚扰，往往将尸私自掩埋，或藏木排之下，或移氽大／河之内，任其漂失，葬于鱼腹。不特死者殊堪怜悯，即移尸之人被人首告，转罹重咎。若不严切禁止，何以恤／骸胔而安民业？除详请／臬宪转详饬禁外，合先剀切示禁。为此，示仰府属军民地保人等知悉，嗣后如遇前项路毙流尸，即时报官／验殓，一切尸场使用各色，永行禁革，毋许丝毫累及闾阎。其应用棺木，饬令施棺各堂给棺盛殓，／毋庸地保买棺，以杜借口，庶可省滋扰而除积弊。此番示禁之后，居民人等既无累可畏，凡遇无名尸身，即当／据实鸣保报县，不得仍行私自掩埋，遗弃漂失，至蹈弃尸遗失之罪。倘该地保等罔知禁令，再敢藉尸需索，许／居民人等指名控究，定当从重究办。各宜凛遵。毋违！特示。

八都九都十二图士民吴锦栋、杜皆吉堂、金餐霞、江宪远堂、沈枢、倪华萼堂、姚本立、李春和堂、蔡景华、伊源海、汤景章、祝鼎丰、周风来、刘紫霞公立。

乾隆伍拾陆年拾贰月　日示。

◎永禁私宰耕牛事布告碑

【时间】1807

钦命江南江苏等处提刑按察使司按察使兼管驿传事加十级纪录十次百为/据禀勒石永禁私宰耕牛事。照得/大飨始尊元武，鞭春特重耕犁。牛只虽同列于六畜之中，而裨益农民，其功甚大。驾车则多资负载，力田/则全代耕耘。小民终岁勤劬，动需倚赖。是以宰杀贩卖，初犯枷责，再犯充军。偷盗则计只定罪，自枷/杖以至军绞。定例何等森严，有犯岂容不究？况查苏城并无牛贩往来，绝少菜牛。其所宰剥者，虽称/有病牛只，售卖汤锅，实则尽属农民所畜。苟非窝伙偷窃，则市肆屠戮适从何来？明系棍徒开局私/宰，包贼消赃，以致下乡肆窃，民不聊生。试思食力农民失一耕牛，惨同子女。投保诉状，无论原赃能/否追给，而家业早已荡然。况此所失之牛，又复死于非命。人心澌灭，天理何存？本司于下车时，即密/访查拿，出示晓谕在案。兹据举人王寿祺、谈晋昌，生监韩际昌、顾翔、钱士锜、潘世锦、李清杰等呈请/勒石永禁前来，合亟勒石永禁。为此，示仰按属军民地保人等知悉，嗣后尔等务须及早改业谋生，/自保身家。倘敢怙恶不悛，仍前盗窃民间耕牛，及知情窝变宰剥者，一经确访，或被首告，定即按名/严拿，照例从重治罪。邻保人等知情容隐，察出一并坐罪，决不姑贷。各宜凛遵，毋贻后悔！须至碑示/者，/嘉庆十二年十一月　日率同苏州府知府唐、元和县知县刘、长洲县知县韦、吴县知县石。

张辰书。

刘恒卿刻。

◎永禁高抬洋价以及搀搭禁钱诸事布告碑

【时间】1874

钦加同知衔、特授江南苏州府长洲县正堂加十级纪录十次万为／给示勒石永禁事。同治十三年十一月初一日，奉／署布政使司应批，据机户锺履云、沈洪文、锺裕德、严万仓、陈在田、夏德秀呈称，住居长邑西乡，均系织席生理糊口，每投牙销售，任其抽用，而各镇各牙搀／搭禁钱，高抬洋价，明则抽用，暗则射利。泣念身等□艺经营，本短利微，难堪遭此剥削。查机户与牙户向归足串制钱，出入交易，洋价照时。遵奉／前大德碑示，令□□□□兵燹之后，各牙故智复萌，教前尤甚。迨至上年二月间，身等叩求长廉，荷蒙明示，各牙机户公平卖买钱串，出入概用通足制钱照章抽用，／不准和搭禁钱，□□□□并机户亦不得收短尺寸等谕，有案可稽。身等恪守定章，断不敢有违，自蹈其辄。而各牙皆阳奉阴违，只缘小户投牙销售，席数甚微，／难向其较□，□□仍然效尤，相习成风，而身等均受其苛刻矣。再抽用一层，向例织席四条，名曰一同，阔大者抽用十文，中者抽用七文，狭小者不过四五文。令但计钱数，一／体抽用，□□□□昔年增加数倍。身等买料织成，工本倍大，易钱糊口尚艰，岂能抽扣五分之用？较之各镇米用抽扣三分，尤为悬殊。身等万难以卵敌石。若随时禀／究，生□□□□不已。为此，沥情环求宪恩，颁给示谕禁遏，以垂永久。伏乞恩准给示勒石永禁，各牙不准和搭砂广，高抬洋价，克扣短串，俾得咸知等情。奉批，该机户织席发卖，／系属小本经营。向来既以通足制钱出入，自应公平交易。今据呈，各牙行等于应付席价，辄敢搀搭禁钱，克扣短串，以及高抬洋价，如果的确，实属克扣病民。仰长洲县立即遵照，出／示严禁，勒石永遵，不准再有前项情弊。如违提究。切切。抄粘碑摹附发等因。并发碑摹，抄粘到县。奉此，合行给示，勒石永禁。为此，示仰各该席行暨织席户人等知悉，自示／之后，该席行买卖草席，应付席价，概用通足制钱出入，公平交易。银洋照依时价合算。如再违禁，高抬洋价，以及搀搭禁钱，克扣短串情事，许织席户指名禀／县，以凭提究，决不宽贷。各宜凛遵。毋违！特示。遵。

同治拾叁年拾壹月初十日示。

永禁高抬洋价以及搀搭禁钱诸事布告碑

欽加……銜……蘇州府長洲縣正堂加十級紀錄……

……同治十三年十一月初一日奉……

……特示

……叁年拾壹月初十日示

◎浒墅镇公园记碑

【时间】民国

浒墅镇公园记

欧美都市有公园，以剂其民之精神筋力于轨物之中。凡从事政／治、学术、工商者，服务之暇，有所寄焉，于吾先哲岁修息游之义近／之。今吾国都市莫不有公园，非不壮美也，而泄沓于供乐者日多，／得非人心风俗之病欤？其病之原，在无政教，在无职业。都市之民，／不耕不织，席先人馀荫，好逸恶劳若天性。求学则蹈虚袭故，浅尝／辄止；服贾则操奇计，赢心计，不出国门，家已落而鲜衣美食，无求／以自振之道。父兄不鞭策，官吏不督责，故游民之遨于公园，非公／园之咎也。丁子南洲为吴县第一区区长，风绩甚茂，其治事之所／在浒墅镇。比为其地辟公园，兼设图书馆，盖道路桥梁平治过半，／县令以是模范全县，则公园、图书馆之设殆不可缓。予尝闻欧美／村镇之公园多于城市，儿子福熊自英伦归，问之而信，且尝草《英／国之花园村》一文，登《生活周刊》，具列其建置主旨、组织沿革及行

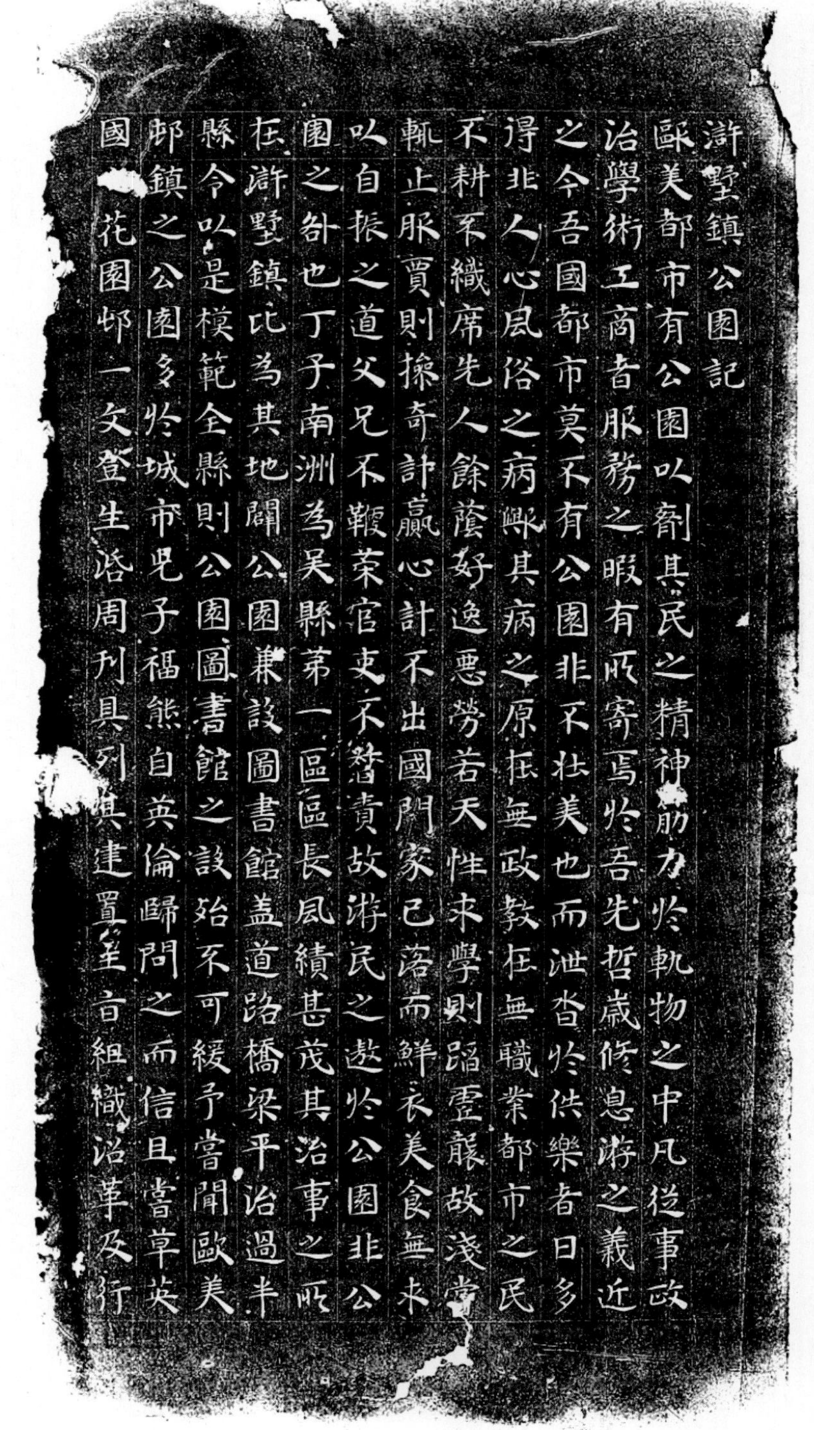
滸墅鎮公園記
歐美都市有公園以劑其民之精神筋力於軌物之中凡從事政
治學術工商者服務之暇有所寄焉於吾先哲歲修息游之義近
之今吾國都市莫不有公園非不壯美也而泄沓於供樂者日多
得非人心風俗之病歟其病之原在無政教在無職業都市之民
不耕不織席先人餘蔭好逸惡勞若天性求學則蹈虛襲故淺嘗
輒止服賈則操奇計贏心計不出國門家已落而鮮衣美食無求
以自振之道父兄不鞭策官吏不督責故游民之遨於公園非公
園之咎也丁子南洲為吳縣第一區區長風績甚茂其治事之所
在滸墅鎮比為其地闢公園兼設圖書館蓋道路橋梁平治過半
縣令以是模範全縣則公園圖書館之設殆不可緩予嘗聞歐美
邨鎮之公園多於城市兒子福熊自英倫歸問之而信且嘗草英
國之花園邨一文登生活周刊具列其建置主旨組織沿革及行

浒墅镇公园记碑（一）

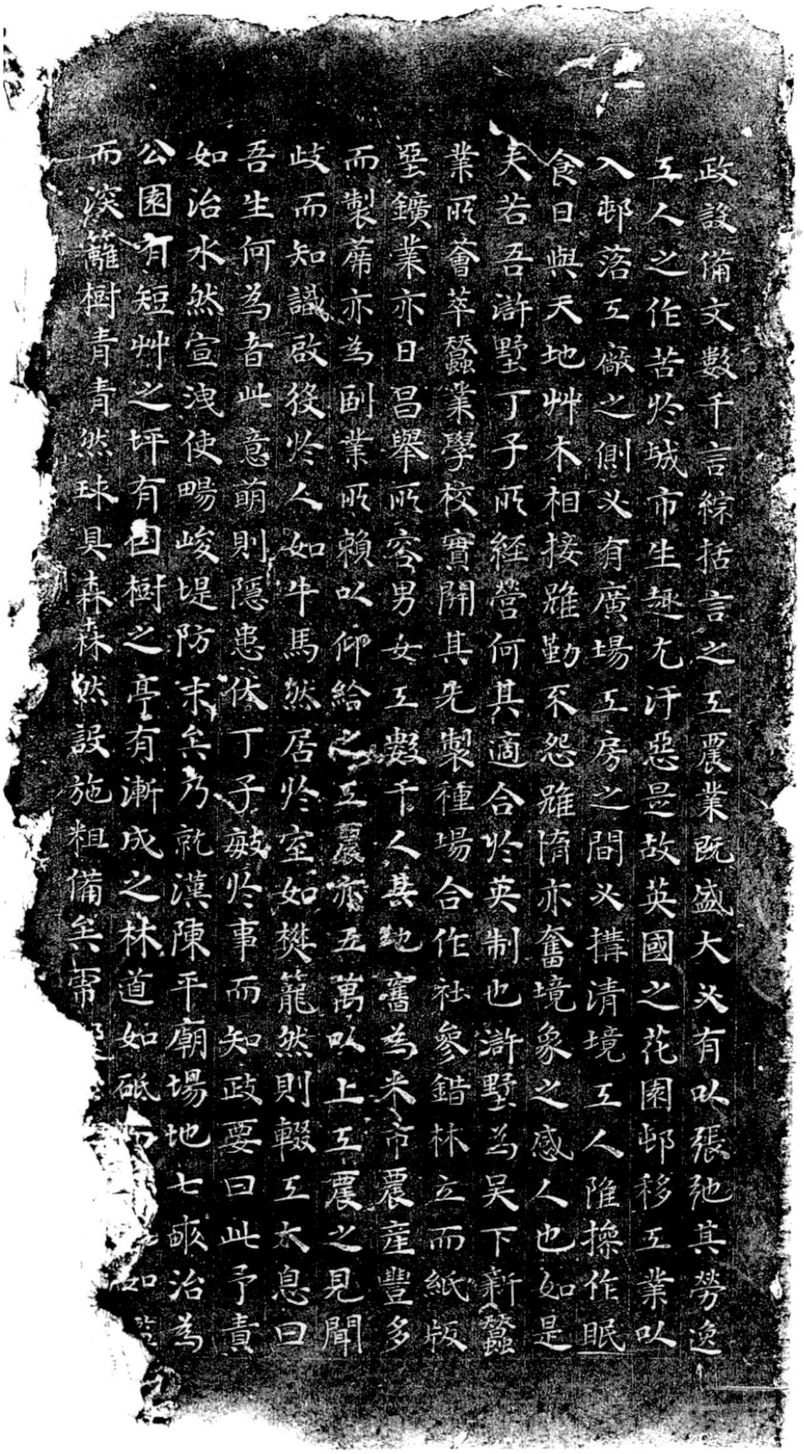

浒墅镇公园记碑（二）

政设备，文数千言。综括言之，工农业既盛大，必有以张弛其劳逸，/工人之作苦，于城市生趣尤污恶。是故英国之花园村移工业以/入村落，工厂之侧必有广场，工房之间必构清境，工人隆操作眠/食，日与天地草木相接，虽勤不怨，虽惰亦奋，境象之感人也如是。/夫若吾浒墅丁子所经营，何其适合于英制也？浒墅为吴下新蚕/业所荟萃，蚕业学校实开其先，制种场、合作社参错林立，而纸版/垩矿业亦日昌，举所容男女工数千人。其地旧为米市，农产丰多，/而制席亦为副业，所赖以仰给之工农亦五万以上。工农之见闻/歧而知识启，役于人如牛马然，居于室如樊笼然，则辍工太息曰：/“吾生何为者？”此意萌则隐患伏。丁子敏于事而知政要，曰：“此予责，/如治水然，宣泄使畅，峻堤防，末矣。”乃就汉陈平庙场地七亩，治为/公园，有短草之坪，有因树之亭，有渐成之林，道如砥而□，□如鉴/而深，篱树青青然，球具森森然，设施粗备矣。虎邱、□□□□□□

大□□□、天平、华□□□环其东西，□□□□□□□□□□□□□/匡□□□□相对，匪惟□其劳累也，而□慧□□□□□□□□□/书□□□□□书以资绌未□置期□□蒙惑□□□□□□□/□□□□先后凡□银三千五□区□□足，则□□□□□□□□/已□□□□集，期月蒇工，区长、镇长□□□公□□□□□□□□/馆□□，纲举目张，丁子倡导于前，群众□□于□□□□□□□□/也。□工农游憩于是，熙来攘往，无憔悴可怜之□□□□□□□□/气□而后工商之基业□英之花园村，固非一□□□□□□□/彦创立新村，愿力宏伟，亦未可比□而群众之涌□□□□□□□/真则一也。既牒县报可，复请予□□事。予按浒墅□□□□□□/院适当其处，建于明嘉靖□□□。金田之难，□州□□□□□□□/关义塾□浒墅，明清□□□□□□□□阗溢，关使者□□□□□/舍弦诵教□□□以□□□□□□乡先□范文正□□□□□□□

浒墅镇公园记碑（三）

习文正也久，随在而寓其思慕。今天下汹汹，外患日□，□□□□/慷慨论列时事，或为国捍边如文正当日者乎？藉曰不□□□□/文正“先忧后乐”之遗言，丁子为工农谋乐利，岂非知忧患□□□/工农乐则天下乐？乐不可极，乃泽以诗书，犹之关使者设文正书/院意，而为用则弥深切。吾又尝闻浒墅号雄镇，在昔贡藉甚希，镇/人耻其无文。噫！唐宋以来，吴之人文甲东南，求如文正文武体用/者几人？文正舍宅为郡学，明庠序之教，岂以规形势为士子梯荣/地？正惟郡之士科名辈起，而风习日偷，如吾文所讥者；正惟浒之/民不足以秀孝自见，而农工并进，亦如吾文所称者。丁子与浒墅/之民勉之哉！世难方殷，愿都人士稍减其游观，以自力于职业，洎/夫生涯之有所托，而后求行乐之地。且甚望浒墅公园能如予所/厚期，而不为人诟病也。管其事者暨来游者，其志之。

吴江费树蔚撰。吴县顾廷龙书。古吴黄慰萱刻。

【说明】一石，四面刻字。

浒墅镇公园记碑（四）

◆中国佛学院灵岩山分院碑刻

灵岩寺，又名崇报寺、秀峰寺，位于吴中区木渎镇灵岩山。始建于西晋。曾作灵岩小学，现内设中国佛学院灵岩山分院。

除点校者外，今存《罗汉图碑》（二通），宋嘉祐七年（1062）《唯余松碑》（残），宣和四年（1122）《信士朱隆并弟僧德泅舍庄田记碑》，宣和四年（1122）《王景仁等同游灵岩山碑》，宣和五年（1123）《灵岩山秀峰寺住持传法赐紫僧名碑》，绍兴五年（1135）《白玉相好观音碑》，绍兴六年（1136）《灵岩寺执帖碑》，乾道三年（1167）《前住当山广照和尚忌辰追修公据碑》，嘉定十七年（1224）《瞻礼圣像残碑》，淳祐七年（1247）《京口买石碑》（残），景定四年（1263）《皇帝敕旨碑》，《尚书省敕赐碑》（残），《长大殿高其位碑》（残），《观音坐像碑》（残），《金刚经碑》（残），沈彦成刻《舍田檀信碑》（残），《雪峰门庭碑》（残），《祖灯偈碑》（残），《奉郎知军府事残碑》，《人脉碑》（残），《金刚经》（二石），《显学尚书款僧田碑》（残），南宋林炎《高闲公传碑》（残），庚寅款《佛足碑》（残），明正德六年（1511）谢琛书《经灵岩诗碑》，正德十四年（1519）朱衮书《灵岩怀古诗碑》，嘉靖二十八年（1549）《登灵岩山集古二首诗碑》，万历六年（1578）《许元复书严维〈夏日纳凉〉诗及文嘉书〈心经〉碑》，《天童悟和尚手书源流后语碑》，清康熙二十二年（1683）童硕本宏撰并书《重修灵岩山寺碑》（二石），康熙五十年（1711）《华秀宇夫妇舍田碑》，康熙六十年（1721）《永禁灵岩等山采石碑》，乾隆二十七年（1762）清高宗书《驻跸灵岩再叠旧作韵诗碑》，道光《重修灵岩寺大殿碑》，道光十年（1830）悟开撰、潘曾沂书《灵岩山宝藏庵记》，《灵岩饭僧田碑》，光绪四年（1878）《敕建灵岩山崇报寺铸钟助银碑》，元明书《诸般许愿碑》，《拟寒山诗碑》（残），《时切石残碑》，《住持僧则交残碑》，兰联璧书《三峰和尚缘说因缘跋碑》，《阿弥陀经碑》，《苏福公路兴建碑》，印光书《阿弥陀经塔赞碑》，1932 年印光撰、曹岳申书、李开选篆额《灵岩寺永作十方专修净土道场及此次建筑功德碑记》，1932 年印光书《灵岩寺碑》，1933 年《灵岩山寺规布告碑》，1935 年印光撰、曹崧乔书、杨鉴庭刻《灵岩山笃修净土道场启建大殿记碑》（四石），1936 年曹崧乔书《灵岩山启建永年佛助修大殿功德碑记》（三石），1937 年《灵岩山启建大殿暨念佛堂等施资功德人名碑记》，1938 年印光书、杨鉴庭刻《灵岩山寺启建四众普同塔碑记》（三石，附《弥补经费办法宣言》），1940 年印光书、杨鉴庭刻《灵岩寺重修弥勒楼阁碑记》，1944 年彭飞健撰并书，杨鉴庭刻《观音大士现身记碑》，1944 年张一留撰、蒋忠杰书《灵岩山寺题壁诗碑》，1945 年张一留撰、蒋忠杰书《咏灵岩净土道场诗碑》，1948 年《灵岩山寺幅员记碑》，1948 年《重修灵岩山寺碑》（隶书）。登山沿途另有 1935 年王慧溥书《迎笑亭南无阿弥陀佛碑》、1943 年《募建继庐亭碑》。印光塔院内有 1939 年圣量书《楞严经大势至菩萨念佛圆通章碑》，1941 年《楞严经念佛圆通章碑》（二十八通），1947 年范幻修撰、吴济时书《印光大师塔铭》（四通），1947 年《印光大师全身舍利塔奠基碑》，1947 年蒋吟秋书《八大人觉经碑》（四通）。寺后玩月池内有 1947 年毕浩海、蒋吟秋、龙灿健等题《雷显之献四面无量寿幢》。灵岩塔院内有比丘僧、比丘尼、优婆塞、优婆夷四众弟子六面石塔。

◎**灵岩赎山之碑**

【时间】1596

灵岩／赎山／之碑

灵岩山赎山记

予既登灵岩，周览形概，因／作而叹曰："邈哉！千古不盈／睫矣。"已而视山之趾，班班／然石鲜完者，骇问寺僧故。／僧曰："先世有无赖，寺鬻民／间以起丙舍者，侵寻命斧／斤，今且衣食其中，不可问／矣。僧孱，不任与民构；地僻／远，复不任入郡构。曾往白／之有司，日张皇布约束，而／夫夫且充耳也。度可谁何？"／予曰："将奚底焉？"僧曰："往佐／郡沈君有言，饩寺而爱石，／且暮计也。苟璧石而寺完／之，何辞矣？"予曰："有是哉！"斥／俸金十二镮，以偿原值，且／檄吴邑幕往疆界之。村氓／谈业等乃上牒于吴邑云："民／受之父若祖者也，自／皇明之有国已然，乌得掩／为寺有？"予笑乙之曰："夫天／地之有灵岩，昉自夫差之／有国，而必欲穷石之所自／乎？则请质诸浑沌氏。"议方／持未决，会直指薛公来登／灵岩，其咨嗟于凿石而思／爱护之者，更殷于予。谕寺／僧曰："倘若辈弗格心，有柱／后惠文在。"复以疆界檄吴／令袁。袁君曰："若以为受之／父若祖乎哉？户有版可籍／也。版以内归若寺，无能争；／版以外归寺，若无能争。且／今日之举，以石归寺，非归／僧也。寸肤非寺有，片石亦／非民有。"乃以六月望日，往／履亩定之。业辈始头抢地，／屈服去。盖业故素封而好／猾，多行金钱左右，冀中挠／止。袁君高朗，能坚持之。而／郡缙绅缝掖，以为山在坤／维，不宜琢泄，伤川陆之灵，／故合策佐之如此。寺僧群／谒予曰："是役也，使君志也。／愿藉使君言以不朽兹石，／斯山灵金汤之护。"予逊谢／曰："二三大夫之烈也。虽然，／抑亦知夫不住相乎？夫世／法中所称强盛赫奕，笼罩／区宇，其权莫尊于人王。而／出世法中所称出显入微，／摄扶大地者，其道莫尊于／空王。然灵岩固夫差栖窈／窕、考歌钟之地也。当时讵／不谓鹈鸠之乐，世世弗替，／乃不克有。借为敌资，敌亦／不有。而递得递失，卒归之／梵寺。寺所祀三世丈六身，／又世人之欢喜恐怖，举眊／睨士女之归诚焉而恐后／者也，乃亦不得有。而僧以／之质子钱，民以之施椎凿，／是亦足明石之为空花泡／影矣。乃搰搰焉争之，而屑／屑焉私之，惑乃滋甚。矧去／灵岩数武，有芃然马鬣者，／则泰伯氏所藏蜕也。畴易／文身而衿裾，譬则河之星／宿，地脉伤震及躬矣。若辈／无念其父若祖则已，念之／而穷若祖之祖，以及入吴／之初一人，又奚忍焉？"予特／为直纪其事，以告夫后之／宰官长者，愿勿作不住观。／修坠者、警佚者，以无忘二／三大夫之休。寺比丘，村三／老，愿作不住观，以石丽山，／以山丽寺，而无与闻焉，可／也。薛公讳贞，陕西韩城人，／辛丑进士。袁君讳熙臣，浙／江慈溪人，癸丑进士。例得／大书。

赐进士出身、户部广西清／吏司主事、新野马之骏撰／文。

赐进士出身、朝议大夫、福／建布政使司右参议、奉／敕提督学校、云南按察使／司佥事、前兵工二部郎、郡／人范允临书丹。

寒山居士、郡人赵宧光／篆额。

万历四十二年八月吉旦。

邑人沈幼文刻。

靈巖
贖山
之碑

◎**驻跸灵岩诗碑**

【时间】1751

[塔影遥瞻碧汉中，梵王宫侧旧]离[宫。观民展义因]时切，石栈[云林有]路通。[竹]籁萧[萧喧处]静，梅花漠[漠白边红。太湖]万顷轩[窗下，坐]辨洞[庭西与东。]乾隆辛未御[笔。]

【说明】系乾隆十六年（1751）清高宗书《驻跸灵岩》诗，今残为四石，据《清高宗御制诗文全集》补苴。

◆原东楼里小学（静正庵）碑刻

静正庵，位于吴中区胥口合丰村。传始建于东晋。曾作东楼里小学。

◎吴县十四都十一图里社碑

【时间】1526

吴县 / 十四都十一图里社碑

直隶苏州府吴县为申明乡约以敦风化事。抄蒙 / 钦差总理粮储兼巡抚应天等府地方都察院右都御史陈案验，备仰本县遵照 / 洪武礼制，每里建立里社坛场一所，就查本处淫祠寺观，毁改为之，不必劳民伤财。仍行令各该当年 / 里长，自嘉靖五年二月起，每遇春秋二社，出办猪羊祭品，依式书写祭文，率领一里人户，致祭五 / 土五谷之神，务在诚敬丰洁，用虔祈报。祭毕，就行会饮，并读抑强扶弱之词，成理而退。仍于本里 / 内推选有齿德者一人为约正，有德行者二人副之，照依乡约事宜，置立簿籍二扇，或善或恶者，/ 各书一籍，每月朔一会，务在劝善惩恶，兴礼恤患，以厚风俗。乡社既定，然后立社学，设教读，以训 / 童蒙。建社仓、积粟谷，以备凶荒，而古人教养之良法美意，率于此乎寓焉。果能行之，则雨旸时若，/ 五谷丰登，而赋税自充；礼让兴行，风俗淳美，而词讼自简；何待于催科，何劳于听断，而水旱盗贼 / 亦何足虑乎！此敦本尚实之政，良有司者自当加意举行，不劳催督。各将领过乡约本数，建立过 / 里社处所，选过约正、约副，姓名备造文册，各另径自申报，以凭查考。其举之有迟速，行之有勤堕，/ 而有司之贤否，于此见焉。定行分别劝惩，决不虚示等因。奉此，除遵奉外，今将备蒙案验内事理 / 刻石，立于本社，永为遵守施行。

大明嘉靖五年二月　日，吴县知县杨叔器立石。约正：唐宁、柳祚。

排年：柳昪、柳侃、唐荣、潘叙、柳经、/ 朱暄、王绍、张澄、潘禛、张麟、/ 老人、施陈。

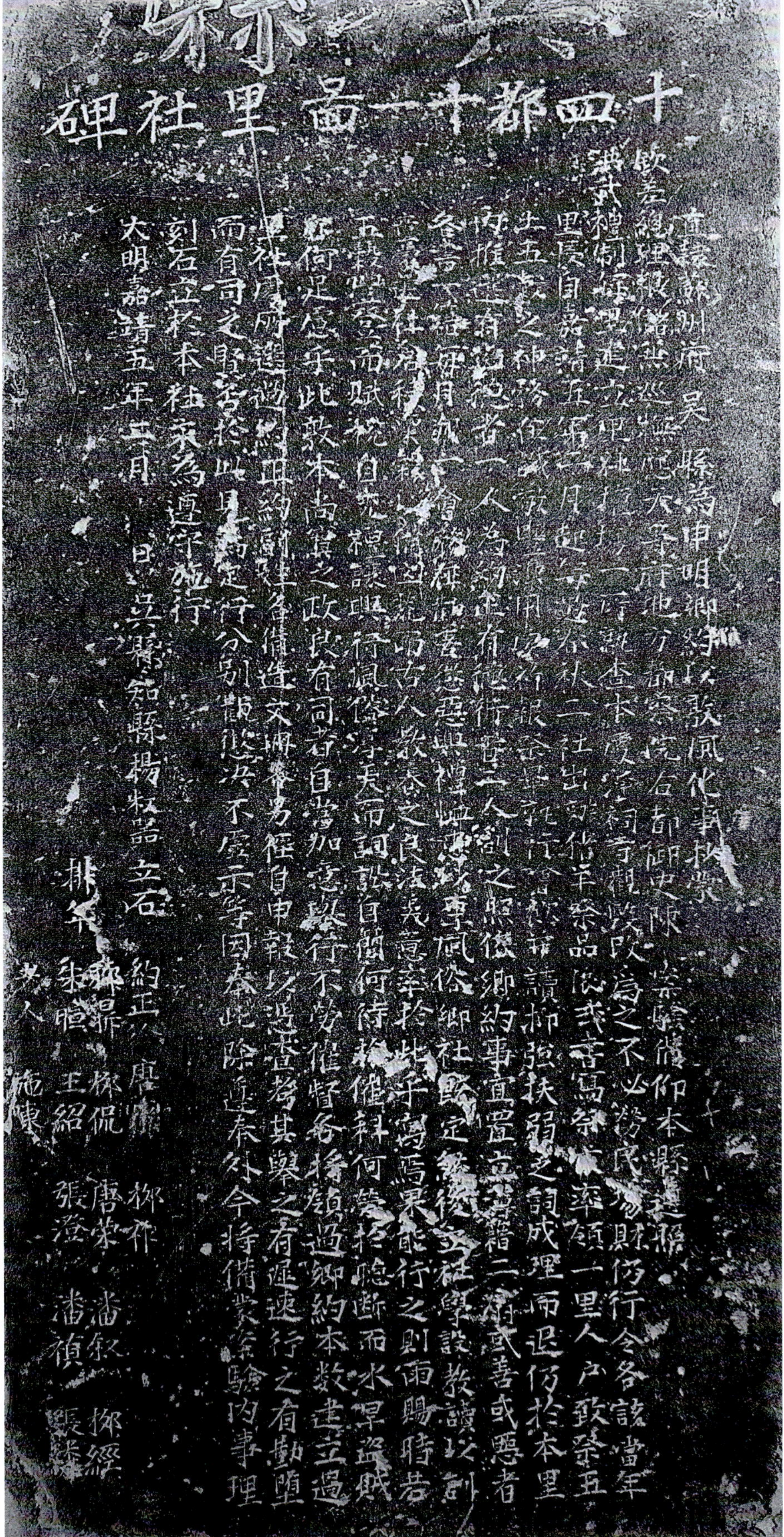

吴县十四都十一图里社碑

◎般若碑

【时间】1927

般若。

广通上人属书。/谷锺秀。/时民国十六年十月宿/上方山治平寺中。

◎暗香疏景碑

【时间】1927

暗香疏景。

民国十六年十/二月，偕希白族/兄宿静正庵。/广通上人属书。/印泉李根源。

◎委托管理李氏先慈墓地合同碑

【时间】1928

立委托合同人：云南腾冲曲石堂李根源、根沄。

立承委托合同人：仰家场柳桂香、宁邦寺住持/涤尘、穹窿寺住持道坚、静正庵住持广通。

今将根源、根沄先慈墓地一块（坐落吴县穹窿/小王山东麓，即吴邑十四都十五图下盖字圩，/计地捌亩，着粮壹斗二升二合），因其距苏州太/远，不便照料，除粮按年自行完纳外，特委托仰/家场柳君桂香暨宁邦寺、穹窿寺、静正庵诸住/持长老，世代永远代为管理。所有墓地、茅草、树/枝，准归柳君桂香修割。树木及大石，无论何人/不得砍伐挖采。倘有不逞之徒，偷伐树木、盗种/墓地、采伐大石或毁坏墓地碑记工作等情，即/由柳君桂香暨宁邦寺、穹窿寺、静正庵诸住持/长老阻止，或报告李姓追究。委托人及承委托/人之子孙永远世守管理，均不得买卖。桂香暨/宁邦寺、穹窿寺、静正庵承此委托，谨当遵照合/同所书各节，永远代为管理。恐后无凭，立此委/托、承委托合同，并附茔地图，各执一纸为据。

立委记合同人：腾冲曲石堂李根源、李根沄。

立承委托合同人：仰家场柳桂香、/宁邦寺住持涤尘、/穹窿寺住持道坚、/静正庵住持广通。

见中：王杏泉、柳竹香、/曹兆徵、余鏋、/殷泰来、李学诗、/金培生、金南卿、/顾理卿、柳菊香、/圣恩寺方丈中恕。

代笔：尹明德。

中华民国十七年戊辰正月二十四日。

般若
廣通上人屬書
時民國十六年十月宿
上方山治平寺中

般若碑

暗香疏景
民國十六年十
二月偕希白禊
兄宿靜正菴
廣通上人屬書
印泉李根源

暗香疏景碑

立委託合同人雲南騰衝曲石堂李根源根澐
承委託合同人仰家場柳桂香寧邦寺住持
滌塵穹窿寺住持道堅靜正庵住持廣通
今將根源根澐先慈墓地一塊坐落吳縣穹窿
小王山東麓即吳邑十四都十五圖下蓋字圩
計地捌畝着粮壹斗弍升弍合因其距蘇州太
遠不便照料除粮按年自行完納外特委託仰
家場柳君桂香暨寧邦寺穹窿寺靜正庵諸住
持長老世代永遠代為管理所有墓地茅草樹
枝准歸柳君桂香修剳樹木及大石無論何人
不得砍伐挖採倘有不逞之徒偷伐樹木盜種
墓地採伐大石或毀壞墓地碑記工作等情即
由柳君桂香暨寧邦寺穹窿寺靜正庵諸住持
長老阻止或報告李姓追究委託人及承委託
人之子孫永遠世守管理均不得買賣桂香暨
寧邦寺穹窿寺靜正庵承此委託謹當遵照合
同所書各節永遠代為管理恐後無憑立此委
託承委託合同并附塋地圖各執一紙為據

立委託合同人騰衝曲石堂李根源 李根澐

立承委託合同人
仰家場柳桂香十
寧邦寺住持滌塵十
穹窿寺住持道堅十
靜正庵住持廣通十

見中
王杏泉十 柳竹香十
曹兆徵 余錫伍
殷泰来 李學詩
金培生 金南卿十
顧理卿十 柳菊香十
聖恩寺方丈中恕十

代筆 尹德

中華民國十七年戊辰正月二十四日

委托管理李氏先慈墓地合同碑

◎静正庵记碑

【时间】1928

静正庵记

二等大绶嘉禾章、前云南民政司长、曲靖孙光庭撰。

勋三位云威将军、前署国务总理、陕西省长、腾冲李根源书。

庵观寺宇之兴，凡以表民力丰豫、世运承平，亦衣食足、礼义兴之所，/旁推而衍及者，非尽儌福利、崇迷信之为也。况有政教之所不能安/者，或逃于此焉；政教之所不能养者，或归于此焉。盖亦王道之所不/禁，而人情之所无恶者。是故多寡盛衰之数，恒与地方之治乱为消/长。苏郡繁庶，甲于东南，而庵观寺宇亦如之。自咸同乱后，凋残殆尽，/顾名胜刹宇为耳目观瞻所系，而住持得人，则修举废坠，尚往往而/是。至僻小者，多无人过问，欲得而兴废举坠也难矣，况扩大之乎？余/友李印泉根源葬其母阙太夫人于穹窿小王山东麓，余会葬之馀，/迂道东蒌村，游静正庵。庵距胥口二里许，与太湖相近。风帆沙鸟，云/烟竹树，缥缈杳冥，可以旷观遐瞩焉，诚栖禅之静所也。住持广通，梵/修精勤，是能中兴是庵者，属为之记。是庵相传建始于唐天宝时，几/经兴废，无碑碣可考。同治元年，法华寺僧心慧者，喜是地寂静，欲拄/锡焉。顾仅破屋三楹，不蔽风雨，乃发愿兴修，遍募湖州南浔、东西洞/庭、水东余山、苏城下场陈家浜及东蒌本村诸善男信女，善缘布施，/获建大雄、韦陀二殿，置常住田十二亩零。安禅有室，伊蒲有供矣。心/慧后不得人，几几废坠。幸广通来主是庵，拮据经营，更建般若堂，气/象一新。是庵得心慧于前，而广通更能继起于后，得人则兴。世之欲/修举废坠者，其亦知所从事也，夫独是庵也哉？故不辞而为之记。

中华民国十七年戊辰二月初三日。

庵产有吴县十四都九图水田九亩零，由钱云轩户下完粮。九图、/十一图寺基园地水田十二亩零，由本庵户下完粮，共计廿一亩/三分九厘五毫，皆心慧长老血汗所遗。凡我法嗣，应永世保守。如/有偷卖，即请地方绅民治以盗买盗卖之罪。住持广通记。

◎天宝遗迹碑

【时间】1929

天宝遗迹。

民国十八年，/广通上人属，/剑川周锺岳。

靜正庵記
二等大綬嘉禾章前雲南民政司長曲靖孫光庭撰
勳三位雲威將軍前署國務總理陝西省長騰衝李根源書
張金林記
庵觀寺宇之興，凡已衰民力豐豫並達承平，亦衣食足禮義興之所
旁推而衍及者，非盡徼福利、崇迷信之為也。況有政教之所不能安
者，或進於此焉；政教之所不能蓍者，或歸於此焉。蓋亦王道之所不
禁，而人情之所靡惡者，是故多寘盛衰之數，恒與地方之治亂為消
長。蘇郡繁庶，甲於東南，而菴觀寺宇亦如之。自咸同亂後，凋殘殆盡，
顧名勝剎宇為耳目觀瞻所繫，而住持得人，則脩舉靡墜，尚往往而
是。至僻小者，多無人過問，欲得而興廢舉墜也難矣，況擴大之乎？余
友李印泉根源瘞其母闕太夫人于穹窿小王山東麓，余會葬之餘，
迂道東婁村，游靜正庵。菴距胥口二里許，與太湖相近，風帆沙鳥，雲
烟竹樹，繚紛杳冥，可以曠觀遐矚焉，誠棲禪之靜所也。住持廣通梵
修精勤，是能中興是庵者，屬為之記。是菴相傳建始於唐天寶時，錢
經興廢，無碑碣可攷。同治元年，法華寺僧心慧者，喜是地寂靜，欲住
錫焉，顧僅破屋三楹，不蔽風雨，迺發願興脩，編募湖州、南潯、東卤洞
庭、水東、余山、蘇城下場、陳家浜及東婁本村諸善男信女靠緣布施，
獲建大雄、常陀二殿，置常住田十二畝零，安禪有室，伊蒲有供矣。心
慧後不得人，幾幾廢墜，幸廣通來主是庵，拮据經營，更建般若堂，氣
象一新。是庵得心慧于前，而廣通更能繼起於後，得人則興，世之欲
脩舉廢墜者，其亦知所從事也夫。獨是庵也哉？故不辭而為之記。
中華民國十七年戊辰二月初三日
庵產有吳縣十四都九啚水田九畝零，由錢雲軒戶下完糧；九啚
十一啚寺基園地水田十二畝零，由本庵戶下完糧，共計廿一畝
三分九釐五毫，皆心慧長老血汗所遺，凡我法嗣，應永世保守。如
有偷賣，即請地方紳民治以盜買盜賣之罪。
住持廣通記

静正庵记碑

天寶遺蹟
民國十八年
廣通上人屬
劍川周鍾嶽

天宝遗迹碑

◆原光福中学（光福寺）碑刻

光福寺，又名铜观音寺，位于吴中区光福镇下街。创建于南朝梁大同间（一说梁天监二年，503）。曾作光福中学。

除点校碑刻外，寺前光福寺桥金刚墙嵌《助建光福寺桥施主功德碑》及《十五都五图西界碑》，又有清康熙十八年（1679）徐翱书《寺桥碑记》藏于寺内碑廊。寺内另有宋元祐二年（1087）黄公颉撰《铜观音像记碑》，乾道五年（1169）顾清灿书《般若波罗蜜多心经碑》，嘉泰元年（1201）彭泽赞书、陈蕴跋《上方教院舍田记碑》，嘉定四年（1211）赵善重书《光福寺铜像观音灵应碑》，绍定四年（1231）《光福教寺主持僧师义免差役告示碑》，绍定五年（1232）《光福寺交割账簿碑》，嘉熙三年（1239）残碑，嘉熙四年（1240）《光福寺舍田公据碑》，开庆元年（1259）袁大监跋《光福寺提举宝谟碑》，宝祐六年（1258）《光福寺祈请道场免役公据碑》，元延祐六年（1319）了清撰《铜观音珠冠施主人石碑》，至正十八年（1358）《光福寺免役文榜碑》，至正二十年（1360）《光福寺舍田碑》，明宣德六年（1431）曾棨撰、陈孟浩书《光福山寺铜观音祷雨碑记》，碑阴为元大德三年（1299）《平江路总管祈请光福铜观音感雨诗碑》，明崇祯十年（1637）残碑，《光福寺铜观音赞心经碑》，清道光十九年（1839）吴荣光书碑，道光御书《印心石屋碑》，张辰书《永禁私宰耕牛碑》。另有宋乾道三年（1167）黄禹撰、李安国书、俞樗篆额《光福重建铜像观音宝殿记碑》，清道光二十年（1840）《光福寺铜观音像碑》，今碑毁，拓片存苏州博物馆。

◎西崦梅花诗碑

【时间】1934

漫对青梅怨暮迟，/花魂犹共石魂欹。/山中自有春长/在，月上空潭媚/古枝。

幽岫偏宜云气/藏，如潮空翠泼/山香。尘劳拾处诗/禅定，一任天花下/道场。

二十三年甲戌春莫，西崦/藏山阁次大鹤山人均，/并书其原作于后。

石气侵衣欲去迟，暮/阴路曲古梅欹。山深/苔静无人见，落尽/高花有好枝。

西崦寺里好山臧，空/绿连湖引雪香。欲共/小红桡唱去，春风/解作散花场。

湘乡张默君。

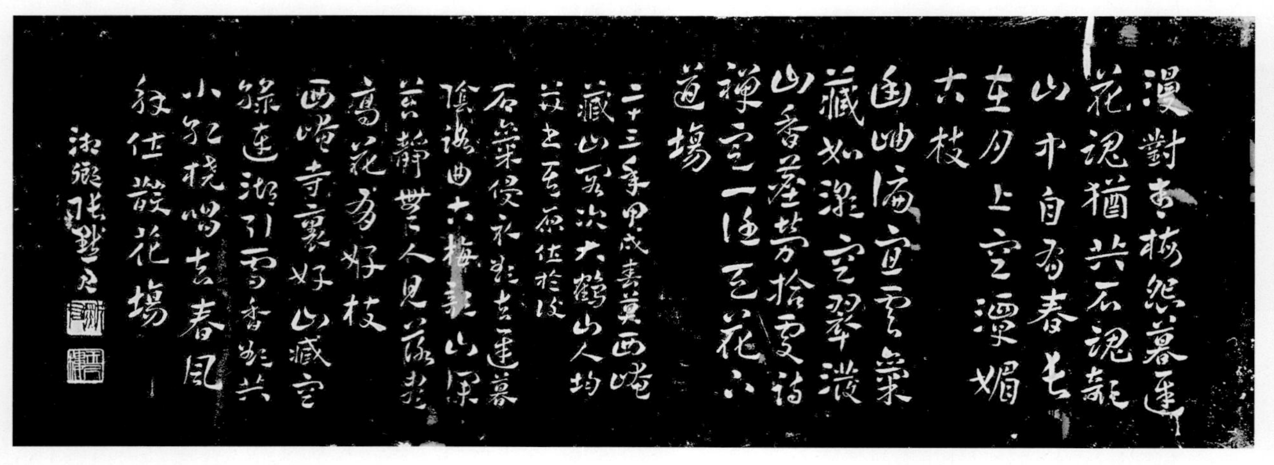

西崦梅花诗碑

◆原吴县甪直小学（陆龟蒙祠墓）碑刻

陆龟蒙祠墓，位于吴中区甪直镇香花弄。陆龟蒙，晚唐文学家、农学家，葬于甫里保圣寺西院白莲寺旧址内。北宋熙宁年间建甫里先生祠。元末陆德原始于旁建甫里书院。清光绪三十一年（1905）改为元和甫里公学，后曾作元和甫里小学、公立吴县甫里小学、吴县县立第五高等小学、吴县甫里中心小学校、私立吴县甫里小学、吴县甫里小学、吴县甫里国民学校、吴县甫里中心小学、吴县甪直中心小学、吴县甪直小学等。除点校者外，原有明万历三十八年（1610）邢烔撰、钱朗书、章镠刻《重修陆鲁望先生小引碑》，万历三十八年（1610）锺薇撰、邵维时书、陆应阳刻《修陆鲁望像记碑》，清同治五年（1866）《唐贤甫里先生之墓碑》，1934年萧钧撰、范承裕书、周梅谷刻《重修唐甫里先生祠墓记碑》，今碑毁，拓片存苏州碑刻博物馆。另有1915年王同愈书、黄伯铨刻《乡先贤沈公兴学记碑》，1916年陆恢撰《甫里书院诗碑》，1921年方还书、周梅谷刻《甫里沈氏兴学追记碑》，1930年张一麐书并撰《甫里沈公兴学记书后碑》，今碑毁，拓片由私人收藏。

◎苏州白莲教院使帖碑

【时间】1073

苏州白莲教院／使帖

据长洲县吴宫乡保圣院赐紫僧惟吉并众僧等状，昨于熙／宁六年内，自舍衣钵钱并募众□，于本院西南隅建造弥陀／白莲院一所，计屋三十来间，并□□田二百五十一亩，陆地／肆亩。寻具疏请本州承天寺龙□□院首座僧宣梵大师宗／禹在院讲演经论。经今已及□□□来，上下协和，僧俗归仰。／惟吉今同发心，将上项院宇□□□陆地，请宣梵大师宗禹／永作讲院住持，延接十方学□。□□乞指挥者。／右具如前事，须给□宣梵大师宗禹□／本院讲演住持。熙宁六年七月　日。

滁州录事□□□权签判聂、／守录事参□□节推公事陈、／权观察推官邵、／节度推官窦、／国子博士签书节度判官厅公事许、／秘书丞通□军州事胡、／尚书司封郎中节军州事沈。

苏州白莲教院使帖碑

◎重建甫里先生祠堂记碑

【时间】1518

重建甫/里先生/祠堂记

重建甫里先生祠堂记

赐进士出身、南京吏部郎中、昆山后学方鹏撰。

赐进士出身、南京吏部郎中、吴郡后学□严书。

祀以报功也。功在吾君则祀之，功在吾民则祀之。祀者无德色，享者无怍容。何则？以其称也。有士于此，上不事君，下/不治民，放江湖以为高，寓文酒以为达，而名实未加于上下。然报祀之典，弥久益勤而不可废者，盖必有其故矣。唐/陆先生鲁望，家于笠泽，寓于甫里，躬耕自食，屡辞聘命。其抗尘绝俗之标，有欲识其面目而不可得者。当是时也，鹤/举卫轩，豺当汉道，国事且日非矣。先生以高风峻节，傲睨一世，使上焉者知崇道义，默消其轻士之心；下焉者知重/廉耻，潜夺其富贵功名之念。祀典所谓法施于民，先正所谓贪夫廉，懦夫立，大有功于名教者，先生以之。甫里白莲/寺，相传为别业遗址，旧尝庙貌其中。自宋迄元，至于今日，愈徙愈陋。予每集诸生拜于祠下，志欲改作，力苦弗逮。正/德丁丑，劝学使者江右张公下令亟毁淫祠，里人马处士经与弟纶、绅、纬、绚撤邻祠之无名者，取其材而附益之，改/筑于寺左隙地。堂宇既邃，门垣亦整，买田若干亩以供祀事，委僧德瑜守焉。明年戊寅告成，胥来请记。予喜曰："是吾/志也。窃惟甫里地广物繁，虽名州巨邑莫或过之。经等率其子弟与其乡人以时告祭，观听之馀，必能转浇为淳，敛/华为实。所谓百世之下，闻者兴起。固先生流风馀泽未泯，而马氏表章之力不可诬也。"系之以歌曰：/甫里先生人中龙，扁舟破浪乘长风。帝召不起惊王公，默扶名教伊谁功？羊裘老子柴桑翁，/地殊代异臭味同。撤邪就正新厥宫，杞菊杯案陈西东。精灵缥缈烟云蒙，散襟霞冕下太空。/鸢肩后裔懿且恭，永修岁事垂无穷。

正德十三年岁次戊寅春正月吉旦立石。郡人章浩镌。

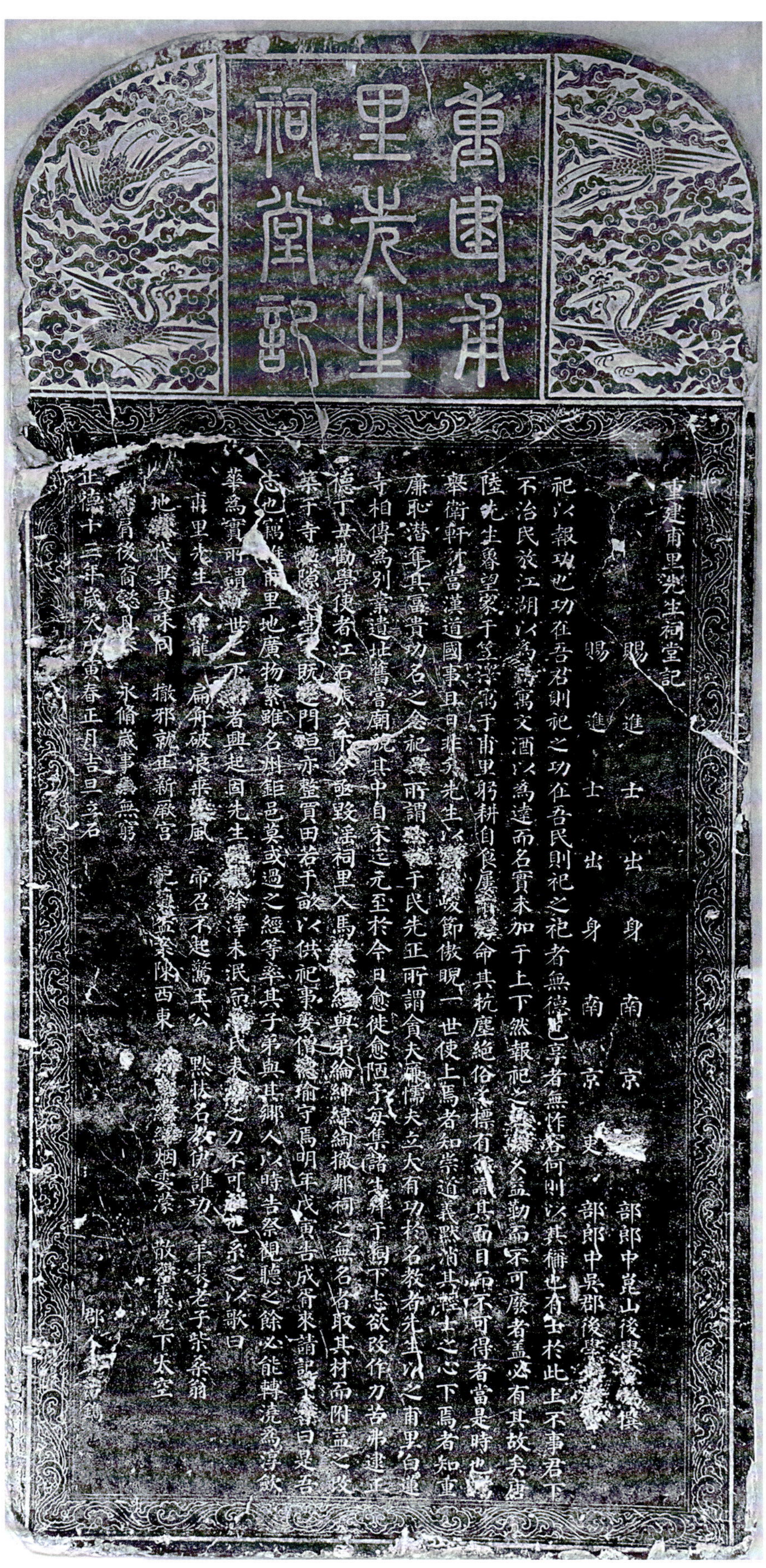

重建甫里先生祠堂记碑

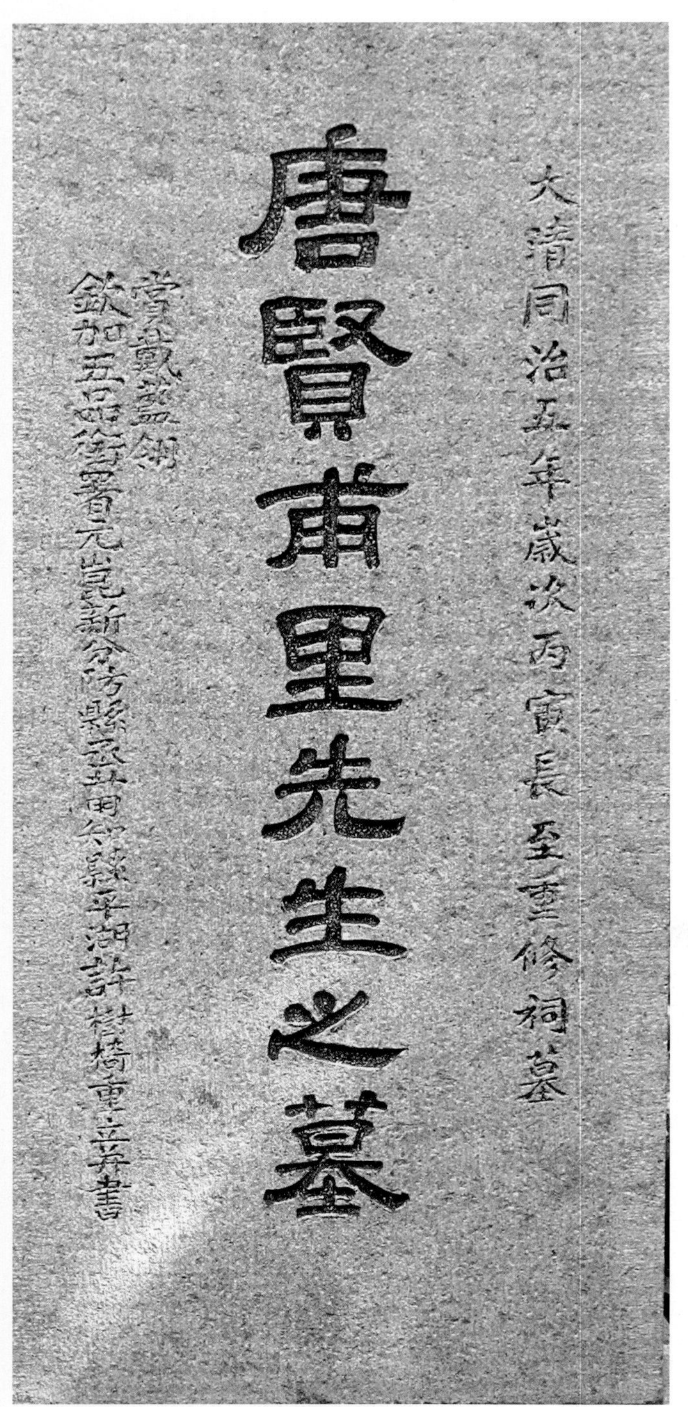

陆龟蒙墓碑

◎**陆龟蒙墓碑**

【时间】1866

大清同治五年岁次丙寅长至重修祠墓。

唐贤甫里先生之墓。

赏戴蓝翎、/钦加五品衔、署元昆新分防县丞升用知县、平湖许树椅重立并书。

◆原香雪中学（司徒庙）碑刻

司徒庙，又名土地堂、柏因精舍，位于吴中区光福镇香雪村。传为祭祀东汉高密侯邓禹的祠庙，然邓禹未曾来往光福，此说存疑。一说祭祀东汉将军冯异。始建无考，明宣德十年（1435）里人顾进、顾昌倡捐重建。曾作香雪中学。

除点校之碑外，最名者当推《楞严经碑》，共计八十四方，现存八十三方，由涿州房山云居寺方丈在苏州预定镌刻，亦称《房山石经》，于明崇祯元年（1628）至崇祯十年（1637）刻成。后因诸多困难，暂藏吴地，又由顾锡畴转藏于光福南下绞村凤凰山狮林寺。张炳樊、张鲁唯、侯峒曾、王时敏、归昌世、顾锡畴、王瀚、顾同德、通皎、诸保宙、张立平书，后有崇祯十一年（1638）、崇祯十五年（1642）魏肇鲁题跋，章懋德刻。1976年狮林寺塌毁，后由僧融宗征集并收藏于司徒庙，然一方助银碑已缺。《金刚经碑》，明万历二十七年（1599）章藻为无别融禅师刻于天池山麓，设计者将经文巧妙安排在七级宝塔图案上，卷首从宝塔中心开始，整部《金刚经》可顺序诵读，且各层柱头上恰为“佛”字，各层内皆有佛像，后移藏今址。另有明永乐十七年（1419）陈亢宗撰并书《圣恩禅庵开山祖师万峰蔚公传碑》。

◎**松风水月碑**

【时间】1689

松风水月

【说明】钤“宸翰”印，系清康熙二十八年（1689）玄烨御书。

松风水月碑

◎**般若船碑**

【时间】1935

民国二十四年春。

般若船。

林森。

般若船碑

◆原马家底小学（夏荷园）碑刻

夏荷园，位于吴中区东山镇马家底。明嘉靖间富商严公奕始建。曾作县立马堤小学、马家底小学、东山中心小学分校等。

◎文治书唐诗宋箴碑

【时间】清

家在双峰兰若边，一／声清磬发孤烟。山连／极浦鸟飞尽，月上中／峰人未眠。风卷长空／乱雪晴，江烟消尽柳／条轻。檐前数片无人／扫，又得书窗一夜明。／右唐诗二首。文治。

我肉众生肉，名殊体／不殊。元同一种性，只／是别形躯。苦恼从他／受，肥甘任我需。莫教／阎老判，自揣待何如。／黄鲁直《戒杀箴》，深切／著明，动心骇魄，我辈／当书之座右。文治。

一之四。

皆摹褚登善临本，潇洒流动，／真似瑶台婵娟，非世间粉黛所／堪比拟也。庚戌季秋，偶过昆崶／斋，见有颖上佳拓，遂乘醉濡毫，／不自知其效颦矣。谷水沈荃。

【说明】此碑所谓唐诗，前为顾况《临海所居（其三）》，后者不见唐诗诸集，仅《吴越所见书画录》有载，或系伪托唐人者。谷水（即松江，今属上海）沈荃（1624—1684），其时名文治者夥，因不见署姓，未可擅断文治为何人也。

◎恽寿平诗曲碑

【时间】清

邗关霁寒雨，之子渡江来。道旁忽相呼，对／我怀抱开。新烟动隋柳，残雪散江梅。为君／发枯桐，春风凄凤媒。我车不能驰，日暮／尚风埃。劳歌复行叹，碧云空徘徊。角巾为予／留，屐齿鸣霜苔。乐此赏心晤，瑶席同深杯。

隔秋放烟艇，落叶君始去。迟君青枫林，／独立竹西路。美人抱孤篑，缈然隔云雾。／空遗瑶华音，阅岁不相遇。风雪满寒江，／周流殊未渡。绁马上高丘，转为灵修误。黄／鹄念旧巢，去去复返顾。夜月期湘灵，／春星下瑶圃。相与采红兰，芳洲送游屦。

邗关送友古诗二章，南田寿平。

傍碧山，临清潭，修篁灌莽，蓊薆相交覆。中有小楼岑／然，窗棂洞明，恽子寝其上。晨兴延眺清寥，凄烟渊风，目远心／迩。隐几吟啾而自吊，意忽忽如梦，若有所思，而无其端。惝恍零／冥，疑有所遇，而不可究诘。纷纷袅袅，如乱丝相缪。其来惕怵，／其去黯惨。气郁色换，动人之魄，摇人之精，终不知其所从起。／而强名之曰感，谥曰怨思，皆是也，而非也。乃系之以歌，托缠绵／之思于其音云尔。

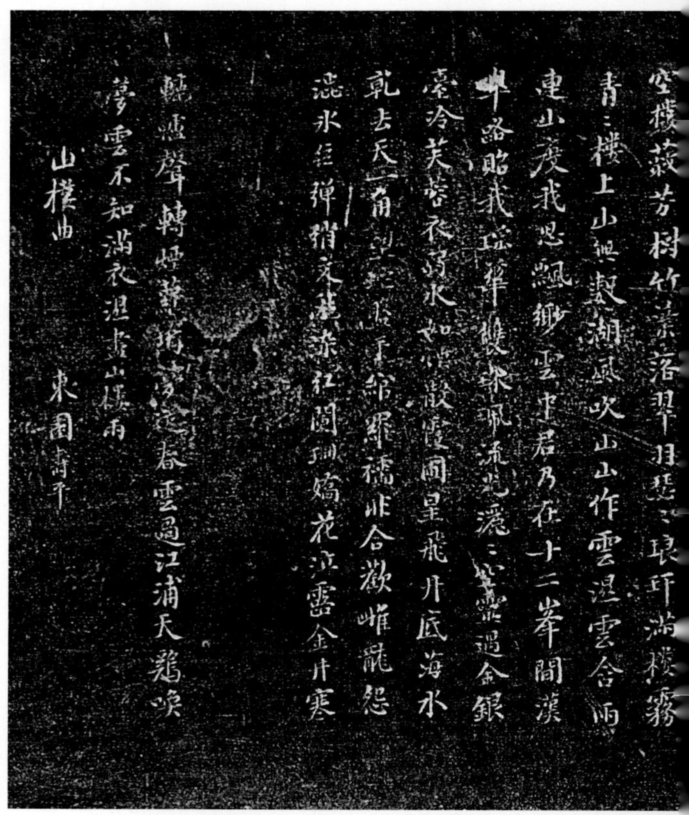

文治书唐诗宋箴碑

空楼蔽芳树，竹叶落翠羽。瑟瑟琅玕满楼雾，/ 青青楼上山无数。湖风吹山山作云，湿云含雨 / 连山度。我思飘缈云中君，乃在十二峰间汉 / 皋路。贻我瑶华双珠佩，流光洒洒空灵遇。金银 / 台冷芙蓉衣，弱水如烟散霞圃。星飞井底海水 / 干，去天一角望蛇盘。手绾罗襦非合欢，雌龙怨 / 涩冰弦弹。绡文乱染红阑珊，娇花泣露金井寒。/ 辘轳声转烟萝坞，梦送春云过江浦。天鸡唤 / 梦云不知，满衣湿尽山楼雨。

山楼曲。东园寿平。

【说明】此碑疑为《味古斋恽帖》之一。录二诗一曲，皆恽寿平所作并书。《邗上遇于子伊声有赠》二首，即“邗关送友古诗二章”；《山楼曲》前含序文一段。

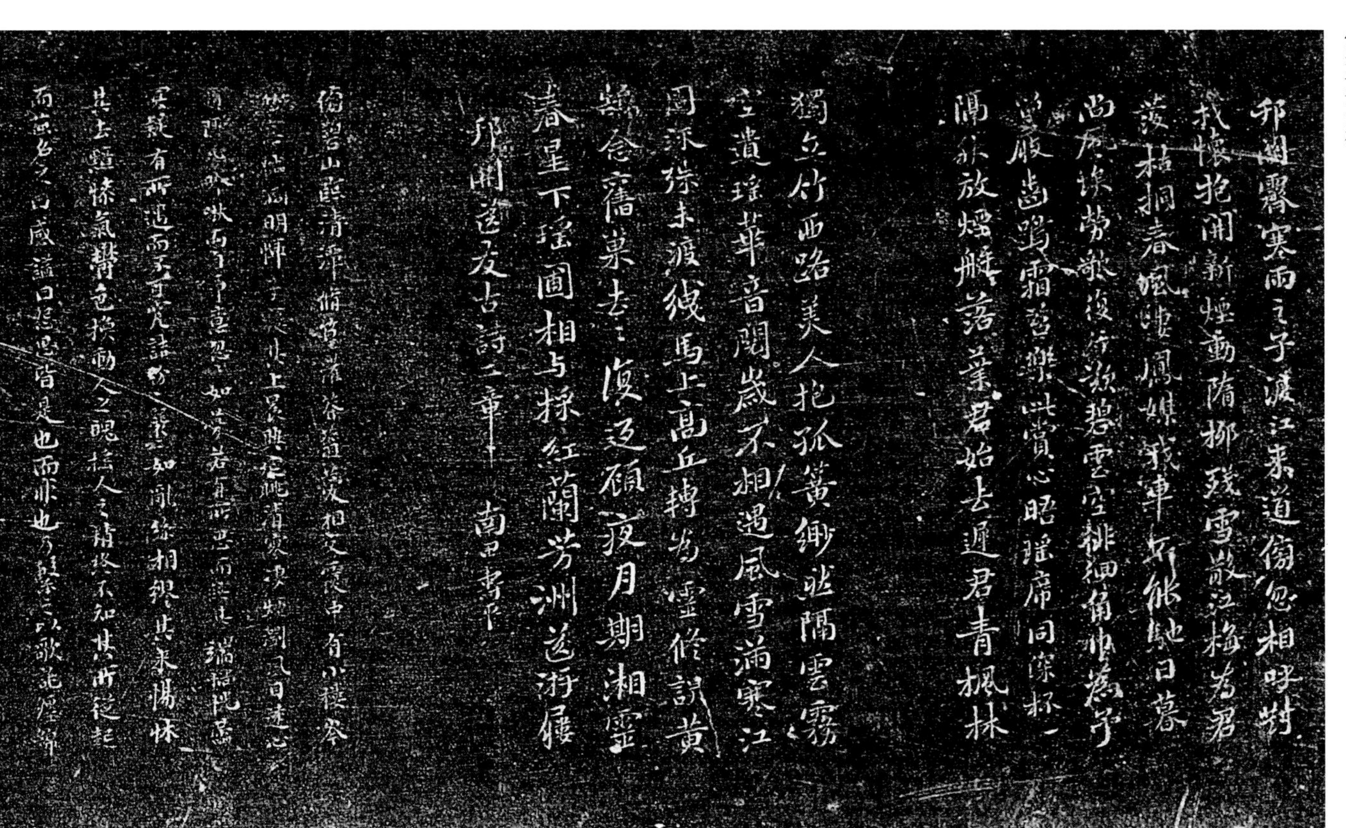

恽寿平诗曲碑

◆原南阳小学（叶氏宗祠）碑刻

叶氏宗祠，位于吴中区东山镇朱巷。祀北宋刑部侍郎叶逵。明嘉靖后迁建于今址。曾作南阳小学。另有清道光二十八年（1848）《计开捐数碑》，光绪八年（1882）《叶氏宗祠碑记》及《乐输题名碑》，光绪十三年（1887）《逵公宗祠续捐祭产记碑》，1932年叶庆泽书《叶氏宗祠修建记碑》。

◎**永思堂叶祠界碑**

【时间】清

永思堂叶

永思堂叶祠界碑

◎**重建叶氏宗祠门楼记碑**

【时间】1848

重建宗祠门楼记

《礼》曰："君子营宫室，宗庙为先。"诚欲安妥／先灵以伸孝飨也。我吴中始祖刑部侍／郎造玄公宗祠，向在三头巷内，委女僧／司香火。嘉靖时例禁淫祠，县令不察，遂／与毁例。厥后我曾祖尧明公创建于朱／巷大街，年久失修，旋致倾圮。我父熙亭／公因无力重建，集族公议捐输，购得地／界毗连沈氏之屋，改建宗祠。正厅三楹，／供奉神主，颜曰永思堂。右廊书房一间，／颜曰留耕，以为裔孙读书之所。左廊为／门房。留祠前旧址，为日后恢拓计也。奈／父有志未逮，后已辞世。余禀承先志，数／十年如一日，屡欲兴建，终缘力薄因循。／今老矣，岁不我与矣，乃商之族侄敏斋、／左之，再侄景山、杏园，向族中捐资，稍为／修饰大门，移于正中，起建门楼一座，门／左走廊一间。其旧时门房改为书室，余／就其形如，题曰似舫。然此非所以继先／志也，不过使豆笾无恙，钟簴一新而已。／嗣后希冀贤子孙善承前人之志，能于／祠前旧基创建堂庑，光大门楣，则余之／所厚望也。爰集数言为之记。

道光二十八年岁次戊申仲春，／三十世裔孙邦鉴谨识。

重建叶氏宗祠门楼记碑

◆原明湾小学（秦氏宗祠）碑刻

秦氏宗祠，位于吴中区金庭镇明月湾。清康熙始建，祀北宋词人秦观裔孙秦益之、秦伯龄等。曾作求忠小学堂、明月湾义学、明湾小学。

◎秦氏宗祠助银碑

【时间】乾隆

康熙年间创捐建秦祠捐银数：/公悦公，二两。显公公，一两。/彭年公，四两。忆龄公，五两。/灿仁公，五两。遇明公，二两。/武承公，十两。岱宗公，二两。/叙洪公，二两。德龄公，五两。/预成公，五两。尚谦公，五两。/公达公，十两。尚鹏公，二两。

乾隆七年助银建贞节坊数：/尚尊，二十一两四钱五分。/尚隆，二十一两四钱五分。/世能，二十一两四钱五分。/世希，二十一两四钱五分。/禹甸，二十一两四钱五分。

乾隆八年续捐告竣银数:/尚尊,二十两。/尚隆,二十两。/世能,二十两。/世希,二十两。/禹甸，二十两。

乾隆三十九年续捐银数：/伯春，一两九钱二分。东源，二十五两。/世能，五十两。彦邦，一两。/仁瑞，二十两。彦衡，一两。/鹏程，五钱。大川，一两。/日襄，一两。子升，二两。/巨源，一两。汉廷，二两。/文定，一两。一清，一两。/禹甸，五两。景道，一两。/洵侯，一两。景周，一两。/继陶，一两。启疆，二两。/体乾，二两。锡嘏，二两。/汉章，二十两。大受，一两。/浩川，五钱。凤翔，二十五两。/佩玱，五钱。耀坤，三两。

◎文昌帝君阴骘文碑

【时间】乾隆

文昌帝君阴骘文

帝君曰:“吾一十七世为士大夫身,未尝虐民酷吏,救人之难,济人之急,悯人之孤,容人之过,广行阴骘，/上格苍穹，人能如我存心，天必锡汝以福！”于是训于人曰：“昔于公治狱，大兴

秦氏宗祠助银碑

驷马之门；窦氏济人，高折／五枝之桂。救蚁中状元之选；埋蛇享宰相之荣。欲广福田，须凭心地。行时时之方便，作种种之阴功。利／物利人，修善修福。正直代天行化，慈祥为国救民。忠主孝亲、敬兄信友，或奉真朝斗，或拜佛念经，报答／四恩，广行三教。济急如济涸辙之鱼，救危如救密罗之雀。矜孤恤寡，敬老怜贫。措衣食周道路之饥寒，／施棺椁免尸骸之暴露。家富提携亲戚，岁饥赈济邻朋。斗秤须要公平，不可轻出重入；奴仆待之宽恕，／岂宜备责苛求？印造经文，创修寺院。舍药材以拯疾苦，施茶水以解渴烦。或买物而放生，或持斋而戒／杀。举步常看虫蚁，禁火莫烧山林。点夜灯以照人行，造河船以济人渡。勿登山而网禽鸟，勿临水而毒／鱼虾，勿宰耕牛，勿弃字纸，勿谋人之财产，勿妒人之技能，勿淫人之妻女，勿唆人之争讼，勿坏人之名／利，勿破人之婚姻，勿因私仇使人兄弟不和，勿因小利使人父子不睦，勿倚权势而辱善良，勿恃富豪／而欺穷困。善人则亲近之，助德行于身心；恶人则远避之，杜灾殃于眉睫。尝须隐恶扬善，不可口是心／非。剪碍道之荆榛，除当途之瓦石。修数百年崎岖之路，造千万人来往之桥。垂训以格人非，捐资以成／人美。作事须循天理，出言要顺人心。见先哲于羹墙，慎独知于衾影。诸恶莫作，众善奉行。永无恶曜加／临，常有吉神拥护。近报则在自己，远报则在儿孙。百福骈臻，千祥云集，岂不从阴骘中得来者哉？”

林屋子弟秦光国敬刊。

◆原东村小学（徐氏宗祠）碑刻

徐氏宗祠，位于吴中区金庭镇东村。乾隆十三年（1748）徐联习创建，祀南宋间迁山祖徐万一。曾作东村小学。除点校者外，另有道光二十九年（1849）《徐□泉公墓碑》及东蔡移此之乾隆二十三年（1758）《创捐置积义田记碑》。原藏乾隆六十年（1795）翁方纲书《徐东村处士（联习）传碑》已佚。

◎东园徐氏祠堂记碑

【时间】1767

东园徐氏祠堂记

吴县西洞庭山在震泽中，穹岩邃壑，备诸瑰异。东园在山北。尤僻左，相传四皓东园公居此，盖里中至今有东园公祠云。而徐氏／世居其地，其先出自宋靖康间讳綦者，自大梁迁吴之光福市，号汴河公。汴河公之第三子讳揆，为太学斋长，当青城之难，上书／请帝还宫，殉节以死，赠宣教郎，以官其后。其事具载《宋史》，列朝崇祀。六传至万一公，以宝佑二年迁于东园，是为东园始祖。其后／支派繁衍，散处楚中。在应城则有讳养量者，前明万历丁未进士，累官南京兵部尚书。在竹溪则有讳成楚者，万历丙戌进士，累／官礼科给事中。在孝感则有讳升者，／本朝顺治壬辰进士，官长葛县知县。在沔阳则有讳国柱者，乾隆癸未进士，官吴堡县知县。然皆以东园为本宗。予以乾隆丙戌九／月游林屋洞，门人徐生琚来迎，遂造其家，留一宿。明晨，生导予纵步巅崖墟落间，惊涛泱漭，秀嶂环列，恍然置身尘世外，予顾而／乐之。既归，生复踵门奉币再拜，请为其祠堂记，将刻诸丽牲之碑。夫东园固天下绝境，而徐氏之聚族且数百年，又有宗祠以鸠／子姓而妥先灵，春秋享祀，不懈益虔，徐氏之世德可谓长矣。《记》曰："君子将营宫室，宗庙为先。"盖自命士以上皆有庙，惟庶人祭于／寝耳。但庙非有爵者不立，非宗子亦不立，且亦祭至四世、三世、二世而止。盖于自仁率亲、自义率祖之中，又不失辨等威、别名分／之意焉。顾礼缘义起，未爵而世禄则祭之，宗子去国，支子亦祭之。是故凡有祭田者，皆可立庙，是亦世禄之义也。支庶有贵者，亦／可立庙，是亦代宗之义也。唐王珪以不立家庙见劾，古之重家庙也如是。至于推而上之，以及于始祖，则自伊川程子始以为宜，／而其后因之不变。《朱子家礼》谓祠堂在正寝之东，所述规制甚备。而我／世宗宪皇帝圣谕广训亦曰："立家庙以荐烝尝。"则今日祠堂之制，凡族大者皆得立之明矣。徐氏之祠，中为享堂，后为寝室，门庑、廊阶、夹／室、库藏毕具，奉始祖万一公居中龛，其下以次祔，各以妣配，并南向，岂非合古礼遵今制者哉？吁！尊祖敬宗收族，仁人之所用心／也。末俗浇漓，既多忽而不务，且物力日艰，故家巨室转盼凋敝，虽有其心，或且无力营之。洞庭山穷水断，地特幽奥，民多勤力治／生以起其家，家各有祠，闳丽靓深，崒嵂相望，而山北以徐氏为冠，庶几淳风厚俗之永留于兹山也与！祠创于乾隆十三年四月，／落成于十四年十一月，凡縻白金九千馀两，族之人醵资成之，而董其事者则十四世孙联习等也。

乾隆三十二年岁次丁亥仲春上浣，／赐进士及第、／诰授通议大夫、内府光禄寺正卿加二级纪录三次、前内阁学士兼礼部侍郎、日讲起居注官、翰林院侍读学士、翰林院编修、历充／丙子顺天乡试丁丑会试同考试官、己卯福建乡试正考试官、国史馆平定西域方略馆纂修官王鸣盛拜撰。丁恒升／镌。

东园徐氏祠堂记碑

東園徐氏祠堂記

吳縣西洞庭山在震澤中穹巖邃壑備諸瑰異東園在山北尤饒左相傳四皓東園公居此蓋里中至今有東園公祠[illegible]而徐[illegible]
世居其地其先出自宋靖康間諱[illegible]者自大梁遷吳之光福市爲汴河公汴河公之第三子諱樅爲太學齋長嘗寺城之[illegible]
請帝遣官[illegible][illegible]以[illegible]宣教郎以官其後其事載宋史列朝崇祀六傳至萬一公以寶佑二年遷於東園是爲東園始遷其後
支派[illegible]衍[illegible][illegible][illegible][illegible]城則有諱養量者前明萬曆丁未進士累官南京兵部尚書在竹溪則有諱成楚者萬曆丙戌[illegible]士累
官禮科給事中在壽威則有諱昇者
本朝順治壬辰進士官長葛縣知縣在汚陽則有諱國柱者乾隆癸未進士官吳堡縣知縣並皆以東園爲本宗予以乾隆丙戌九
月遊林屋洞門人徐生琚來迎遂造其家留一宿明晨生導予縱步巔崖墟落間鸞濤泱漭秀峰環列恍然置身塵世外予頎而
樂之既歸生復踵門奉幣再拜請爲其祠堂記將刻諸麗牲之碑夫東園固天下絕境而徐氏之聚族且數百年又有宗祠以妥
子姓而妥先靈春秋享祀不懈益虔徐氏之世德可謂長矣記曰君子將營宮室宗廟爲先蓋自命士以上皆有廟惟庶人祭於
寢耳但廟非有爵者不立非宗子亦不立且亦祭至四世三世二世而止蓋於自仁率親自義率祖之中又不失辨等威別名分
之意焉嗣禮緣義起宋爵而世祿則祭之宗子去國支子亦祭之是故凡有祭田者皆可立廟是亦世祿之義也支庶有貴者亦
可立廟是亦代宗之義也唐王珪以不立家廟見劾古之重家廟也如是至於推而上之以及於始祖則自伊川程子始以爲宜
而其後因之不變朱子家禮謂祠堂在正寢之東所述規制甚備而我
世宗憲皇帝聖諭廣訓亦曰立家廟以薦烝嘗則今日祠堂之制凡族大者皆得立之明矣徐氏之祠中爲享堂後爲寢室門廡階夾
室庫藏畢具奉始祖萬一公居中龕其下以次祔各以妣配並南向墓非合古禮遵令制者哉吁尊祖敬宗收族仁人之所用心
也末俗澆漓既多忽而不務且物力日艱故家巨室轉盼凋敝雖有其心或且無力營之洞庭山窮水斷地特幽與民多勤力治
生以起其家家各有祠閣廣覩深崒嵂相望而山北以徐氏爲冠庶幾淳風厚俗之永留于茲山也與祠創於乾隆十三年四月
落成於十四年十一月凡糜白金九千餘兩族之人醵貲成之而董其事者則十四世孫聯習等也
乾隆三十二年歲次丁亥仲春上澣
賜進士及第
誥授通議大夫內府光祿寺正卿加二級紀錄三次前內閣學士兼禮部侍郎日講起居注官翰林院侍讀學士翰林院編脩加[illegible]
丙子順天鄉試丁丑會試同考試官己卯福建鄉試正考試官國史館平定西域方畧館纂脩官王鳴盛拜撰

◎徐节妇殷太孺人事略碑

【时间】1795

无改容■/■文匪求■/□耳□陔合也■/传家有令子何必公与■/贵儒术活人□国乎愿■/心敬为□堂寿。丁巳仲春/徐节母殷孺人题。

徐母殷孺人节孝诗

徐君执册向予泣,[欲言未]/言转呜悒。趼趼孝子心,[征]/文一何急。我无文人文,[能]/传节母节。使笔如心[心有血,]/作诗犹足扬风烈。不[诵《柏]/舟》篇,不和《黄鹄歌》。请[例士]/大夫,立身难易当如何?俗/儒不安贫,才士穷愈躁。勉/强父母前,谈忠不谈孝。[节]/母未字时,恂恂遵姆教,簪/[蒿裙]布何清妙!郅邢病/[中友,管]鲍贫时交。男儿重/[意气,此谊何寥寥!节]母相/[夫子,十年如一朝,持筹称药忘其劳。子忍绝裾行,臣降望尘拜。大义在君亲,丈夫能败坏。节母奉衰姑,夫亡心不懈。冰蘗与甘旨,兢兢两无碍。五夜灵光通覆载,此心划断人禽界。程婴存赵孤,诸葛辅后主。君臣朋友间,此风抑何古!节母幸有儿,有儿久无父。伤哉慈母慈,深于苦节苦。娶妇生孙孙念祖,百年世系今重谱。大疫不入门,奇荒几绝粒。赤手葬三棺,精诚何可及!一日旌门万古荣,只觉清风肃肃吹都邑。吾闻洞庭山脉蟠根厚,母节应如山不朽。我识徐君磊落人,风尘却订山林友。太湖南望时搔首,何日登堂同拜母?君舞老莱衣,我进延年酒。请携此曲随君后,谱入弦歌为母寿。]

徐母殷孺人节寿诗册。

贞寿毓[贤。]

【说明】乾隆六十年(1795)翁方纲撰《徐节妇殷太孺人事略碑》,前有丁巳(1737)款徐节母殷孺人题文,后有题跋,今仅存残碑二。一为张问陶等所作诗文,张氏阙文据《船山诗草》补苴;一为系刘墉所书"贞寿毓贤"。其时题跋者还有纪昀、冯敏昌、王昶、法式善、罗典、颜检、蒋棠、钱沣、桂馥、戴衢亨等。

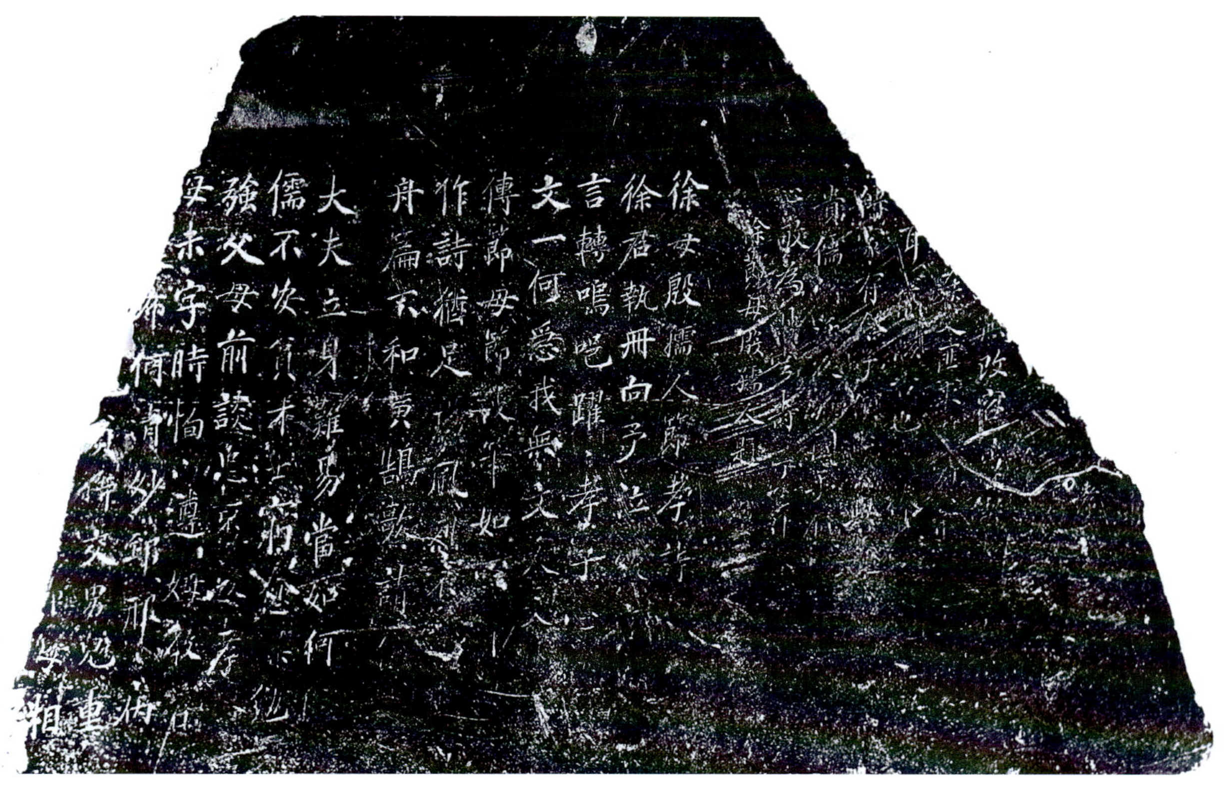

徐节妇殷太孺人事略碑（一）

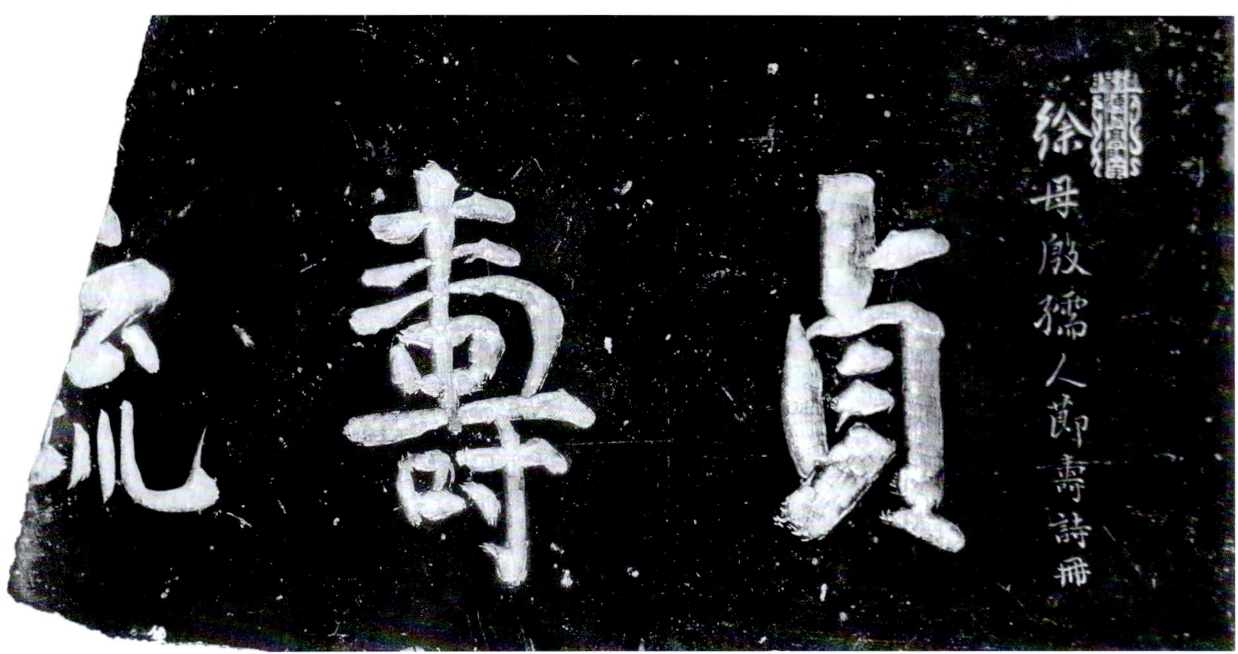

徐节妇殷太孺人事略碑（二）

徐氏宗祠助银田碑

康熙四十二年
東周始祖萬一公十四世孫
琬信公捐銀倡建宗
祠之基[illegible]
萬一公子姓捐銀自[illegible]
公始也嗣後於五十七年
合族續捐及乾隆六年十
五年二十一年三十九年
凡六次今將捐銀諱字并
銀數刻明於後
萬一公十四世孫
聯鏊字琮鸞壹百捌拾柒兩
聯璞字文光壹百貳拾壹兩
志湛字[illegible]卿壹錢伍分
符茂字茂先叁拾兩零伍分
聯班字孟昭壹錢伍分
聯喆字用民壹錢
志[illegible]字容儀貳錢貳分
聯嗣字漢臣肆錢
符廷字季先柒錢貳分
聯祺字職文貳錢
符倫字有容壹兩叁錢
[illegible]字君章陸錢
[illegible]字文儀貳錢
聯鏡字瓊瑞壹錢
[illegible]字洋非貳兩壹錢伍分
[illegible]字[illegible]拾兩零叁錢
[illegible]
十五世孫
倫釗字子周叁兩貳拾壹兩
倫嵩字叔[illegible]貳錢
倫祥字子[illegible]錢
倫理字[illegible]叁錢
倫治字[illegible]臣貳錢貳分
倫組字廷錫柒拾兩
倫綏字[illegible]肆兩貳錢
倫經字[illegible]文拾壹兩貳錢
倫[illegible]字[illegible]肆兩壹錢貳分
倫淳字永和壹錢
倫津字[illegible]壹錢壹分
倫鈴字子賢叁兩叁錢
倫賀字友章拾伍兩
倫錫字子著貳兩
倫鈦字子安柒錢貳分
倫悦字廷榮柒錢
倫銓字子衡伍兩壹錢叁分
倫浩字文周叁拾壹兩
倫洽字禮臣壹錢壹分
倫慄字廷芳壹兩壹錢
倫銘字子裕叁兩伍錢五分
倫濟字益臣壹百貳拾兩
倫恂字廷臣拾伍兩貳錢分二
倫渭字茂仁拾兩
倫鏞字廷辰伍拾兩
倫褒字子贊壹兩貳錢
倫容字裕德陸錢
倫英字齊文壹兩
倫微字叁彬陸錢
倫淮字廷源貳兩九錢叁分
倫緝字[illegible]仁壹兩
倫洸字茂奇捌兩伍錢
倫宗字[illegible]臣伍分
倫[illegible]
倫洑字維衛叁兩
倫瀾字翼臣叁兩伍錢
倫浚字雲臣拾兩
倫濛字維清拾伍兩
倫滏字泌周拾兩
十六世孫
明恒字[illegible]陸錢
明[illegible]字爾昌壹兩陸錢柒分
明誠字大經貳兩肆錢伍分
明永字恆修貳兩陸錢
明[illegible]字達生叁兩叁錢伍分
明[illegible]字茂[illegible]伍兩
明坤字元順陸錢伍分
明[illegible]字廷璋貳兩[illegible]
明誠字於民叁兩捌錢
明義字秉如拾兩
明[illegible]字存淳壹錢壹分
明眷字元珍貳兩肆錢
明城字[illegible]維壹兩陸錢貳分
明[illegible]字鳳來貳兩
明玉字瑞璋貳拾兩零陸錢
[illegible]
明述字九錫拾貳兩
明偉字仲輝貳錢
明[illegible]字茂章叁兩
明[illegible]字邵山柒錢
明[illegible]字考友壹錢
明[illegible]字崇章叁兩伍錢
明[illegible]字尚忠拾捌兩
明[illegible]字起濤貳拾貳兩伍錢
明五字雅言肆兩
明[illegible]字宏章拾兩
明根字順先伍兩
明孝字裕乾壹兩叁錢
明徵字紹文叁錢
明信字康九陸兩
明植字[illegible]肆兩伍錢
明潤字德章壹兩
明在字[illegible]文壹兩
明[illegible]字瑞文肆兩伍錢
明[illegible]字聖瞻陸錢
明[illegible]字惟坤貳兩
明[illegible]字體周叁兩
明現字廷玉伍錢
明[illegible]字逸文貳兩伍錢
明[illegible]字顯文壹兩
明鑒字旭初拾兩
明[illegible]字賞春伍兩
十七世孫
以[illegible]字[illegible]尚壹錢壹分
以佑字公[illegible]柒錢
以忠字聖[illegible]壹兩
以暐字文來拾兩零貳錢分五
以佐字公順柒錢
以[illegible]字晉瞻叁兩肆錢
以擴字廣成貳錢
以德字令宜玖兩
以精字文衍拾貳兩伍錢
以[illegible]字景仁伍錢
以傑字[illegible]捌拾兩
以[illegible]字[illegible]仁叁兩
以[illegible]字文源貳拾貳兩
以[illegible]字[illegible]文伍兩
以[illegible]字[illegible]然叁兩
以[illegible]字文達肆兩
以[illegible]字景賢貳拾伍兩
以偉字[illegible]賢叁拾兩
以[illegible]字宏中陸兩
以彰字高山肆拾兩
以培字乾功貳兩
以偕字爾瞻伍兩
以煌字耀明陸兩
以[illegible]字虎臣拾兩
以[illegible]字[illegible]珍壹兩
以[illegible]字[illegible]貳拾兩零伍錢
以[illegible]字士美拾貳兩
以炬字[illegible]乾伍錢
以[illegible]字[illegible]貽伍錢
以[illegible]字[illegible]揚貳兩
十八世孫
正科字孫元貳拾兩
正瀨字[illegible]崇拾兩
正[illegible]字象臣伍錢
十九世孫
德泰字得時拾兩
十四世孫
[illegible]捐田附刻於後
聯[illegible]字漢[illegible]妻[illegible]氏田拾畝
十五世孫
聯[illegible]字[illegible]捐田拾畝
倫組字廷錫捐田貳畝
倫河字[illegible]章妻王氏田拾畝
十七世孫
以後字晉[illegible]捐田拾畝
乾隆五十六年續捐銀數
十五世孫
倫[illegible]字[illegible]拾兩
十六世孫
明理字[illegible]伍兩
十七世孫
以[illegible]字惠[illegible]貳兩
以[illegible]字瑞華叁兩
以[illegible]字[illegible]光貳兩
以[illegible]字[illegible]明貳兩
以[illegible]字[illegible]賢伍兩
十八世孫
正錫字瑞臣拾兩
正[illegible]字元豐伍兩
正[illegible]字子[illegible]拾兩
正治字政和貳兩
正沅字浩如貳兩
正培字良棟伍兩
正[illegible]字天地肆兩
正[illegible]字世豐伍兩
正[illegible]字沛[illegible]伍兩
正[illegible]字[illegible]眉叁兩
十九世孫
德[illegible]字漢錫伍兩
德暉字耀宗拾兩
萬一公子姓貿易楚中買
米麻等貨計數出產銀積
壹百叁拾叁兩伍錢九分八
宗祠公積內
嘉慶五年續捐銀數
十六世孫
明[illegible]字象坤貳兩
明珮字寶亭壹兩
明杞字杜能五兩
明梓字[illegible]安叁兩
十七世孫
以熙字世昭壹兩
以[illegible]字尚明貳拾兩
以琳字瑞山貳兩
以烈字武揚拾兩
以良字天中壹兩零三分
以[illegible]字[illegible]源貳兩
以恒字仲文壹兩
以[illegible]字大[illegible]貳兩
以綺字[illegible]芳壹兩
以[illegible]字玉[illegible]叁兩
以[illegible]字[illegible]和壹兩
以伯字[illegible]揚壹兩
以德字[illegible]拾兩
以[illegible]字[illegible]帥貳兩
以[illegible]字瑞桐貳兩
以[illegible]字載華貳兩
以策字[illegible]辰壹兩
以任字[illegible]壹兩
以宏字[illegible]東拾兩
以佳字[illegible]春壹兩
以仁字浩方壹兩
十八世孫
以[illegible]字[illegible]山壹兩
正木字君[illegible]壹千兩
[illegible]
正桐字子威拾五兩
正達字國宗貳拾兩
正仕字大衡壹兩
正[illegible]字兆豐貳拾五[illegible]
正[illegible]字瑞和壹兩
正宏字載乾壹兩
正堅字介軒貳兩
正柜字秀文貳兩
正脩字明山壹兩
正琛字放文壹兩

大清[illegible]己未八月[illegible]旦 十六世孫明琇等敬立 十九世孫德莊敬書丹

◎徐氏宗祠助银田碑

【时间】1799

康熙四十二年，/东园始祖万一公十四世孙/玱鸾公捐银为起建宗/祠之基。盖我/万一公子姓捐银，自玱鸾/公始也，嗣后于五十七年/合族续捐，及乾隆六年、十/五年、二十一年、三十九年，/凡六次，今将捐银讳字并/银数刻明于后。

万一公十四世孙：/联镳，字玱鸾，壹百捌拾柒两。/联镆，字文光，壹百贰拾壹两。/志濂，字湛卿，壹钱伍分。/祚隆，字茂先，叁拾两零伍分。/联旌，字孟昭，壹钱伍分。/联喆，字用民，壹钱。/志量，字容卿，贰钱贰分。/联翩，字汉臣，肆钱。/祚延，字季先，柒钱贰分。/联旗，字炽文，贰钱。/祚裕，字有容，壹两叁钱。/联让，字君章，陆钱。/联旐，字文仪，贰钱。/联铉，字瓒璜，壹钱。/联翼，字汉升，贰两壹钱伍分。/联翻，字汉招，拾贰零叁钱。/联习，字循先，壹百叁/拾两贰/钱二/分。

十五世孙：/伦调，字元周，贰两贰钱肆分。/伦邁，字茂林，陆钱。/伦豫，字子建，贰钱伍分。/伦博，字仲舒，贰拾壹两玖/钱二/分。/伦顺，字道坤，伍两陆钱。/伦鉴，字子叙，贰拾两零陆钱。/伦序，字公彝，陆两壹钱。/伦燿，字子耀，壹钱伍分。/伦钊，字子周，叁百贰拾壹两。/伦高，字叔茂，贰钱。/伦祥，字子祯，贰两贰钱。/伦理，字文若，叁钱。/伦治，字舜臣，贰钱贰分。/伦组，字廷锡，柒拾两。/伦绶，字廷爵，肆两贰钱。/伦经，字简文，拾陆两贰钱。/伦懽，字廷英，肆两壹钱贰分。/伦淳，字永和，壹钱。/伦津，字仲询，壹钱壹分。/伦鈐，字子贤，叁两叁钱。/伦实，字友章，拾伍两。/伦锡，字子蕃，贰两。/伦钦，字子安，柒钱贰分。/伦悦，字廷荣，柒钱。/伦铨，字子衡，伍两壹钱叁分。/伦浩，字文周，叁拾壹两。/伦洽，字礼臣，壹钱壹分。/伦慓，字廷芳，壹两壹钱。/伦铭，字子招，叁两伍钱五分。/伦济，字益臣，壹百贰拾两。/伦恂，字廷臣，拾伍两贰钱二/分。/伦渭，字茂仁，拾两。/伦绣，字廷宸，伍拾两。/伦褒，字子赞，壹两贰钱。/伦容，字裕德，陆钱。/伦英，字舜文，壹两。/伦徵，字秀彬，陆钱。/伦淮，字怀仁，壹两。/伦縺，字廷源，贰两九钱叁分。/伦涀，字茂奇，捌两伍钱。/伦演，字鼎臣，伍分。/伦漪，字简臣，叁钱。/伦河，字耀章，捌拾两。/伦滩，字公仁，叁钱。/伦淑，字耀文，拾两。/伦汏，字耀衡，叁两。/伦潮，字宏臣，叁两伍钱。/伦渥，字云臣，拾两。/伦浤，字耀清，拾伍两。/伦滋，字沛周，拾两。

十六世孙：/明恒，字尔常，陆钱。/明祐，字尔昌，壹两陆钱柒分。/明诚，字大经，贰两肆钱伍分。/明永，字慎修，贰两陆钱。/明育，字遂生，叁两叁钱伍分。/明训，字茂昭，伍两。/明坤，字元顺，陆钱伍分。/明珍，字廷璋，贰百五/拾两陆/钱六/分。/明诚，字于民，叁两捌钱。/明义，字秉如，拾两。/明讱，字存淳，壹钱壹分。/明养，字元珍，贰两肆钱。/明城，字翰维，壹两陆钱贰分。/明玉，字瑞璋，贰拾两零陆钱。/明诏，字凤来，贰两。/明奎，字长文，壹百两。/明份，字翰章，贰两。/明垠，字福长，贰拾肆两肆/钱四/分。/明埙，字伯升，叁拾伍两柒/钱二/分。/明匡，字御璋，贰百陆拾两四/钱。/明鉴，字尔亮，玖两叁钱。/明羔，字秉纯，拾陆两壹钱。/明坦，字履贞，壹钱陆分。/明评，字旭升，拾肆两伍钱。/明庄，字正甫，壹两零伍分。/明学，字圣绪，壹两贰钱。/明蓁，字元瑞，伍拾两。/明仕，字东升，壹两。/明保，字赞文，壹两。/明谔，字尚衡，壹两伍钱。/明作，字宪章，贰钱。/明述，字九锡，拾贰两。/明伟，字仲辉，贰钱。/明备，字茂章，叁两。/明斐，字彤山，柒钱。/明本，字孝友，壹钱。/明傅，字荣章，叁两伍钱。/明权，字尚忠，拾捌两。/明榜，字起瀛，贰拾贰两伍钱。/明五，字惟岳，肆两。/明诠，字宏章，拾两。/明根，字顺先，伍两。/明孝，字裕先，壹两叁钱。/明徵，字绍文，叁钱。/明信，字广友，陆两。/明桓，字公和，肆两伍钱。/明倜，字德章，壹两。/明在，字尚文，壹两。/明有，字瑞文，肆两伍钱。/明礼，字圣瞻，陆钱。/明体，字惟坤，贰两。/明璋，字俸周，叁两。/明琬，字廷玉，伍钱。/明备，字遂文，贰两。/明郁，字显文，壹两伍钱。/明杲，字旭初，拾两。/明树，字宝春，伍两。

十七世孙：/以拯，字希尚，壹钱壹分。/以佑，字公位，柒钱。/以忠，字圣招，壹两。/以醇，字文来，拾两零贰钱五/分。/以佐，字公顺，柒钱。/以拔，字晋瞻，叁两肆钱。/以扩，字广成，贰钱。/以德，字令宜，玖两。/以精，字文衡，拾贰两伍钱。/以担，字景仁，伍钱。/以杰，字民瞻，捌拾两。/以霈，字广仁，叁两。/以深，字文源，贰拾贰两。/以慧，字颖文，伍两。/以雯，字斐然，叁两。/以浚，字文达，肆两。/以俶，字景贤，贰拾伍两。/以倬，字起贤，叁拾两。/以粹，字宏申，陆两。/以彭，字嵩山，肆拾两。/以培，字乾功，贰两。/以偕，字尔瞻，伍两。/以煌，字耀明，陆两。/以彪，字虎臣，拾两。/以鋐，字朝珍，壹两。/以熹，字绍南，贰拾两零伍钱。/以彦，字士美，拾贰两。/以烜，字兆乾，伍钱。/以燕，字丰贻，伍钱。/以焯，字观扬，贰两。

十八世孙：/正科，字葆元，贰拾两。/正灏，字淮宗，拾两。/正镮，字象臣，伍钱。

十九世孙：/德春，字得时，拾两。

捐田附刻于后。

十四世孙：/联翻，字汉招，妻薛氏，田拾亩。/联习，字循先，捐田拾亩。

十五世孙：/伦组，字廷锡，捐田贰亩。/伦河，字耀章，妻王氏，田拾亩。

十七世孙：/以俊，字晋贤，捐田拾亩。

乾隆五十六年续捐银数。

十五世孙：/伦浤，字耀清，贰拾两。

十六世孙：/明理，字寿徵，伍两。

十七世孙：/以緫，字惠端，贰两。/以煇，字瑞华，叁两。/以姚，字耀先，贰两。/以煓，字振明，贰两。/以笈，字循贤，伍两。

十八世孙：/正锈，字瑞臣，拾两。/正稨，字元丰，伍两。/正稠，字子盛，拾两。/正沅，字浩如，贰两。/正治，字政和，贰两。/正培，字良栋，伍两。/正海，字天池，肆两。/正济，字世丰，伍两。/正澍，字沛瞻，伍两。/正稹，字介眉，叁两。

十九世孙：/德备，字汉锡，伍两。/德晖，字耀中，拾两。

乾隆五十六年至五十八年，/万一公子姓贸易楚中者，买/米麻等货计数出厘银积/壹百叁拾叁两伍钱九/分入/宗祠公积内。

嘉庆五年续捐银数。

十六世孙：/明垕，字象坤，贰两。/明珮，字宝亭，壹两。/明杞，字性能，五两。/明梓，字恭安，叁两。

十七世孙：/以熙，字世昭，壹两。/以烋，字尚明，贰拾两。/以琳，字瑞山，贰两。/以烈，字武扬，拾两。/以良，字天申，壹两零三分。/以塏，字浩源，贰两。/以恒，字仲文，壹两。/以昂，字大瞻，贰两。/以珣，字素芳，壹两。/以绮，字圣玉，叁两。/以燮，字载和，壹两。/以伯，字念扬，壹两。/以僡，字亮畴，拾两。/以笈，字循贤，贰两。/以炌，字瑞明，贰两。/以策，字载华，贰两。/以箕，字应辰，壹两。/以仕，字民望，壹两。/以宏，字昆来，拾两。/以佳，字浩春，壹两。/以仁，字浩方，壹两。/以皖，字汉山，壹两。

十八世孙：/正本，字君务，壹千两。/正本已故二十二年矣，长/子德备，字汉锡，今慨捐纹/银壹千两追书伊父名，德/备之孝思也。/正稠，字子盛，贰拾五两。/正达，字国宗，贰拾两。/正任，字大衡，壹两。/正穉，字兆丰，贰拾五两。/正圭，字瑞和，壹两。/正宏，字载乾，壹两。/正坚，字介轩，贰两。/正堰，字秀文，贰两。/正修，字明山，壹两。/正埰，字启文，壹两。

大清嘉庆四年岁次己未八月谷旦，十六世孙明琇等敬立。十九世孙德旺敬书丹。

◆原缥缈小学（芥舟园）碑刻

芥舟园，位于吴中区金庭镇秦家堡。原为秦氏宗祠之中路一进，乾隆五十六年（1791）至五十九年（1794）重修，祀南宋词人秦观。曾作大夏镇第一中心国民学校、东蔡初级小学、缥缈小学。

◎洞庭秦氏宗祠重修记碑

【时间】乾隆

飨／洞庭秦氏旧祠废于元明之间，今／四百馀岁而秦君用中奋三十年／之志，积二万金之资，为堂八十馀间，／祀三十代之主。眼前突兀见此广／厦，非其敦本善族之意有大过／人，孰能臻此欤？且其中为别室／祀本支之已绝无嗣者，登其堂也，／有不恻然动于中者乎？抑余尝作／《金匮山淮海先生祠记》，而叹秦氏／之德为不可及，盖双孝之遗也。／今观于洞庭一支，其来又远，其先／后可考也，岂非东坡所谓“如水／之在地中，无所往而不在也”哉？余／因为书其祝词而复识数语于／后，以见余仰慕之忱云尔。

梁溪顾光旭书。

古吴谭一夔镌。

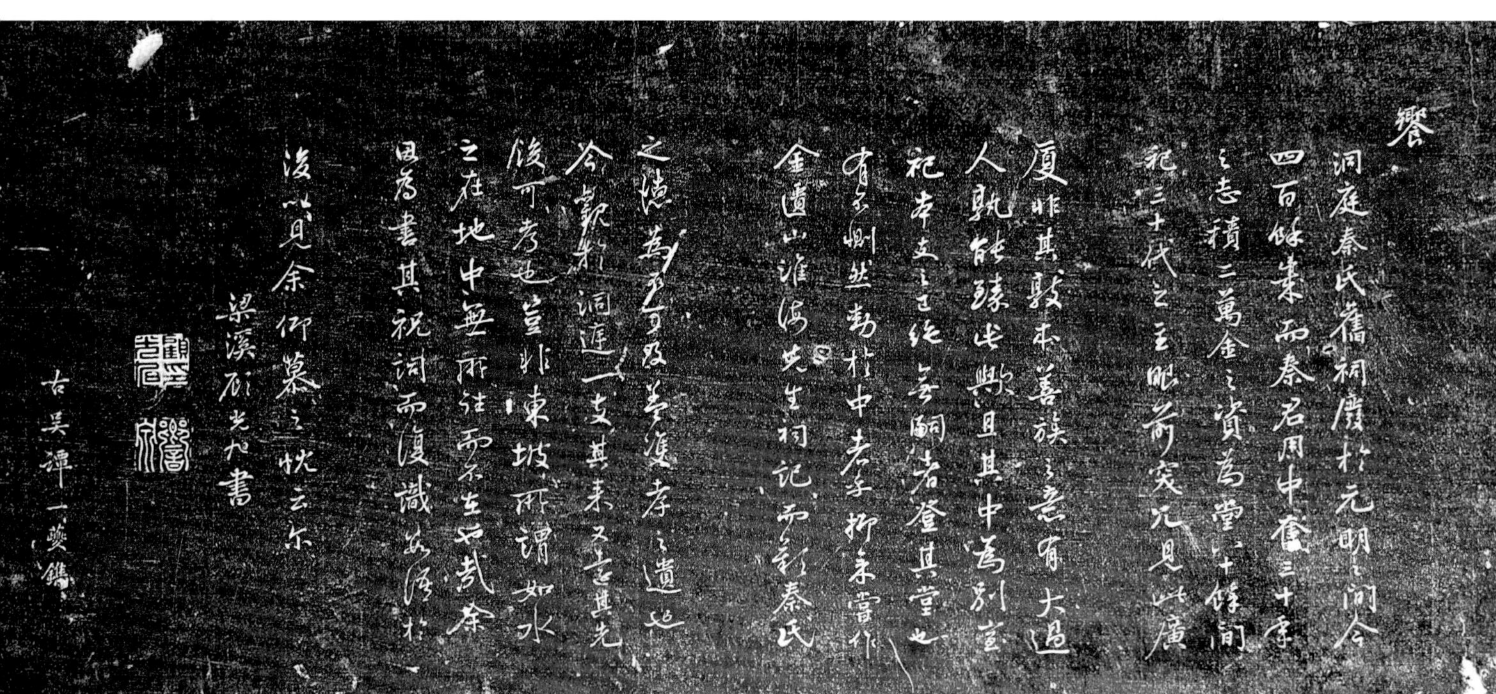

洞庭秦氏宗祠重修记碑（一）

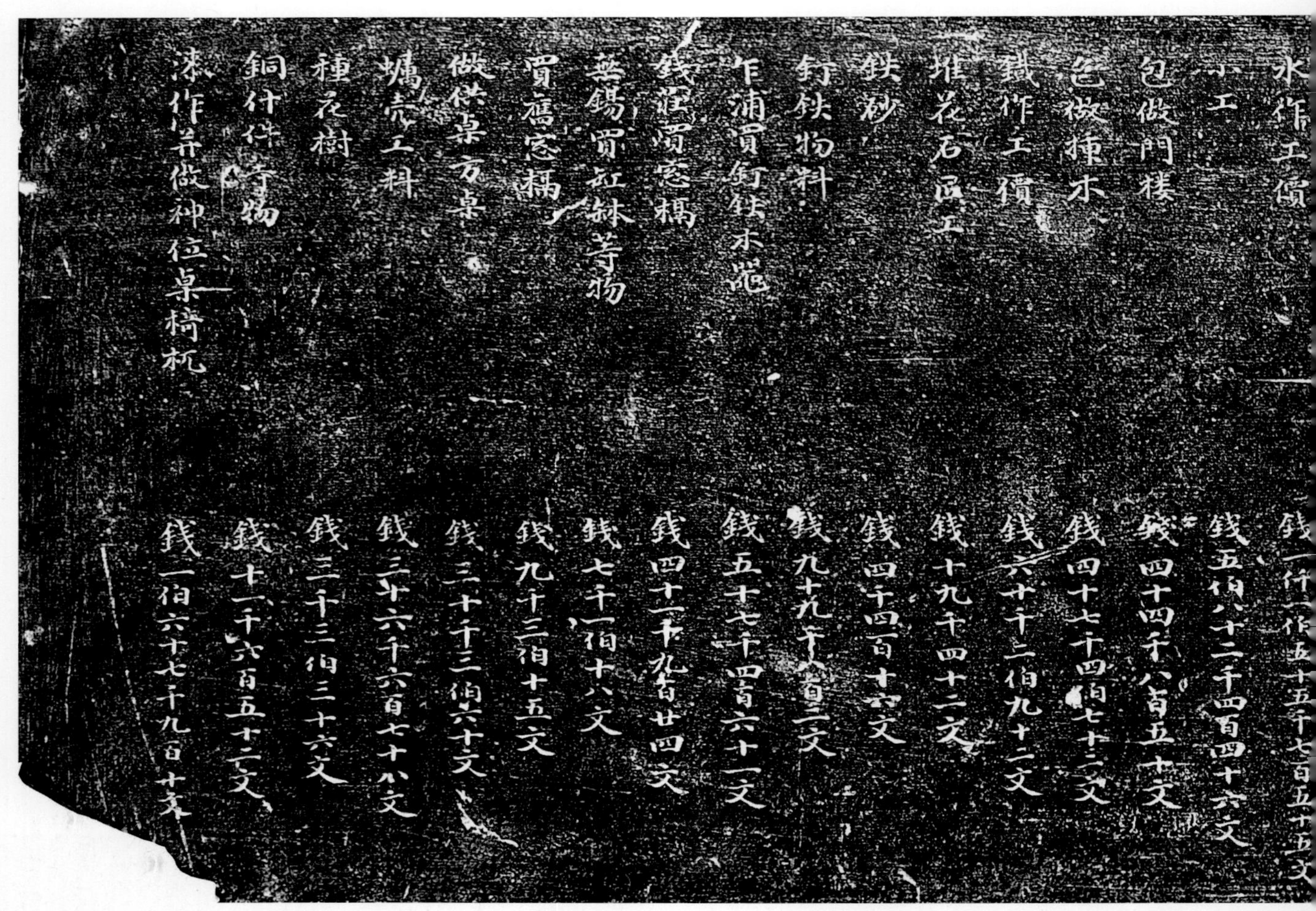

洞庭秦氏宗祠重修记碑（二）

今将五十六年分起造宗祠工料用费清数书明于后：/乍浦办木料，共用老水曹元银一千七十两三钱九分。/又送排小木盘费，钱一伯三十七千六百八十六文。/齐门办木料，共用老水曹元银六伯九十四两六钱六分。/又送排等费，钱三十千六伯文。/本山松、柏、银杏、梓杂树，共钱一伯二十二千三百文。/南窑砖瓦，钱一千五伯二十一千六百七十三文。/北窑砖货，钱二伯二十一千八百五十五文。/青石砂石，钱七伯七十八千六百七十文。/石作工价，钱一伯四十二千二百五十五文。/黄石，钱二伯九十千三百廿二文。/铁石，钱三十六千三百六十三文。/石灰，钱二伯六十二千三伯七十五文。/河沙、菜子砂，钱五十二千六百十五文。/填里，钱七十一千四伯八十二文。/黄泥、田泥，钱四千四伯三十一文。/花石、石皮、石子，钱五十三千七伯五十四文。/紫石皮，钱十一千七伯三十文。/祝陵版，钱三十五千七伯九十五文。/木作工价，钱一仟五伯二十千七伯二文。/水作工价，钱一仟一伯五十五千七百五十五文。/小工，钱五伯八十二千四百四十六文。/包做门楼，钱四十四千八百五十文。/包做插木，钱四十七千四伯七十二文。/铁作工价，钱六十千二伯九十二文。/堆花石匠工，钱十九千四十二文。/铁砂，钱四千四百十六文。/钉铁物料，钱九十九千八百二文。/乍浦买钉铁木器，钱五十七千四百六十一文。/钱庄买窗槅，钱四十一千九百廿四文。/无锡买缸钵等物，钱七千一伯十八文。/买旧窗槅，钱九千三伯十五文。/做供桌、方桌，钱三十千三伯六十文。/蛎壳工料，钱三十六千六百七十八文。/种花树，钱三千三伯三十六文。/铜什件等物，钱十一千六百五十二文。/漆作并做神位、桌、椅、杌，钱一伯六十七千九百十文。

【说明】今碑存二石。

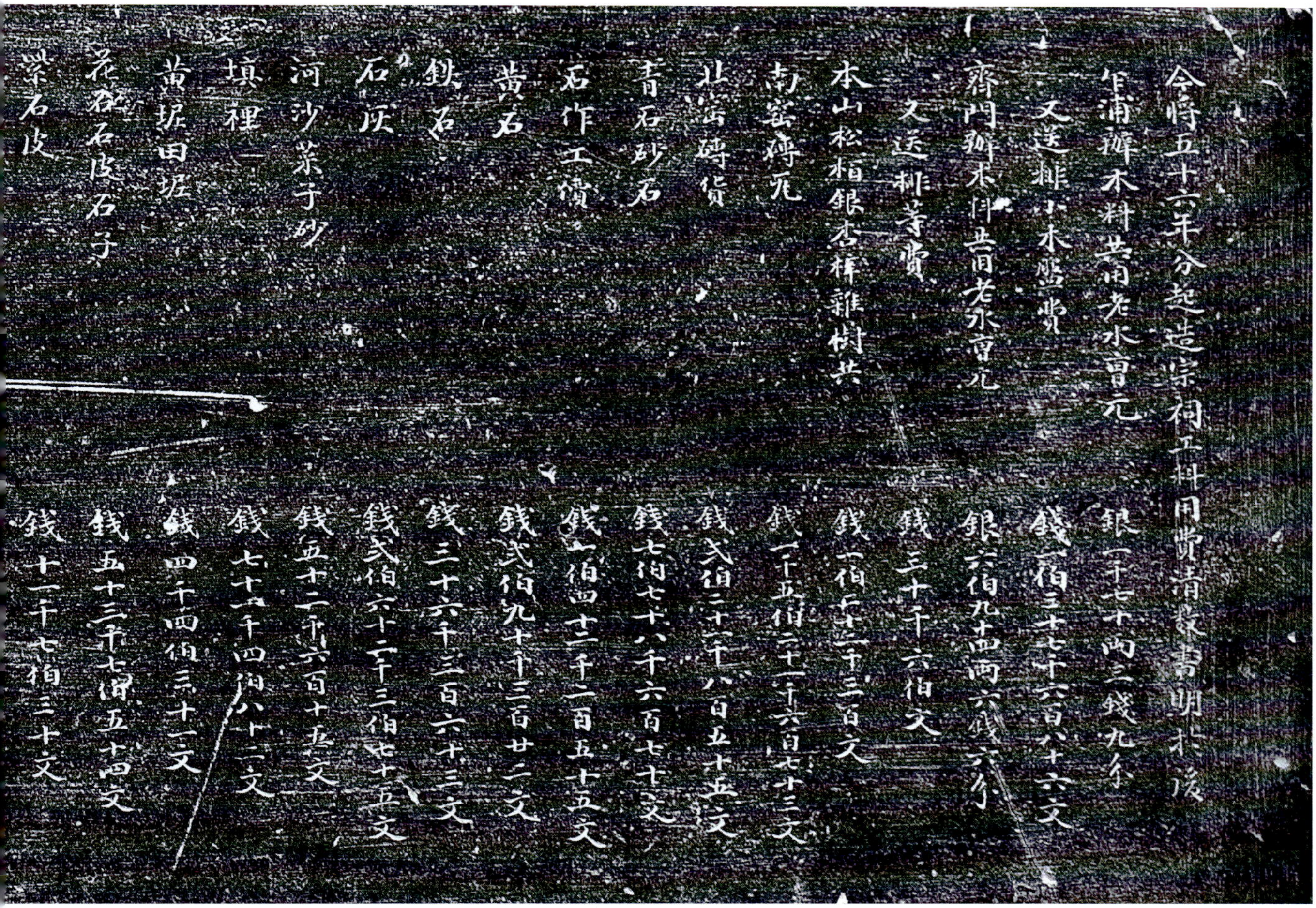

◎芥舟园摩崖石刻

【时间】清

洞庭波静明秋水，楚甸林稀见远山。丙戌夏日□书。

芥舟园摩崖石刻

◆吴中区长桥中心小学碑刻

吴中区长桥中心小学，位于吴中区长桥蠡墅下塘。学校始建于宣统三年（1911），后移至西观音庙，即今址。西观音庙，始建年代不详。

◎永禁买卖私盐碑

【时间】嘉庆

特调江南苏州府吴县正堂加五级纪录十二次卢为／■日据经□潘迎恩、潘昌、潘涵泰、潘庆丰、胡源益、叶芬、汪长发、方同元禀称，商□□奉钧札开蒙／■分应■设法巡缉查得□治五龙桥、新廓、蠡墅、横塘、木渎、横泾等处，□□该处近有匪徒，向吴江县属之盐店，每人贩盐三四十斤不等，挑至□治附近村庄，零星□开□／■长元吴三邑授照颁纳历无□□惟上年缺销七千馀引皆由外□以充斥越贩颇多之故，现在日形短绌，是经禀陈，已蒙示禁谕，保查□旋□，该保等咸称该处本无／私盐■待挑卖，■毋得将盐担□□□□□□□并不奉公守法，盐担日盛一日，挑开花分，实则一家之人可贩数百斤，避以经宽□解之弊，伏望／□□□年■文武□□□□如有□□□食■四十斤以上者，即行拿究，并将买卖一同治罪等因具题。奉／■行江震二县严行禁止，并候出示晓禁该县，仍不时发捕侦巡，如有前项奸民敢再越贩□□即行拿／■贩盐■为之□□苏州府衙门，即檄行江震二县严行示禁，并饬各盐店不许销售。如再违犯，立拿重究。仍候／■之地人■知□□既有向该县各盐店□卖□销情事，何以该县并不查拿，但以一详塞责，殊不可解。恤□／■并饬长元吴三县商人作何之■，不致□□故违之人迅速避岁缴等因，又蒙／■吴江■查禁■／■苏售卖应如何立■以杜后患，再行■等因■先奉出示禁□，并谕渡船毋许装载盐担，不啻三令五申，无如该匪等阳奉阴／违■惟有仰□在于交界处■，不致卖与越贩盐担，甘给各守各界，一面严饬兵役实力巡查拿究。庶奸贩咸知儆惕／■勒石永禁■力□□，毋稍□□□□取碑摹■／■由■结案□并严饬兵役■合行□□永禁。为此，示仰各该处盐店、地保、居民人等知悉，嗣后卖盐各守各界，毋许将盐卖与越贩，盐／担数千■地保■／本县以■地保容隐□□□□究□，决不姑宽。各宜凛遵。毋违！特示。

嘉庆■三月　日示。发蠡墅镇监立。

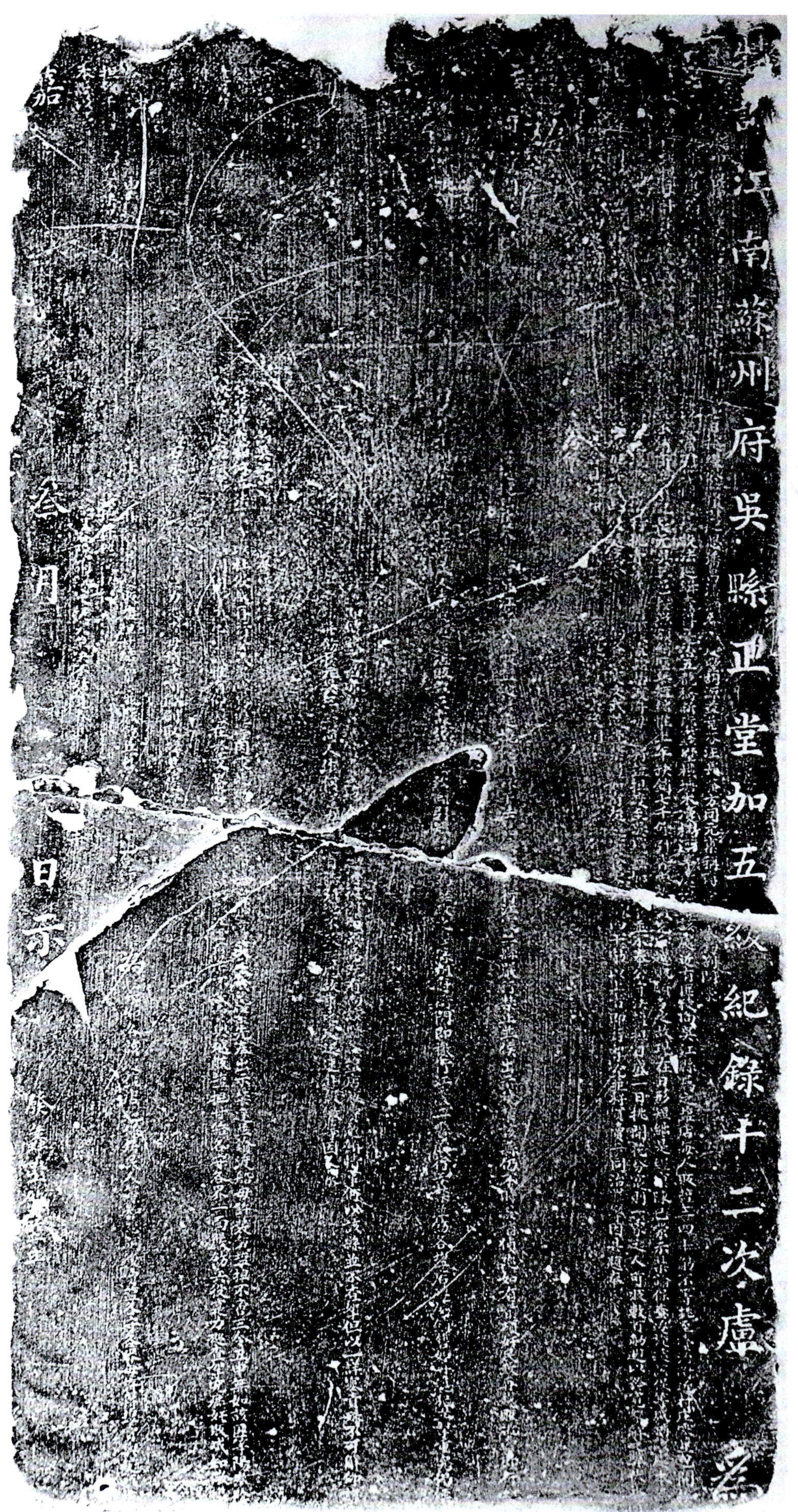

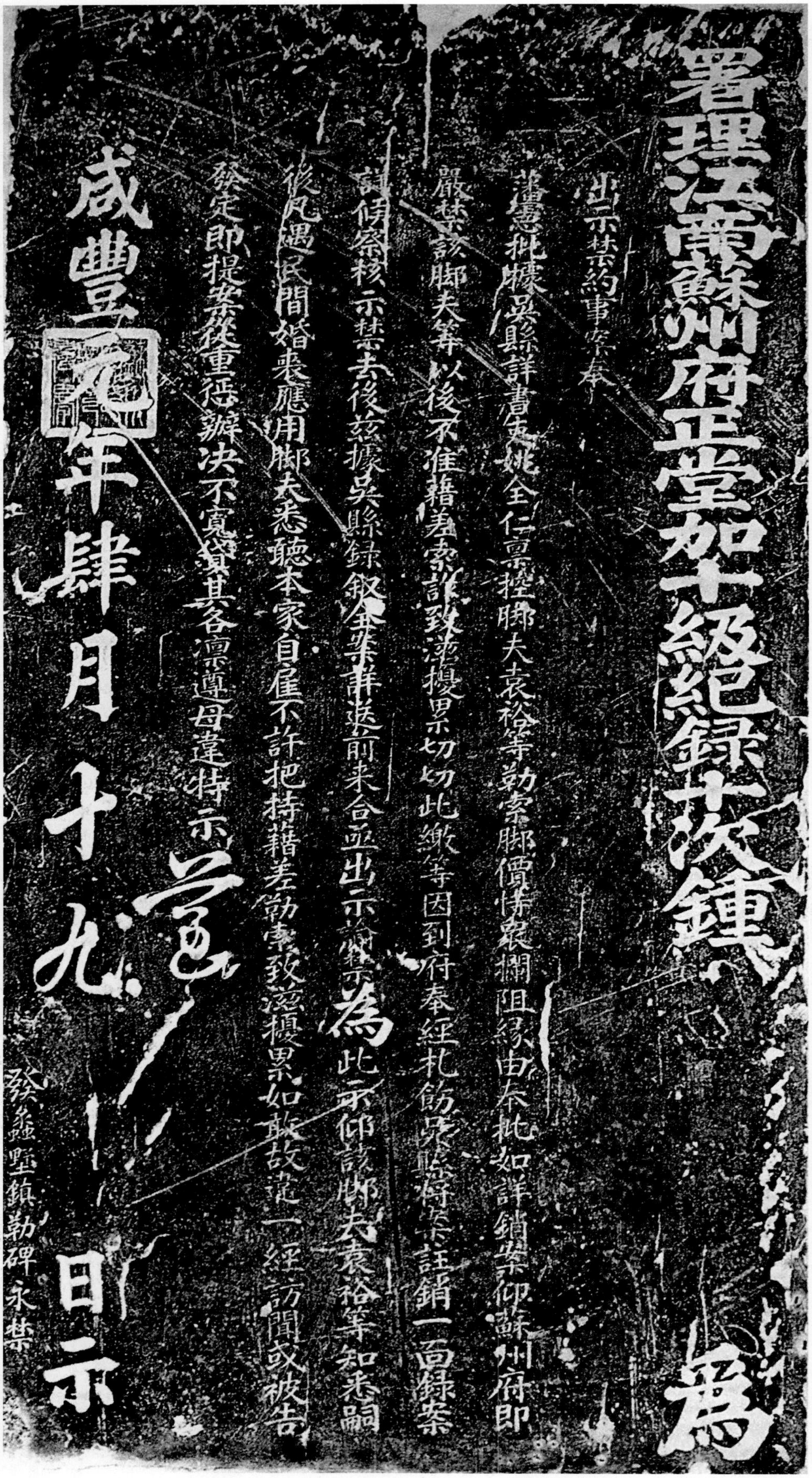

永禁藉差勒索脚夫碑

◎永禁藉差勒索脚夫碑

【时间】1851

署理江南苏州府正堂加十级纪录十次锺为／出示禁约事案。奉／藩宪批，据吴县详书吏姚全仁禀控脚夫袁裕等勒索脚价、恃众拦阻缘由，奉批如详销案。仰苏州府即／严禁该脚夫等以后不准藉差索诈，致滋扰累，切切此缴等因到府，奉经札饬，吴县将案注销，一面录案／详候察核示禁去后，兹据吴县录叙全案详送前来，合亟出示谕禁。为此，示仰该脚夫袁裕等知悉，嗣／后凡遇民间婚丧应用，脚夫悉听本家自雇，不许把持藉差勒索，致滋扰累。如敢故违，一经访闻或被告／发，定即提案从重惩办，决不宽贷。其各凛遵。母违！特示。遵。

咸丰元年肆月十九日示。

发蠡墅镇勒碑永禁。

【说明】碑中"毋违"误作"母违"。

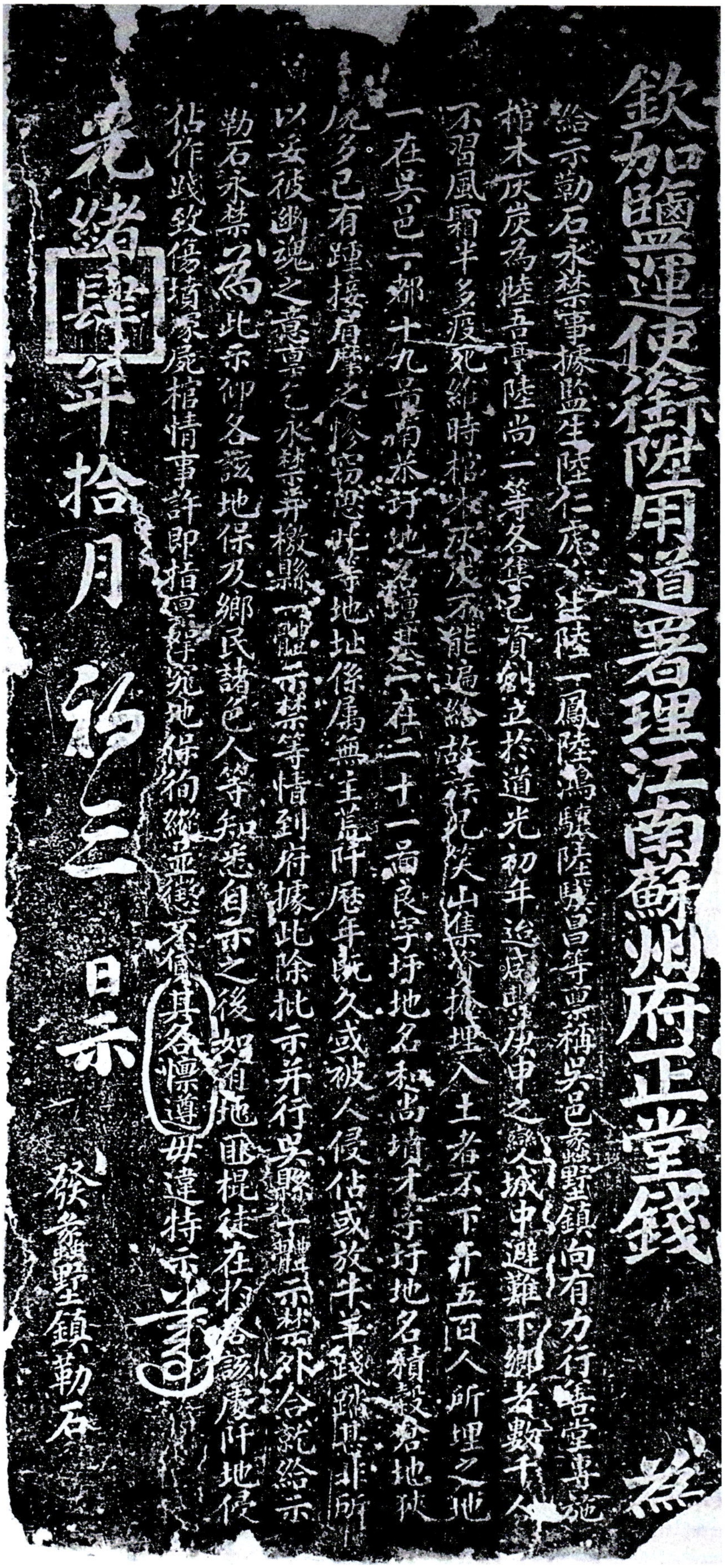

永禁作践致伤坟冢尸棺碑

◎永禁作践致伤坟冢尸棺碑

【时间】1878

钦加盐运使衔升用道署理江南苏州府正堂钱为／给示勒石永禁事。据监生陆仁虎，文生陆一凤、陆鸿骧、陆骧昌等禀称，吴邑蠡墅镇向有力行善堂，专施／棺木灰炭，为陆吾亭、陆尚一等各集己资，创立于道光初年。迨咸丰庚申之变，城中避难下乡者数千人，／不习风霜，半多疫死。维时棺木、灰炭不能遍给，故族兄笑山集资掩埋入土者不下千五百人，所埋之地／一在吴邑一都十九图南恭圩（地名坛基），一在二十一图良字圩（地名和尚坟）、才字圩（地名积谷仓）。地狭／尸多，已有踵接肩摩之惨。窃思此等地址系属无主荒阡，历年既久，或被人侵占，或放牛羊践踏，甚非所／以妥彼幽魂之意。禀乞永禁，并檄县一体示禁等情到府。据此，除批示并行吴县一体示禁外，合就给示／勒石永禁。为此，示仰各该地保及乡民诸色人等知悉，自示之后，如有地匪棍徒在于各该处阡地侵／占作践、致伤坟冢尸棺情事，许即指禀拿究。地保徇纵，并惩不贷。其各懔遵！毋违。特示。遵。

光绪肆年拾月初三日示。

发蠡墅镇勒石。

◎**永禁滋扰蠡墅同仁堂碑**

【时间】清末

［钦加盐运使衔升］用道署理江南苏州府正堂钱为／■陆仁虎、文生陆一凤、陆鸿骧、陆骥昌等禀称：窃／■南滨震泽，路毙浮尸，时所常有。败棺露敞，实属可／■［同］仁堂在吴邑一都十九图伤字圩内，专办收埋后／■现拟仍复同仁堂以符旧制，兼办收埋善□。粘呈／■颁牌示饬县一体给示等情到府。据此，除批示／■示外，合行示禁。为此，示仰该处地保及诸色人等／■复设同仁善堂办理施棺代葬、收埋暴露等善举／■端滋扰，脚夫人等把持阻抗，如敢故违，许该堂董／■庇，并提重惩，其各懔遵。毋违！特示。遵。

■叁月二十六日示。

发蠡墅同仁堂勒石。

【说明】原碑上半段佚，据他碑可知，陆仁虎、陆一凤、陆鸿骧、陆骥昌等人为清光绪间人，故推为清末间之示禁碑。

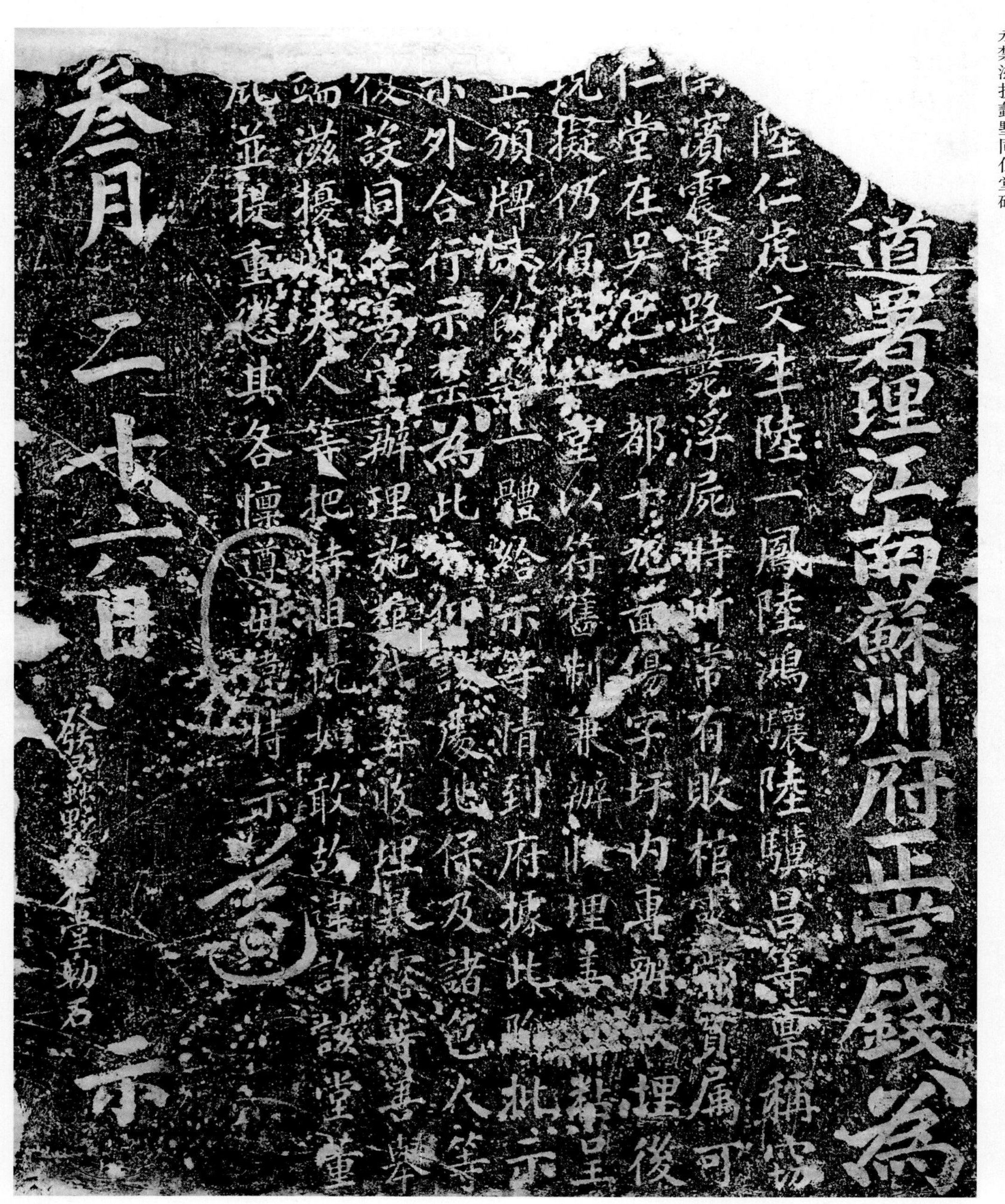

永禁滋扰蠡墅同仁堂碑

◆吴中区东山实验小学碑刻

吴中区东山实验小学，位于吴中区东山镇石鹤山路。学校始建于清嘉庆二十三年（1818），2015 年迁至今址。

◎惜字会议立书塾助银碑

【时间】1815

盖自一画肇兴，六书维起。祥呈龙□，□/天地之菁英；体判虫鱼，开古今之阃奥。/字之作也，不亦重乎？士人读书，当知惜/字，惟□□故能识字。既识字，愈宜惜字。/此理之昭然□也。嘉庆癸酉秋，□等于/惠安堂聚惜字会，□时□买□塑敬焚，/所憾堂无隙地□□。嘉庆乙亥春，红雨/村东构地数亩建□一区，资有馀，议立/书塾，费垫大□有□建始存生息，以待/将来□□□□买地。纳税与建藏费/开列如左：/金愚捐洋钱拾圆，/邱光端捐足钱拾千文，/徐文增捐洋钱肆拾圆，/郑文烈捐足钱叁拾千文，/朱齐元捐足钱拾千文，/宋德诚捐足钱贰拾肆千文，/郑文然捐足钱叁千文，/叶康瑗、叶康琳捐足钱肆拾陆千文，/叶祖培捐足钱贰千文，/郑蕃宗捐足钱柒千文，/蒋德垕捐足钱贰拾千文，/李辅捐足钱叁千文，/严晋捐足钱柒拾伍千壹百文，/金丞捐足钱贰拾捌千文，/叶泰阶捐足钱捌拾千文，/金宜榛捐洋钱一百圆，/郑涛捐足钱伍拾千文，/邱在侯捐足钱贰千文，/严徵寿捐足钱贰拾千文，/周兆熙捐足钱捌拾千文。

惜字会议立书塾助银碑

◆吴中区东山中学碑刻

永禁围筑太湖芦荡碑（局部）

吴中区东山中学，位于吴中区东山镇莫厘路。始创于1937年，初名莫厘补习中学。后更名私立吴县莫厘中学校、震泽县中学、吴县东山中学、吴县市东山中学等。2001年改今名。2009年从完全中学变为一所独立高中制学校。

◎永禁围筑太湖芦荡碑

【时间】1914

【说明】此碑为吴县知事公署所立，拟尊省五千七百二十九号令，禁止围筑沿湖芦荡。清时，实已有饬令，民国时恐奸民贪厚利，难保故态复萌，爰立此碑。因今碑面覆盖水泥，几不成句，故释文略。

◆原中央民族文化学院临时校（薛氏家祠）碑刻

薛氏家祠，位于吴中区东山镇殿新村中街路。始建于光绪间，内设薛氏家祠。曾作中央民族文化学院临时校。中央民族文化学院，前身为中国国学研究所，创建于1943年，初在四川。1946年迁此办学三月。

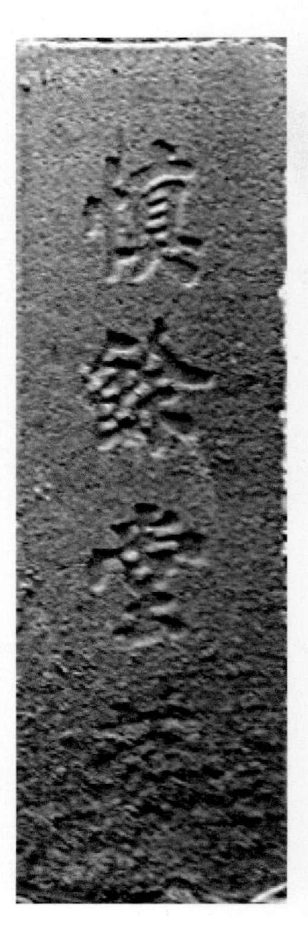
慎馀堂薛祠界碑（一）

慎馀堂薛祠界碑（二）

◎慎馀堂薛祠界碑

【时间】不详

慎馀堂薛

慎馀堂

◎薛氏家祠图记碑

【时间】1925

薛氏家／祠图记

薛氏家祠图

江苏吴县念六都一图忘字圩二丘三号，／照清丈原图核算，共计积步六百七十步一分，／折见二亩七分九厘六毫。

中华民国十四年岁次乙丑冬月，薛凤建立本祠，坐亥向巳兼壬丙三度。

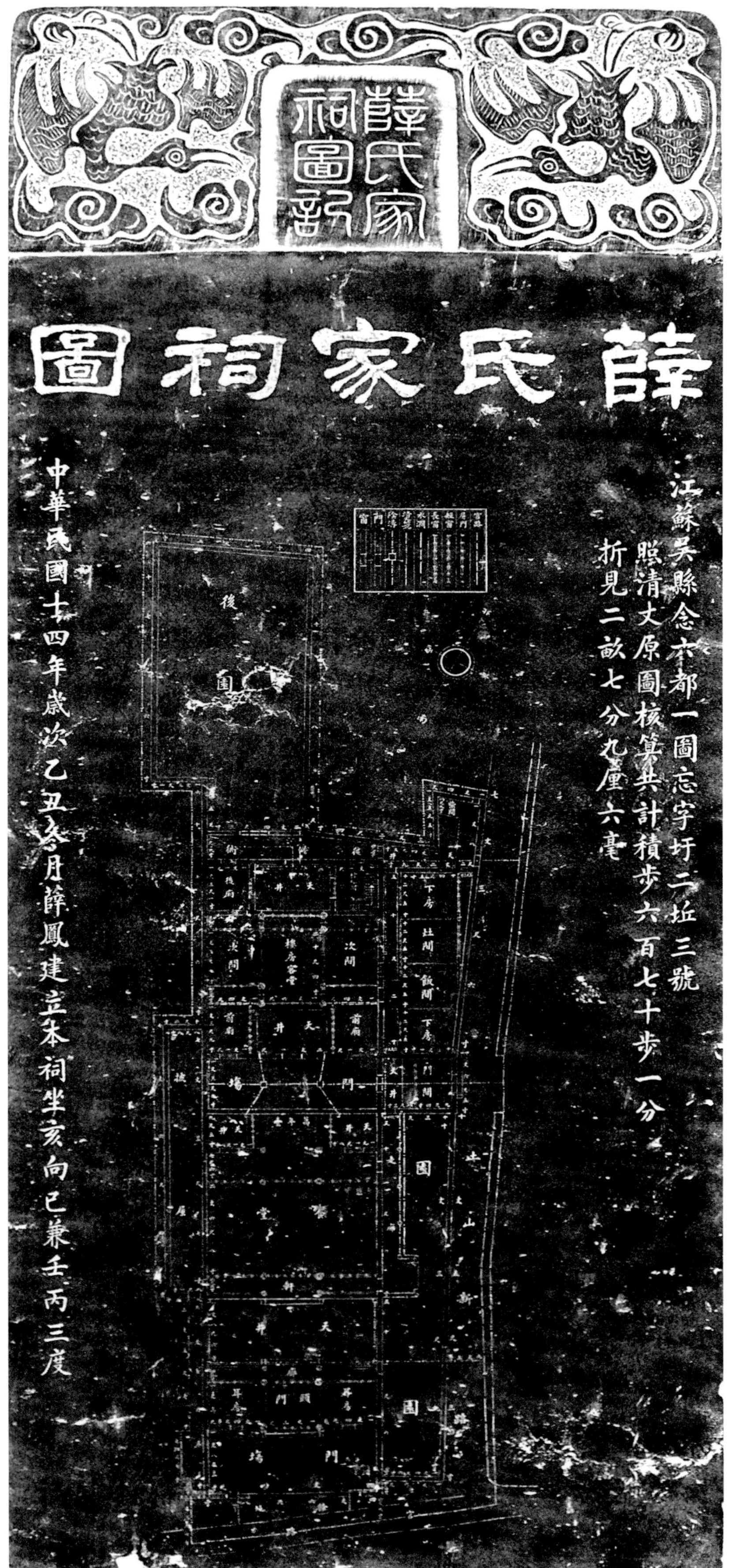

薛氏家祠图记碑

◎**薛氏家祠碑记**

【时间】1926

薛氏家／祠碑记

江苏洞庭东山薛氏家祠碑记

窃念吾家先世，本系山左。方逊清入关时，慕洞庭之胜，遂迁居焉。至咸丰辛亥，洪杨扰乱，苏城戒严，先考锦／文公仓卒间携家徙上海。家无担石，而夙鲜交游，稍事营运，连遭拂逆，几有断齑画粥之慨、瓢饮箪食之苦。余／年五岁遭先妣金太夫人丧，由此父子相依为命，艰苦备尝。年稍长，迫于糊口，习练商务。日则作贾于丝厂／洋栈，夜则读书于榻旁枕畔，因之中西文字，粗有所知。又复寸铢累积，勉力成家。光绪庚子，年二十四，遭邻家／失慎，殃及余舍，仓皇奔避，所有尽付一炬。时值除夕，先室廖夫人将免身，遭此巨祸，万分筹画，借戚串家作／坐草之所。复又孪生二女，辛苦局促之状，靡可言宣。及余年廿六，先考锦文公弃养，两年所节之资，当此大／故，殡葬事毕，早化乌有。其后境稍顺，竭力撙节，先室廖夫人亦拮据维持，颇得其助。继而儿女满前，正可稍／娱晚景。余年四十六，而先室又逝，如此颠沛变迁，支持仍为困难。余之苦况，恐非儿曹所知。今忽忽五十岁／矣，身多疾病，家庭之乐，依然无我分也。每念往昔情境，耿耿在抱。余之自奉，仍自俭约勤劳，不异曩时，非故为／矫情，当知处家之不易，成家之尤难也。复忆童时趋承庭训，有儿辈稍堪自立，毋忘敬宗睦族之谕。昔年回里／扫墓道出吴城，见范氏义庄，历八百馀年，迄今犹存，其根本赡族之法，久已脍炙人口，企慕不置。虽不敏，亦思／步武高贤，稍具雏形，不事虚饰，深愿后嗣扩充，继我未竟之志。民国五年，遂于东山张师殿后，购得隙地一方，／计二亩七分九厘六毫，意欲建立家祠。讵知事与心违，力所不逮。至民国十四年正月，始获积储整款，鸠工建／筑，至十五年四月落成。计头进三间，飨堂三间，边屋六间，走廊一条。另于祠后建楼屋三幢，披屋五间，以备祭／扫时子孙居住之所。共费洋二万二千馀元，供奉高祖考绍荣公一支而下历代栗主，俾得春秋奉祀，永远／勿替。并于头进左右廊下，树立二碑，一记本祠墓地图考，一刻本祠建筑之文。他日另购本县良田若干，当以／岁入之息，为本祠之修理、房族之经管，以及周济贫寒亲族、维护同宗子孙等费。尚拟规定章程，另镌碑记，不／厌周详，以垂后世。吾世世子孙，毋忘余一生艰苦，即以余今日之心为心，使吾东山薛氏一支，长发其祥，庶不／负余一生勤俭积蓄而成其事。人丁繁衍，耕读为本，安分守己，勿求闻达，实余之所厚望焉。

民国十五年岁次丙寅四月吉日，薛凤（谱名／大麟）浩峰氏谨识。秀水沈卫书。锡山杨文卿刻。

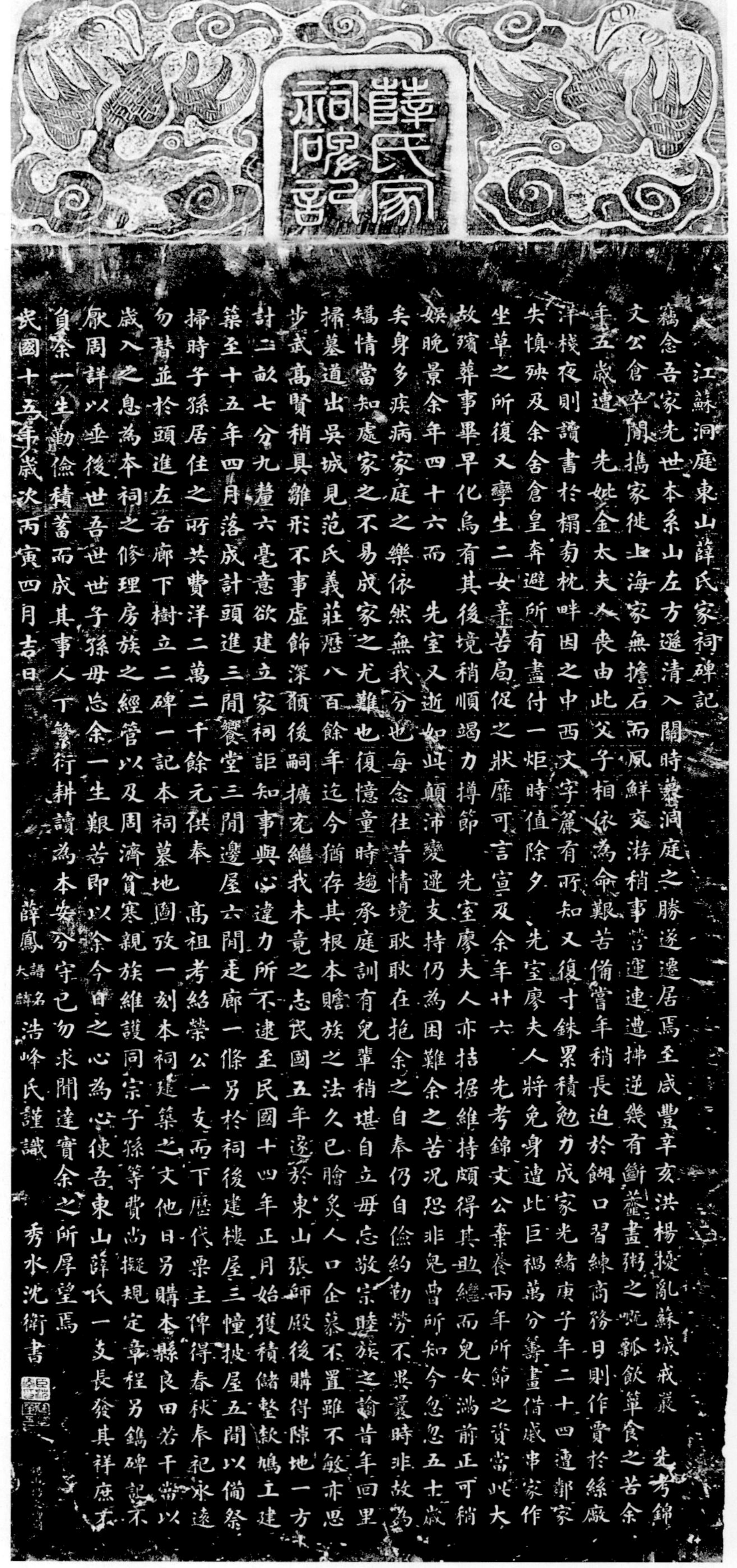
薛氏家祠碑記

江蘇洞庭東山薛氏家祠碑記
竊念吾家先世本系山左方遜清入關時羨洞庭之勝遂遷居焉至咸豐辛亥洪楊擾亂蘇城戒嚴　先考錦
文公倉卒間攜家徙上海家無擔石而夙鮮交游稍事營運連遭拂逆幾有斷虀畫粥之慨瓢飲簞食之苦余
年五歲遭　先妣金太夫人喪由此父子相依為命艱苦備嘗年稍長迫於餬口習練商務日則作賈於絲廠
洋棧夜則讀書於榻旁枕畔因之中西文字粗有所知又復寸銖累積勉力成家光緒庚子年二十四遭鄰家
失慎殃及余舍倉皇奔避所有盡付一炬時值除夕　先室廖夫人將免身遭此巨禍萬分籌畫借處串家作
坐草之所復又孿生二女辛苦局促之狀靡可言宣及余年廿六　先考錦文公棄養兩年所節之資當此大
故殯葬事畢早化烏有其後境稍順竭力撙節　先室廖夫人亦拮据維持頗得其助繼而兒女滿前正可稍
娛晚景余年四十六而　先室又逝如此顛沛變遷支持仍為困難余之苦況恐非兒曹所知今忽忽五十歲
矣身多疾病家庭之樂依然無我分也每念往昔情境耿耿在抱余之自奉仍自儉約勤勞不異曩時非故為
矯情當知處家之不易成家之尤難也復憶童時趨承庭訓有兒輩稍堪自立毋忘敬宗睦族之諭昔年回里
掃墓道出吳城見范氏義莊歷八百餘年迄今猶存其根本贍族之法久已膾炙人口企慕不置雖不敏亦思
步武高賢稍具雛形不事虛飾深願後嗣擴充繼我未竟之志民國五年遂於東山張師殿後購得隙地一方
計二畝七分九釐六毫意欲建立家祠詎知事與心違力所不逮至民國十四年正月始獲積儲整款鳩工建
築至十五年四月落成計頭進三間饗堂三間邊屋六間走廊一條另於祠後建樓屋三幢披屋五間以備祭
掃時子孫居住之所共費洋二萬二千餘元供奉　高祖考紹榮公一支而下歷代栗主俾得春秋奉祀永遠
勿替並於頭進左右廊下樹立二碑一記本祠墓地圖攷一刻本祠建築之文他日另購本縣良田若干畝以
歲入之息為本祠之修理房族之經管以及周濟貧寒親族維護同宗子孫等費尚擬規定章程另鐫碑記不
厭周詳以垂後世吾世世子孫毋忘余一生艱苦即以余今日之心為心使吾東山薛氏一支長發其祥庶不
負余一生勤儉積蓄而成其事人丁繁衍耕讀為本安分守己勿求聞達實余之所厚望焉
民國十五年歲次丙寅四月吉日　薛鳳譜名大麟浩峰氏謹識　秀水沈衛書

薛氏家祠碑记

◆原藏南小学（藏书道院）碑刻

藏书道院，位于吴中区胥口镇合丰村。始建于汉代，后多有重修。曾作毗村小学、韶山中学、藏南中学、藏南小学。

重修穹窿山堰闸铭碑

◎重修穹窿山堰闸铭碑

【时间】1904

奉／宪／重修

重修穹窿山堰闸铭并序

吴县境滨太湖，地形卑下，而城西诸山连属不绝，层峦叠巘，特据高旷，穹窿尤陡峻也。东傍庾田不下／数千亩，其地有三堰、二池、五闸，资以蓄水，相传为宋贤所筑。前明一修于成化，再修于万历。我／朝康熙间巡抚汤文正重修，雍正十二年又修，道光十六年林文忠□修，至是已七十年。虽中间邑宰高／侯曾加修整，然当时限于经费，迄今堰闸渗漏，储水无多，为农家病。盖山坞深邃，骤雨之后，山泉暴溢，／决坏为易，故无百年长治之功。锡熊等有志于斯久矣。会／天子诏兴水利，诰旌前邑宰黄岩林侯丙修，以民间溢完流抵，为民间永远水利之用，由是经费乃有著。今／邑宰合江李侯超琼下车伊始，廑念病农，详于大吏，慨拨巨款，重加修整，遂于本年正月开工，至三月／告成。五闸之中以第一、第五为最坏，加筑灰石，深一丈，阔十五丈或二十丈，以及版之碎者易之，堤之／倾者整之，靡不周遍。凡糜金钱一千八百有奇，以本地之人兴本地之工，鼛鼓一鸣，攻成不日，费省而／工坚，或从此收百年长治之功，未可知也。况李侯于开工之日，舂者、筛者躬亲，举手一二，其即藉田九／推之意乎！宜子来者之悦以忘劳矣。工既竣，山中人来请曰：赖恩中丞公体/天子意，哀我山民，不惜巨款以成之，行将与汤公、林公后先辉映矣。然固由我侯以达于中丞者也，不敢忘/我侯之德，愿勒其事于石以示吾世世子孙。锡熊不忍辞，遂为之铭并序之如此。时监修者为县丞中/江陈□先烈，董其事者，为邑人府照磨□□□□、五品顶戴州同顾君毓□、三品封典郎中□□家良、/同知□君□蔚，与锡熊而五，例得备书。铭曰：/穹山苍苍，堰水洋洋。李侯之德泽，与山并高兮，与水共长。

光绪三十年岁次甲辰夏四月，五品顶戴直隶州州判、邑人吴锡熊撰并书。

相城区

◆原湘城第一国民学校（妙智庵）碑刻

皇太子致意少師姚廣孝曩遭權姦險阻多賴參
贊之力今天下太平正當與卿同遊豈期
春秋高邁策履艱辛久不聞忠愛之言良
切懷想方今奉
命監國日臨萬幾恐余菲德不能為民造福凡有得
失實封來聞助其不及余能虛襟靜志
聽納嘉音卿得犯顏毋隱今特遣内臣將
賚椰菓伍拾枚以達余衷卿其領焉副我
眷待
永樂七年十月二十九日

皇太子諭少師姚廣孝昨者召卿經
綸正務方知染疾日久步履
艱辛余有失於養老尊賢之
禮心實愧焉今者特賜親用
良劑拾枚至可領也秋深好
將息故諭
永樂十一年八月十五日

谕赐姚广孝碑

妙智庵，位于相城区阳澄湖镇湘城人民街后弄。元至正八年（1348），里人姚广孝至此庵出家。明永乐十二年（1414）姚广孝以钦差身份衣锦还乡，重建妙智庵，次年落成少师祠。曾作湘城第一国民学校。

◎谕赐姚广孝碑

【时间】1413

皇太子致意少师姚广孝：曩遭权奸险阻，多赖参／赞之力。今天下太平，正当与卿同游，岂期／春秋高迈，策履艰辛。久不闻忠爱之言，良／切怀想。方今奉／命监国，日临万几，恐余菲德不能为民造福，凡有得／失，实封来闻，助其不及。余能虚襟静志，／听纳嘉音。卿得犯颜毋隐。今特遣内臣将／赉椰果伍拾枚，以达余衷。卿其领焉，副我／眷待。

永乐七年十月二十九日。

皇太子谕少师姚广孝：昨者，召卿经／纶正务，方知染疾日久，步履／艰辛。余有失于养老尊贤之／礼，心实愧焉。今者特赐亲用／良剂拾枚，至可领也。秋深好／将息。故谕。

永乐十一年八月十五日。

◎御祭姚广孝碑

【时间】1425

皇帝御祭文

维永乐十六年岁次戊戌三月辛亥朔越三十日庚辰，/皇帝遣镇远侯顾兴祖谕祭于/太子少师姚广孝之灵，曰：惟卿忠诚端谨，识量弘远，/早悟佛理，寄迹方外。事朕藩邸，多历年所。曩者，奸凶/构祸，朕举义师，以清内难。卿竭忠效谋，克殚心膂；识察/天运，言屡有验；一德一心，弘济艰难；辅成家国，其绩居多。肆/朕统承天位，图任旧人，特授卿以宫僚之位，朝夕启沃，/资益良深。比者，谒朕北京，相见之顷，词气蔼然。讵期信/宿，端坐而逝。讣音来闻，良深悼痛。呜呼！死生者人事之/常。惟卿道德崇高，功行弘深，精进圆修，超登妙觉。生/能尽忠于国家，茂建伟绩，复能享有寿考，兼备五福。/一旦乘化超焉而逝，出有入无，游戏三昧，灭而不灭，与道/长存。自昔以来，如卿者岂易得哉！今特追封卿为荣国/公，赐谥曰恭靖，遣人祭以素羞。惟灵不昧，尚克鉴之。

维洪熙元年岁次乙巳三月辛未/朔二十八日戊戌，/皇帝谕祭于荣国恭靖公姚广孝曰：/朕惟/圣君明主之兴，咸有文武英杰之材，相与/合德协谋、定大难，成大功，故生则/同其富贵，殁则陪其祀享。此古今/之通规也。朕/皇考太宗文皇帝，以大圣之德，顺/天应人，再安/宗社，弘靖海宇，茂建太平。亦皆赖卿等/相与同心同力，以辅成大功。今特加/赠卿为少师散官，勋爵、谥号悉如/旧。仰惟/皇考圣灵在天，兹者致隆/庙祀，特以卿配享于/庙。英灵如在，永永歆承。今遣尔子/尚宝司少卿姚继祭告。惟灵鉴知。/尚享！

【说明】此碑录明成祖、仁宗二帝分别于永乐十六年（1418）、洪熙元年（1425）御祭姚广孝文。

◆原雪泾小学（北雪泾寺）碑刻

北雪泾寺，位于相城区渭塘北雪泾路。原为姚家村城隍庙，明洪武二年（1369）始建，祀唐将张巡。曾作渭塘农业中学、雪泾小学、雪泾片初级中学。

◎永禁迎神赛会聚众敛钱碑

【时间】1868

即补府调署江南苏州府长洲县正堂加十纪录十次钱为／出示永禁事。照得下十四都二十四图姚家村城隍庙，于三月二十八日出／会，有马德芳轮值，同年藉众敛钱。林阿早等装扮活台阁、高跷／诸项名目，助导肇衅。查迎神赛会，聚众滋事，本干例禁令，本县／捐廉勒石，饬发竖立该村城隍庙头门永禁。为此，示仰居民及／住持、经保人等知悉，嗣后不准再有迎神赛会、聚众游境，以及藉／端敛钱情事。倘敢阳奉阴违，一经察出或被告发，定将首事人／并该住持经保严办，决不宽贷。其各凛遵。特示。遵。

同治柒年三月廿八日示。

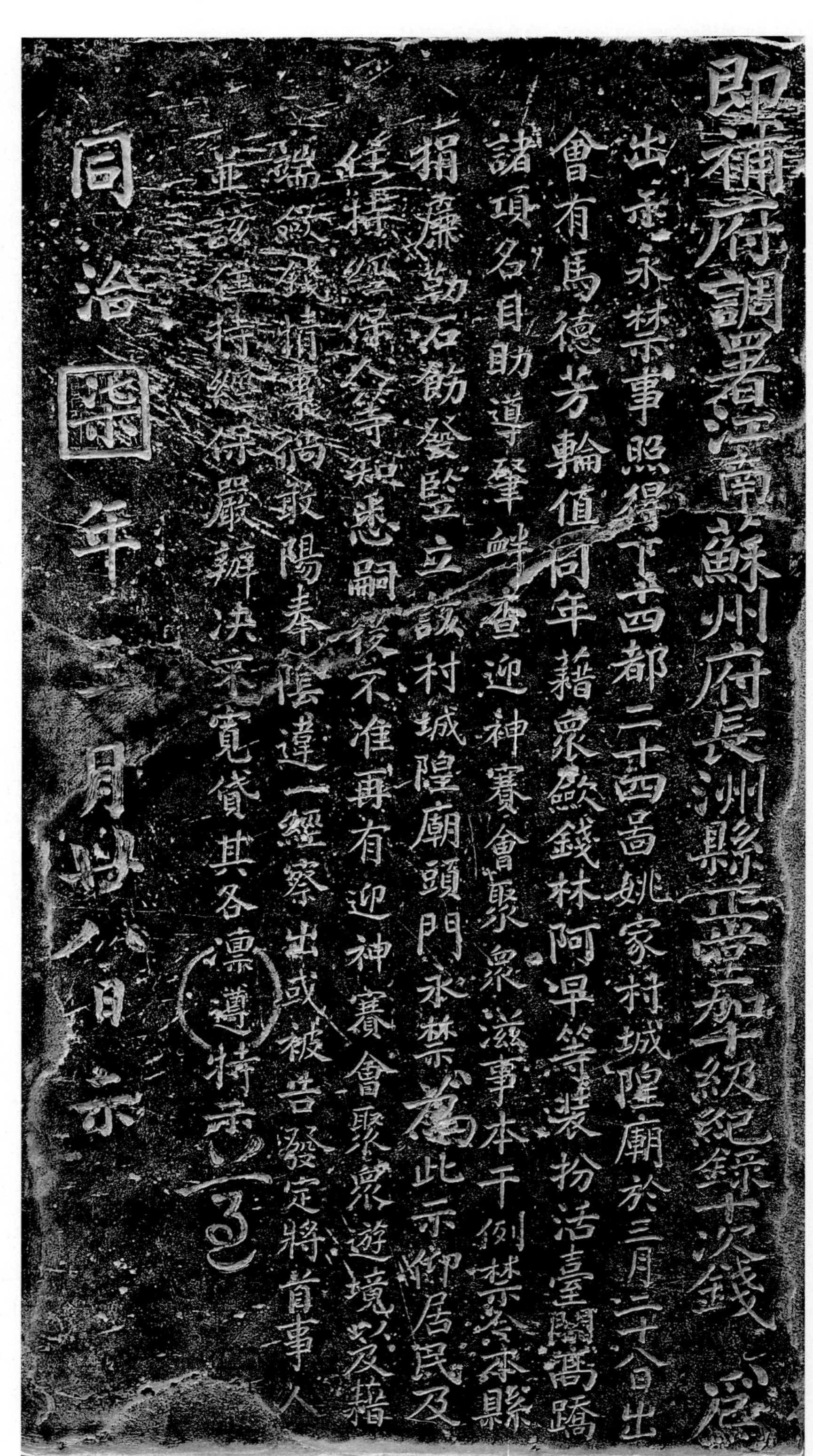

永禁迎神赛会聚众敛钱碑

◆江苏省黄埭中学碑刻

江苏省黄埭中学，位于相城区黄埭镇春光路。今址最早为1929年之吴县县立乡村师范，后曾为吴县初级师范、吴县黄埭中学等。校南原为黄埭城隍庙，明代迁于今址。

◎永禁席棍滋扰碑

【时间】1873

奉/宪永禁/勒石

钦加同知衔、特授江南苏州府长洲县正堂加十级纪录十次万为/给示勒石永禁事。同治十二年十月初七日，据监生顾云岩、民人潘益山、潘岐山呈称，生等世居长境黄埭镇，开张顾鼎亨、潘恒盛、潘/恒成代客提拣席行，买卖交易，概用通足制钱，仍照旧章抽用。前被素不安分、派捐敛钱、化名捏结、纠创行头之机棍沈金龙（即洪文）/屡次将席掗卖，勒要加价，生等呈蒙提讯枷责示儆。乃沈金龙不知自悟，复敢串出恶党，代为陈情，幸赖洞烛其奸，明晰批斥，未遂其/计。该恶党扬言指日释回，定要截路殴辱。虽系诳言，不足为凭，然若辈奸计百出，素常横行，生等经营糊口，断难与较。再四筹思，惟有/乞恩给示，勒石永禁。织席机户不准聚众敛钱，派捐勒费，以及扣门不足，尺寸收短，掗卖加价，藉端扰累，使若辈知所警惕，永绝讼端，/以杜后患，微业戴德等情到县。据此，查前据该监生顾云岩等呈控机棍沈金龙（即洪文）掗卖寻衅，

永禁席棍滋扰碑

业经提讯枷责示儆在案。据呈前／情，合行给示，勒石永禁。为此，示仰席行暨织席各机户知悉，尔等各宜安分勤业，行主代客买卖，务须公平交易。钱串出入，概用通／足制钱，照章抽用。该机户等不准聚众敛钱，派捐勒费，以及扣门不足，尺寸收短，掗卖加价，藉端扰累。如敢故违，许即指名禀／县，以凭提案究办，决不姑宽。各宜凛遵。毋违！特示。遵。

同治拾贰年拾月二十日示。

开机席，／阔二尺六寸，／市长五尺，／行短至四尺九寸。尺七席，／阔三尺二寸，／市长五尺四寸，／行短至五尺二寸。五尺席，／阔二尺八寸，／市长五尺二寸，／行短至五尺。八六席，／阔三尺六寸，／市长五尺六寸，／行短至五尺三寸。三尺席，／阔三尺，／市长五尺三寸，／行短至五尺一寸。六尺三席，／阔三尺八寸，／市长五尺八寸，／行短至五尺五寸。／六尺五席、四尺二席、四尺四席、四尺六席、四尺八席，每门加长二寸。／隐梢、单草、双草、本机、充本、围床、儿篮、枕席等项仍照旧样。

发该生勒石黄埭镇。

黄埭初级中学建校碑

◎黄埭初级中学建校碑

【时间】1955

吴县黄埭初级中学。

一九五五年六月建立。

吴
江
区

◆吴江县学碑刻

吴江县学，位于吴江区松陵街道垂虹路。原位于东门外长桥河北。北宋元祐中始建于县治西文宣王庙。南宋绍兴中以东门外开江营旧基及邑人王份献地改建，乾道初起左庙右学并立。后历有兴修。曾作吴江中学，今为吴江党校、吴江老年大学等。

原有碑刻逾四十方，除点校者外，今存宋嘉定十年（1217）盛章撰、黄泾书并篆额《吴江重修县学之记碑》，元贞元年（1295）朱子昌撰并书、范震篆额《吴江县重修儒学记碑》，元大德十一年（1307）《皇帝诏书加封孔子碑》，延祐四年（1317）《平江路吴江州儒学教授题名记碑》，至正十一年（1351）陆居仁撰、朱庭珪书、桓哲铁穆仪篆额、卢焕刻《吴江州兴修儒学记碑》，《吴江举人题名碑》，《吴江县儒学进士题名碑》，明嘉靖二年（1523）周用撰《重修儒学记碑》，《御注五箴碑》（五石，今存三石），万历元年（1573）徐师曾撰《重修吴江县庙学记碑》，万历十三年（1585）沈璟撰、王野书、吴应祈刻《吴江县重修儒学记碑》，万历十九年（1591）顾大典撰《吴江县重修儒学记碑》，万历二十六年（1598）沈璟撰、沈季文书、袁黄篆额《吴江县学司训溧阳马先生学政碑记》，万历二十七年（1599）沈季文撰《吴江县重修儒学记碑》，万历二十八年（1600）吴默撰、董邦用刻《吴江学文昌阁碑记》，《重修吴江县儒学记碑》（碑额），《主学厅记碑》，万历三十九年（1611）《重修吴江县儒学记碑》，万历四十一年（1613）《始将岁飨明赐碑》，万历四十一年（1613）孙枝芳撰《郡大夫庞公更置吴江学田记碑》，万历四十四年（1616）吴瑞徵撰《吴江县增置学田并修西斋记碑》，《郑广文先生去思碑》，清顺治九年（1652）《吴江县学刊朝廷晓谕生员碑》，康熙十七年（1678）《重修吴江学宫碑记》，《四子赞碑》，雍正三年（1725）《御制平定青海告成太学碑》，雍正十三年（1735）《奉宪禁革碑》，乾隆二十四年（1759）《御制平定回部告成太学碑》，乾隆五十八年（1793）熊枚撰《重修江震县学记碑》，费兰墀撰《吴江县李侯授田记碑》，1925年金祖泽撰、钱崇威书、薛念椿刻《重修吴江县学记碑》，其他残碑四（一书"嘉靖丁亥"等字，一书"独得其"等字，一书"至嘉靖初"等字，一书"不知其说也"等字）。另有南宋嘉定间黄由撰、盛章书、李通刻《吴江县学重建大成殿记碑》，元至元十三年（1276）许从宣撰、林镛书《吴江州儒学大成乐记碑》，至大三年（1310）《吴江州儒学立皇帝诏书碑》，明弘治十一年（1498）赵宽撰《吴江县重修庙学记碑》，嘉靖五年（1526）周用撰并书《吴江县修学记碑》，嘉靖二十四年（1545）朱舜民撰、顾昌书《吴江学义田记碑》，万历五年（1577）沈璟撰《吴江县修学义举碑》，万历三十九年（1611）周道澄撰、董相刻《重修吴江县儒学记碑》，清顺治十四年（1657）金之俊撰《重修吴江县儒学记碑》，《重建文昌阁记碑》，拓片存苏州碑刻博物馆。详见《吴江县学碑志孑遗》（徐枫主编，上海文化出版社，2019年版）等。

◎新建崇圣祠碑

【时间】1723

新建／崇圣／祠碑

新建崇圣祠碑

历代尊崇孔子，自汉元始，讫唐开元，公、侯、先师、太师、文宣王，封号不一。宋大中祥符五年，又因唐文宣之封，改为至圣文／宣王，并追封父叔梁公为齐国公。元大德十一年，加封孔子，更以齐国公为启圣王。明嘉靖时，议去孔子王号，称至圣／先师，启圣王亦改为公。然考宋封齐国公诏云"像设具存，名称斯阙"，则叔梁公之庙祀又在大中祥符之前矣。／今上之嗣位也，教昌政举，又推本／圣祖仁皇帝崇祀孔子意，改正明制，追封启圣以上至木金父五代为王，令天下立崇圣祠，备祭器，创前古祀典所未逮，时雍正／元年三月也。是时他州县之祀五王，率即启圣旧祠奉之，无所更易。独汉阳徐公永祐来治吴江，能尽其职而兼通六艺，尤／以振兴学校为先务。于是躬自规画，凝土度木，撤旧址而高大之，且延绅佩之有守者督理工料，吏不得侵。祠五楹，在大成／殿后，筑基高一丈，广轮不啻十倍，重阶岩廊，宏敞庄丽。经始于雍正二年四月，落成于明年五月，计费二千两有奇，皆公自／营办，未尝锱铢扰民，而事毕举。士大夫之揖让升降于其中者，皆叹公之克襄／大典为独勤且敏也。先是祠之始建，公以为阙里旧制，止有孔子父母墓及启圣公殿，启圣以上历代未尽尊崇之礼，其制／未备。今五王之封既创前古所未有，亦宜参以朱子所论命士以上生则父子异宫、死而异庙之制，各立一庙，以上体／天子崇德报功至意，而下尽事生事存之心。将有所申请，会限于地，艰于费，不果行。遂于同堂异室中分列木主，虽不得独尊一／庙，而各为一室之尊，岂非位置得宜者与？公康熙壬辰进士，以贤能由丹阳令调吴江，寻被荐／召见，以知府管县事，今署苏州府。洁己锐精，决繁剧，弹豪黠，绰有馀裕，而修学训士，其雅志也。于是士大夫咸曰：“公承／诏营建已四年，厥绩甚伟，不可以无记。”允昊尝被公命督理者，故知之最详，乃书其始末及同事姓名于兹石，以图永久。

雍正六年十月，邑人周允昊撰。长洲倪培书。邑人沈芳篆额。

督理教谕朱基庆。训导江日安。／邑人丁縈、叶舒璐、宁俨、庞蕙、陈三锡、吴然、周汝舟、／朱范、钱敬中、叶景韩、庞弘祚、包昌贻、丁焯、夏希贤。吴郡李士芳镌。

◆原黎里社学碑刻

黎里社学，在吴江区黎里。南宋庆元六年（1200）建，祀宋秘阁修撰赵磻老，称东圣堂。元大德三年（1299）以后改为普济禅院。明嘉靖五年（1526）改为社坛，内设社学。清时以尼易道，复为禅院。除点校者外，另存大德三年《吴江州黎里普济院饭僧田碑》及光绪三十年（1904）《永禁黎里农户抗租碑》。

◎吴江县二十三都东八图里社坛碑

【时间】1526

吴江县／二十三都东八图里社坛

直隶苏州府吴江县为申明乡约，以敦风化事。抄蒙／钦差总理粮储兼巡抚应天等处地方、都察院右都御史陈案验，备仰本县遵照／洪武礼制，每里建立里社坛场一所，就查本处淫祠、寺观毁改为之，不必劳民伤财。仍行令各该当年里长，自／嘉靖五年二月起，每遇春、秋二社，出办猪羊祭品，依式书写祭文，率领一里人户致祭于五土五谷之神，务／在诚敬丰洁，用虔祈报。祭毕，就行会饮，并读抑强扶弱之词，成礼而退。仍于本里内推选有齿德者一人／为约正，有德行者二人副之。照依乡约事宜，置立簿籍二扇，或善或恶者各书一籍。每月一会。务在劝／善惩恶，兴礼恤患，以厚风俗。乡社既定，然后立社学，设教读，以训童蒙；建社仓，积粟谷，以备凶荒。而古人／教养之良法美意，率于此乎寓焉。果能行之，则雨旸时若，五谷丰登，而赋税自充；礼让兴行，风俗淳美，而／词讼自简。何待于催科，何劳于听断，而水旱盗贼亦何足虑乎？此敦本尚实之政。良有司者，自当加意举／行，不劳催督。各将领过乡约本数、建立过里社处所、选过约正约副姓名，备造文册，各另径自申报，以凭／查考。其举之有迟速，行之有勤惰，而有司之贤否于此见焉。定行分别劝惩，决不虚示等因。奉此，除遵奉／外，今将备蒙案验内事理，刻石立于本社，永为遵守施行。

大明嘉靖五年正月　日，吴江县知县王纪立石。里长：项文□、汝世佳。■、钱骏、／施源、凌凤、□云、凌□、姚轸。／老人：张鉴。约正：姚轸。／耆老濮昌立。

吴江县二十三都东八图里社坛碑

◆吴江区黎里小学碑刻

吴江区黎里小学，位于吴江区汾湖开发区黎里古镇。清康熙五十四年（1715）于庙桥弄东创建禊湖书院，初名黎川学舍，光绪二十八年(1902)改建为禊湖初等学校。光绪二十九年(1903)于永新弄倪宅内创办求我蒙塾，后称民立小学，并迁至庙桥弄东，后曾作吴江第四高等小学、黎里第一中心国民学校、黎里镇第一中心小学、庙桥弄小学、南新街小学（时与周元理祠同为一校）、黎里小学等，2008 年学校迁至黎里人民东路。

◎黎川学舍记碑

【时间】1743

黎川 / 学舍 / 记

黎川学舍记

衡阳丁元正撰。

秀水朱振飞书 / 并篆。

黎川，吴江巨镇之 / 一。岁癸亥，郡守 / 觉罗公加意文教，/ 檄属邑乡镇，咸兴 / 义学，且储三百馀 / 金于兹里，资其膏 / 火。时以旧废五显 / 庙改作者以应，湫 / 隘仅容童子数人。/ 余惟公立学之意，/ 将欲聚里中子弟 / 咸教之，经明行修

[士以进于国与天下，奈何以是数椽塞责？适过东南隅，有塾焉，近市而奥，一望田畴，旷如也。入其门，中为讲堂三楹，右为室，前后各三楹，左为楼三楹，皆南向，楼前北向为小三楹。登楼远瞩，则湖光潋滟，烟云缥缈，俯瞰则万家烟火，鸡犬桑麻，溪流蜿蜒，列具胜概。右前为精舍，膳僧以守塾者，余顾而乐之。诸绅士进曰："此征君陈御元暨弟泗源建于康熙五十四年。越雍正十年，嗣君曙光企周与其甥周丙衷玉存复修建之。以文会友，按月程课，来者颇众。"余曰："此正太守公乐得而教育之也，请题其额曰黎川学舍。"爰议三分储金，每岁所入息，取其一以训蒙士，取其二以育成材。《诗》所称"有德""有造"者，余将于黎川见之矣。余不德，无能为役，赖太守公为之纲纪，下赖诸君子为之赞助，而余得藉手以观德之成，是余之厚幸也夫！]

【说明】当有二石，今仅见一石。据嘉庆《黎里志》载，为乾隆八年（1743）知县丁元正所记，阙文据此补苴。原位于黎川学舍，现存黎里柳亚子纪念馆。

◎驻跸梅花亭因绘梅花小幅并纪以诗碑

【时间】1750

重吟赋句忆前贤，便是无花地亦仙。剩 / 有亭名传故里，因教画意补东川。宛 / 然疏影临清水，行矣明朝隐断烟。俯 / 仰漫须陈迹惜，风华尔许在诗编。

梅花品格最胜，冰姿玉骨，铁干古心，迥非 / 凡卉之匹。唐臣宋璟赋此，盖以自况也。予 / 时巡中土，驻跸于兹，遥企名贤，缅怀往 / 迹，感兴成吟，并手写古梅一本，摹勒廊壁，/ 以志清标。庶使千载下睹兹树，犹景其人 / 焉。乾隆庚午阳月御笔。

【说明】乾隆十五年(1750)清高宗巡视河南回京，途中祭拜沙河之宋璟墓后，画古梅一本，并作《驻跸梅花亭因绘梅花小幅并纪以诗》。后将此画赠予周元理，周因刻石，原存黎川学舍，现存黎里柳亚子纪念馆。

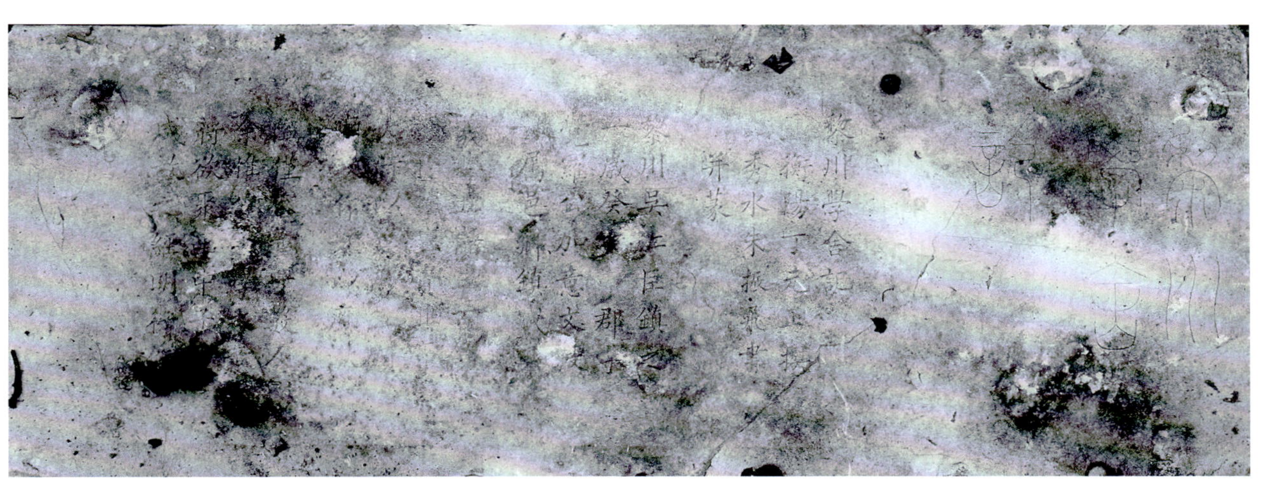

黎川学舍记碑

驻跸梅花亭因绘梅花小幅并纪以诗碑

◎书院改筑记碑

【时间】1925

书院改筑记

我镇高等小学校，禊湖书院旧址也。/初仅两教室，继并南圣堂为三教室，/顾皆湫隘卑庳。丁巳岁，邱君庚藻请/于县拓地四亩，建楼屋九撞，平屋五/楹，馀隙地为操场，规模始宏敞矣。而/原时院屋则以经费支绌，姑仍其旧。/忽忽至今，墙垣剥落，椽柱朽坏，屡经/补葺，终虞倾圮。毛君兆荣筹集建筑/费，鸠工庀材，改旧更新，为屋二十三/间，凡三阅月而告蒇。院中素供关帝/神像，昔已奉移于三官堂。今并“忠义/伏魔”匾陈设彼处，科第职官诸匾则/总列一表，以存乡先达之遗泽，俾谈/掌故者有所考焉。

乙丑长至日后，凌应霖识，徐世泽书。

周梅谷刻。

【说明】原位于黎川学舍，现存黎里柳亚子纪念馆。

◎王燮卿先生暨元配倪寿芝女士捐资兴学记碑

【时间】民国

王燮卿/先生暨/元配倪/寿芝女/士捐资/兴学记

【说明】2002年发现，仅碑额残存。

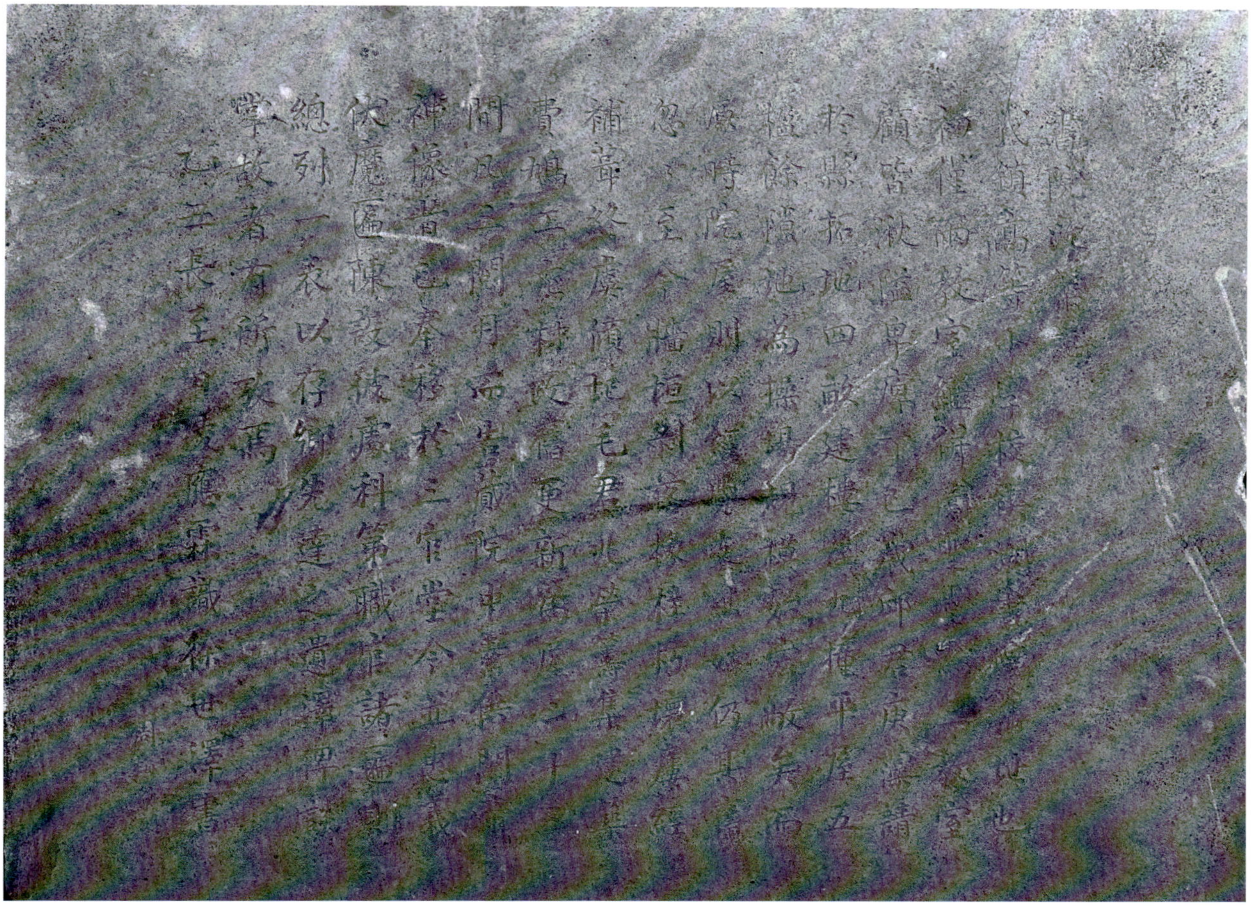

书院改筑记碑

王燮卿先生暨元配倪寿芝女士捐资兴学记碑（局部）

◆吴江区平望实验小学碑刻

吴江区平望实验小学，位于吴江区平望镇学才路。学校 1912 年建于殊胜寺积谷仓，初名西塘街第四小学，曾名平溪乡立第一女子初等小学、吴江县第八区区立平一女子国民学校、殊胜寺小学、平望小学、吴江县立平望中心小学、吴江县平望镇中心国民小学、吴江县平望镇殊胜寺小学、吴江县平望镇西塘街小学、吴江县平望公社中心小学、吴江县平望镇中心小学、吴江市平望镇中心小学等，2006 年迁至今址，2012 年改今名。

◎重建平望艺英书院碑记

【时间】1878

重建／平望／艺英／书院／碑记

重建平望艺英书院记

吴中自昔为人文渊薮，书院、义学之设，自省城以逮外邑，无虑数十百所。余抚吴之四年春，震泽平／望镇艺英书院重建落成。案《苏州府志》，平望书院本义学也，旧在鲞斯港。乾隆十一年，邑令陈和志／奉府牒改建于吉祥庵故址，颜其堂曰养正，中祀先贤朱子。复扩其西偏为艺英书院，又西北隅为／湖山平远阁。肄业之斋，庖厨之室，一时咸备，甚盛举也。咸丰庚申，镇罹兵燹。弦诵之堂，鞠为茂草。越／十八稔，为光绪三年，鹿邑王君树棻来宰斯邑，以振兴学校、修举废坠为己任。爰捐廉倡举，并劝谕／里中士商，量力捐助，鸠工庀材，就旧基而兴之。经始于丁丑秋仲，七阅月而工竣。计构瓦舍二十馀／间，用钱一千二百馀缗。既蒇事，乃详具颠末，请余为之记。余维书院者，古小学之属也。堂曰养正，盍／以养正之义为诸生告？《易》曰："山下出泉，蒙。""蒙以养正，圣功也。"人生十年曰幼学，得所养，则进于高明；／失所养，则流于污下。圣狂之分，实由于此。古人知其然也，为之立学校以养之。离经辨志，敬业乐群，／养之始也；博习亲师，论学取友，养之继也；知类通达，强立而不反，养之成也。《孟子》曰："养其大者为大／人"，"养其小者为小人"。养顾可不正乎？所养正，则措之于行为正道，发之于文为正宗，传之天下后世／为正学。自非然者，骛标榜，炫才华，驰骋于辞章，支离于训诂，弋科名而取利禄，其为不正孰甚焉！夫／岂余所望于诸生者哉！平望踞湖山之胜，九峰、三泖环其东，其西则太湖三万六千顷，汪洋浩瀚，波／谲沦诡，莫厘缥缈。诸峰时隐现于朝晖夕阴之际，则山川锺毓之英，与官师栽培之笃，尤必有相与／有成者。余故乐为记之如此。是役也，董其事者，里人附贡生吴沐三，监工则平望司巡检程钧也，例／得备书焉。光绪四年戊寅夏五月，抚吴使者、固始吴元炳记并书。

【说明】此碑原位于平望河西街小学内。学校前身即乾隆四十年（1775）张廷衡创办的艺英书院，后曾作平望高等小学堂、平溪乡立第一初等小学、平溪乡立第四女子初等小学等。后河西街小学并入平望镇中心小学，碑亦同时移入。

重建平望藝英書院記

重建平望藝英書院記
吴中自昔為人文淵藪，書院學之設自省城以逮外邑，[illegible]十百所。余承乏吴之四年，春，[illegible]澤平
望鎮藝英書院[illegible]成，吾蘇州府志，平望書院本[illegible]在斯，凡乾隆十一年邑令陳和志
奉府牒建於吉祥庵故址，額其堂曰養正，中祀先賢朱子，後拓其西偏為藝英書院，又西北隅為
湖山平遠閣，肄業之齋、庖厨之室一時咸備，甚盛[illegible]也。咸豐庚申，值粤兵發難，前之堂構鞠為茂草，越
十八年，光緒三年，邑令王君樹棻來宰斯邑，以振興學校為己任，首捐廉倡率，並勸諭
里中士商并力捐助，鳩工庀材，就舊基而恢之，經始於丁丑仲[illegible]七月，而工竣於[illegible]，計構瓦屋二十餘
間，用錢一千二百餘緡。既蔵事，乃詳具顛末，請余為之記。余[illegible]古者小學之屬也，堂曰養正，盖
以養正之義為諸生告。易曰：山下出泉，蒙，蒙以養正，聖功也。人生十年曰幼，學所養則進於高明
光[illegible]，所養不正則流於污下，聖狂之分，實由於此。古人知其然，故立學校以[illegible]之，離經辨志，敬業樂群，
養之[illegible]也；[illegible]親師取友，養之維[illegible]也；知類通達，强立而不反，養之成也。孟子曰：養其大者為大
人，養其小者為小人，養顧可不正乎？所養不正則措之於行[illegible]，[illegible]之於文，為正宗，傳之天下後世
為正學。自非然者，[illegible]標榜，炫才華，馳騁於詞章，支離於訓詁，[illegible]什名而收利禄，其為不正孰甚焉。夫
堂，余所望於諸生者如此。平望据湖山之勝，九峯三泖環其東，其西則太湖三萬六千頃，汪洋浩瀚，波
瀾淪漪，吴楚縈紆，諸峯時隱現於朝暉夕陰之際，則山川鍾[illegible]之英，與官師栽培之篤，尤必有相與
有成者。余故樂為記之如此。是役也，董其事者里人附貢生[illegible]、[illegible]监生[illegible]也，例
得備書焉。 光緒四年戊寅夏五月，撫吴使者固始吴元炳記并書。

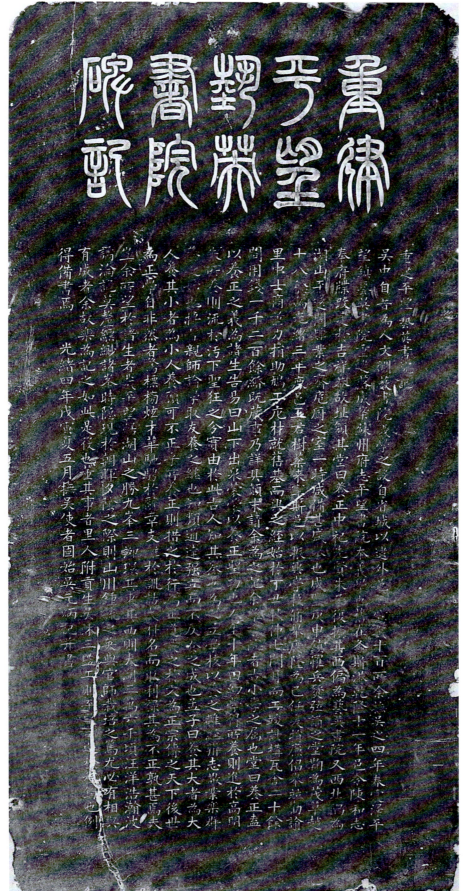

◆吴江区盛泽程开甲小学碑刻

吴江区盛泽程开甲小学，位于吴江区盛泽镇舜湖中路。学校前身为乾隆八年（1743）始建的松陵学舍，光绪三十三年（1907）在此创办明德小学，后称盛泽镇中心小学，2017 年由盛泽实验小学实验校区（观音弄小学）和北校区合并建成吴江区盛泽程开甲小学。原有乾隆九年（1744）雅尔哈善书《松陵学舍碑记》、李养楡书《重修松陵学舍记碑》。另有同治十一年（1872）《松陵学舍馀屋出租以充膏火不得销变给示碑》，今碑毁，拓片存苏州博物馆。

松陵学舍建设助银碑

◎松陵学舍建设助银碑

【时间】1745

松陵学舍之建也，/唯□虑□□□举□□土缙绅士商相□好□□□功□以告竣，爰集捐金姓氏□鸠工庀材足/■尚其弗■。

大清乾隆拾年岁在旃蒙赤奋若清和月，江南苏州府吴江县丞、分防盛泽署理吴江县事、南昌熊晋识。

学舍肄业生陆有庆书丹并篆额。

◆原南新街小学（周元理祠）碑刻

周元理祠，又名周宫傅祠，位于吴江区汾湖开发区黎里南新街。祭祀工部尚书、太子太傅周元理，乾隆六十年（1795）建成。曾作黎里第一中心国民学校、庙桥弄小学、南新街小学。

谕祭周元理碑

◎**谕祭周元理碑**

【时间】1782

［乾隆四十七年十一月　日，奉／上谕：原任工部尚书周元理，前任直隶总督，老／成勤慎，宣力有年，嗣复加恩内用，洊擢尚书。／后因老病乞休，特加太子少傅，以示优眷。兹／闻在籍溘逝，深为轸恻，着加恩令江苏布政／使前往赐祭一坛。钦此。］

谕祭

皇帝谕祭病故原任工部尚书周元理之灵曰：鞠／躬尽瘁，臣子之芳踪；恤死报勤，国家之盛典。／尔周元理性行纯良，才能称职。方冀遐龄，忽／闻长逝，朕用悼焉。特颁祭典，以慰幽魂。呜呼！／宠锡重垆，庶沐匪躬之报；名垂信史，聿昭不／朽之荣。尔如有知，尚克歆享。

乾隆四十七年十一月　日。

【说明】原有二碑，今存一，阙文据拓片补苴。

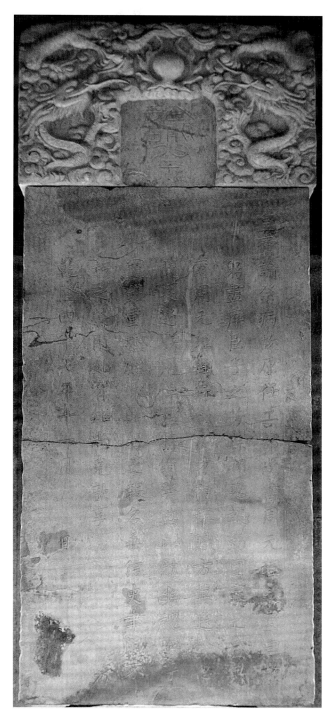

◆原盛湖中学（济东会馆）碑刻

济东会馆，位于吴江区盛泽镇斜桥街。嘉庆十二年（1807）山东济南府商人建。曾作盛湖中学、盛泽第一小学分校。

◎重修济东会馆记碑

【时间】1924

重修济东会馆记

盛泽为吴江巨镇，在昔尤为繁盛。各省商贾，鹜趋麇集；吾乡营商者，亦多集斯土。因建两会馆以联合／梓谊。一，任城会馆，坐落镇之西肠圩，内供奉金龙四大王神像，共置地三十一亩七分六厘四毛。除馆／基占地五亩八分五厘，并市房一处占地五分外，其馀均系稻田，计二十五亩四分一厘四毛。至该馆／四至，任城碑文记载颇详，堪资考查，兹不多赘。一，济东会馆，坐落大适圩，计地九分九厘五毛，东界徐／姓，南界河岸，西界程姓，北界曹姓，四至分明。此处结构：大门紧靠驳岸，进大门有前厅，后有戏台，左右／走廊，再后有正大厅、东西厢楼。又有小前楼、跨楼、过楼、后楼、小后楼。楼后有厨房一间，后门与西邻程／姓公同出入，同立界石为证。当日两处之经营颇费心力，而吾乡之商于斯者之多，概可想见。洪杨劫／后，无人过问，遂为觊觎斯产者将任城会馆所置田产盗卖。幸沪会得信，即起交涉，沪会王会长绍坡、／赵会长聘三、原会长福堂，均热心公益，任劳任怨，凡有吾乡公产，莫不设法保存。是以亲赴盛泽调查，／实在即于吴江起诉往返，奔波不辞劳瘁。事经两年，始得解决，即呈领新单存证。当时见任城会馆大／半坍颓，瓦砾一片，重建之议只好俟诸异日。至济东会馆堂宇依然，不亟为修葺，将与任城同其倾圮。／因约同工匠偕至盛泽，从事勘估，议得工价洋六千馀元。夏间动工，冬月蒇事。楼台厅户，焕然一新，于／是公议任城神像，风日剥蚀，破落不堪，未便移动，爰敬书神位移供济东会内。神灵从此不致断绝香／烟，会馆从此得以永久存在，此皆沪会会长之功也。爰勒石以志之。

七等嘉禾章分省任用荐任职贾孝璆撰文。

一等嘉祥章皖南教育局局长许德臣书丹。

中华民国十三年十一月　日吉立，吴郡杨中孚刻。

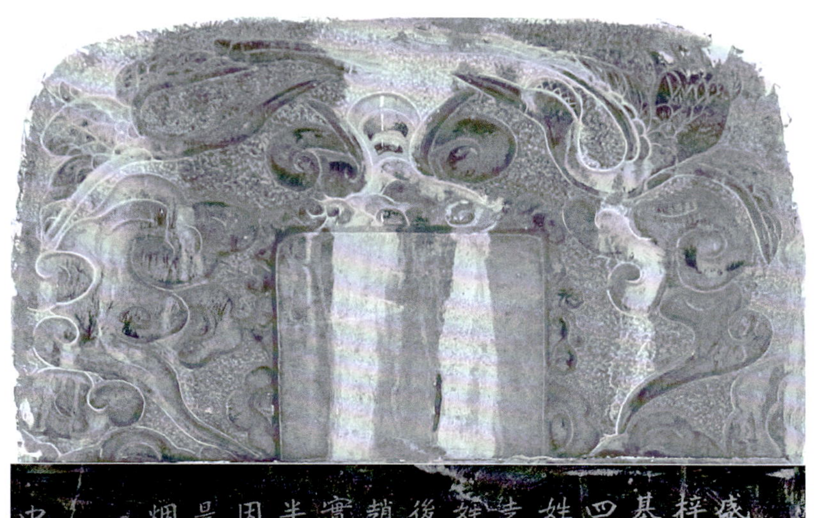

重修济东会馆记碑

重脩濟東會館記

盛澤為吳江巨鎮在昔尤為繁盛各省商賈鶩趨麕集吾鄉營商者亦多集斯土因建兩會館以聯合梓誼一任城會館坐落鎮之西腸圩內供奉金龍四大王神像共置地三十一畝七分六厘四毛除館基佔地五畝八分五厘並市房一處佔地五分外其餘均係稻田計二十五畝四分一厘四毛至該館四至任城碑文記載頗詳堪資考查茲不多贅一濟東會館坐落大適圩計地九分九厘五毛東界姓南界河岸西界程姓北界曹姓四至分明此處結構大門緊靠駁岸進大門有前廳後有戲臺左右走廊再後有正大廳東西廂樓又有小前樓跨樓過樓後樓小後樓〻後有廚房一間後門與西隣程姓公同出入同立界石為証當日兩處之經營頗費心力而吾鄉之商於斯者之多概可想見洪楊刦後無人過問遂為覬覦斯產者將任城會館所置田產盜賣幸滬會得信即赴交涉滬會王會長紹坡趙會長聘三原會長福堂均熱心公益任勞任怨凡有吾鄉公產莫不設法保存是以親赴盛澤調查實在即於吳江起訴往返奔波不辭勞瘁事經兩年始得解決即呈領新單存証當時見任城會館大半坍頹瓦礫一片重建之議祇好俟諸異日至濟東會館堂宇依然不亟為脩葺將與任城同其傾圮因約同工匠偕至盛澤從事勘估議得工價洋六千餘元夏間動工冬月蕆事樓臺廳戶煥然一新於是公議任城神像風日剥蝕破落不堪未便移動爰敬書神位移供濟東會內神靈從此不致斷絕香烟會館從此得以永久存在此皆滬會〻長之功也爰勒石以誌之

七等嘉禾章分省任用薦任職賈孝璆撰文

一等嘉祥章皖南教育局〻長許德臣書丹

中華民國十三年十一月　日吉立　　吳郡楊中孚刻

◆吴江区震泽初级中学碑刻

吴江区震泽初级中学，位于太平街庄桥河西。1922 年将王锡阐祠内第五高等小学改设震属初级中学，后增设育英高中，曾名吴江县震泽中学、吴江市震泽中学等，并易地建学。原有《贞惠先生碑》，纪念中国红十字会创始人之一施则敬，为双面碑，碑阳绘贞惠先生像，碑阴碑文由金松岑撰文，毕寿颐书丹并篆额，周梅谷刻。今碑毁，拓片存吴江博物馆，2008 年于今校内西南侧重建六角碑亭并复制碑刻。王锡阐祠，原位于校园北侧，后从校园分离，祀明末清初天文学家王锡阐。又有尊经阁，位于今校园东北部，建于 1933 年，原为育英中学藏书馆，由育英中学前任校董事长施肇曾出资，校董徐子为经办兴建。原有 1937 年曹元弼撰、沈卫书、周梅谷刻《震泽高级中学尊经阁记碑》，今私人收藏。又有震泽耶稣堂，位于校园东部，今已与校区分离，曾作为震泽中学食堂。

王锡阐墓碑

◎王锡阐墓碑

【时间】1827

王晓庵先生之墓

【说明】王锡阐墓，位于王锡阐祠内，营建于康熙二十二年（1683），道光七年（1827）重修立碑。

◎震泽耶稣堂碑

【时间】1915

民国四年仲夏，/南浔崔恒大、/徐恒兴承造。

救主降世一千九百十五年。

圣教基础。

基督教监理公会立。

【说明】震泽耶稣堂，位于吴江区震泽镇庄桥河西。1915 年美国传教士亨特利捐资建造。现存二石。

震泽耶稣堂碑（一）

震泽耶稣堂碑（二）

◆原同里镇中心小学（退思园）碑刻

退思园，位于吴江区同里镇新填街。始建于清光绪十一年（1885），园主为本镇人任兰生。局部曾作同里镇中心小学。

现存《味古斋恽帖》十二方，恽寿平书。其中部分内容与苏州他处之《味古斋恽帖》雷同，如《题〈松柏灵芝图〉诗》，亦见于环秀山庄。内容大致如下：

一石：自作《题〈松柏灵芝图〉诗》（“鳞鳞者松”）。

一石：临锺繇《宣示表》《戎路表》，临褚遂良《华阳隐居题壁诗》。

一石：临褚遂良《华阳隐居题壁诗》，临米芾《蜀素帖》，自作《正月二十九夜作诗》。

一石：《致黄澄之书》，临颜真卿《争座位帖》，临米芾书《与谢万书》（王羲之撰文）。

一石：自作《壬寅秋夜得句寄赠》《王郎移家桃源涧》诗。

一石：自作《山堂玉树》《戏学米虎儿云山图》《烟柳江村》《临刘宷鱼藻图》诗。

一石：赵孟頫《修竹幽亭图轴》诗（或为王翚诗），自作《题画》《玉峰北园戏友人》诗。

一石：临褚遂良《随清娱志铭》。

一石：自作《赠顾若思》。

一石：自作《题画》《牡丹》诗，《南田画跋》一段。

一石：自作《古体奉赠颖撰道兄先生并六十皇揽之颂》《烟蓑无恙》诗（释文详下）。

一石：《聚敛蔬品》《於陵仲子》二跋。

◎味古斋恽帖

【时间】清

蒋子隐湖曲，脱迹耘芝田。神／锋不能收，急节荡清弦。／补毳诮华组，绵古模陈编。有／酒招商山，张目无青天。垂纶／散鸥鸟，泛竹弄沦涟。时呼西牖／云，再啸南林烟。咏诗陶空襟，／玩物忘所牵。自我放岩野，永谢／迹中缘。悠悠念同袍，陵谷俄已迁。／嗟彼平时欢，至性非贞坚。卑音／借高响，景曲表不延。与子结素／风，心契肥遁贤。翱翔青霞上，／寤寐黄虞前。不见阊阖晖，何能／返瑶渊？徒歌想丹梯，挈壶泻红／泉。鹤鸣在东皋，餐松悦／徂年。古体奉赠／颖撰道兄先生并六十皇揽之颂。

南村弟明昙。

《湖曲幽居图》拟家严诗意，呈／颖翁先生清鉴。／后学恽寿平。

烟蓑无恙碧云知，千树红霞一钓／丝。转笑非熊溪上叟，白头犹作／帝王师。寿平。

味古斋恽帖

◆原制丝改良传习所（慈云禅寺）碑刻

慈云禅寺，位于吴江区震泽宝塔街。始建于宋咸淳年间，原名广济寺，明天顺年间赐今额。代有重修。1925 年于此创办制丝改良传习所。除点校者外，尚存他处移来的碑刻三十余方。

◎**重修慈云塔记碑**

【时间】1876

镇东慈云寺有塔五级，相传／为赤乌时所建。历明入／国朝，再圮再修。道光十六年，里／人周公荣、谭公琨暨族伯祖徐／公学健又加修。庚申之乱，寺／毁于贼，兹塔虽岿然独存而／日就倾圮。同治十二年，邑侯李公／庆云割寺址洗钵池之北造／积谷仓，里人遂议募修此塔。／经始于十三年春，凡五阅月而／工竣，计縻钱二百五十万。轮奂／陆离，旧观复具。越二年／又于池西隙地增建僧舍数／楹，縻钱五十二万。尝考前明万／历四十三年，朱文肃《重修慈云／塔记》谓："自太湖泛舟，一望三百里，／起虎阜，接苕溪，浮图凡十一／处，其在震泽者，归途必望／之以为准。"因有悟于佛家建／塔之意，所以济迷导觉者不／为无功。抑余更有说焉。昔李／允则守雄州，敛钱起浮图。真／宗诘之，允则曰："某非留心释／事，实为边地起望楼。"今则／海宇廓清，无事戒备，然吾镇／烟火万家，守望相助之意亦未／可少也。请伸此意以见夫兹塔／之修，固有在彼不在此者。是役／也，始终董理为族弟徐汝楷，例／得附书。

光绪二年丙子秋八月，里人王徐庠记。

归安吴云书。

梁溪周秉錩刻。

◎**重建慈云寺记碑**

【时间】1924

重建慈云寺记

镇东之有慈云寺，由来旧矣。尝读王／徐公庠《重修慈云塔记》，知寺与塔创／于孙吴赤

重修慈云塔记碑

乌间。迭经兴废，迨咸丰庚／申毁于兵燹。嗣后，塔几经重葺，独未／及建寺。致数十年来，巍然石佛仅有／一椽之庇，岁久颓圮。清光绪季年，先／夫砚芸发愿重建，计工度材，力尚不／逮。我家故业丝，爰商诸同业，议抽丝／经捐以充之，积数年，得二千馀金。经／始未及数月，塔工竣，而款已罄矣。明／年，先夫逝世，旋遭国变，商民交困于／兵赋之下，更无有筹议及此，而向之／所恃之捐亦从此罢。遂使庄严佛土／无复恢闳，岂先夫始愿所及哉！尤惜／其殚心筹画历有年所，而事竟中止。／今氏以衣食撙节之馀资，鸠工兴作，／就其遗址建大殿三楹，肇于癸亥年／冬，落成于甲子年秋，不尚壮丽，惟冀／永固。计土木人工之资，费银八千有／奇。勉力兴建，所以成先夫之志。我佛／光明藏中，不废有为功德，一方瞻礼／有属，亦以起信心也。是役督视工作，／侄徐乃恭也。时民国甲子孟秋，信女／徐门毕氏记。

吴郡黄慰萱刻。

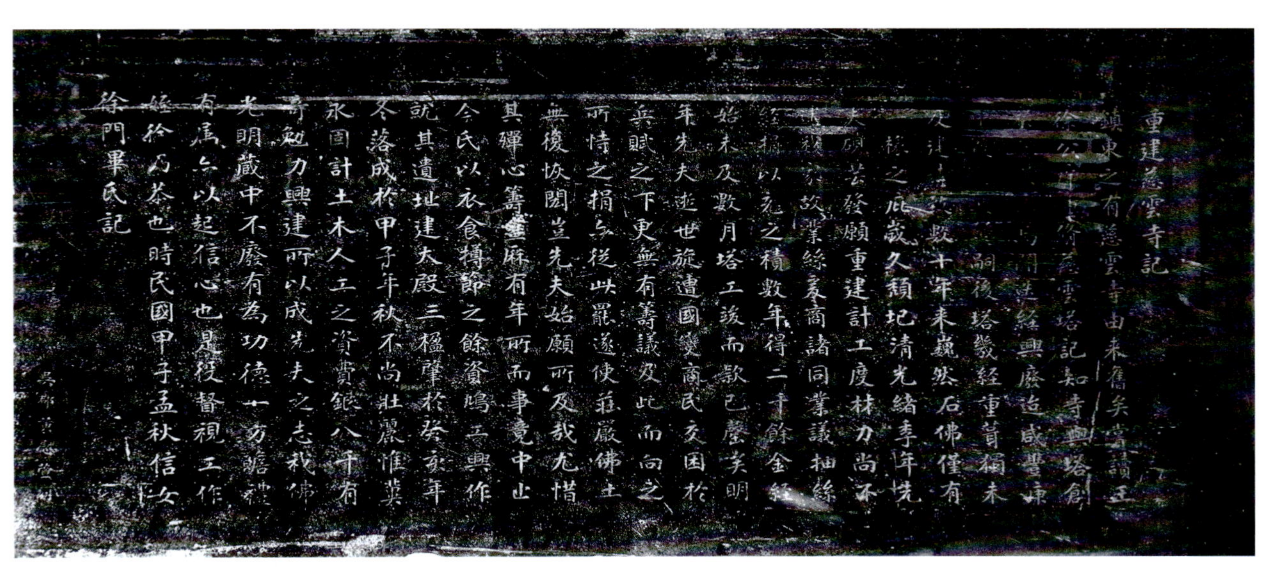

重建慈云寺记碑

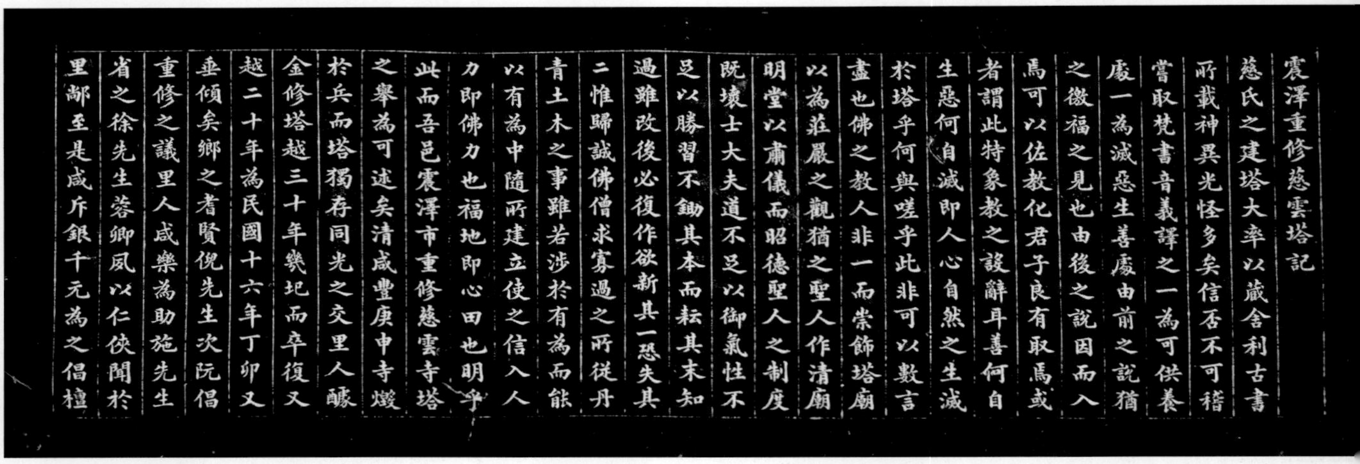

震泽重修慈云塔记碑（一）

◎震泽重修慈云塔记碑

【时间】1928

震泽重修慈云塔记

慈氏之建塔，大率以藏舍利。古书／所载，神异光怪多矣，信否不可稽。／尝取《梵书音义》译之，一为可供养／处，一为灭恶生善处。由前之说，犹／之徼福之见也；由后之说，因而入／焉，可以佐教化，君子良有取焉。或／者谓此特象教之设辞耳。善何自／生，恶何自灭？即人心自然之生灭／于塔乎！何与嗟乎？此非可以数言／尽也。佛之教人非一而崇饰塔庙，／以为庄严之观，犹之圣人作清庙／明堂以肃仪而昭德。圣人之制度／既壤，士大夫道不足以御气，性不／足以胜习，不锄其本而耘其末，知／过虽改，后必复作，欲新其一，恐失其／二，惟归诚佛僧，求寡过之所从，丹／青土木之事，虽若涉于有为，而能／以有为中随所建立，使之信入。人／力即佛力也，福地即心田也。明乎／此，而吾邑震泽市重修慈云寺塔／之举，为可述矣。清咸丰庚申，寺毁／于兵，而塔独存。同光之交，里人醵／金修塔，越三十年几圮而卒，复又／越二十年为民国十六年丁卯，又／垂倾矣。乡之耆贤倪先生次阮倡／重修之议，里人咸乐为助。施先生／省之、徐先生蓉卿，夙以仁侠闻于／里党，至是咸斥银千元为之倡，檀

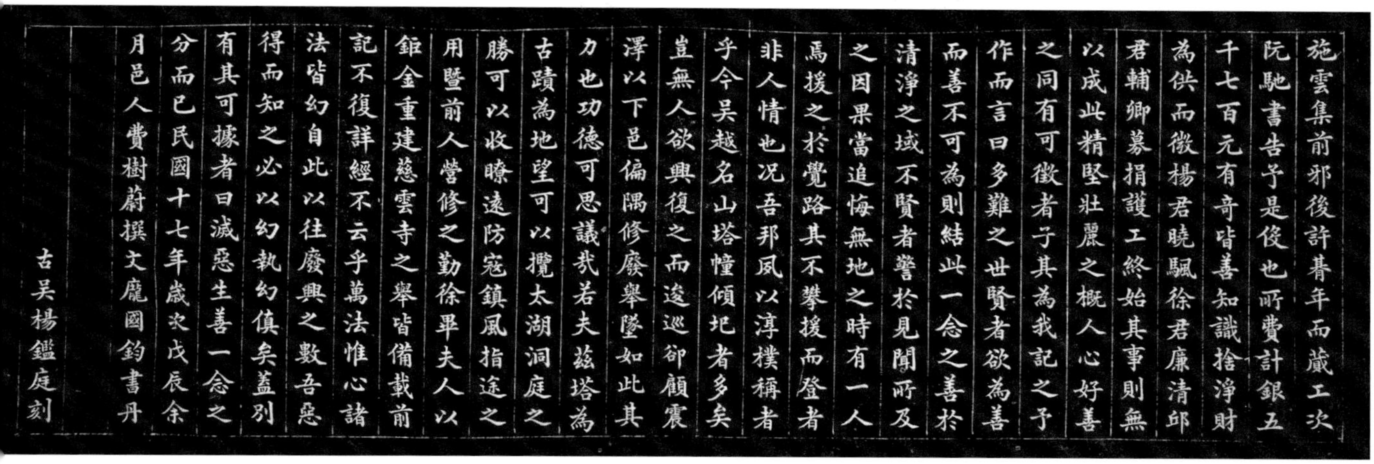

震泽重修慈云塔记碑（二）

［施云集，前邪后许，期年而蒇工。次／阮驰书告予：“是役也，所费计银五／千七百元有奇，皆善知识舍净财／为供，而微杨君晓帆、徐君廉清、邱／君辅卿募捐护工，终始其事，则无／以成此精坚壮丽之概。人心好善／之同有可征者，子其为我记之。”予／作而言曰：“多难之世，贤者欲为善／而善不可为，则结此一念之善于／清净之域；不贤者警于见闻所及／之因果，当追悔无地之时，有一人／焉，援之于觉路，其不攀援而登者，／非人情也，况吾邦夙以淳朴称者／乎？今吴越名山塔幢倾圮者多矣，／岂无人欲兴复之？而逡巡却顾。震／泽以下邑偏隅，修废举坠，如此其／力也，功德可思议哉！若夫兹塔为／古迹，为地望，可以揽太湖、洞庭之／胜，可以收瞭远、防寇、镇风、指途之／用，暨前人营修之勤，徐毕夫人以／巨金重建慈云寺之举，皆备载前／记，不复详。经不云乎，‘万法惟心’，‘诸／法皆幻’？自此以往，废兴之数，吾恶／得而知之？必以幻执幻，慎矣！盖别／有其可据者，曰灭恶生善，一念之／分而已。”民国十七年岁次戊辰余／月，邑人费树蔚撰文，庞国钧书丹。］

［古吴杨鉴庭刻。］

【说明】共二石，今仅存一。阙文据吴江博物馆藏拓片补苴。

◆吴江区阿德科特创新教育专修学校碑刻

吴江区阿德科特创新教育专修学校，位于吴江区同里镇富观街。校址初为光绪二十八年（1902）金松岑创办的吴江第一所新式学校同川学堂，后改称同川两等公学、同川自治学社、吴江县立第二高等小学校、同里中学及同川小学、同里市第一初等小学、同里小学等。原有光绪十九年（1893）王偕达撰、狄尔奎书《重建同川书院记及捐银明细碑》，1912年蔡元培撰、赵熙书、章炳麟篆额《吴江同川小学校十周纪念之碑》，1922年《同里小学廿周年纪念华表铭》，1932年金松岑撰、钱祖翼书、张一麐篆额、黄慰萱刻《同川小学三十周年纪念碑》，今碑毁，拓片存吴江博物馆。

◎吴江县第二区区立第一国民学校十周纪念碑铭

【时间】1922

吴江县第二区区立第一国民／学校十周纪念碑铭

金天翮撰，金曾灿书。

岁癸卯天翮始创建同川公学，／越四年丁未，改为两等小学。癸／丑春，始析两等以初等小学为／市立。今校长袁君文田实主校／事。壬戌春，为分立十周之岁，将／建纪念之碑，以碑文诏天翮。天／翮作而言曰，《易·序卦》有之"屯者，／物之始生也。物生必蒙"。《象》曰："山／下出泉，蒙；君子以果行育德。"《彖》／曰："山下有险，险而止。"何险也？孟／子言仁义礼智四端，犹人有四／体。四端于我扩而充之，"若火之／始然，泉之始达。苟能充之，足以／保四海；苟不充之，不足以事父／母"。夫孝弟谨信，弟子之职，人道／之始也；不孝不弟，不足以事父／母是弃民也，四端不备，乃四体／不具之人也。故蒙之象，为泉行／之，不以果育之，不以德为险。险／而止之者，学也。学者何学？为人／也，孝弟也，谨信也，四德六艺也，／此小学之基也。袁君长此校，勤／勤教授其知，以育德为务矣。果／而行之十年于兹矣。甄陶之责／方兴未艾，遂忘其谫陋而碑之，／且系以铭，铭曰：／天目之澜，具区是钟。演为淞江，／东迤溶溶。人文所萃，川泽气通。／先民是程，具有宗风。彼童而角，／始生曰蒙。希贤蹈道，后先继踪。／党庠之力，育德之功。我铭硁硁，／玄石是砻。

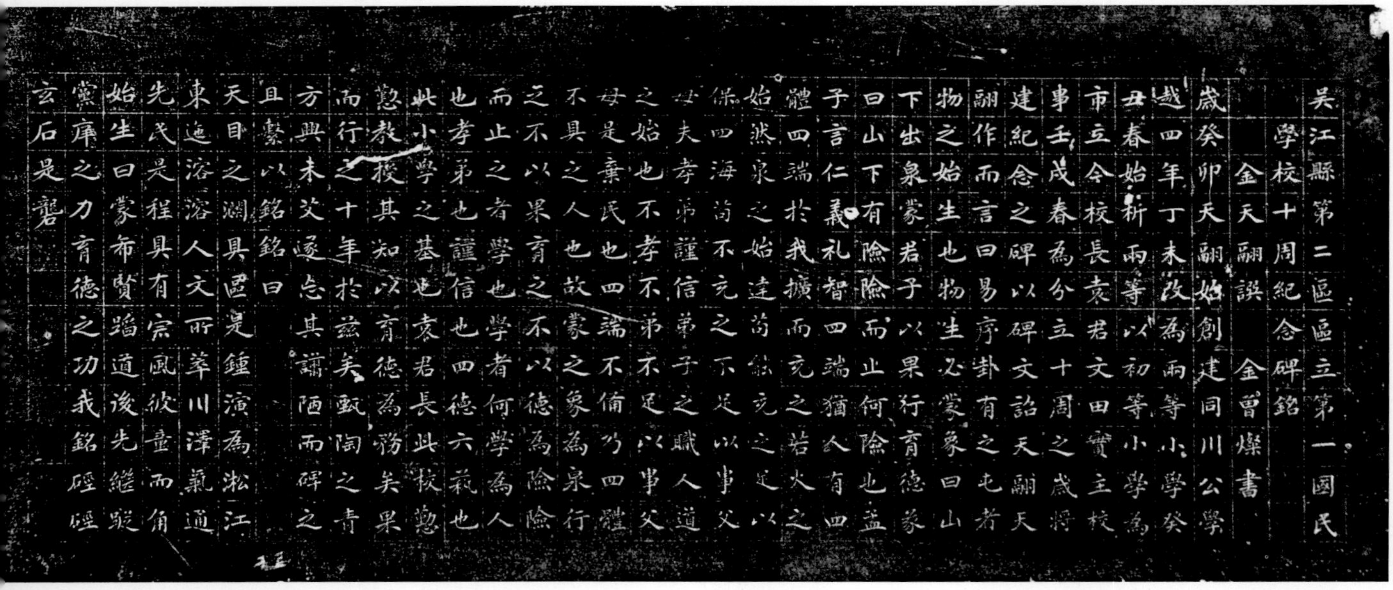

吴江县第二区区立第一国民学校十周纪念碑铭

◎贞献先生墓表铭

【时间】1937

贞献先生／墓表铭

贞献先生墓表［铭］

［武进徐震撰文。］

［吴县潘昌煦书丹。］

［无锡吴敬恒篆额。］

贞献先生之卒，吾友王大隆书来告哀，且／曰："裒刻遗著，我任之；墓石之文，以属吾子。"／震获交于先生三十载，义不可辞，用衔悲／叙次之曰：先生讳天翮，一名天羽，字松岑。／系自宋忠肃公金安节，明宣德间有由歙／徙吴江者，再徙居同里镇，遂用著籍。曾祖／讳宗韩，祖讳凤标，父讳光照，皆仕未大显，／以德行称重乡里间。先生幼知愉学，出语／隽特，长加奇伟，志汲匡时。在清光绪戊戌／岁，被荐试经济特科，辞不应。抵上海，与爱／国学社诸子游，讼言革命。清廷惎之，诸子／或被逮，或亡命，先生幸不在名捕中，遂归／故里。居久之，僦宅吴县，收召后生，恳恳讲／学。民国初建，膺选为江苏省省议员，其讲／学如故。弟子经指谕，累累有成。于是河决／山东，江南亦以太湖壅阏多水患，政府已／［设全国水］利［局，将治河］淮运漕渠。先生故／［数为文，言治水方略，布］之报章，因［倡议治／太湖，太湖水利委员会之立，由先生发之。／民国十二年，掌吴江教育局，凡两载。十六／年，任江南水利局局长，期岁代去，乃悉力于讲学著述。倭寇入犯，先生走避浙之菱／湖，寻返吴县，不接人事。时城邑沦于寇敌，／四郊义旅纵横，先生有田在吴江，无所获。／伪官奉厚币说以出仕者再，拒却之。因托／疾潜如上海，为光华大学文学院教授。及／日军攫租界，光华罢散，先生复返吴县，益／不与人通。惟二三志士时至其室，至则视］

［天画地论军事，谓倭之败可翘足待也。生／事日棘，则鬻故里市南旧宅以自给。日本／已败降，失地皆复，文武吏有因缘为奸利／者，横恣暴饕，威福任意。先生为文悉陈民／间受祸惨酷状，义愤勃发，辞极峻厉，达于／执政。执政感动，为遣使纠察抚绥。复上书／陈解纷寝兵之要，不报。三十六年一月十／日以疾卒，年七十有四。配严氏，生子树声。／继配殷氏，生子芳雄。芳雄前卒。孙男女各／四人，曾孙女一人。始，先生居吴县，乃更潜／心广览，趋于平实，自此无日废书。

贞献先生墓表铭

探经之／赜，挈儒之醇，厌饫史籍，稽迹验事，简练百／氏，理其独见。旁瞩海外，衡厥群言，罗络古／今，抉除封执。务在订非掇是，贯综稠适，而／一以正谊明道为归。立说尤重节概，以为／世方污下，必先砺廉隅，而后信可立，俗可／化，政教不为虚设也。淹渍日新，硐砻大光，／是资雄轶之才，纵笔炉锤万象。大究天人／之际，细至刻画一物，凌纸傲侻，变化瑰谲。／若金鼓之震锽，琴瑟之愔瘱，虫吟鸟噰，虎／嗥猿啼。荡山海，激风云，耸危峰，窈浚谷。春／曦煦融，秋月澄映，秾英芳丽，古木怪特。珠／玉光润，钟彝斑驳，肆意所届，不可端涯。呜／呼！先生可谓文章之大匠也已。游迹几遍／国中，所至必访其贤杰。凡伟人硕彦、奇才／异能之士至江表者，亦必纳交于先生。故／晏处而声气彍于四海，众流辐辏其门。皖、／滇修通志，皆请撰列传。为之隐括笔削，体／博旨远，辞参班、范，两书皆自成一家言。其／诗文数经编刻，最后手定者有《天放楼诗／文集》若干卷，又有政论若干卷。弟子王大／隆等谥曰／“贞献先生”。贞者，正有干也；献者，／贤而睿也。诠行易名，允当斯谥。乃为铭曰：／蔚矣先生，振厥文行，蒸其皦兮。卓荦好修，／高明克柔，倓蹈道兮。弸中致虚，闻善斯俞，／成颢皞兮。旁魄为辞，揭立一时，杜韩绍兮。／颀乎其长，直方温良，毅且扰兮。磨而不磷，／峻节嶙峋，宜寿考兮。毫耋精勤，忽乎遂沦，／朋心悖兮。瑑铭孔哀，载郁扬徽，垂世表兮。]

［吴中杨鉴庭奏刀。］

【说明】此金松岑先生墓表铭，原共二石，今存其一，漫漶且残，藏于其任教之校舍旧址内，阙文据国家图书馆藏拓片补苴。

天放楼碑

◎**天放楼碑**

【时间】1948

天放楼

民国三十七年八月，／门人金祖谦谨题。

【说明】原碑字口损坏，今又复刻。

◆原丽则女学碑刻

丽则女学，位于吴江区同里镇新填街。光绪三十二年（1906）退思园第二代主人任传薪创办，曾作同里镇第一小学、吴江县立第一女子高等小学、同里女子学校、南濠弄小学、同里镇第一小学。

◎五月九日国耻纪念之碑

【时间】1915

碑阳

五月九日国耻纪念之碑。

民国四年，/丽则女学同人勒石。

碑阴

任立吴江丽则女校殷同薇等百四十人同立国耻纪念碑。无锡钱基博撰文，桐城吴芝瑛写石。

唯中华民国四年五月七日，东人不德，实启戎心，要盟是利，以蔑我宗邦，为号五，为件二十有一。我国人/无拳无勇，亦既爱和平而薄武力，相忍为国，越三日，诺焉。于是诸姑姊妹耻之，乃买石置础于校之南方，/颜曰“五月九日国耻纪念之碑”，以明耻也。夫知耻近勇，君子以为难，况弱女子乎？呜乎！可以风矣。抑吾闻/之也，土耳其贵主塞基氏，皇之妹也，作嫔于巴耐农典亲王。巴尔干之役，亲王总戎焉，再战再北。主以大/戚，日夜跽神祝战胜，乃琢木为花，砌花成圈，用火燔焉，意盖祈国势之隆炽，

五月九日国耻纪念之碑（碑阳）

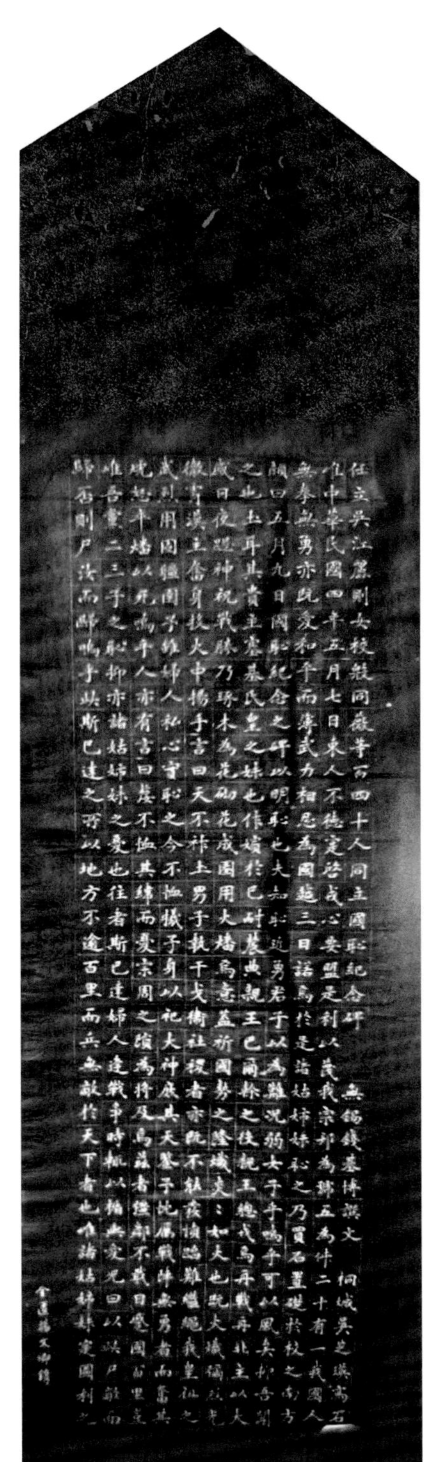

五月九日国耻纪念之碑（碑阴）

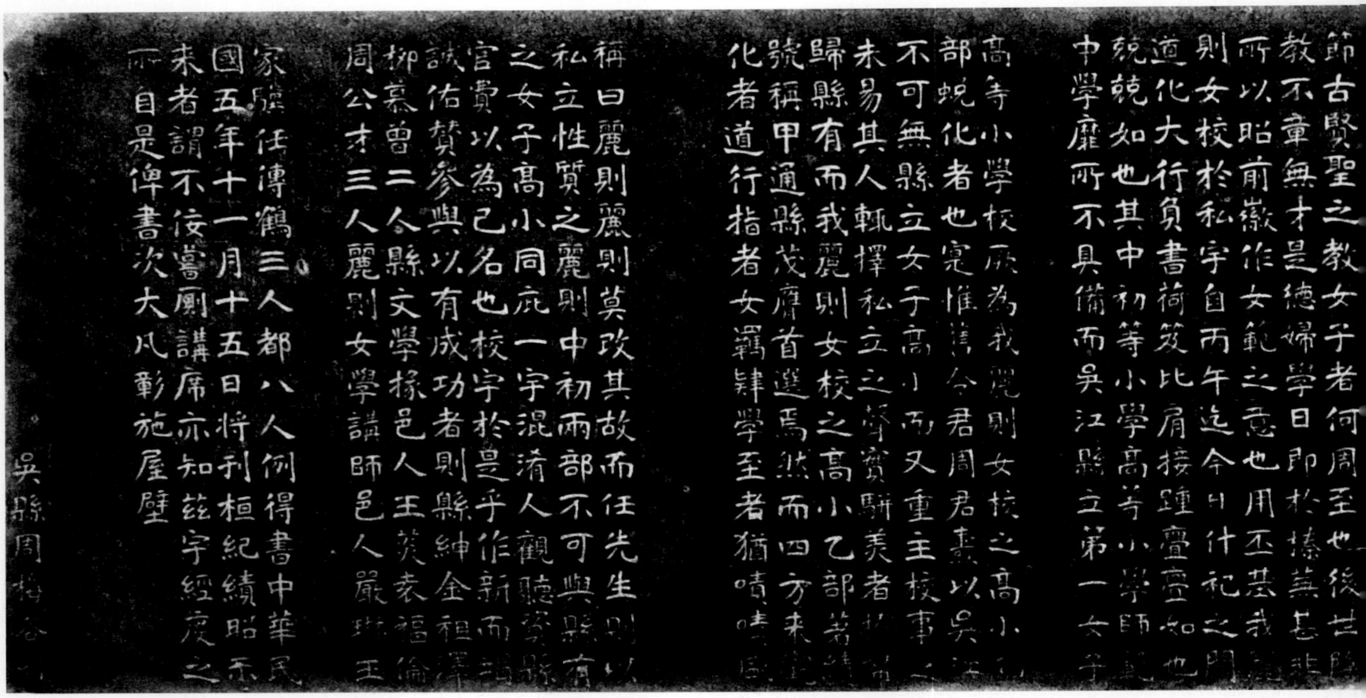

炎炎如火也。既火炽弥烈，光／彻霄汉，主奋身投火中，扬手言曰："天不祚土，男子执干戈卫社稷者，亦既不能发愤蹈难，继绳我皇祖之／武烈，用固疆圉。予虽妇人，私心实耻之。今不恤牺予身，以祀大神，庶其天鉴予忱，厉战阵无勇者，而奋其／虓怒。"卒燔以死。呜乎！人亦有言曰，嫠不恤其纬而忧宗周之陨，为将及焉。兹者强邻不戢，日蹙国百里，岂／唯吾党二三子之耻，抑亦诸姑姊妹之忧也。往者斯巴达妇人逢战争时，辄以盾与爱儿，曰："以此尸敌而／归，否则尸汝而归。"呜乎！此斯巴达之所以地方不逾百里，而兵无敌于天下者也。唯诸姑姊妹实图利之。

金匮杨文卿镌。

【说明】1915年5月9日，丽则女校全体师生一百四十八人集会抗议袁世凯复辟帝制，在亡国的"二十一条"上签字。为表示持久的卧薪尝胆精神而立国耻纪念碑。碑形似一把利剑，剑锋向上，直刺苍穹。

◎作新吴江县立第一女子高等小学校宇记碑

【时间】1916

作新吴江县立第一女子高等小学校／宇记

无锡钱基博撰文。

武进庄闲写石。

"度地不广大，而揽纳宏远者，惟高且显者／为然。"巴陵吴南屏语，而博以之称吴江县／立第一女子高等小学校校宇者也。宇七／楹，楹广丈有咫，深三倍之。度地不盈亩，而／高矗云霄，中分三层，搴裾登绝顶，凭槛远／眺，西北望吴山，迤逦绕县，如翼而抱，如屏／而障，脉接势连，翠霭可挹；北瞰吴阊之北／寺塔，其上人行如蚁，户牖细才如指顶大，／然无不可历历数；南瞻具区，汪洋三万六／千顷，烟洲草渚，远浮天际。周遭佰数什里／间，湖与山之献于栏槛而入于窗牖者，皆／南屏所云"向未知其有于此也"。而今有之，／庶亦足以激发学子之志气，资登览以自／广。壮观哉！厥微校长任味知先生之力，不／克致之也。经始今岁之五月，阅八

作新吴江县立第一女子高等小学校宇记碑

月，迄事／庇材鸠工，耗银币枚计八仟三伯，相地得／刘姓基，价购直银币仟，而他杂费不与焉。／才由县主者拨得银币五仟六伯而已，先／生慨然发私藏，都所费倍称不啬。传者侘／相告语曰："侈哉！先生之不吝其私橐也。若／是乎其贱财而渴义也。"虽然，犹浅之乎窥／先生也。先生家承通德，绮年瑛瑛，稽古若／时，欲绍厥绩，发愤言曰："师傅保姆之助，德／容言功之教，诗书图史之戒，珩璜琚瑀之／节，古贤圣之教女子者，何周至也！后世阴／教不章，无才是德，妇学日即于榛芜，甚非／所以昭前徽作《女范》之意也。"用丕基我丽／则女校于私宇。自丙午迄今日，什祀之间，道化大行，负书荷笈，比肩接踵，亹亹如也，／兢兢如也。其中初等小学、高等小学、师范／中学，靡所不具备。而吴江县立第一女子／高等小学校，厥为我丽则女校之高小乙／部蜕化者也。实惟旧令君周君焘，以吴江／不可无县立女子高小，而又重主校事之／未易其人，辄择私立之声实骈美者，拨帑／归县有。而我丽则女校之高小乙部，著绩／号称甲通县，茂膺首选焉。然而四方来观／化者，道行指者，女羁肄学至者，犹啧啧盛／称曰："丽则丽则，莫改其故。"而任先生则以／私立性质之丽则中初两部，不可与县有／之女子高小同庇一宇，混淆人观听，资县／官费以为己名也。校宇于是乎作新，而竭／诚佑赞，参与以有成功者，则县绅金祖泽、／柳慕曾二人；县文学掾、邑人王茇，袁福伦，／周公才三人；丽则女学讲师、邑人严琳，王／家骥，任传鹤三人；都八人。例得书。中华民／国五年十一月十五日，将刊桓纪绩，昭示／来者，谓不佞尝厕讲席，亦知兹宇经度之／所自，是俾书次大凡，彰施屋壁。

吴县周梅谷刻。

◎**丽则女学校训碑**

【时间】1916

校训／诚勤朴爱。／中华民国五年，／江安傅增湘。

丽则女学校训碑

◆原庙头小学碑刻

庙头小学，位于吴江区平望镇庙头村。始建于宣统元年（1909）。

◎庙头小学记碑

【时间】1947

庙头小学记

清季制诏立学，惟时有司大抵拘虚于都邑，而乡区僻壤或亘千百家亡诵弦声，迂疏凌躐，教尼不行。有/识之士惧夫民智闭塞，英才沦没，于是屈力殚虑，因地制宜，以谋教育之推行。吴江之庙头，为震泽迤东/之大乡，聚落交错，环而宅者逾千户；子弟之力，能就傅者什不过二三；而泄沓因循、废学以嬉者比比。先/君知其然，遂辟宅为学舍，延师资，置图书、校具，规画井井，而于民国纪元前三载己酉春正月创立小学，/蠲书籍学杂之费以励来学。故无选蠕观望而就学者达四十馀人。明年，视学者考绩深嘉之。越三载，隶/公立，由地方财政之酌剂。然岁计不足而学童日增，辄有人满之虞也。自立学以来，凡卒业而升学陶冶/成材者，不下千馀人。洎丁丑国变，八载沦陷，文物荡然。乙酉冬，假延陵祠宇以复课。祠遭兵燹不完，蹀躞/一堂，不蔽风雨，乃于祠之东隅辟地而营之。既与族人百禄、剑虹、仲康、培成暨沈君昌熙、陈君质如、何君/养吾等协力以兆其谋，复益以乐育诸君之相胥，而始于丙戌季冬之某日举工。阅五月而工竣，惟党有/庠，厥位面阳，兀兀两斋，竦峙中央，旁舍有次，体育有场。观成之日，进诸生而告之曰："孟子言，无礼无学，贼/民斯兴。《唐书》云，士'先器识后文艺'。今干戈既戢，学舍更新，俾诸生由庠序止至善之境。穷则独善其身，达/则兼善天下。设遇不幸，尤当仗大节、尽忠孝，以报国家。此立学之旨也。若舞文弄墨而藉以为干禄之阶/梯者，岂惟为学者之玷，抑亦立学者之忧。"

中华民国三十六年丁亥仲夏，吴毓麒谨撰，汤逸民书。

吴县钱荣初刻。

庙头小学记碑

廟頭小學記

清季制詔立學惟時有司大抵拘虛於都邑而鄉區僻壤或互千百家亡誦絃聲过疏淩躐教尼不行有
識之士懼夫民智閉塞英才淪沒於是屈力殫慮因地制宜以謀教育之推行吴江之廟頭為震澤迤東
之大鄉聚落交錯環而宅者踰千戶子弟之力能就傅者什不過二三而泄沓因循廢學以嬉者比比先
君知其然遂闢宅為學舍延師資置圖書校具規畫井井而於民國紀元前三載己酉春正月𠡠立小學
蠲書籍學雜之費以勵来學故無選蠕觀望而就學者達四十餘人明年視學者攷績深嘉之越三載隸
公立由地方財政之酌劑然歲計不足而學童日增輒有人滿之虞也自立學以来凡卒業而升學陶冶
成材者不下千餘人洎丁丑國變八載淪陷文物蕩然乙酉冬假延陵祠宇以復課祠遭兵燹不完蹀躞
一堂不蔽風雨乃於祠之東隅闢地而營之既與族人百禄翙虹仲康培成暨沈君昌熙陳君質如何君
養吾等協力以兆其謀復益以樂育諸君之相胥而始於丙戌季冬之某日舉工閱五月而工竣惟黨有
庠厥位面陽兀兀兩齋竦峙中央旁舍有次體育有場觀成之日進諸生而告之曰孟子言無禮無學賊
民斯興唐書云士先器識後文藝今干戈既戢學舍更新俾諸生由庠序止至善之境窮則獨善其身達
則兼善天下設遇不幸尤當仗大節盡忠孝以報國家此立學之旨也若舞文弄墨而藉以為干禄之階
梯者豈惟為學者之玷抑亦立學者之憂　吴毓麒謹撰　湯遜民書
中華民國三十六年丁亥仲夏

吴縣錢榮初刻

◆丝业公学碑刻

丝业公学，位于吴江区震泽镇藕河街。1911 年杨澄中（字剑秋）创办于旱桥庄宅，初名丝业第一初高等小学，系供丝业子弟读书之所。1920 年施省之等助银在今址新建校舍，1923 年落成。1926 年增设初中班，改称丝业公学。后改名藕河街小学、震泽二中等。1935 年为纪念创始人，曾立有徐子为撰并书、黄慰萱刻《杨校长剑秋先生纪念塔》，今拓片存吴江博物馆。

丝业公学界碑（一）

丝业公学界碑（二）

◎丝业公学界碑

【时间】民国

丝业公学

丝业公学

【说明】现存界碑两通。

常熟市

◆常熟县学碑刻

常熟县学，位于常熟市虞山街道学前街常熟文庙内。常熟文庙始建于北宋，至和年间设县学。宋庆元三年（1197）孙应时建吴公子游祠，即言子专祠。端平二年（1235）知县王爚重建，始有左庙右学之制。后历有重修。

曾作明德初等小学、海虞市立第三初等小学、海虞市立女子初等小学、海虞市立女子国民学校、海虞市立女子高等小学、海虞市立女子小学、常熟县第一学区学前小学、常熟学前小学、常熟模范小学、常熟实验小学、常熟县泮宫镇中心小学、常熟县立学前小学、常熟县城南镇第一中心国民学校、常熟县虞城示范镇学前中心国民学校、常熟县文革小学、常熟市实验小学等。

原有碑刻百余方，现存除点校者外，另有宣德间张洪书《平江府常熟县吴公祠记碑》，宋嘉熙元年（1237）袁甫撰并书、王遂篆盖《常孰县教育言子诸孙记碑》，元至元二十五年（1288）《宣圣庙禁约碑》，至元三十年（1293）阎复撰并书、徐琰题盖《平江路常熟县重修文庙之记碑》，大德十一年（1307）韩居仁书并篆额《加封大成至圣文宣王诏碑》，明宣德九年（1434）杨荣撰《常熟县重修庙学记碑》，正统六年（1441）赵永言撰、周哲书、侯诚篆额《重修常熟县儒学之记碑》，正统十三年（1448）吴讷撰、张绪书、严雍篆额《常熟县儒学新建尊经阁之记碑》，天顺三年（1459）李贤撰、章珪书、孙纪篆额《重修吴公祠堂记碑》，成化九年（1473）李杰撰、陈璧书、章表篆额《常熟县儒学进士题名记碑》，弘治三年（1490）杨一清撰、奚概书并篆额《常熟县重建吴公祠记碑》，弘治十三年（1500）陈播撰《报公祠记碑》，弘治十五年（1502）杨守阯撰、张钿书《常熟县重建先圣庙记碑》，正德元年（1506）计宗道书并隶额《地理图碑》（碑阴为弘治间《冠婚丧祭图碑》），嘉靖初陈察撰、刘商书刻《常熟县儒学创建启圣公祠记碑》，嘉靖三十三年（1554）邓韨书、文徵明书并篆额《渐斋先生王公传碑》，嘉靖三十七年（1558）瞿景淳撰《常熟县重修庙学记碑》，嘉靖三十七年（1558）沈应魁撰、陆堂书、瞿景淳篆额《重修常熟县学记碑》，嘉靖四十四年（1565）王叔杲撰、周天球书《叙建院始末碑》，万历元年（1573）赵用贤撰《常熟县学三先生遗泽碑》，《常熟县重建启圣祠记碑》碑额，清康熙七年（1668）鲁超撰、程嵋书《重修常熟县儒学尊经阁记碑》，康熙二十八年（1689）张玉书书《四配碑》，《新建屏墙碑记》碑额，雍正三年（1725）《御制平定青海告成太学碑》，雍正十二年（1734）《捐修文庙助银碑》，《常昭各店铺输捐碑》，乾隆二年（1737）《详陈置备学宫礼器立案文碑》，乾隆十四年（1749）《御制平定金川告成太学碑》，乾隆二十四年（1759）《御制平定回部告成太学碑》，乾隆四十二年（1777）言朝樾书《学制复旧重新原案碑》，乾隆四十五年（1780）《论正士习碑》，同治十一年（1872）杨泗孙撰并书《重建先贤言子祠墓记碑》，《孔子家语碑》，庭燎石刻，以及移至此的乾隆十六年（1751）、乾隆二十二年（1757）言子墓《谕祭言子文碑》，《秦公暨配孺人秦氏墓志铭》（一合），《惟泽张公室杨氏合葬墓志铭》（一合），《周义成完粮便民水弄碑》，《王维周等人助银碑》及龟趺等大量石构件。另有《御制平定准噶尔告成太学碑》等现存常熟碑刻博物馆。其余现存拓片等情详见《常熟儒学碑刻集》（陈颖主编，苏州大学出版社，2018 年版）。

又有与之相关的明崇祯间《言氏储廪修造书院记碑》，现存常熟石梅园。

◎常熟学宫界碑

【时间】清

［常］熟学宫界

◎**常昭学宫界碑**

【时间】清

常昭学宫界

◎**言子专祠界碑**

【时间】清

言子专祠界

◎**常熟学前小学校碑**

【时间】1932

民国廿一年八月建立，/常熟学前小学校。

吴［曾善］。

常熟学宫界碑

言子专祠界碑

常昭学宫界碑

常熟学前小学校碑

◆常熟市徐市中心小学碑刻

常熟市徐市中心小学，位于常熟市董浜镇安庆路，紧邻智林禅寺。学校前身是清乾隆三十一年（1766）创建的智林书屋。后曾作智林初等小学堂、徐市乡第一初等小学校、常熟县立第二高等小学校、常熟县立徐市小学、抗日小学、徐市乡中心国民学校、常熟县徐市中心小学等。1983年改今名。2015年迁至今址。除点校者外，另有明正德十一年（1516）孙舟撰、姚奎书并篆额《明故耕乐徐君墓志铭》，崇祯四年（1631）钱谦益撰、申用懋书、陆问礼篆额《明故陕西按察司按察使绍虹徐公墓志铭》。

◎智林禅寺诗偈碑

【时间】1261

扁舟来访小丛林，/花木通幽院落深。/旋拂胡床成午梦，/闲持贝叶动秋吟。/竹声瑟瑟生虚籁，/山意峨峨入素琴。/更喜老纲能会事，/手携炉铫自相寻。/越之上虞李泰发宰常熟时，来/想梅李堤，同胜法鉴老人游智林，/因过妙鉴师房，对山抚琴，煮茶留/题。

政和戊戌七夕前三日偕/都巡刘深之到此，后官至/参政，讳光，号庄简公。

教授王伯广同游述

云暗雨点碎，/仆夫倦肩舆。/欣然得所寓，/潇洒僧家庐。/上人盖雅契，/浊酒不厌酤。/谁吹风竹声，/似亦供吾须。/呼童理衾枕，/便欲寻华胥。

当寺一讲主辞世颂

一个臭皮囊，累劫被渠恼。/几回脱了着，不省衣中宝。/咦！/今朝踏破五峰山，/处处唯心皆净土。

此师上讳道，字于。乾道壬寅十一月十二日写颂、沐浴、/更衣，安然坐脱。阇维之日，龙至化亭，有白鹤十二/只，自西而来，翱翔旋绕，烟□之处，鼓舞和鸣，从/西海去。识者云，乃师平日诵《十六观经》之功，所表其/瑞。火化时，下风行人但觉桂花之香。火后集/骨于圹中得红莲华一朵，合而未敷，状似七叶/环联其华，■灰。真世希有/之事也。现有■。

当寺通法师辞世颂

平生落魄，未得全觉。/今日方圆，脱了皮壳。/又云：/一咄一啜行，道芽即便生。/踢起西方路，直下证无生。

此师上讳了，字平生，嗜酒。于嘉熙元年岁次丁酉/正月二十七日言称有疾，翌日午时沐浴、更衣、端坐，/自称云："若仙鹤至时便打大钟，我即去矣。"须臾，白/鹤四十九只以至，遍与寺松。师云："汝等着精彩，吾/行也。"语罢入灭。阇维之日，群鹤迎空，佛香奠卓，/鼓乐喧嘹，缁素万人，阗塞相送。□风行人，唯/闻木栖之香。时景定一祀腊月八日，知寺净涓、/首座慧嵩、知常住希□、耆宿道辉、可宁、慧澄。/维那、志璿稽首敬书。/当寺沙门应禄重刊流通。平江■。

【说明】原为智林禅寺内碑，收有二诗二偈。据题跋中言"景定一祀腊月八日"可知，当为公元1261年1月17日所题。

◎智林社学记碑

【时间】1766

［智林社学记］

［邑之东乡有巨镇曰徐市，去支塘、梅李］两书院各十馀里。贫民子弟慕弦诵之乐，而苦

智林禅寺诗偈碑

智林社学记碑

其出入往来，/[未暇朝夕问业也。余尝以事至其乡，乃]相地于智林禅寺之旁，有已废僧房数楹，四围榆柳，清溪萦/[带。坐久闻钟磬音，叹曰：“此真读书地]也。”里中王氏昆仲度材捐资，改而新之，以为社学。工既竣，余即/[颜之曰智林书屋。固不必因名以立]异也夫。儒释之辨久矣，同与异，岂其名之谓哉？学者务其实，不/[争其名义各有取乎尔。智者，性之德]也。孟子言，是非之心，智之端；事亲从兄，智之实；而惟学乃所以/[致其知。致知者，扩充其知爱知敬]之良，以驯致乎无不知。此智之实德也。主斯席者与乡之人考[德/问业，进子弟而善导之，俾求之爱]亲敬长之间，以实其智。则智林之名诚不必有以易也。而[是举为/不可废矣。门堂庑若干楹、田若干亩。]捐输姓氏，例得附书，因记[以勒之石。]

[赐进士出身、文林郎、知昭文县事、江南庚辰、乙酉]科乡试同[考官加三级纪录五次康基田撰。]

[乾隆三十一年八月]谷[旦。]

【说明】今碑残，据旧拓补苴。原碑后附学田亩数及捐输姓氏。

◆游文书院碑刻

游文书院，位于常熟市虞山街道石梅（路名）。雍正三年（1725）督粮道杨本植始建。曾作常昭学堂。后曾作石梅高等小学堂、常昭公立高等小学堂西校、石梅公校、竞化两等女子学堂、常熟县立女子高等小学校、常熟县立石梅小学、常熟县虞城镇石梅中心国民小学校、常熟县石梅中心小学、常熟师范附属小学、常熟县石梅小学、常熟县红梅小学、常熟县石梅小学、常熟市石梅小学幼儿园等，今部分院址仍位于常熟市石梅小学内，另有部分建筑位于常熟市书画院内。近年又于此域发掘出招真治（后称致道观）之碑多方。

◎修致道观记碑

【时间】1714

修致道观记

夫神仙不概见，然记籍所载，前史所传，较而论之，/不可诬也。仙之行高品异，往往在勋名功业之外/自著灵奇。世之褰裳攘臂、陆沉囗壒之境，而侥/幸恣睢于金玉锦绣、声色玩好之场，迷不知返者/不啻万倍。盖其置身云霄万里之上，不可纵迹。古/之神仙，即古之豪杰也。譬之于世，如草之有兰，味/之有茗，臭之有香，木之有古松老梅，乃天地清淑/之气所积而生者也。故其致与山水，近与市朝，囗/与异石古木哀吟清唳近，与尘埃远；与烟云飘渺/幽遐之觃近，与繁嚣之哭大远。虞山致道观，在山/之麓。山以石胜，石脊回峙，峰峦刺天，萦纡青紫。汉/天师道裕立招真治，时产高人。观虽邻城市，而致/自殊邈，斯亦天地清淑之气所成，神仙之所近者/也。殿有二。前殿皆楠木，年久，两廊俱圮，梁蠹其一。/后殿前廊亦圮，梁蠹其二，岌岌欲堕，势甚危。观门/又邻牧圉，戎马蹂躏，秽气四塞，香火囗寂已五十/馀祀矣。余登临见之，每叹曰：斯清淑之境，必有清/淑之人起而修之，庸妄人无能为也。时节因缘自/有在矣。辛卯秋杪，偶谒见晓慕先生于绿圃园，/语及道观古迹，先生慨然捐资，以为修葺，倡鸠工/聚材。壬辰二月之吉为始，命余董其事。余悉力经/画，废者兴之，坏者完之，栋楹梁桷之朽腐挠折者/易之，盖瓦级砖之破败颓废者治之，一一皆如其/旧。又于大殿后造厢楼，东西各六间，使相连属，以/便居守。甲午四月，复建弥罗宝阁五楹，供养/昊天上帝，

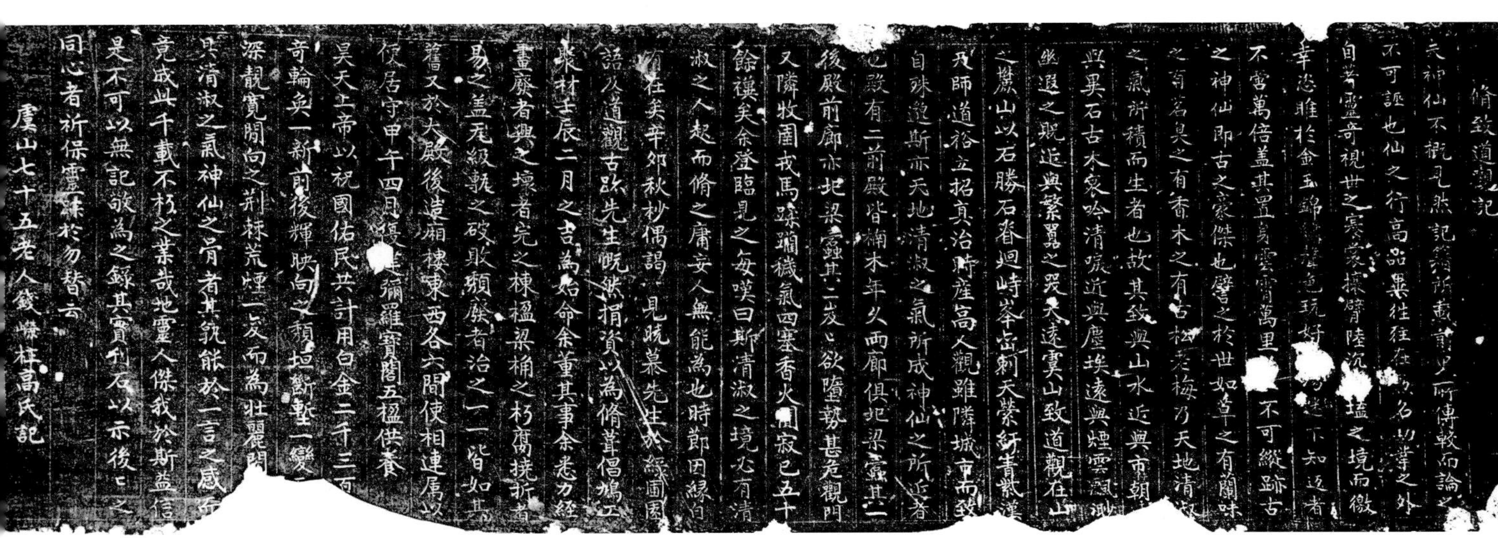

修致道观记碑

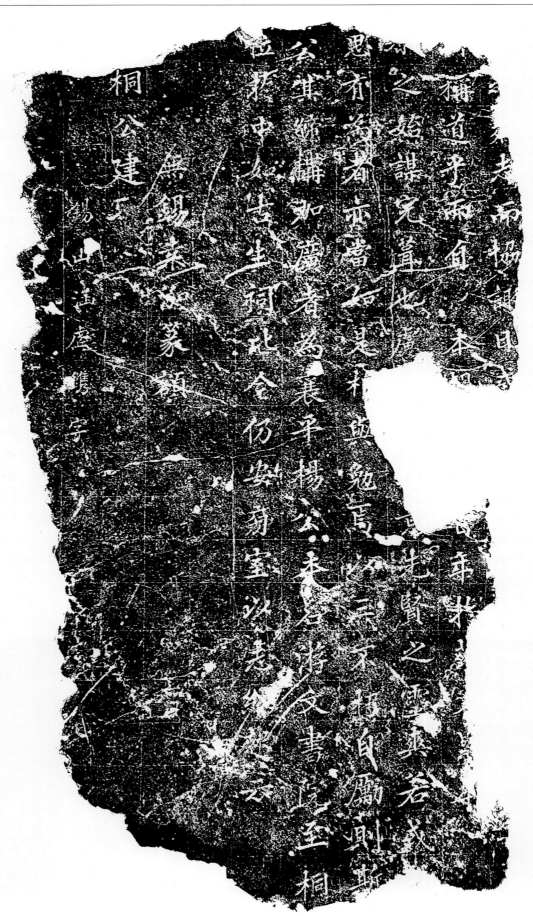

重修虞山书院移祀商相巫公碑记（局部）

以祝国佑民，共计用白金二千三百□／奇。轮奂一新，前后辉映。向之颓垣断堑，一变而为／深靓宽闲；向之荆棘荒烟，一变而为壮丽闳□。□／具清淑之气、神仙之骨者，其孰能于一言之感而／竟成此千载不朽之业哉！地灵人杰，我于斯益信，／是不可以无记。敬为之录其实，刊石以示后，后之／同心者，祈保灵踪于勿替云。

虞山七十五老人钱崃柱高氏记。

【说明】碑刻未详年号，据丁祖荫考为康熙甲午年（1714）勒石。

◎**重修虞山书院移祀商相巫公碑记**

【时间】1743

［虞山书院在山之麓，距使署百馀步，重门东乡，内为重屋南乡，今为课士之所，山长居之。少西有堂，亦南乡，堂前老桂数株，／藤萝萦带，后则翠竹千竿。缘坡而上，阴森极目，岩石耸峙。踞石而望，东西两湖如在几席下。余以署使篆莅虞，集士校艺，为／徘徊久之。爱其幽胜，而惜其浸颓坏也，乃偕邑令葺而完之，期无废旧观而已。重门之外，稍北附墙，破屋数椽，不能蔽风雨。／余初意为民居，未遑过问也。客有谂余者，曰："公亦知此为商相巫公木主所寓乎？"余亟问故，则曰："巫公父子相商有功德，见／《书·君奭篇》；其为邑人，见梁昭明太子所撰《招真治碑》及《史记正义》。今其苗裔犹仅存，旧有专祠在城西，明季废为营署，木主／无归，凡再迁而后寓诸此也。祀事之弗虔也，后裔之式微弗克振起也，支帑于官而私诸其橐，盖巫公之匮祀已数年矣。"余为／蹙然叹息。客又曰："往者邑中之老尝以移祀书院言于当事，下有司议，或以书院行就圮，修葺为难，或以巫氏之后将因而侵／踞，弗果行也。今公既易其所难矣，后来者体公德意，间一再期而修治之可以久，公其从所请乎？"余曰："善！虽然，讲习之地／不可以辍也，唔咿之声不可以渎也。若奉主于少西之堂，修篁老干，荫映后先，神所凭依，宜无易此。况书院之迹悉仍其旧，／包络于祠堂之外，虽欲侵踞，无由矣。"爰稽诸县牒而信，质之众志而协，诹日戒事，奉二相之主以告而安焉。於戏！士君子立／身行道，得挂名于史氏记，斯已难矣！况其见于经，为周孔所］称道乎？而自本朝［以来百］年于［兹，又累奉／恩诏，加意先贤祠墓，而木主播迁，享尝几废，谁之咎也？］余之始谋完葺也，虑［未及此，］意先贤之灵爽若［或启之，因缘遘会，适／惬于邦人士之愿乎？继自今群士肄业于斯，肃容瞻拜，思］有为者，亦当如是。相与勉焉，以三不朽自励，则斯［举也，于教事不／为无助。余窃有厚望焉。书院之规始者，前参议三原］刘公；其缔构加广者，为襄平杨公。本名游文书院，至桐［城姚公，易今名，／而藉以课士，讲席迄今不替也。初，杨公去任，邑人□公］位于中，如古生祠。比今仍安旁室，以志缘起云。

［诰授中宪大夫、知苏州府事觉罗雅尔哈善撰。］

［赐进士出身、前内阁学士、兼礼部侍郎、嘉善许王猷书。］无锡袁泓篆额。

［常熟县知县石屏陈奠纕、昭文知县武安韩］桐公建。

［大清乾隆八年岁次癸亥冬十一月　日立石，］锡山涵虚镌字。

【说明】碑残，据常熟图书馆藏拓片补苴。

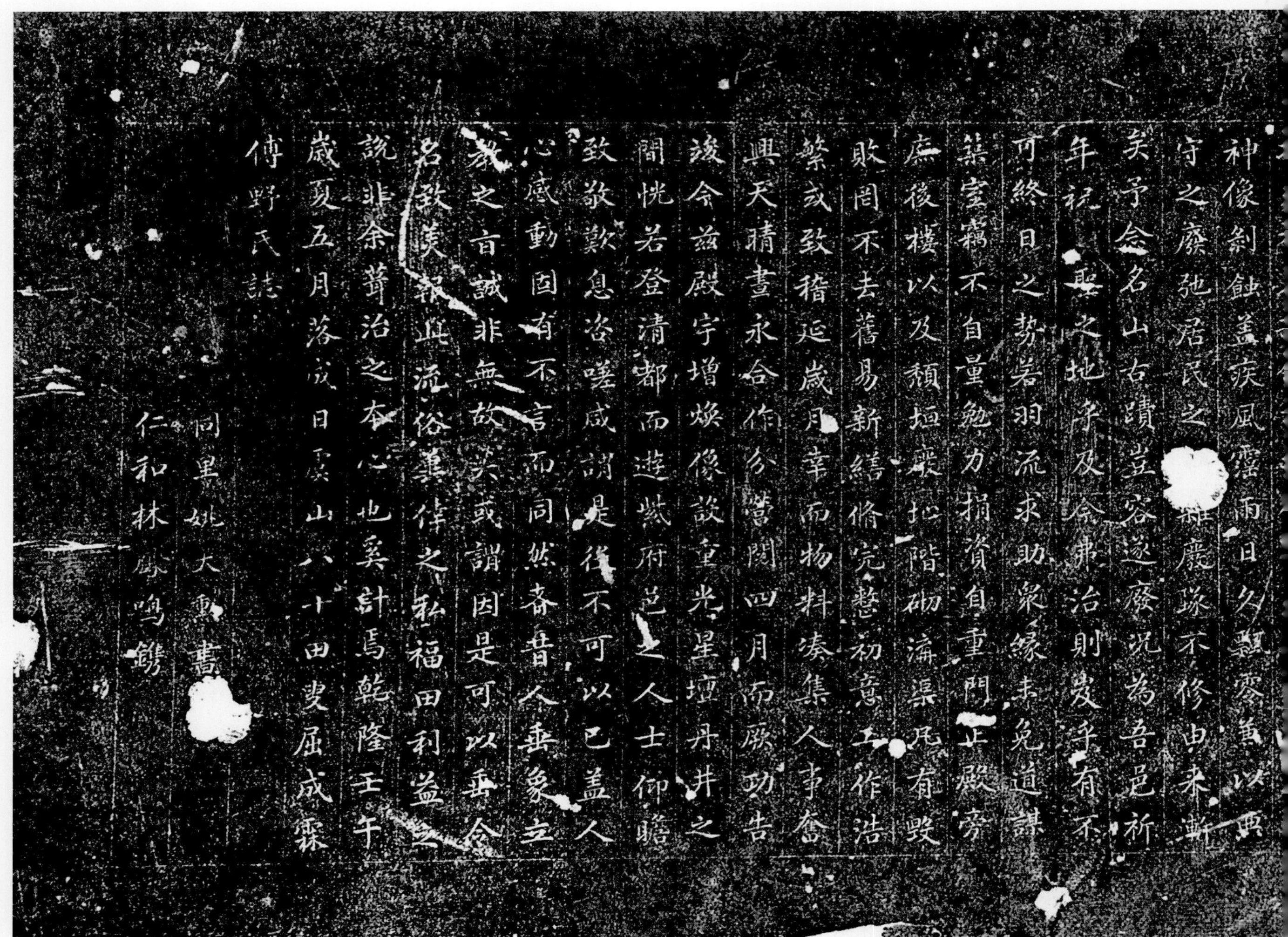

◎**重修致道观纪略碑**

【时间】1762

重修致道观纪略

从来“圣人以神道设教”，其关于世道人心／者，岂浅鲜哉？中古以降，世道渐微，人心滋／伪。天人感应之理，视听明威之故，不足以／警发愚蒙。老氏降生，以五千言开宗明义，／觉悟群迷。然而经文秘典、法旨玄修，又未／必能遍晓斯人也。嗣后真人辈出，大阐宗／风，爰设象以立教。琳宫贝阙，岌嶪相望，玉／相金容，昭布森列，明示以帝鉴之在兹，神／灵之来格。瞻礼之下，无不肃然起敬，惕然／动其天良者，人心知警，而世道即赖以常／存。吾虞西城致道观，自梁天监中，嗣天师／张道裕开基创立，初号招真治，旋改乾元／宫。宋政和七年，敕赐今额。历今千二百馀／年，废兴莫可深考。宋天圣时，金阙寥阳殿／尚存遗构，县令胡公晏复建紫微后殿。至／和、治平间，道士李则正继续兴修，恢复旧／观。元延祐中，州守王公英捐资葺治。前明／隆万间相国严公讷、侍御钱公岱两次修／理，而邑志未载，有微意焉。本朝康熙甲／午岁，郡绅

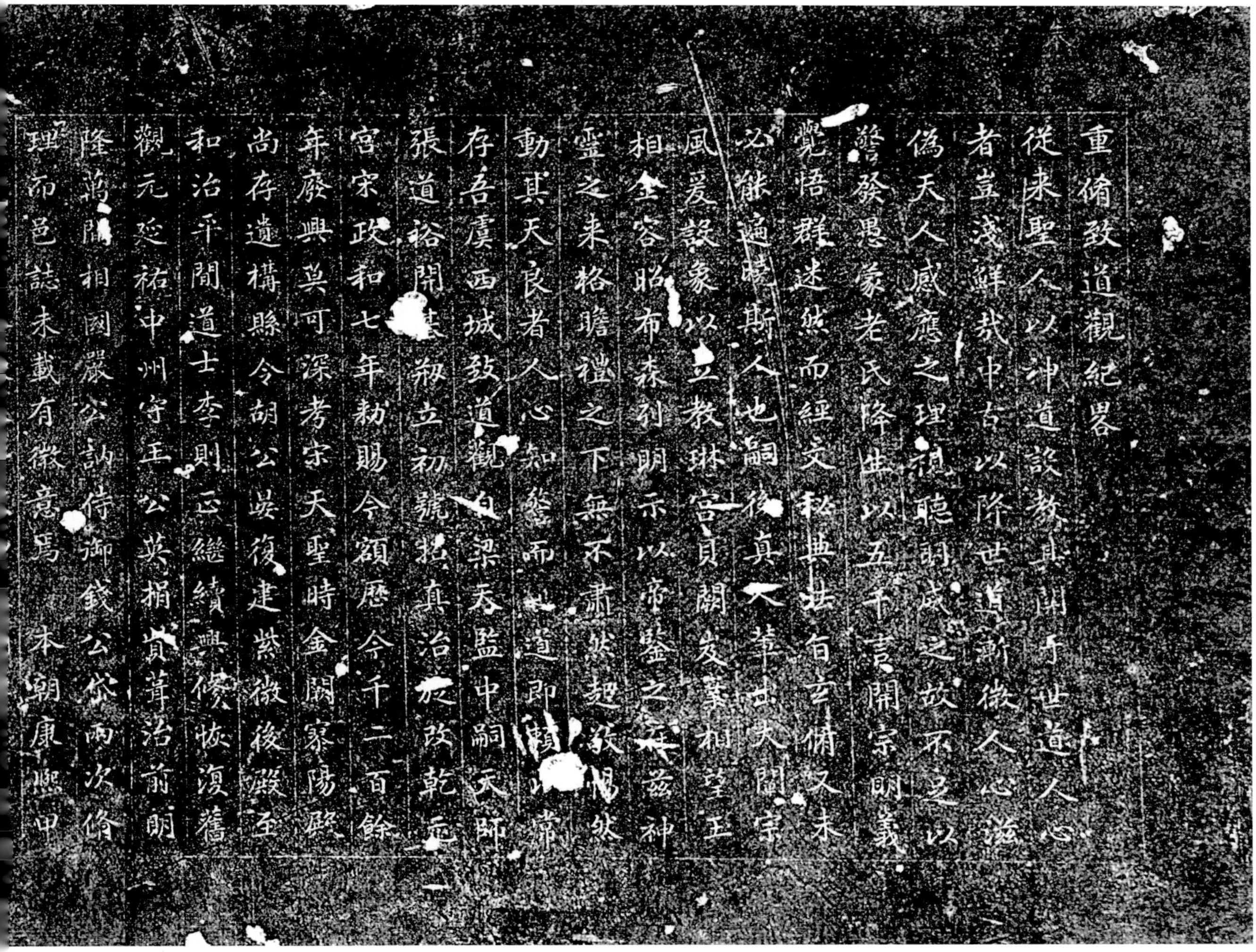

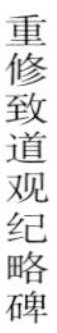

给谏慕公琛增建弥罗宝阁，制／尤完备，今仅五十馀年，而栋榱朽腐，瓴甓／摧残，柱石欹斜，垣墉倾倒，以致宝座尘蒙，／神像剥蚀，盖疾风淫雨，日久飘零，兼以典／守之废弛，居民之□杂，废坠不修，由来渐／矣。予念名山古迹，岂容遂废，况为吾邑祈／年祝圣之地乎？及今弗治，则岌乎有不／可终日之势，若羽流求助众缘，未免道谋／筑室，窃不自量，勉力捐资，自重门正殿旁／庑后楼，以及颓垣废址、阶砌沟渠，凡有毁／败，罔不去旧易新，缮修完整。初意工作浩／繁，或致稽延岁月，幸而物料凑集，人事奋／兴，天晴昼永，合作分营，阅四月而厥功告／竣。今兹殿宇增焕，像设重光，星坛丹井之／间，恍若登清都而游紫府，邑之人士仰瞻／致敬，叹息咨嗟，咸谓是役不可以已，盖人／心感动，固有不言而同然者，昔人垂象立／教之旨，诚非无故矣。或谓因是可以垂令／名，致美报，此流俗冀倖之私，福田利益之／说，非余葺治之本心也，奚计焉？乾隆壬午／岁夏五月落成日，虞山八十田叟屈成霖／傅野氏志。

同里姚大勋书。

仁和林凤鸣镌。

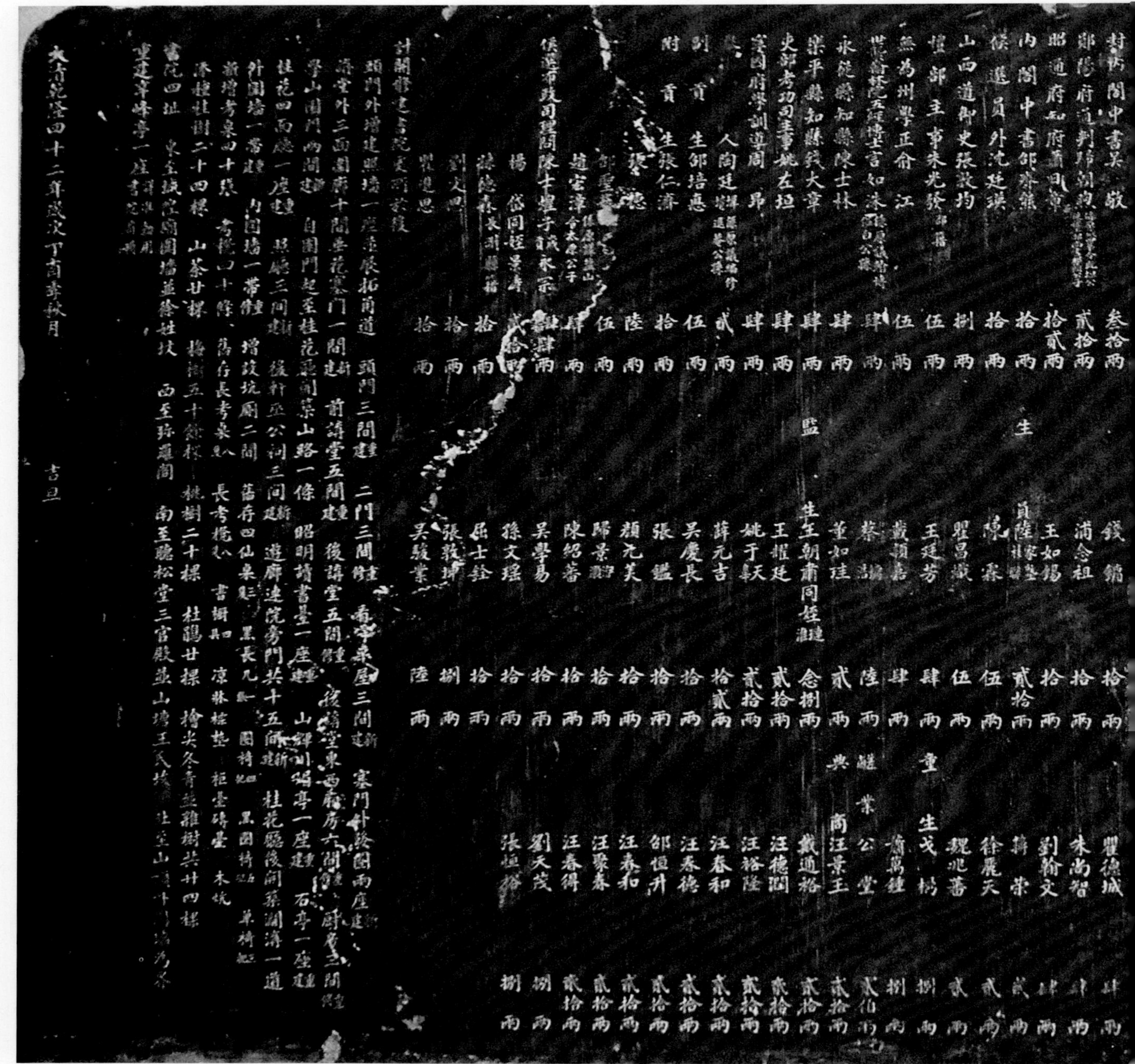

◎**共建游文书院文契及助银明细碑**

【时间】1777

康熙六十一年庚子，合邑绅士公建游文书院原议／立公同文契。常熟绅士言倡白、陶退庵、汪隐湖、蒋复轩、苏幼清、谢日三、翁秋允等为有读书里山房一所，向系前任道宪刘用价置／买公馆，刘去任后，令嗣刘素中将产变卖料理未完，邑中绅士思此地原系名迹，应为士子会文之所，众襄义举，前后契买共价壹／千贰伯贰拾两正。但屋虽公置，修葺无资，目前已就倾颓，使产业非有专归，日久渐成瓦砾。幸遇道宪杨公祖欲于政事之暇课／士会文，而未有胜地，因公恳，杨公祖捐俸伍伯两，目前为房屋起造之费，日后为会课供给之资，诚为一举两得。在原主刘既经／绝卖，在邑中绅士前出屋价。本系公捐，此时自须公议，使名迹课士各有攸赖，永永各无异言，欲后有凭，因立公同文契为照。

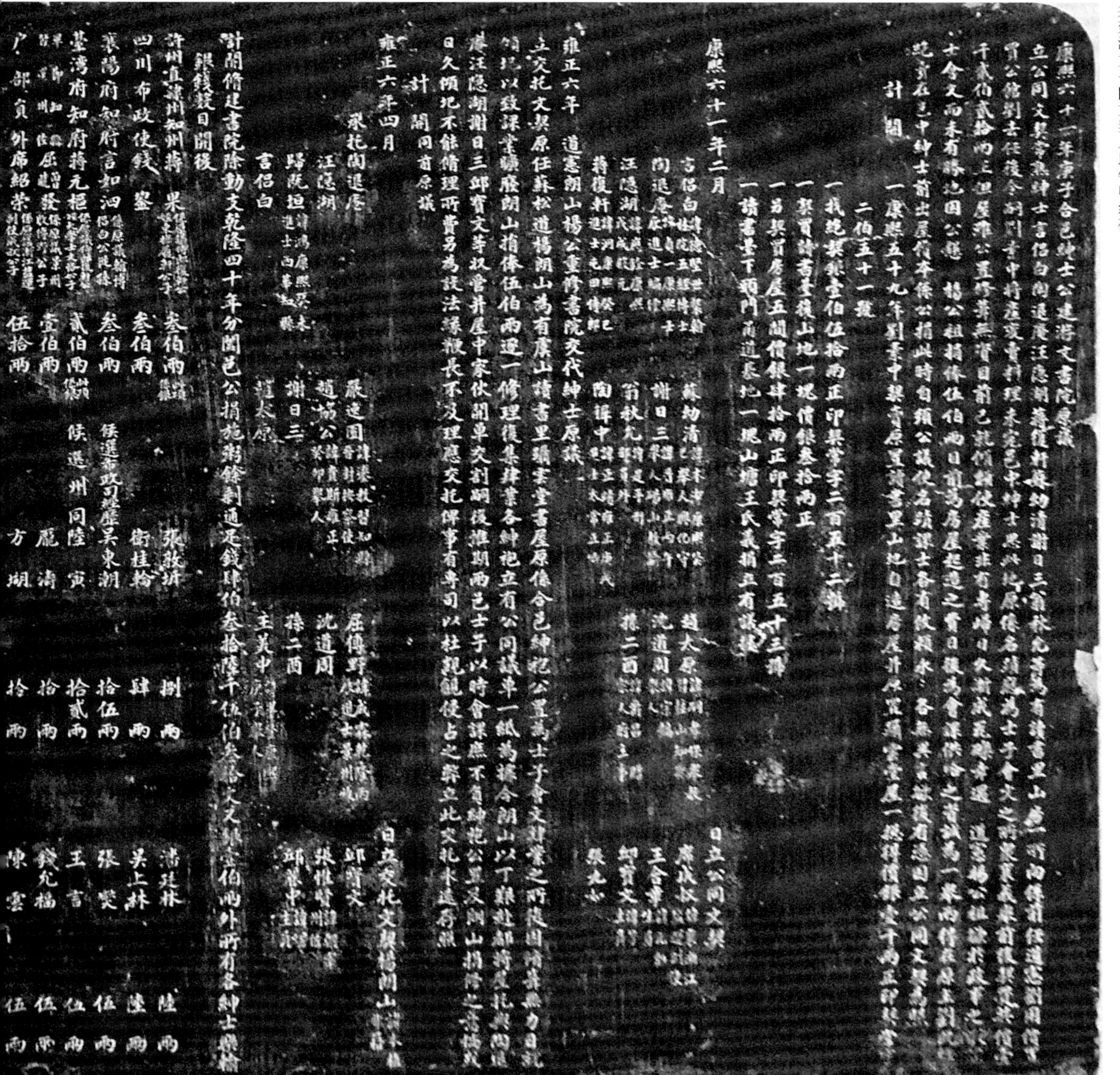

计开：一、康熙五十九年刘素中契卖原置读书里山地自造房屋并原置蹑云堂屋一，总得价银壹千两正，印契常字/二伯五十一号。

一、找绝契银壹伯伍拾两正，印契常字二百五十二号。

一、契买读书台后山地一块，价银叁拾两正。

一、另契买房屋五间，价银肆拾两正，印契常字二百五十三号。

一、读书台下头门甬道基地一块，山塘王氏义捐，立有议据。

康熙六十一年二月　日立公同文契。

言侣白（讳德坚，世系翰林/院五经博士）、/陶退庵（讳贞一，康熙壬辰/进士，编修）、/汪隐湖（讳应铨，康熙戊戌/殿元）、/蒋复轩（讳洞，康熙癸巳/进士，屯田侍郎）、/苏幼清（讳本洁，康熙癸/巳举人，兴化守）、/谢日三（讳晋，雍正丙午/举人，砀山教谕）、/翁秋允（讳是平，刑／部员外）、／陶稺中（讳正靖，雍正庚戌／进士，太常正卿）、／赵太原（讳嗣孝，保举教／习，盐山知县）、／沈道周（讳宗镐，／举人）、／孙二酉（讳爵昌，赠／宗人府主事）、／席成叔（讳襄，浙江／盐运副使）、／王含章（讳元勋，／生员）、／邱宝文（讳芳，／生员）、／张九如。

雍正六年，道宪朗山杨公重修书院交代绅士原议／立交托文契。原任苏松道杨朗山为有虞山读书里蹑云堂书屋原系合邑绅袍公置为士子会文肄业之所，后因修葺无力，日就／倾圮，以致课业旷废，朗山捐俸伍伯两，逐一修理，复集肄业，各绅袍立有公同议单一纸为据。今朗山以丁艰赴都，将屋托与陶退／庵、汪隐湖、谢日三、邱宝文等收管，并屋中家伙开单交割。嗣后，惟期两邑士子以时会课，庶不负绅袍公置及朗山捐修之意。倘或／日久倾圮，不能修理，所费另为设法，缘鞭长不及，理应交托，俾事有专司，以杜觊觎侵占之弊。立此交托，永远存照。

计开：同前原议。

雍正六年四月　日立交托文契。杨朗山（讳本植，／旅籍）。

承托：陶退庵、／汪隐湖、／归既垣（讳鸿，康熙癸未／进士，西华知县）、／言侣白、／严逸园（讳鋆，教习，知县，／晋封按察使）、／赵协公（讳贵斯，雍正／癸卯举人）、／谢日三、／赵太原、／屈傅野（讳成霖，乾隆丙／辰进士，景州牧）、／沈道周、／孙二酉、／王美中（讳毕登，康熙／庚子举人）、／邱宝文、／张惟贤（讳朝宰，／州佐）、／邱丽中（讳煜，／生员）。

计开：修建书院除动支乾隆四十年分阖邑公捐施粥，馀剩通足钱肆伯叁拾陆千伍伯叁拾文，又银壹伯两外，所有各绅士乐输／银钱数目开后。

许州直隶州知州蒋果（系原议侍郎复轩公／侄，东抚履轩公子）叁伯两（此项／系银）。／四川布政使钱鋆叁伯两。／襄阳府知府言如泗（系原议翰博／侣白公从孙）叁伯两。／台湾府知府蒋元枢（系原议侍郎复轩公／侄，大学士文恪公子）贰伯两。／毕节知县屈曾发、／候选州佐屈晓发（系原议景州／收傅野公子）壹伯两。／户部员外席绍荣（系原议浙江盐运／副使成叔公子）伍拾两。／封广顺州知州席永世肆拾两。／莨州知州孙嗣孝捐峰石一座，价／值叁拾贰两。／杭州府知府邵齐然叁拾两（此项／系银）。／仓场户部侍郎蒋赐棨（系原议侍郎复轩公／侄，大学士文恪公子）叁拾两。／封内阁中书吴敬叁拾两。／郧阳府通判归朝煦（系原议西华令既垣公／从孙，工部尚书昭简公子）贰拾两。／昭通府知府萧日章拾贰两。／内阁中书邵齐熊拾两。／候选员外沈廷瑛拾两。／山西道御史张敦均捌两。／礼部主事朱光发（郡籍）伍两。／无为州学正俞江伍两。／世袭翰林院五经博士言如洙（系原议翰博／侣白公孙）肆两。／永从县知县陈士林肆两。／乐平县知县钱大章肆两。／吏部考功司主事姚左垣肆两。／宁国府学训导周昂肆两。／举人陶廷墀、／陶廷堉（系原议编修／退庵公孙）贰两。／副贡生邵培德伍两。／附贡生张仁济拾两。／张德陆两。／邵圣艺伍两。／赵宏漳（系原议盐山／令太原公子）肆两。／候选布政司理问陈士煌子（岁／贡）永宗肆／拾肆两。／杨岱同侄景涛贰拾两。／孙德森（长洲县籍）拾两。／刘文思拾两。／瞿进思拾两。／张敦圻捌两。／卫桂轮肆两。／候选布政司经历吴东潮拾伍两。／候选州同陆寅拾贰两。／庞涛拾两。／方瑚拾两。／职员顾德珪同侄景灏肆拾两。／严朝鼎同侄祖蟾贰拾两。／卫濂捌两。／贡生赵德芝捐钱拾两，又捐田／计价乙百二拾两。／内徐载庚二拾两。／钱镛拾两。／浦念祖拾两。／王如锡拾两。／生员陆家塾、／陆桂联贰拾两。／陈霖伍两。／瞿昌炽伍两。／王廷芳肆两。／戴颖嘉肆两。／蔡镛、／蔡浩陆两。／董如珪贰两。／监生王朝肃同侄琏、／淮念捌两。／王耀廷贰拾两。／姚于天、姚于皋贰拾两。／薛元吉拾贰两。／吴庆长拾两。／张鉴拾两。／颜元美拾两。／归景泙、／归景灏拾两。／陈绍蕃拾两。／吴学易拾两。／孙文瑶拾两。／屈士铨拾两。／张敦坤捌两。／吴骏业陆两。／潘廷林陆两。／吴上林陆两。／张燮伍两。／王言伍两。／钱允福伍两。／陈云伍两。／赵祖培伍两。／赵永基伍两。／柏济肆两。／沈济肆两。／瞿德城肆两。／朱尚智肆两。／刘翰文肆两。／蒋荣贰两。／徐丽天贰两。／魏兆蕃贰两。／童生戈棉捌两。/萧万锺捌两。/鹾业公堂贰伯两。/典商汪景玉贰拾两。/戴通裕贰拾两。/汪德润贰拾两。/汪裕隆贰拾两。/汪春和贰拾两。/汪春德贰拾两。/邵恒升贰拾两。/汪春和贰拾两。/汪聚春贰拾两。/汪春得贰拾两。/刘天茂捌两。/张恒裕捌两。

计开：修建书院处所于后。

头门外增建照墙一座，并展拓甬道。头门三间（重/建），二门三间（重/修），看守平屋三间（新/建），塞门外发圈两座（新/建），/讲堂外三面围廊十间，垂花塞门一间（新/建），前讲堂五间（重/建），后讲堂五间（重/修），后讲堂东西厢房六间（重/修），厨房三间（重/修），/学山园门两间（新/建）。自园门起至桂花厅开筑山路一条，昭明读书台一座（重/建），山辉川媚亭一座（重/建），石亭一座（重/建），/桂花四面厅一座（重/建），照厅三间（新/建），后轩巫公祠三间（新/建）。游廊连院旁门共十五间（新/建）。桂花厅后开筑涧沟一道。/外围墙一带（重/建），内围墙一带（重/修）。增设坑厕二间。旧存四仙桌（三只），黑长几（一/张），圈椅（四/把），黑圈椅（五/把），单椅（三/把）。/新增考桌四十张，考凳四十条。旧存长考桌（八/只），长考凳（八/只），书橱（四/具），凉床棕垫，柜台砖台，木炕。/添种桂树二十四棵，山茶廿棵，梅树五十馀棵，桃树二十棵，杜鹃廿棵，桧尖冬青并杂树共廿四棵。

书院四址：东至城隍庙围墙并徐姓坟，西至弥罗阁，南至听松堂三官殿并山塘王氏坟，北至山顶外围墙为界。

重建辛峰亭一座（详准动用/书院捐项）。

大清乾隆四十二年岁次丁酉季秋月吉旦。

◎重修石梅游文书院碑记

【时间】1777

重修石梅游文书院碑记

虞山在江南诸山中最秀，其北麓有游文书院在焉。/盖取《汉书》所谓“游文六经之中”，而又合于邑先贤子/游子之文学，此前人命名之义所由来也。溯自/国朝康熙庚子，邑绅言翰博讳德坚、陶编修讳贞一诸人/醵金购址，请于前观察朗山杨公，爰创规模。嗣是拨/田规画，为师生膏火。数十年来，鸿儒硕彦，多出其中，/是虞山固毓材地，而书院又储材薮也。顾岁久弗葺，/将就颓圮。余莅兹土，尝试士于其中，见敝陋殊甚，方/与两邑宰谋所以缮治之。适邑之绅士咸请曰：“有昔/岁捐赈余资在，可办也，不足则愿以私财益之。”余嘉/此邦士大夫之勇于好义，亟白之大吏，得报可，乃筮/日庀材，讲堂学舍一撤而新之，下至庖湢器皿，/罔弗毕具。又虑诸生肄业其中，或无以发舒精神，涵泳机/趣也。院之东故有梁昭明太子读书台，台下植老梅/数十本；又西偏有堂，堂前古桂数株，盘郁可爱；后则/缘坡北上，松篁掩霭，蒙泉出焉。向为名胜地，游者趾/相错。今则另辟一径，自读书台之右绕出院后，而达/于西堂。其南复构三楹，祀商相巫贤父子，名其园曰/学山，俾诸生诵读之暇，得以荫茂树、俯流泉，天机自/来，会心不远，以息游为藏修之助。于是书院之事大/备。是举也，院则仍其旧，而园则谋其新，诸生其顾名/思义，绩学砥行，缅言子流风则思前贤弦歌之化，抚/昭明遗迹则思古人读书之勤，缅巫相乂王家则思/人臣康济之略，将必有奋一篑之进，而不甘于九仞/之亏者。人材辈兴，蔚为世用，以仰副我/圣天子蒸士育材至意，则书院之设，其不徒矣。经始于乾/隆四十二年夏五月，落成于是年十月。邑之绅士以/碑记请，用志颠末于石。时董斯役者，襄阳言太守名/如泗；襄事者，封中书吴君名敬、封主事姚君名大勋/也。又山椒旧有辛峰亭，岁久亦圮，形家谓地脉所系，/因并新之。八十老人州同李维铨、盐大使郭汾、庠生/郭钰实克赞其成。书石者，为贵池令言君朝楫云。

诰授中宪大夫、江苏督粮巡道、署江苏按察使、长白苏凌/阿撰文。

常熟县知县常养蒙、昭文县知县林培选、儒学教谕胡青芝、/儒学借补训导奚世麟。

承行平振声、/金玉文。

刻者刘希圣。

【说明】系清乾隆四十二年（1777）邑人言如泗等集资重修游文书院时立。

◎招真治孙尊师修复殿宇记碑

【时间】1824

■厥后/代有高真宗风弗替。/国朝康熙时□明元、缪锺/辰两炼师并以道行精严，/名重吴会，嗣其席者为朱/丹成，为李芳城，为陆松山、/石永安。今住持孙培昌则/永安之弟子也。家本儒素，/幼好老庄，管领仙治，德望/日隆，高情远志，常寄烟霄，/而堂构贻留，经营弗怠。自/乾隆庚戌，修葺山门，募建/元坛殿。嘉庆癸亥，又于殿/旁古梅树下造屋五间，而/文昌殿、江东神祠、斗母阁、/雷尊殿、李烈士祠，以次兴/修，举无废坠。至道光壬午■。

【说明】今碑残。据民国《重修常昭合志》，可知此碑当为道光四年（1824）《招真治孙尊师修复殿宇记碑》，陶贵鉴撰，郭辙书。

重脩石梅游文書院碑記
虞山在江南諸山中㝡秀其北麓有游文書院在焉
蓋取漢書所謂游文六經之中而又合於邑先賢子
游子之文學此前人命名之義所由來也溯自
國朝
康熙庚子邑紳言翰博諱德堅陶編脩諱貞一諸人
醵金購址請於前觀察朗山楊公旻創規模嗣是撥
田規畫為師生膏火數十年來鴻儒碩彥多出其中
是虞山固毓材地而書院又儲材藪也顧歲久弗葺
將就頹圮余涖茲土嘗試士於其中見敝陋殊甚方
與兩邑宰謀所以繕治之適邑之紳士咸請曰有昔
歲捐賑餘貲在可辦也不足則願以私財益之余嘉
此邦士大夫之勇於好義亟白之大吏得報可乃鳩
日庀材講堂學舍一撤而新之下至庖湢器皿罔弗
畢具又慮諸生肄業其中或無以發舒精神涵泳機
趣也院之東故有梁昭明太子讀書臺臺下植老梅
數十本又西偏有堂堂前古桂數株盤欝可愛後則
緣坡北上松篁掩靄蒙泉出焉向為名勝地游者趾
相錯今則另闢一徑自讀書臺之右遶出院後而達
於西堂其南復搆三楹祀商相巫賢父子名其園曰
學山俾諸生誦讀之暇得以蔭茂樹俯流泉天機自
來會心不遠以息游為藏脩之助於是書院之事大
備是舉也院則仍其舊而園則謀其新諸生其顧名
思義績學砥行細言子流風則思前賢弦歌之化撫
昭明遺跡則思古人讀書之勤緬巫相父子家則思
人臣康濟之略將必有富一簣之進而不甘於九仞
之虧者人材華興蔚為世用以仰副我
聖天子菸士育材至意則書院之設其不徒矣經始於乾
隆四十二年夏五月落成於是年十月邑之紳士以
碑記請因誌顛末於石時董斯役者襄陽言太守名
如泗襄事者封中書吳君名敬封主事姚君名大勳
也又山樹舊有年峰尊者久亦圮形家謂地脉所鍾
因并新之八十老人州同李維銓鹽大使郭洛庠生
郭鈺實竟其成書石者為貴池令言君朝楫云
誥授中憲大夫江蘇督糧巡道署江蘇按察使長白蘇凌
阿撰文
常熟縣知縣繆蒙 儒學教諭胡青芝
昭文縣知縣林培選 教諭借補訓導吳世麟
承行 金平 王振 文凝
刻者劉希聖

重修石梅游文书院碑记

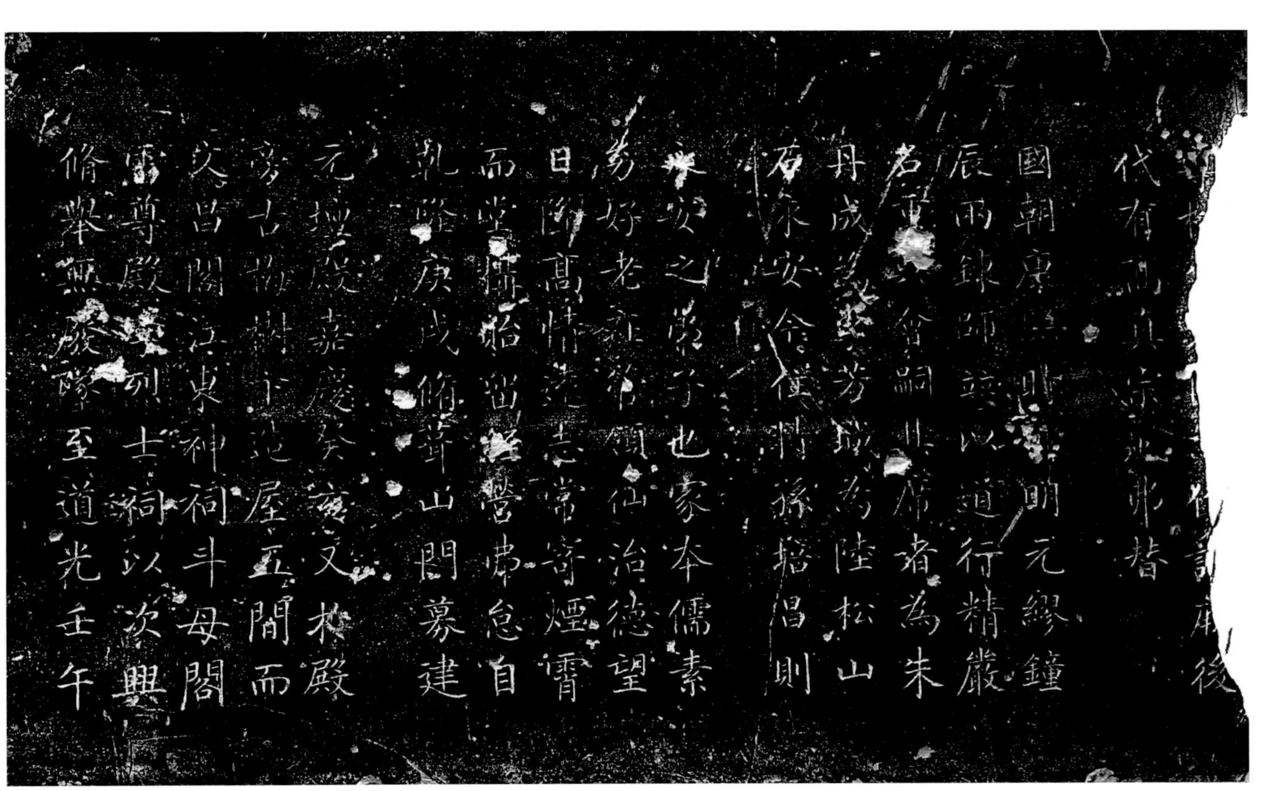
[illegible]廟後
代有高真崇祀弗替
國朝康熙[illegible]明元繆鍾
辰雨錄師兹以道行精嚴
名重[illegible]曾嗣其席者為朱
丹成[illegible]芳璣為陸松山
本來安命[illegible]徒孫搢昌則
[illegible]安之徒子也家本儒素
翁好老莊學領仙治德望
日隆高情逸志常寄煙霄
而堂構[illegible]留[illegible]營弗息自
乾隆庚戌偹葺山門募建
元壇殿嘉慶癸亥又於殿
旁古梅樹下建屋五間而
文昌閣江東神祠斗母閣
雷尊殿[illegible]列士祠以次興
脩舉無廢墜至道光壬午

招真治孙尊师修复殿宇记碑

◎重浚丹井记碑

【时间】1834

重浚丹井记

予尝登致道观极北之弥罗阁，临眺／其后，而悟刘氏之蹑云山房、今改为／游文书院者，皆观中地也。丹井在阁／东北，井先而阁后也。井之去山房，数／武间耳，而垣隔之。及读先正沈钧元／先生《丹井书屋记》，谓昭明读书台为／井而筑，则面势可指也。有云石亭之／敝者，新之，环以卉竹，移植丛桂。今院／后石亭岿然，桂树婆娑连蜷，真数百／年物。则今之书院即昔之书屋，殆无／疑义矣。夫陵谷犹未变迁，而门径分／歧东西，几为易位。举似世人，容有未／遽信者。沿革之难稽，赖有灵迹以表／志之耳。予少艳丹井之名，而不知其／閟于阁下，至形诸梦寐。及偕吴大顼／儒、陈君子准游观中，始求得之。摩挲／银床，如归宝所。已而再三至焉。癸甲／之间，杜门读《礼》，不理游屐者累年。戊／子岁重来井上，则井已堙。惊询羽流，／云："水溢之后，甃坏而遂泥也。"予友沈／君镜斋，达识而练事，为先生十世孙。／予以家山名胜，不可当我世而听其／沉埋也，为言："此君家遗泽，盍料理之！"／君欣然自任。比壬辰之冬，浚治一新。／匠氏不慎，未几复堙。越癸巳秋，再施／工，作完，固而加谨焉，乃还旧观。邑人／屈君心梅，实董其役，虽间资众力，而／创始修复之功，则缘起于君之远绍／先芬也。虽然，书屋既易而为书院矣，／则是井也，奚必私之沈氏乎？天下之／宝，当与天下共之；天下之奇，当与天／下赏之。目前之境随改，而奇宝之本／然者，不与之俱改焉。徼于有欲，而妙／于无欲。钧元先生复起，其必以予为／知言也夫。

道光十有四年夏六月壬子日，邑人邵渊耀记，许洛书。

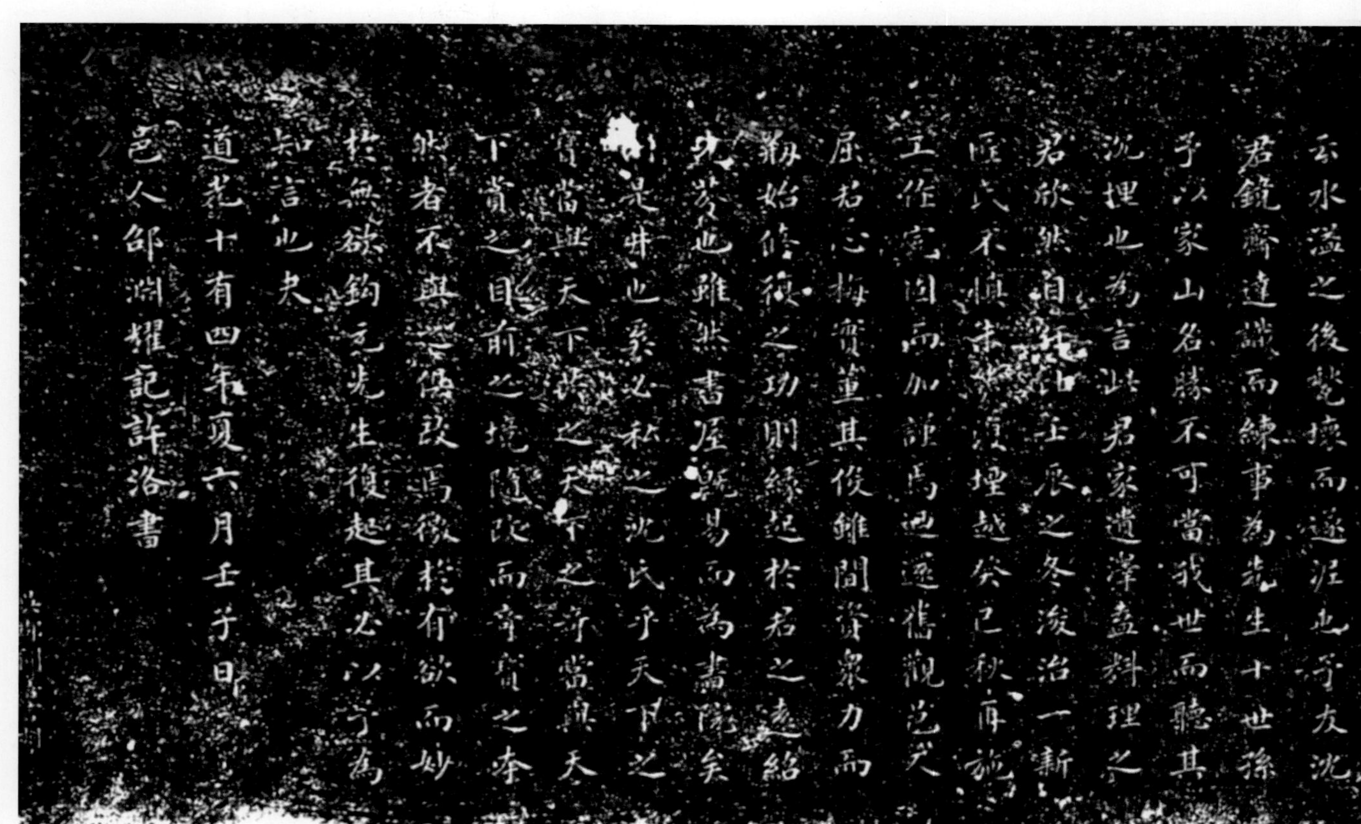

吴郡闻善言刻。

◎**虞山摩崖石刻**

【时间】不详

流云壑

子若

橘仙磴

流云壑

橘仙磴

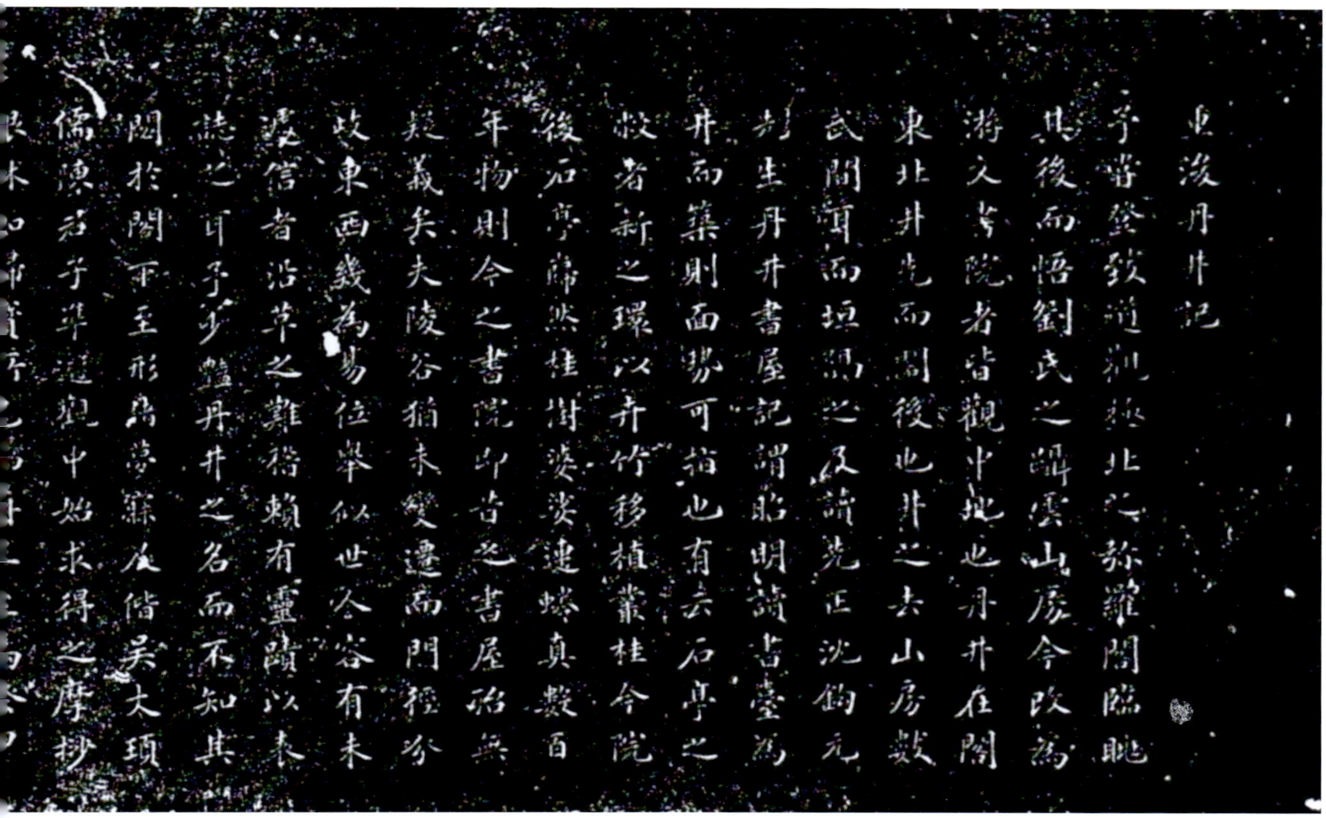

重浚丹井记碑

◆原常熟市冶塘中心小学（李王庙）碑刻

李王庙，祀宋人、忠正王李禄。位于常熟市尚湖镇冶塘西。清道光十三年（1833）吴氏舍田建。曾作归感乡立第一初等小学、归感乡立第一国民学校、冶塘初级小学、忠东学校、冶塘中心小学等，1993 年学校迁至永宁路今址，2013 年学校改名尚湖中心小学。

李王庙界碑

◎**李王庙界碑**

【时间】1917

民国六年一月。

李王庙界

舍主后裔吴玥手立。

◆常熟市张青莲小学碑刻

常熟市张青莲小学，位于常熟市支塘镇毓英路。前身为康熙间创立的正修社学，后作正修书院，至光绪二十八年（1902）起改办学堂，曾名正修蒙学堂、正修两等小学堂、支塘乡立第一初等小学校、支塘乡立第一初等国民学校、常熟县立支塘小学校、常熟县立师范学校附属小学、常熟县支塘中心小学等。2011 年迁今址并改今名。

◎**正修堂碑记**

【时间】1736

正修堂碑记

正修堂碑记

支塘镇正修堂，肇自康熙丙子、丁丑年间，中供文昌吕祖像，为里人奉道教者薰修习静之所。既而邑令陶公澴编为巽 / 字又七号乡约所，月告属民而读邦法。一乡之人，皆奔趋焉，不特薰修习静者之游处矣。既而邑令黎公龙若即其地设立社 / 学，延师以教。则又为闾塾党庠，秀民之能为士者肄业焉，不特乡人之奔趋读法而已矣。时学博沈君业颜其堂曰正修，岂不 / 以是堂也，始之所以建而供像于其中者，盖流于道家之说。虽勤于修矣，未全于正也；为乡约所，则全于正矣。顾其教通乎秀 / 顽士庶，所谓“民可使由，不可使知”，尚未纯于修之事也。进而为社学，夫乃可以名正修焉。学记曰，古之教者，时教必有正业，退 / 息必有居。学。又曰，藏焉修焉，息焉游焉。藏，入学时也。入学之时，则修其正业；退息之时，则游于艺。所谓正业者，其文春秋礼乐，/冬夏诗书；其目格物致知，诚意正心，以修其身；其课朝而受业，昼而讲贯，夕而习复，夜而记过，无憾而后即安也。修而非正，虽/有精专之诣，犹航断港之不至于海，熟夷稗之不足以养生也。正而不修，或躐等而进，或半途而废，欲斯道之实有诸已，乌可/得哉？虽然，为科举时文之学，以期发闻于时，言乎正，不可谓不正也，言乎修，彼揣摩而砥砺者，不可谓不勤也。然而正修之道，/此其末也。兹堂之建，由道家之说改为乡约所，又为社学，既屡进而益上，则凡修之不出于正与？正而不勤于修与？正修勿第/沿其末流，而当返循其本，其亦有进而益上者也。藏修于斯者勖之哉。

本堂诸友公置田亩实数：/一、置冬字号二斗三升粮田壹拾伍亩正。一、置柰字号二斗三升粮田壹拾壹亩伍分正。/一、置成字号二斗三升粮基地贰亩伍分正。已上俱东二场四十一都西半图，办粮花户立正修堂。

时/乾隆元年岁在丙辰三月望前二日，里人陈祖范撰，本堂张又载书。

◆常熟市王淦昌中学碑刻

常熟市王淦昌中学，位于常熟市支塘镇淦昌路。学校始建于1951年，曾名支塘中学。2001年改今名。

◎正修书院记碑

【时间】1766

正修书院记

余莅昭之六年，久于其地，与民相习，民知吏之所为，吏亦知民之所急。邑东诸镇，其民濒海而处，弦诵无闻，始建海东/书屋于周市，继乃计里相度。支塘素称巨镇，烟火数千家，向有社学，始于旧令黎公龙若，因乡人习静之所，改而设之，/名其堂曰正修。乡之秀者肄业焉。后渐废坠，今三十年矣。余即其地改为书院，于是四远之士，率多就学者。为之择师/以教之，日有课，月有考，规模制度，视昔有加焉。既乃申正修之义，以告诸生曰："道不远人，于兹可见已。大学以修身为/本，修身以正心为先。诚意所以去不正而归于正，格物致知，又以剖正不正之界，研正不正之几，而乃能去不正以归/于正也。即修即正，一以贯之，人心天命之本，近在于斯，教岂多术哉？若乃庄于色，矜于名，驰骋于文辞，纠棼于训诂，援/文牵义，循末遗本，非吾所谓正也。其有奋于才，憍于气，卤莽于当机，侈张于声望，求旦夕之荣，忘远大之务，非吾所谓/修也。士人读书论古，澄观内照，而天地万物之理，修身心自得其乐，在我知此。而取声誉、钓名位者，固不屑已。此余所/闻于父兄，而夙未有能者，愿以是为诸生勖，并以质之为师者。"院故有堂，前后各三楹，其西为斋舍，左右厢廊若干楹。/增建门三楹，以廓其制。原续捐田地一顷二十亩零，银二百二十两，存典取息。役甫竣，会修《一统志》，咨部采入。其捐输/姓氏、田亩字号斗则及所贮书目，例得附书于后，以垂久远。是为记。

赐进士出身、文林郎、知昭文县事、江南庚辰、乙酉科乡试同考官加三级纪录五次康基田撰文。

邑诸生潘镐书丹，山人许淳篆额。

乾隆三十一年岁在丙戌仲秋，邑诸生吴大烈立石。

乐输田数：/项之珅、胡德升张庄圩田十五亩；张熙祖生号田九亩；周廷标重号田十亩；/沈公文舟号田七亩，岳号田七亩；钱涟重号田六亩；邹南珍皇号田六亩；/顾受文、顾晋三武号田四亩、弱号田三亩八分；顾世爵置买裳号田七亩三分；/王元顺爵号田五亩、持号田三亩、重号滩二亩二分；徐云从菜号田六亩九分；/吴大烈皇号田二亩三分。正修堂旧存冬号田一十五亩、柰号田十一亩五分。/已上共田壹伯贰拾亩正。

乐输银数：/沈公和银六十两；邓文茂银六十两；汪新芝银六十两；瞿海山银二十两；程尊三银十两正；/卢圣如银十两；已上共银贰伯贰拾/两正，当即贮典生息。汪炯银二十两；沈存书银二十两；邓士准银二十两；已上共银六十/两，改设书院用。/张绍业银十两；张熙祖银七两；沈公文银十三两；已上共银三十两，买砖瓦松/板，收拾读书房间并铺地用。

董事：/胡可大、张熙祖、项瑾瑜、邵恒。

书目另勒石。

林屋山人镌字。

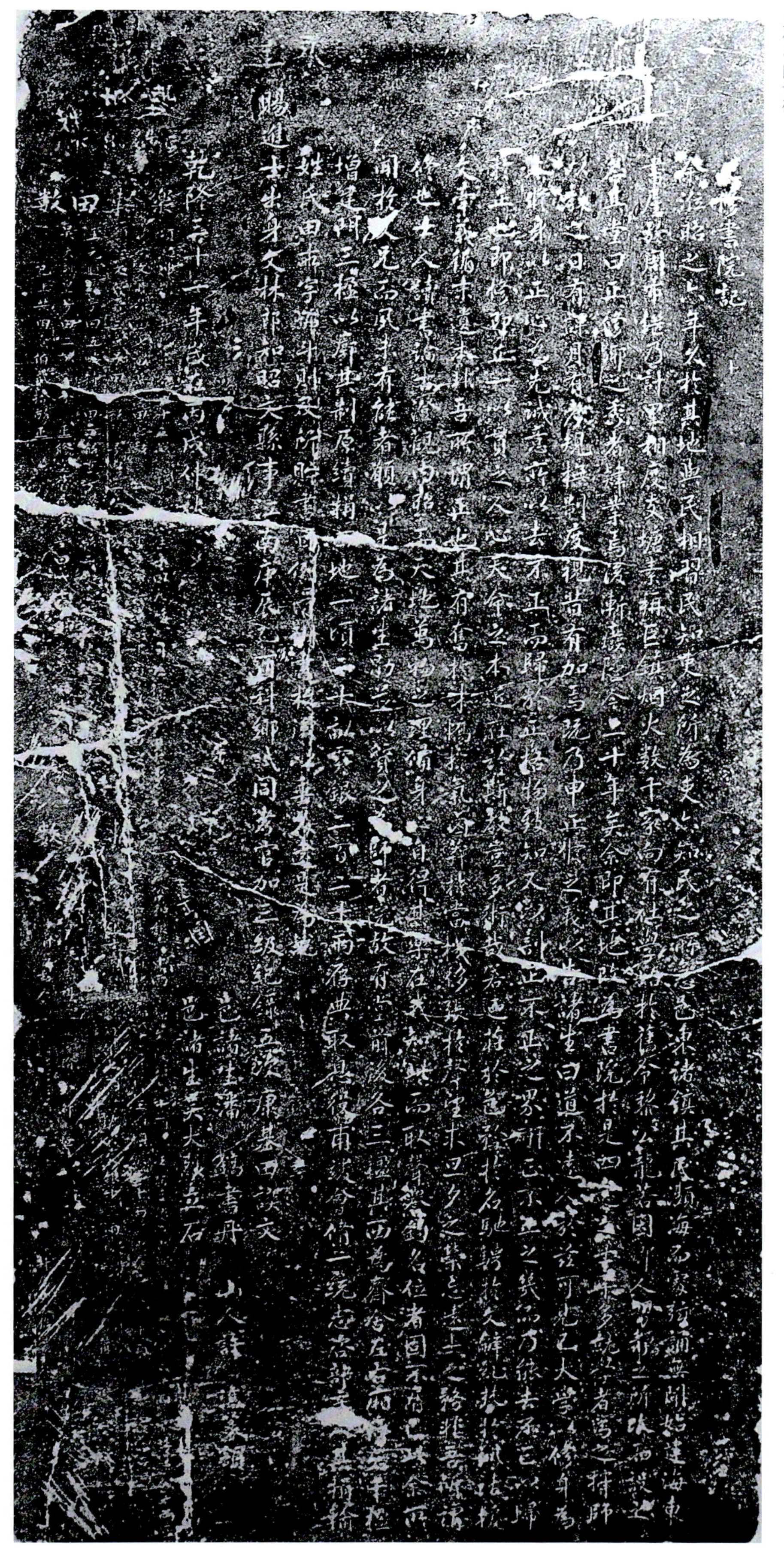

正修书院记碑

◆原法灯小学（法灯寺）碑刻

法灯寺，又称恒善庵、烟墩庙，位于常熟市支塘镇盛家巷。乾隆间建，1922年重修。曾作法灯小学、新建小学。

◎恒善庵建厢屋山门碑记

【时间】1781

恒善庵建厢屋山门碑记

离古虞东数十里，有塘曰白茆。□□注□，岁资□□。由海迤南二三里，□塘设/有烟墩，故民为设兵防，守地□□□□□大士□菩□□由地涌出，人异而神/之，瞻礼者遂不辍道。三年，有尼益揆，奮愿力丐善□陈定修，冀告□乡□人多/以敬大士，故广喜舍，而是庵是建，岂非法地福与？□映门□□□。益揆有徒静/修，早寡子夭，冰心劲节，识身如兹，所居于此。住庵伊始，即建右厢为香积所，于/时益揆犹未殁也。又五年，发愿力构右厢，持戒益坚，除众善姓舍庵基田外，复/□□一亩五分，资充入□□。念□□因庵无外垣，又建山门，以鼎新禅室。呜呼！庵/至此，亦庄严矣，静修之功德亦宏矣。□世□往□苟安念重□绪维室静修□/□耳。而继师志益再□□□□□□役，□于守岁□人多得省，且□自□□□/滨海北□□□，不□得是□□□□地□□宁岂□缘而咸□□□□□之以/为是庵。

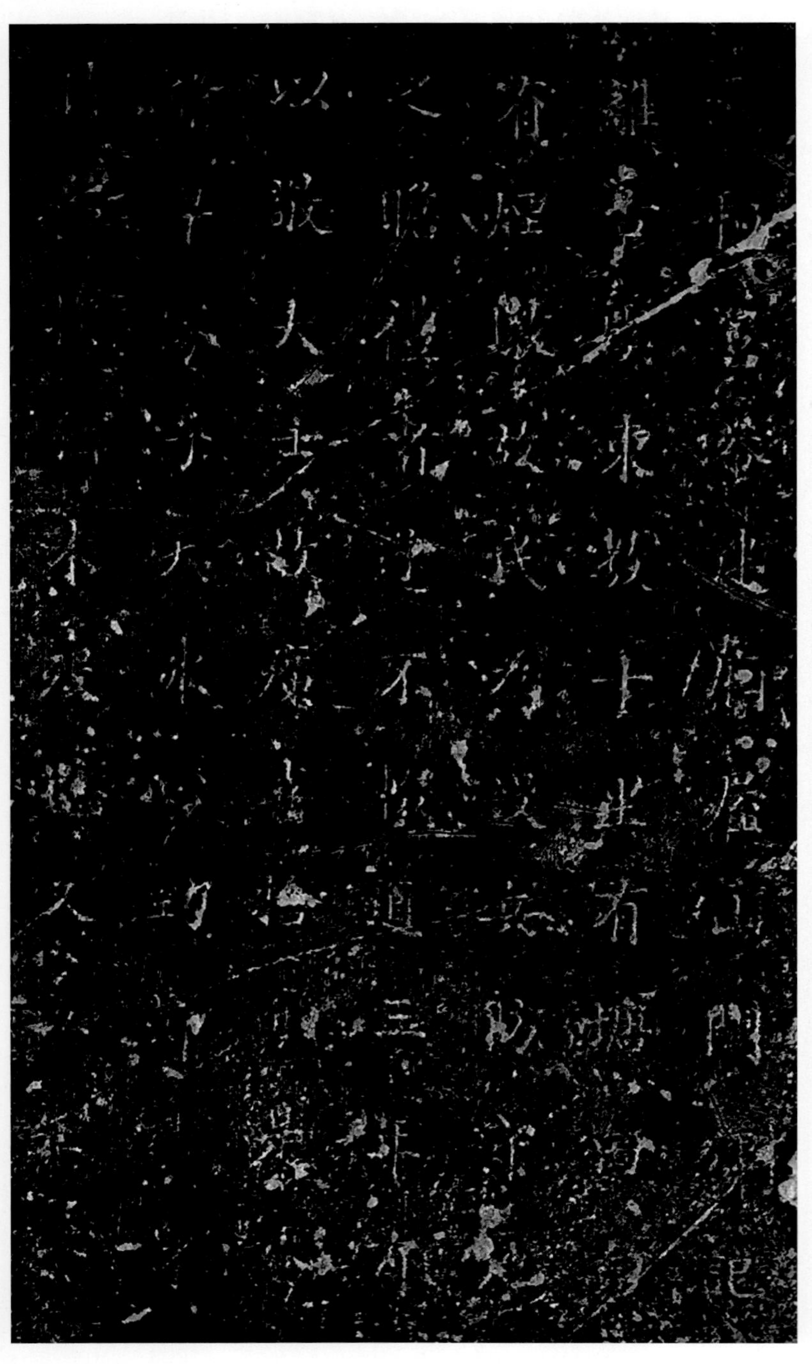

恒善庵建厢屋山门碑记（局部）

谨刊各■/杨■/以上恒■/山■。

乾隆岁次辛丑□□拜撰并书。

◎**重修烟墩庙碑记**

【时间】1922

［重修烟墩庙碑记］

［烟墩有庙，创于清乾隆间。初名恒善庵，系左师益揆偕其徒静修所建，有碑可征。二百年来，代有兴废，迄今无垂圮矣。得莲觉和尚大鼎新之。莲觉又名正阳，本为近庙住民，姓卢名壬阙，世业农。早岁闻道奉佛，欲就是庙为僧，庙祝拒之。无已，担经辗转至普陀山。得师难度，受持衣钵。久之，募金建传灯庵。乡人游落迦山者，啧啧称道，功德不置。施又荷金归，兴修是］庵，自为主持。费［不足，广为劝募。沙溪吴氏佽助颇巨，计建大殿三楹，东西厢］十楹，山门三楹。［规模较前宏畅，因又更名为法灯庵。然附近士民，犹称为烟墩］庙也。工未竟，莲觉［圆寂，徒性开、性沛续成之。噫！一僧人性行感四方，得巨金经］营梵宇，以竟夙志。［彼置身社会，疮口劳形，卒无所成者，视之不大可愧耶？性开、］性沛详述巅末，［爰记大概如此。］

［中华民国十有一年岁次癸亥秋仲八月下旬］谷旦，/［里人王鸿飞撰文］，郑沂书并敬立。

□人保□刻。

【说明】今碑残，阙文据《里睦小志艺文志补》补苴。

重修烟墩庙碑记

◆原常熟县国立罟里初级小学（继善堂）碑刻

继善堂，位于常熟市古里镇双港村后街。原属瞿氏私宅，18世纪50年代由古里瞿、刘、丁、汪四大家族合资兴办继善堂，也称育婴堂，在此布医施药，免费为境内儿童提供膳食和教育。1912年于此成立古苏乡第一高等小学，后曾名常熟县国立罟里初级小学等。

继善堂界碑

◎继善堂界碑

【时间】民国

继善堂界

◆原苏州地区师范学校（虚霩园）碑刻

虚霩园，位于常熟市虞山街道九万圩。光绪十五年（1889），刑部郎中曾之撰购原钱氏小辋川部分遗址而筑，俗称曾园。曾作常熟县立师范学校、常熟初级师范学校、县委党校、江苏省常熟师范学校、苏州地区师范学校、常熟高等专科学校。

◎山庄课读图碑

【时间】清末

山庄课读图

戊寅五月既望，/李鸿章题。

［明］瑟山庄记

［山］庄经始于道光乙巳九秋。时余遭西河之痛，危露易晞，/短生斯叹，端忧多暇，抑郁谁语？因移榻新得毛氏宅养痾。/破屋数椽，荒苔满径，庭前杂莳蜀葵、雁来红、木芙容之属，/景色殊佳。而仆本憾人秋为悲气，每当凉风疏雨，冷咽寒/蝉，落日暮云，哀鸣孤雁，

山庄课读图碑（一）

山庄课读图碑（二）

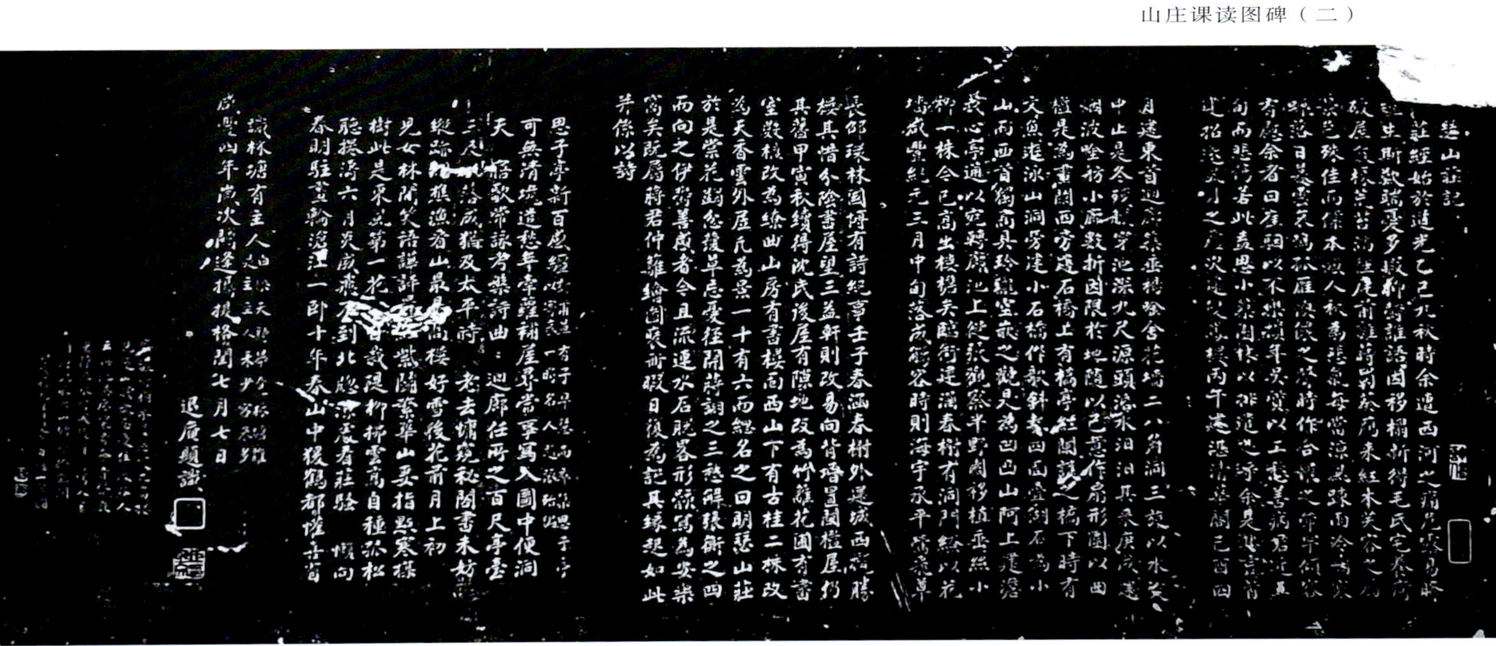

懊侬之声，时作合欢之罥。罕倾客／有慰余者曰:“崔驷以不乐损年，吴质以工愁善病，君近五／旬而悲伤若此，盍思小筑园林以排遣之乎？”余是其言。首／建招邀风月之庐，次建双凤楼，丙午建湛清华阁，己酉四／月建东首回廊，筑垂杨吟舍，花墙二，八角洞三，旋以水灾／中止。是冬残腊，穿池深九尺，源头活水，汩汩其来。庚戌建／烟波吟舫，小廊数折，因限于地，随以己意作扇形，围以曲／槛，是为画阑。西旁建石桥，上有桥亭，红阑护之，桥下时有／文鱼游泳。山洞旁建小石桥，作攲斜势，四面叠湖石为小／山，而西首独高，具玲珑空嵌之观，是为凹凸山阿。上建澹／我心亭，通以宛转廊。池上从张观察半野园移植垂丝小／柳一株，今已高出楼檐矣。临街建涵春榭，有洞门，缭以花／墙。咸丰纪元三月中旬落成，觞客时则海宇承平，莺飞草／长。邵环、林国博有诗纪事。壬子春，涵春榭外建城西揽胜／楼，其惜分阴书屋、望三益轩，则改易向背，增置阑槛，屋仍／其旧。甲寅秋，续得沈氏后屋，有隙地，改为竹篱花圃；有书／室数楹，改为缭曲山房；有书楼面西，山下有古桂二株，改／为天香云外居。凡为景一十有六，而总名之曰明瑟山庄。／于是棠花蠲忿，萱草忘忧，径开蒋诩之三，愁解张衡之四。／而向之伊郁善感者，今且流连水石，脱客形骸，写为安乐／窝矣。既属蒋君仲篱绘图装册，暇日复为记其缘起如此，／并系以诗。

思子亭新百感缠（计莆草有子，早慧而卒，筑思子亭／以寄哀，一时名人题咏殆遍），／可无清境遣愁年？牵萝补屋寻常事，写人图中便洞／天。　寤歌常咏《考槃》诗，曲曲回廊任所之。百尺亭台／三尺水，落成犹及太平时。　老去慵窥秘阁书，未妨／纵迹溷樵渔。看山最是高楼好，雪后花前月上初。　／儿女林间笑语哗，评量红紫闹繁华。山妻指点寒梅／树，此是东风第一花。　自栽堤柳拂云高，自种孤松／听卷涛。六月炎威飞不到，北窗凉处看庄骚。

懒向／春明驻画轮，沧江一卧十年春。山中猿鹤都惧喜，省／识林塘有主人（白乐天诗“毕竟林塘谁／是主，主人来少客来多”）。

咸丰四年岁次阏逢摄提格闰七月七日，／退庵题识。

淡浓竹树参差屋，突兀高楼／见远山。我欲忘忧住岩谷，人／云此地异尘寰。奇峰青耸数／重障，流水绿成几个湾。写入画／图凭记取，沼山塘岸掩柴关。

甲寅荷花生日，退庵自题《山庄图》。

下略。

【说明】邑人曾熙文于道光二十五年（1845）起在西山塘泾岸构筑明瑟山庄，咸丰四年（1854）建成后作为其致仕归隐课读其子曾之撰、曾君麟之所。该年夏，其特请江阴画家吴隽绘《山庄课读图》一帧，后又遍请名流题词，成一长卷。光绪十五年（1889），曾之撰筑虚霩园，十八年（1892）又请吴门刻工陈伯玉将长卷全部摹勒于石以作纪念，是为《山庄课读图碑》，原共二十三石，今存二十二石，阙图碑。依次为光绪戊寅（1878）李鸿章题《山庄课读图》额、咸丰四年（1854）曾熙文撰《明瑟山庄记》及汪鸣銮、陆宗泰、李芝绶、邵渊耀、王宪成、席振逵、丁培、吴大澂、吴春生、杨靖、杨沂孙、陈彝、陈熙治、翁同龢、邵亨豫、夏同善、张佩伦、杨恩海、张之、赵烈文、李文田等各家所题诗文。详见《虞山曾氏归耕课读两图题跋》。

◎**归耕图题跋碑**

【时间】清末

古之遗爱。

邑侯曾勉耘先生遗照自署“归／耕”，予既题其后，复书四字于卷端，／以志感思。宁化部民伊秉绶。

下略。

【说明】邑人曾济于清乾隆末为云南宁化知县，将离任时特请画师绘《归耕图》肖像画一帧。后其子曾裕谦及孙曾熙文、曾孙曾之撰遍请名流题记，成一长卷。原共十六石，今刻图等已佚，尚存十三石。依次为清嘉庆十六年（1811）伊秉绶题“古之遗爱”额，吴大澂署“常熟曾勉耘先生《归耕图》题跋”及伊秉绶（嘉庆十六年，1811）、童积超、阴东林、伊襄甲、言朝标、孙原湘、翁心存、鲍伟（道光二年，1822）、景燮（道光二年，1822）、陶贵鉴（道光二年，1822）、吴卓信（道光三年，1823）、许廷诰（道光六年，1826）、杨景仁（道光六年，1826）、张大镛（道光七年，1827）、邵渊耀（道光九年，1829）、王家相（道光十六年，1836）、翁同龢（光绪十六年，1890）、吴大澂（光绪十六年，1890）等名家诗文题记。详见《虞山曾氏归耕课读两图题跋》。

归耕图题跋碑

◆常熟市吴市中心小学碑刻

常熟市吴市中心小学，位于常熟市碧溪街道吴市振兴路。学校始创于光绪三十一年（1905），始名诚正初等小学堂。1940年将王香圃家私庵最胜庵划给学校，学校乃迁至今址，曾名常熟县吴市小学校、常熟县吴市国民中心小学、吴市公社二大队五七学校等。1983年改今名。除点校者外，另有康熙五十二年（1713）粮储道王英谋撰《最胜庵记碑》，雍正款劳必达撰、谭绍隆书《最胜禅院放生池记碑》。

◎**最胜庵放生池碑**

【时间】不详

放生池

最胜庵住持沙门正震、同义、同程修。

最胜庵放生池碑

◆原毛桥小学（一粟庵）碑刻

一粟庵，位于常熟市常福街道谢桥管理区毛桥乡。曾作光明小学、毛桥小学。

◎敕封护国佑民水部降魔都督府薛社田记碑

【时间】1919

敕封护国佑民水部降魔都督府薛社田记

吾邑镇海门外毛桥乡社泾浜八上图地处，向有金童神庙，不知建于何时。其/中供奉薛金童、刘猛将两神像，为附近村农祈年问卜之所，颇能见灵爽，得征/验，适合乎神道设教之辅助也。其庙宇之收，除香金外，有良田拾馀亩，为庙祝/工食及修葺庙宇之用。民国初元，创建学校，被有力者将该庙田任意攫取，充/作教育经费。于是乡农群起反抗，当推李君鲁峰为捍御外侮之首，涉讼公庭/及奔走于邑绅之门下，备述斯田之所需。幸诸父老顺从民意，始得收归/原有，端赖李君之不负付托也。是为记。第四行“收”字下脱一“入”字。

民国捌年岁次己未冬月。

邑人金鹤翚撰记。李冈书丹。

柜书社、轿班社、/青带社、红带社、/表亭社、香亭社、/台前社、察牌社、/台前社、提炉社、/皂班社、看轿社、/常川社。

李凤翔刻。

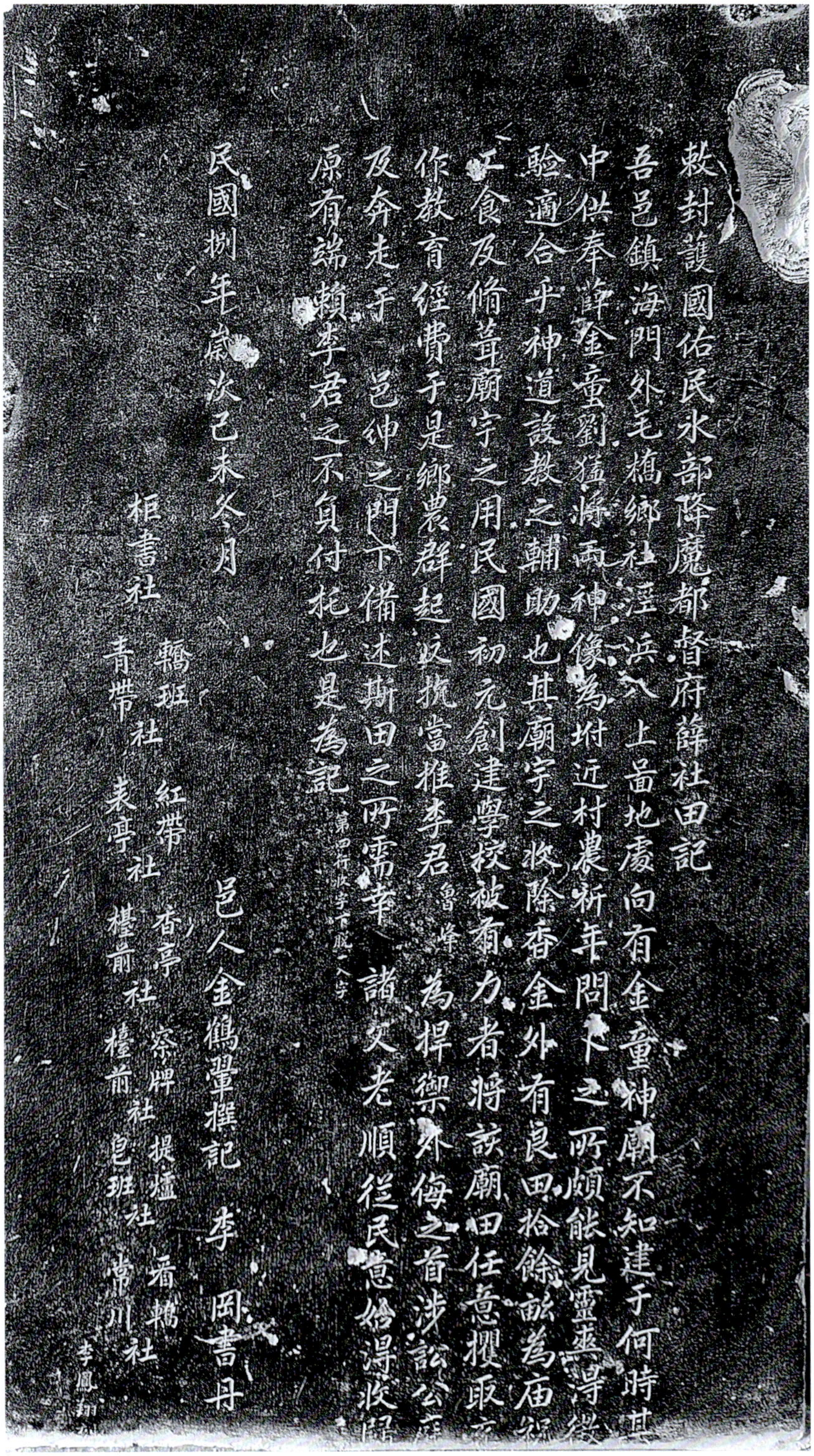

敕封护国佑民水部降魔都督府薛社田记碑

◆原辛庄小学（茅柴庵）碑刻

茅柴庵，位于常熟市尚湖镇冶塘新和村。始建年代不详。曾作辛庄小学。

◎重修茅柴庵记碑

【时间】1922

重修茅柴庵记碑

距冶塘南一里而近，有茅柴庵者，相传里人金、/张、李三姓所建，有粮田五亩五分、租田六亩，与/庵基同坐落南一场六都东一图之和字号。按/之鱼鳞册，业户、佃户均注明茅柴庵字样，而租/额则粮田五斗、租田四斗，向为住持僧耕种。僧故，始由庵主召佃，年收正粮租米八石七斗。除/还租纳税及发给庙祝工食外，约可馀米二三/石，足敷岁修之资。自张大金以庵主名义承顶，/三十年未尝稍事补苴，以故栋宇倾颓，金容剥/落。今春，金、李二庵主谋所以修葺之，乃商之现/佃张全和，讵全和视庵田为己产，深闭固拒，弗/肯一解私囊。不得已，诉诸县朱侯元树，以原告/证据明确，判归庵有，令酌偿历年租息银壹百/零八元。于是鸠工庀材，扶植楹栋，缮葺墙垣，像/设庄严，亦加润色。是役也，金君聚三、李君春翰、/春芳实始终之，而予亦与闻其事，爰书缘起以/谂来者。

十有一年夏历壬戌秋，邑子季亮时撰。

邑子言家鼒书。

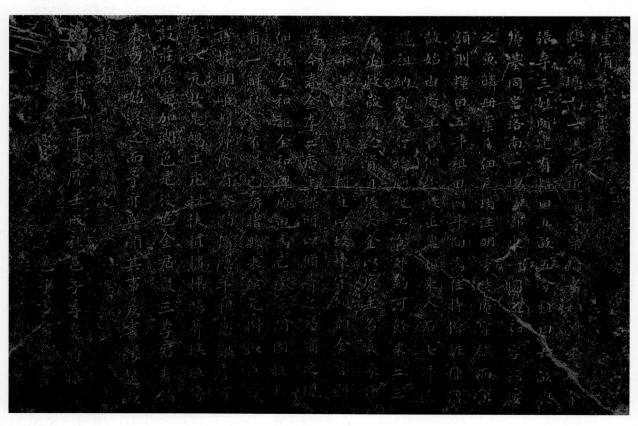

重修茅柴庵记碑

◆常熟市杨园中心小学碑刻

常熟市杨园中心小学，位于常熟市辛庄镇长征路。学校始创于清宣统三年（1911），曾名公立化南初等小学堂、杨树园小学、杨园中心学校、常熟县杨园中心小学等，1983 年改今名。2016 年迁至今址。

◎王饮鹤先生纪念碑记

【时间】1936

王饮鹤先生纪念碑记

清季学校初兴，洹阳端匋斋尚书创设两级师范学校于苏垣，分科教授，藉培 / 师资。宣统纪元，我邑王饮鹤先生既毕业于优级选科，留校助教者三稔。洎 / 乎共和肇造，改为省立第一师范。先生乃长校十年，陶铸逾千人，复以馀力 / 设高小学校于沈浜，盖欲为我邑南乡推广教育也。嗣购收校之四周地，募债 / 建楼，力图扩充。继且添设初小部，惨澹经营，满门桃李。时新学制尚未施行，凡 / 在高小毕业者，即可径入师范，是不啻以是为师范生源泉。凡在南乡初小毕 / 业者，咸可入沈浜高小，是又不啻以是为初小毕业生尾闾。然则先生之嘉 / 惠于我邑南乡者，岂浅鲜哉！先生讳朝阳，字旭轮，号饮鹤，晚号野鹤。喜研究 / 动植物、生理学，作诗文好刻苦精思，并喜填词，著有《忘我词》暨《柯亭残笛谱》《琴 / 社同人唱和词》若干卷。余与先生为母党亲，故知之綦详。先生既卒后数 / 年，及门弟子饮水思源，结导南社，以资纪念，即于先生故里伐石立碑，丐余 / 为文。辞不获已，谨志其梗概如此，并为之铭曰：/ 莘莘学子南方强，谁其造就惠榆乡，百年树人泽孔长。

民国二十五年六月，同邑蒋瑭撰文，姚人龙书。

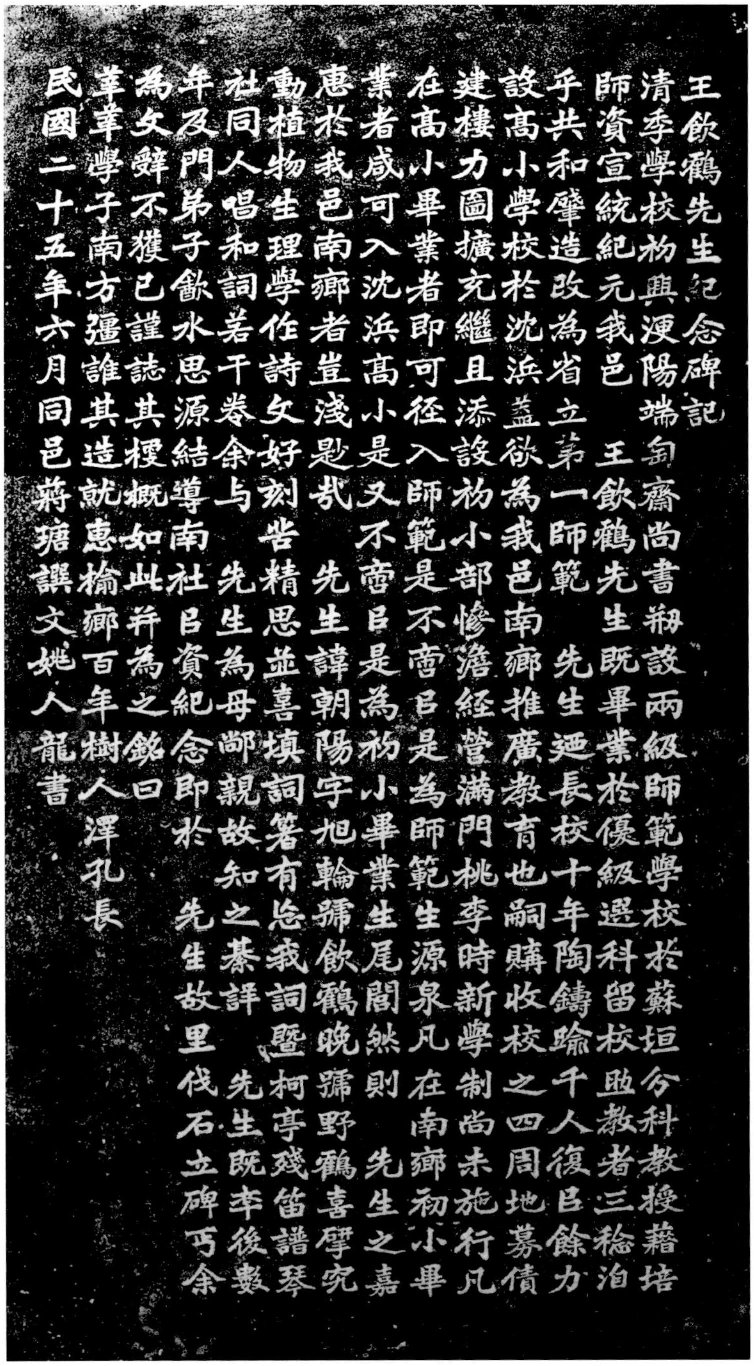

王饮鹤先生纪念碑记

◆常熟市淼泉中心小学碑刻

常熟市淼泉中心小学，位于常熟市古里镇学前路。学校创设于宣统三年（1911），始名为永福初等小学堂。1947年迁至今址，曾名常熟县淼泉镇中心国民学校、常熟县虹桥乡中心国民学校、常熟县淼泉中心小学，1983年改今名。

◎校舍第一期建造工程收支清册碑

【时间】1947

■校舍第一期建造工程收支清册

■四八方英尺，填泥四六五五方英尺。

［收入项：］/■，认捐法币柒佰万元。/■念伍石，法币壹仟另陆拾叁万叁仟元。/■，认捐法币伍佰念壹万陆仟玖佰元。/■嘉，认捐法币伍佰万元。/■麟，认捐法币伍佰万元。/□生康，认捐法币二佰伍拾万元。/章量甫，经募法币二佰伍拾万元。/张德荣，经募法币二佰伍拾万元。/陶浩森，认捐法币壹佰伍拾万元。/费畴生，认捐法币壹佰念伍拾万元。/竞丰新布厂，认捐法币壹佰念伍拾万元。/教师辅助基金，转入法币壹佰拾肆万元。/陶同兴，认捐法币壹佰万元。/仁丰布厂，认捐法币壹佰万元。/勤工布厂，认捐法币壹佰万元。/陈士英，认捐法币陆拾二万伍仟元。/泰康布厂，认捐法币陆拾二万伍仟元。/徐君英，认捐法币伍拾万元。/合兴布厂，认捐法币伍拾万元。/沈兆希，认捐法币伍拾万元。/禾丰米厂，认捐法币伍拾万元。/孙达夫，认捐法币伍拾万元。/陈宗熙，认捐法币叁拾二万伍仟元。/宣生司，认捐法币叁拾万元。/顾寿昌，认捐法币叁拾万元。/章小生，认捐法币叁拾万元。/鞠尚安，认捐法币叁拾万元。/协慎祥米行，认捐法币念伍万元。/陈金达，认捐法币念伍万元。/徐大昌，认捐法币二拾万元。/宝兴号，认捐法币二拾万元。/□荣荣，认捐法币二拾万元。/■，认捐

法币拾玖万■元。/王顺保、王金保，认捐法币拾捌万元。/吴振康，认捐法币拾捌万元。/周元司，认捐法币拾柒万伍仟元。/王元启，认捐法币拾伍万元。/冯传兴，认捐法币拾肆万捌仟元。/陶永根，认捐法币拾肆万元。/顾效山，认捐法币拾叁万伍仟元。/彭老松，认捐法币拾叁万伍仟元。/鞠辰生，认捐法币拾二万伍仟元。/孙仲候，认捐法币拾二万伍仟元。/竞丰协布厂，认捐法币拾二万伍仟元。

收入项：/协和号，认捐法币拾二万伍仟元。/杨以标，认捐法币拾万元。/叶耀坤，认捐法币拾万元。/季银根，认捐法币拾万元。/苏根宝，认捐法币拾万元。/顾祖根，认捐法币玖万伍仟元。/戴永兴，认捐法币玖万元。/陈高发，认捐法币玖万元。/黄定兴，认捐法币玖万元。/彭寿松，认捐法币玖万元。/殷荣兴，认捐法币捌万柒仟伍佰元。/陶福林，认捐法币捌万元。/孙重香，认捐法币柒万伍仟元。/戴永福，认捐法币柒万伍仟元。/王良海，认捐法币陆万伍仟元。/王生保，认捐法币陆万元。/范锺毓，认捐法币陆万元。/韩兴根，认捐法币伍万伍仟元。/张文才，认捐法币伍万肆仟元。/陶定生，认捐法币伍万元。/王关云，认捐法币伍万元。/朱芙生、朱福生，认捐法币伍万元。/方锡，认捐法币伍万元。/徐传根，认捐法币肆万二仟伍佰元。/高士龙，认捐法币肆万二仟伍佰元。/范希生，认捐法币叁万伍仟元。/王生生，认捐法币叁万伍仟元。/邵顺康，认捐法币叁万伍仟元。/陶坤寿，认捐法币叁万伍仟元。/龚二茂，认捐法币叁万伍仟元。/赵星泉，认捐法币叁万元。/沈寿保，认捐法币叁万元。/■，认捐法币叁万元。/□关根，认捐法币叁万元。/王生生，认捐法币叁万元。/徐同甫，认捐法币叁万元。/戴永生，认捐法币叁万元。/陶福金，认捐法币叁万元。/章良良，认捐法币叁万元。/沈关明，认捐法币二万柒仟伍佰元。/王应兴，认捐法币二万伍仟元。/何荣生，认捐法币二万伍仟元。/殷四[口男]，认捐法币二万伍仟元。

共收法币伍仟玖佰拾万另壹仟玖佰元。

支出项：/西木广木〡二两■，法币捌佰念捌万叁仟元。/青方〢百、石灰〥分、/望砖〡钱、条砖方、瓦〤钱二百，法币壹仟肆佰念叁万元。/青方〢钱，法币叁佰捌拾二万元。/水泥〧袋，法币壹佰万元。/基石二〣〩口、固墩石〩斤，法币伍佰叁拾万另肆仟元。/黄砂石子x箩，法币柒拾伍万叁仟元。/洋钉，法币肆拾二万陆仟元。/铁搭铁钉〩〩斤，法币陆拾叁万元。/小连石灰土干爆竹，法币壹佰叁拾陆万叁仟元。/泥幔条〡口捆，法币肆拾二万伍仟元。

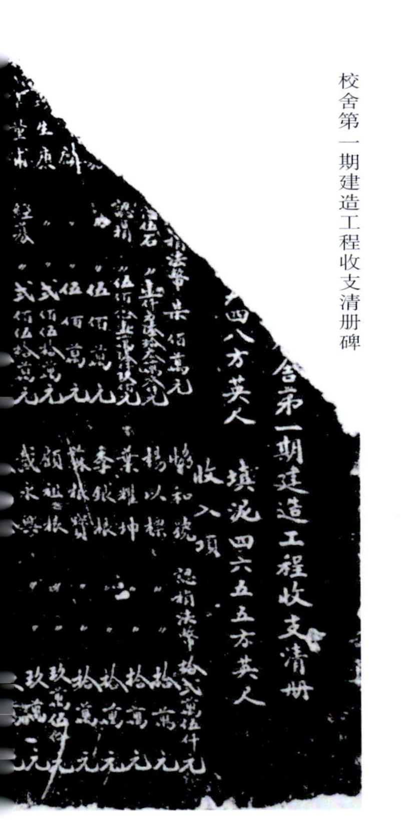

校舍第一期建造工程收支清册碑

支出项：/玻璃二〤〡〦〦连装工，法币伍佰陆拾捌万叁仟元。/铰链插销〡百〧〧付，法币玖拾玖万柒仟元。/木工二百〣十工，法币陆佰念陆万肆仟元。/水作工二百〢十工，法币伍佰拾叁万叁仟陆佰元。/奠基石工〣〥口，法币捌拾柒万伍仟元。/载潮泥三百口船，法币叁佰拾伍万伍仟元。/瓦屑〢船、填泥人工，法币柒万元。/木料窑货连口点心、挑送力，法币叁拾肆万二仟伍佰元。/待匠酒席〢桌，法币叁拾万另叁仟元。/文具什支，法币肆万肆仟捌佰元。

共支法币伍仟玖佰拾万另壹仟玖佰元。

收支相抵，平。

中华民国叁拾陆年拾壹月，编造者■校舍建筑委员会，主席毛柏生、/设计张子才、/建造周念萱、/督导沈兆希、/会计邵钧衡。

附注：本工程自民国叁拾陆年五月开工，至同年拾壹月完工。

李元润书。马志刚刻。

【说明】本碑详述森泉乡中心国民学校校舍第一期建造工程明细。其中工程计量数字多使用苏州码子表示。

◆常熟市第一中学碑刻

常熟市第一中学，位于常熟市虞山街道西门大街。前身是1924年建立的常熟县立初级中学校。

◎常熟县立中学校碑

【时间】民国

常熟县立中学校

常熟县立中学校碑

张家港市
碑林

◆张家港市塘桥初级中学碑刻

张家港市塘桥初级中学，位于张家港市塘桥镇西桥路。学校始创于 1913 年，初为常熟县立第三高等小学、常熟公立第三小学，后于校内增设虞西初级中学，曾名常熟县立初级中学西塘桥分校、常熟县西塘桥初级中学、沙洲县塘桥中学、塘桥人民中学等。校内所藏《嘉荫堂兰石轩丛碑》，原出自清末附贡生庞超、庞裁兄弟之宅嘉荫堂的书斋兰石轩内。庞氏曾富藏字画，除自刻外，还聘请江阴金石名手王怀觉摹刻，又从苏州留园、江阴华墅酱园（孔千秋刻）购得碑刻，最盛时有碑一百七十八方，从明嘉靖至民国不等，现存四十余方，分藏于张家港市塘桥初级中学、张家港博物馆及私人处。

◎嘉荫堂兰石轩丛碑

◇留园法帖

（一）二王法帖

【时间】明嘉靖至万历

《留园法帖》中收二王者夥，皆系明嘉靖至万历年间董汉策镌，内容收自江阴汤氏所镌木刻四卷稿本，经董摹勒，后又增入《兰亭》《黄庭》《曹娥》《画赞》《乐毅》《宣示》《洛神》七种为首卷。除法书外，另有彭履道所书评校释文。至嘉庆时，经留园主人刘恕补缀得为全璧，凡有三卷一百卅五帖。今校内存三石。

○乐毅论碑

［夏侯泰初世人多以乐毅不时拔莒、即墨为劣，是以叙而论之。夫求古贤之意，宜以大者远者先之，必迂回而难通，然后已焉可也，今乐氏之趣或者其未尽乎？而多劣之，是使前贤失指于将来，不亦惜哉？观乐生遗燕惠王书，其殆庶乎机，合乎道，以终始者与？其喻昭王曰：伊尹放大甲而不疑，大甲受放而不怨，是存大业于至公，而以天下为心者也。夫欲极道之量，务以天下为心者，必致其主于盛隆，合其趣于先王。苟君臣同符，斯大业定矣。于斯时也，乐生之志，千载一遇也，亦将行千载一隆之道，岂其局迹当时，止于兼并而已］

哉？夫兼并者非乐生之所屑，强燕而／废道，又非乐生之所求也。不屑苟得则／心无近事，不

乐毅论碑

求小成，斯意兼天下者也。/则举齐之事，所以运其机而动四海也。/夫讨齐以明燕主之义，此兵不兴于为/利矣；围城而害不加于百姓，此仁心著/于遐迩矣；举国不谍其功，除暴不以/威力，此至德全于天下矣；迈全德以率/列国，则几于汤武之事矣。乐生方恢/大纲，以纵二城，牧民明信，以待其弊，使/即墨、莒人，顾仇其上，愿释干戈，赖我犹/亲，善守之智，无所之施。然则求仁得/仁，即墨大夫之义也；任穷则从，微子适/周之道也。开弥广之路，以待田单之徒；/长容善之风，以申齐士之志。使夫忠/者遂节，通者义著，昭之东海，属之华/裔。我泽如春，下应如草，道光宇宙，贤/者托心，邻国倾慕，四海延颈，思戴燕/主，仰望风声，二城必从，则王业隆矣。虽/淹留于两邑，乃致速于天下。不幸之/变，世所不图，败于垂成，时运固然。若/乃逼之以威，劫之以兵，则攻取之事，求/欲速之功，使燕齐之士流血于二城之间，/侈杀伤之残，示四国之人，是纵暴易乱，/贪以成私，邻国望之，其犹豺虎。既大堕称

[兵之义，而丧济弱之仁，亏齐士之节，废廉善之风，掩宏通之度，弃王德之隆，虽二城几于可拔，霸王之事，逝其远矣。然则燕虽兼齐，其与世主，何以殊哉？其与邻敌，何以相倾？乐生岂不知拔二城之速了哉？顾城拔而业乖，岂不知不速之致变哉？顾业乖与变同，由是言之，乐生之不屠二城，其亦未可量也。]

【说明】此夏侯玄《乐毅论》，传为王羲之书，原当有三石，今存一。据褚遂良等临本补苴前后文。

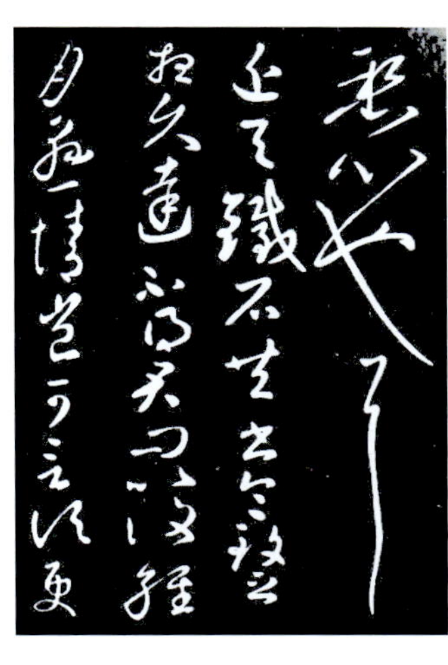
《阁帖》中的笔锋变化略逊本碑

○二王尺牍碑

[集聚帖]

[省前书。故有集聚意，当能果不？足下小大佳不？闻官前逼，遣足下甚急，想以相]

二王帖下卷

体恕耳。足下/兄子以至广州耶？/当有得集理，不念/悬心也耳。

铁石帖

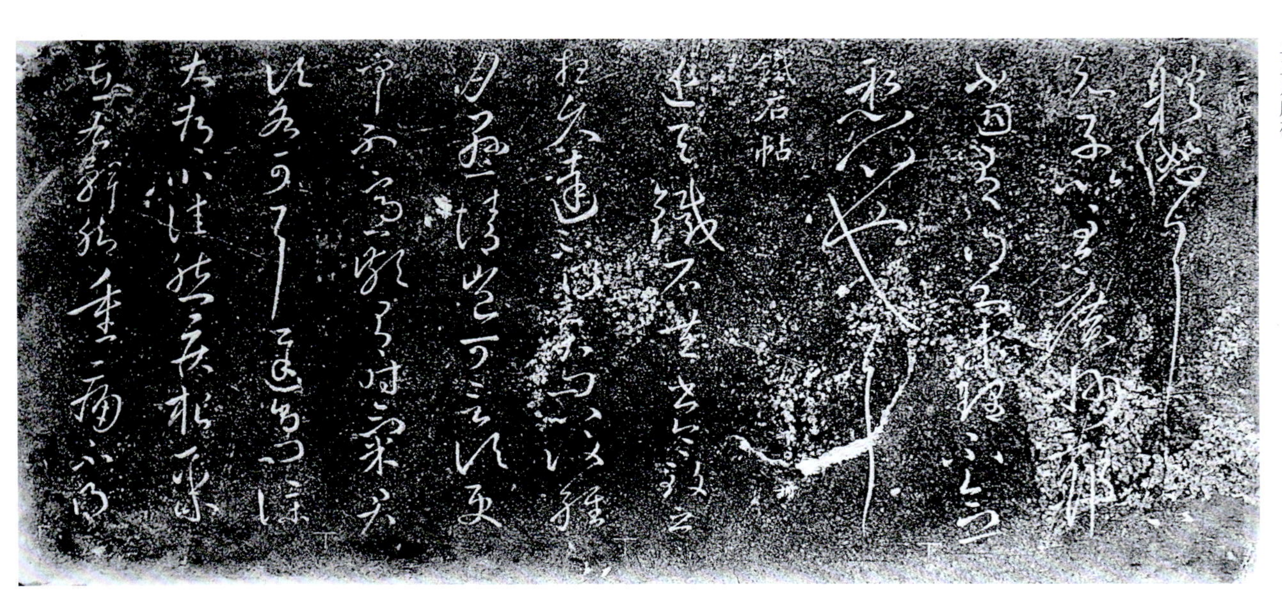
二王尺牍碑

近与铁石共书，令致之，/想久达，不得君问，以复经/月，悬情岂可言？顷更/寒不适，颇有时气。君/顷各可耳。迟旨问，仆/大都小佳。然疾根聚/在右髀，脚重痛不得

[转动，左脚又肿，疾候极是不佳。幸食眠意事，为复可可。冀非臧病耳。]

【说明】此为王献之所书，前为《集聚帖》，后题《铁石帖》。实则《铁石帖》有数种，此一称《近与铁石帖》，以别《知铁石帖》。本碑与《淳化阁帖》(简称《阁帖》)同，然较之肃府本等《阁帖》刻工，又胜之，笔锋变化，不似其过多中锋也。今存一，据《阁帖》补苴前后文。

○评校二王尺牍碑

[右君为书，暮年更妙。《裹鲊》既出，众帖咸少。盖其暮年，纵心所造。开元珍藏，洪文秘奥。崇嗣与钦，鉴赏同好。龙凤腾仪，日星垂耀。陈雷不嗣，隐如雾豹。清]阒于归，是则是效。所谓唐模四帖，《裹鲊》之外，则《安善》《道意》《服/食》三帖是也。

邛竹杖帖(《□□》)

去夏，得足下致邛竹杖，皆至。此士人多有尊老者，皆即分/布，令知足下远惠之至。

又一帖(《淳化》)

周益州送此邛竹杖，乡尊长或须，令送。

黄□：右军与周益州书凡三十许，诠次者误置两卷中。今/收得两书，考前帖，岂其二耶？

邛，山名，在蜀中，生此竹，高节可作杖，见《张骞传》。

择药帖(《淳化》)

乡里人择药，有发梦而得此药者，足下岂识之不？乃云服/之令人仙，不知谁能试者？形色故小异，莫亦尝见者。谢二/侯。

陈云“莫亦曾见”，刘误释“亦”作“与”。/“梦”字或作“简”字。“与”字固非，“亦”字，亦未当疑是“即”字。

月末帖(《淳化》)

月末必往，迟见君，无以为喻。

安和帖(《淳化》)

伏想娗安和，自下悉佳。松上下至，乖隔十八年，复得一集，/且悲且慰。何物喻？娗疾至笃，忧怀甚深。穆松难为情地。自/慰犹小差，然故匆匆，冀得渐和耳。

“娗”即“嫂”字，颜鲁公《干禄字书》：“娗嫂嫂，上俗，中通，下正。”

救民帖(《绛帖》)

百姓之命到悬，吾夙夜忧，此时既不能开仓廪赈之，/因断酒以救民命，有何不可？而刑犹至此，使人叹息。吾复/何在，便可放之。其罚谪之制宜严重，可如治，日每知卿同/民之主。

奉橘帖（《潭帖》）

奉橘三百枚，霜未降，未可多得。

■末一□是奉橘云□黄亦云/□。《橘帖》，余曩在都，见数家有此墨本，或肥或瘦，真伪不/可知。然皆有数笔佳可爱。韦苏州诗云“知君卧病思新橘，/试摘犹酸仍未黄。书后欲题三百颗，洞庭须待满林霜”，盖/取诸此也。

豹奴帖（《建中靖国》）

羲之顿首。昨得书，问所疾，尚缀缀。既不能眠食，深忧虑悬。/吾情至，不能不委。娅故不差，豹奴晚不归家，随彼弟向州/也。前书云：至三月间到，与何能尽情忧。足下所惠，极为慰/也，不谓也。

【说明】此彭履道书评校释文，原有三卷，此即一也。据文中引《淳化阁帖》《绛帖》《潭帖》《建中靖国秘阁续帖》等诸丛帖可知，刻碑时祖本之丰。阙文据《式古堂书画汇考》补苴。然碑中录文亦有舛误，如视《周益州帖》（碑作“又一帖”）可知，“今送”误作“令送”。

（二）一经堂藏帖

【时间】清康熙

清康熙年间刑部尚书吴一蜚摹刻《一经堂藏帖》，经刘恕整理后名为《宋东坡居士杂帖旧

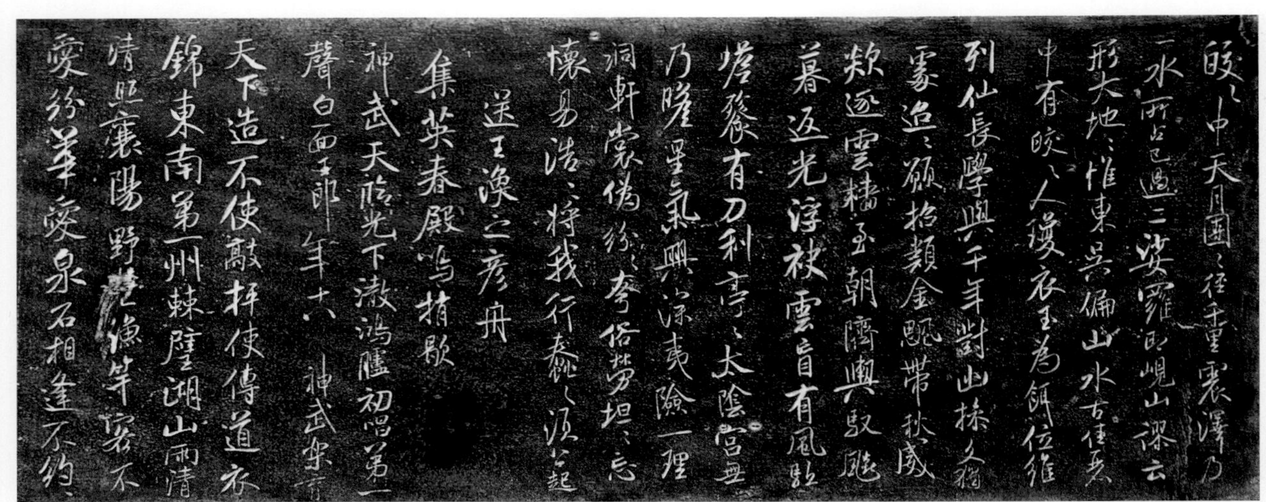
米芾蜀素帖碑

刻三种》《宋米南宫海岳外史行楷书旧刻四种》及《赵文敏感兴诗》。今校内存二石。

〇米芾蜀素帖碑

［和林公岘山之作］

皎皎中天月，团团径千里。震泽乃／一水，所占已过二。娑罗即岘山，谬云／形大地。地惟东吴偏，山水古佳丽。／中有皎皎人，琼衣玉为饵。位维／列仙长，学与千年对。幽操久独／处，迢迢愿招类。金飔带秋威，／欻逐云樯至。朝隮舆驭飙，／暮返光浮袂。云盲有风驱，／蟾餮有刀利。亭亭太阴宫，无／乃瞻星气。兴深夷险一，理／洞轩裳伪。纷纷夸俗劳，坦坦忘／怀易。浩浩将我行，蠢蠢须公起。

送王涣之彦舟

集英春殿鸣鞘歇，／神武天临光下澈。鸿胪初唱第一／声，白面王郎年十八。神武乐育／天下造，不使敲抨使传道。衣／锦东南第一州，棘璧湖山两清／清照。襄阳野老渔竿客，不／爱纷华爱泉石。相逢不约约

［无逆，舆握古书同岸帻。淫朋嬖党初相慕，濯发洒心求易虑。翩翩辽鹤云中侣，土苴尪鸱那一顾。迩来器业何深至，湛湛具区无底沚。可怜一点终不易，枉驾殷勤寻漫仕。漫仕平生四方走，多与英才并肩肘。少有俳辞能骂鬼，老学鸱夷漫存口。一官聊具三径资，取舍殊涂莫回首。］

【说明】原有多石，今存一。原帖《送王涣之彦舟》“棘璧湖山两清照”中多衍的“清”字旁有点去符号，此碑则无。

〇赵孟頫题桃源图碑

［战国方忿争，嬴秦复狂怒。冤哉鱼肉民，死者不知数。斯人逃空谷，此殆天所恕。山深无来径，林密绝归路。艰难苟］

生活，种莳偶成趣。西邻／与东舍，鸡犬自来去。熙／熙如上古，无复当世虑。安／知捕鱼郎，延缘至其处？／遥遥千载后，缅想增慨／慕。即今生齿繁，险绝悉／开露。山中无木客，川上靡／渔父。虽怀隐者心，桃源／在何许？况兹太平世，尧／舜方在御。干戈久已戢，／老幼乐含哺。田畴毕／耕耨，努力勤艺树。毋／为问迷津，穷探事／高举。

大德元年秋八月望后。

【说明】此为大德元年（1297）赵孟頫书自作诗。原有二石，今存一。

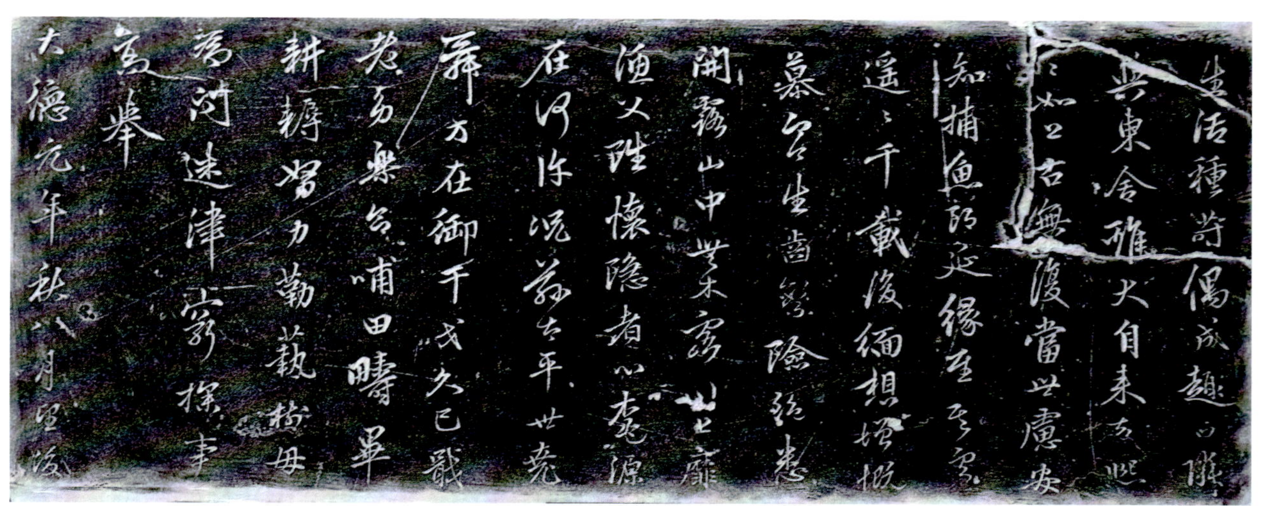
赵孟頫题桃源图碑

（三）仁聚堂法帖

【时间】清乾隆

清乾隆间葛正笏所刻《仁聚堂法帖》一至八卷，今已不全，其中部分法帖经刘恕整理补充，取名为《宋名贤十家书二卷》及《元魏国公松雪道人赵王孙法书七种》。今校内存一石。

○苏轼再和杨公济梅花十绝碑

再和杨公济梅花十绝

一枝风物便清和，看尽千／林未觉多。结习已空从着／袂，不须天女问如何。

天教桃李作舆台，故遣／寒梅第一开。凭仗幽人收／艾纳，国香和雨入青苔。

白发思家万里回，小轩临／水为花开。故应剩作诗千／首，知是多情得得来。

人去残英满酒樽，不堪细／雨湿黄昏。夜寒那得穿／花蝶，知是风流楚客魂。

春入西湖到处花，裙腰芳／草抱山斜。盈盈解佩临／烟浦，脉脉当垆傍酒家。

莫向霜晨怨未开，白头朝／夕自相催。斩新一朵含风／露，恰似西厢待月来。

洗尽铅华见雪肌，要将／真

［色斗生枝。檀心已作龙涎吐，玉颊何劳獭髓医？］

［湖面初惊片片飞，樽前吹折最繁枝。何人会得春风意，怕见梅黄雨细时。］

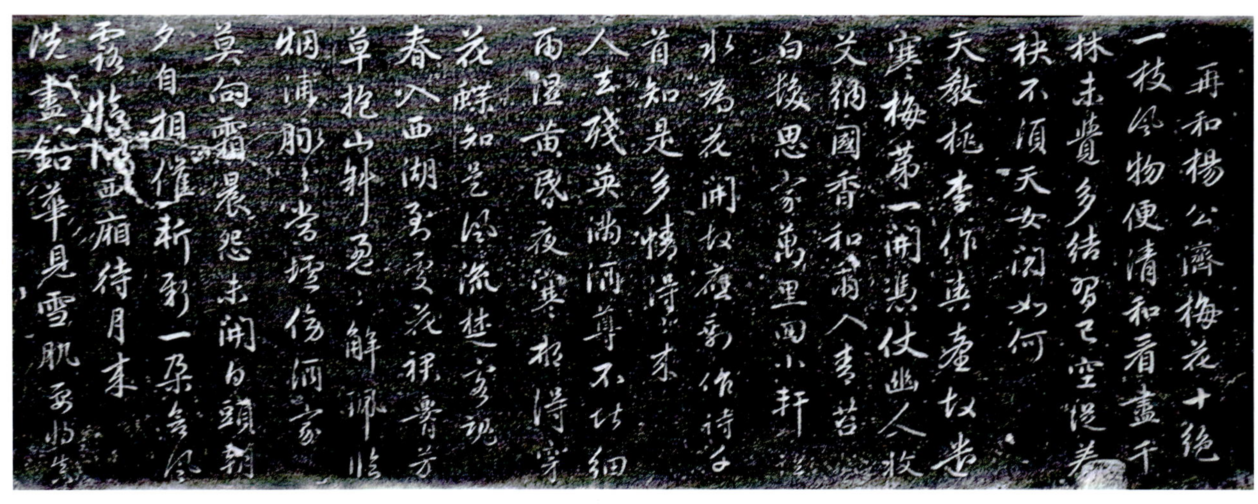
苏轼再和杨公济梅花十绝碑

[长恨漫天柳絮轻，只将飞舞占清明。寒梅似与春相避，未解无私造物情。]

[北客南来岂是家，醉看参月半横斜。他年欲识吴姬面，秉烛三更对此花。]

【说明】原有多石，今存一。赵孟頫书苏轼诗，哈佛大学图书馆等藏有全帖。

（四）宋宗元藏碑

【时间】清乾隆

网师园园主宋宗元家藏碑，至嘉庆十一年（1806）为刘恕所有。此系列碑刻内容丰富，《真草千字文碑》疑即其中一种。今校内存二石。

○真草千字文碑

[天地玄黄，宇宙洪荒。日月盈昃，辰宿列张。寒来暑往，秋收冬藏。闰馀成岁，律吕调阳。云腾致雨，露结为霜。金生丽水，玉出昆冈。剑号巨阙，珠称夜光。果珍李柰，菜重芥姜。海咸河淡，鳞潜羽翔。龙师火帝，鸟官人皇。始制文字，乃服衣裳。推位让国，有虞陶唐。吊民伐罪，周发殷汤。坐朝问道，垂拱平章。爱育黎首，臣伏戎羌。遐迩一体，率宾归王。鸣凤在竹，白驹食场。化被草木，赖及万方。盖此身发，四大五常。恭惟鞠养，岂敢毁伤？女慕贞洁，男效才良。知过必改，得能莫忘。罔谈彼短，靡恃己长。信使可覆，器欲难量。墨悲丝染，诗赞羔羊。景行维贤，克念作圣。德建名立，形端表正。空谷传声，虚堂习听。祸因恶积，福缘善庆。尺璧非宝，寸阴是竞。资父事君，曰严与敬。孝当竭力，忠则尽命。临深履薄，夙兴温凊。似兰斯馨，如松之盛。川流不息，渊澄取映。容止若思，言辞安定。笃初诚美，慎终宜令。荣业所基，籍甚无竟。学优登仕，摄职从政。存以甘棠，去而益咏。乐殊贵贱，礼别尊卑。上和下睦，夫唱妇随。外受傅训，入奉母仪。诸姑伯叔，犹子比儿。孔怀兄弟，同气连枝。交友投分，切磨箴规。仁慈隐恻，造次弗离。节义廉退，颠沛匪亏。性静情逸，心动神疲。守真志满，逐物意移。坚持雅操，好爵自縻。都邑华夏，东西二京。背邙面洛，浮渭据泾。宫殿盘郁，楼观飞惊。图写禽兽，画彩仙灵。丙舍旁启，甲帐对楹。肆筵设席，鼓瑟吹笙。升阶纳陛，弁转疑星。右通广内，左达承明。既集坟典，亦聚群英。]

杜稿锺隶，漆书壁经。府罗／将相，路侠槐卿。户封八县，／家给千兵。高冠陪辇，驱毂／振缨。世禄侈富，车驾肥轻。／策功茂实，勒碑刻铭。磻溪／伊尹，佐时阿衡。奄宅曲阜，／微旦孰营？桓公匡合，济弱／扶倾。绮回汉惠，说感武丁。／俊乂密勿，多士实宁。晋楚／更霸，赵魏困横。

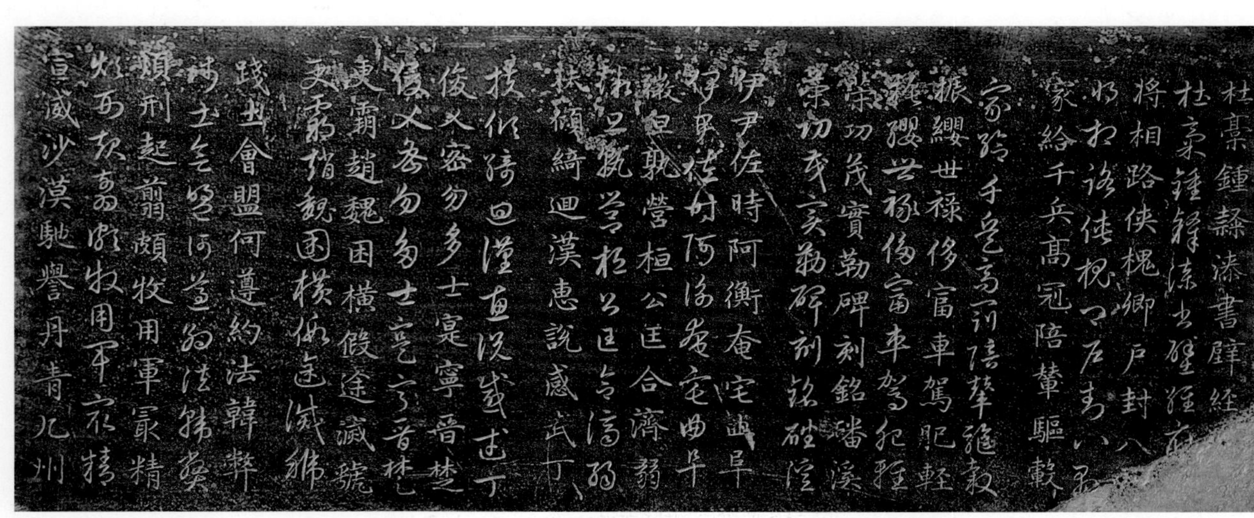

真草千字文碑（一）

假途灭虢，/践土会盟。何遵约法，韩弊/烦刑。起翦颇牧，用军最精。/宣威沙漠，驰誉丹青。九州

宣威沙漠，驰誉丹青。九州/禹迹，百郡秦并。岳宗泰岱，/禅主云亭。雁门紫塞，鸡田/赤城。昆池碣石，钜野洞庭。/旷远绵邈，岩岫杳冥。治本/于农，务兹稼穑。俶载南亩，/我艺黍稷。税熟贡新，劝赏/黜陟。孟轲敦素，史鱼秉直。/庶几中庸，劳谦谨敕。聆音/察理，鉴貌辨色。贻厥嘉猷，/勉其祗植。省躬讥诫，宠增/抗极。殆辱近耻，林皋幸即。/两疏见机，解组谁逼？索居

［闲处，沉默寂寥。求古寻论，散虑逍遥。欣奏累遣，戚谢欢招。渠荷的历，园莽抽条。枇杷晚翠，梧桐蚤凋。陈根委翳，落叶飘摇。游鹍独运，凌摩绛霄。耽读玩市，寓目囊箱。易輶攸畏，属耳垣墙。具膳餐饭，适口充肠。饱饫烹宰，饥厌糟糠。亲戚故旧，老少异粮。妾御绩纺，侍巾帷房。纨扇圆洁，银烛炜煌。昼眠夕寐，蓝笋象床。弦歌酒宴，接杯举觞。矫手顿足，悦豫且康。嫡后嗣续，祭祀烝尝。稽颡再拜，悚惧恐惶。笺牒简要，顾答审详。骸垢想浴，执热愿凉。驴骡犊特，骇跃超骧。诛斩贼盗，捕获叛亡。布射僚丸，嵇琴阮啸。恬笔伦纸，钧巧任钓。释纷利俗，并皆佳妙。毛施淑姿，工颦妍笑。年矢每催，曦晖朗曜。璇玑悬斡，晦魄环照。指薪修祜，永绥吉劭。矩步引领，俯仰廊庙。束带矜庄，徘徊瞻眺。孤陋寡闻，愚蒙等诮。谓语助者，焉哉乎也。］

【说明】原有九石，今存二。形制同智永碑，而书风微异。

（五）寒碧庄自刻碑

【时间】清嘉庆

清嘉庆间刘恕自刻，中有《宋贤六十五种》，《岳阳楼记碑》当即其中一种。今校内存一石。

岳阳楼记碑

○岳阳楼记碑

［庆历四年春，滕子京谪守巴陵郡。越明年，政通人和，百废具兴，乃重修岳阳楼，增其旧制，刻唐贤今人诗赋于其上，属予作文以记之。予观夫巴陵胜状，在洞庭一湖。衔远山，吞长江，浩浩汤汤，横无际涯，朝晖夕阴，气象万千，此则岳阳楼之大观也，前人之述备矣。然则北通巫峡，南极潇湘，迁客骚人，多会于此，览物之情，得无异乎？若夫淫雨霏霏，连月不开，阴风怒号，浊浪排空，日星隐曜，山岳潜形，商旅不行，樯倾楫摧，薄暮冥冥，虎啸猿啼。登斯楼］

也，则有去国怀乡，忧谗／畏讥，满目萧然，感极而／悲者矣。至若春和景明，／波澜不惊，上下天光，一／碧万顷，沙沤翔集，锦鳞／游泳，岸芷汀兰，郁郁青／青。而或长烟一空，皓月／千里，浮光跃金，静影沉／璧，渔歌互答，此乐何极！／登斯楼也，则有心旷神／怡，宠辱偕忘，把酒临风，／其喜洋洋者矣。嗟夫！予／尝求古仁人之心，或异／二者之为，何哉？不以物／喜，不以己悲，居庙堂之／高则忧其民，处江湖之／远则忧其君。是进亦忧，／退亦忧。然则何时而乐／耶？其必曰“先天下之忧／而忧，后天下之乐而乐”／欤！噫！微斯人，吾谁与归？

范希文。

嘉庆丁卯年春／正月花步／刘氏寒碧／庄摹勒。

【说明】原碑二，今存一。落款形制与今留园中藏碑呼应。嘉庆丁卯，即1807年。偶有别字，如“沙鸥翔集”误作“沙沤翔集”。

◇孔千秋藏碑

（一）翻刻渤海帖

【时间】清乾隆

《渤海帖》，全称《渤海藏真帖》，是著名丛帖之一。明崇祯三年（1630）由浙江海宁陈甫伸编次，章镛摹勒。收录唐锺绍京、褚遂良、陆柬之，宋蔡襄、苏轼、蔡京、黄庭坚、米芾、米友仁，元赵孟頫等十大书法家真迹摹勒上石。孔千秋，号尧山，乾隆间江阴人，尝翻刻《渤海帖》自娱，今校内存一石。

○灵飞经碑

［甲申之日平旦，白书黄纸太素宫玉女左灵飞一旬上符，沐浴入室，向西六拜，叩齿十二通，顿服一旬十符，祝如上法。毕，平坐闭目，思太素玉女十真，同服白锦帔、丹罗华裙，头并颓云三角髻，馀发散之至腰，手执神虎之符，乘朱凤白鸾之车，飞行上清，晏景常阳，回真］

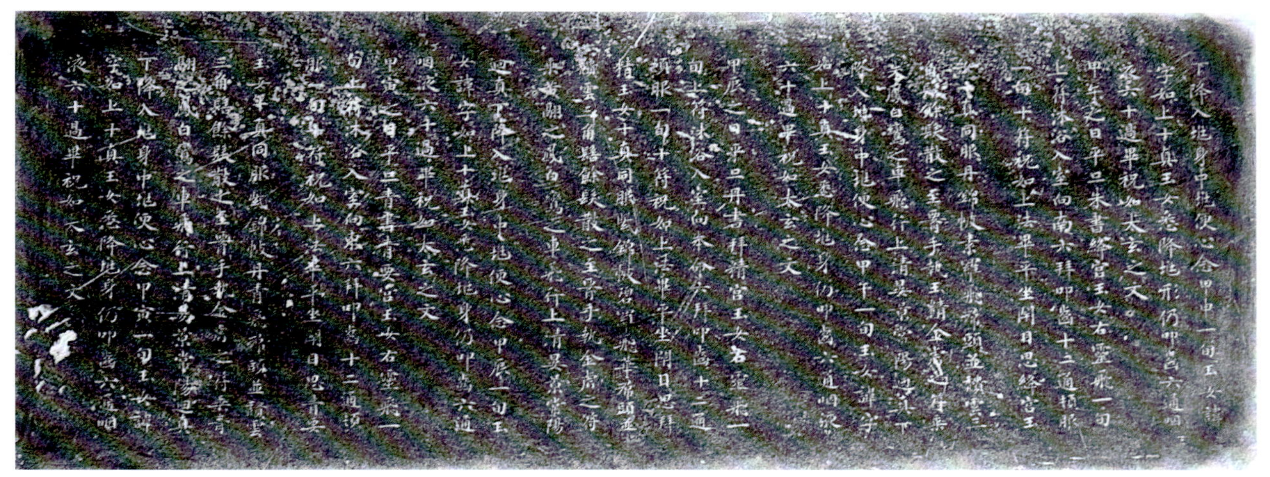

下降，入兆身中。兆便心念甲申一旬玉女，讳/字如上，十真玉女悉降兆形，仍叩齿六通，咽/液六十过。毕，祝如太玄之文。

甲午之日平旦，朱书绛宫玉女右灵飞一旬/上符，沐浴入室，向南六拜，叩齿十二通，顿服/一旬十符，祝如上法。毕，平坐闭目，思绛宫玉/女十真，同服丹锦帔、素罗飞裙，头并颓云三/角髻，馀发散之至腰，手执玉精金虎之符，乘/朱凤白鸾之车，飞行上清，晏景常阳，回真下/降，入兆身中。兆便心念甲午一旬玉女，讳字/如上，十真玉女悉降兆身，仍叩齿六通，咽液/六十过。毕，祝如太玄之文。

甲辰之日平旦，丹书拜精宫玉女右灵飞一/旬上符，沐浴入室，向本命六拜，叩齿十二通，/顿服一旬十符，祝如上法。毕，平坐闭目，思拜/精玉女十真，同服紫锦帔、碧罗飞华裙，头并/颓云三角髻，馀发散之至腰，手执金虎之符，/乘黄翮之凤、白鸾之车，飞行上清，晏景常阳，/回真下降，入兆身中。兆便心念甲辰一旬玉/女，讳字如上，十真玉女悉降兆身，仍叩齿六通，/咽液六十过。毕，祝如太玄之文。

甲寅之日平旦，青书青要宫玉女右灵飞一/旬上符，沐浴入室，向东六拜，叩齿十二通，顿/服一旬十符，祝如上法。毕，平坐闭目，思青要/玉女十真，同服紫锦帔、丹青飞裙，头并颓云/三角髻，馀发散之至腰，手执金虎之符，乘青/翮之凤、白鸾之车，飞行上清，晏景常阳，回真/下降，入兆身中。兆便心念甲寅一旬玉女，讳/字如上，十真玉女悉降兆身，仍叩齿六通，咽/液六十过。毕，祝如太玄之文。

【说明】据吴昌硕、翁同龢等跋文并对比哈佛大学汉和图书馆藏可知，此系江阴孔千秋据明陈甫伸辑《渤海藏真帖》卷一之锺绍京《灵飞经》双钩勒石翻刻。原当有六石，此系其四。据经补苴阙如一段。

（二）孔氏酬酢诗文碑

【时间】1787

孔千秋与师友酬酢并将诗文勒石。今校内存二石。

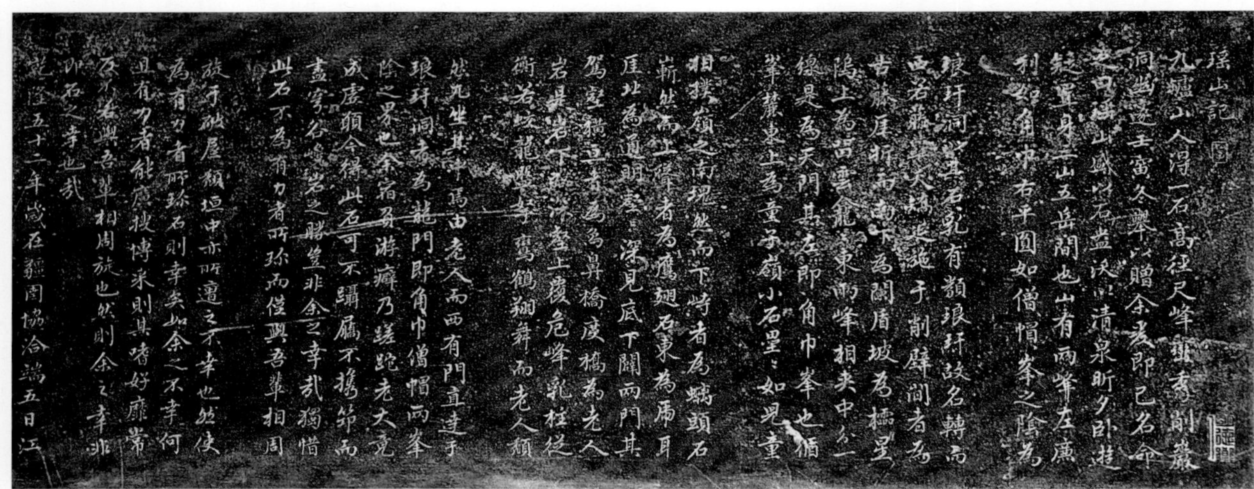

瑶山记碑

〇瑶山诗文碑

瑶山记

九炉山人得一石，高径尺，峰峦秀削，岩／洞幽邃。壬寅冬，举以赠余，爰即己名命／之曰“瑶山”，盛以石盎，沃以清泉，昕夕卧游，／疑置身三山五岳间也。山有两峰，左廉／利如角，中右平圆如僧帽。峰之阴为／琅玕洞，以其石乳有类琅玕故名。转而／西，若藤萝夭矫延施于削壁间者，为／古藤崖。折而南下，为阑盾坡，为棂星／坞。上为留云龛，龛东两峰相夹，中分一／线，是为天门。其左即角巾峰也。循／峰麓东上为童子岭，小石垒垒如儿童／相扑。岭之南块然而下峙者，为螭头石。／崭然而上耸者为鹰翅石。东为虎耳／崖，北为通明壑，壑深见底。下辟两门，其／驾壑横亘者，为象鼻桥，度桥为老人／岩。是岩下临深壑，上覆危峰，乳柱从／衡，若蛟龙盘拿，鸾鹤翔舞，而老人颓／然兀坐其中焉。而西有门直达于／琅玕洞者，为龙门，即角巾、僧帽两峰／阴之界也。余宿负游癖，乃蹉跎老大，竟／成虚愿。今得此石，可不蹑屩、不携筇而／尽穹谷巉岩之胜，岂非余之幸哉？独惜／此石不为有力者所珍，而仅与吾辈相周／旋于破屋颓垣中，亦所遭之不幸也。然使／为有力者所珍，石则幸矣，如余之不幸何？／且有力者能广搜博采，则其嗜好靡常，／反不若与吾辈相周旋也。然则余之幸非／即石之幸也哉？

乾隆五十二年岁在疆圉协洽端五日，江

戏得三昧

螭头石

嘘气能成云，曷来涧侧伏？井华晓汲盈，莫／漫饱汝腹。

鹰翅石

敛翮复谁须，万里空霄路。何当厉吻起，尽／攫狐与兔。

通明壑

塞即通之缘，明乃暗之会。所以大隗居，但／去牧马害。

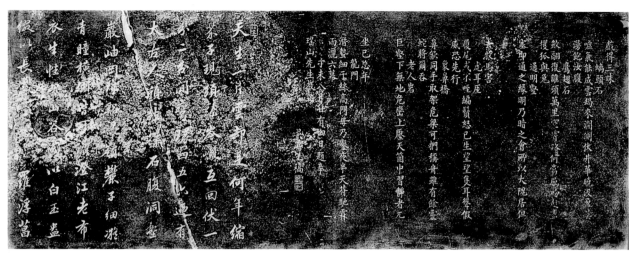

戏得三昧碑

虎耳崖

履尾或不咥，编须怒已生。望望只耳耸，假／威恐先行。

象鼻桥

鼻歙同手取，架危梁可扪。称舟虽有馀，灵／蛇将尔吞。

老人岩

巨壑下无地，危峦上压天。个中习静者，兀／坐已忘年。

龙门

潜蛰细于丝，高门毋乃凿。夜半天苻驰，霖／雨洒六幕。

丁未八月廿有四日，题奉／瑶山先生教正。／吴霁呈稿。

天生一片云，却是何年缩？／芥子现须弥，岑巘互回伏。一／分二分间，弯环四五六。乃有／太古人，颀然攘石腹。洞壑／岩岫冈，陉溪梁岭麓。子细凝／青瞳，横侧皆可读。澄江老布／衣，生性蛰山谷。□以白玉盎，／缀以长□□。□□罗浮菖，

【说明】皆与孔千秋藏石相关。其石有文徵明题“瑶山”二字，孔氏爱之，因号瑶山，一作瑶珊、尧山。后诗未完，故当不止二石，俱为乾隆五十二年丁未（1787）所刻。据《戏得三昧》落款下钤“吴霁”“竹堂”可知系钱塘进士吴霁所题。

◇嘉荫堂兰石轩自刻碑

（一）家传碑

【时间】清末民初

庞超（1866—1937），字君华，号北海，别号降心居士；其弟庞裁（1878—1930，一说1871—1937），字君亮、君庵，号醉月居士。二君皆塘桥人，住所称嘉荫堂，书斋号兰石轩。彼嗜好贞珉，除购《留园法帖》《孔千秋藏碑》两大系列外，另自刻碑刻一批，内容各异。其中以家传为题材者，今校内存四石。

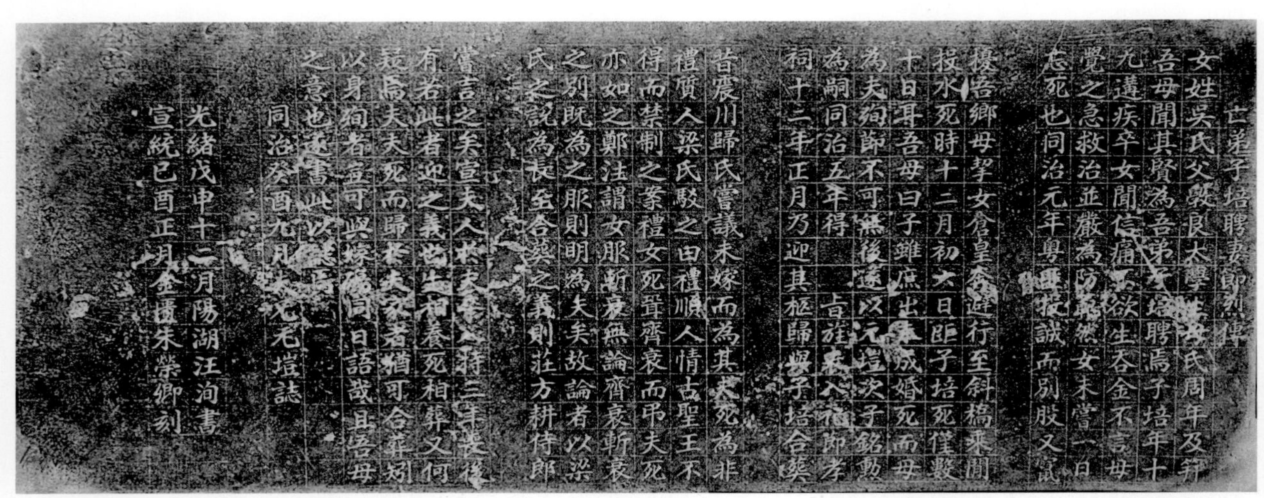
吴氏节烈传碑

○吴氏节烈传碑

亡弟子培聘妻节烈传

女姓吴氏。父敦良，太学生。母氏周。年及笄，/吾母闻其贤，为吾弟子培聘焉。子培年十/九，遘疾卒。女闻信，痛不欲生，吞金不言。母/觉之，急救治，并严为防范。然女未尝一日/忘死也。同治元年，粤匪投诚，而别股又窜/扰吾乡。母挈女仓皇奔避，行至斜桥，乘间/投水死，时十二月初六日，距子培死仅数/十日耳。吾母曰："子虽庶出，未成婚死，而母/为夫殉节，不可无后。"遂以元垲次子铭勋/为嗣。同治五年，得旨旌表。入祀节孝/祠。十二年正月，乃迎其柩归，与子培合葬。/昔震川归氏尝议，未嫁而为其夫死，为非/礼质人。梁氏驳之曰：礼顺人情，古圣王不/得而禁制之。案《礼》，女死，"婿齐衰而吊"，"夫死/亦如之"。郑注谓："女服斩衰。"无论齐衰、斩衰/之别，既为之服，则明为夫矣。故论者以梁/氏之说为长。至合葬之义，则庄方耕侍郎/尝言之矣。宣夫人于夫卒入持三年，丧后/有若此者，迎之义也。生相养，死相葬，又何/疑焉？夫夫死而归于夫家者，犹可合葬，矧/以身殉者，岂可与嫁殇同日语哉？且吾母/之意也。遂书此以志焉。

同治癸酉九月，夫兄元垲志。

光绪戊申十二月，阳湖汪洵书。

宣统己酉正月，金匮朱荣卿刻。

【说明】记庞子培妻吴氏。刻于宣统己酉年（1909）。

○庞氏宜人传碑

医祷，断指和药以/进，病果瘳。越数年，/颖生与其兄受甫/相继捐馆舍。受甫/子幼甫又殁，妻丁/无所出，而宜人之/子超与裁甫成年，/尚未有子。长房又/不可一日无后族，/议先以超后受甫，/俟超有子，再嗣幼/甫，宜人敬诺之。丁/无异言，议遂定，具/□县署立案。时光

哉言乎？自汤武革/命，三代政治有损/益。然周因殷，殷因/夏，所因为纲常，万/世不能变也。宜人/孝亲敬长，敦本睦/族，以女子而能明/大义，值世变而不/忘宗祧，是真知有/伦常者。宜其光昭/闾里，垂裕后昆，盖/可以风世矣。

民国元年季冬月

常熟蒋元庆谨撰，/阳湖汪洵谨书。

【说明】原有多石，今存二。宜人名讳失考。书于1912年。

庞氏宜人传碑（一）

庞氏宜人传碑（二）

庞氏某君传碑

○庞氏某君传碑

才俊，时移势易事／未可知。夫善作者／不必善成，善始者／不必善终。业败垂／成，功隳末路。古今／同慨。上舍□□，诒／谋诚善矣。□□君／信可谓克家之子／矣，然犹不能□□／于君也。余识君也／晚，君之生平不能／知，顾尝共游京师，／往返三千里。夜辄／秉烛剧谈，同伴鼾／声四起，独余二人

【说明】此为庞超家族某君之传，当有多石，今存一。

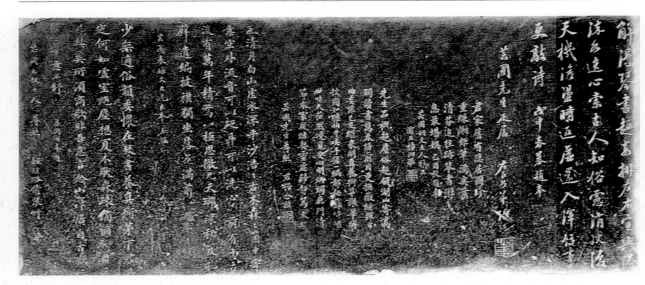

题赠芸圃五诗碑

（二）庞氏诗文尺牍酬酢碑

【时间】清末民初

庞氏家族多有与文士来往，集以勒碑者夥，成为《兰石轩自刻碑》的一大特色。今校内存九石。

○题赠芸圃五诗碑

解得琴书趣，安排左右宜。兴随／流水逸，心索古人知。俗虑消沉后，／天机澹荡时。返虚还入浑，馀事／更敲诗。戊申春暮题奉／芸圃先生雅属。左白水弟张源。

君家旧有隐居图，珍／重缥缃巨笔濡。奕叶／清芬追往迹，琴书游／息最堪娱。己酉秋题奉，／芸圃姻丈大人雅正。／滨石杨泗孙。

先生品概超尘俗，趣领湖山寄高／躅。读书万卷悟前因，更抚徽弦弹古／曲。委怀已足继泉明，真养衡茅谢华缛。／披图如听伯牙弄，手握一编都秘箓。崎岖／世味久茫然，境觅安心明炳烛。鹿门清／节本家风，结契灵虚归静笃。奉题／芸圃先生尊照，君梅念诒。

风清月白，山虚水深。平沙浩浩，古木森森。个中寄／意，空外流音，可以砭耳，可以洗心。前有千古，／后有万年。精骛八极，思彻九天。琅环秘笈，孔／壁遗编。披襟独坐，落花满前。题奉／芸圃表妹丈大兄大人玉照。燕■

少无适俗韵，委怀在琴书。养真衡茅下，君情／定何如？虚室绝尘想，夏木独森疏。浊酒聊自适，／过此奚所须？商歌非吾意，言念山泽居。自古叹行／役，言尽意不舒。集陶句奉题／芸圃大叔大人尊照，侄锺璐倚琴草。

【说明】此为张源、杨泗孙、季念诒、庞锺璐等五人题赠庞芸圃之诗，当书于光绪戊申（1908）至宣统己酉（1909）间。

○翁同龢题画诗碑

侍母馀闲雅／兴长，阶前秀／气发幽芳。拈／毫有意留清／景，诗咏南陔／爱国香。　数／回披览净无／尘，始识清高／善守真。钝伯／耐云风已远，

昨夜秋风入／楚山，晓来烟／雨白云闲。一／声清磬出林／际，知有茅庵／水石间。

壬寅七月为／北海画山水／拜题诗于左，／松禅居士。

【说明】原有多石，今存二。系翁同龢为庞超题画诗，书于光绪壬寅年（1902）。

翁同龢题画诗碑（一）

翁同龢题画诗碑（二）

致二庞尺牍碑

○致二庞尺牍碑

虎印精绝，感荷／厚意。孔先生所刻皆／妙。二庞雅士甚喜／其能绍清芬也。稍迟／当缀数语于末简，／石农先生左右。

瓶居士龢顿首。

君华仁兄大人阁下：去岁承／惠佳帖，时以整装旋省，行色匆匆，遂致稽于裁谢。顷／由朱君交到／手书并新刻各石拓本，既睹名人之翰墨，复识／先德之仪型，忻感弥可言状，即稔／藏度益富，/闻誉日宏，引跂/清标，无任艳羡孔氏诸帖摹勒之精，与原本无异，/实可宝贵。/雅命题语，早思走笔，因念俚俗之辞，非特不能揄扬，/转恐有污佳本，是以日久稽迟。既荷/谆嘱，容当抽暇涂就，寄呈/教正也。专复鸣谢，敬请/台安，顺贺/岁禧，诸惟/荃照不备。愚弟郑锺祥顿首，二月廿七日。

【说明】系翁同龢等致庞氏兄弟之尺牍，当不止一石。

〇题梅花图诗碑

不用染京尘。而今更入/冰壶里，称与梅花作/主人。海虞杨岱题。

甘屈调羹手，雕搜鲁/壁书。因文以见道，随/境即安居。结念绝凡/近，高怀寄古初。铁心/兼石骨，风韵独清疏。/用南史事，甲辰闰三月。/乐泉李□□题。

北风凌盛冬，寒香淡孤阁。何人袭/重裘，渊然契寂寞。时俗竞姿媚，六/书正纷错。先生迈古风，金石恣探/索。正如百卉藏，高标展素萼。摅怀/见天心，即事得所托，勿谓知音稀，相/赏有其乐。若洲鲍汀题。

湖海频年惜敝貂，重裘谁/向画中描？相看转觉清寒/甚，春在梅枝雪未消。风/尘应悔读《南华》，谁解深/情练且夸？愿我化松君化/竹，雪中青眼对梅花。

南池高应飞草。

陇上谁逢驿使回，琐窗疏影/几枝开。山川秀气锺名士，天地/文章付早梅。沽酒销寒裘未典，/跨驴乘兴客应来。先生神/品花高洁，认取前身与后胎。

云装贾季延草。

孤山之畔水之涯，曾见横斜/几树花。此日披图重回想，香/寒影瘦笑谁家？君即梅/花花即君，漫劳图画寄殷勤。/怜予多病兼愁绝，更比先生/瘦几分。耐云金辂题。

横斜疏影覆阑干，岑寂偏宜素古/欢。料得诗怀似冰雪，空山相对不知寒。/风外寒香宛转吹，满阶凉月白差差。/知君别有怀人意，一夜相思梦觉时。/关山细雨暗销魂，只我离家负好春。/他日花前逢驿使，一枝须寄陇头/人。时将之甘肃，蓉裳杨芳灿题。

为爱迟梅得气先，伴君诗卷隐/□边。春回疏影寒香里，人坐轻/冰小雪天。漫向空山寻旧约，好留/清梦认前缘。他年花发如相/忆，残夜西窗月正圆。/荔裳杨揆题。

傲骨崚嶒气似虹，披裘兀/坐见蒙茸。前身应是林/和靖，吟到梅花自个中。/莲趺杨抡题。

虬箭丁丁日乍曛，春风吹暖故山云。故山纵/好身如寄，□□□延意未欣。五月披裘/喜见寻，剪灯同□夜深深。十年眼见芳/菲变，只有梅花尚素心。响日相期共傲/霜，又将清骨对幽芳。莫□后日东风起，/软尽先生铁石肠。金匮杨揩题。

小筑青山下。正残冬、雪点遥空，冻云罨/榭。湖海频年归未得，妙景倩谁笺写？/休说甚、罗浮月夜。只这颓垣疏篆外，几/枝儿、不受天怜赦。又刚被，春狼藉。　而今/瞥见休相讶。向晴窗、镂玉裁冰，骋风研/雅。六代秾华删抹尽，几时似渠潇洒？还/记着、扬州官厦。清绝胡床三弄后，脱金/貂、沉醉花间社。江南梦，灯初灺。/孩浦徐镇草。

俄传有客，自澄江暂向蓉湖小住。棐/几图书安贴妥，自永天然真趣。腕走/蛟虬，囊携蝌蚪，光怪胸中吐。披图/一笑，梅花纸帐堪诉。　却忆南墅桥/头，小西轩里，曾共盈门晤。（余弱冠时，曾/晤君于杨氏/小西轩中，忽忽/几二十年矣。）/弹指韶华同逝水，彼此鬓/毛非故。古貌如君，疏狂似我，毕竟/难追步。貂裘换酒，牢愁今夜重/诉。百字令。半舫吴观题。

咸丰八年六月既望，邵渊耀观。

题梅花图诗碑（一）

题梅花图诗碑（二）

题梅花图诗碑（三）

题梅花图诗碑（四）

海虞庞氏勒石。

阳湖汪洵观于沪江。

【说明】以句意度之，此十二人所书皆为题主人所画《梅花图》，借以言人。书于咸丰八年（1858）至光绪甲辰（1904）前后。前三石为诗碑，末为词碑，词分别调寄《贺新郎》《百字令》。首诗不全，故实际应不止四石。

○汪洵题画诗碑

世守清芬养性真，/隐居海角寄闲身。/笔端独得虞山秀，/写出风光二月春。

壬子冬十有二月，/常熟北海先生来/申乞书先人家/传，并以画兰见赠，/余即题诗以应之。阳湖汪洵书。

【说明】系汪洵为庞超题兰花图诗，书于民国壬子年（1912）。

（三）艺文碑

【时间】清末

据款识可知，此类碑刻亦庞氏所刻。今存五石。

○心经碑

般若波罗蜜多心经

观自在菩萨，行深般若/波罗蜜多时，照见五蕴/皆空，度一切苦厄。舍利/子！色不异空，空不异色；/色即是空，空即是色；受/想行识，亦复如是。舍利/子！是诸法空相，不生不/灭，不垢不净，不增不减。/是故空中无色，无受想/行识，无眼耳鼻舌身意，/无色声香味触法，无眼/界，乃至无意识界。无无/明，亦无无明尽，乃至无/老死，亦无老死尽，无苦/集灭道。无智亦无得。以/无所得故，菩提萨埵，依/般若波罗蜜多故，心无/挂碍，无挂碍故，无有恐/怖，远离颠倒梦想，究竟

涅槃。三世诸佛，依般若/波罗蜜多故，得阿耨多/罗三藐三菩提。故知般/若波罗蜜多，是大神咒，/是大明咒，是无上咒，是/无等等咒，能除一切苦，/真实不虚。故说般若波/罗蜜多咒，即说咒曰：/揭谛揭谛，波罗揭谛，/波罗僧揭谛，菩提/萨婆诃。/般若波罗蜜多心经。

慈亲张氏，外祖刑部湖广司主事芝佩公张/璐次女，年十七归我颖生府君。越二年二月，/府君卒。慈亲尝诵《心经》，祈府君早登仙/界。因《心经》无善本，命男等沐手恭钞，■月/十二日。慈亲六秩生辰，男等■/亲不悦，乃止，男等即以《心经》为■/祝慈亲长寿云。

光绪戊申初夏□，庞超、庞裁识于兰石轩。

【说明】共二石。光绪戊申年（1908）为张氏所刊。

世守清芬養性真
隱居海角寄閒身
筆端獨得雲山秀
寫出風光二月春
壬子冬十有二月
常熟北海先生來
申乞書先人家
傳并以畫蘭見贈
余即題詩以應之
陽湖汪洵書

汪洵题画诗碑

般若波羅蜜多心經
觀自在菩薩行深般若
波羅蜜多時照見五蘊
皆空度一切苦厄舍利
子色不異空空不異色
色即是空空即是色受
想行識亦復如是舍利
子是諸法空相不生不
滅不垢不淨不增不減
是故空中無色無受想
行識無眼耳鼻舌身意
無色聲香味觸法無眼
界乃至無意識界無無
明亦無無明盡乃至無
老死亦無老死盡無苦
集滅道無智亦無得以
無所得故菩提薩埵依
般若波羅蜜多故心無
罣礙無罣礙故無有恐
怖遠離顛倒夢想究竟

心经碑（一）

涅槃三世諸佛依般若
波羅蜜多故得阿耨多
羅三藐三菩提故知般
若波羅蜜多是大神咒
是大明咒是無上咒
無等等咒能除一切
真實不虛故說般
羅蜜多咒即說咒
揭諦揭諦波羅揭
波羅僧揭諦
薩婆訶
般若波羅蜜多心

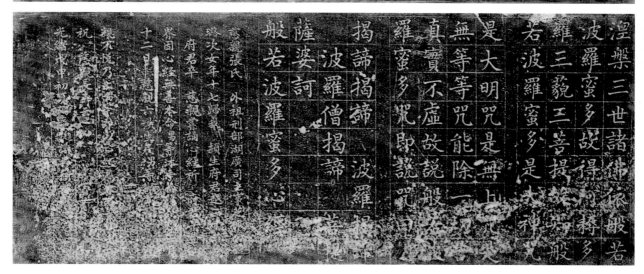

慈親張氏 外祖刑部湖廣司主事[illegible]
璐次女年十七歸我 顯生府君[illegible]
府君卒 慈親常誦心經祈[illegible]
界因心經無善本命男壽[illegible]
十二日慈親六秩[illegible]
親不[illegible]
祝[illegible]
光緒戊申初[illegible]

心经碑（二）

○楹联汇刻碑

楹联汇刻

稷山居士陶浚宣■。

上册总目：孔千秋／姚左垣／席煜／孟起凤／江国霖／李兆洛／盛大士／袁秀甲／钱泳／许乃普／庞大奎／施南金／潘遵祁／冯桂芬／莫友芝／王振声／杨□／□□景／■／钱□□／沈□□／翁同龢／季□□／张□□。

高祖讳榕，字恭茂，号月村，议置义田赡族，未就。曾祖■／曾祖晴岚公增捐二百余亩续成之。请旌义行■。

诵其诗，读其书，是尚□□／千古（月村先生清鉴）；／入则孝，出则弟，□□□□／壹家。（月村先生属）／山鸟啼晴，春光□□；／涧花滴露，流水□□。／（星岩姚左垣。）

姚星岩左垣，乾隆庚辰进士。官■。

（书为）／品节详明德性坚定；／（恭翁先生雅鉴）／事理通达心气和平。／（席松野煜，嘉庆■。）

（芸圃大兄大人雅属）／宝凤钟铭永睦兄弟；／吉羊洗款长宜子孙。／（阡卿弟汪祖绶。）

盱眙汪罕青祖绶，咸丰丙辰进士，同治三年为常熟令。

（云坡仁兄大人雅属）／诗从青箬笠间得；／秋自白荷苞上来。／（陆润庠。）

元和陆凤石润庠，同治甲戌状元。

（筠坡先生雅正）／十里陂塘鸥世界；／半潭秋水月精神。／（竹宾焯。）

吴江沈竹宾焯，工花卉山水。

（芸圃姻叔大人训正）／摩天雪鹤有奇翼；／拔地松虬含古音。／（惠人侄宋邦僡。）

漂阳宋惠人邦僡，道光癸卯举人，官长沙太守。

（芸圃叔父大人命书）／千古纲维大经大法；／一生和乐至性至情。／（侄锺璐。）

族伯宝生锺璐，道光丁未探花，官刑部尚书，谥文恪。

沧海日、巫峡云、牛渚／月、赤城霞、峨眉雪、河／汾风、潇湘雨、广陵潮、／米颠石、罗浮峰、武源／桃、庾岭梅、庐山瀑布，／极宇宙之大观，绘吾／斋壁，固所愿也；／子晋笙、邯郸瑟、绿绮／琴、渔阳鼓、薛涛笺、李／坚墨、右军书、摩诘画、／太白诗、马迁史、柳七／词、相如赋、韩愈文章，／尽人生之能事，适我／性情，不亦乐乎？

常熟张芝佩璐，道光乙巳进士，官刑部主事，有《白圭榭遗稿》，超之外祖也。

【说明】此原有多石，今存四，其中三石弃于校内。所录多涉庞超族人及友好。碑二中“溧阳”误作“漂阳”。

（四）嘉荫堂兰石轩丛碑跋

【时间】清末

嘉荫堂兰石轩丛碑跋，内容系师友对所有庞氏藏碑的综合跋述。今校内存五石。

楹联汇刻碑（一）

楹联汇刻碑（二）

楹联汇刻碑（三）

帖始末具详前记，中有杨守默封翁书瑶山篇，为鲍／叔野明经所著。明经昆季，工诗古文。道光间，邑中群／称“三鲍”，明经其季也。封翁善书，藏有吴郡章刊二王／帖，庚申兵燹，文物荡然。鲍氏著述均无雕本，散见／仅十而三。杨氏二王石，或云沉诸尚湖。此帖有明经／封翁词翰，不独贞石可宝。昔我先正尚有典型也。我／君华、君亮真知所保矣。癸卯九月□□并记。

江阴孔君千秋，刻石数种，／仿陈氏《渤海帖》，精妙不失／累黍。孔君，乾隆时名流／也，性傲兀，通小学，工诗，篆／刻乃其馀事。今塘桥／庞君华、君亮昆仲得／此石，以墨本贻余。余既高／孔君之为人，又美／二庞君不骛声华，以金／石图史自乐。江乡伊迩／为之赋《蒹葭》之诗矣。

光绪癸卯二月，翁同龢记于山中。

窃尝私论古今富贵如传舍耳，惟诗书仁厚之泽流／传较久。今遇塘桥庞氏君华，朴素沉静，不异寒素，手／示石刻两代遗像及孔氏诸帖。近世搢绅子弟安富尊荣，／煊赫一时，君华乃兢兢于先代仪□、前民矩矱，非其先世／诗书仁厚之泽，不能得此贤子弟，因□数□归之。

光绪丁未端午后正日，仁和觉庵□□□。

槃涧耽高隐，家风溯鹿门。神传／阿堵肖，心爇瓣香温。兰石储真／迹，贞珉宝后昆。琼贻十三种，光／气映晴轩。奉题／晴岚庞公暨哲嗣芸圃先生石拓小／像，并君华、君亮昆仲以兰石轩／所藏孔千秋精镌十三种见赠，因／赋一律志感。戊申冬腊，李士□。

虞山庞君华、君亮昆仲性嗜古，购／得孔千秋手刻各石，藏诸兰石轩，□珍／逾和璧。去冬以拓本一分见贻，并嘱跋／尾。余惟迩来西学充斥，六书训诂暗昧／不明，何论字体？赖有砥柱中流，庶免泯／灭。两君志趣非高人一等哉？爰缀数语，／以志钦佩。

宣统纪元春二月，新阳朱以增。

江阴孔尧山仿刻《勃海帖》，附以手刻／诸石，乱后归海虞庞氏。庞氏昆／仲克承先志，凡声色诸嗜好摈不近／，独宝此若和璧，可敬也。其得石始末／并刻之精妙，《兰石轩藏帖记》松禅／居士跋语详言之，故不复赘。

丁未首夏，安吉吴俊卿。

兰石轩藏孔千秋所刊帖，皆精／妙无匹，其子双钩碣石，顷亦为／杨濠叟所激赏。盖／晴岚先生嗜古好学，与孔氏／两世深交，君华、君亮昆仲益／倩名人题咏以勒诸石，不独风／雅可钦，亦以见两家交谊为世／俗所罕觏云。丁未夏，陆懋宗。

光绪戊申冬，虞山二庞君来属书先人／节烈传，又以孔帖见赠。静坐观玩，铁笔／精妙，近世难得。其碑石经兵燹后湮没／多年，二庞君风雅好古，出资购藏，并刻／千秋小传及诸名人题咏，从此流传不／朽，亦孔君之幸也。阳湖汪洵识于沪上。

宣统元年八月，澜奉宪檄到南沙任事，／二年三月，为调查户口，周历各乡演说。／于时米贵，并劝城乡各绅筹款平粜／贴平。至西唐桥，庞茂才君华来见，询／上二事，知已与各同志及其

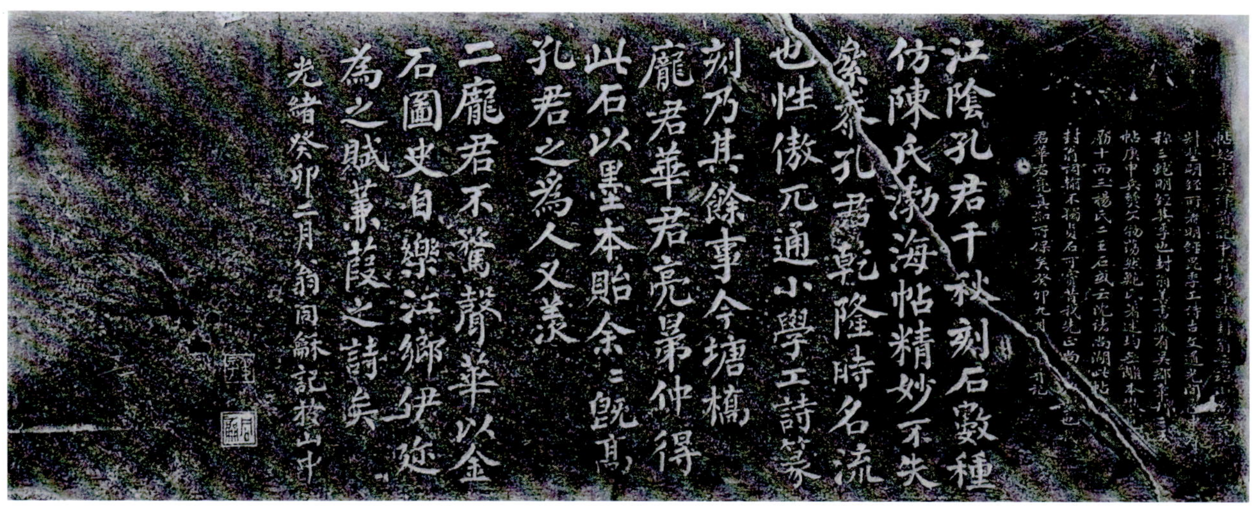
江陰孔君千秋刻石數種
仿陳氏渤海帖精妙不失
篆意孔君乾隆時名流
也性傲兀通小學工詩篆
刻乃其餘事今塘樠
龐君華君亮曻仲得
此石以墨本貽余ニ既真
孔君之為人又羡
二龐君不驚聲華以金
石圖史自樂江鄉伊迩
為之賦蒹葭之詩矣
光緒癸卯二月翁同龢記於山中

嘉荫堂兰石轩丛碑跋（一）

嘉荫堂兰石轩丛碑跋（二）

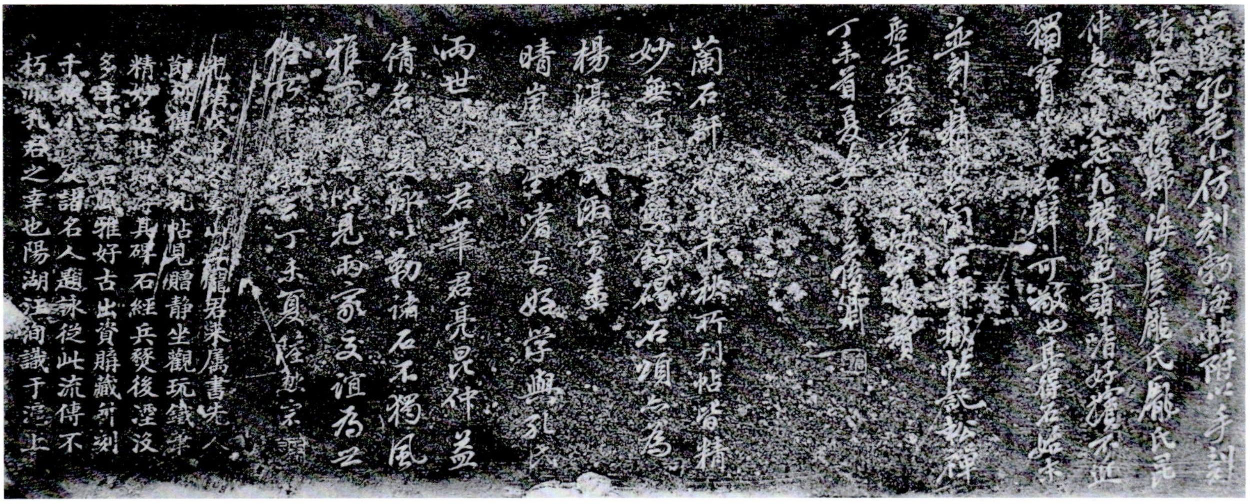

嘉荫堂兰石轩丛碑跋（三）

弟君亮等措／置熨贴，不禁钦佩。且接谈之间，语言／和平，衣冠朴素，不惟与近日士习异，盖其／勤俭厚重之风，即常昭宿学老成犹／有不及者矣。四月廿二日，以所拓家藏石／刻廿馀种相赠。翻阅一过，除庞氏先德／碑石数种外，馀皆搜集江阴孔千秋刻／石。其搜集孔氏刻石，系为其先府君爱／慕之故，非仅为保存名作也。子舆氏／有言："仁之实，事亲是也。"《书》曰："爱／自亲始。"吾以是知君华与令弟君亮／之能仁爱其乡人，而潜销其调查／风潮，实行其贴平事业者，皆自不／忘亲之心推之矣，夫岂独搜孔帖／一事为不忘亲已哉？故并识之。

庚戊四月黔南孙回澜记于官廨。

虞山庞君华、君亮昆仲访得乾隆间江阴孔瑶山／所摹法帖十三种，藏之兰石轩，拓本征题，敬赋／五言三章。

昔余发未燥，避地至海虞。鹿门高士宅，流永长／者居。有池有场圃，可耕可畋渔。塘桥市不远，／约可三里馀。此境五十战，遇隙如奔驹。城郭／虽犹昔，人民非当初。未知二庞子，族属当何如？／世事以雹喻，是雹原非珠。宋人过乡井，一一／堪唏嘘。桑下不三宿，释言良非虚。

红榈有集帖，出自微波榭。暨阳亦圣裔，嗜古／足方驾。采石选贞珉，偏旁审假借。《黄庭》与《乐／毅》，海内所脍炙。得者什袭珍，不在渤海下。溯／自魏晋来，许书暗长夜。幸藉摹印存，藏家尚／插架。卓哉千秋翁，功与严段亚。敬客盈尺砖，／丰碑若嵩华。不经野火焚，即为萧翼诈。惟／兹名山藏，不与世代谢。一字当一缣，岂惟千／金价？

今归庞居士，列庋兰石轩。四十有八石，尊之／若玙璠。大雅慨不作，诗书际秦燔。凡将急就／字，灭裂书儿幡。矧自王侍书，宋初讫《大观》。《泉》/《绛》《潭》诸本，公库无一完。此石江左劫，幸未／鬻且刓。开卷苍籀古，俨然《散氏盘》。中惟赵／承旨，双璧今补刊。一临右军帖，一记桃花源。／高曾缅规矩，师友托篪埙。至今尚湖侧，上／有卿云蟠。童时嬉戏地，老忘惭师丹。旧梦／倘可拾，会当叩涧磐。小诗乘韦先，一觌青／琅玕。

宣统辛亥上巳前一日，长洲叶昌炽。

【说明】此为光绪癸卯（1903）至宣统辛亥年（1911），朱以增等六人为《嘉荫堂兰石轩丛碑》所题之跋文。现存五石。其中孙回澜记中"庚戌"误作"庚戊"。

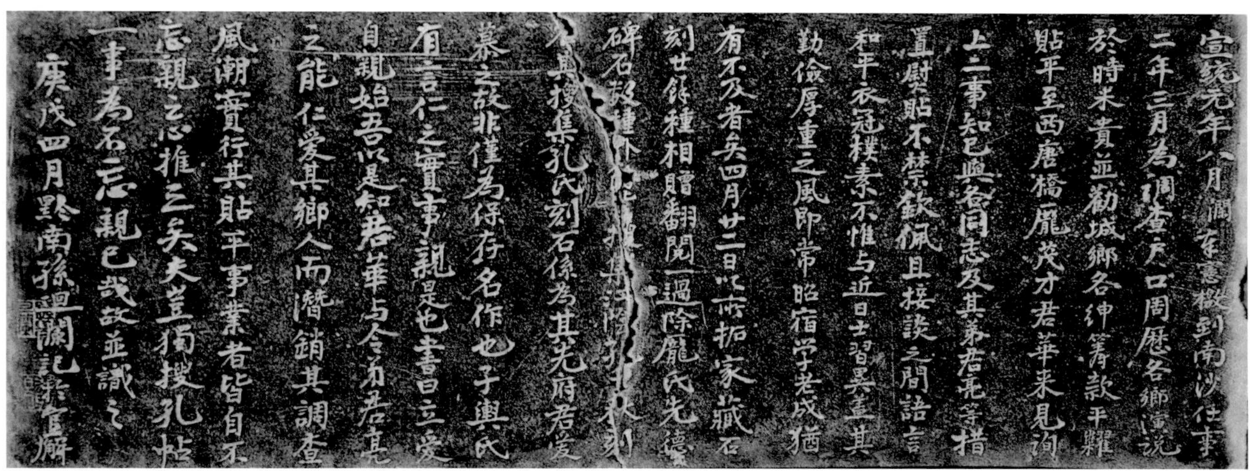

嘉荫堂兰石轩丛碑跋（四）

嘉荫堂兰石轩丛碑跋（五）

◆原兴教小学（兴教寺）碑刻

兴教寺，位于张家港市塘桥镇顾家村。原名兴教堂，始建于明天启年间。曾作景韩小学、兴教小学、育才小学。

◎永禁滋扰兴教寺并盗卖寺田碑

【时间】1880

兴教寺

补用府即补清军府署理江南苏州府常熟县正堂郭为／给示勒石永禁事。据监生张玉珍、章文兰、武举钱镳、□人孟金谷、何景□、何■忠扬、苏明扬、朱天顺、邵一青、陈裕章联名／禀称，切生等住居西乡，缘该处有兴教寺一座，坐落南三场下十四都四三图。寺内■兴教寺户办粮，系僧能亮住持经管。现有／附近棍徒在寺酗酒赌博，作践滋扰，并将寺内家伙什物擅行收用，以致散失，甚至勾引■寺田。经生等查悉，拟将僧能亮公同驱逐。现／据能亮央人作保，情愿改过。嗣后安分住持，如再不守清规，听凭公议驱逐。一面将寺内粮田■计七十五亩三厘，开明坐落都图字号、斗则亩分／清单，责令僧能亮妥为经管外，诚恐附近乡民以及不法棍徒，仍□□寺饮酒聚赌，作践滋扰■盗卖寺田情事，抄粘田数，环叩给示晓谕，勒石／永禁，以垂久远等情到县。据此，除批示外，合行给示，勒石永禁，为此，示仰该处香火住持居民■自示之后，不准蓦入寺内酗酒滋事，擅取台椅／行用。该僧能亮亦宜恪守清规，将寺内田园家伙相与维持。如有不法棍徒到寺饮酒聚赌，糟蹋■许张玉珍等查明投保禀／县，以凭提究追还。盗卖寺田，将□入册充公，母贻后悔！地保徇庇，并究不贷。各宜凛遵。母违！

计开：／南三场下十四都十四三图□号■分五厘；□号一斗九升粮，田三亩五分；□号■粮□□□□又□田一亩。十四四上图驱号一斗九升粮，／二亩七分五厘；犛号一斗九升粮，二亩■；谨号一斗九升粮，田十七亩七分；庶号一斗□升■号一斗九升粮，田一亩八分，又七分五厘；俶号一斗／九升粮，田二亩。十五图旷号一斗九升□□□亩；□号一斗九升粮，八亩；农号一斗九升粮，七亩八分；■升□□；田二亩□□□。上十四都十四六下图穀号一斗九升粮，■田／一斗正。

光绪陆年伍月　日示。

发兴教寺勒石。

【说明】碑中“毋”误作“母”。

永禁滋扰兴教寺并盗卖寺田碑

◆原年丰小学（双杏寺）碑刻

双杏寺，位于张家港市大新镇年丰老街南侧。始建于明天启五年（1625）。曾作春旭学堂、年丰小学。

◎永禁有碍河身碑

【时间】1879

正堂谭示，今将有碍河身各项开列于后，应行永远禁止，如违提究。该/处圩保若不认真查禁，一经发觉，立提究办。特示。

一、不准套港岸滩壅土贴铺栽种花豆蔬菜等类。

一、不准逼近套港岸滩排插壁篱、竹枝、树木。

一、不准挑起河泥沿岸堆积。一、不准套港内设立蟹簖、渔罾。

一、不准套河停泊木排。一、不准沿套港岸边砌埋坑厕。

光绪五年闰三月　日示。发立年丰镇。

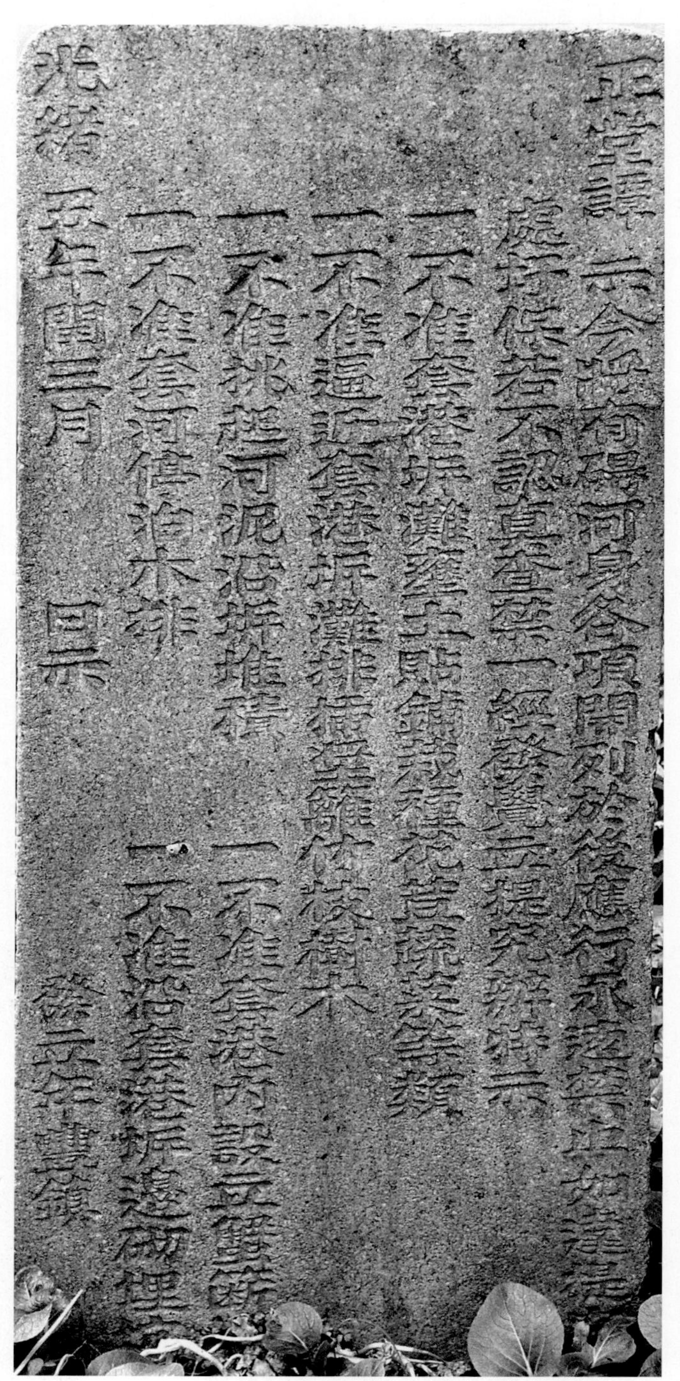

永禁有碍河身碑

◆杨氏义塾碑刻

杨氏义塾，原位于张家港市凤凰镇恬庄。乾隆三十八年（1773）初设于继缘道院，乾隆四十四年（1779）别设学于杨氏宗祠内。祠祀孝子杨岱，道光五年（1825）杨岱之子杨景仁所建，内设义塾。除点校者外，另有阮元撰、姚文田书、吴雪锋刻《旌表孝行杨君家传碑》（三石），嘉庆十年（1805）《杨氏义田执帖碑》，咸丰九年（1859）《遵守杨氏义庄规约给示碑》，《杨氏义庄义塾义冢田亩丘形图碑》（十石）。又有《恬庄义塾碑记》，乾隆四十五年（1780）梁同书撰并书《虞山杨氏宗祠碑记》，乾隆四十五年（1780）王文治撰并书《田庄杨氏义庄碑记》（共四石，今存三），乾隆五十三年（1788）杨岱撰并书《杨氏义庄规条碑》（共四石，今存三），现存张家港博物馆。

◎虞山杨氏读书田记碑

【时间】1806

虞山杨氏读书田记

古之人皆躬耕力学，自士别于／四民，而耕与学始判为两途。故／孟子以为“无恒产而有恒心者，／唯士为能”。然使束脩之藉，膏／火之资，皆能裕之平时，而无／有不继，不更有以励其力学／之志，而坚其向善之心乎？余应／童试时，即识海虞杨君静岩，／以文字相切劘。继复同官于朝，／过从益密。稔知其尊甫封公／守默先生以纯孝称于乡党，／平居惟敦本睦族，教诸子以／读书惇行为务。自乾隆己亥／建义庄以承先志，又增捐腴／产以资族塾脩脯，无不手自规／画，犁然井然。最后以本支子姓／渐繁，复别置田一千亩有奇，名／曰读书田，俾子孙之就傅鼓箧／应科举试者，咸取给于是。吾

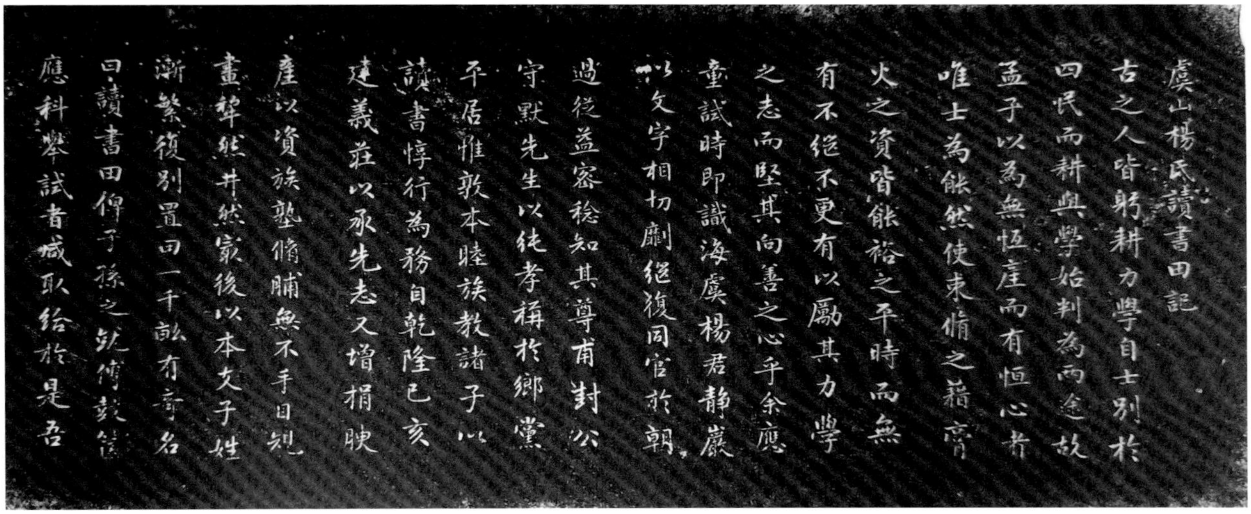

虞山杨氏读书田记碑（一）

郡自范氏、申氏创为义泽，踵／而行者盖寡。公既师其良法美／意，而此则又推广于其法之外／者。近世素封之家，莫不市良／田大宅，为子孙衣食久远计，／而无当于敦劝勖勉之义，率／至骄盈矜夸，坠其家声。此疏／太傅所谓“但教子孙怠惰耳”。唯／公深识远虑，为能得乎诒谋燕／翼之大，而义方之训，亦于是乎备／焉。比静岩以奉封公讳旋里，／偕贤昆季清厘图籍，闻于大／吏，得与义庄及墓祭田亩并咨／户部立案，优免徭役。公之用心／可以永之百祀，而后之服先畴而／勤播获者，其食报正未有艾。《有／駜》之三章曰：“自今伊始，岁其有君。／子有谷，诒孙子。”说《诗》者以为年／谷常登，而子孙相承，力于为善，则／无疆之休也。余故乐得而记之。

嘉庆丙寅秋八月既望，／赐进士及第、资政大夫、吏部左侍／郎、教习庶吉士、提督浙江学政纪／录六次、吴县潘世恩撰并书。

【说明】共三石。

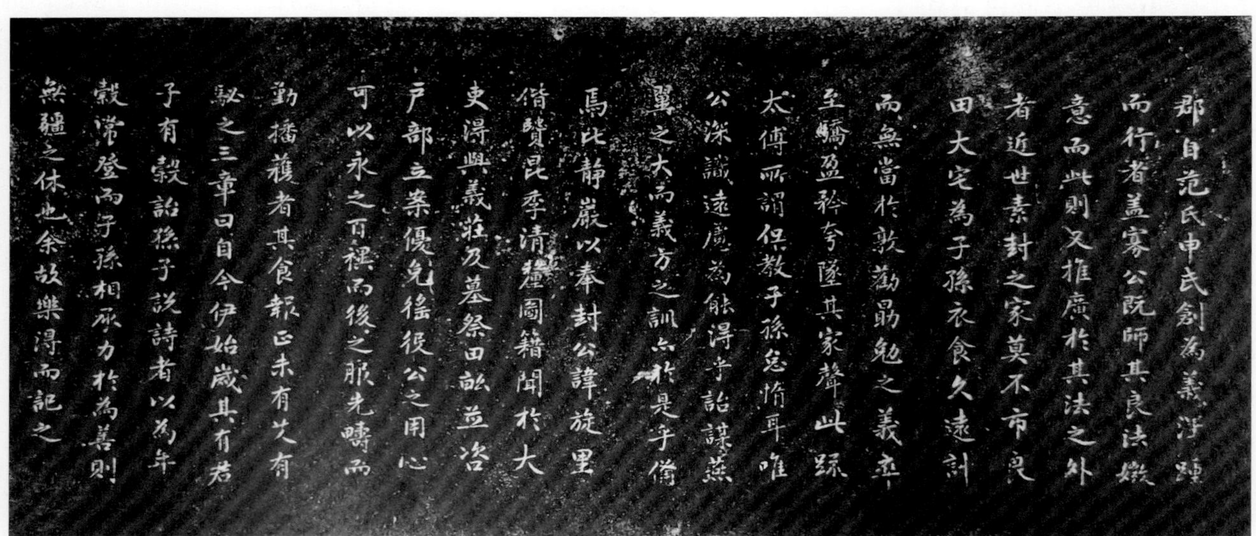
郡自范氏申氏創為義澤踵
而行者蓋寡公既師其良法媺
意而此則又推廣於其法之外
者近世素封之家莫不市良
田大宅為子孫衣食久遠計
而無當於敦勸勗勉之義率
至驕盈矜夸墜其家聲此疏
太傅所謂但教子孫怠惰耳唯
公深識遠慮為能得乎詒謀燕
翼之大而義方之訓亦於是乎備
焉比靜巖以奉封公諱旋里
偕賢昆季清釐圖籍聞於大
吏得與義莊及墓祭田畝並咨
戶部立案優免徭役公之用心
可以永之百禩而後之服先疇而
勤播穫者其食報正未有艾有
駜之三章曰自今伊始歲其有君
子有穀詒孫子說詩者以為年
穀常登而子孫相承力於為善則
無疆之休也余故樂得而記之

虞山杨氏读书田记碑（二）

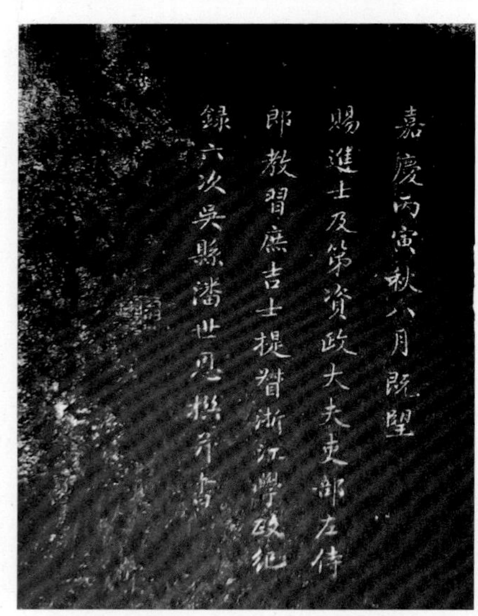
嘉慶丙寅秋八月既望
賜進士及第資政大夫吏部左侍
郎教習庶吉士提督浙江學政紀
錄六次吳縣潘世恩撰并書

虞山杨氏读书田记碑（三）

◆原浦塘小学（盘铭寺）碑刻

让塘小学、浦澄小学报领龙潭官河界碑

盘铭寺，位于张家港市杨舍镇新民村。始建于明代。曾作浦塘小学（由浦澄小学、让塘小学合并）。原有1930年《给示让塘小学、浦澄小学订立保障合约保护龙潭荒荡碑》，今存恬庄碑苑内。原有《让塘小学、浦澄小学报领龙潭官河界碑》两方，今由私人收藏。

◎**汤家桥盘铭庵修葺石碑记**

【时间】1790

盘铭 / 庵碑

汤家桥盘铭庵修葺石碑记

予是里有汤家桥，桥之右上有庵曰盘铭，由来以久，文献无征。罔知兴自何代，建自何人。庵旁有银杏一株，亦古物也。/ 本朝来，原系邑中谭姓执管，后谭谋毁庵，伐杏见血，岂神有灵，藉示警欤？荣父知之，恻然曰："是庵为一方风水攸关，香火所集，吾不忍以几百年之梵宇，一旦而灭。"于是不顾家计，于雍正七年 / 冬，以沃田拾亩与谭氏立券易焉。第年久颓芜，荣父屡欲新之而未逮，不幸赍志以殁。荣窃思吾父于此庵一片好善之忱，郁而不遂，为之子者不克成就先志，非道也。中年以后，越省贸易，力 / 耕节俭。阅有年，稍有积。于四十二年修建大殿，又于四十八年建造二厢及山门。庙貌辉煌，物用粗备。幸膝下三男各能成立，安知非我佛、我父阴为保佑？因俗继室缪氏日夕辛勤，夫妇力 / 挣之膳田叁拾亩捐入于庵，为修理之资。庶岁岁常新，聊慰先人之心于地下，然后起犹未可必也。吾父生二子，而是庵之成，荣独矢心专力，长兄不与。吾子若孙瓜瓞蔓延，贤愚不一，保无有不 / 能兴之而转或败之者流，余年迈疾缠，风烛堪虞，能无不见是图不急急豫防？用是勒碑以志，俾世世子孙无能觊觎是田。即僧道之来居者，亦不得将是田以为衣食费，只许以为修葺整理之 / 助。冀可永永弗替云。

计开：/ 庵基田叁亩；始海五莱姜六号，共田叁拾亩，内有绝卖契单为据。/ 另有阎子文舍入周字号田二亩，价银二拾两。又柒折钱拾两整。

大清乾隆岁次庚戌孟秋谷旦日立。勒碑徐士荣。

见：侄凤皋。/ 男文侯、/ 文伯、/ 昌侯。/ 孙见龙、/ 永熙、/ 允明、/ 永清、/ 允孝、/ 万镒。/ 熙孙媳 / 顾氏。

菖蒲泾颍川陈日新镌。

汤家桥盘铭庵修葺石碑记

◆原永莲小学（永莲庵）碑刻

永莲庵，位于张家港市凤凰镇茅庵村。始创于明末，又名西茅庵。曾作永莲小学、大团小学。

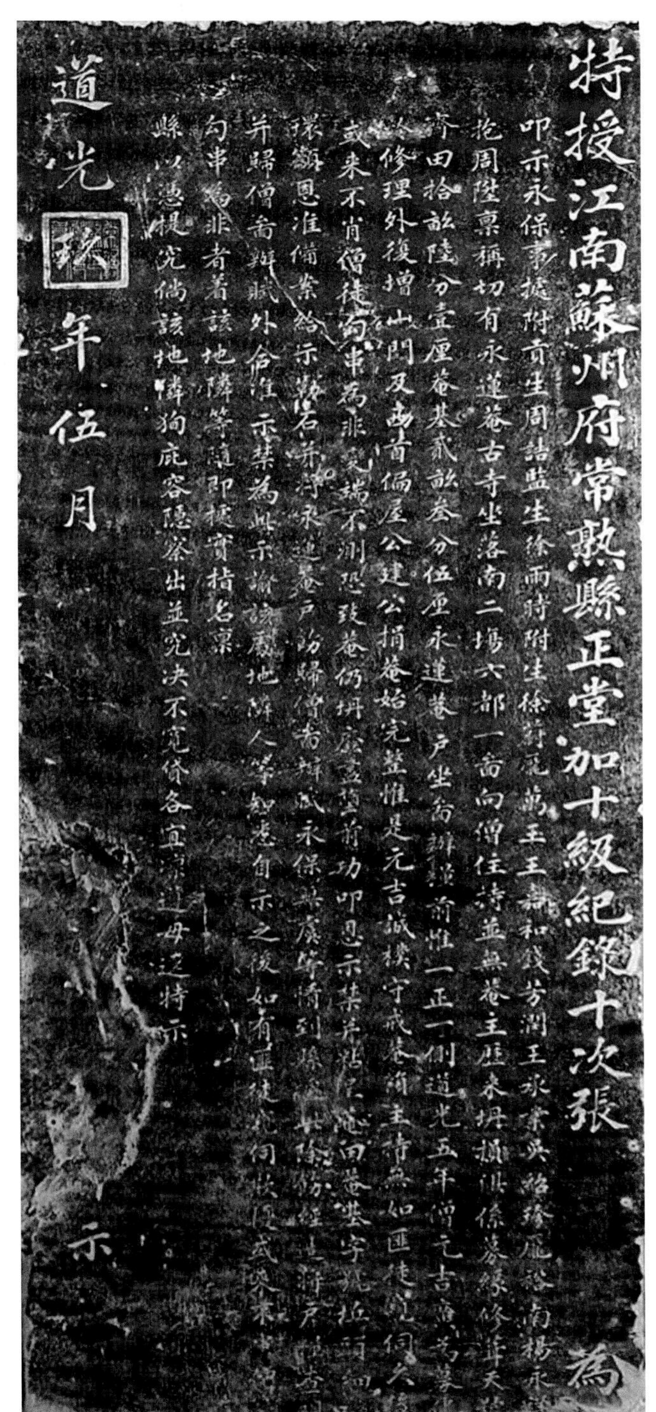

汤家桥盘铭庵修葺石碑记

◎永禁滋扰倒卖永莲庵碑

特授江南苏州府常熟县正堂加十级纪录十次张为/叩示永保事。据附贡生周诰、监生徐雨时、附生徐蔚、庞万玉、王嘉和、钱芳润、王承业、吴绍珍、庞裕南、杨永祥、/抱周升禀称，切有永莲庵古寺，坐落南二场六都一图，向僧住持，并无庵主。历来坍损，俱系募缘修葺天号/斋田拾亩陆分壹厘，庵基贰亩叁分伍厘。永莲庵户坐图办粮，前惟一正一侧。道光五年，僧元吉、广为募化/于修理外，复增山门及西首偏屋，公建公捐，庵始完整。惟是元吉诚朴守戒，庵赖主持。无如匪徒窥伺久后/或来不肖僧徒勾串为非，变端不测，恐致庵仍坍，废坠前功。叩恩示禁，并粘呈庵田、庵基字号、丘头细数/环吁恩准备案，给示勒石。并将永莲庵户饬归僧图办赋，永保无虞等情到县。据此，除饬经造将户粮查明/并归僧图办赋外，合准示禁。为此，示谕该处地邻人等知悉，自示之后，如有匪徒窥伺欺扰，或来不肖僧徒/勾串为非者，着该地邻等随即据实指名禀/县，以凭提究。倘该地邻徇庇容隐，察出并究，决不宽贷。各宜凛遵。毋违！特示。

道光玖年伍月示。

◆原有原初级中学（有原堂）碑刻

有原堂，又称滩里天主堂、鹿苑天主堂。始建于清康熙年间，道光六年（1826）钱菊如重建。曾作有原小学、有原初级中学。

◎迁移有原堂碑志

【时间】1931

迁移有原堂碑志

本乡之传有天主教，始于逊清康熙朝。逮/道光六年，村人苦无瞻礼颂祷之所，乃献/地柒亩，经之营之，建造五开间厅事两进，/背水面南，堂宇轩敞。董其者为乡先贤/钱菊如、钱正修二君，不特经营尽力，而助/款其为最多。次年工竣，题曰有原堂，取为/有真原之意也。会其时□禁未开，教难正/炽，村人士恐被殃及，于道光十九年将奏/准立钱氏节孝坊建于堂之门首，殆藉之/以护教护堂也。嗣后历任传教司铎，见信/者日众，及诚昭者日累加修葺，而后厅与/石坊则仍是也。民国二十年，凤冈传教是/邦，嫌堂宇狭小，几不能容人，遂函请阮尚/道总铎禀请江南姚惠大区牧拨款重建，/悉敬旧见。惟是回溯斯厅建造，迄今已百/有六载。集信友之财而建斯堂，在圣教史/册上固有光荣之价值，即前人之景行，亦/何可忍其淹没？缘由□□斥资购地，将该/厅移于新堂东南首武作村人农隙讲学/所，正性觉众，礼教是崇。希今之后进仰瞻/前人之遗迹，思有以追步芳踪，益增昭事/之诚，俾可与斯厅同垂于不朽云。爰泐石/为记，以示来兹。

中华民国二十年季秋，沈凤冈谨志。

里人邹君达敬书。常熟俞万春刻石。

迁移有原堂碑志

◆原章卿小学（章卿寺）碑刻

章卿寺，位于张家港市杨舍镇章卿村。原名资福庵，传始建于三国吴赤乌年间。曾作村办章卿小学。

沙弥嘉会、戒昆、觉灵墓碑

◎沙弥嘉会、戒昆、觉灵墓碑

【时间】1848

道光岁次戊申仲春立。

圆寂沙弥嘉会、戒昆、觉灵之墓。

徒浩源祀奉。

◆张家港市南沙占文小学碑刻

张家港市南沙占文小学，位于张家港市金港杨径路。学校前身是清末詹文桥缪氏宗祠的义塾。清光绪三十二年（1906）改设香稷小学。1913 年更名为江阴县大桥乡第三初等国民小学。1931 年迁至涤凡寺，更名为詹文桥小学。后曾名江阴县詹文乡中心国民小学、江阴县占文小学、沙洲县占文小学、张家港市金港镇占文小学等。2013 年成为南沙小学分校，改今名。

◎修建校舍记碑

【时间】1938

修建校舍记

詹文桥小学校舍毁于丁丑事变，弦歌于以中辍。越年戊寅冬，以邑境沦陷，历时年馀。学龄儿童苦无就学之所，地方人士缪端／生、王恩洽、谢文灏、吴梦华、任云程、谢守谦、俞允明等，发起修建校舍，恢复学校，乃召开地方人士代表会议，通过筹措修建校舍／经费办法，并组织校董会，聘请校长，以其主事，当即推定吴梦华为主席校董，聘请俞允明为校长，谢守谦为校务主任，擘划经／营，时序更新。己卯正月，乃开工修葺校舍。二月十日，照常开学。本期修葺费用共计柒百念捌元叁角叁分玖厘。是年暑期开学，／时渐转入冬令，各室门窗一无所有。是以再行雇工，添置门窗，并建厨房、浴室两间，走廊三处，所费共计柒百伍拾玖元柒角玖／分玖厘。复以学生拥挤，势必添建校舍，乃再召开地方人士会议，议决将涤凡寺大殿神像迁至该寺前进，该大殿充作该校礼／堂，并据《监督寺庙条例》第四八一三条之规定，再将拥香庵禾田叁亩伍分整呈请变卖，充作添建校舍经费。旋奉县府指令教／字第九五号内开呈悉所呈各节，查该条例事属可行，仰将地方人士变卖经过并该馆所属机关证明文件到府转省备案此／令等因，奉此，遵即将该禾田于是年冬，由主席校董吴梦华、占文乡乡长任云程、该校校长俞允明同地方人士缪丙峰、周文岐／等依据法令指令与决议案，负责变卖到青墩上尹焕璇名下，计得绝田价银肆百伍拾贰元。即购木料陆百元，本期添置购买／经费共计壹千叁百伍拾元玖元柒角玖分

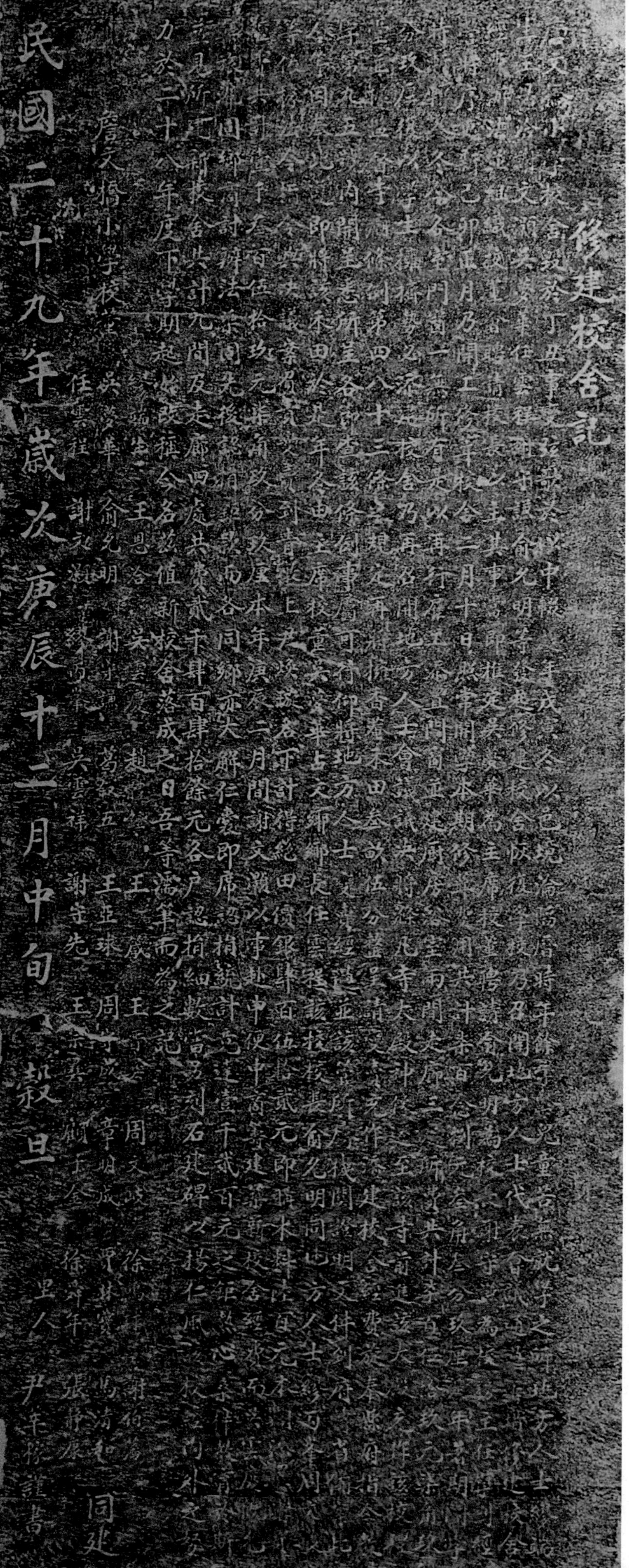

玖厘。本年庚辰二月间，谢文灏以事赴申，便中商筹建筑新校舍经费，而吴云庆慨允，/集旅沪同乡商讨办法，渠固先后认捐巨款，而各同乡亦大解仁囊，即席认捐，统计竟达壹千贰百元之巨。热心桑梓教育，于斯/益见。所建新校舍共计九间及走廊四处，共费贰千肆百肆拾馀元，各户认捐细数当另刻石建碑，以扬仁风。该校经内外之努/力，于二十八年度下学期起，始改称今名。兹值新校舍落成之日，吾等濡笔而为之记。

詹文桥小学校董：缪端生、吴梦华、任云程、王恩洽、俞允明、谢文灏、吴云庆、谢守谦、缪丙峰、赵体锺、葛叙五、吴云祥、王箴、王亚球、谢守先、王晋彝、周守成、王宗彝、周文岐、章明成、顾子金、徐鸣球、贾林宝、徐舜年、谢伯藩、马清和、张静康同建。

民国二十九年岁次庚辰十二月中旬榖旦，里人尹莘稼谨书。

昆山市
大年堂
大年堂

◆原巴城小学（崇宁寺）碑刻

崇宁寺，又名崇宁庵，位于昆山市巴城镇湖滨北路。始建于梁天监八年（509）。曾作巴城小学。

◎重建崇宁寺山门记碑

【时间】1725

重建崇宁寺山门记

巴城为玉峰西北偏隅，民居参错，鲜祇林兰若之胜，/独崇宁寺雄峙于镇之坎方。据碑碣所载，为前梁天/监八年敕建，历有明弘治十三年重修，规模颇饬。今/又二百馀年，象教颓夷，殿宇剥落，其山门供养弥勒、/韦陀等像，几于露立，残垣败栋，摇落水滨，未有过而/问者。夫十朝古刹，一方香火，福国佑民，法力宁有今/昔盛衰之异哉？余以季男维周偶染瘵疾，矢愿更新，/自顾力绵弗之逮，又不敢以檀越望人，猥就山门一座，/为楹有三，鸠工庀材，自仲春下［浣］经始，越两月而告/竣。向之堕者兴，倾者整，法象庄严。里中瞻礼者耳目/一新，而男病亦旋瘳。长男公信颇殚经营，喜其落成/也，请为记。余告之曰："语云'作善降祥'，未可深信。顾见/世人遇小恙，辄宰割牲牢，祷神祈福，徒滋杀孽。他如/演剧赛会，广费金钱，转瞬成幻。奚若佛门清净，臻此/胜果，以垂不朽？且余业为之倡，岂无乐善之士闻风/而起者乎？寺之兴也，日可俟也。将还前梁天监之旧，/岿然为兹土灵光，不亦美乎？"是役也，率作则盛子/信史、陆子舜山、住僧法笠，职业者为朱君秀、顾敬山。/余因长男之请，备叙颠末，勒石于垣而志之。

皇清雍正三年乙巳仲夏，里人沈蕙士君章氏记。

重建崇宁寺山门记碑

◎永福庵僧田碑记

【时间】1725

永福庵僧田碑记。乡进士、署昆山县儒学教谕、靖江刘方沛撰。

昆邑巴城之崇宁寺，盖古刹也。其东偏为永福庵，供奉普门大士，香花梵呗，足为一方之胜，由来久矣。/惜未有须达多长者，以布地金置田赡僧，乃至尘封香积，托钵无门，去此适彼，禅栖莫守，则恒产不可/无，即衲子亦有然者。于是里中善信王君玉符，偕其子与可，割常稔田五亩。王君信公，体厥母志，亦捐/业田二亩畀僧，俾办条漕外，永为斯庵斋粮之供。倘有托名原主，求贴求赎，施主概与理直。一切僧徒，/非现守是庵者，毋得觊觎，诚旷举也。诸生王子殿飏，与住持僧石庵白之余，谋所以昭厥后者，欲立石/于庵，求文以为记。而首事者曰："是尚有待，吾侪寡助，止此毫末之捐，尤愿与同志共襄胜果，则佛门有/赖，而所以庇护夫十方者，不无少补耳。"余作而叹曰："於戏！是亦足矣。夫志愿无穷，要在随其力之所能，/而倡之必果，为之必成，斯机缘凑合，而福田之利益已广。虽是举也，固无庸颂扬功德，而有不可不书/者三。其一为施者后裔不忘故有，思复据为己业者，将惕然于祖先之成德，而不敢萌异志；其一为居/是庵者，昧厥由来，将鬻以肥其私囊者，则虽世殊代远，得以据是碑而斥之，无变更也；其一为托迹空/门，食其租，享其利，而不事焚修，犯规越戒，当亦睹斯石而皇然知警。不宁惟是，后之人恪守勿替，则田/与庵相终始，僧与田相依倚。苟闻风慕义，复为裒多益寡，恢弘故额，将招提益焕，法像恒新，晨钟暮鼓，/潮音互响，于以畅宗风而绵法会。实创是举者启于前，踵善因者成于后，则所谓有待者，其志愿不更/广耶？"是文不可以不书，遂书以付工勒石云。

计开：/昆山府官田五亩，坐落署区十一图真字圩第二百十七号，原租五石一斗五升。/王门蒋氏官田二亩，坐落/王门袁氏官田二亩，坐落

雍正三年岁次乙巳冬十一月长至日，住持普慧立石。太学生张汾书。角里沈天序镌。

永福庵僧田碑记

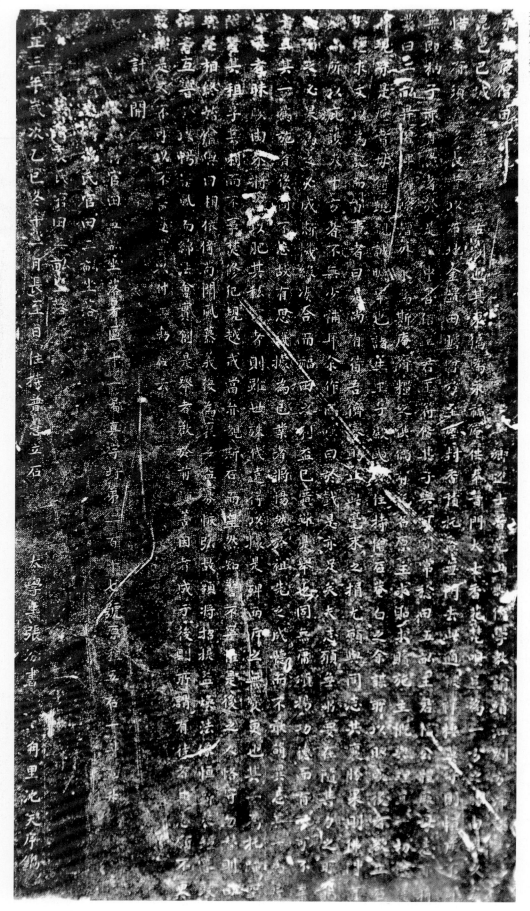

◆原昆山县千灯中学（顾炎武墓）碑刻

明末清初思想家、学者顾炎武墓，位于昆山市千灯镇南大街。1958 年于其旁创建昆山县第七初级中学，后曾名昆山县茜墩初级中学、昆山县千灯中学等。除点校者外，原有《顾先生亭林暨配王硕人合墓碑》，今原碑毁，仿刻一石立于墓前。

顾蠡源墓碑

◎**顾蠡源墓碑**

【时间】明

明国学生顾公蠡源暨配周、/李硕人墓

【说明】顾蠡源，顾炎武之嗣祖父。今墓碑断为两截。

◆昆山市培本实验小学碑刻

昆山市培本实验小学，位于昆山市玉山镇北后街下塘。学校创办于光绪三十一年（1905），曾名培本女校、昆新县立女子高等小学堂、昆山县培本小学校、昆山县玉山镇第二中心小学、昆山县玉山镇新昆小学等。2002 年改今名。

◎**昆山县培本小学校碑**

【时间】1929

民国十八年/七月重建。/昆山县培本小学校。/方还。

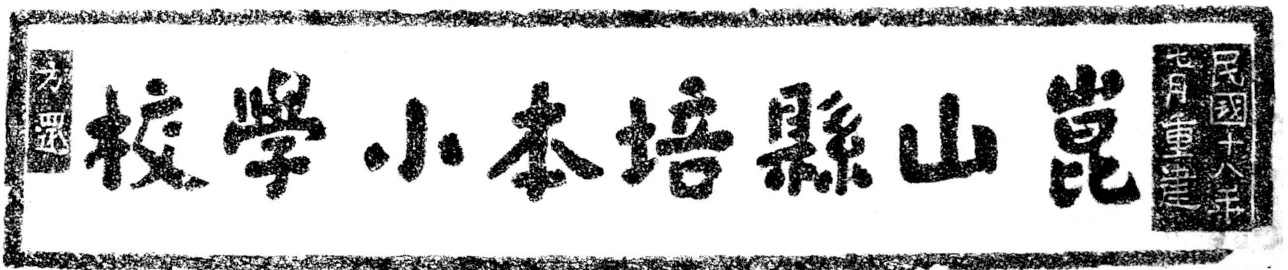

昆山县培本小学校碑

◆昆山市花桥徐公桥小学碑刻

昆山市花桥徐公桥小学，位于昆山市花桥镇光明路。学校始建于清宣统二年（1910），初名徐公桥小学。1943 年迁至徐公桥乡村改进会旧址，即今址，曾名震川初级中学等。2018 年改今名。

◎无逸堂建造明细碑

【时间】1929

无逸堂三楹，馀屋二楹，建／筑费银一千五百圆，中华职／业教育社任之。屋内设备／费四百圆，购地补充中心学／校体育场费二百圆，昆山／县教育局任之。工事监督，／徐公桥乡村改进会任之。屋／成合志。民国十有八年一月。

无逸堂建造明细碑

◎大年堂碑

【时间】1949

己丑三月，／大年堂。吴湖帆。

大年堂碑

大年堂奠基纪念碑

◎大年堂奠基纪念碑

【时间】1949

大年堂奠基纪念。

捐建者：黄肇忠、黄肇基、黄肇明、黄肇德。

设计者：国泰建筑师事务所。

监造者：大年堂建筑委员会 /（张越人、卢咏沂、孙纪文、樊仲翱、/ 陈明之、汤执中、蔡志飞、张济伦。）

中华民国三十八年二月十七日。

◎大年先生像赞碑

【时间】民国

大年先生像赞

玉峰之秀，亭林之乡。椒衍瓜绵，/ 江夏郡黄。簪缨奕奕，泊君大昌。/ 有孝有德，恺悌慈祥。利源外溢，/ 大恐镘镘。高掌远蹠，商战梯航。/ 贻谋式谷，兴学弗遑。崔构轮奂，/ 跻君子堂。哙哙哕哕，多士翱翔。/ 克家继武，积厚弥光。

太仓唐文治拜题。

大年先生像赞碑

◆昆山市第一中学碑刻

昆山市第一中学，位于昆山市玉山镇马鞍山中路。学校创始于1924年，初名昆山县立中学，曾名昆山县初级中学、昆山县第一初级中学等。2004年迁至今址，2012年改今名。

◎昆山县立中学校碑

【时间】1925

昆山县立中学校，民国十有四年建。

昆山县立中学校碑

◆附：震川书院碑刻

震川书院，原位于安亭镇（今属上海嘉定）北菩提寺东，清道光八年（1828）设立。光绪二十九年（1903）改为昆山县第一所高等小学堂，名为震川高等小学堂，后改名为震川两等小学堂。光绪三十二年（1906），增办中学部，称苏松太道立震川中学。后因经费不足，仍改为震川小学堂。又曾作江苏省立乙种农校、昆嘉青三县乡村师范、震川初级中学、江苏省黄渡师范学校初中部、安亭初级中学等、现为上海市嘉定区震川中学。除点校者外，尚存乾隆十年（1745）清高宗《御制〈张鹏翀给假回南进诗纪恩，因用其韵诗以赐之〉诗碑》，乾隆四十三年（1778）钱大昕撰、蒋元益书、秦大成篆额《重修菩提寺记碑》，乾隆五十三年（1788）钱大昕书、穆大展刻《梓潼阴骘文碑》（剩三石，后附次年钱楷补识之记），道光八年（1828）陶澍撰《震川书院落成释奠诗碑》（二石）及同年王步瀛撰、朱煦伯书、钱杕篆额《新建震川书院碑记》，道光十五年（1835）于翼如赞诗、陈文述撰并书《张鉴像赞碑》，1917年樊翔、蔡淳所立《樊轩碑》。另有孙岱《投钥泉记碑》，今碑毁，拓片存嘉定博物馆。

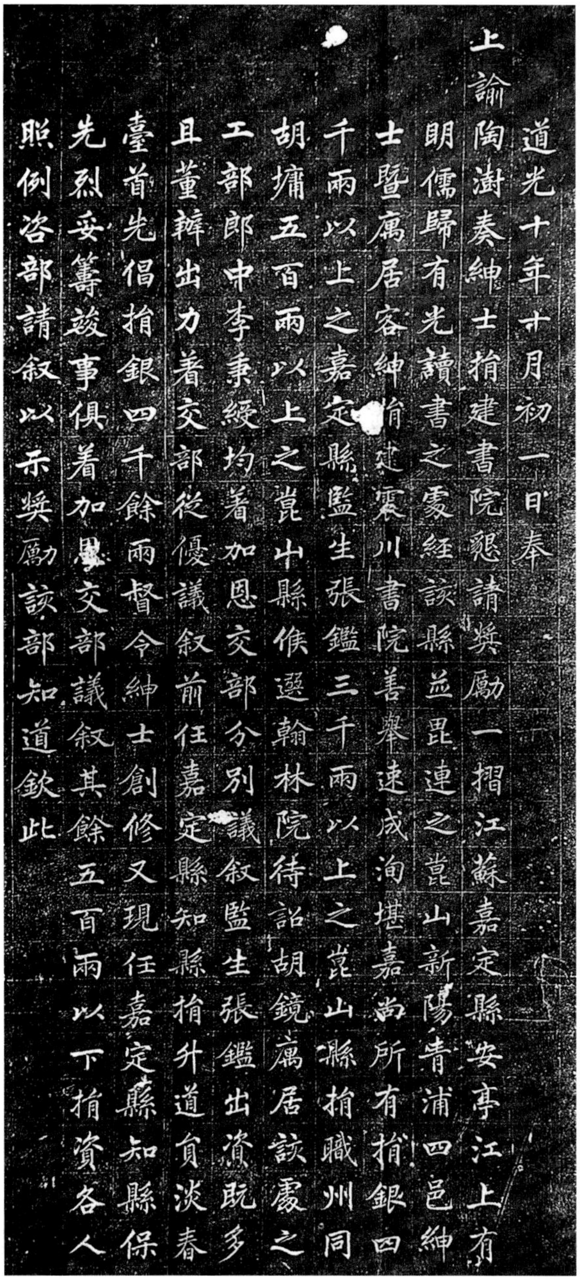

◎谕奖捐建昆山震川书院碑

【时间】1830

道光十年十月初一日，奉/上谕："陶澍奏绅士捐建书院恳请奖励一折。江苏嘉定县安亭江上有/明儒归有光读书之处。经该县并毗连之昆山、新阳、青浦四邑绅/士暨寓居客绅捐建震川书院，善举速成，洵堪嘉尚。所有捐银四/千两以上之嘉定县监生张鉴、三千两以上之昆山县捐职州同/胡墉、五百两以上之昆山县候选翰林院待诏胡镜、寓居该处之/工部郎中李秉绶，均着加恩，交部分别议叙。监生张鉴出资既多，/且董办出力，着交部从优议叙。前任嘉定县知县捐升道员淡春/台首先倡捐银四千馀两，督令绅士创修，又现任嘉定县知县，保/先烈妥筹竣事，俱着加恩，交部议叙。其馀五百两以下捐资各人，/照例咨部请叙，以示奖励。该部知道，钦此。"

【说明】原碑今存上海市嘉定区震川中学校内，另有拓片存苏州碑刻博物馆。此校虽今属上海，然曾隶属苏州，与昆山教育关系密切，姑收之，下同。

谕奖捐建昆山震川书院碑

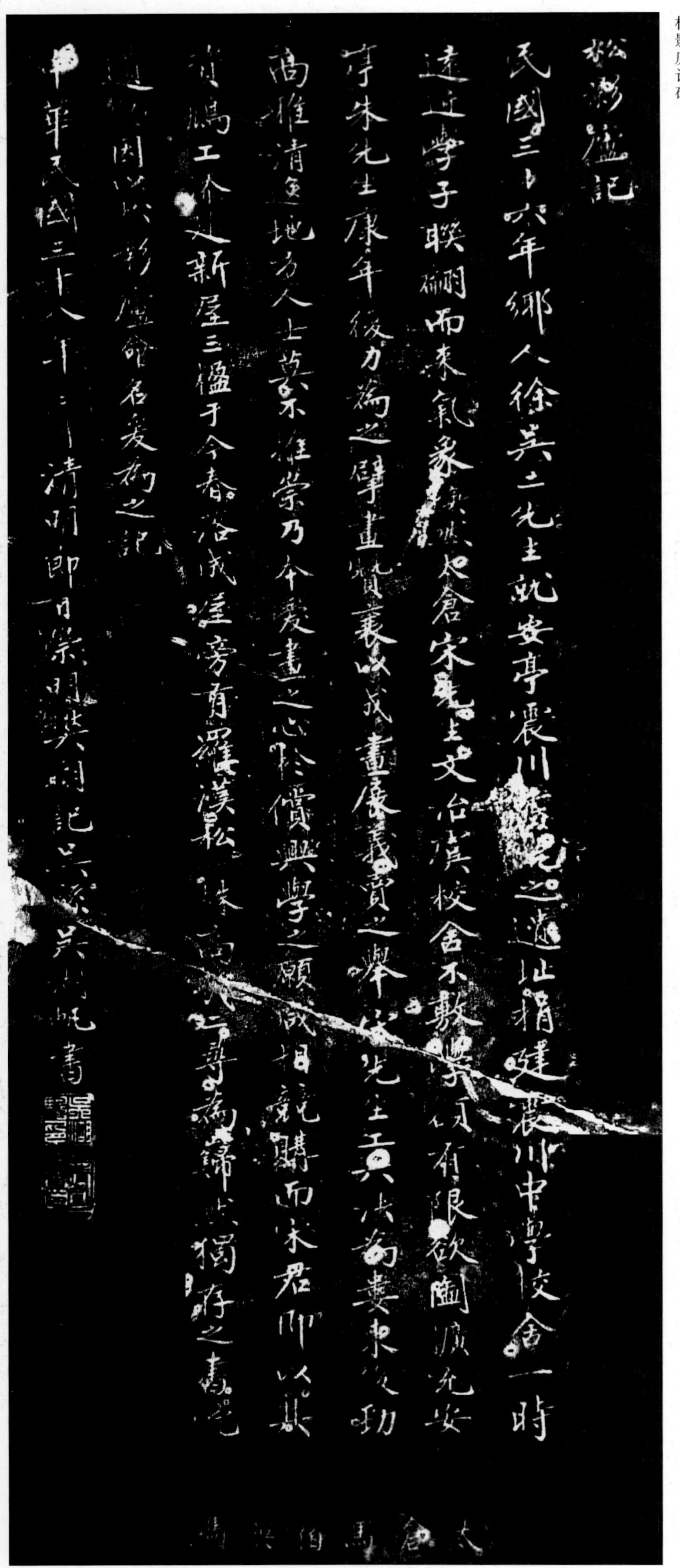

松影庐记碑

◎松影庐记碑

【时间】1947

松影庐记

民国三十六年，乡人徐、吴二先生就安亭震川书院之遗址捐建震川中学校舍。一时／远近学子联翩而来，气象焕然。太仓宋先生文治虞校舍不敷，学额有限，欲图扩充。安／亭朱先生康年复力为之，擘画赞襄，以成画展义卖之举。宋先生工六法，为娄东后劲，／高雅清逸，地方人士莫不推崇，乃本爱画之心于偿兴学之愿，咸相竞购。而宋君即以其／资鸠工添建新屋三楹，于今春落成。屋旁有罗汉松一株，高几二寻，为岿然独存之书院／遗物，因以松影庐命名，爰为之记。

中华民国三十八年三月清明节日，崇明樊翔记，吴县吴湖帆书。

太仓马伯英镌。

太仓市

◆原太仓市第一中学（洞庭分秀园）碑刻

洞庭分秀园，位于太仓市城厢镇上海西路。明弘治间为桑悦宅，又名怿园。同治五年（1866）于此建太仓州试院，光绪三十三年（1907）改为太仓州属中学堂，后改名太嘉宝崇中学、江苏省立第四中学、第四中山大学区太仓中学、江苏省立太仓中学、太仓县初级中学、太仓县第一初级中学、太仓县中学、太仓县城厢镇卫东五七学校、太仓卫东中学、太仓市第一中学等。2011 年学校迁出。

◎洞庭分秀联句碑

【时间】1499

洞庭如画许平分（澄），中／有仙翁混鹿群。花倚／石阑香暗秀（暟），人眠芳／草酒初薰。且随逸兴／成新句（应祥），慢刮苔痕／忆旧文（澄）。最爱彩衣常／舞处（暟），几回花雨又／生云。／弘治辛酉春暮，澄适饮／洞庭分秀山房，偶辏成／律近体一章。同／竹庐庞暟、怀椿子刘应／祥也。

白斋毛澄题。

江侯山馆真有名，夸娥移／来小洞庭。我曾吹笛山上／亭，水面泼剌鱼出听。／甲乙峰峦高下列，蘸影／清流更声绝。蜃灰贲／洞常皎洁，静夜最好／通明月。嗟侯忠勇真／元戎，轻裘缓带仍儒／风。上奉双亲下领客，日日／尊罍花岛中。玉海分／明具亭沼，七十二峰沓觉／小。洧盘剩雪飞孤岛，／携手同往拾瑶草。／卫主江侯，近叠二山，极其／幽胜。予名之曰洞庭分秀。／系之以诗。弘治己未中秋日／州人桑悦书。

◎洞庭分秀碑

【时间】1501

洞庭分秀。／弘治辛酉春暮／白斋毛澄。

【说明】以某《禁弊碑》改刻。

洞庭分秀联句碑

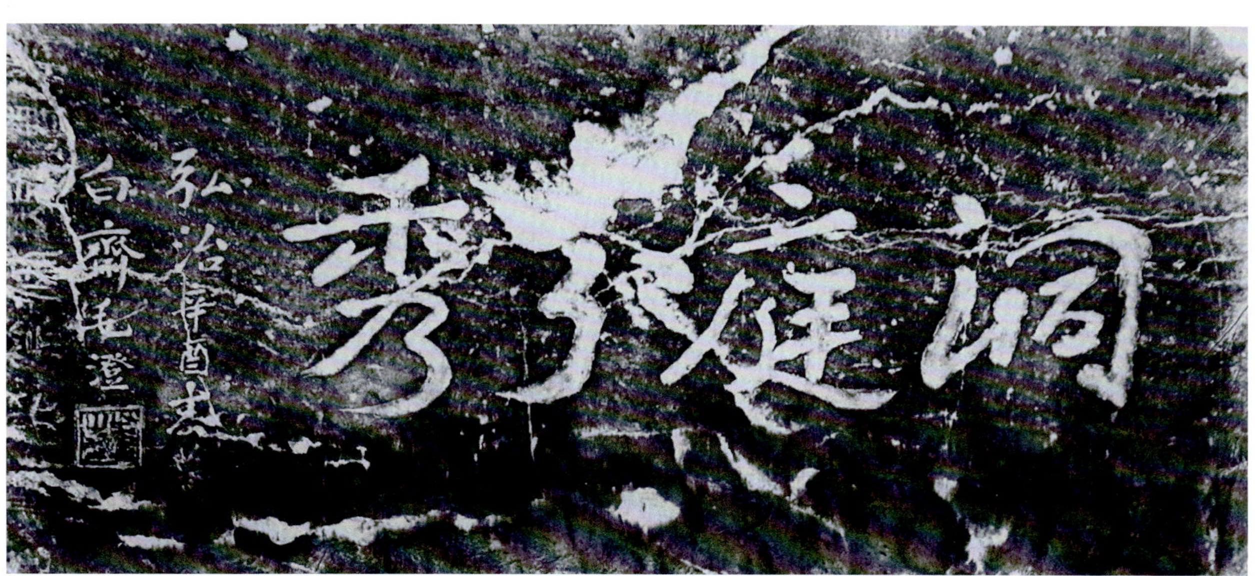

洞庭分秀碑

◆太仓市第二中学碑刻

太仓市第二中学，位于太仓市城厢镇长春南路。学校前身是1942年在汪家花园始创的棉业中学，后曾名私立娄东学校、太仓县中学、太仓县第二初级中学、太仓县城厢初级中学、太仓县城郊中学、太仓县城厢中学。1992年改今名。2003年迁至今址。

◎太仓州修城建楼记碑

【时间】1767

太仓州修城建楼记

太仓东控大海，元延祐初设城，建昆山州治。于时，娄江不加疏浚，自然深广，乃从海运之议，开■／尺海人七寸，诗人至侈为歌咏。追季年海寇为患，州治西徙，城遂圮。张士诚窃据其地，移常熟■／有明中叶，始割昆山、常熟、嘉定地，建太仓州，创置城楼，丽谯雄巨，鼓角刁斗之声相闻，盖屹然■。／国朝雍正四年，升州为直隶，统属四邑，同城分设镇洋县，州辖东北，城六里有奇。大宪必择属员之■／朝命守兹土，重其任也。惟是设城以后，垣墉递有废修，城楼陁隳，仅存故址，司牧者屡议兴举，辄以费■／娄也。体肃而宽，衷理以平，神君之颂，父母之称，洋溢四境。越六年，政成入／觐，／天子嘉其茂绩，仍／命抚辑是邦。士忭于胶，民歌于涂，农跃于野，黄童白叟，竹马欢迎。公乃周览城郭，忾然兴叹曰，余任守土■／捍民苦惜资惧累，因仍苟安，是犹筑室而道谋也。乃于乾隆三十一年冬，领帑兴役，鸠众工，庀群材■／将赋遂初，民咸震悚，虑绩用弗成。公进而慰之曰，余既经厥始，敢不图厥终，以蒇乃事。于是，董率益勤■／淹时，次第告竣，何其速也！□成而闳敞瑰丽，登望归墟，浑浑一气，开烟翕霞，万家千落，丰茸参差，何其■／力雄固；云亘蜺焕，顿改旧观，又何壮也。吏不辞瘁，道无侵渔，闾阎安堵，若罔闻知，又何逸■／金汤之计，视世之居其位而怠若事者，相去何如哉？士民式歌且舞，蠲期衅醧，咸愿铭公■／之。《彖》曰："天险不可升也，地险山川邱陵也。王公设险以守其国。"而《礼运篇》孔子告言偃曰■／设险之系于国者，"不綦重欤"。况吾娄县大瀛所辖之属，多悍民，东南半壁恃为保障，所以■／公之文武成风，知大体，去就不以易其志，佥同不以挠其谋，未易成此卓卓之功也。公名■／任剧邑，升今官，建城楼三座，修城堞六里。起工于乾隆三十一年十一月初二日，落成于■／乾隆三十二年岁在丁亥蒲月上浣。

赐进士出身、翰林院编修加一级、州人毛咏■。

州庠增广■。

【说明】今碑残。据嘉庆《直隶太仓州志》，乾隆三十二年（1767）知州邵丰鍭建大西门鼓楼、大北门鼓楼、小北门更楼，碑中之公即当指邵氏。

◎古兴福寺公占碑记

【时间】清

古兴／福寺／公占／碑记

古兴福寺公占碑记

◆太仓市第一中学碑刻

太仓市第一中学，位于太仓市城厢镇南园东路。2011 年学校从上海西路迁出至此。

◎太仓试院碑记

【时间】1871

碑阳

太仓试院碑记

赐进士及第、翰林院修撰、署理湖南盐法□□□□□陆增祥撰文。

赐进士及第、翰林院修撰、提督江西全省□□□□□□□□□书并篆额。

昆山试院，前明为巡抚行台。宣德中，［提学就以校士，遂改为］试院，合试苏松两郡之士。/国初废而复兴，后松属别建试院，而吾［州就试昆山］如故。咸丰庚申，试院毁于寇难。苏州人士议改建/于会城，而吾州遂议分建于太仓，盖往时［州与］嘉定、崇明并为苏之属邑，故应合试。雍正朝，州升直/隶，析置镇洋、宝山二县，以一州领四邑，则州犹郡也。向者旧贯可仍，未遽迁易。今改建州城，于体制/宜，于人情便。州人士白之抚军合肥李公，公以闻/命如所请，乃相度樊村泾之西、太仓塘南岸，买民居地二十［三］亩有奇，辟荒秽，夷道路，鸠工庀材，百堵皆/作。经始于同治四年十月，至五年五月落成，为屋八［十］馀楹，东西号舍三十楹。南凿月潭，沟通泾水，/架桥泾上，以便往来，名之曰“汇文”，其规制视昆山为备，其工坚而致，其资则一州四邑计亩而赋，太、/镇、嘉、宝，田畴未尽垦荒，故太、镇居十之二，嘉、宝居十之三而赢，崇明邑大田稔居十之五而不足，共/靡钱二万四千八贯有奇。监造者，州牧、桐城方公传书，邑令、阜阳李侯荨馨。董其事者，州人、候选州/同知王景曾，浙江候补同知、前长兴县知县黄恩诏，刑部司狱沈大源，生员钱泰交。既竣事之明年，/学使者和州鲍公莅州，校士来试者，崇明无越境之劳；嘉、宝朝而发，日中而至。道里近举前人宜更/建而未及建者，于制符合，为吾州属邑之士计久远利，莫过于是。佥曰：“是不可以不记。”因请予文诸/石，爰叙而述之。其《试院图》及用财细目刻诸碑阴，俾后之人有可考焉。

同治七年岁次戊辰五月　日。

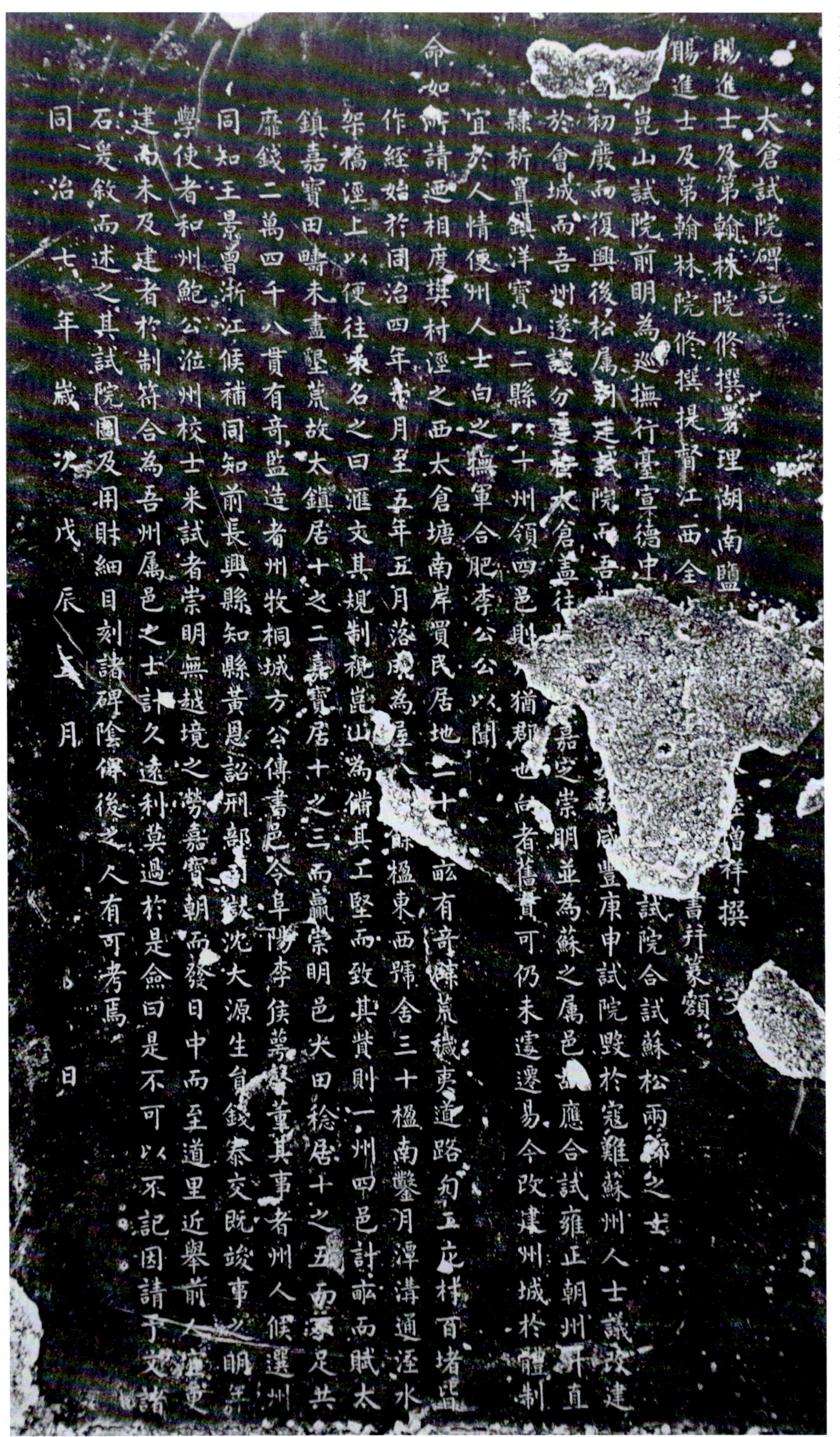

太倉試院碑記

賜進士及第翰林院修撰署理湖南鹽[illegible]曾祥撰文

賜進士及第翰林院修撰提督江西全[illegible]書幷篆額

崑山試院前明為巡撫行臺宣德中[illegible]試院合試蘇松兩郡之士

國初廢而復興後松屬別建試院而吾[illegible]咸豐庚申試院毀於寇難蘇州人士議改建

於會城而吾州遂議分建於太倉盡往[illegible]嘉定崇明並為蘇之屬邑故應合試雍正朝州升直

隸析置鎮洋寶山二縣以十州領四邑則[illegible]猶郡也向者舊貫可仍未遑遷易今改建州城於體制

宜於人情便州人士白之撫軍合肥李公公以聞

命如所請迺相度樊村涇之西太倉塘南岸買民居地二十[illegible]畝有奇[illegible]荒穢夷道路[illegible]五座材百堵皆

作經始於同治四年[illegible]月至五年五月落成為屋八[illegible]餘楹東西號舍三十楹南鑿月潭溝通涇水

架橋涇上以便往來名之曰滙文其規制視崑山為備其工堅而致其費則一州四邑計畝而賦太

鎮嘉寶田疇未盡墾荒故太鎮居十之二嘉寶居十之三而贏崇明邑大田稔居十之五而[illegible]足共

靡錢二萬四千八貫有奇監造者州牧桐城方公傳書邑令阜陽李侯萬馨董其事者州人候選州

同知王景曾浙江候補同知前長興縣知縣黃恩詔刑部司獄沈大源生自錢泰交既竣事之明年

學使者和州鮑公溢州校士来試者崇明無越境之勞嘉寶朝而發日中而至道里近舉前人[illegible]吏

建而未及建者於制符合為吾州屬邑之士計久遠利莫過於是僉曰是不可以不記因請予文諸

石爰敘而述之其試院圖及用財細目刻諸碑陰俾後之人有可考焉

同治七年歲次戊辰五月 日

碑阴

试院图

同治七年八月，廪生杨敬傅谨摹。

捐银细数：/一、太仓州派捐银贰千捌伯两，作曹平每两易钱壹千肆伯文，核算计钱叁千玖伯贰拾千文。/一、镇洋县派捐银壹千伍伯两，作曹平每两易钱壹千肆伯文，核算计钱贰千壹伯千文。/一、嘉定县派捐银贰千柒伯两，作曹平每两易钱壹千肆伯文，核算计钱叁千柒伯捌拾千文。/一、宝山县派捐银肆千两，作曹平每两易钱壹千肆伯文，核算计钱伍千陆伯千文。/一、崇明县派捐银玖千两，作曹平每两易钱壹千肆伯文，核算计钱壹万贰千陆伯千文。/以上共派捐银贰万两，计合钱贰万捌千千文。太、镇、嘉、宝一州三县均如数解足，惟崇明/县欠解钱壹千陆伯千文，共实收捐钱贰万陆千肆伯千文。/支用细数：/一、契买基地共计钱贰伯拾壹千伍百文，/共计基地贰拾叁亩陆分叁厘。内河池及汇文桥外基地叁亩柒分，每亩价钱陆千文馀，/共地拾捌亩玖分叁厘，每亩价钱拾千文。计合前数。其四至各立界石，东西界离围墙各/一丈，南界河池南岸，北界城河沿。/一、建造工料及置办家伙共计贰万肆千伍百肆拾柒千叁伯肆拾贰文，/计建头门、贰门、号舍、大堂、贰堂、后楼、东西花厅、书房、魁星阁、土地祠、提调厅、巡捕厅、差役/房、厨茶房、办差房共计房屋壹伯拾伍间，并置备粗细桌椅、床铺及各项应用家伙伍伯/馀件，计支前数。/一、置买新阳、太仓境田，计价钱陆伯贰拾千陆伯捌拾柒文，/坐落新阳县境稻田壹百拾玖亩壹分陆厘，太仓州境稻田拾捌亩捌分柒厘伍毫，现奉/改拨娄东书院公用。/一、建造文庙不敷，借拨钱壹千千文。/以上共用钱贰万陆千叁百捌拾壹千伍伯贰拾玖文，应存钱拾捌千肆伯柒拾壹文。/于/学宪初次按临修理支用，尚有不敷，钱文归公垫用。

同治拾年岁次辛未新秋谷旦，吴县学生员曹沄谨书。

钱省三镌。

【说明】双面碑。碑阳阙文据《归庵文稿》补苴。

試院圖

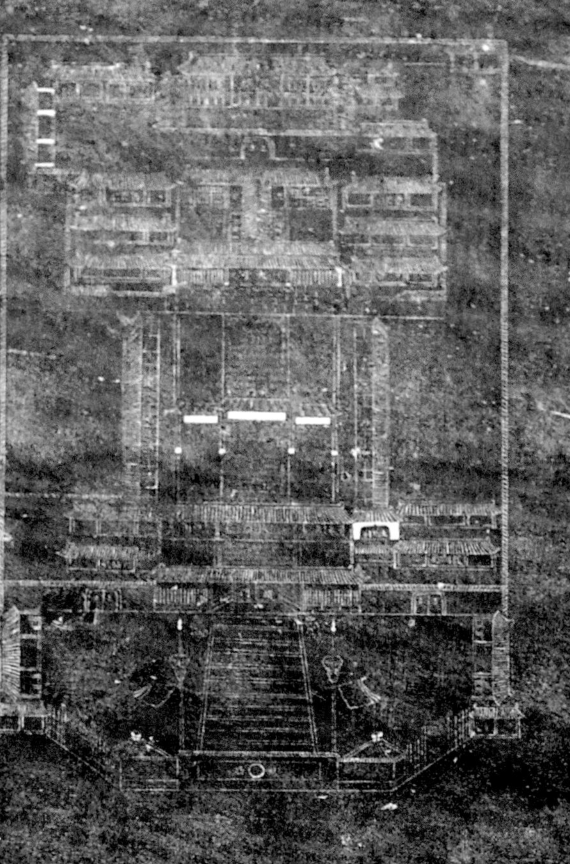

同治七年八月廪生楊敦傳謹摹

捐銀細數

一太倉州派捐銀壹千捌伯兩作曹平每兩易錢壹千肆伯文核共計錢貳千伍伯貳拾千文

一鎮洋縣派捐銀壹千伍伯兩作曹平每兩易錢壹千肆伯文核共計錢貳千壹伯千文

一嘉定縣派捐銀貳千柒伯兩作曹平每兩易錢壹千肆伯文核共計錢叁千柒伯捌拾千文

一寶山縣派捐銀肆千兩作曹平每兩易錢壹千肆伯文核共計錢伍千陸伯千文

一崇明縣派捐銀玖千兩作曹平每兩易錢壹千肆伯文核共計錢壹萬貳千陸伯千文

以上共派捐銀貳萬兩計合錢貳萬捌千千文太鎮嘉寶一州三縣均如數解足惟崇明縣欠解錢壹千陸伯千文其實收捐錢貳萬陸千肆伯千文

支用細數

一契買基地共計錢貳伯拾壹千伍百文

共計基地貳拾叁畝陸分叁釐陸毫河池及道文橋外基地叁畝柒分每畝價錢陸千文除共地拾捌畝玖分叁釐每畝價錢拾千文計合前數其四至各立界石東西毗連圍牆各一丈南界河池南岸北界城河沿

一建造工料及置辦傢伙共計錢貳萬肆千伍百肆拾柒千叁伯肆拾貳文

計建頭門二門號舍天堂二堂後樓東西北廳書房魁星閣土地祠提調廳巡捕廳差役房廚茶房辦差房共計房屋壹伯拾伍間並置備廳細桌椅牀鋪及各項應用傢伙伍伯餘件計支前數

一置買新陽太倉境田計價錢陸伯貳拾貳千陸伯捌拾柒文

坐落新陽縣境稻田壹百拾玖畝壹分陸釐太倉州境稻田拾捌畝捌分柒釐伍毫現奉改撥婁東書院公用

一建造文廟不敷借撥錢壹千千文

以上共用錢貳萬陸千叁百捌拾壹千伍伯貳拾玖文應存錢拾捌千肆伯柒拾壹文

於

學憲初次按臨修理支用尚有不敷錢文歸公墊用

同治拾年歲次辛未新秋穀旦　長洲吳縣學生員曹浚謹書　錢有三鐫

◆原直塘小学（普济禅寺）碑刻

普济禅寺，位于太仓市沙溪镇直塘普济街。原名武安寺，东晋时初建，后曾为城隍庙。清光绪三十年（1904）起于此设小学，曾名直塘启蒙小学堂、直塘初等小学堂、直塘乡第一初等小学、直塘中心国民学校、直塘镇中心小学、直塘小学等。今存《重修七丫塘记碑》碑额及漫漶碑刻一通。

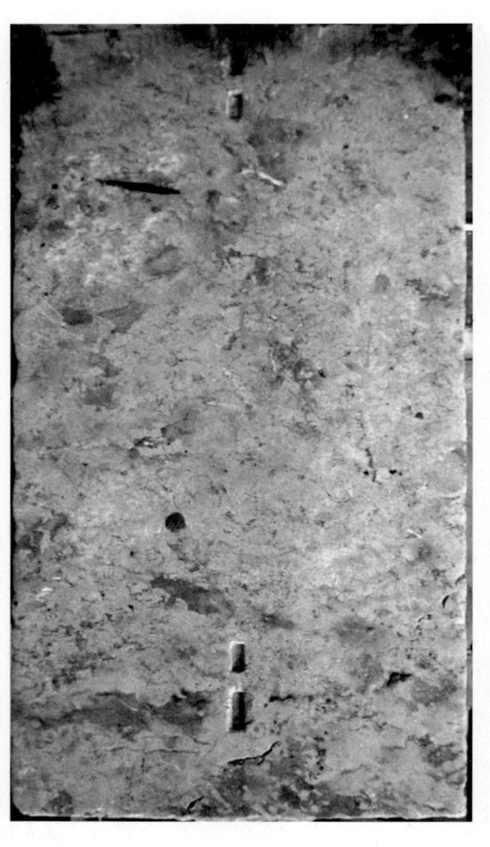

普济禅寺碑刻

附录　其他校园碑刻

姑苏区

◆原五龙堂小学（五龙堂）碑刻

五龙堂，原位于姑苏区乌鹊桥东南之小巷五龙堂内。始建于唐贞元年间，又名灵济庙。曾作五龙堂小学。原有光绪二十九年（1903）向万撰并书《五龙堂求雨记碑》，今碑毁，拓片存苏州博物馆。

◆原元和县初等小学堂第十四校（定慧寺）碑刻

定慧寺，位于姑苏区定慧寺巷。唐咸通间为盛楚所创般若院子院，五代吴越时仍属罗汉院，北宋雍熙（一说天禧）间称西方院，大中祥符间赐额定慧禅寺，方才与寿宁万岁禅院（双塔寺）分为两寺。曾作元和县初等小学堂第十四校。原有清乾隆二十四年（1759）沈德潜撰并书《定慧寺苏文忠公归去来辞碑记》，现存苏州碑刻博物馆。原有明正统二年（1437）张洪为撰、仰瞻书、张昺篆额、何渊刻《定慧禅寺重建佛殿记碑》，清嘉庆间翁方纲书、道光间李彦章识《苏文忠公宋本真像及诸家题跋碑》，光绪间李超琼撰并书、钱邦铭刻《题重修苏文忠公祠并修捐款碑》（六石），1928 年王隆瀚撰、董蔚书、邹念生刻《重修定慧寺碑记》，今存双塔景区。

◆原河南大学临时校（灵鹫寺）碑刻

灵鹫寺，原位于姑苏区西北街。梁天监间僧永光始建，一说后梁乾化三年（913）始建。后多有重建。曾作善耕小学。1948 年夏，河南大学自开封迁苏，校行政机构设在怡园，理学院设在顾氏宗祠，文学院设在沧浪亭三贤祠，外文系设在富郎中巷，法学院设在金城银行仓库，农学院设在灵鹫寺（一说设在狮子林，实非，盖此为狮林寺下院之误），工学院设在丁氏宗祠，医学院设在公园路和体育场南口公房（一说在饮马桥），图书馆设在湖南会馆，学生自治会设在憩桥巷，部分师生散居在仓米巷等处的居民家中，1949 年学校迁出。原有清嘉庆十八年（1813）王芑孙撰、梁同书书、姜晟题额《灵鹫寺增置田屋记碑》，光绪十七年（1891）《灵鹫寺换田碑》，陈倬撰、朱以增书、施子程刻《灵鹫寺募请藏经启碑》，现存苏州碑刻博物馆。

◆原清微小学（清微道院）碑刻

清微道院，位于姑苏区瓣莲巷。南宋端平年间隐士沈清微舍宅而建，又称清虚道院。曾作长洲县初等小学堂第二校、清微小学、教师宿舍、升平幼儿园。今原址尚存一碑，已漫漶，仅可辨“恨天怨”等数字耳。原有嘉靖四年（1525）蒋球玉撰、蒋承先书《重修清微道院记碑》，崇祯十三年（1640）牛若麟撰《重修清微道院三官阁记碑》，今存苏州碑刻博物馆。另有弘治十四年（1501）都穆撰《清微道院三官阁碑》《重修清微道院记碑》、朱存理撰《清微道院修三元阁募缘疏碑》及明荐行桥石刻等，今皆不存。

◆原砂皮巷小学（惠民礼拜寺）碑刻

惠民礼拜寺，原位于姑苏区砂皮巷，始建于明。曾作惠民小学、军民小学、职工小学、砂皮巷小学。原有《回回礼拜寺界碑》、明永乐五年（1407）《敕谕碑》、清康熙三十三年（1694）《圣谕碑》、雍正八年（1730）《上谕碑》、乾隆四十七年（1782）《上谕碑》、光绪二十三年（1897）《建造承恩阁助银碑》、1923 年李继晟撰《苏州砂皮巷惠敏礼拜寺建筑大殿讲堂亭台住房碑记》

《助建亭台住房征信录碑》，今存太平坊清真寺。

◆吴县县学碑刻

吴县县学，南宋景祐初范仲淹奏请建立，设在县治东南三皇庙基。明宣德九年（1434）迁至升平桥东。历代多有修葺或重建，清光绪三十一年（1905）停办。后曾作县立初等小学西区四校等。原有明正统四年（1439）邹胤书、何渊刻《贺况郡侯吴县出状元诗碑》，正统七年（1442）杨士奇赞、陈宾附识《况锺像赞碑》，嘉靖二年（1523）杨循吉撰、章简甫书《吴县儒学重修庙廨之碑》，万历十二年（1584）杨成撰、顾起淹书、陈烨篆额《重修吴县儒学记碑》，万历三十年（1602）申时行撰、王衡书、王锡爵篆额《吴县重修儒学记碑》，清康熙六年（1667）金之俊撰、彭壁书《重修吴县儒学记碑》，康熙四十年（1701）宋荦撰《重修吴县学宫记碑》，嘉庆六年（1801）唐仲冕撰并书、李滨刻《吴县学增置礼器之碑》，同治六年（1867）冯桂芬撰、洪钧书、潘祖荫篆额《重修吴县学记碑》，同治七年（1868）冯桂芬撰、吴大澂书《吴县学礼器记碑》，今存苏州碑刻博物馆。另有康熙四十二年（1703）黄中坚撰、杨宾书《重新吴县学宫记碑》，今碑毁，拓片存苏州博物馆。

◆原金谷书院（灵迹司）碑刻

灵迹司，位于姑苏区东北街。明成化元年（1465）创立于百口桥，乾隆初里人刁寯移建至灵德庵今址。祀汉司农朱邑，民间奉其为土谷神。曾作金谷书院、吴县初等小学堂第十七校。庙中原有成化元年（1465）《灵迹司建庙碑记》及康熙六十年（1721）《长洲县大云乡灵迹司土地奉宪复古原管三图碑记》，后者今存苏州碑刻博物馆。

◆文天祥祠及平江书院石刻

文天祥祠，原位于姑苏区旧学前，明嘉靖二十年（1541）从文丞相弄迁文丞相祠至此。清乾隆八年（1743）知府雅尔哈善于子城遗址鼓楼坊创办平江学舍及六门义学，为童蒙读书之所。乾隆二十七年（1762），知府李永书合并为平江书院，迁至文天祥祠址。曾作长洲县第一初等小学校（东庑）、长洲县初等第二十一小学校（西庑）、文山小学等。原有同治六年（1867）蒯德模撰、钱省三刻《改建平江书院并祀文丞相石像落成后诗记碑》，《陶隐君墨宝碑》（七石，曾单独出版，详见《苏州碑刻博物馆藏碑系列丛书·古代书法碑刻》，古吴轩出版社，2012 年）及文天祥坐像石雕，现存苏州碑刻博物馆。另有《人帖》共六十三石，铁保撰集，周锷书帖目并作小传。铁保刻此帖，旨在学书者以人为帖，不以书为帖，学其书，正学其人，故名“人帖”。清嘉庆十一年（1806）集刻四卷，收宋二人、明二十五人、清一人。咸丰八年（1858）续刻一卷，周咸镌，汪志伊题签，金芗圃、蒯德模题跋，现亦存苏州碑刻博物馆。又有明万历二十二年（1594）江盈科题、周天球书《宋丞相信国文公祠诗碑》，今碑毁，拓片藏苏州博物馆。

人帖（局部）

◆原焦作工学院临时校（昌善局）碑刻

昌善局，原位于姑苏区白塔东路。又名天真堂、集福精庐，清康熙四十六年（1707）郡绅顾汧、韩孝基、顾鼎荣等倡建。曾作昌善义学、焦作工学院临时校、妇女生产教养院。原有清光绪八年（1882）徐宗德绘图并志《娄江昌善局图碑》，今碑不存，拓片存苏州博物馆。

◆原泰让小学（豆米公所）碑刻

豆米公所，原位于姑苏区泰让桥东南。初为水仙庙，创建于南宋绍熙年间，祀南宋平江知府陈汉。清乾隆间起于内设豆米公所，为豆粮业同业公会。曾作泰让小学。原有清道光八年（1828）《永禁船户脚夫把持揽阻粮食豆行上下货物自挑自载碑》、光绪二十二年（1896）《给示豆米业划分地区由各脚夫承领碑》、1919年《吴县知事公署给示重建豆米业公所订立行规碑》《江苏苏州警察厅布告给示重建豆米业公所碑》，今碑毁，拓片存苏州博物馆。

◆原枣市街小学（韩蕲王庙）碑刻

韩蕲王庙，位于姑苏区枣市街。祀南宋抗金名将蕲王韩世忠。始建于明成化年间，清乾隆六年（1741）侯君祥舍庵改建。曾作胥江小学二院、枣市街小学。原有乾隆四十一年（1776）林蕃锺撰书《重修胥台乡宋太尉蕲国韩忠武王庙碑记》一通，今私人藏有拓片。

◆原志成小学（陶氏浔阳义庄）碑刻

陶氏浔阳义庄，原位于姑苏区因果巷。乾隆八年（1743）始建。曾作尚志小学、志成小学。原有乾隆十六年（1751）倪承宽书、汪应鹤篆额、顾觐侯刻《浔阳陶氏祠堂记碑》，今存苏州碑刻博物馆。另有乾隆十六年（1751）沈德潜撰、蒋仙根书并篆额《陶氏义田碑记》，今碑毁，拓片存苏州博物馆。

◆原苏州市虎丘中心小学校（丁元复祠）碑刻

丁元复祠，位于姑苏区山塘街。祀浙江布政参议丁元复。乾隆十七年（1752）局部改为陶贞孝祠，祀陶松龄未婚妻张氏，其年十七未婚夫亡，仍归陶门，守节二十年。曾作元和县官立初等小学堂第二十校。后改名吴县县立初等小学阊区二校、吴县第二十七初级小学校、吴县半塘初等小学校、吴县半塘中心小学、吴县虎丘镇中心国民学校、苏州市虎丘中心国民学校、苏州虎丘中心小学、苏州市山塘中心小学、苏州市虎丘中心小学校、苏州市虎丘公社虎丘小学校等，又曾作虎丘少年军校。原有1934年姚宏功书《修建半塘小学校舍记碑》，今碑踪不详。

◆原毗陵猪业小学（毗陵会馆）碑刻

毗陵会馆，位于姑苏区莲花斗。又名猪行会馆、讨账公所，清乾隆二十七年（1762）常州、无锡猪行客商建。系猪行业同业公会。曾作毗陵猪业小学、湖田小学。原有光绪三年（1877）《猪业毗陵会馆平减猪价钱串碑》、1921年《吴县猪业公所议同业规条碑》，今存苏州碑刻博物馆。原有会所成立前的乾隆七年（1742）所立《腌腊鱼肉虾米业议定交易银价碑》，另有乾隆二十七年（1762）《猪行建立毗陵公墅并议定猪价交易规则碑》、乾隆四十九年（1784）《永禁滋扰猪行碑》，今碑毁，拓片存苏州博物馆。

◆原苏州美术专科学校（中州三贤祠）碑刻

中州三贤祠，原位于姑苏区沧浪亭西。乾隆三十八年（1773）按察使胡季堂建，祀清巡抚汤斌、宋荦、张伯行。苏州美术专科学校早期曾租此办学。1948年河南大学文学院亦曾借此办学。原有清乾隆三十八年（1773）穆大展刻《苏臬为立中州三贤祠准予立案碑》，乾隆四十一年（1776）梁国治撰并书《三贤祠祀田记碑》，乾隆五十八年（1793）高三畏撰、穆大展刻《重修三贤祠碑记》，今存苏州碑刻博物馆。

◆原养正小学（虎丘清节堂）碑刻

虎丘清节堂，原位于姑苏区山塘街，嘉庆十七年（1812）陈道修创办。曾作养正小学。原有光绪三十三年（1907）《永禁滋扰虎丘清节堂碑》，今存虎丘。

◆轮香义塾碑刻

轮香义塾，原位于姑苏区校场桥路。嘉庆间胡宁受捐建，始称轮香局善堂。1921年士绅张紫东、贝晋眉、徐镜清等发起，纺织实业家穆藕初等资助，于此成立昆曲史上第一所学校——苏州昆曲传习所。原有嘉庆二十年（1815）《永禁滋扰胡宁受等捐设轮香义塾碑》、同治六年（1867）《记轮香局碑》，现存苏州碑刻博物馆。

◆原金阊区实验小学（宝莲寺）碑刻

宝莲寺，原位于姑苏区宝莲寺巷。始建于清嘉庆间。曾作私立青光义务小学、三乐湾代用国民学校、三乐湾小学、三乐湾中心小学、金阊区实验小学、工农兵小学等。寺内大铁香炉后移置西园戒幢律寺，大雄宝殿1995年移至景德路城隍庙。原有嘉庆二十三年（1818）石韫玉题、姚明煜刻《现千手眼观音像碑》，今存寒山寺大雄宝殿内。原有光绪二十八年（1902）张宗儒撰、范恽桂书、于宝轩篆额《重兴宝莲寺越岸法师碑》（四石），今存苏州碑刻博物馆。

◆原苏州市五金机械职业中学（宝珠庵）碑刻

宝珠庵，又名邱真人道院、玉祖师殿，位于姑苏区石塔头。嘉庆二十五年（1820）南京玉业商人建。曾作苏州市五金机械职业中学。原有1920年孙德谦撰、吴荫培书、黄徵镌《祖师邱真人碑记》，现存苏州碑刻博物馆。

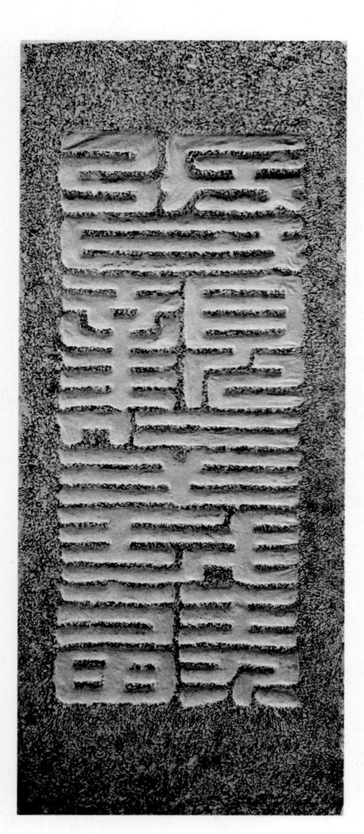

张氏亲仁义庄界碑

◆原洪泽小学（张氏亲仁义庄）碑刻

张氏亲仁义庄，初位于姑苏区东北街，2004年其原址修建苏州博物馆新馆，宅与界碑一起移建至潘儒巷今址。义庄系张履谦遵其父张肇培遗志创建，光绪十九年（1893）由巡抚奎俊立案准立。曾作为洪泽小学、托儿所等。现存缪篆体的界碑，书“张氏亲仁义庄界”七字。

◆原遂初小学（恤孤局）碑刻

恤孤局，原位于姑苏区景德路恤孤局（巷名），系清同治五年（1866）始创的抚育孤儿之所。曾作遂初小学。原有《恤孤局创建记碑》，今存苏州碑刻博物馆。

◆原新桥巷小学（显圣明王庙）碑刻

显圣明王庙，又称驸马府庙、驸马府堂，位于姑苏区东大街。原为张士诚之婿潘元绍宅址，祀潘元绍（丽娃乡土谷神），一说祀张子垣。始建年代不详，同治六年（1867）重建。曾作为新桥巷小学。原有光绪四年（1878）吴宝恕撰、潘志万书《元张吴驸马潘公庙碑记》，现存苏州碑刻博物馆。另有1923年李仁公书、张仲森刻《重修驸马府行宫并筑井亭纪略碑》，现碑毁，拓片存苏州碑刻博物馆。

◆原育才小学（尚始公所）碑刻

尚始公所，原位于姑苏区中街路。创建于清道光十二年（1832），同治八年（1869）重建于中街路新安会馆故址，为土布商同业组织。民国时期改为华洋布业同业公所。曾作私立育才小学、中街路小学二院、苏州市第十六中学二院。原有同治八年（1869）《布业建立尚始公所办理善举碑》，同治九年（1870）《永禁滋扰布业公所碑》，光绪十九年（1893）《尚始公所补给陆惠卿地价碑》，光绪三十三年（1907）《永禁印花染匠把持行市碑》，今存苏州碑刻博物馆。

◆原苏州市第二十一中学校（裘皮公所）碑刻

裘皮公所，位于姑苏区梵门桥弄。原为楚宝堂，同治九年（1870）建立，又称皮货公所，系皮货业同业公会。曾作明城小学、苏州市第二十一中学校、学生宿舍。原有同治十三年（1874）六月十七日、同治十三年（1874）六月廿四日、光绪三年（1877）、光绪九年（1883）《永禁滋扰裘业公所碑》四通，现存苏州碑刻博物馆。

◆原酱业小学（酱业公所）碑刻

酱业公所，又名和羹堂，原位于颜家巷。清同治十二年（1873）建，系油酒酱业同业公所，后迁大井巷润鞠堂。曾作酱业小学。原有同治十二年（1873）《永禁官酱店铺借官营私碑》，今存苏州碑刻博物馆。又有潘遵荣撰《酱坊业建立公所助银碑》，今拓片存苏州博物馆。

◆原苏州市第二十二中学校（周氏松荫义庄）碑刻

周氏义庄，原位于姑苏区旧学前。清同治十三年（1874）周元怀所建。曾作襄成中学、苏州市第九初级中学、苏州市第二十二中学校、苏州市丝绸职业中学、苏州通才实验学校等，今为姑苏区佩哲学校。原有1920年余天遂书、吴本善篆额《周氏宗祠及松荫义庄记碑》，1924年周宗华撰、林大猷书《周松荫义庄源流记碑》，今碑毁，拓片藏苏州博物馆。

◆原穆光小学（大礼拜寺）碑刻

大礼拜寺，又名填溪巷清真寺、大铁局弄礼拜寺，位于姑苏区大铁局弄。始建于光绪五年（1879），原为苏州最大的清真寺。曾作清真经学、至纯小学、穆光小学、红光小学、平江区培智学校等，今为苏州市姑苏区特殊教育学校（北校区）。原有光绪七年（1881）《公义建造助银明细碑》《吴县永禁滋扰填溪巷清真寺碑》《元和县永禁滋扰填溪巷清真寺碑》《江苏城守中军府永禁滋扰填溪巷清真寺碑》、光绪八年（1882）《江苏城守参府永禁滋扰填溪巷清真寺碑》，今存太平坊清真寺。

◆原蒙小学堂（石业公所）碑刻

石业公所，原位于姑苏区半边街。清光绪十二年（1886）建，系石作业同业公会。曾于内开设蒙小学堂。原有清光绪三十二年（1906）《石业公所捐建学堂办理善举准予保护碑》《石业公所建立学堂兼办善举碑》，1927年《石业公所调价修所杜绝再行罢工碑》，现存苏州碑刻博物馆。

◆ **原菁莪学校（梨园公所）碑刻**

梨园公所，位于姑苏区义慈巷。光绪十六年（1890）始建。曾辟余屋创设菁莪学校，收留同业中失学子女学习。原有1935年汪仲贤撰、哈九成书《苏州梨园公所郑公长泰暨童氏夫人纪念碑》，现存苏州碑刻博物馆。另有1931年《重修苏州义慈巷梨园公所募捐碑》、1935年《募建苏州祖师庙捐款明细碑》，碑毁，拓片藏于苏州博物馆。

◆ **原养蒙小学（陈氏义庄）碑刻**

陈氏义庄，原位于姑苏区景德路。清光绪二十三年（1892）陈宗浩创建。曾作养蒙小学、培养小学。原有1921年俞樾撰、吴荫培书《吴县陈氏义庄记碑》，今碑毁，拓片存苏州碑刻博物馆。

◆ **原锦文小学（锦文公所）碑刻**

锦文公所，原位于姑苏区阊门内下塘街，系刺绣业同业公所。初在醋库巷绣祖庙，光绪十八年（1892）迁至今址。曾作锦文小学。原有光绪十八年（1892）《锦文公所碑记》《永禁滋扰锦文公所碑》，光绪三十二年（1906）《永禁喧哗阻扰锦文公所所立学堂碑》，今存苏州碑刻博物馆。

◆ **苏州市东中市实验小学（钱业公所）碑刻**

钱业公所，原位于姑苏区东中市。清光绪二十九年（1903）建，系钱庄业同业公会。曾作钱业小学，后改名中市小学、苏州市东中市实验小学。原有光绪十五年（1889）、光绪二十九年（1903）《永禁私立洋折买空卖空碑》以及《起解银两事则碑》，现存苏州碑刻博物馆。

◆ **原清真经学（从圣堂）碑刻**

从圣堂，原位于姑苏区天库前。建于光绪三十二年（1906），1982年出让给雷允上制药厂。旧为清真经学。原有宣统三年（1911）《从圣堂助银碑》，今存太平坊清真寺。

◆ **原志成小学（霞章公所）碑刻**

霞章公所，原位于乔司空巷。清光绪三十三年（1907）建，系机织工匠同业公所。曾作志成小学。原有1942年《重修霞章公所记》《霞章公所重修殿宇碑》，现存苏州碑刻博物馆。

◆ **原枫桥小学（安徽会馆）碑刻**

安徽会馆，又名东郭堂、敦化堂，属南显子巷安徽会馆分馆，位于姑苏区来凤桥堍。始建于民国。曾作枫桥小学、朝阳小学。原有1915年吴县县政府布告碑，2002年自原址移建至东百米后，碑未随建筑同移。

◆ **江苏省立第二女子师范学校碑刻**

江苏省立第二女子师范学校，原位于姑苏区新桥巷积谷仓旧址。1912年创办，后改名第四中山大学区苏州女子中学、江苏省立苏州女子中学、省立苏州女子师范学校、江苏省新苏师范学校、苏州师范专科学校、苏州市第十三中学校等。原有1922年汪克壎书《江苏省立第二女子师范成立十周年纪念碑》，今碑毁，拓片存苏州碑刻博物馆。

◆ **原德生小学（颜料公所）碑刻**

颜料公所，又名永华堂，原位于南濠街谈家巷口。1918年建，系颜料业同业公所。曾作德生小学。原有1921年张毓英撰、林大猷书、周容刻《永华颜料公所创立记碑》，今存苏州碑刻博物馆。另有1921年《颜料公所拟订简章备案碑》，今碑毁，拓片存苏州博物馆。

◆ **原盘溪小学（张士诚母曹氏墓）碑刻**

张士诚母曹氏墓，位于姑苏区朱公桥的城南小学（曾名盘溪小学）。1964年于校内施工时发掘墓葬。墓旁有1929年费树蔚撰、李根源书、邓邦述篆额、孙季渊刻《张吴王母曹太妃墓碑记》，今存苏州碑刻博物馆。

虎丘区

◆ **原保安阳东小学（东白龙庙）碑刻**

东白龙庙，位于虎丘区阳山东，原为晋丁令威宅址，祀白龙神母，一名澄照寺。东晋隆安间始建于山巅，宋太平兴国中移建山南曹巷，熙宁间又迁，绍兴间以祈雨有验赐额灵济庙。后代有重修。曾作保安阳东小学。原碑甚夥，今多不知所终。其中宋绍定六年（1136）《加封龙族告敕碑》及明万历十二年（1584）周天球撰并书《重修白龙庙纪事疏文碑》现存新白龙庙。明弘治三年（1409）吴宽撰、刘瀚书、杨循吉篆额《重修阳山白龙神庙记碑》，现碑存南京博物院。另有南宋绍兴三年（1133）胡伟撰、詹熠书、吕彦通刻《吴郡阳山灵济庙碑》，现碑毁，拓本册页存苏州图书馆。明成化四十一年（1562）陈鎏撰并篆额《重修灵济庙记碑》，万历十二年（1584）周天球撰书《重修白龙母庙纪事疏文碑》，1933年潘承弼撰、吴大本书并篆额《重修阳山东白龙寺碑》，现碑毁，拓片存苏州博物馆。

吴郡阳山灵济庙碑（局部）

◆ **浒墅义塾碑刻**

浒墅义塾，又名明善堂，原位于虎丘区浒墅关镇南津桥弄。同治七年（1868）江苏巡抚丁日昌创办。后曾作浒墅关市立第一初等小学校、浒墅关市立南津小学校、吴县浒关小学校、浒关运畔小学校、吴县浒墅关中心小学校、吴县浒墅关东方红学校、吴县浒关镇红旗学校、吴县浒墅关中心小学校、吴县小学、苏州市浒墅关中心小学校。原有华钥撰《浒墅义塾记碑》，现私人收藏。

吴中区

◆原宝藏庵小学（宝藏庵）碑刻

宝藏庵，位于吴中区灵岩山麓韩世忠祠旁。旧名华藏庵，康熙三年（1664）僧明初建，道光中重建。曾作宝藏庵小学。后毁，原有嘉庆二十三年（1818）《重修吴郡灵岩山华藏庵碑》，道光十年（1830）僧开悟撰、潘曾沂书《灵岩山宝藏庵记碑》及僧开悟撰并书《宝藏庵饭僧田记碑》，今移至韩世忠祠内。

文星楼记碑

◆长泾浜义学碑刻

长泾浜义学，原位于吴中区东山镇湖湾村。乾隆三十三年（1768）长泾浜介福庵尼不守清规，经翁、席两家捐产改建为长泾浜义学，后改作锺秀女校、县立锺秀小学校。原有乾隆三十三年（1768）《永禁滋扰长泾浜义学碑》，今存莫厘村。

◆原吴县求忠第五初等小学堂（文昌阁）碑刻

文昌阁，位于吴中区金庭镇东蔡村，曾作吴县求忠第五初等小学堂、求忠国民第五初等小学堂、求忠第五国民初级小学、东蔡代用初级小学、大新义务小学。原有乾隆三十八年（1773）王鸣盛撰、郑士椿篆额并书《文星楼记碑》，今存林屋洞景区。

◆金庭中心小学碑刻

金庭中心小学，位于吴中区金庭镇东园公路。学校始建于清光绪三十二年（1906），初名求忠第七学校，后更名为东宅河小学、练渎第一中心小学、东河中心小学等。曾保护收藏有金庭花山寺之明正德四年（1509）王鏊题、李伯文刻《同游花山碑》，今转藏东村徐氏宗祠。保护收藏有明蒋珊撰、征儒书《故东篱徐公墓志铭》，今转藏后埠费孝子祠。保护收藏有《文徵明游花山寺碑》，今转藏水月坞。

◆东蔡里义塾碑刻

东蔡里义塾，原位于吴中区金庭镇东蔡。清嘉庆间蔡氏始创。原有清嘉庆八年（1803）蔡之定书《东蔡里义塾记碑》，今私人收藏。

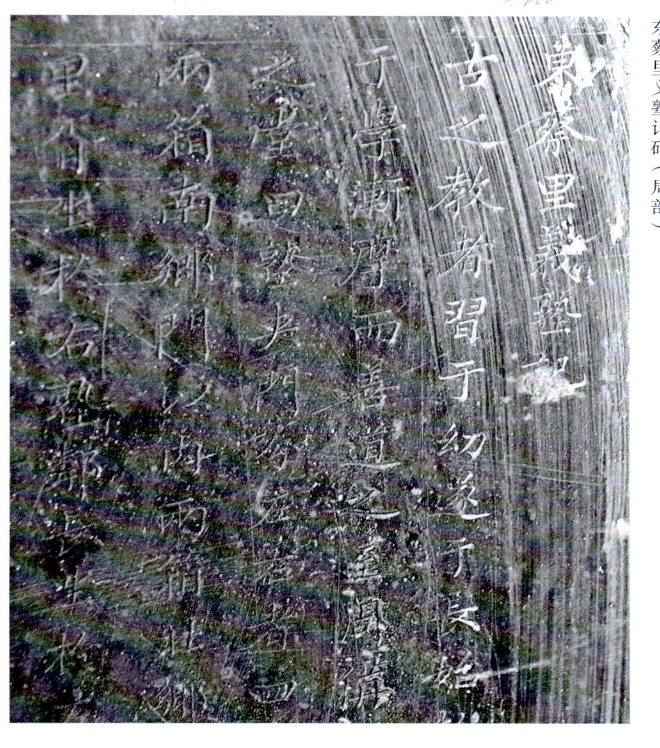

东蔡里义塾记碑（局部）

◆原五浦小学（福利明王庙）碑刻

福利明王庙，位于吴中区郭巷镇五浦上。曾作五浦小学。原有光绪十四年（1888）《惩除积弊碑》，今移崇福寺。

◆原红蓼小学（永莲庵）碑刻

永莲庵，又名古观音堂，位于吴中区长桥街道友新路。2011年迁至原新北村西北角村民自留地。曾作红蓼小学。尚有光绪二十二年（1896）《重修西湾观音堂助银碑》、光绪二十九年（1903）《重建三元宝殿捐疏碑》等。

相城区

◆原福音小学（景道堂黄桥分堂）碑刻

景道堂黄桥分堂，位于相城区街道张庄工业区二号路。1933 年创堂于黄桥东街，1940 年迁至西街，于内开办福音小学。1945 年迁至黄桥东南埏，曾作黄桥初级中学。2001 年迁出。现存 1947 年《景道堂碑》（碑侧刻“基督磐石”），随教堂一同迁至今址。

景道堂碑

吴江区

◆松陵书院碑刻

松陵书院，原位于今吴江区松陵街道流虹路。乾隆十一年（1746）建。原有同治沈锡华《重建吴江县松陵书院记碑》，共数石，今残存一石，藏吴江博物馆。原有清道光五年（1825）刘文澈撰并书、朱骏声篆额《重修江震县学增建松陵书院记碑》，今碑毁，拓片存苏州碑刻博物馆。

◆原新安义学（徽宁会馆）碑刻

徽宁会馆，位于吴江区盛泽镇。嘉庆十四年（1809）徽州、宁国商人合建。1999年建筑从南新桥西移建于目澜洲公园。曾作新安义学。原有道光十二年（1832）《徽宁会馆捐轮总数并公产基地碑》《合建徽宁会馆缘始碑》及程邦宪撰《徽宁会馆碑记》，今移至先蚕祠。

◆原荻塘义塾（保赤局）碑刻

保赤局，原位于吴江震泽参差浜西。道光三年（1823）徐学健建，收养弃婴。后于其内设荻塘义塾。原有道光四年（1824）《保赤公局碑》，道光八年（1828）张鳞撰、韦光黻书《震泽县震泽镇保赤局记碑》，张履书《震泽县义学记碑》，同治三年（1864）庄人宝书《里中善后事宜征信录序碑》，今存慈云禅寺。

◆荻塘书院碑刻

荻塘书院，又作頔塘书院，原位于吴江震泽。咸丰二年（1852）徐厚轩创办。原有徐厚轩撰、吴溶川书《复设荻塘书院七律诗碑》，吴溶川书《荻塘书院改筑记碑》，今存慈云禅寺。

◆二铭初级小学碑刻

二铭初级小学，原位于吴江区同里镇西弄。费道基创建于1912年，后改名同里二铭国民小学、同里西弄小学。原有1922年金祖泽撰并书《同里二铭国民小学十周纪念碑》，今碑毁，拓片存吴江博物馆等处。

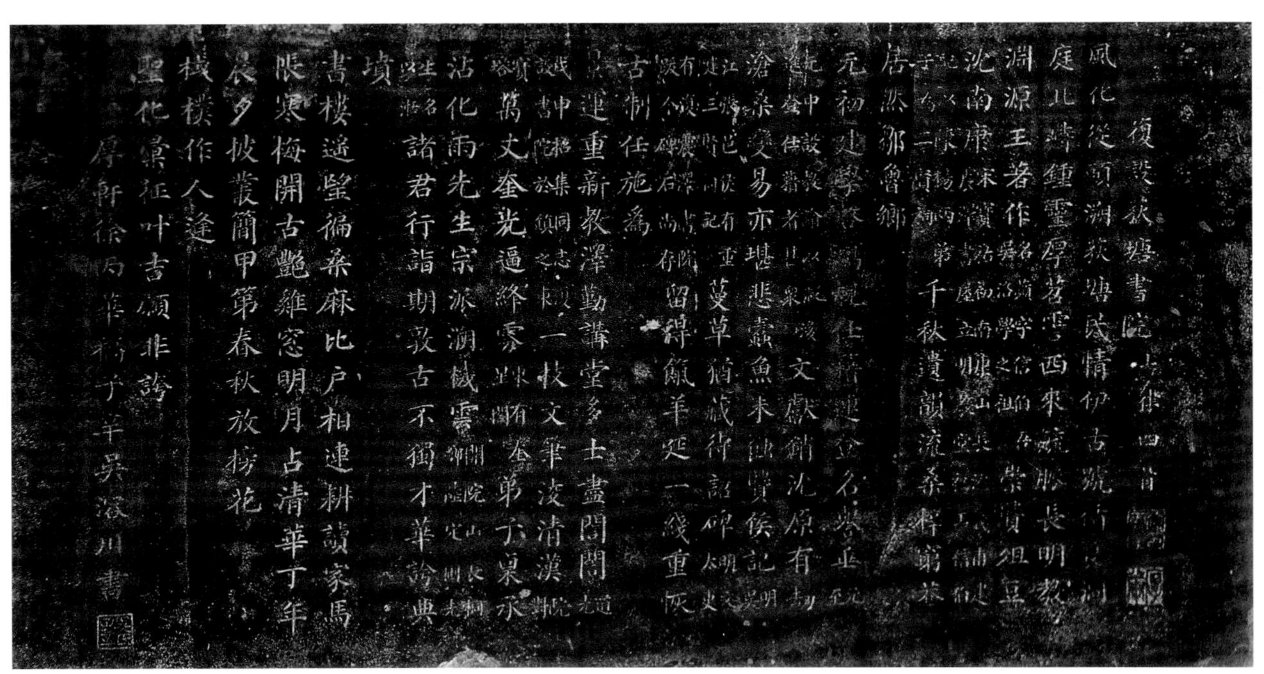

复设荻塘书院七律诗碑

二銘小學十週紀念之碑

同里二銘國民小學十周紀念碑

金祖澤撰文並書丹

吾里費君道基於民國紀元斥私貲以作始興學揭櫫張子橫渠之旨顏其校曰二銘十室之邑學者嚮風髦士朋興蔚為國棟記有之曰十年樹木百年樹人計自建校以來星霜凡十易矣門弟子之涵泳流風者僉思屬辭以頌君收朋勤誨之功而屬祖澤以刊石之文迺作頌曰

國之金湯奠基於學匠夫有責是誰先覺公而忘私廣厦斯築傾家輸財堅苦絕卓九仞之成一簣之濆砭愚訂頑胞民與物先民是程式金式玉作梁之基暉麗春旭於萬斯年光我東陸

同里二铭国民小学十周纪念碑

◆原吴江县莘塔第一国民学校（凌氏义庄）碑刻

凌氏义庄，原位于吴江区汾湖莘塔西浜。清宣统二年（1910）凌蒋氏继承先夫凌泗遗志创办。抗战时期，吴江县莘塔第一国民学校曾迁此短暂办学。原有宣统三年（1911）《永禁盗卖凌氏义庄碑》，现移至莘塔社区大院。

◆横扇第一国民学校碑刻

横扇第一国民学校，位于吴江区横扇。前身为宣统二年（1910）吕颂英创立的简易小学，1918 年开工兴建横扇第一国民学校。现存 1920 年周公才撰、金曾灿书、薛念椿刻《横扇第一国民学校建筑校舍始末记碑》拓片（共二石），私人收藏。

常熟市

◆ 文学书院等碑刻

文学书院，初在常熟市城内醋库桥东行春坊内，元至顺二年（1331）曹善诚建。明宣德九年（1434）重建于儒学西，更名学道书院。嘉靖四十三年（1564）改建于虞山山麓，仍名文学书院。万历三十四年（1606）扩建，更名虞山书院。原有界碑及明万历九年（1581）严讷撰、周天球书并篆额《文学书院记碑》，今存常熟文庙（见“常熟县学碑刻”）。原有清康熙四十六年（1707）马逸姿撰《重修文学书院言子祠碑记》，现存常熟市碑刻博物馆。又有明宣德九年（1434）张洪撰、邹胤书、吕臻刻《学道书院记》，嘉靖四十四年（1565）王叔杲撰、周天球书《叙建书院始末碑》，今碑毁，拓片存常熟图书馆。又，清乾隆八年（1743）雅尔哈善撰、许王猷书、涵虚刻《重修虞山书院移祀商相巫公碑记》，残碑存石梅小学，详见“游文书院碑刻”。

文学书院界碑

◆ 东湖书院碑刻

东湖书院，原位于常熟市古里村湖口，明弘治间邑人钱仁夫建。原有正德二年（1507）钱仁夫撰《东湖书院记碑》，嘉靖十一年（1532）邓钹撰《东湖书院记碑》，原碑毁，拓片存常熟图书馆。

◆ 清水书屋碑刻

清水书屋，原位于常熟市梅李镇寨角（清水港），清乾隆三十一年（1766）知县康基田建。原有乾隆三十一年（1766）康基田撰《清水书屋记碑》，今碑毁，拓片存常熟图书馆。

◆ 梅李书院碑刻

梅李书院，原位于常熟市梅李镇西街，清乾隆二十九年（1764）知县康基田建。后曾作梅李蒙养学堂、梅李初等小学堂、梅李市第一初等小学校、梅李市第一国民学校、常熟县梅李小学、梅李镇中心国民学校、常熟县梅李中心小学、工农小学、常熟市梅李中心小学等。原有道光二十四年（1844）李蒙泉撰并书《重修梅李书院记碑》，道光二十六年（1846）张景镒作《梅李书院基图碑》，今碑毁，拓片存常熟图书馆。

◆ 中西蒙学堂碑刻

中西学堂，原位于常熟市城内塔弄。前身是清光绪六年（1880）昭文知县陈康祺于塔弄别峰庵琴川课院旧址所建之学爱精庐，光绪二十三年（1897）于此创办中西学社，次年改为中西蒙学堂，时为常熟第一所小学堂。光绪二十六年（1900）改为中西学堂。后曾作常昭公立高等小学堂、常熟县立塔前高等小学、常熟县立第一高等小学、常熟县公立一校男子部、中山中学、塔弄小学、常熟县塔前小学、常熟县实验小学校、向阳小学、色织四厂五七学校、常熟市塔前小学等。原有光绪二十四年（1898）陆懋宗撰、子琦书、陈伯玉刻《常昭分设中西学堂记碑》，今碑毁，拓片存常熟图书馆。

清水书屋记碑

◆虞阳小学碑刻

虞阳小学，原位于常熟市虞山镇小步道巷。宣统元年（1909）创办，初名城东小学，后改名虞阳小学、琴东小学等。原有刻“虞阳小学界”五字之界碑，今私人收藏。

虞阳小学界碑

张家港市

◆原凤凰小学（永庆寺）碑刻

永庆寺，位于张家港市凤凰镇永庆路，又名涌庆寺。梁大同二年（536）侍御史陆孝本舍宅为寺，代有重修。曾作凤凰小学、凤凰初中补习班，1968年被拆。1993年重建新庙于今址。今寺内尚存清乾隆五十九年（1794）《永禁盗卖公捐寺田碑》。另有道光二十七年（1847）杨希钰撰并书、孔宪三刻《新修永庆寺文昌阁记碑》，现存张家港博物馆。

◆原马嘶小学（大树庵）碑刻

大树庵，位于张家港市塘桥镇鹿苑马嘶桥。初名广福禅院，又名何王庵、茅柴庵，南宋乾道年间僧性真建，后屡番重修。曾作马嘶小学。原有嘉庆二年（1797）杨岱撰并书《大树庵香火田碑记》，现存恬庄。

◆原西林小学（西林寺）碑刻

西林寺，又称西林庵，原位于张家港市凤凰镇双龙村。清顺治年间钱昉舍宅而建。曾作西林学堂、西林小学。原有《分拨西林寺田碑》，现拓片存常熟图书馆。

◆沙洲市第十一国民小学碑刻

沙洲市第十一国民小学，原位于今张家港市锦丰镇店岸村。1916年曹钧培创办，后曾作店岸小学。原有1925年屈如干撰、苏寿成篆额、孙仲渊刻《沙洲市第十一校舍落成记碑》，今碑毁，拓片存北京大学图书馆、常熟图书馆等处。

沙洲市第十一校校舍落成記
地方事業教育為本而教育之發達與否則存乎人沙洲居吾邑西北隅區域遼廓水草肥美人民羼相移殖遂成巨鎮顧庶且富矣不可無教於是沙人士合謀興學迄今全市有小學十二所可謂知本矣曹君鈞培昔任學務委員擘劃經營不遺餘力民國六年就盤籃沙福興鎮設第十一校聘陳君宗慈長之草舍三楹規模初創乃不三月而燬於火暫賃民居絃歌不輟立集公私款七百餘金建校舍五楹於是基礎始固十二年其子璞繼長斯校設備漸完生徒益盛而原有校舍不能容矣君復力謀發展今歲就校舍之北添建七楹中貫長廊成工字形四月鳩工六月竣事耗千七百餘金先後籌集鉅款皆曹君力焉校之西為第一幹河君又捐購桑苗萬株分植兩岸固隄防興實業裕學款非一舉而數善備歟且以公款無多校用奇絀君父子歲以私財濟之雖耗數百金無吝色可謂難已余聞斯校落成有日而期沙人士能盡如曹君之知本也故樂為記之
中華民國十四年四月屈如榦撰吳江蘇壽成書
吳郡孫仲淵鐫

沙洲市第十一校舍落成记碑

昆山市

◆昆山县学碑刻

昆山县学，原位于昆山城内县治西南。唐大历九年（774）始建学于县治东文宣王庙右侧，元元贞二年（1296）升州学，延祐元年（1314）州治移太仓，次年知州王安贞建学于州治北。至正十七年（1357）州治还昆山，知州费复初仍建州学于此。明洪武二年（1369）复为县学。成化十九年（1483）巡按御史张淮购地拓基创新。清雍正二年（1724）析置新阳县，遂为昆山、新阳二县之学，后历有修建。原有碑刻甚夥，今碑俱不存，仅明万历三年（1575）申思科撰、王体升书并篆额《昆山县儒学进士题名记碑》，崇祯三年（1630）顾锡畴撰、归昌世书、李白春篆额《昆山县儒学博士海洲洪应绍公碑》之拓片，藏于苏州博物馆。又有清胡克家撰、孙铨书《重修昆新学宫碑》，拓片私人收藏。

◆沈氏义庄小学碑刻

沈氏义庄小学，原位于昆山市周庄镇蚬江街。沈氏义庄，始建于明，清光绪三十三年（1907）沈根黄于此创建沈氏义庄两等小学堂，该校后并入周庄小学。原有宣统三年（1911）《沈氏后人捐建周庄第一私立沈氏义庄两等小学堂及改办高等并附简易初等学堂碑》，今碑不存，拓片存苏州博物馆。

◆陈墓初等小学校碑刻

陈墓初等小学校，原位于昆山市锦溪镇西街桥东堍。1916 年钱梓楚创办于资福庵，初名吴县陈墓初等小学校、吴县陈墓第一国民小学校等。原有《重修陈墓小学校舍记碑》，今私人收藏。

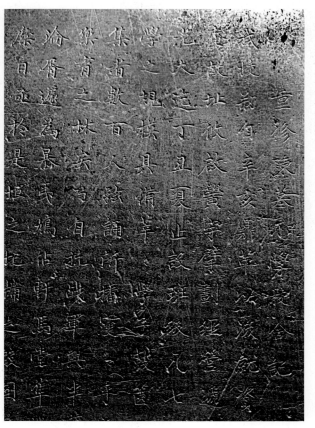

重修陈墓小学校舍记碑（局部）

太仓市

◆太仓州学碑刻

太仓州学，前身为昆山州学。原位于太仓市城厢镇陈门桥东。元延祐元年（1314）昆山州移治太仓，次年知州王安贞建州学于州治北。至正十七年（1357）州学随州治回徙昆山。明初建太仓、镇海两卫，正统元年（1436）于陈门桥东元水军万户故宅办学。弘治十年（1497）设太仓州，遂改为太仓州学。清雍正二年（1724）太仓升为直隶州，析置镇洋县，遂析为太仓州学、镇洋县学。其间多有重修。原碑甚多，今明正统元年（1436）《镇海太仓卫建学之碑》额存张溥故居，嘉靖五年（1526）《程子言箴碑》、清乾隆二十四年（1759）《御制平定回部告成太学碑》存太仓博物馆，元赵孟頫书皇庆元年（1312）《送李愿归盘谷序碑》和延祐五年（1318）《归去来辞碑》（此二碑移自顾信墨妙亭下）、清顺治八年（1651）吴伟业撰《太仓州增修学庙记》藏王锡爵故居。另有光绪四年（1878）《永禁太镇两学廪膳银两由学承领碑》，或原在州学，今亦存太仓博物馆。详见《太仓历代碑刻》（太仓博物馆编，文物出版社，2016 年）。

◆原西路小学堂（海宁禅寺）碑刻

海宁禅寺，位于太仓市城厢镇，2003 年纳入弇山园景区。曾作西路小学堂。今存宋元祐二年（1087）赵孟頫撰并书、杜熙篆额《昆山州重建海宁禅寺碑》嵌于弇山园墨妙亭碑廊。原有《佛足碑》、明万历二十四年（1596）王锡爵书《太仓州重建海宁寺记碑》，今存王锡爵故居。

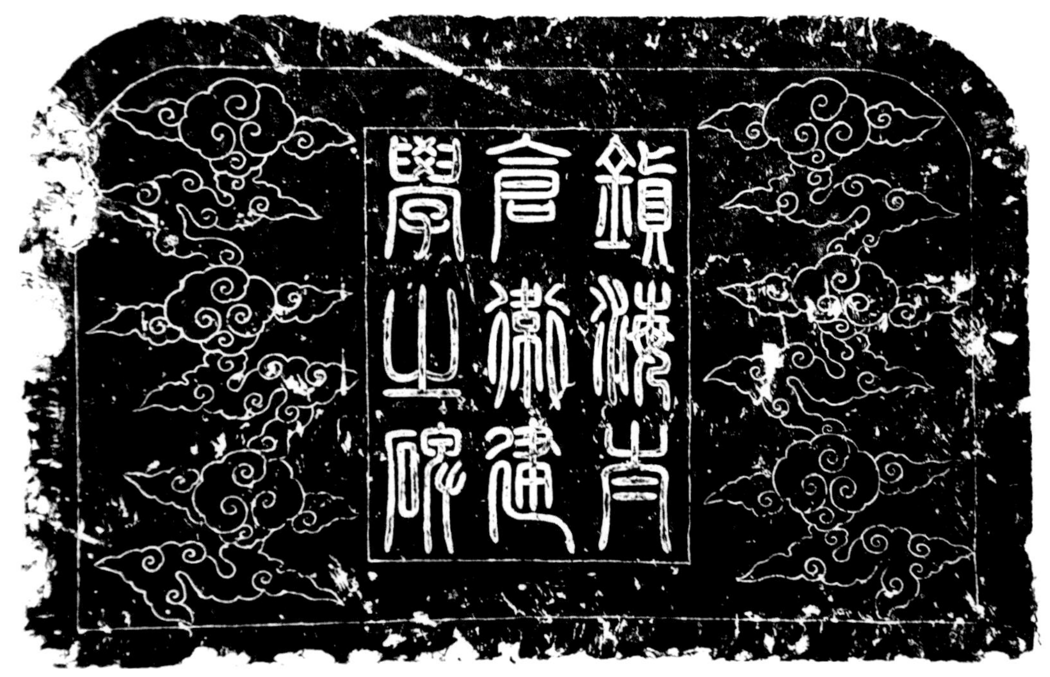

镇海太仓卫建学之碑（碑额）

鸣谢单位及个人

江苏省苏州中学校
苏州图书馆
苏州市景范中学校
苏州卫生职业技术学院
苏州市第一初级中学校
苏州市平江实验学校
苏州名城保护集团
苏州市姑苏区察院场社区
江苏省苏州第十中学校
苏州市振华中学校
苏州市文艺之家
苏州市山塘中心小学校
嘉应会馆美术馆
苏州教育博物馆
苏州市姑苏区教体文旅委员会
苏州市第五中学校
苏州市升平实验小学校
苏州市第三中学校
江苏省苏州第一中学校
苏州市大儒中心小学校
苏州工业园区唯亭文体中心
苏州工业园区跨塘实验小学
静正庵
吴中区长桥中心小学
吴中区东山实验小学
吴中区东山中学
藏书道院
江苏省黄埭中学
吴江博物馆
吴江区平望实验小学
吴江区盛泽程开甲小学
吴江区盛泽镇文管会
吴江区阿德科特创新教育专修学校
吴江同里花间堂
常熟市徐市中心小学
常熟市石梅小学
常熟市张青莲小学
常熟市王淦昌中学
常熟市吴市中心小学
常熟市杨园中心小学
常熟市淼泉中心小学
常熟市第一中学
张家港市塘桥初级中学
兴教寺
盘铭寺
永莲庵
有原堂
张家港市南沙占文小学
昆山市培本实验小学
昆山市花桥徐公桥小学
昆山市第一中学
太仓市第一中学
太仓市第二中学
邢强
阮涌三
金惠华
杨维忠
金培德
王文明
李海珉
叶新

后 记

苏州教育历史悠久，文化底蕴深厚，在众多校园中，留下了大量的历史碑刻。这些碑刻，对开展苏州教育史及建筑史等研究，助力苏州文献资料整理，都有着重要的意义。

长期以来，一些碑刻的保存环境欠佳，文字日渐漫漶。为抢救保护珍贵的文化遗产，2021 年起，根据苏州市教育局苏州教育文史研究工作领导小组统一部署，苏州百年老校协会联合苏州市教育学会、苏州教育博物馆对苏州大市校园历史碑刻开展普查并对目前仍在办学地原址的部分非等级碑刻进行了拓印。苏州市政协文化文史委特约研究员、苏州吴文化研究会副秘书长、苏州市教育局苏州教育文史研究工作领导小组专家组成员倪浩文，长期以来关注研究苏州现存古迹，发现并拍摄了大量校园碑刻的照片。为便于当代读者理解，编者结合拓片和照片，对尚未系统整理的上述碑刻逐一释文。为据其全而知荦荦大者，编者在综合考虑平衡全书体量、注重校园实用的前提下，对过于漫漶、已经整理、移至他处、仅存拓片等情形的碑刻，细大不捐，径予存目，以便学者扩展研究。然亦有部分碑刻，如清嘉庆十年（1805）陆在元立《永禁士子闹学碑》，因不明具体原存地在何校园内，未敢擅收。

本书编写过程中，离不开各级相关领导的热情指导。张军、邢华、钟连元、丁云衍等专家经冬历夏，为联系、传拓碑刻不辞劬劳。江苏省苏州中学校、苏州市景范中学校等陆续发现了一批湮没无闻的碑刻，大量单位、相关中小学以及个人对此项工作提供了便利。释文过程中，借鉴了中国国家图书馆、苏州图书馆、吴江博物馆等处所藏的拓片，使残碑文字得以补全。著名历史文化名城保护专家，同济大学教授、博士生导师、国家历史文化名城研究中心阮仪三主任欣然为本书作序。江苏省书法家协会副主席、苏州市书法家协会主席、苏州科技大学教授王伟林题写了扉页书名。费佳、赵亚婷、穆宣臻女史对大部分释文进行了复核，保证了质量。苏州教育博物馆于 2023 年春，以“石亦能言”为主题，举行了苏州校园碑刻拓片展，受到了各界的高度关注。以上大雅扶轮之功，洵不可没，谨致谢忱。

格于水平，书中缺漏舛讹之处料当难免，祈请读者不吝赐教，亦俟诸他日能为服务乡邦再竭绵薄。

苏州百年老校协会

2023 年 8 月 5 日

長達圖書館
崑山縣培本小學
常熟縣立中學